KB054796

청말 중국의 대일정책과 일본어 인식

SHINMATSU CHUUGOKU NO TAINICHI SEISAKU TO NIHONGO NINSHIKI
—CHOUKOU TO JOUYAKU NOHAZAMA DE
by EN Ritsu

Originally published in Japan by Toho Shoten Co., Ltd.

아시아총서 39

청말 중국의 대일정책과 일본어 인식

조공과 조약 사이에서

엔리 지음 | 최정섭 옮김

第十八條

一兩國往來公文均以漢文爲憑如用本國文字 如滿蒙文日本文之類 均須副以繙譯漢文以便易於通曉仍不能以本國文字爲主

查所擬原款本無關出入，因以上各條皆係統言兩國，此獨單提該國，未能劃一，且明明道破，俟大清國有通曉日本國語理句法之書，顯係賣弄彼能通我文義，我不能識彼文字 故雖國家以滿文爲重，今只定以漢文爲憑，使其欲用該國文字，亦必須副以翻譯，以示文字一道，我無待於學彼也。

第十八條兩國往來公文均以漢文爲憑如用本國文字 如滿蒙文日本文之類 均須副以繙譯漢文以便易於通曉仍不能以本國文字爲主

謹查此條上有滿蒙文之句下有不能以本國文字爲主之句似滿蒙文亦不爲準與中國崇尚清文稍有未符擬請改爲兩國往來公文均以漢文爲憑如用洋文必須副以繙譯漢文俾易通曉是否伏候

산지니

일러두기

* 원서가 일본에서 간행되었기에, 국가명을 병렬할 때 원서와 마찬가지로 일본을 앞에 두어 일관성을 기했다. 예를 들면, 우리에겐 '청일수호조규'가 더 익숙하지만 '일청수호조규'로 표기하였다.
* 중국어 인명과 지명은 통일성을 위해 모두 한국 한자음을 사용하였다. 단, 저자의 이름은 '염립' 대신 '옌리'라는 중국음을 사용하였다.
* 저자와의 협의하에 원서의 오탈자를 수정하고 문장을 수정·삭제하기도 하였으나 따로 표시하지 않았다.

한국어판 서문

이 책은 2009년 3월 일본 도호쇼텐에서 출판한 것이다. 12년이 지난 후 한국어로 번역 출판되어 매우 영광스럽다.

본서의 주요 목적은 1860년대부터 1880년대까지 조공체제가 조약체제로 전환되던 과정에서 중국이 어떻게 일본과의 근대적 관계를 새롭게 확립하였는지 분석하는 것이다. 구체적으로는 아래의 두 방면에서 논하였다.

먼저 중국이 일본을 어떻게 위치지었는지 분석한다.

'서양의 충격'이 도래하기 전에, 중국의 대외관계는 주로 중국 중심의 조공체제하에서 전개되었다. 일본은 에도시대에 쇄국정책을 실행해, 조공체제에 직접 들어가지 않고, 단지 나가사키를 통해 중국과 일방향적 무역관계를 유지했다. 중국은 아편전쟁 이후에, 일본은 '흑선내항(黑船來航)' 이후에 모두 서방열강과 일련의 불평등조약 체결을 강요당하고, 서방이 주도하는 조약체제에 들어가기 시작했다.

1862년 막부는 상해에 사절단을 파견해 네덜란드의 명의를 빌려 해산물 무역을 시도하면서 일중통상관계를 시작하려고 했다. 상해의 지방관료는 천조(天朝)가 원방(遠方)을 회유(懷柔)한다는 조공체제의 이념에 따라, 일본이 일회성 무역을 행하는 데에 동의했다. 그러나 최종적으로 일본은 '통상국'이 될 수 없었다. 그 후 막부의 수 차례 시도는 모두 목적을 달성하지 못했다. 청정부는 만약 일본의 요구에 동의한다면 기타 소국이 모두 이를 흉내 내어 폐해가 너무나 클 것이라고 우려했다. 바꿔 말하면, 청정부는 조약체제하의 통상 확대를 바라지 않았다.

메이지유신 후, 일본은 조선과 관계를 수립하기 위해 먼저 청조와 조약을 체결하기로 결정했다. 비록 일부 청조관료들이 일본의 지위를 조공국에 두기를 고수했지만, 양무파의 대표자 증국번, 이홍장 등은 일본이 조공국이 아니며, 조약체제하에서 새롭게 일본과의 관계를 수립해야 하다고 명확히 밝혔다. 그러나 열강과의 조약에 규정된 최혜국대우와 영사재판권 등의 불평등한 내용은 절대로 일본과의 조약에 삽입할 수 없다고 극력 주장했다. 그 결과 열강과의 '조약'과 차이를 두기 위해서, 최종적으로 '조규'라는 단어를 채용했다. 이후 반복된 교섭을 거쳐 양국은 1871년 〈일청수호조규〉에 서명했다. 청정부는 의식적으로 일본을 기타 조약국과 구별하고, 일본과의 대등성을 강조했다.

조약체제하에서 중국과 일본은 근대국가적 관계를 수립했는데, 이는 의심의 여지없이 전통적 조공체제를 뒤흔들었다. 그 후 일본은 타이완출병(1874년), 강화도사건(1875년), 류큐병탄(1879년)을 거쳐 부단히 조공체제에 도전했고, 갑오전쟁(甲午戰爭=청일전쟁)에서 청조를 패배시키자, 1895년 〈시모노세키조약〉에 서명하고, 마침내 중국과 대등한 '조규국'으로부터 열강과 같은 '조약국'으로 변했다.

그 다음에는 중국이 일본의 언어문자를 어떻게 위치지었는지 분석한다.(제1장, 제4장, 제5장)

청정부와 열강 사이의 조약에서는 조약이 어느 나라의 문자로 된 텍스트를 정본으로 할 것인지에 대해 명확한 규정이 있었다. 물론, 이런 소위 '정문규정'은 조공체제에서는 한문이 줄곧 공용문체로서 절대성과 배타성을 지니는 것이 묵시적으로 인정되었다. 그러나 중국은 이른바 '동문(同文)'의 나라인 일본과의 사이에 조약을 제정하는 과정에서, '정문규정'의 조문을 어떻게 확정하였는가? 그 밖에, 청조외교관들은 일본에 온 후에 일본의 한자, 가나에 대해 어떻게 인식하였는가?

이 문제들을 분석하기 전에, 나는 먼저 제1장에서 청조의 다언어체제를 서술했다. 청조는 건국 초부터 '청어(만주어)'를 '국어'로 자리매김했고, 그 후 한인이 장악한 한문세계와 대비되는 만문(滿文), 몽문(蒙文), 장문(藏文=티벳어), 회문(回文)을 포함한 비한문세계를 창출했다. 이렇듯, 적어도 청조중앙기구에서는 한문의 절대성을 상대화했다. 대외관계에서 청조는 명조의 조공체제를 계속 이용했고, 조공체제하 한문의 절대성과 배타성은 계승될 수 있었다. 그러나 열강과의 조약에서 '정문규정'은 한문의 배타성을 약화시켰다.

일본과 조약을 제정하는 과정에서, '정문규정'에 관한 조문의 경우 일본은 열강과 같은 진술을 채용하였으나, 중국 측의 반대에 부딪혀 최종적으로는 한문을 정문으로 규정하여 조공체제하에서의 한문의 공용문체로서의 지위를 계속 유지하였다. 여기에는 일본과 일문에 대한 중국의 [열강과는] 다른 위치짓기도 반영되었다.

1877년 일본에 온 청조외교관은 일본의 한자에 대해 크게 흥미를 보였다. 그뿐 아니라, 황준헌은 표음문자로서의 일본 가나가 한자보다 더 강한 근대성을 지닌다고 인식하고, 나아가 한자개량의 관점을 제기했다. 일본인들과 필담을 통해 교류를 할 수 있었음에도, 황준헌은 여전히 중국인이 '동문(東文)'을 학습해야 한다고 여겨 '동문학당(東文學堂)'을 설립했다. 그러나, 청정부가 조약국의 언어문자를 학습하기 위해 설립한 동문관에는 줄곧 '동문'을 추가로 설치하지 않았는데, 이는 객관적으로 한문의 절대성과 배타성을 강화한 것이다.

본서는 1860년대부터 1880년대까지 조공체제로부터 조약체제로의 변환과정에서 중국이 일본 및 일문을 어떻게 자리매김했는지를 명확히 하였다. 이는 갑오전쟁 이후의 일중관계에 대한 분석에 기초를 놓았을 뿐 아니라, 근대중국과 주변의 관계에 대한 연구에도 약간의 새로운 시각을 제공했다. 물론 책에서 제기한 문제에는 더욱 연구 토론할 여지도 있다. 2009년 이 책의 출판 후 일중관계에는 큰 변화가 발생하여, 역사연구자로서도 역사적 각도에서 더욱 많은 대답을 해야 할 책임이 있다.

마지막으로 나는 일문과 중문에 정통한 최정섭 교수에게 충심의 감사를 표한다. 그는 번역과정에서 심혈을 다했고, 주해 하나하나를 대조하고 교정하였는데, 그의 이런 엄격한 학술태도에 나는 매우 경의를 표한다. 동시에 한국의 산지니 출판사에도 매우 감사한다. 산지니 출판사가 힘껏 도와주어, 이 책은 마침내 한국의 독자와 만날 수 있게 되었다. 이 모든 것이, 더 좋은 연구 성과를 만들도록 나를 격려할 것이다.

2021년 3월 일본 오사카에서
옌리

차례

서론

1. 이 책의 과제

이 책은 1860 · 70년대에 초점을 맞추어, 청조(淸朝)의 대외관계 재편에서 일본의 위치짓기 및 청조관료의 일본어 인식 과정을 고찰한다.

청조 대외관계의 재편은 조공체제로부터 조약체제로의 전환 과정이라고 말해도 좋다. 중국의 전통적인 대외관계는 중국을 중심으로 주변지역과의 관계를 조공과 책봉에 의해 결부시킨 것이었다. 예부터 중국은 자국을 유일한 문명국으로 인식하여 세계의 중심에 두고, 그 문명의 은혜가 닿지 않는 지역—북적(北狄), 남만(南蠻), 동이(東夷), 서융(西戎)—으로, 단계적 방사상(放射狀)으로 바깥을 향해 내려가는 '화이사상(華夷思想, 중화사상)'을 유지해왔다. 그리고 중국의 대외관계는 이 '화이사상'에 따라서 제도화 · 정통화되고, 중국으로부터 본 주변 왕조들과의 관계는 중화문명의 은혜를 베푸는 입장과 그 은혜를 고맙게 받는 입장의 관계로서 의례화(儀禮化)되었다. 즉, 중국의 주변에 있는 국가 · 민족의 수장이 황제의 덕을 흠모하고, 사절을 보내 황제에게 표문(表文)과 공물(貢物)을 바치며(조공), 이에 대해 황제가 그 공물을 상회하는 회사(回賜)를 주고, 수장을 국왕에 임명한다(책봉)는 관계에 있었다. 이 같은 체제는 일반적으로 조공체제라고 불린 것인데, 체제 자체는 "중국과 개개의 조공국 사이에 보이는 복수의 관계 다발[束]이다."라고 지적되듯이[1] 다양성과 유연성을

---

1 坂野正高, 『近代中國政治外交史』, 67쪽, 東京大學出版會, 1973년

가지고 있었다.

청조(1636-1911)는 만주인이 성립시킨 왕조인데, 북경에 들어온 후(1644년)의 청조정부는 명조(明朝) 이래의 직할성(直轄省) 외에 몽골 · 티벳 · 신강(新疆) · 청해(青海)라는 번부(藩部)를 왕조의 일부로서 거두어들여 이 지역들을 이번원(理藩院)에 의해 다스렸다. 대외관계에서 조공체제는 여전히 기능하고 있었으나, 번부에 인접한 네팔과 중앙아시아 국가 및 러시아와는 이와 다른 방식으로 관계를 맺었다. 이 나라들과의 관계는 내륙의 번부와 마찬가지로 이번원이 관리했다. 이것은 소위 '동남의 반달'(명조 이래의 직할성과 그 연장선상에 있는 조공국)과 '서북의 반달'(번부와 그것에 연속하는 조공국)이라는 이원적 세계관이 청조를 둘러싸는 상황이 되었다.[2] 동시에 이 이원적 구조는 황제를 중심으로 하여 중앙, 지방, 조공국, 호시국(互市國, 通商國)과 같은 동심원 모양의 관계로서도 전개되었다.[3]

다른 한편, 조약체제란 유럽에서 발전한 근대국제법 원리에

---

2 Mark Mancall, "The Ch'ing Tributary Ststems: An Interpretive Essay" in J.K.Fairbank(ed.), *The Chinese World Order: Traditional Relations*, Harvard University Press, 1968. 佐佐木揚, 「淸代の朝貢システムと近代中國の世界觀(一)(二)-マーク · マンコールの研究について」, 『佐賀大學教育學部研究論文集』 제34집 제2호, 1987년, 제35집 제2호, 1988년

3 茂木敏夫, 『變容する近代東アジの國際秩序』, 山川出版社, 1997년; 同, 「東アジアにおける地域秩序形成の論理」, 辛島昇 · 高山博編, 『地域の世界史』 3 「地域のなりたち」, 山川出版社, 2000년; 同, 「中國世界の構造變動と改革論」, 毛里和子編, 『現代中國の構造變動』 7 「中華世界」, 東京大學出版會, 2001년; 同, 「中華帝國の解體と近代的再編成への道」, 片山裕 · 西村成雄編, 『東アジア史像の新構築』, 青木書店, 2002년 등을 참조

따르는, 기본적으로는 조약에 기반한 주권국가 간의 대등한 관계를 가리킨다. 남경조약(南京條約, 1842년)을 효시로, 청조는 조약체제에 불리한 형태로 편입되고, 소위 불평등조약(협정관세, 영사재판권, 편무적 최혜국대우)의 내용을 준수하게 되었다. 그 후, 천진조약(1858년)과 북경조약(1860년) 등 일련의 불평등조약을 체결하는 가운데 외교사절이 북경에 주재하게 되고, 공문서에서는 종래부터 외국에 대하여 사용해온 '이(夷)'자의 사용이 금지되어, 이것을 기회로 근대적 국가관계의 기본인 평등의 원칙이 공식적으로 청조정부에 받아들여지게 되었다. 이리하여 열강국의 무력하에 청조는 조약체제를 도입하면서, 다른 한편으로는 종래의 조공체제를 유지하는 '이중외교'체제를 병행시키게 되었다.

그렇다면 조공체제와 조약체제의 관계에 대해 지금까지의 연구에서는 어떻게 파악했을까? 1950년대에 미국의 중국학 권위자 존 킹 페어뱅크가 '서양의 충격'이라는 시점(視點)에서 그 과정에 대해 총괄적으로 연구하고, "서양의 충격은 중국에게 타격이고, 모범이고, 자극이고, 분명히 다양하고 변화에 풍부한 것이었다."고 진술했다.[4] 일본에서는 반노 마사타카(坂野正高)가 페어뱅크설을 원용하여, '조직기구의 구미화'라는 문맥에서 중국의 근대화를 해석했다.[5] 이 같은 인식은 '충격-반응', '전통-근대'라는 구조에 기반한, 서양화 · 근대화를 필요로 하는 서양중심사관이었다. 이에 반해 폴 A. 코헨은 『지(知)의 제국주의』에서 '중국

4 J · K · フェアバンク著 · 市古宙三郎譯, 『中國(上)』, 東京大學出版會, 1972년

5 坂野正高, 『近代中國政治外交史』, 東京大學出版會, 1973년

자신에 즉(卽)한' 관점의 중요성, 즉 중국중심론을 제창했다.[6]

1990년대가 되자 중국의 개혁개방정책 전개에 따라 중국 경제와 외교의 역사적 전개에 대해 많은 관심이 일어났다. 지금까지는 조공체제를 주로 정치외교사의 시점에서 논해왔는데, 하마시타 다케시(濱下武志)가 '조공시스템'이라는 새로운 논점을 전개해[7] 경제분야로부터 논하기를 시도했다. 하마시타에 의하면 조공시스템은 중국을 중심으로 한 조공관계로 구성된 고도의 자율성을 가진 교역망을 가리키는데, 황해로부터 동중국해, 남중국해, 나아가 인도양에로, 바다를 교통로로 하는 교역권이 포함되어 있었다. 무역시스템으로서의 조공개념은 조공무역의 외연을 공식적인 것으로부터 비공식적인 것으로 확대하는 것이기에, 19세기 이후의 조약관계도 이 시스템에 포섭되는 것이라고 하마시타는 파악했다. 이 조공시스템론에 대해 갖가지 비판이 이루어지긴 했지만,[8] 하마시타의 논점은 근대시스템 내지는 조약체제라는 19세기적 외교체제를 서양중심사관에 기반해 검토해왔던 연

---

6 P.コーエン著 · 佐藤愼一譯, 『知の帝國主義』, 平凡社, 1984년

7 濱下武志, 『朝貢システムと近代アジア』, 岩波書店, 1997년

8 오카모토 다카시(岡本隆司)는 "構想을 所與의 것으로 하여, 그 위에서 아무리 논증을 조립해도, 그것은 마치 모래 위의 누각과 같다"고 지적하고 있고, 틀의 실증성에는 부정적이다(『中國近代 海關』, 6쪽, 名古屋大學出版會, 1999년). 또 가와시마 신은 '조공시스템'론에 대해서 "내재론은 때로 과도하게 '내적 컨텍스트'에 비치는 부분을 강조한다든가, 혹은 '바깥'으로부터의 충격과, '바깥'을 포함한 종합적 시점을 잃기 쉽게 된다는 위험성을 간직하고 있다"고 지적하고 있다(『中國近代外交 形成』, 556쪽 주63, 名古屋大學出版會, 2004년). 오카모토와 가와시마의 비판을, 하마시타설의 부정이기보다 오히려 보강으로서 파악하면, 새로운 역사상을 구축한 학문적 의의는 크다고 볼 수 있다.

구사를 상대화시켰다는 의미에서 중요성을 가진다.

또, 서양세계와의 대치를 염두에 두고, 중국의 전통적인 조공체제에도 독자적인 '합리성'이 존재한다는 관점에 서서 근대의 재편을 논한 것은 모테기 도시오(茂木敏夫)이다.[9] 특히 그는 이홍장(李鴻章)의 대(對)조선정책에 대해서 '형식적으로는 자주'였으나, '실질적으로는 개입'이라고 보았다. 청일전쟁 이전의 이홍장은 '유럽의 속국의 예(例)와 부합하는' 조선에 대한 직접적 지배를 부정하고, 메이지정부가 취한 대조선정책과는 분명히 다른 형태 · 외견을 계속 취하면서도, 그 목표로 하는 방향 자체는 일본의 경우와 다르지 않은 것이었다고 논했다.[10] 모테기 도시오의 연구는 전통적 중화세계의 '합리성'에 시점(視點)을 두고, 근대외교체제의 전환에서 중국 자신의 주체성에 대한 재평가에 새로운 길을 열었다. 전통의 '합리성'이라는 이 새로운 시점은 많은 찬동을 얻기는 했지만 갖가지 비판도 제시되었다.[11] 스즈키 도모오(鈴

---

9 모테기 도시오의 연구는 전게서를 참조할 수 있다. 또, 동아시아의 전통적 세계질서의 '합리성'에 대해서 다음과 같은 연구를 들 수 있다. 濱下武志, 「東アジア國際體系」『國際政治の理論』, 講座國際政治 · 第一卷, 東京大學出版會, 1989년; 同, 『近代中國の國際的契機』, 東京大學出版會, 1990년; 同, 「中國と東アジア」『東南アジアの歷史』, 講座東南アジア學 · 第四卷, 弘文堂, 1991년; 荒野大泰典, 『近世日本とアジア』, 東京大學出版會, 1988년; 眞榮平房昭, 「十九世紀の東アジア國際關係 琉球問題」, 溝口雄三 · 濱下武志 · 平石直昭 · 宮島博史編, 『アジアから考える3 · 周邊からの歷史』, 東京大學出版會, 1994년 등을 참조.

10 茂木敏夫, 「李鴻章の屬國支配觀」, 『中國-社會と文化』, 제2호, 1987년

11 스즈키 도모오는 "이홍장의 조선외교를 그 나름으로 적극적인 것이었다고 보는 것에는 필자도 찬성이지만, 그렇기 때문이라고 해도, 그 적극성의 질을 일본의 메이지정부의 그것과 동일한 것으로까지 간주하지 않아도 좋지 않을까. 메이지정부의 외교와의 차이를 인정하면서도, 그래도 일정한 적극성을 가진

木智夫)는 이홍장을 중심으로 하는 양무파 외교의 연구방향에 대해서 "양무파 외교가 다분히 과도적인 성격을 가지는 것임을 확실히 해 가는 것이 필요해질 것이다"라고 시사했다.[12]

20세기 후반에 들어와, 글로벌화가 주목받기 시작함과 동시에 연구상에서도 국가의 역할이 재검토되고, 정치외교의 측면에서 다시 중국근대화가 검토되기 시작했다. 가와시마 신(川島眞)의 『중국근대외교의 형성』에서 중화민국전기(1912-1926)에 초점을 맞추어 방대한 외교당안(外交檔案)을 정독함으로써 중국근대외교의 형성과정을 실증적으로 논했다. 중국외교의 변용과정에 대해서는, "중국외교사에 특징적인 용어의 측면에서 생각하면, 이무(夷務) → 양무(洋務) → 외무(外務) → 외교(外交)라는 흐름 속에서 정리할 수 있을 것이다. 이무와 양무는 대(對)동양 · 대(對)서양의, 속국체제에 포함되지 않는 국가들과의 통상사무(通商事務)를 가리킨다. 이 시기에도 외교라는 말은 있었지만, 그것은 통상을 행할 때의 룰과 교섭을 가리킨다. 이홍장의 질서관(秩序觀)은 이 틀 속에 있었다고 말해도 좋을 것이다."라고 말한다.[13]

것으로서 양무파의 외교를 파악할 수는 없는 것일까"라고 말한다(『洋務運動の研究』, 汲古書院, 1992년). 가와시마 신은 "모테기의 의론은 결국 근대적으로 재편된 그 체제가 개별적인 교섭과정에서 어떻게 드러났는가라는 점을 충분히 해명하고 있는 것이 아니다"고 지적한다(『中國近代外交の形成』, 43쪽, 名古屋大學出版會, 2004년). 오카모토 다카시는 '形式=自主'의 논설에 관해, "하나의 사실이 있으면, 그 과정과 배경에 주도한 고찰을 가하지 않은 채, 즉각 전체의 구도에 위치지어버린다"라고 지적했다(『屬國と自主のあいだ−近代清韓關係と東アジアの命運』, 名古屋大學出版會, 2004년).

12 鈴木智夫, 『洋務運動の研究』, 17쪽, 汲古書院, 1992년

13 川島 眞, 『中國近代外交の形成』, 名古屋大學出版會, 2004년

이로부터, 중국근대외교의 특징은 다음의 두 가지로 정리된다.

첫째는, 중국의 근대외교가 조공체제에 조약체제가 겹친 중층적(重層的) 외교가 되어 있었던 점이다. 청조 본래의 대외관계는 예부(禮部) 관할의 조공국과, 이번원 관할의 네팔과 중앙아시아 국가 및 러시아, 그리고 그 밖의 통상국이라는 다원적 구조를 가지고 있었다. 이 조공이념에 기반하고 있던 구조를 토대로, 천진조약 이후 조약국(條約國)의 사무는 총리아문(總理衙門)이 관리하게 되었다. 가와시마 신이 말한 이무와 양무는 주로 이 조약국들과의 통상사무를 가리킨다.

둘째는, 당시의 청조관료에게 외교란 통상(通商)과 마찬가지의 것이라는 인식이 강했던 점이다. 종래, 조공체제에서는 리(利)를 추구하는 이적(夷狄)을 '기미(羈縻)'(견제)하는 수단의 하나가 통상이었다. 조약체제에 편입된 후 공문서상에서는 외국에 대해 '이(夷)'는 사용하지 않게 되긴 했지만, 지금까지의 통상이라는 교섭수단이 여전히 외국을 견제하는 데에 유효하다고 인식된 것이다.

이처럼 근대중국의 대외관계에 대한 지금까지의 연구는 '서양중심론'으로부터 '중국중심론'으로의 추이에 따라 연구대상이 청조와 조약국의 관계로부터 청조와 조공국의 관계로 확대되었다. 이 같은 흐름 속에서, 1860년대에 조약국도 아니고 조공국도 아니었던 일본이 어떻게 위치지어졌는가에 대해서 검토를 행하는 것은 매우 의의가 큰 과제이다.

주지하듯이, 일본으로부터 중국에의 조공은 단속적(斷續的)이었는데, 명대에 왜구와 도요토미 히데요시(豊臣秀吉)의 조선출병 등의 문제로 조공은 중지되었다. 그 후 에도막부는 쇄국정책을 취했기 때문에 청조와 일본의 왕래는 나가사키(長崎)에 온 청조 상인이 일방적으로 떠맡고 있었다. 근대 일중관계는 1860년대에 막부의 상해파견으로부터 시작되는데, 청조보다 약 10년 후에 '개국(開國)'된 일본은 실로 200년 정도의 공백을 거쳐 청조에 공식적으로 내항(來航)하고, 통상을 요구했다. 이 상해파견으로부터 1871년의 일청수호조규(日淸修好條規) 체결 및 양국 주재 공사관(駐在公使館)의 개설(주청일본공사관의 개설은 1874년, 주일청국공사관의 개설은 1877년)에 이르기까지의 일청관계가 어떠한 배경 하에 어떠한 과정 속에서 이루어졌는가에 대해서, 1860·70년대 청조 대일외교의 실태를 일층 분명히 할 필요가 있다. 결국, 일본의 위치짓기를 명확히 함으로써 청말 중국 대일외교의 특징이 드러난다.

그런데, 막부의 상해파견에 대해서는 지금까지도 어느 정도 연구가 이루어졌다. 그것은 크게 두 개의 접근법에 의해 이루어졌다. 하나는 무사(武士)들의 상해체재 일기와 보고서를 중심으로 한 일본 측에서 본 청조라는 측면이다. 이 연구들은 주로 사절파견에 이르는 과정과 그들의 상해에서의 활동에 중점을 두며, 서양열강국에 위압된 청조를 보고 사절이 일본의 위기감을 느낀 점에 주목하고 있다.[14]

---

14 宮永 孝, 『高杉晋作の上海報告』, 新人物往來社, 1995년; 山根幸夫 外 編, 『增補近代日中關係史研究入門』, 研文出版, 1996년; 王曉秋, 「太平天國革命對日本的影響」, 『中國近代啓示錄』, 北京出版社, 1987년; 馮天瑜, 『「千歲丸」上海行-日本人1862年的中國觀察』, 商務印書館, 2001년 등을 참조.

하나 더 하자면, 대만의 중앙연구원(中央研究院) 근대사연구소(近代史研究所)에 소장된 외교당안의 일부인 『총리각국사무아문청당(總理各國事務衙門清檔)』[15]을 기반으로, 당시의 상해 지방관료와 중앙정부의 관료들이 가진 대일인식이라는 측면에 관한 것이다. 가와시마 신은 "중국 측의 시점에서 일본을 봄으로써, 종래 전혀 보이지 않았던, 일본의 위치짓기, 상대화된 일본의 모습 등이 보이게 될 것이라 생각된다."라고 말하고, 청조 측 시좌의 중요성을 지적한다.[16] 그러나 그의 논문에서는 충분히 논해지지 않은 부분, 예를 들면, 상해지방관료와 중앙총리아문의 관료들이 일본의 상해통상 요청에 대해 제시한 갖가지 견해의 상이(相異)는 어디에 있었는지, 또 1868년 나가사키부교(長崎奉行)가 상해도대(上海道臺)에게 보낸 서간에 대하여, 청조관료가 실제로 어

---

15 『總理各國事務衙門清檔』이라는 사료 속에 막부 상해파견에 대한 세 당안이 포함되어 있다. 「日本商人擬來滬貿易事」(01-21 · 22-1), '瑞 · 那 · 日本國來華請求設領通商事」(01-21 · 22-2), 「日本請求通商貿易事」(01-21 · 22-3). 이 사료들에는 막말의 센자이마루(千歲丸, 1862년)와 겐쥰마루(健順丸, 1864년)의 상해 파견을 둘러싸고 상해지방관료들의 보고서와 나가사키부교(長崎奉行)가 상해지방관료에게 보내는 서간(1868년) 및 청조관료의 회신 등이 포함되어 있다. 대만의 중앙연구원 근대사연구소(中央研究院近代史研究所)가 유일한 소장장소이다. 가와시마 신이 최초로 일본에 소개하고(『中國研究月報』 2003년 5월호), 그 후 黃光榮이 일본어로 번역해 「幕末期千歲丸 · 建順丸の上海派遣に關する清國外交文書-臺灣中央研究院近代史研究所所藏「總理衙門清檔」(1862~68년)」(『東京大學史料編纂所研究紀要』 제12호, 2003년), 또 같은 사람이 2008년 2월에 중국대륙의 잡지에 중국어로 전문(全文)(간체자)을 소개했다. 「同治年間中日經貿交往清檔」(『歷史檔案』 2008년 제2기)를 참조

16 川島眞, 「江戶末期の對中使節への新視角-總理衙門檔案からの問い」, 『中國研究月報』, 2003년 5월호. 그 후 川島眞, 『中國近代外交の形成』, 名古屋大學出版會, 2004년, 213~233에 수록

떻게 문제를 인식하고 있었는지, 특히 막부 측의 통상요구에 대한 청조관료의 대책은 일청수호조규의 내용과 어떻게 관련되어 있었는지 등의 문제에 대해서 더 검토할 여지가 있다.

또, 일청수호조규에 대해서는 체결과정과 조문내용의 분석 등 갖가지 측면에서 연구되었다. 왕새(王璽)는 중앙연구원 근대사연구소가 소장한 외교당안을 이용해, 일본 측 사절인 야나기와라 사마미쓰(柳原前光)의 초안과 청국 측 세 초안의 내용, 그리고 일청교섭의 내용에 대해서 상세히 진술했다.[17] 서월정(徐越庭)의 논문에서는 '조규(條規)'와 '조약(條約)'의 차이가 서술되고, 새로운 시점(視點)이 제기되었다. 그것은 일본과의 사이에서 서양 열강국과의 불평등조약의 관계와 다른 대등한 조규관계를 만들려 하던 양무파의 대일방침이 보인다고 간주한다.[18] 또 일본에서는, 후지무라 미치오(藤村道生)가 일본 측의 최종 초안작성 과정을 논술하고, 그 위에서, 후지무라의 초안이 '소중화주의(小中華主義)'였던 것에 반해 일본 측의 최종 초안은 '소서구주의(小西歐主義)'였다고 결론내리고[19] 대청(對淸)외교정책의 변화를 기술한 점이 중요한 의미를 가지고 있다.

그렇다면, 1860년대 막부의 상해파견과 1871년 일청수호조

17 王璽, 『李鴻章與中日訂約(1871)』, 臺灣中央研究院近代史研究所, 1981년

18 徐越庭, 「『日清修好條規』の成立(一)」, 「『日清修好條規』の成立(二)」, 『法學雜誌(大阪市立大學)』 제43권 제2호, 제3호, 1994년

19 藤村道生, 「明治維新外交の舊國際關係への對應-日清修好條規の成立をめぐって」, 『名古屋大學文學部研究論集』 41 · 史學 14, 1966년. 同, 「明治初年におけるアジア政策の修正と中國-日清修好條規草案の檢討」, 『名古屋大學文學部研究論集』 44 · 史學 15, 1967년

규의 체결은 어떤 관계였던 것일까? 그것을 해명하려면 일청수호조규의 배경이 되는 막부의 상해파견을 파악하고, 1860년대 청조의 대응과 조규의 체결을 하나로 묶어 검토할 필요가 있다. 그러나 일청수호조규에 관한 선행연구들은 막부의 상해파견은 거의 언급하지 않았다. 왕새와 사사키 요(佐佐木揚)[20]가 1860년대 막부의 상해파견을 거론하고, 전술한 외교당안의 내용을 간단하게 언급하는 정도에 그친다. 일본 측의 통상으로부터 조약 체결까지의 요구에 대해 청조 측은 그때마다 어떻게 대응했는가? 이런 문제는 지금까지의 연구에서는 명확히 드러나지 않았다.

대체로, 일본 측은 서양과 같은 취급을 청조에 기대했으나, 청조 측은 일본을 다른 조약국과 같이 위치짓지는 않았다. 일본과 서양열강의 위치짓기는 어떤 점이 유사하고, 어떤 점이 다른 것일까? 이 의문을 푸는 열쇠의 하나는, 청조 관료가 일본어에 대해 어떠한 인식을 가지고 있었는가라는 점에 있다. 중국인의 일본어 인식에 대한 지금까지의 연구에서는 주로 일본어교육이라는 측면이 중심이 되었다.[21] 그러나 그 기초가 되는 외교의 측면에서 정리한 연구는 거의 행해지지 않았다. 이 책에서는 주로 외교조약의 조문에 사용되는 언어, 청조의 외국어교육 및 외교상에서 필요한 외국어통역의 고찰을 통해, 일본어가 청조의 언어체제에서 어떠한 위치를 차지했는지 검토하고, 청조관료의 일본어 인식이라는 시점으로부터 근대 일중관계를 파악해 보고자 한다.

---

20 佐佐木揚, 『清末中國における日本觀と西洋觀』, 東京大學出版會, 2000년

21 劉建雲, 『中國人の日本語學習史-清末の東文學堂』, 學術出版會, 2005년

전술했듯이, 고도의 문명의 중심에 있던 중국에게 타자는 존재하지 않았기 때문에 타국과의 '외교'관계는 성립하지 않았다. 거기서 조공관계는 국내 군신관계(君臣關係)의 연장선으로서 이해되는 불평등한 국제관계였다. 그러나, "조공체제의 불평등성은 조공표문(朝貢表文)과 번쇄한 조공의례(朝貢儀禮) 속에 표현되어 있다. 실제보다 허명을 중시하고 형식주의와 상징주의의 특징이 있다. 이것은 근대의 조약체제와 본질적인 차이가 있다"고 지적되듯이,[22] 조공국에 대해서는 실질적인 지배보다 형식상의 지배가 원칙이었다. 이런 형식상의 지배는 한문으로 기술된 공문서에 어느 정도 표현되어 있다고 말해도 좋다. 왜냐하면 조공사절로부터 황제에게 제출한 조공의 표문, 황제가 반포한 책봉(册封)의 조서(詔書)와 중국의 정삭(正朔)(曆)은 전부 일정한 서식에 따르는 한문으로 기록되어 있었기 때문이다. 중국의 전통적 조공체제에서 한문은 모든 외교문서의 '정문(正文)'이었다.

청조의 국어는 만문(滿文)이었다. 한문(漢文)을 사용하는 '동남의 반달'과 대비해, '서북의 반달'에서는 몽골문, 티벳문, 위구르문, 만문 등 다양한 언어를 사용했다. 또 러시아와의 사이를 보면, 네르친스크조약(1689년)과 캬흐타조약(1727년)의 교섭 때에는 만문 · 몽골문 외에 라틴문도 사용되었고 최종 조약은 복수의 언어로 기록되며, 교환된 것은 라틴문 조약본문이었다. 즉, 다민족의 통합체인 청조이기 때문에, 지금까지의 일원적인 '한문세

---

22 李雲泉, 『朝貢制度史論-中國古代對外關係體制研究』, 新華出版社, 2004년, 381쪽.

계'가 타파되고 '비한문세계'가 창출되어, 다언어병존의 언어체제가 형성되어 있었다고 말할 수 있다. 그러나, 비한문세계가 한문으로 번역될 경우, 종래의 '화이사상(華夷思想)'에 기반한 표현이 되어버렸다. 전술한 네르친스크조약의 한문역(漢文譯)과 다른 언어로 기록되어 있던 조문(條文)은 다른 표현이 되었다. 결국 청조의 다언어체제는 한문의 절대성을 상대화시킨 것이라고 말할 수 있을 것이다.

이 같은 '동남의 반달'과 '서북의 반달'이라는 두 세계에서 다루어지고 있던 한문, 만문, 몽골문, 위구르문, 티벳문 등의 언어는 병존한 상태에 있어, 말하자면 '다발'과 같은 독립적 관계를 계속 취하면서 만주인 황제 아래에 통합되어 있었다.

여기서 특히 주목해야 할 것은 청조 정부가 열강국과의 사이에서 교환한 조약의 '정문'에서 어느 나라의 언어를 사용했는가 하는 것이다. 남경조약은 영문과 한문으로 기록되어 있기 때문에 양쪽 모두 정문이었다. 그러나, 영문 조문의 'agree(동의)'는 한문 조문에서는 '대황제의 은혜에 의해 인정되었다(大皇帝恩准)'라고 표기되어 종래의 전통적인 문맥에서 인식되고 있기에, 중영양국의 이해는 분명히 불일치였다. 조약의 해석을 둘러싸고 갖가지 문제가 발생했기 때문에, 1858년에 체결된 중영천진조약(中英天津條約)과 중불천진조약(中佛天津條約)에서는 영문과 불문이 정문이라고 규정되어, 정문규정에 관한 선례가 되었다.

소위 조약의 정문규정이란, '조약 문구(文句)가 조약당사국 각자의 국어로 쓰인 경우, 각자의 국어를 정문'으로 하는 것이다.[23] 환언하면, 조문해석상의 근거는 조약당사국 각자의 국어로 기술한 본문에 따라야 하고, 각국의 본문은 원칙적으로 평등한 가치를 가진다는 것이었다. 요컨대, 중영천진조약이나 중불천진조약과 같은 정문규정은 불평등했다. 그 불평등성에 대해서, "중국과 각국의 조약에는, 대체로 중국에게 두드러지게 불리하게 정문규정이 설정되어 있다. 조약의 내용사태(內容事態)가 불평등조항이 많고, 그 해석 또한 중국의 상대방의 국어에 의한다고 하는 것은 단순한 형식상의 문제가 아니라, 불평등 효과를 이중으로 짙게 하는 것이 된다"고 지적되었듯이,[24] 조약당사국 중 하나의 국어에 불과한 영문과 불문이 조약의 정문으로 규정된 것에서, 청조에게는 이중의 불평등이 깔려 있었다고 생각된다.

그리고 반노 마사타카의 지적에 의하면, 천진조약 이후 청조 측이 조약의 체결교섭에서 구애된 문제점의 하나로 거론한 것이 조약의 정문에 관한 것이었다. "어느 텍스트를 조약의 정문으로 할 것인가? 1858년의 천진조약에서는 외국문이 정문으로 간주되었으나, 1860년대에 들어와 중국 측은 이 문제를 문제로서 확실히 자각하게 되어, 한문과 외국문 쌍방을 정문으로 하는 경우가 많았다."[25] 결국, 반노 마사타카에 의하면, 조약에서 외국문이 정문으로 간주된 문제를 자각한 청조정부는 그 후의 조약체결에서 한문과 외국문 쌍방을 정문으로 간주한 것이다. 확실히 1860

23 入江啓四郎, 『中國における外國人の地位』, 東京堂, 1937년, 126쪽

24 入江啓四郎, 『中國における外國人の地位』, 東京堂, 1937년, 126쪽

25 坂野正高, 『近代中國政治外交史』, 東京大學出版會, 1973년, 280쪽

년대 이후 체결된 조약은 정문에서 '자국의 문자'라고 규정된 것이 많았는데, 조약의 상대국은 전부 서양 국가였다. 그러면 동양에 대해서 볼 경우, 전술한 일본과 체결한 일청수호조규(1871년)는 어떤 특질을 가진 것이었을까?

나아가 거의 일본어를 이해하지 못한 청국 초대주일공사단은 내일(來日) 후에 어떻게 공무를 보고, 어떻게 일본을 본 것일까? 지금도 청조정부에 제출된 외교관들의 보고서 및 일본인과 '필담(筆談)'한 기록 등을 이용해, 내일한 외교관들의 일본관(日本觀)과 일중(日中)교류에 대해서 논한 연구는 많다.[26] 그러나 일본어가 불가능한 외교관들은 일본어와 그 학습에 대해서 어떻게 인식하고 있었는지, 또 이것이 일청수호조규의 정문규정과 어떤 연관이 있었던 것인지와 같은 점은 그다지 거론되지 않고 있다.

청조는 천진조약에서의 정문규정의 불평등성을 어느 정도까지 인식하고, 어떻게 대응하였는가? 이렇게 서양 국가들과 대치하는 가운데 일청수호조규의 정문규정은 어떻게 결정되었는가? 또 체결 후에 어떻게 대응하였는가? 이 문제들을 해명함으로써 청조의 근대 대일본외교정책의 성격이 명료해질 터이다.

청조의 관료들은 도대체 어디까지 '화이사상'(중화사상)으로부터 벗어나고, 어느 정도까지 중국과 중국문명을 상대시할 수 있었던 것일까? 이 같은 문제를 해명하기 위해, 1860·70년대의 대일관계를 분석해보고자 한다.

---

26 張偉雄, 『文人外交官の明治日本-中國初代駐日公使團の異文化體驗』, 柏書房, 1999년. 陳捷, 『明治前期日中學術交流の研究』, 汲古書院, 2001년. 王寶平, 『淸代中日學術交流の研究』, 汲古書院, 2005년

2. 이 책의 구성과 개요

전술한 대로, 이 책은 청말 중국의 대일외교와 일본어 인식을 구명(究明)한다. 이 문제의식에 따라 이 책은 다음과 같은 구성을 취한다.

우선 제1장에서는 이 책의 토대로서 청조 다언어체제와 대외관계의 변용을 고찰한다. 다민족을 통합하는 청조는 만문을 국어의 위치에 두면서 '한문세계'('동남의 반달')를 온존시키고 '비한문세계'('서북의 반달')를 창출했다. 또, 대외관계에서 조공체제의 계승과 조공국의 언어학습, 러시아와 복수의 언어로 체결된 조약 및 러시아어학교, 나아가 매카트니사절단 내방(來訪) 시 다언어로 행해진 회견에 대해 기술하고, 다언어체제의 구조를 분명히 한다. 또, 조약체제의 도입에 따라 외국어학교가 설립된 사태와 재래(在來)의 언어체제와의 관계를 검토한다.

제2장에서는 1860년대 막부의 상해통상 요구에 대한 청조 측 대응의 전말(顚末)을 더듬는다. 개국 후의 경제불황을 주인(主因)으로, 독자적 대외무역을 시도하기 위해 1862년 에도막부는 다카스기 신사쿠(高杉晋作) 등의 젊은 무사들을 태운 센자이마루(千歲丸)를 상해로 파견했다. 그 후 1864년에 겐쥰마루(健順丸)도 파견되고, 1868년에는 나가사키부교(長崎奉行)가 상해지방관인 상해도대(上海道臺)에게 서간을 보내는 등의 움직임도 보였다. 막부는 무조약(無條約)이었던 서양 국가들과 마찬가지로 상해에서 자유무역을 행하려 계획하고 있었다. 요컨대, 개국 후의 일본

은 청조의 약세와 서양 열강국의 강세를 읽어낸 다음, 종래의 질서인 조공무역으로의 복귀가 아니라, 서양을 모방한 상해통상을 이용해 경제불황을 타개하려 생각한 것이었다. 결과적으로 청조정부가 일본 측의 통상요구를 공식적으로 거부하고, 일본을 제한하는 '장정(章程)'도 내어놓은 것에 입각해서, 1860년대 일본의 위치짓기에 대해서 취한 청조 태도의 경위를 고찰한다.

다음으로, 제3장에서는 일청수호조규의 체결을 논한다. 일본정부는 메이지유신 직후 주변 국가들과의 외교관계 개선을 목적으로 1870년에 야나기와라 사마미쓰를 청조에 파견해 조약체결을 타진했다. 이홍장을 대표로 하는 양무파는 막부의 상해 내항(來航)의 경위 및 청조와 서양의 중간적 입장에 있는 일본의 입장을 중시하고, 당시 일본의 국력을 인정하여 보수파의 의견에 반대하면서 조약체결을 주장했다. 이 장에서는 이홍장을 비롯한 양무파의 대일인식을 검토함으로써, 1870년대의 대일인식이 1860년대의 그것과 어떤 점에서 달랐는가를 분명히 하고, '장정국'으로부터 '조규국'이 된 일본의 위치를 구명한다.

제4장에서는 일청수호조규의 정문규정에 초점을 맞추어, 한문이 주도적 위치로 규정된 경위를 더듬어가면서, 규정내용의 성립과정까지의 일청 쌍방의 초안(草案)에 대해서 분석한다. 중영천진조약과 중불천진조약의 정문규정에 의해 외교에서 한문의 권위는 상실되었지만, 일본과의 사이에서의 정문규정을 둘러싸고 청조관료의 일본어 인식, 즉 한문과 일본어의 위치짓기는 어떠했는가에 대해서 고찰을 진행한다.

제5장에서는 청국 초대주일공사단의 일본어체험을 거론한

다. 초대주일공사단은 일본에서 사용되고 있는 한자에 대한 관심을 높이는 한편, 일본어통역자의 부족으로 고민하고 있었다. 이윽고 일본어학교의 개설이라는 제안이 나오기에 이르는데, 이 전개 속에서 내일(來日)한 외교관들의 일본어 인식을 검토하고, 그와 아울러, 공사단(公使團)의 참찬(參贊)으로 근무한 황준헌(黃遵憲)의 일본어연구와, 일본어 가나에 대한 그의 인식에 대해서도 언급한다.

이상 각 장의 고찰을 통해 청조 대일외교의 개시 및 그 특징을 해명해간다. 그리고, 지금까지는 거의 연구되지 않은, 조약의 정문규정이라는 측면에서 청조관료의 일본어관을 명확히 한다. 이렇게 함으로써 청말 대일관 전체가 드러난다.

제1장

청조의 다언어체제와 대외관계

처음에

이 장은 청조의 다언어병존체제와 대외관계 변용의 관련에 대해서 고찰하고, 조공체제로부터 조약체제로의 전환을 맞아 청조가 어떻게 대응했는가를 언어의 측면에서 분석한다.

이 장은 세 개의 과제로 이루어진다. 첫째는 청조 다언어체제의 구조를 밝히는 것이다. 다민족을 통합한 청조는 만문(滿文)을 '국어'의 위치에 두면서 '한문세계(漢文世界)'와 '비한문세계(非漢文世界)'에 군림하고, 한문이라는 종래의 일원적인 언어체제로부터 다언어병존체제로 전환했다. 청조의 '국어'인 만문에 대해서는 미야자키 이치사다(宮崎市定)의 연구에서 상세히 논했다.[1] 또, 수많은 번역기관을 갖고 있던 청조의 행정조직에 대해서는 장덕택(張德澤)과 이붕년(李鵬年)이 청조국가기관에 대한 통사적 연구 속에서 언급했다.[2] 한편, 이번원(理藩院)이 관할하는 '비한문세계' 각 언어의 교육기관과 팔기과거(八旗科擧)에 대해서는 최근 출판된 두가기(杜家驥)의 『팔기와 청조정치 논고』[3]에서 상세히 설명되었다. 이 연구들은 주로 청조정부의 각 번역기관과 언어교육기관의 조직에 초점을 둔 것이다. 상기(上記)한 선행연구에 입각해, 청조의 국어인 만문, 사용인구가 많은 한문, 한문세계를 견

---

1 宮崎市井, 「清朝における國語問題の一面」, 『宮崎市井全集 · 一四』, 岩波書店, 1991년, 282~337쪽

2 李鵬年等編, 『清代中央國家機關概述』, 黑龍江人民出版社, 1983년. 張德澤, 『清代國家機關考略(修訂本)』, 學苑出版社, 2001년

3 杜家驥, 『八旗與清朝政治論稿』, 人民出版社, 2008년

제하는 '비한문세계'라는 삼자의 관계, 즉 다언어체제가 어떠한 구조를 가지고 있었는가를 검토한다.

둘째 과제는 조공체제하에서의 대외관계와 언어교육의 존재 방식을 명확히 하는 것이다. 대외관계에서 청조는 기본적으로 명조의 조공체제를 계승하고 있었으나, 언어에 관해서는 어느 부분을 이어왔는지, 혹은 어느 부분을 재편하였는지를 확인하고, 한문의 권위가 어떤 형태로 유지되었는지를 검토한다.

이운천(李雲泉)은 『조공제도사론-중국고대대외관계체제연구』에서 "청조는 조공체제를 강화하기보다 국내의 안정과 강토의 확대를 중시했다."고 지적했는데,[4] 그 강토의 확대하에서, 러시아와 네르친스크조약 및 캬흐타조약이 체결되어, 조공체제와 다른 새로운 외교관계가 전개되었다. 청러관계는 요시다 긴이치(吉田金一)의 『근대러청관계사』[5]에서 상세히 논하고, 또 무라타 유지로(村田雄二郎)의 논문[6]과 고효방(高曉芳)의 『만청 양무학당의 외국어교육 연구』[7]에서는 러시아와의 사이에서 다언어사용의 문제가 거론되었다. 이 연구들에 입각해, 조약의 체결과 러시아어학교 즉 아라사문관(俄羅斯文館)의 설립을 둘러싸고, 비한문의 요소가 어떻게 들어간 것인가에 주목하고자 한다.

그런데 '조약체제' 성립 이전 서양과의 관계에 대해서는

---

4 李雲泉, 『朝貢制度史論-中國古代對外關係體制研究』, 新華出版社, 2004년

5 吉田金一, 『近代露清關係史』, 近藤出版社, 1974년

6 村田雄二郎, 「ラスト・エンペラーズは何語で話していたか?-清末の『國語』問題と單一言語制」, 『ことばと社會』, 三元社, 2000년 3호

7 高曉芳, 『晚清洋務學堂的外語教育研究』, 商務印書館, 2007년

1793년 영국 매카트니사절단이 내방(來訪)한 사태를 구체적인 예로서 주목해야 할 것이다. 매카트니사절단에 대한 연구는 상당히 많은데, 일본에서는 매카트니 저, 반노 마사타카(坂野正高) 역, 『중국방문사절일기』[8]가 있다. 매카트니일기의 중국어 번역은 두 종류가 있는데, 유반농(劉半農)의 『건륭제영사근현기』와 진중화(秦仲龢)의 『영사알현건륭기실』[9]이 있다. 연구서로서는 주옹(朱雍)의 『열고 싶지 않은 중국의 대문』[10]과 진국경(秦國經) · 고환정(高換婷)의 『건륭황제와 매카트니』[11]를, 또 미국 학자 헤비아(James L. Hevia)의 『멀리서 온 사람을 회유하다-매카트니 중국사절의 중영 의례 충돌』[12] 등도 들 수 있다. 이 연구들은 주로 영국사절의 일기 등에 기초하여 조공체제와 중화사상에 대한 비판이라는 시각에서 행해진 것이다. 마쓰우라 아키라(松浦 章)[13]와 계추풍(計秋楓)[14]의 최근 논문은 모두 언어라는 측면에 초점을 맞추어 사절

---

8 マカートニー著 · 坂野正高譯, 『中國訪問使節日記』, 平凡社, 1975년. 원서는 재단법인 東洋文庫가 소장한 존 모리슨 수집의 매카트니관계자료 속에 있는 필사본이다. 원제는 "A Journal of Embassy to China in 1792, 1793, 1794."

9 馬戛爾尼著 · 劉半農譯, 『乾隆帝英使覲見記』, 上海中華書局, 1916년. 馬戛爾尼著 · 秦仲龢譯, 『英使謁見乾隆記實』, 香港大華出版社, 1972년. 사료로서, 「英使馬戛爾尼來聘案」(『掌故叢編』, 故宮博物院, 1982~1929년)을 참조할 수 있다. 2006년에 天津人民出版社는 劉半農이 번역한 『乾隆帝英使覲見記』에 林廷清의 「解讀」을 덧붙여 『一七九三乾隆帝英使覲見記』라는 제목으로 출판했다.

10 朱雍, 『不願打開的中國的大門』, 江西人民出版社, 1998년

11 秦國經 · 高換婷, 『乾隆皇帝與馬戛爾尼』, 紫禁城出版社, 1998년

12 何偉亞(James L. Hevia)著 · 鄧常春譯, 『懷柔遠人-馬嘎爾尼使華的中英禮儀衝突』(Cherishing Men from Afar), 社會科學文獻出版社, 2002년

13 松浦 章, 「清朝官吏の見たGeorge Thomas Staunton」, 『或問』 2007년 제13호

14 計秋楓, 「馬戛爾尼使華事件中的英吉利"表文"考」, 『史學月刊』 2008년 제8기

의 중국어학습과 표문(表文) 작성 등에 대해서 검토한 것이다.

청조는 조공국, 러시아, 그리고 영국에 대해서 각각의 언어를 분리해 사용했다. 또 신설된 '아라사문관'은 팔기(八旗)교육기관과 어떤 관계가 있는 것인지, 나아가 육지로 이어진 러시아와 해상으로부터 온 영국은 어떻게 위치지어지고 있었던 것인지. 이 같은 일련의 문제를 해명하는 것이 둘째 과제이다.

셋째 과제는 조약체제 성립 이후로 초점을 옮겨, 조약의 정문규정(正文規定)과 외국어학교의 설립을 논하는 데에 있다. 조약정문규정에 대한 선행연구는 적지만, 이리에 게이시로(入江啓四郎)의 연구에서는 정문규정의 개념과 천진조약(天津條約)의 불평등성 등의 문제가 다루어져,[15] 본서의 연구에 크게 참고가 되었다. 그리고 외국어학교(경사동문관(京師同文館)·상해광방언관(上海廣方言館)·광주동문관(廣州同文館))의 연구에 대해서는 전술한 고효방의 저작 외에, 손자화(孫子和)의 『청대동문관의 연구』, 소정(蘇精)의 『청계동문관』과 『청계동문관과 그 사생(師生)』, 진향양(陳向陽)의 『만청경사동문관조직연구』[16]를 들 수 있다. 이 연구들은 주로 학교의 조직 및 교육내용과 학생의 진로 등을 중심으로 한 연구이다. 이 장에서는 남경조약 전후 청조 개항장(開港場)에서의 중국인의 영어학습과 천진조약의 정문규정 등에 따라 청조 관료의 외국어인식을 명확히 한다. 나아가, 설립된 외국어학교에

---

15 入江啓四郎, 『中國における外國人の地位』, 東京堂, 1937년

16 孫子和, 『淸代同文館之硏究』, 臺灣嘉興水泥公司文化基金出版, 1977년; 蘇精, 『淸季同文館』, 臺灣, 私家版, 1978년; 同, 『淸季同文館及其師生』, 臺灣, 私家版, 1985년; 陳向陽, 『晩淸京師同文館組織硏究』, 廣東高等敎育出版社, 2004년

대해서는 종래의 언어학교와의 관련을 기술하고, 조약체제에 있어서 외국어학교의 위치짓기를 논한다.

제1절

청조의 다언어병존구조

1. '한문세계'의 온존과 '국어기사(國語騎射)'

주지하다시피 청조는 만주인을 지배집단으로 하는 왕조였다. 원래 건주여진(建州女眞)에는 문자가 존재하지 않았지만, 청 태조 누르하치(재위 1616-1626년)가 후금국(後金國)을 세워 부족을 통일해 감에 따라 스스로의 문자를 필요로 하게 되자, 1599년 "몽골문자를 국어로 만들어, 만문(滿文)을 만든다"는 명령을 내렸다.[17] 그러나 몽골문자를 기초로 여진어(女眞語)의 음성을 합해 지어진 만문은 하나의 자모(字母)가 둘 이상의 음을 표시했기 때문에 매우 불편한 것이었다. 통상 이 초기 만문은 '노만문(老滿文)'이라고 불린다. 1632년, 홍타이지(1626-1643년)의 명령하에 '노만문'이 개선되었다. 원래의 자모에 점(點)과 환(丸)을 가한 다음, 새 자모를 추가함으로써 규범이 되는 만문을 만들어내었다.

17 蔣良騏撰 · 林樹惠 · 傅貴九校點, 『東華錄』卷一, 中華書局, 1980년, 4쪽

이같이 음성과 형식에서 일층 정비된 만주문자를 '신만문(新滿文)'이라고 부른다. 이하, 본서에서는 이것을 단순히 '만문'이라고 적는다.

만주어(滿洲語)는 국어(國語) 혹은 청어(淸語)라고도 하고, 만문은 청자(淸字) · 청문(淸文) 혹은 청서(淸書)라고도 불린다. 만문이 탄생함으로써 한문 역사서와 소설 등이 대량으로 만문으로 번역되었는데, 그것은 한민족(漢民族)의 사상과 문화를 수용함과 동시에 만문의 보급에도 역할을 했다. 조정에서는 중요한 국책(國策)은 전부 만주어로 결정되고, 갖가지 기록도 만문으로 쓰였다. 자신들의 문자로 국가의 역사를 기록한 점에서는, 만주어 · 만문은 왕조지배를 떠받치기에 충분한 '국어'의 지위를 확립했다고 말할 수 있을 것이다.

1615년 설립된 청조의 사회조직인 팔기제도에는 만주인에 의한 팔기만주(八旗滿洲) 외에 몽골인에 의한 팔기몽고(八旗蒙古)와 한인(漢人)에 의한 팔기한군(八旗漢軍)도 포함되어 있다. 만주인은 팔기군 내에서는 만주어로 군사호령(軍事號令)을 표현하도록 몽골인과 한인에게 요구했으나, 문자통일 정책까지 도입하지는 않았다. 그 때문에 국책의 결정과 국사(國事)의 기록 등은 전부 만문을 사용하면서도, 조정(朝廷)의 칙령 등에서는 만문 · 몽골문 · 한문을 병용하는 일이 드물지 않았다. 단, 이 시기의 지배층에서 만주어 사용인구는 타언어보다도 수가 많았기 때문에 '국어'로서의 지배력을 발휘할 수는 있었다.

1644년 청조는 북경(北京)에 수도를 정했다. 일찍이 '이(夷)' 민족이었던 만주인은 명조(明朝)의 한인을 대신해 중화(中華)의

천자(天子)가 되었다. 정복왕조로서의 청조는, 수적으로는 압도적 다수였던 한인을 지배할 때 만주인의 변발(辮髮)과 복장을 강제했지만 그 한편으로 만주어 · 만문의 습득은 강제하지 않았다. 이같은 정책은, 전술했듯이 다언어병존의 토대가 북경천도(北京遷都) 전부터 형성되어 있었던 것이 한 요인이지만, 거기에만 그치지는 않고, 사회질서의 회복과 새로운 정치체제의 운영을 순조롭게 행하기 위하여 한어 · 한문을 온존시키지 않을 수 없었던 점도 큰 요인이라고 생각된다.

청조는 기본적으로 명조의 정치체제를 답습했는데, 방대한 정치기관을 운영하고 강대한 한인세계를 지배하기에는, 만주인 관료만으로는 당연하게도 사람 수가 부족했다. 새로운 통치를 공고히 하기 위해서는 청조 재래의 팔기를 중심으로 한 무관체계(武官體系) 외에 전통적인 중국식 문관체계(文官體系)를 만드는 것이 필요했다. 그 때문에 순치기(順治期, 1643-1661년) 초기에는 이미 명조의 과거제도를 부활시켜 관료체계가 기본적으로 원용되게 된 것이다. 국가건설을 맞아 한인 인재를 등용하는 이상, 한어와 한문의 사용을 강제로 폐지하는 것은 불가능했다고 생각된다.

그리고 중앙의 행정기관에서는 기본적으로 하나의 관직에 만주인과 한인이 균등하게 배치되어 있는 형태를 취하였다. 예를 들면, 내각(內閣)에서는 "대학사(大學士)는 만주인과 한인 각기 2명, 협판대학사(協辦大學士, 대학사의 보좌)는 만주인과 한인 각기

1명으로 한다"고 규정되었다.[18]

또, 지방에서는 한인과 만주인의 민족적 대립을 피하고 사회의 안정을 유지하기 위해, 만주인 지배자는 '한인으로 한인을 통제한다(以漢制漢)'는 정치전략을 내세웠다. 지방에서는 한인관료가 한인서민을 관리함으로써 한인에 의한 항청(抗清)감정을 억제하려 한 것이다. 한인에 대해 관용적(寬容的)인 언어정책을 실시한 것은 그 전략의 일환으로서 기능했다고도 말할 수 있을 것이다. 결국, 지방행정의 말단에서는 한인 관(官)도 민(民)도 청조의 '국어'와 직접 접촉하지 않은 채 종래대로 한어 · 한문을 사용할 수 있었다.

한편으로, 만주인이 북경에 수도를 정했을 무렵 대부분의 만주인에게 한어 · 한문은 외국어이고, "정도(定都)했을 무렵, 만주의 인재는 아직 한문을 충분히 익히지 않았고, 한어도 말할 수 없었다"는 상황에 있었다.[19] 청조정부는 중앙 · 지방 및 중앙 내부에서 만주인 관료와 한인 관료의 의사소통을 위해서 만문과 한문의 번역기관을 중앙정부에 설치하고 수많은 번역인원을 거느렸다.

1658년 설립된 내각(內閣)은 미리 대신(大臣)의 상주(上奏)를 열람하여 그에 관한 대책을 입안하고, 황제가 결재를 행할 사전 준비를 하는 기관이었다. 내각 속에는 만본방(滿本房) · 한본방(漢本房) · 만표첨처(滿票籤處) · 한표첨처(漢票籤處)라는 만한(滿漢)

18 『清史稿』 志八九, 職官一, 「內閣」

19 『清仁宗實錄』 卷八一(中華書局影印, 1985~1986년 · 이하 同)

두 언어가 대응하는 부서가 설치되어, 만문과 한문의 번역과 정서(淨書) 등의 사무를 담당했다. 그 밖에, 몽골문 · 회문(回文) · 티벳문 · 토도문(托忒文. 몽골문의 일종으로, 위구르지역에 있는 몽고인이 사용하는 언어) 및 외국문자를 만문과 한문으로 번역하는 몽고방(蒙古房)이 설치되어 있었다.[20] "청조의 내각은 그 성립의 시작부터 번역기관의 성질을 가지고, 최후까지 이 성질을 벗어날 수 없었다"고 지적되듯이,[21] 번역은 내각 직무의 중요 부분이 되었다. 한인관료의 한문주문(漢文奏文)은 만문으로, 만인관료의 만문주문(滿文奏文)은 한문으로 번역되어, '만한합벽(滿漢合璧)'의 형식으로 내각의 만주인 · 한인 대신에게 제출되어 논의되는 것이다. 이처럼 언어문제에서 청조 초기의 정치운영은 효율적이라고는 할 수 없었다.

1732년 내각을 대신해 군기처(軍機處)가 설립되어 정무처리의 중추가 되었다. 여기에는 내번서방(內翻書房)이 설립되어 만문과 한문의 번역에 종사하는 것 외에, 만문의 음(音)과 어의(語義)의 기준을 정하고, 만문의 어휘를 늘리며, 역사서를 편찬하는 등의 일도 담당하게 되었다.[22] 내각의 경우에도 군기처의 경우에도, 청조에서 정치의 중추는 번역의 중추이기도 했다고 말할 수 있다. 청조의 행정은, 특히 초기에는 번역과 밀접한 관계를 가지고 있었다.

---

20 張德澤, 『淸代國家機關考略(修訂本)』, 學苑出版社, 2001년, 6~11쪽을 참조

21 宮崎市井, 「淸朝における國語問題の一面」, 『宮崎市井全集 · 一四』, 岩波書店, 1991년, 282~337쪽

22 『淸史稿』 志八九, 職官一, 「軍機處」

한인에 대해서 한문온존정책을 취한 만주인 지배자는 만주인 공동체 안에서는 만문의 국어로서의 지위가 지켜져야 한다고 생각했다. 사용인구가 극히 적은 국어를 한화(漢化)시키지 않도록 하기 위해서, 정복왕조로서의 청조는 처음부터 요(遼), 금(金), 원(元)의 경험을 참고 삼아, "나라의 의관(衣冠)과 언어는 쉽게 바꿀 수 없다."[23], "우리나라는 말타기와 활쏘기[騎射]를 업(業)으로 삼는다."라는 홍타이지의 명령을 지켜[24], "한인의 풍습이 성(盛)해지면 호인(胡人)의 운(運)이 떨어진다."는 제왕(帝王)교육을 받고 자라왔다.[25]

팔기자제(八旗子弟)가 한문을 학습함으로써 낭비가(浪費家)이자 견실하지 않은 한인의 풍습에 물드는 것은 아닌가 하는 우려를 가진 만주인 지도층은[26] 만주인의 아이덴티티를 지키기 위해 갖가지 궁리를 실시했다. 특히 건륭기(乾隆期, 1735-1795년)에는, 팔기자제에 대해서 "말타기와 활쏘기, 국어는 만주의 기본이고 기인(旗人)의 요무(要務)이다."라고 공언한 다음, "말타기와 활쏘기를 반드시 충분히 익숙게 하고, 국어에 반드시 정통케 한다."

---

23 『清太宗實錄』 卷三四

24 『清太宗實錄』 卷三四

25 『朝鮮王朝實錄 · 顯宗改修實錄』 卷一六, 8쪽에 의하면 孝莊文皇后는 世祖와 聖朝를 교육할 때, "태후는 漢語를 매우 싫어하였고, 혹 후손들 중 漢俗을 익히는 이 있으면 '漢俗이 盛하면 胡人의 運이 쇠한다'고 생각해 바로 금했다."

26 『清會典事例』 卷四, 「宗人府 · 教養」 條에 "종래 황족의 자제들은 滿文을 중히 여기고, 말타기와 활쏘기에 정통했다. 확실히 漢文을 학습한다면 漢人의 낭비와 견실치 않은 풍속에 흐를 우려가 있다."라고 썼다.

는 교육방침을 채택했다.[27] 팔기관학(八旗官學), 경산관학(景山官學), 함안궁관학(咸安宮官學)이라는 팔기자제를 교육하는 학교에서는 한문 외에, 국어, 보전(步箭), 기전(騎箭)이라는 과목도 설정되어 있었다.[28]

전술했다시피 청조정부의 행정기관에는 수많은 번역관(翻譯官)이 배치되어 있었는데, 그 번역관은 중서(中書)와 필첩식(筆帖式)으로 나뉘어 있었다. 중서는 내각에, 필첩식은 북경의 각 관청에 배치되어 있었다. "필첩식은 만주인에게 출세의 계단이다."라고 간주되었듯이,[29] 국어의 학습은 출세길과 이어져 있고, 번역이라는 직업은 기본적으로는 팔기자제에 의해 독점되었다.

번역관이 되는 것 외에, 팔기자제가 관에 등용되기 위해 번역과거(翻譯科擧)가 청조 초기부터 특별히 설치되고, 순치기(順治期)로부터 도광기(道光期, 1820-1850년)까지 부정기적으로 번역과거의 시험이 행해졌다.[30] 수험자는 기본적으로 팔기에 한정되며, 합격하면 번역생원(翻譯生員), 번역거인(翻譯擧人), 번역진사(翻譯進士) 등의 자격을 부여해 관도(官途)에 나아갈 수 있었다. 번역과거는 만주번역과 몽고번역으로 나뉘어 있었다. 만주번역이란 만문 문장(文章)을 한문으로 번역하거나, 만문으로 문장을 쓰는 것이었다. 몽고번역은 몽골문 문장을 만문으로 번역하는 것이었

27 『淸會典事例』 卷六三七, 「兵部 · 簡閱」

28 『淸會典事例』 卷三九三, 「禮部 · 學校」

29 『淸史稿』 志八九, 職官一, 「宗人府」

30 『淸史稿』 志八三, 選擧三, 「文科」

다. 순치기에는 팔기 내에서 한문이 가능한 인재를 등용하기 위해 번역과거가 설치되었다고 한다면, 도광기에는 그보다도 만문의 부흥을 위해 번역과거를 원용했다. "번역과거가 참된 필요에 의해 생기지 않고, 오히려 불필요해진 후에 국어의 보존을 위해 설치되어야 한 것은 아이러니한 현상이다"라고 지적되듯이,[31] 후(後)의 번역과거는 어디까지나 팔기자제의 국어학습의욕을 자극하는 것이 목적으로, 국어의 한화(漢化)를 막는 수단으로서 실시된 것이었다고 말할 수 있을 것이다.

그러나 청조정부가 국어를 존속시키기 위해 갖가지 고심을 했음에도 국어의 한화(漢化)는 피할 수 없었다. 오랜 시간 중화대륙에 군림하며 한인과 접촉함에 따라, 본래 소수인 만주인은 점차로 한인의 언어에 동화 · 흡수되었던 것이다. 만주인 가운데에서 한어의 사용이 서서히 증가해, 만주어를 말하지 못하고 마침내는 만문도 쓰지 못하는 상태가 대세가 되었다.

국어가 한화되는 조짐이 나타난 것은 강희기(康熙期, 1661-1722년)였다. 1672년, 팔기만주, 팔기몽고, 팔기한군, 한인은 같은 과거시험을 보게 되었다. "청군이 입관(入關)한 후 30년이 안 된 가운데 팔기만주와 팔기몽고는 기본적으로 한문과 한어가 가능하게 되었다."고 지적되듯,[32] 국어의 한화가 상당히 진전되었다. 1676년 만주인 관원은 한어를 이해할 수 있게 되었기 때문에, 각 관청의 필첩식 자체를 폐지하는 상황이 되었다. 필첩식이라는 취

31 宮崎市定, 「科擧」, 『宮崎市定全集 · 十五』, 岩波書店, 1993년, 136쪽

32 滕紹箴, 「明清兩大滿語滿文使用情況考」, 『民族語文』, 1986년 제2기

직자리가 없어짐에 따라 팔기자제는 점점 더 국어로부터 벗어나 국어의 한화에 더욱 박차를 가했다.

이 현상은 건륭기가 되면서 심각해졌다. 1774년, 건륭제는 종실공(宗室公)인 영성액(寧盛額)의 알현을 받았을 때, 만주어로 대응할 수 없었던 것에 노하여, 징벌로서 영성액의 일년분 봉록(俸祿)을 정지했다. 그리고 만약 금후 만문이 가능하지 않은 종실자제가 있을 경우, "학교에서의 학습에 의한 것이라면 종인부(宗人府)의 왕공(王公)과 교사를 함께 처벌한다. 가(家)에서 학습한 결과라면 그 부형(父兄)을 처벌한다."는 명령을 내렸다.[33] 국어의 한화가 만주인의 중심부인 귀족까지 나아간 것은 국어 소실(消失)의 위기를 나타내고 있었다.

청조의 통치자는 강대한 한인세계에 직면했을 때, 정치체제를 형성하기 위해 한어 · 한문을 온존시키고, 정치의 중추에 다양한 번역기관을 설치함으로써 '국어'와 한문의 언어문제를 해결하는 방침을 실시했다. 다른 한편, 팔기 내부에 대해서는 국어와 만주인의 아이덴티티를 지키기 위해, 지배자는 '국어와 말타기와 활쏘기'와 번역과거 등의 다양한 궁리를 했다. 그러나 이 같은 시책으로는 국어의 한화를 저지할 수 없어, 팔기자제는 서서히 국어로부터 벗어나고 있었다.

33 『清會典事例』 卷三九三, 「禮部 · 學校」

2. '비한문세계'의 창출

청조의 황제는 만주인의 수령으로서 중화천자(中華天子)의 신분을 계승함과 동시에 내륙 유목민족들의 장(長, 大汗)이라는 또 하나의 얼굴을 가지고 있었다.

1638년에 몽고아문(蒙古衙門)에서 개칭된 이번원(理藩院)은 내륙 유목민족, 즉 비한민족지대(몽골, 티벳, 청해(青海), 신강(新疆))의 사무를 관장했다. 이번원이 통괄하고 있던 이 지역은 통칭 '번부(藩部)'라고 불린다. 그리고 러시아 및 중앙아시아와의 무역도 관장했다.

미국인 마크 맨콜(Mark Mancall)은 청조의 세계관을 북부와 서북내륙에 위치하는 만주, 몽골, 티벳, 신강의 '서북의 반달'과 중국본토(명조의 직할성(直轄省)), 조선으로부터 동남아시아에 이르는 동(東)과 동남(東南)의 연해부(沿海部) 및 해상의 '동남의 반달'이라는 이원적 세계관으로서 설명하고 있다.[34] '서북의 반달'은 이번원에 의해, '동남의 반달'의 조공관계는 예부(禮部)에 의해 관할되었다.

문자의 측면에서 보면, '동남의 반달' 지역은 중국 본토를 시작으로 고전한문(古典漢文)을 공통문자로 사용하는 '한문세계'임에 반해, '서북의 반달'의 번부지역은 몽골문, 회문(回文), 티벳문 등의 문자를 사용하는 '비한문세계'였다. 이 '비한문세계'를 관할

---

34 佐佐木揚, 「清代の朝貢システムと近代中國の世界觀(一)(二)-マーク・マンコールの研究について」, 『佐賀大學教育學部研究論文集』 제34집 제2호(1987년)와 제35집 제2호(1988년)를 참조

하는 이번원은 관리원무대신(管理院務大臣)이 만주인 1명, 상서(尙書), 좌시랑(左侍郞), 우시랑(右侍郞)이 만주인 1명씩이며, 때로는 몽골인이 담당하는 조직으로서,[35] 전술한 중앙기구에서의 만인관료와 한인관료의 만한병용(滿漢竝用)이라는 형태는 채택되지 않았다. 그리고 번역을 담당하는 필첩식은 팔기만주인이 36명, 팔기몽고인이 55명, 팔기한군이 6명으로 되어 있는데[36] 여기서도 한인은 배제되었다. 본래 '비'한문 지역이기에 한문은 필요 없다고 간주되었다.

또 이번원에는 몽고관학(蒙古官學, 몽골어학교), 당고특학(唐古特學, 티벳어학교), 탁특학(托忒學, 토도어학교)이라는 부속학교도 설치되어 있었다. 이 학교들을 통해 만문을 비롯한 몽골문, 티벳문, 토도문을 팔기자제에게 습득시켜, 청조정부와 번부(藩部)의 통역과 번역자를 육성했다.

한편, 19세기에 청조정부는 번부 민족들의 한문사용을 엄격히 제한하면서, '한문세계'와 접촉하지 않도록 했다. 이것은 내지(內地)의 한인이 번부에 유입되는 것을 억제하는 방침과 궤를 같이 하며, 번부와 내지의 연합을 경계하고 있었음을 보여준다. 도광 16년(1836년)과 도광 19년(1839년)의 두 차례에 걸쳐 다음과 같이 몽골인에게 한자사용금지 명령이 내려졌다.

금후 몽골인은 만주어 · 몽골어로 명명(命名)해야 하고, 한자로 명

---

35 『淸史稿』 志九○, 職官二, 「理藩院」

36 『淸史稿』 志九○, 職官二, 「理藩院」

명해서는 안 된다.(1836년)

왕공타이지[*王公台吉: 청대에 몽골 제부(諸部)를 기(旗)라는 조직으로 편성하면서 자삭이라는 수장을 두었으니 이것이 자삭기(旗)이다. 이 자삭의 지위를 세습하는 특정 씨족의 귀족계층을 왕공타이지라고 한다.-역자주] 등은 내지의 서리(書吏)를 고용해 교육에 종사시킨다든가, 혹은(내지인을) 서리 자체로 등용한다든가 할 수 없다. 위반하면 '불응중사죄(不應重私罪)'로 처벌한다(1839년)[37]

함풍 3년(1853년)에 들어오면 더 엄한 금지령이 내려졌다.

몽골인이 한명(漢名)을 짓는다든가 한자와 한인의 문예를 배운다든가 하는 것은 구례(舊例)에 맞지 않는다. 소송하는 경우, 한자를 사용하는 것은 인정되지 않는다. 이번원은 각 부락에, 금후로는 몽골문을 배우라고, 한자를 배워서는 안 된다고 알리라.[38]

이처럼 몽골인의 한자 사용은 거의 완전히 금지되어 있었다. 청정부가 이 금령들을 해제한 것은 바야흐로 청조가 끝나기 직전이었다.[39]

---

37 『清會典事例』 卷九九三, 『理藩院 · 禁令』

38 『清會典事例』 卷九九三, 『理藩院 · 禁令』

39 理藩院은 1906년에 理藩部로 바뀌며, 그 개혁조례가 공포된 것은 1910년 8월의 일이었다. 거기에는 다음과 같은 내용이 기록되었다(「理藩部奏豫備憲政

청조정부는 1759년에 회부(回部)를 통일하고, '고토신귀(故土新歸)'라는 의미에서 '신강(新疆)'이라고 부르도록 했다. 이 지역에서는 한인과 회족인이 엄격히 격리되어 있었기 때문에, "일반 주민 수준에서, 또 이슬람교 지식인 사이에 한자문화 · 유교윤리가 침투한다는 사태는 생기지 않았다. 청조시대에도 여전히 아라비아문자를 이용한 투르크어로 서적이 지어졌다. 과거(科擧)를 목표로 팔고문(八股文)을 각고면학(刻苦勉學)하는 사람은 출현하지 않았다."[40]고 지적되듯이, 한문과 유교의 영향은 매우 옅었다.

1864년 이슬람교도의 반란이 일어나 독립정권이 수립되었다. 청조정부는 군사행동에 의한 재정복이라는 한인관료 좌종당(左宗棠)의 건의를 채택하여, 1877년 신강을 회복하고, 1884년 신강성을 설립했다. 신강성의 건설에 대해서 좌종당은 "널리 의숙(義塾)을 만들고, 우선 한문을 가르침으로써 적어도 문의(文義)를 이해시킨다"고 건의했다.[41] 이런 경위로 신강지역에서는 점차로

授案酌將舊例擇要變通摺」, 『大清宣統新法令』 第二三冊, 上海商務印書館, 1910년). "몽골에서 한문의 사용을 금지하는 각 조례를 바꾸어야 한다. 구례에 의하면, 내몽골과 외몽골에서는 내지의 서리를 고용해 가르치는 것은 허가되지 않았다. 또 공문(公文), 품독(稟牘)[*상급기관에 올리는 문서-역자주], 정사(呈詞)[*관청에 신고하는 글-역자주] 등도 자유롭게 한문을 사용할 수 없다. 몽골인들은 한자로 명명할 수 없다. 이것은 한인의 습관에 물들지 않도록, 몽골인의 소박한 소질이 변하지 않도록 하고자 하기 때문이다. (중략) 이상의 조례들을 전부 삭제하라."

40 新免 康, 「『邊境』の民と中國-東トルキスタンから考える」, 溝口雄三 · 濱下武志 · 平石直昭 · 宮島博史編, 『アジアから考える3 · 周邊からの歷史』, 東京大學出版會, 1994년

41 『左文襄公全集』 奏稿 「復陳新疆情形摺」

한문교육이 행해지게 되었다.

내지와 번부를 격리하고, 번부지역에 한문의 침투를 엄격하게 제한한 만주인 황제는 '한문세계'와 '비한문세계'에 군림하는데, 통일된 언어 · 문자의 세계보다도 오히려 이 같은 다원적인 언어세계야말로 '화이일가(華夷一家)'라는 정치목표를 달성하는 상징이라고 생각했다.

건륭제(乾隆帝)가 만년(晩年)에 스스로 참가하여 편찬한 만문 · 티벳문 · 몽골문 · 위구르문 · 한문이라는 다섯 종류의 언어에 의한 『어제오체청문감(御製五體淸文鑑)』(1790년경)은 만문과 각 언어를 대역한 대형 사서(辭書)이다. 구체적으로는, 어휘의 배열이 다음과 같은 순서였다.[42]

1. 만문의 어휘
2. 만문과 대역(對譯)한 티벳문
3. 만문의 절음(切音)으로 표시된 티벳문 발음
4. 만문의 음역(音譯)으로 표시된 티벳문 발음
5. 만문과 대역한 몽골문
6. 만문과 대역한 위구르문
7. 만문의 음역으로 표시한 위구르문의 발음
8. 만문과 대역한 한문

42 『御製五體淸文鑑』編者不詳. 正編三二卷, 補編四卷, 故宮博物院所藏. 民族出版社가 1957년에 영인판을 간행했다.

몽골문과 한문의 발음표기는 기록되어 있지 않지만, 티벳문과 위구르문의 발음이 만주문자로 표기되어 있는 것에서 이 네 언어에 대한 만주인의 습숙도(習熟度)가 보인다. 약 1만 8천 어휘가 포함된 이 대역사서(對譯辭書)는 만문 · 티벳문 사서, 만문 · 몽골문 사서, 만문 · 위구르문 사서, 만문 · 한문 사서의 집대성이라고 해도 과언이 아니다. 또, 만문, 티벳문, 몽골문, 위구르문, 한문이라는 배열순서는 만문을 중심으로 다른 언어가 만문과 등거리(等距離)에 위치지어져 있다는 뜻을 보여준 것이다.

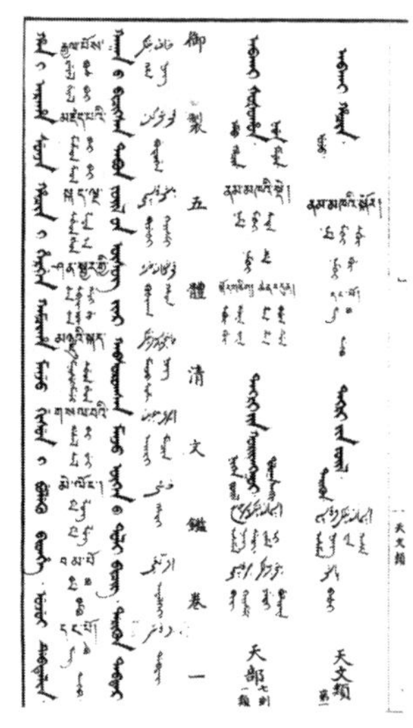

「어제오체청문감(御製五體淸文鑑)」
(출판지 불명, 강희(康熙) 이후 간행본)
출전: 간사이대학(關西大學) 도서관 소장

청조정부는 번부인 각 지역 · 각 민족에 내재하는 통치방식, 문화, 언어와 문자 등을 그대로 존속시켰고, 그 결과 "각각의 종교 · 생활 · 사회 · 문화는 유지되고, 독자적인 비중국세계로서, 중국세계를 견제하는" 것이 되었다.[43] 그러나 이 비중국세계 내부에는 통일언어도 없고, 각각의 언어공동체가 만인(滿人) 황제와 일대일 형태로 두어졌다. 따라서 청조정부는 언어통일 정책을 취하지 않았음에도, 한, 몽골, 티벳, 회(回) 등 각 민족의 언어 · 문자가

43 茂木敏夫,「清末における『中國』の創出と日本」,『中國-社會と文化』제10호, 1995년

'국어'로서의 만어(滿語) · 만문(滿文)과 이어지는 것에 의해, 각 민족이 청조 정부에 통합되는 구조로 되어 있었다. 이것은 "격리된 존재 위에 입각한 청제국"[44]의 독특한 통치수단이었다고 말할 수 있을 것이다.

제2절

조공체제에서의 대외관계와 언어학습

1. 사역관·회동관·회동사역관

명조와 청조의 대외정책의 차이에 있어서, "청조의 통치자는 바다에 대해 전혀 모르기" 때문에, "변강정책(邊疆政策)만이 존재하고 해외정책(海外政策)은 없다"는 견해가 있다.[45] 확실히, 청조는 정화(鄭和)로 대표되는 것과 같은 대함대를 이끌고 동남아시아, 인도, 그리고 아프리카에까지 원정한 명조 같은 장거는 행하지 않았고, 조공국의 수도 명조보다 감소했다. 그러나 청조는 항상 내륙과의 밸런스를 취하면서 해상과의 관계를 조정하고 있었

44 平野 聰, 『清帝國とチベット問題』, 名古屋大學出版社, 2004년, 87쪽

45 萬明, 『中國融入世界的步履-明與淸朝前期海外政策比較研究』, 社會科學文獻出版社, 2000년, 310쪽

다는 점은 간과할 수 없다.[46]

'이(夷)'로부터 '화(華)'로 전신(轉身)하고, 중화천자(中華天子)의 의발(衣鉢)을 이은 만주인 황제는 일찍이 같은 신분이었던 주변의 조공국에 대해서 중화천자로서 스스로의 정통성을 보여줄 필요가 있었다. 그래서 명조에 완성된 조공체제를 적극적으로 계승하려 한 것이다.

1647년 2월에 절강(浙江)과 복건(福建)의 항청운동(抗淸運動)을 평정한 후, 순치제(順治帝)는 곧 다음과 같은 조서를 내렸다.

> 동남 해외의 류큐(琉球), 안남(安南), 섬라(暹羅), 일본(日本) 제국(諸國)은 절강과 복건에 가깝다. 조공하는 것이 있으면 지방관은 곧바로 상주하라. 조선 등의 나라와 같이 우대한다.[47]

여기서 순치제는 일본을 거론했다. 아마도 일본이 일찍이 명조의 조공국이었던 것은 알고 있었겠지만, 이 시기에 일본이 이미 '쇄국(鎖國)'하고 있었던 정보는 아직 파악하고 있지 않았을지도 모른다. 나아가, 동년 7월에 광동(廣東)을 점령한 후 또 한 차례 조서를 내렸다.

---

46 청조의 조공국은 조선 · 琉球(류큐) · 안남 · 暹羅(태국) · 蘇錄(필리핀) · 南掌(라오스) · 緬甸(미얀마)의 7개국이었다. 명조와 청조의 조공제도의 차이에 대해서는 李雲泉, 『朝貢制度史論-中國古代對外關係體制研究』, 新華出版社, 2004년을 참조.

47 『淸世祖實錄』 卷三〇

> 남해(南海)의 제국(諸國)인 섬라(暹羅), 안남(安南)은 광동에 가깝다. 명초(明初)에 모두 사자를 파견해 조공했다. 각국은 마음으로부터 신하라고 칭하고 조공했으니, 조정은 화살 하나 사용하지 않고 조선과 똑같이 우대(優待)한다. 조공사자의 왕래는 전부 정식 조공의 길을 따르고, 직접 경사(京師)에 이르게 하여 회유(懷柔)를 보여준다.[48]

여기에 보이는 '우대'와 '회유' 등의 표현은, 만주인 황제는 단지 한인 황제의 의발을 이었음에 그치지 않고, 중국황제의 '예치(禮治)'와 '덕치(德治)'라는 통치사상도 받아들이고 있다는 것을 주변의 조공국에게 분명히 보여주고, 중화천자로서의 정통성을 인식게 하려고 한 것이다.

다른 한편으로, "지방관은 직접 상주(上奏)하라." 등의 언어사용에서 황제의 초조감을 엿볼 수 있다. 다시 말해, 중국본토에서의 항청활동이 빈발하여 사회는 불안정한 상태였다. 그래서 주변 조공국과의 관계가 유지되고 있음에 근거해, 청조의 정통성이 이미 조공국에 의해 인정되고 있다는 현실을 항청하는 한신(漢臣)들에게 보여주려고 한 것이다. 그렇게 함으로써 만주인 황제의 정당성은 기정사실이 되고 중화천자의 신분에 상응하는 근거를 얻게 된다. 바로 그렇기 때문에, 국내사정이 아직 안정되지 않았음에도 청조의 황제는 급히 명조의 조공체제를 재건하려 한 것이다. 청조정부는 조공체제를 이용함으로써 주변 지역과 안정

48 『淸世祖實錄』卷三三

적인 관계를 맺고 국내의 사회동란을 평정하려고 하였다.

청조의 조공제도는 기본적으로 명조의 그것을 답습한 것이기 때문에, 명대에 대(對)조공국 사무를 담당하고 있던 사이관(四夷館)과 회동관(會同館)에 대해서 간단히 기술해 두려 한다.

명조는 1407년에 한림원(翰林院)에 예속된 사이관을 설치했다. 여기서는 조공국의 표문(表文, 외국 사신이 황제에게 제출하는 공문서)을 번역하는 일 외에, 번역을 학습하는 학생의 양성도 행하고 있어서, 어떤 의미에서는 외국어학교의 역할을 수행했다.[49] 당초에는 팔관(八館)이 개설되었으나, 1511년과 1579년에 또 일관(一館)씩 증설되어 십관(十館)이 되었다.[50] 각 관과 번역하는 지역의 문자[*이 책에서는 '문자(文字)'라는 표현으로 '언어'를 대신하는 일이 많다.-역자주]는 다음과 같다.

달단관(韃靼館): 몽골문

여직관(女直館): 여진문

서번관(西番館): 티벳문

서천관(西天館): 천축문(天竺文, 범문梵文)

회회관(回回館): 아라비아문, 페르시아문

백이관(百夷館): 운남(雲南) 서남부의 덕굉(德宏)지역에 사는 다이족의 다이 · 나문(傣納文, 버마문에 가깝다.)

고창관(高昌館): 위구르문

면전관(緬甸館): 버마문

---

49 莊澤宣 · 陳學恂, 「從四方館到同文館」, 『嶺南學報』 제8권 제1기 1947년

50 『明會典』 卷二二一, 「翰林院」

팔백관(八百館): 운남 서남부의 서쌍판납(西雙版納)지역에 사는 다이족의 다이 · 루문(傣泐文, 타이문에 가깝다.)

섬라관(暹羅館): 타이문

여기에 조선관, 류큐관, 안남관, 일본관을 두지 않은 것은 조선, 류큐, 안남, 일본 등의 조공사절이 지니고 온 표문이 한문으로 쓰여 있던 것에 이유가 있을 것이다.

그런데, '서반(序班)'이라고 불린 교사는 중국인 외에 조공국의 사자로부터 선발되는 일도 있었다. 번역을 학습하는 학생은 '역자생(譯字生)'이라고 불리는데, 최초에는 "국자감생(國子監生) 중에서 학생을 선발해 번역을 학습"했지만,[51] 후에 "관(官)과 민(民)의 자제를 겸하여 선발하게" 되었다.[52] 그러나 대부분의 학생은 '번이(藩夷)'의 문자를 학습하는 것에 흥미가 없었던 듯하고, 최종적으로는 "세습의 자제를 선발하여 학습시킨다"[53]라고 하듯이, 역자생은 일종의 가족세습의 직업이 되어 있었다.[54]

사이관에서는 관원의 필요에 대비하여 『화이역어(華夷譯語)』[55]라는 것이 편찬되었다. 각각의 관(館)에서 해당국의 어휘를

51 『明會典』 卷二二一, 「翰林院」

52 『明會典』 卷二二一, 「翰林院」

53 『明會典』 卷二二一, 「翰林院」

54 『明會典』 卷二二一, 「翰林院」

55 『華夷譯語』에는 甲種本 · 乙種本 · 丙種本 · 丁種本의 네 종류가 있다. 甲種本은 몽골인인 火原潔과 馬沙亦黑에 의해 1382년에 편찬되고, 1389년에 간행되었다. 그것은 한자로 몽골어의 음을 표시하는 것이다. 乙種本은 四夷館이 편찬한 것이다. 「雜字」(어휘)와 「來文」(문장)으로 나뉘고, 각각의 나라의 문자를 사용하고 있다. 丙種本은 會同館系의 『華夷譯語』(茅瑞徵編纂, 1549년 교정)이

집록해 한어로 대역한 부분과 각각의 나라에서 온 표문을 한문으로 대역한 예문(例文)을 모은 부분의 둘로 이루어져 있는데, 말하자면 사이관의 교과서라고 할 수 있다. 또, 한자사용국인 조선, 일본, 류큐의 어휘는 수록되어 있지 않다.

사이관에서 조공국언어의 학습은 주로 조공국의 표문 등의 내용에 한정하고, 거기서 다루어진 『화이역어』도 조공에 필요하다고 간주된 언어이기 때문에, 언어를 학습한다기보다는 정해진 언어와 표현에 정통한 일종의 직인(職人)이 되었다.

조공제도와 관련 있는 또 하나의 조직은 회동관이다. 명조 초기, 수도인 남경과 북경(1408년)에 회동관이 설치되었다. 외국에서 온 사절의 환영과 조정에의 인견(引見) 및 일상생활의 보살핌이 회동관의 주된 일이었으나, 동시에 이곳은 교역이 행해지는 장소이기도 했다.[56] 따라서, 번역을 중심으로 한 사이관과는 달리

다. 일본어 어휘를 가지고 있는 것은 會同館系뿐이다. 丙種本에는 일본어 외에, 朝鮮 · 琉球 · 安南 · 占城 · 暹羅 · 韃靼 · 畏兀兒 · 西番 · 回回 · 滿剌加 · 女直 · 百夷의 총 13개 언어에 대한 對譯集이고, 한자로 각각의 언어의 음을 표시한다. 어느 쪽이나 '雜字'뿐이고, '來文'의 對譯은 없다. 이 13개 언어 외에, 다른 서양언어의 對譯集도 존재한다. 丁種本은 청조의 會同四譯館(1748년에 四譯館과 會同館이 합병되어, 會同四譯館이 되었다)의 것이다. 石田幹之助, 「女眞語研究の新資料」, 『桑原博士還曆記念東洋史論叢』, 弘文堂, 1931년; 同, 「所謂丙種本『華夷譯語』の『韃靼館譯語』」, 『北亞細亞學報』 第二輯, 1943년; 大友信一 · 木村晟, 『日本館譯語 本文と索引』, 洛文社, 1958년; 京都大學文學部國語國文學研究室, 『纂輯日本譯語』, 京都大學國文學會, 1968년; 馮蒸, 「"華夷譯語"調查記」, 『文物』 1981년 제2기; ワルタ · フックス著 · 鴛淵一 · 村上嘉實譯, 「新『華夷譯語』に就いて」, 『史林』 제17권, 제2호, 1932년; 福盛貴弘 · 遠藤光曉編, 「華夷譯語論文集」『語學教育フォーラム』 제13호, 大東文化大學語學教育研究所, 2007년; 劉紅軍 · 孫伯軍, 「存世華夷譯語及其研究」, 『民族研究』 2008년 제2기

56 『明會典』 卷一〇九, 「禮部六七 · 會同館」

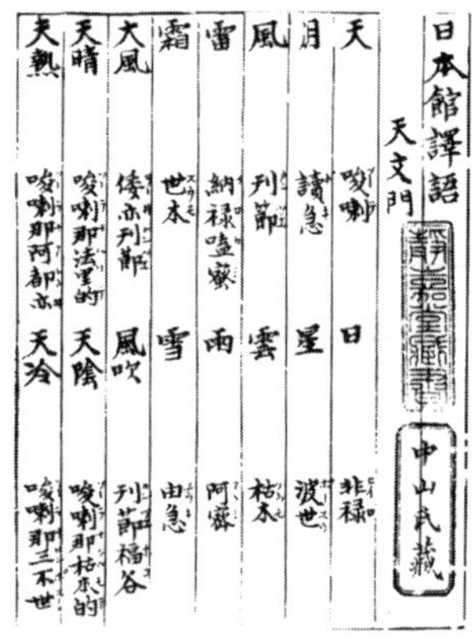

日本館譯語

天文門

天 唆喇　日 非祿

月 讀急　星 波世

風 刋節　雲 枯木

雷 納祿嗑𡢃　雨 阿𡢃

霜 世木　雪 由急

大風 倭亦刋節　風吹 刋節福谷

天晴 唆喇那法里的　天陰 唆喇那枯木的

天熱 唆喇那阿都亦　天冷 唆喇那三不世

「일본관역어(日本館譯語)」
출전: 大友信一·木村晟, 「日本館譯語本文と索引」, 洛文社, 1968년 수록

회동관은 통역이 중심적인 일이었다고 할 수 있다.[57]

또, 1469년에 통역 인원수에 대해서 다음과 같이 규정되어 있었다. "사이(四夷)를 합쳐 8개소(個所)가 있다. 통역의 정원은 60명이다."[58]라고 기록되어 있듯이, 회동관에는 각국 통역 인원수가 총 60명이 두어지는데, 그중 "조선국은 5명, 일본국은 4명, 류큐국은 2명, 안남국은 2명"이었다.[59] 공식문장을 다루는 사이관과 달리, 통역이 중심이 되는 회동관에서는 한자권의 조선, 일본, 안남, 류큐의 통역도 두었다. 회동관의 통역에 학생이 채용되는 일은 없고, 본국인을 이용하는 일도 많았다. 예를 들면, 조선어 통역의 경우 대부분이 조선출신의 동녕위(東寧衛) 사람이었다.[60]

---

57 會同館에 대해서는 이하의 연구가 상세하다. 矢野仁一, 「北京の露國公使館に就いて」, 『藝文』 第6年 第9號 第10號. 松浦 章, 「明清時代北京の會同館」, 『神田信夫先生古稀記念論集清朝とアジア』, 山川出版社, 1992년. 특히, 야노 진이치(矢野仁一)의 논문에서는, 註3 「明의 會同館에 대해서」, 註4 「清의 會同館에 대해서」, 註5 「會同四譯館」에서, 명조 이래 會同館의 변천이 기술되어 있다.

58 『明會典』 卷一○九, 「禮部六七 · 各國通事」

59 『明會典』 卷一○九, 「禮部六七 · 各國通事」

60 藤本幸夫, 「清朝朝鮮通事小考」, 高田時雄編, 『中國語史の資料と方法』, 京都大學人文科學研究所, 1994년

사이관과는 별도로 회동관이 편찬한 『화이역어』도 있는데, 여기에 『일본관역어(日本館譯語)』가 포함되어 있다. 수록어휘의 수는 565개인데, 천문문(天文門)과 지리문(地理門) 등 15종류로 나뉘어 있다. 그 내용에 대해서 와타나베 미치오(渡邊三男)는 "오역이 많다는 것은, 이 역어를 편성할 때 일본인이 관여하지 않았던 것은 물론, 일본인에 의해 교정을 얻을 기회가 일찍이 없었음을 이야기하는 것일 것이다."[61]라고 지적한다. 그렇다고 해도, 이 『일본관역어』는 명대 중국인의 일본어학습을 아는 데에는 알맞은 자료라고 할 수 있다.

청조에서는 순치제가 1644년에 북경에 정도(定都)한 이래, 명의 '사이관'을 모델로 하여 '사역관(四譯館)'이라는 주변 조공국 언어를 번역하는 기관이 설치되었다.

> 사역관은 한림원에 예속하고, 태상시(太常寺)의 한소경(漢少卿) 한 사람이 책임자가 된다. 전부 여덟 관(館)이 있다. 회회(回回), 면전(緬甸), 백이(百夷), 서번(西番), 고창(高昌), 서천(西天), 팔백(八百), 섬라(暹羅)라고 부른다. 원방(遠方)의 조공문자(朝貢文字)를 번역한다.[62]

청조는 스스로가 '이(夷)'의 입장에서 벗어나기 위해, 명의

---

61 渡邊三男, 「華夷譯語及び日本館譯語について」, 『駒澤大學文學部研究紀要』 제18호, 1960년, 제19호, 1961년

62 『淸史稿』 志八九, 職官一, 「禮部」

'사이관'을 '사역관'으로 바꾼 것 외에, 명대의 여직(女直)과 달단(韃靼) 두 관(館)도 생략했다. 만주인은 여직(여진)의 후예이고, 전술(前述)했다시피 만주문자는 달단의 후예인 몽골의 문자를 개량하여 만들어져 청조의 국어가 되었다는 경위로부터 생각해도, '조공문자'를 번역하는 이 사역관에서 여직과 달단 두 관이 사라진 것은 당연할 것이다. 표1(67쪽 참조)에 보이듯이 서반(序班)의 수는 차차 감소하고 있었다.

여기서 조선과 류큐 등을 언급하고 있지 않은 것은 명대 사이관과 마찬가지이다. 또, 일본은 '쇄국'정책을 실시하고 있어서, 청조와의 교류는 주로 청조 측으로부터의 일방적인 왕래가 되어버렸기 때문에 일본에 대해서는 언급하지 않았을 것이다.

명조와 마찬가지로, 사역관 외에 예부(禮部)에 속하는 회동관도 설치되어 있었다.

순치 초년, 회동관을 설치해 외국의 조공인원을 접대하다.[63]

회동관의 일은 표1에 기록되어 있듯이 명조 때와 거의 같아, 사자의 접대와 안내를 비롯해 표문의 수취와 조공품의 점검 등이었다.[64]

1748년 사역관이 폐지되고 회동관과 병합하여 회동사역관으로 바뀌었다.

---

63 『淸會典事例』 卷五一四, 「禮部 · 朝貢 · 館舍」

64 『淸會典事例』 卷五一四, 「禮部 · 朝貢 · 館舍」

사역관은 각국의 역자(譯字)를 전습(傳習)하는 곳에 지나지 않는다. 현재 조공하는 나라들 중, 조선, 류큐, 안남의 표문은 한문이기에 본래 번역할 필요가 없다. 소록(蘇錄, 필리핀), 남장(南掌, 라오스)의 문자는 관내(館內)에서 애초에 배우고 있지 않기에, 섬라(타이)의 표장(表章)과 함께, 각 성(省)의 독무(督撫)는 그 성의 통사(通事)에게 번역해 제출케 한다. 백이, 즉 사천(四川), 광서(廣西), 운남(雲南), 귀주(貴州) 각 성(省)의 토관(土官)의 경우는 현재 이미 주(州)와 부(府)가 설치되었으며, 혹 여전히 토관이 설치되어 있더라도 모두 판도(版圖)에 들어와 각 성(省)이 일을 처리한다. 또 회회, 고창, 서번(西番), 서천(西天) 등의 나라, (감숙성(甘肅省)의) 조주(洮州), 민주(岷州), 하주(河州), 오사장(烏思藏, 티벳) 등 지역의 번승(番僧)은 현재 조공하고 있는데, 전부 이번원이 접대하는 곳으로 되어 있다. 이번원의 주문(奏文)에 의하면 고창관의 문자는 몽골문과 같고, 서천관의 문자는 티벳문과 같다. 사역관에는 일이 없어졌기에, 그것을 예부의 회동관에 합병해야 한다.[65]

합병하는 이유는 간단히 다음과 같이 정리된다.

1. 조선, 류큐, 안남의 표문은 한문으로 쓰여 있기 때문에 번역할 필요가 없다.

2. 소록(필리핀), 남장(라오스), 섬라(타이)의 조공표문은 조공사(朝貢使)들이 접대를 받는 각 성(省)에서 번역되고, 그 후 상경

65 『淸會典事例』 卷五一四, 「禮部 · 朝貢 · 象譯」

하여 황제에게 조공품과 표문을 헌상한다. 사역관에서는 표문의 번역은 하지 않는다.

3. 백이는 청조 판도의 확대에 의해 성의 직접 관리로 바뀌었다.

4. 회회, 고창, 서번, 서천 등의 지역의 번역은 이번원이 담당한다.

한자를 사용하는 조공국이 청조에 제출하는 공식문서는 명조와 마찬가지로 한문으로 쓰였음을 알 수 있다. 이것은 중국본토에서의 한문존속정책의 연장선일 것이다.

그리고 서남지역의 '개토귀류(改土歸流)'[*현지민족의 세습통치자를 관리로 삼던 것(土司, 土官)을 중앙에서 파견한 관리(流官)로 대체하는 것-역자주] 등의 내부통합에 의해, 일찍이 '토사(土司)', '토관(土官)'을 통해 간접 통치를 해왔던 서남 소수민족 지역은 중앙의 직접통치체제에 귀속되었기에, 그 사무들이 지방행정기관으로 옮겨가게 되었다.

또, 전술했다시피 이번원은 '서북의 반달' 지역을 관할하기에, 그 지역의 번역은 이번원에서 담당하게 되었다. 이렇게 사역관에서의 번역업무가 없어졌기 때문에 합병하지 않을 수 없었다.

회동관에 합병된 사역관은 그 규모가 더 작아졌다.

> 본래는 회회, 고창, 서번, 서천, 섬라, 면전, 팔백, 백이라는 여덟 관(館)을 설치했는데, 각 관에는 서반이 1인, 역자생이 전부 96인 있었다. 회회, 고창, 서번, 서천을 하나의 관으로 합병하여 서역관(西域館)이라고 명명한다. 몽골과 티벳의 역자생은 두지 않고, 회회

와 서번은 역자생을 4인 남겨둔다. 섬라, 면전, 백이, 팔백 및 소록, 남장을 하나의 관으로 병합해 백이관(百夷館)이라고 부른다. 섬라와 백이의 역자생은 4인 남겨둔다. 원래 서반은 8인이 있지만, 2인을 남겨, 관으로서의 체제를 갖춘다. 나머지는 삭감한다.[66]

결국, 본래의 여덟 관은 '서역'과 '백이' 두 관으로 병합되고, 서반은 8인에서 2인으로, 역자생은 96인에서 8인으로 삭감되었다. 회동사역관은 표1에 보이듯이 종래의 회동관의 사자(使者) 접대와 조공품 점검 등의 기능, 또 사역관의 번역과 학생 육성이라는 기능을 합했다.[67] 이번원과의 관계를 조정하면서 회동사역관이라는 조직을 만들어냈을 것이다.

또, 18세기 후반 건륭제 시기에는 『화이역어』가 재편집되었다. 건륭제는 명조의 『화이역어』를 읽고, "짐이 아는 것은 서번(西番)부분뿐이지만, 틀린 데가 많다"고 혹평하고,[68] 청조판 『화이역어』를 편집하라고 명령했다. 그 재편집의 방법에 대해 건륭제는 다음과 같이 말했다.

천축(天竺)과 서양(西洋)의 책은 가까운 함안궁(咸安宮)에서 조사한다. 섬라, 백이, 면전, 팔백, 회회, 고창의 역본(譯本)은 그 나라에 가까운 성의 독무(督撫)에게 넘겨, 단어를 모아 정정(訂正)시

66 『清會典事例』 卷五一四, 「禮部 · 朝貢 · 象譯」

67 『清會典事例』 卷五一四, 「禮部 · 朝貢 · 象譯」

68 『清會典事例』 卷五一四, 「禮部 · 朝貢 · 象譯」

킨다. 그 외의 해외제이(海外諸夷) 및 묘(苗)와 강(彊) 등에서 기성의 것이 있으면 합하여 수록한다. 또 티벳어와 한어의 역본 형식에 비추어, 자음(字音)과 자의(字義)를 한자로 각 문자 아래에 첨부한다. 완성 후 회동사역관에 진정(進呈)한 다음 교정한다. 그렇게 동문성치(同文盛治)를 밝게 보여준다.[69]

서양이란 조공국 이외의 호시국(互市國, 통상국)을 가리켰는데, 당시는 포르투갈, 스페인, 네덜란드, 영국, 프랑스 등이다. 청조판 『화이역어』에 영어, 불어, 독일어, 이탈리아어, 포르투갈어, 라틴어가 편입된 것에서, 명조에 비해 광역적인 대외관계가 전개되고 있었음을 볼 수 있다.

이리하여, 합계 42종류에 이르는 언어를 망라한 청조판 『화이역어』가 편찬되었다.[70] 이 같은 대규모의 다언어사서(多言語辭書)를 편찬하게 됨으로써, 청조정부에 의한 다언어체제의 확립과 번영(同文盛治)이 과시되고, 만주인인 '중화천자(中華天子)'를 주

---

69 『淸會典事例』 卷五一四, 「禮部 · 朝貢 · 象譯」

70 이것은 소위 丁種本의 『華夷譯語』이다. 회동사역관에 의해 편찬된 것일 것이다. 이 역본은 42개 언어를 수록하고, 어느 쪽이나 '雜字[*대역어휘집-역자주]'뿐이며, '來文[*예문(例文)-역자주]'의 대역은 없다. 하나의 언어를 제외하고 전부 본래의 문자를 쓰고 있다. 특히 귀중한 것은 그중에 영어(2권) · 불어(5권) · 독일어(5권) · 이탈리아어(5권) · 포르투갈어(5권) · 라틴어(5권)도 들어 있다는 것이다. 역어집의 첫 페이지에 '西洋館'이라는 문자가 남아 있다. 서양관의 어휘는, 중국어는 중국인에 의해, 서양문자는 선교사에 의해 쓰인 것이 분명하다. 단, 영어 부분은 중국인에 의해 쓰여 있지만, 언어를 잘 몰랐기 때문에, 잘못을 많이 포함한다. 또, 조선과 류큐 부분이 있는 것에 반해 일본어 부분은 없다. 참고문헌은 주 55를 참조.

표1 명조 및 청조의 번역과 통역 기관

명칭	사이관	사역관	회동관	회동관	회동사역관
시대	명조	청조	명조	청조	청조
설립시기	1407년	1644년	1408년	1644년	1748년
소속(주)	한림원	한림원	예부	예부	예부
관수	8관(1407년) 10관(1579년)	8관	18개소(1469년)	미상(未詳)	2관 조선역학 (1751년)
인원구성	서반 (인원은 부정(不定)) 역자생(38인) (1407년)	서반 순치초(20인) 순치15년(16인) 강희기(9인, 후에 1인은 전물청(典物廳) 담당) 역자생(96인)	통사 60인 (1469년)	서반(20인)	서반(2인) 역자생(8인) 조선역자생 (20인)
기능	(1) 조공국의 표문 번역 (2) 역자생의 양성	조공국의 문자 번역	(1) 사자의 접대 (2) 조공품의 중계지 (3) 교역의 장소	(1) 사자의 접대 (2) 표문의 수취 (3) 조공품의 점검	(1) 사자의 접대 (2) 사자의 일상 생활용품 제공 (3) 조공품의 점검과 표문의 수취 (4) 관내에서의 무역을 감시 (5) 번역과 번역 인재의 육성
편집한 서적	『화이역어』		『화이역어』 (『일본관역어』가 있다)		『화이역어』 (42종류의 언어)

변지역에 인식시키는 효과가 발휘되었다고 생각된다.

회동사역관에는 본래 조선관(朝鮮館)은 없었으나, 1751년에 팔기의 조선자제(朝鮮子弟)에게 조선어를 교육할 목적으로 조선역학(朝鮮譯學)이 설치되었다.

건륭 16년에 주문(奏文)을 올려 재가(裁可)를 얻었다. 금후, 회동사역관에 조선역학을 설치한다. 팔기 황기(黃旗)의 조선자제 중에서 4인씩 선발해, 관내에서 착실히 공부케 한다.[71]

만주와 조선의 지리적 편리성을 고려해, 팔기에서 조선자제를 선발해 조선어를 공부시켰다. 지금까지 사역관에 조선어의 역자생을 두지 않았으나, 회동관의 조선어통역에는 조선의 조공사자(朝貢使者)가 많았다. 팔기자제의 조선어학습에 의해, 한문을 중심으로 한 종래의 청조와 조선의 관계는 만문과 조선문이라는 별도의 경로로 행해지는 것도 기대되었다고 생각할 수 있을 것이다.

전술했듯이, 청조는 조공체제를 이용해 스스로의 정권을 안정시키는 정책을 채택하고, 표1대로 명조의 조공에 관한 담당기관을 그대로 답습했다. 거기서 문제가 된 것은, 명조와 조공국 사이의 공용문이 한문이었던 것에 반해 청조의 '국어'인 만문은 조공국 사이에서 어떻게 인식되었던 것인가라는 점이다. 결국, 만문이 조공국 사이에서 인정되는가 어떤가는 청조에게 큰 시련(試鍊)이었다고 해도 과언이 아니다.

또, '청'이라는 국명이 아직 정해지지 않았던 1619년, 태조(太祖) 누르하치는 조선국왕에게 '후금국천명황제(後金國天命皇帝)'라는 만문(滿文)으로 된 인장(印章)[*인장이 후금국천명황제라는 뜻의 일곱 단어로 된 만문(滿文)으로 되어 있고, 본문이 한문(漢文)으로 되어 있다는 설명이다.-역자주]을 찍은 한문 서간을 보냈다. 조선국왕

71 『淸會典事例』 卷五一四, 「禮部 · 朝貢 · 象譯」

은 "전문(篆文)같은 번자(蕃字)이다."라고 만문을 '번자'로 위치짓고, "이해할 수 없다."는 이유로 서간을 거부했다.[72]

만문이 '번자'라고 위치지어진 것은 청조 황제의 기억에 새겨졌다. "순치 10년, 조선국왕이 이전에 받은 인문(印文)은 청자(淸字)뿐이고 한자(漢字)가 없었기 때문에, 예부(禮部)에 청자와 한자로 된 금인(金印)을 다시 만들도록 명령했다. 그것을 조선국왕에게 건네고, 옛 인(印)을 회수한다."[73]라고 말하듯이, 만문으로만 된 인(印)에서 '만한합벽(滿漢合璧)'으로 변경했다. 그러나 한자는 전자체(篆字體)이지만 청자는 본자체(本字體)였다. 그리고 1748년에 "어인(御印)을 다시 만들었는데, 처음으로 청자의 전자체(篆字體)를 사용한다. 왼쪽은 청자의 전자이고, 오른쪽은 한자의 전자이다."[74]가 되어, 점차 서체상에서는 청자와 한자는 같아졌다.

조공국에 파견하는 책봉(册封) 사자는 정사(正使)는 만주인으로 하고 부사(副使)는 한인(漢人)으로 하며, 조공국에 건네는 칙문(勅文)도 한문(漢文)과 만문(滿文)의 '만한합벽(滿漢合璧)'의 형태로서, 원칙적으로 만문은 한문과 동격의 위치에 두어졌다. 조공국에서 오는 표문은 명조와 마찬가지로 한문인 것을 인정하면서, 만문의 '국어'의 지위를 유지했다.

이상에서 보았듯이, 만주인 지배자는 건국 당초부터 몽골문·한문·만문의 병용을 인정했고, '국어'를 철저화하는 언어지

---

72 『朝鮮李朝實錄·光海君日記』卷一三九, 15쪽

73 『淸史稿』志八五, 輿服三, 「皇帝御寶」

74 『淸史稿』志八五, 輿服三, 「皇帝御寶」

배는 행해지지 않았다. 환언하면, 청조의 '국어'는 당초부터 비일원적인 성격을 갖고 있었던 것이다. 그리고 북경에 정주(定住)한 이래, 중앙에서는 '만한합벽'의 형식을 채택하고 지방에서는 한문을 존속시키는 정책을 채택했다. 한편, 팔기자제에게는 만주인 지배자가 '국어기사'를 요구했음에도 국어의 한화(漢化)는 멈춰지지 않았다.

'비한문세계'에서는 '한문세계'와의 접촉이 차단되고, 나아가 각 민족은 각자의 언어와 문자를 이용해 개별적으로 만주인 지배집단과 관계를 맺었다. 청조 황제에게 언어공동체를 일대일로 두게 하면서 '비한문세계'를 포섭적으로 통일하는 이 같은 통치방법이야말로, 문자와 언어의 다원성을 갖춘 청조의 특징이었다고 말할 수 있을 것이다.

대외관계에서 청조는 명조의 조공체제를 답습했다. '한문세계'에 속하는 조공국에 대해, '중화천자'의 입장에 의해서, '만한합벽'의 서면(書面)을 축으로 관계를 유지했다. 사역관과 회동관을 합병하기도 하고 조선어학습을 개시하기도 한 청조정부는 조공관계에서 새로운 가능성을 시도하려고 한 것이다.

2. 아라사문관의 설립

청조성립기는 러시아의 동방진출이 시작된 시기와 겹친다. 코사크의 동방원정은 1638년에 시베리아를 횡단해 오호츠크해에 도달했다. 1649년에는 흑룡강 하반(河畔)에 알바진성(城)을 쌓고, 나아가 하류에 성채를 만들어 만주진출을 도모했다. 그 때문에 청과 러시아 사이에서는 국경분쟁이 반복되었다.

청과 러시아는 '동북'과 '서북'에서 긴 국경을 접하는 이웃나라로서, 그 관계는 '육(陸)'상(上)에서 전개되고 있었다. 이 점은 후술하는 '바다'로부터 온 영국이나 프랑스와는 관계의 형태가 달랐다. 또, '동북'은 만주인의 발상지로 간주되어, 한어의 침투가 가장 늦은 지역이었다. '서북'은 상술했듯이 이번원이 관할한 번부이고, 한어의 사용이 금지되어 있었다. 그 때문에 청과 러시아 사이에 한문에 의한 교섭은 필요하다고 간주되지 않았다.

1689년, 국경확정과 자유무역을 취지로 한 근대적 국제조약의 성질을 가진 네르친스크조약이 청과 러시아 사이에 맺어졌다. 그러나, 교섭단계에서 청조 측에는 러시아어를 이해하는 이가 없고, 러시아 측에도 만주어와 한어를 이해하는 이가 없었다. 교섭은 라틴어와 몽골어를 사용해 진행되었다. 청조 측 사절단은 전부 만인과 몽골인이었지만, 라틴어 통역담당은 북경에 주재하는 예수회선교사 2명, 즉 프랑스인 장 프랑수와 제르비용(Jean François Gerbillion, 張誠)과 포르투갈인 토마스 페레이라(Thomas Pereira, 徐日昇)였다.[75]

네르친스크조약에서는 라틴문을 공통의 문자로 삼아, 러시아 측으로부터 러시아문과 라틴문 조약문이, 청조 측으로부터 만문 · 라틴문 조약문이 상대에게 건네졌다. 쌍방이 모두 서명하고 날인한 조약문은 라틴문뿐이었기 때문에, 조약 정문(正文)은

75 約瑟夫 · 塞比斯著 · 王立新譯, 『耶蘇會士徐日昇關與中俄尼不楚談判的日記』(商務印書觀, 1973년) 및 荷爾德神甫編 · 張寶劍譯, 「張誠日記」, 『淸史資料』 第五 · 六輯(中華書局, 1984년 · 1985년)을 참조.

라틴문이라고 간주되었다.[76] 교섭 후, 청과 러시아의 경계에 세워진 조약 비문(碑文)은 만문, 한문, 러시아문, 몽골문, 라틴문의 5종 문자로 기록되었다.[77]

청조는 명조의 조공제도를 답습하여 조공국과의 관계를 종래대로 유지해왔기 때문에, 러시아는 청조에게는 처음으로 독자적 관계를 맺은 외국이 되었다. 조약이라는 형태는 종래의 조공체제와 달랐지만, 러시아와의 사무는 이번원에 설치되어 러시아는 다른 번부지역과 동격관계가 되었다. 또, 러시아 측에 건넨 라틴문 조문(條文)은 청조 대표의 만문 서명 아래에 '진수흑룡강등처지방장군(鎭守黑龍江等處地方將軍)'의 인이 찍혀 있다. 즉, 러시아는 어쨌거나 간에, 청조 측에서 보면 이 조약은 어디까지나 국가 대 국가의 대등한 것이 아니었던 것이다. 본질적으로는 "이 조약은 여전히 화이사상을 관철하며, 조공제도의 틀 속에 담기는 것이다."라고 지적되듯이,[78] 청조에게는 어디까지나 '천조(天朝)'와 '번부(藩部)' 사이에서 결정된 규정에 불과하고, 조약은 단지

---

76 米鎭波 · 蘇全有, 「淸代我國來華留學生問題初探」, 『淸史硏究』 제1기 1994년

77 네르친스크조약의 한문판의 마지막에 "滿, 漢, 俄(러시아), 拉丁(라틴)의 4개국의 문자로 조약의 전문을 양국 국경의 石碑에 새긴다"라고 쓰여 있다. 그러나, 그 碑文의 마지막에 "國書(滿文), 行書(漢文), 俄羅斯(러시아), 蒙古(몽골), 捷提諾(라틴)의 다섯 종류 문자로 새긴다"라고 쓰여 있다. 田濤主編, 『淸朝條約全集』 第壹卷 「康熙條約 · 俄約」을 참조. 黑龍江人民出版社, 1999년. 그러나 근년의 연구에 의하면 종래 존재가 자명시되어온, 국경을 확정하는 비석이 실제로는 세워지지 않았다. 承志, 「滿洲語で記された『黑龍江流域圖』」(藤井讓治 · 杉山正明 · 金田章裕編, 『大地の肖像-繪圖 · 地圖が語る世界-』, 京大學術出版會, 2007년)을 참조.

78 吉田金一, 『近代露淸關係史』, 近藤出版社, 1974년

네르친스크조약 라틴문 원본(우)과 만문 원본(좌)
吉田金一, 「近代露清關係史」, 近藤出版社, 1974년 수록

은혜를 베푼 오랑캐[夷]를 기미(羈縻, 견제)하는 책략이었다.

러시아는 지리상에서는 '서북의 반달'의 비한문세계에 가깝기 때문에, 대(對)러시아관계에서 한문은 배제되었다. 그것을 대체해 라틴문과 만문, 몽골문 등의 문자가 빈번히 사용되게 되었다. 조공국에 대한 국어로서의 만문에 대해서는, "만어만문(滿語滿文)은 대외관계에서 국어국문의 역할을 수행하지 않았다."는 지적이 있지만,[79] 후의 천진조약에서도 보이듯이 청러관계에서 만문의 역할은 컸다고 말할 수 있다. 내륙에서 온 러시아에 대해서, 바다에서 온 조공국 및 후대에 온 영국과 프랑스에 대한 경우와는 다른 외교언어를 사용한 것은 청조 다언어정책의 한 가지 큰 측면일 것이다.

네르친스크조약 체결 후 청과 러시아의 교섭이 늘고, 상대국의 언어를 학습할 필요성이 생겼다. 그 결과, 북경에 두 개의 언어학교가 잇따라 설치되었다.

---

79 藤紹箴, 「明清兩代滿語滿文使用情況考」, 『民族語文』, 1986년 제2기

러시아학은 둘 있는데, 이름은 같았으나 담당이 다르다. 국자감(國子監)의 러시아학은 러시아에서 공부하러 온 자제를 위해 설립되었다. 그 목적은 회유(懷柔)에 있다. 내각(內閣)과 이번원의 러시아학은 러시아문자를 배울 팔기자제를 위해 설립되었다. 그 목적은 번역에 있다.[80]

라고 기록되어 있듯이, 러시아인에게 만어와 한어를 가르치는 학교와, 팔기자제에게 러시아어를 가르치는 학교의 두 종류였다. 또, 통칭에서 전자는 '아라사관'이라고 불리고, 후자는 '아라사문관'이라고 간주되고 있었다. 시계열(時系列)로 보자면, 먼저 설립된 것은 아라사문관이다.

1708년에, 러시아 상인을 교사로 삼아 회동관 내에서 팔기자제에게 러시아어를 가르쳤다. 그 후, 독립한 학관(學館)을 만들고, 1716년에 '내각아라사문관(內殼俄羅斯文館)'이라고 정식으로 명칭이 부여되었다.[81] 이 학교는 내각과 이번원에 속하는데, 내각몽고방(蒙古房)의 시독학사(侍讀學士) 혹은 시독(侍讀) 중 1인이 제조관(提調官)이 되고, 또 이번원으로부터 낭중(郎中)이나 원외랑(員外郎)을 1인 파견해 공동으로 아라사문관을 관리했다. 거기에서는, 러시아인 상인 · 군인 · 유학생들이 교사가 되고, 학생은 팔기관학의 학생 중에서 24명이 선발되었다. 아라사문관의 성격

80 何秋濤, 『朔方備乘』 卷一三 · 考七 「俄羅斯學考敍」

81 蘇精-, 『清季同文館及其師生』, 臺灣, 私家版, 1985년

은 전술한 청조 국내 민족들의 언어학교와 마찬가지로 팔기자제에 의해 그 학습이 독점되었다. 이윽고 청조 측에는 러시아어가 가능한 사람이 나타났다. 1727년 청과 러시아 사이에 체결된 캬흐타조약에서, 러시아 측에서는 러시아문과 라틴문이, 청조 측에서는 만문 · 러시아문 · 라틴문의 조약문이 각기 상대국에 건네졌다.[82]

그리고, 아라사문관 성립 시에 없었던 규칙이 1757년에 내걸렸다.

> 5년에 1회 시험이 있는데, 1등을 한 사람에게 8품을 주고, 2등인 사람에게는 9품을 준다. 교습(教習)이 부족한 경우 8품을 받은 학생이 보충하고 후에 주사(主事)로 승진한다. 학생의 우열에 의해 선생이 우수한지 어떤지를 결정한다.[83]

학생의 수업 연수(年數)는 정해져 있지 않지만, 5년에 한 번 시험이 행해지고, 성적에 따라 관직이 주어졌음을 알 수 있다. 그 후, 1803년과 1839년 2회에 걸쳐 수정이 이루어지고, 1862년 북경에 외국어학교인 동문관이 개설되었을 때에는 아라사문관의 규칙이 그대로 원용되었다. 학생의 수와 구성으로 말하자면, 팔기자제에서 선발된 소수 인원의 학급에서 학습하고, 성적이 우수

---

82 田濤編, 『清朝條約全集』 第壹卷 「雍正條約 · 別本中俄恰克圖界約」, 黑龍江人民出版社, 1999년

83 『清高宗實錄』 卷五三九

한 경우는 교사가 되거나 이번원의 번역관이 되는 등의 출세가 가능했다.

청조정부에게 필요한 것은 교섭을 목적으로 한 언어라는 점에서, 러시아의 기타 사정에 대해서는 관심이 없었다. 도광(道光) 25년(1845년), 러시아 국왕은 불교 성전인 『단주이경(丹珠爾經)』을 청조에 요구하고, 도광제는 옹화궁(雍和宮)의 장서에서 800여 책의 서적을 선물했다. 그 답례로서 러시아 측은 학생을 교환할 때 350여 책의 서적을 진정(進呈)했다.[84] 그러나 그것은 전부 러시아문으로 기록되어 있었는데, 청조정부는 바로 아라사문관의 학생에게 번역시키지는 않았다. 그 후, 러시아와의 변경분쟁이 빈발하자 러시아의 사정을 알기 위해 1885년에 겨우 번역을 하려고 했을 때는 이미 40년이나 지나 있었기 때문에, 서적의 내용은 몹시 낡은 것임을 알고서 결국 총리아문은 체념했다.[85]

전술했듯이 국자감에 있는 아라사관은 러시아의 유학생용으로 만들어진 것이다. 청조와의 관계가 깊어짐에 따라, 러시아 측에서는 만어와 한어에 정통한 인재가 필요해졌다. 1727년에 체결된 캬흐타조약 제5조에서는 러시아 학생이 북경에 유학하는 것이 받아들여졌다.[86] 러시아인 학생 4명에게 기숙사와 식료품을 제공하고, 국자감에서 만주인 조교와 한인 조교를 1인씩 파견

---

84 何秋濤, 『朔方備乘』 卷三九 「俄羅斯進呈書籍記叙」

85 薛福成, 『出使英法義比四國日記』 卷五, 「二十二日記」

86 「別本中俄恰克圖界約」의 제5조에 "북경에 남아 學藝를 배우는 4명의 학생과 러시아어와 라틴어를 아는 두 사람은 아라사관에서 생활하고, 여비와 생활비를 제공한다"고 규정되어 있다.

해 "만문과 한문을 가르치게" 되었다.[87] 이 학교를 졸업한 학생은 이후의 천진조약과 북경조약의 교섭에서 통역의 역할을 수행했다.[88]

소위 '개국(開國)'에 앞서, 러시아인 유학생이 청조의 왕도(王都)에서 학습했다는 것은 청조정부의 새로운 외교수단이라고 보일지도 모르지만, 당시의 국자감에 류큐에서 온 유학생도 있었음을 생각하면,[89] 청과 러시아의 관계는 종래 체제의 틀 내에서 처리된 것이라고 말할 수 있을 것이다.

청국의 사역관과 회동관은 기본적으로 명조의 규모였지만, 1748년에 회동사역관으로 합병됨으로써 관(館) 수(數), 교사 수, 학생 수는 대폭 삭감되었다. 여기에는 명대의 조공관계에 그치지 않는 청조의 확대정책에 의해 새롭게 판도에 들어온 지역이 많았던 점에 한 가지 원인이 있을 것이다. 회동사역관의 규모가 축소된 것에 반해, 언어의 종류는 『화이역어』에 보이듯이 명조시기에 비해 크게 증가했다. 『화이역어』에는 서양언어도 받아들여져, 실로 42종류의 언어가 포함되어 있었다. 이 점이야말로 다언어병존을 목표로 하는 청조의 '화이일가(華夷一家)'를 여실히 이야기하고 있다.

---

87 田濤編, 『淸朝條約全集』 第壹卷 「雍正條約 · 別本中俄恰克圖界約」, 黑龍江人民出版社, 1999년

88 러시아 학생의 滿文과 漢文 학습에 대해서 蔡鴻生의 『俄羅斯館紀事』(中華書局, 2006년)의 제1장 「俄羅斯館的起源和硏革」, 제2장 「俄羅斯館與漢學」을 참조.

89 『淸會典事例』第五一四, 「禮部 · 朝貢 · 官生肄業」을 참조. 康熙, 雍正, 乾隆, 嘉慶, 同治의 각 시기에 류큐의 학생을 國子監에 들여 학습시켰다.

또, 명조의 영향을 받은 회동사역관은 한림원 학생과 관민의 자제, 세습의 자제로부터 학생을 모집한 것에 반해, 조선역학과 아라사문관의 학생은 팔기자제로 한정했다. 결국, 청조에 들어온 후 새롭게 받아들여진 외국어학습은 팔기자제에게 독점시킨 경향이 강하다고 말할 수 있을 것이다. 다른 한편, 러시아와의 관계에서는 한문이 완전히 배제되었는데, 만주인 지배자는 몽골문과 라틴문에 의지하면서, 종래의 조공국과는 다른, 조약이라는 형식에 의해 국경(國境)과 통상에 대해서 규정했다. 그리고 유학생 수용(受容)과 외국어학교 설립 등 완전히 새로운 대외정책을 실시했다.

3. 매카트니사절단의 내방(來訪)

순치제는 북경 정도(定都) 시에, 명대에 도래한, 한어에 뛰어난 선교사와 그들의 교회를 남겨두었다. 국내에서는 한인(漢人) 항청(抗淸)세력이 아직 강한 상황이어서, 가능하면 선교사들을 안무(按撫)함으로써 한인의 항청에 대한 대응에 집중하는 방책을 채택한 것이다.

1622년에 온 독일인 요한 아담 샬 폰 벨(Johann Adam Schall von Bell, 湯若望)을 흠천감(欽天監)의 감정(監正)에 임명한 다음 역법(曆法)을 만들게 했다. 강희제는 서양의 천문과 수학 등에 흥미를 가져, 선교사로부터 천문과 수학의 지식을 배웠다. 또 만주어 교사를 선교사들에게 붙임으로써 선교사들은 재빨리 만주어를 습득할 수 있었다. 유클리드의 『기하원본』은 이미 명의 만력(萬

曆) 연간에 이탈리아인 예수회선교사 마테오 리치(Matteo Ricci, 利馬竇)에 의해 한역(漢譯)되어 있었는데, 강희제는 폰 벨의 제자로 벨기에인인 페르디난드 페르비스트(Ferdinand Verbiest, 南懷仁)에게 명해 만문역(滿文譯)을 만들게 했다.[90]

전술했다시피, 1689년 러시아와 네르친스크조약을 맺을 때 프랑스인 선교사 제르비용과 포르투갈인 선교사 페레이라가 통역으로서 고용되어 라틴어를 이용해 러시아 측과 교섭했는데, 거기에 당시의 조정과 선교사의 신뢰관계가 반영되어 있었다.

그리고 서양 국가들과의 무역관계에 관한 서류는 주로 선교사들에 의해 번역되었다. 전술한 대로, 내각에는 몽고방이 설치되어 몽고와 티벳 등의 언어들을 번역시켰는데, 라틴어와 포르투갈어의 번역의 경우는 "선교사들을 이 몽고방으로 호출하여 번역을 하게 시키도록" 되어 있었다.[91]

그러나 18세기 초기에 강희제는 '전례문제(典禮問題)'에서 로마교황과 충돌했다. 결국 종래 예수회선교사가 인정한 중국신도의 공자(孔子)제사와 조상제사를 로마교황은 인정하지 않았기에 조정과 선교사의 관계는 조금 틀어졌다. 또, 선교사가 황위계승에 개입한 것을 계기로, 1723년 옹정제(雍正帝, 1722-1735년)는 그리스도교를 비합법적 종교라고 선언하고 금지 명령을 내렸다. 궁정에서 근무하는 이들 이외의 선교사는 모두 마카오로 추방되었다. 선교사가 다시 청조에 발을 들인 것은 아편전쟁 이후의 일

---

90 長與善郎, 『大帝康熙』, 岩波書店, 1938년

91 張德澤, 『淸代國家機關考略(修訂本)』, 學苑出版社, 2001년

이었다.

그러나 조정에 근무하는 선교사는 그대로 청조의 궁정에 계속 봉사했다. 강희기에 내조(來朝)한 이탈리아의 화가 카스틸리오네(Giuseppe Castiglione, 朗世寧)는 옹정기와 건륭기에 걸쳐 궁정화가로서 벼슬했다. 그리고 전술했다시피 건륭기에 편찬된 42종의 언어가 포함된 『화이역어』 속 영어, 불어, 독일어, 이탈리아어, 포르투갈어, 라틴어와 한어의 대역어휘에 대해서는, 궁정 선교사들의 협력이 있었기 때문이라고 말할 수 있을 것이다.

서양과의 접촉방법에는 선교사 이외에 통상(通商)을 들 수 있다. 1683년에 정씨(鄭氏) 일족이 항복하고, 다음 해 청조정부는 천해령(遷海令, 1666년에 내린 연해(沿海) 주민을 30리 내지로 이주시킨 명령)을 해금(解禁)했다. 그리고 마카오, 장주(漳州), 영파(寧波), 상해(上海)에 가까운 운대산(雲台山)이라는 4개소에 항(港)을 열었다. 그러나 금교(禁教)와 함께, 1757년에는 무역을 광주 일항(一港)에 한정하게 되었다.

"18세기부터 소위 중국과 서양의 관계는 주로 중영관계이다. 소위 중영관계는 거의 상무(商務)관계에 한정된다."고 지적되듯이,[92] 18세기에 들어오면 스페인 · 포르투갈 상인은 쇠퇴하고, 네덜란드, 이어서 영국 상인이 청조에 진출했다. 영국과의 상무관계가 청조 대외관계의 주요 부분이 되어 있었다.

영국정부는 시장확대라는 국내의 요구에 응해 대청(對淸)무역의 확대를 기도(企圖)하고 있었다. 영국왕 조지 3세는 1793년

92 郭廷以, 『近代中國的變局』, 聯經出版事業公司, 1987년, 14쪽

에 매카트니(George Macartney, 馬戛爾尼)사절단을 청조에 파견했다. 이 사절단과 청조정부의 교섭에 대해서는 수많은 연구가 이루어졌다. 여기서는 여러 선행연구를 근거로, 청조의 이궁(離宮) 열하(熱河)에서 행해진 매카트니사절단과 건륭제의 교섭에서 다언어사용의 실태를 살펴보자.[93]

우선, 매카트니는 나폴리에서 선교사가 되기 위한 훈련을 받고 있던 Paolo Cho(중국명 미상)과 Jacobus Li(성은 李일 것이다)라는 두 사람의 중국인을 통역으로 동행시켰다. 영어를 모르는 그들과 매카트니는 라틴어와 이탈리아어로 이야기했다고 한다. 나아가, 부사 스턴튼의 아들 조지는 긴 선박여행 동안 중국인 두 사람으로부터 한어를 익혔다. 영국사절단이 건륭제와 회담했을 때 조지는 한어로 건륭제와 대화했다는 에피소드가 남아 있다.[94]

그러나 Paolo Cho는 해금(海禁)의 령(令)을 깨고 출국했기에 정부의 처벌을 두려워하고 있었으므로, 청조에 도착한 순간 도망쳤다. 남은 Jacobus Li는 한어는 구사할 수 있었으나 고전한문 교육을 받은 일이 없기에, 청조정부에게 보내는 공식문장을 쓰는 것은 불가능했다. 그래서 우선 사절단에 동행하고 있던 소년 조지의 가정교사에게 영문 원문을 라틴어로 번역시켰다. 그런 다

---

93 マカートニー著 · 坂野正高譯, 『中國訪問使節日記』, 平凡社, 1975년, 7쪽, 318쪽, 323쪽을 참조.

94 "건륭제는 영국사절단과 회담했을 때, 매카트니에게 대해 사절단 중에서 중국어에 감능한 인물이 있는지 묻고, 매카트니는 조지 소년뿐이라고 답했다. 그리고, 건륭제는 조지와 조금 회담을 교환하고, 기쁜 나머지 조지에게 巾着과 부채 등을 증정했다." 劉半農譯 · 林廷清解讀, 『一七九三乾隆帝英使覲見記』, 天津人民出版社, 2006년, 102쪽

음, Jacobus Li가 그것을 구어체 한어로 설명하고, 재경(在京) 선교사가 소개한 공문서 집필력을 가진 중국인 신도에게 한문역(漢文譯)의 초고(草稿)를 쓰게 한다는 절차를 꾸몄다. 선교사와 신도는 자신이 번역에 관계하였음을 청조정부가 아는 것을 꺼려 정서(淨書)를 거부했기 때문에 소년 조지가 원고를 정서했다. 정서가 끝나면 초고는 신도 앞에서 파쇄되었다. 이렇게 해서 완성된 한문문장에 라틴문을 더해, 영문원문과 함께 청조 측에 제출하였다.

마찬가지로, 청조 측에서 온 한문문서의 경우, 선교사가 라틴문으로 번역한 것이 첨부되고, 그 라틴문을 조지의 가정교사가 영역했다. 이상과 같은 수순으로 문서왕복이 이루어졌다.

건륭제가 조지 3세의 친서에 응한 칙유(勅諭)에는 만한합벽(滿漢合璧)에 더해 재경 선교사가 번역한 라틴문이 첨부되었다. 결과적으로, 매카트니사절단의 주된 목적인 대등한 조약관계의 수립과 자유무역으로의 개선(改善)은 실패로 끝났다. 건륭제는 '천조체제(天朝體制)'를 바꿀 수 없다는 이유에서 영국 측의 통상 요구를 거부했다.

1816년에 영국정부는 윌리엄 애머스트(William Pitt Amherst, 阿美士德)를 청조에 파견했다.[95] 이들 사절단에는 한어에 정통한 이가 여섯 명 있었기 때문에, 매카트니 때보다 번역의 노고는 경감되었다. 그러나 청초 측의 삼궤구고두(三跪九叩頭)의 예(禮)를 거

95 ベイジル・ホール著・春名徹譯, 『朝鮮・琉球航海記-一八一六年アマースト使節團とともに』, 岩波文庫, 1986년을 참조

절했기 때문에, 마침내는 가경제(嘉慶帝, 1796-1820년)를 알현하지도 못한 채 북경으로부터 추방되어버렸다.

바다에서 온 영국에게 인접한 러시아와는 다른 교섭원리를 사용한 것은 청조 대외방침의 비통일성을 보여주고 있다. 그것은 중국어를 말한 조지에게 토산품을 건넨 건륭제로부터 보자면, 영국을 바다에서 온 다른 조공국과 마찬가지로 취급한 것이다.

제3절

조약체제와 외국어학교

1. 남경조약 전후

앞 절에서 말했듯이, 건륭제는 1793년에, 가경제는 1816년에 각기 영국정부의 자유무역 요구를 거절하고, 종래대로 대외무역을 광주(廣州) 일항(一港)에 한정했다. 광주에서는 영국상인과의 접촉이 활발해 중국인 매판 · 통역 · 사용인 등 사이에서 포르투갈어와 영어가 섞인 언어가 생겨났다. 이것이 '광주영어(Canton-English)' 내지 '피진영어(Pidgin-English)'라고 불리는 것이다. 영국상인도 이 같은 영어를 사용해 장사를 했다. '광주영어'는 1830

년대 '중국인과 외국인 사이의 공통어'였다.[96] 양무파의 대표인물인 이홍장은, '광주영어'를 사용하는 사람들의 영어에 대해, 열 명 중 여덟아홉 명은 외국어(영어)를 할 수 있으나, 문자를 읽을 수 있는 사람은 한두 명에 불과하며, 게다가 이해가능한 것은 취급하는 상품의 리스트 정도였다는 식으로 평한다.[97]

"중국인은 유럽을 오랑캐[夷]라고 생각하고, 누구도 그쪽의 문자는 알지 못하는 것이다. 그 때문에 선교사는 말라카에 학교를 만들어 중국인을 교육한다."[98]라고 말하듯이, 중국인에게 영어를 가르친 것은 선교사들이었다. 영국 선교사인 모리슨(Robert Morrison, 馬禮遜)은 런던에서 중국어를 배우고 1807년에 광주(廣州)에 왔다. 당초에는 동인도회사의 통역으로 일했으나, 후에 말라카로 옮겨 1818년에 '영화서원(英華書院)'을 창립, 화교(華僑)에게 천문(天文)과 산학(算學)과 영어를 가르치고, 1823년에는 말라카에서 최초의 『화영자전(華英字典)』을 완성시켰다.

영국의 자유무역 요구는 점차 사절단 파견으로부터 아편 판매로 옮겨갔다. 아편 밀수를 엄하게 단속한 임칙서는 광주에서 영어가 가능한 자를 고용해 국제법의 일부와 마카오에서 출판된 영자신문 등을 번역시켰는데, "신문으로부터 얻은 이국(異國)의 정보는 실로 많다. 서양을 제어하기 위한 준비방법은 다수가 그

96 吳義雄, 「"廣州英語"與一九世紀中葉以前的中西交往」, 『近代史研究』 2001년 제3기

97 『李鴻章全集』 奏稿三, 「奏請設外國語言文字學館」

98 魏源, 『海國圖志』 卷五二, 「夷情備采 · 下」

것으로부터 나왔다."고 말했다.[99] 청조 관료 일부는 '이인(夷人)'을 제압하기 위해 외국어 자료로부터 정보를 입수할 필요성을 인식하고 있었다.

이윽고 아편전쟁에서의 패배에 의해 청조와 영국 사이에 남경조약이 맺어졌다. 영국 측이 마련한 조문은 한문과 영문이었다. 영국의 상륙은 조공국의 경로와 마찬가지로 동쪽 바다로부터 행해지고 있었기 때문에, 만문이 아니라 한문을 사용한 것 자체는 청조정부에게 특별히 무례하지는 않았다. 남경조약 이래, 청조와 바다로부터 온 열강 국가들 사이에서는 전적으로 한문이 사용되게 되었다.

중영(中英) 남경조약 체결 2년 후, 1844년 청조와 미국 사이에서 맺어진 망하조약(望厦條約) 속에는 아래와 같은 조문이 기록되어 있다.[100]

> 准合衆國官民, 延請中國各方士民人等, 教習各方語音, 並幫辦文墨事件, 不論所延請者係何等樣人, 中國地方官民等均不得, 稍有阻撓陷害等情, 並准其採買中國各項書籍.[101]
>
> (미합중국의 관이나 민이 중국 각 지방의 학자와 민을 초빙해 중국

99 魏源, 『海國圖志』 卷五○, 「籌海總論 · 下」

100 여기서 인용된 조약들의 조문은 『清朝條約全集』(田濤主編, 黑龍江人民出版社, 1999년)에 의한 것이다. 원문이 전부 한문이고, 구두점 및 역문은 필자에 의한 것이다.

101 田濤編, 『清朝條約全集』 第壹卷 「道光朝條約 · 中美五口貿易章程」, 黑龍江人民出版社, 1999년

각 지방의 말을 가르치게 하고, 아울러 문서사무의 처리를 돕게 하며, 초빙되는 이가 어떤 사람이든 간에 중국 지방의 관과 민은 모두 조금이라도 그들을 해쳐서는 안 되고, 또 그들이 중국의 각종 서적을 구매하는 것도 허락한다.)

이 조문에 의해 중국인이 서양인과 접촉할 기회가 이전보다 증가하고, 혼란이 생길 것이 예측되기 때문에, 군기대신 목창아(穆彰阿)는 다음과 같은 대책을 제안했다.

외부를 제어하는 방법은 조종(操縱)의 정도(程度)에 달려 있다. 내부를 제어하는 방법은 주도면밀하게 살핌에 달려 있다. 이번의 조약 체결 후에는, 상대국에 초빙되는 자에 대하여 성명, 연령, 가족구성, 주소를 쓰게 하여 지방관에게 맡긴 후 외국인의 거처에 갈 수 있게 하라. 각각의 책방에 외국인이 구입한 서적의 장부를 별도로 작성케 하라. 서명(書名), 부수(部數), 가격을 구입 후에 수시로 기록하고, 연말에 정리하여 지방관에게 제출케 하고, 지방관은 또 총독과 순무에게 보내 점검한다. 이것은 적과 내통하는 자를 추궁하거나 원방(遠方)의 움직임을 살피는 데에 쓰인다. 초빙받은 자가 가고 싶다면 저지할 필요는 없다. 구실을 마련해 가지 않는 경우 지방관에게 알린다든가 지방관에게 부탁해 초빙할 수는 없다. 구입할 서적에 대해서는 파는 측이 제시하는 가격에 따른다. 고액의 이익을 얻는 것에 지방관이 관련하여 물건을 강제로 구매

할 수는 없다.[102]

그 후, 프랑스와의 황포조약(黃埔條約)에서도 같은 내용이 규정되었다.

凡佛蘭西人在五口地方, 聽其任便雇買辦, 通事, 書記, 工匠, 水手, 工人, 亦可以延請士民人等, 教習中國語音, 繕寫中國文字與各方土語, 又可以淸人幇辦筆墨, 作文學文藝等功課. 各等工價束修或自行商議或領事官代爲酌量. 佛蘭西人亦可以教習中國人願學本國及外國話者, 亦可以發買佛蘭西書籍及採買中國各樣書籍.[103]
(모든 프랑스인은 오구(五口) 지방에서 그 임무의 편의를 따라 매판, 통역, 서기, 장인, 수부, 노동자를 고용할 수 있으며, 또 사와 민을 초빙하여 중국어를 교습하고, 중국문자와 각 지방의 방언을 옮겨 쓸 수 있으며, 또 청인이 문서처리를 도와 문학문예 등의 업무를 할 수 있다. 각각의 임금은 스스로 협의하거나 영사관(領事官)이 대신 헤아려준다. 프랑스인도 중국인으로서 본국어와 외국어를 배우기 원하는 이에게 교습할 수 있고, 또 프랑스 서적을 발매할 수도 있고 중국의 각종 서적을 구매할 수도 있다.)

---

102 「軍機大臣穆彰阿等奏遵旨速議亞美利駕國貿易條約緣由摺」, 田濤編, 『淸朝條約全集』 第壹卷 「道光朝條約 · 美約」, 黑龍江人民出版社, 1999년. 『籌辦夷務始末 · 道光朝』 卷七二, 23~24쪽

103 田濤編, 『淸朝條約全集』第壹卷「道光朝條約 · 中法五口通商章程」, 黑龍江人民出版社, 1999년

또 1847년 청조가 스웨덴 및 노르웨이와 맺은 통상조약에 같은 내용이 규정되었다.

准瑞典國那威國等官民, 延請中國各方士民人等, 教習各方語音, 並幇辦文墨事件, 不論所延請者係何等樣人, 中國地方官民等均不得, 稍有阻撓陷害等情, 並准其採買中國各項書籍.[104]
(스웨덴과 노르웨이 등의 관과 민이 중국 각 지방의 사와 민을 초빙하여 각 지방의 언어를 교습하고 문서처리를 돕는 것을 허락한다. 초빙되는 이가 어떤 이이든 관계없이, 중국 지방의 관과 민은 모두 조금이라도 방해하거나 해를 끼치는 등의 상황이 있어서는 안 된다. 또 그들이 중국 각종 서적을 구매하도록 허락한다.)

이에 따라, 외국인에 대한 중국어 교습, 외국인의 중국서적 구입, 중국인의 외국어 학습이 허가되게 되었다. 그러나 상인 이외의 중국인은 외국어를 '이어(夷語)'라고 생각했고, 일반 서민은 학습 의식을 그다지 갖지 않았으며, 관료들도 외국어를 배울 필요성은 아직 실감하지 않았다. 아편전쟁 이후에 선교사들은 개항장에서 학교를 만들거나 종교관계 서적을 출판했지만, 일부의 사람을 제외하고 중국의 관료와 지식인의 태반은 외국 및 외국어에 대해 여전히 무관심했다. 임칙서의 막료였던 양정남(梁廷枏)은 미국인 선교사 브리지먼(裨治文, Elijah Coleman Bridgman)의 『합

104 田濤編, 『清朝條約全集』 第壹卷 「道光朝條約 · 中瑞五口通商章程」, 黑龍江人民出版社, 1999년

성국지략(合省國志略)』을 참조해, 미국 사정을 소개한 『합성국설(合省國說)』을 1844년에 썼다. 그 속에서는 영어 26자모(字母)의 발음을 한자로 표기하여 영어의 구성을 소개했다.[105]

남경조약 이후 일부 선각자는 외국어에 관심을 보이기 시작했지만, 학습의 필요성은 아직 인식하고 있지 않았다.

그 후, 애로우호전쟁 후 영국과의 교섭에서 통역가 같은 중국인이 나타났는데, 그들은 선교사의 학교에서 영어를 배워, 청조와 영국의 교섭에 참가했다.[106] 청조의 정식 외국어학교 설립

---

105 梁廷枏撰 · 駱驛 · 劉驍點校 「合省國說」, 『海國四說』(中華書局出版, 1993년)에는 다음과 같이 기술되어 있다(필자 역). 26자의 字母는 다음과 같다. 첫째 A, 音은 口挨. 둘째 B, 碑. 셋째 C, 颸. 넷째 D, 口旭. 다섯째 E, 依. 여섯째 F, 鴨符. 일곱째 G, 芝. 여덟째 H, 咽住. 아홉째 I, 矮. 열째 J, 遮. 열한째 K, 跏. 열두째 L, 口挨兒. 열셋째 M, 唵. 열넷째 N, 燕. 열다섯째 O, 軻. 열여섯째 P, 丕. 열일곱째 Q, 翹. 열여덟째 R, 鴉. 열아홉째 S, 口挨時. 스무째 T, 梯. 스물한째 U, 嘤. 스물두째 V, 非. 스물셋째 W, 嗒布如. 스물넷째 X, 鵖時. 스물다섯째 Y, 威. 스물여섯째 Z, 思. 자모는 26개밖에 없지만, 이어서 새로운 것이 나온다. 두 자모로 하나의 단어가 되는 경우도 있고, 하나의 단어가 세 개에서 아홉의 자모로 가능한 경우도 있다. 좌측으로부터 옆으로 읽는다. 조합하면 限이 없고, 흩으면 限이 있다. 그중 A는 1이라는 뜻이고, I는 나라는 뜻이며, O는 감탄사이다. 이 석 자는 다른 글자와 이어지지 않아도 단독으로 사용할 수 있다. (按 : 二十六字母 : 一曰A, 音曰口挨. 二曰B, 碑. 三曰C, 颸. 四曰D, 口旭. 五曰E, 依. 六曰F, 鴨符. 七曰G, 芝. 八曰H, 咽住。九曰I, 矮. 十曰J, 遮。十一曰K, 跏. 十二曰L, 口挨兒. 十三曰M, 唵. 十四曰N, 燕. 十五曰O, 軻. 十六曰P, 丕. 十七曰Q, 翹. 十八曰R, 鴉. 十九曰S, 口挨時. 二十曰T, 梯. 二十一曰U, 嘤. 二十二曰V, 非. 二十三曰W, 嗒布如. 二十四曰X, 鵖時. 二十五曰Y, 威. 二十六曰Z, 思. 字母雖止二十六, 然連類相生, 變化而出, 有以二字連成一句, 或三字至九字不等, 從左起橫讀, 合則無窮, 散則有限. 其中之A字者, 一也. I者, 我也. O者, 嘆詞. 此三字無別字貫之, 亦能獨用.)

106 坂野正高, 「黃仲畬(張彤雲)と戰爭-清英交涉機構の一側面」, 『英修道博士還曆記念論文集』, 慶應通信, 1962년

은 남경조약이 맺어지고부터 20년 후의 일이었다.

2. 천진조약과 외국어학교의 설립

(1) 경사동문관(京師同文館)

남경조약이 종래의 조공체제에 동요를 주었다고 보는 것은 가능하다. 그리고 애로우호전쟁 후에 맺어진 1858년의 천진조약과 1860년의 북경조약은 청조가 정식으로 서양의 조약체제에 편입된 사실을 보여주었다고 말할 수 있다. 그 결과로서, 외교사절의 북경주재, 공문서에서 종래부터 외국에 대해 사용되어온 '이(夷)'자의 사용 금지, 1861년 외교사무를 관장하는 중앙기관-총리각국사무아문(또는 그저 총리아문)의 설립을 들 수 있다.

이것을 계기로 근대적 국제관계의 기본인 평등의 원칙이 공적(公的)으로 청조정부에 의해 받아들여지게 되었다. 이것은 청조가 구미열강의 압력에 따라 일단은 대등국 간의 외교를 인정하였음을 의미한다. 이리하여 청조는 열강국의 무력하에서 조약체제를 도입하면서 다른 한편으로는 여전히 종래의 조공체제를 유지한다는 '이중외교'체제를 병행하게 되었다.

총리아문 설립 당시 공친왕(恭親王) 혁흔(奕訢)은 장래 국내의 치안이 회복되고 외국과의 사무가 간결해질 경우 총리아문을 "즉시 철폐하고, 전처럼 군기처에서 처리해 구제(舊制)에 부합토록 한다."고 생각하고 있었다.[107] 즉, 임시적인 조치로서 총리아

---

107 『籌辦夷務始末 · 咸豐朝』 卷71, 19쪽

문을 설치하고, '내부의 치명적인 화근[心腹之患]'인 태평천국을 진압한 후에는 전부 구제로 돌아간다는 의도가 있었던 것이다. 화이사상(華夷思想)에 기반한 조공체제를 구미열강국에 적용할 수 없다는 것을 애로우호전쟁 이후에 통감한 청조는 구미열강국과의 사이에서 근대적 외교양식(조약)을 도입하게 되었다. 총리아문이 설립되었다고 해서 조약체제에 대한 청조 측의 인식이 완전히 전환된 것은 아니었던 것이다.

천진조약은 청조의 외교체제에 영향을 준 것 외에 언어체제에도 큰 전환을 초래했다. 남경조약은 영문과 한문으로 기록되어 있기 때문에 양쪽 모두 조약의 정문이라고 볼 수 있다. 서론에서 말했듯이, 소위 조약의 정문규정이란, "조약의 문구가 조약당사국 각자의 국어로 쓰인 경우 각자의 국어를 정문"으로 하는 것으로,[108] 결국, 조문해석상의 근거는 조약당사국 각자의 국어로 기술한 본문에 따라야 하고, 각국의 본문은 원칙적으로 평등한 가치를 가진다는 것이었다. 그러나 영문 조문의 'agree(동의)'는 한문 조문에서는 "대황제의 은혜에 의해 인정되었다(大皇帝恩准)"라고 표기되어, 종래의 전통적인 문맥에서 인식되고 있었다. 그 후 조약의 해석을 둘러싸고 갖가지 문제가 발생했기 때문에, 1858년에 체결된 중영천진조약과 중불천진조약에서는 영문과 불문이 정문으로 규정되어 정문규정에 관한 선례가 되었다.

1858년 6월 26일에 체결된 중영천진조약 제50조에는 다음의 내용이 명기되어 있다.

---

108 入江啓四郎, 『中國における外國人の地位』, 東京堂, 1937년

嗣後英國文書俱用英字書寫, 暫時仍以漢文配送, 俟中國選派學生學習英文, 英語熟習卽不用配送漢文. 自今以後, 遇有文詞辯論之處, 總以英文作以正義. 此次定約漢英文字, 詳細較對無訛, 亦照此例.[109]

(금후 영국의 공문은 전부 영문으로 기록한다. 우선은 한문역을 붙이지만 중국 측에서 학생을 선발하여 영문을 습득게 하여, 익숙해진 후에는 한문으로 된 조회(照會)는 행하지 않는다. 금후 내용에 대해서 논쟁이 있을 경우에는 전부 영문을 기준으로 한다. 이 조약이 영문과 한문을 상세히 교정하고, 잘못이 없으면 이것에 따른다.)

중영천진조약 다음 날인 1858년 6월 27일에 체결된 중불천진조약 제3조에는 다음의 내용이 명기되어 있다.

凡大法國大憲, 領事等官有公文照會中國大憲及地方官員, 均用大法國字樣, 惟爲辦事妥速之便, 亦有翻譯中國文字一件附之, 其件務盡力以相符, 候大淸國京師有通事諳曉且能譯大法國言語, 卽時大法國官員照會大淸國官員公文應用大法國字樣, 大淸國官員照會大法國官員公文應用大淸國字樣. 自今以後, 所有議定各款, 或有兩國文詞辯論之處, 總以法文作以正義. 玆所定者, 均與現立章程而爲然. 其兩國官員照會, 各以本國文字爲正, 不得將翻譯言語以

109 田濤編, 『清朝條約全集』第壹卷, 「咸豐朝條約 · 中英天津條約」, 黑龍江人民出版社, 1999년

爲正也.[110]

(프랑스의 고관 및 영사관은 중국 고관 및 지방의 관료에게 조회문(照會文)을 발행할 때 불문을 사용한다. 그러나 중요한 안건을 신속히 처리하기 위해 한문 역문을 덧붙인다. 역문은 가능한 한 원문과 일치시킨다. 청국의 수도에 불문 번역이 가능한 인물이 생기면 프랑스 관원은 청국 관원에게 보내는 조회문을 불문으로 기록하기로 한다. 청국 관원은 프랑스 관원에게 보내는 조회문을 청국 문자로 기록한다. 금후 모든 각 조문에 관해 양국 사이에 논쟁이 있을 경우 언제나 불문을 기준으로 한다. 이상 정해진 내용은 이 조약에 의해 결의된 것으로 한다. 그러나 양국 관원의 조회문은 본국의 문자를 정문으로 하지 번역문을 정문으로 하지는 않는다.)

한 나라의 국어가 조약의 정문이 된 이런 불평등성에 대해서, "중국과 각국의 조약에는, 중국에 많이 불리하게 정문규정이 지정되어 있다. 조약의 내용에 불평등조항이 많고, 더욱이 그 해석이 상대방의 국어에 의한다고 하는 것은, 단순한 형식상의 문제가 아니고 불평등의 효과를 이중으로 짙게 한다."고 지적되고 있다.[111] 조약당사국 중 한 나라의 국어가 조약의 정문으로 규정된 것에 의해 청조에게는 이중의 불평등이 된 것이다.

---

110 田濤編, 『清朝條約全集』第壹卷, 「咸豐朝條約 · 中法天津條約」, 黑龍江人民出版社, 1999년

111 入江啓四郎, 『中國における外國人の地位』, 東京堂, 1937년

이들 조약의 체결 후, 청조의 중앙정부보다도 지방 관료가 먼저 외국어를 배울 필요성을 의식하기 시작했다. 1876년에 청조 초대 주외공사(駐外公使)로서 영국에 부임하게 된 곽숭도(郭嵩燾)는 1859년의 시점에 외국어를 배울 필요성을 말하는데, 청러 관계를 전례(前例)로 다음과 같이 외국어학교 설립을 제안했다. 즉, "러시아 오랑캐와는 서로 언어와 문자를 배우고 있기에 명령 등은 통하고 왕래에 장애는 없다. 그리고 상대의 진실을 전부 이해할 수 있었다."라고 청조 선조(先祖)의 성공을 이야기하고, 포르투갈과 스페인 등 서양국가들과 통상한 이래 200년, 또 남경조약 체결로부터 20년이나 지나버린 현 상황을 염두에 두고서, "오랑캐의 일을 아는 사람, 그 언어와 문자가 가능한 사람은 지금까지 한 사람도 없다"고 지적하고 있다. 이런 상황을 개선하기 위해 그는 더욱 구체적인 방안을 제출했다. 광주와 상해, 그리고 러시아와 접한 지역의 관료는 외국어에 뛰어난 인물을 북경에 추천하고, 이번원이 생활을 돌봐준다. 이 사람들이 외국어를 학습함으로써 "여러 오랑캐가 좋아하는 것 등을 추측하고, 제어하는 책략을 행한다."는 목적이 달성된다는 것이었다.[112]

1860년 12월, 공친왕 혁흔, 계량(桂良), 문상(文祥) 3인이 북경조약을 맺고, 「통주전국선후장정(統籌全局善後章程)」을 상주했다. 그들은 총리아문의 설립을 비롯한 여섯 항목의 조치를 제안했는데, 그 속에서 외국어 학습에 대해서도 언급했다. "외국과의 교섭

---

112 中央研究院近代史研究所編『四國新檔 · 英國檔下』, 855쪽, 「請廣求諳通夷語人才摺」

을 행할 때, 우선 그들의 성정을 모르면 안 된다. 지금, 언어는 통하지 않고, 문자도 식별할 수 없다. 전부가 막혀 있다. 어떻게 상대를 복종시킬 수 있겠는가."라고 말하고 있어,[113] 외교에서 외국어의 필요성을 강하게 인식하고 있었음을 엿볼 수 있다. 그러나 그 한편으로, "학습하는 팔기자제가 문자와 언어를 전부 알게 되면, 즉시 정지"해야 한다고도 생각했다.[114] 결국, 외국어학습은 총리아문의 설립과 마찬가지로 일시적인 응급대책에 불과하다는 판단이 이루어져 있었던 것이다.

교관에 대해서는, "광주, 상해의 상인들 중에 영, 불, 미 삼국의 문자와 언어를 전적으로 학습하는 사람이 있다고 들었는데, 각 성(省)의 총독(總督)과 순무(巡撫)는 각 성에서 성실하고 신뢰할 수 있는 인재로서 각 성마다 2인씩 외국어 가능자를 선택, 총 4인을 선발하여 그들에게 각국의 서적을 가지고 북경에 오게 한다"고 생각하고 있었다.[115] 교관을 개항장의 상인 중에서 뽑으려 하고 있는 것에서, 실용적인 외국어학습이 주목적이었음은 한눈에 알 수 있다. 덧붙여 말하자면, 아편전쟁으로부터 이미 20년이나 지났음에도, 영국과 미국이 같은 언어를 사용하고 있는 것조차 인식하지 못했다.

그리고 생도는 "팔기인 중에서 총명하고 13~14세 이하인 아

113 『籌辦夷務始末 · 咸豐朝』 卷七一, 24~25쪽

114 『籌辦夷務始末 · 咸豐朝』 卷七一, 24~25쪽

115 『籌辦夷務始末 · 咸豐朝』 卷七一, 24~25쪽

들을 각 4~5인 뽑는"[116] 것으로 결정되었다. 이것은 전술한 청조의 언어학교들과 마찬가지인데, 팔기에 의해 청조정부와 열강국의 관계를 맺으려 한 것이다.

또 학생을 장려하는 방법에 대해서는, "아라사문관의 교학규칙을 모방하는" 것으로 결정되었다.[117] 이렇게 150년 전에 설립된 아라사문관의 구례(舊例)에 구애된 것은, 청조정부에게 영어와 불어 학습은 일시적인 것이며, 특별히 새로운 규칙을 만들 필요가 없다고 생각하고 있었기 때문일 것이다. 그리고 그들이 상주문 속에서 천진조약의 정문규정의 불평등성에 대해서 언급하지 않은 것은, 전혀 인식하고 있지 않았던 것이 아니고, 새로운 외국어학교를 설립할 때에 보수파로부터 방해가 있으리라고 예상했기 때문에 굳이 언급하지 않았을 것이다.

1861년, 총리아문의 공친왕 등은 외국어학교의 설립에 관해 다음과 같은 상주문을 썼다.

> 신등(臣等)이 생각하기에는, 각국의 정황을 조사하고 싶다면, 그 언어와 문자를 연구할 필요가 있다. 그렇게 하면 남에게 속지 않는다. 각국은 모두 대금(代金)을 내고 중국인을 초빙해 문예(文藝)를 설명받는다. 그러나, 중국에는 지금까지 외국의 언어와 문자를 익힌 사람이 없다. 외국의 자세한 일은 모른다.[118]

---

116 『籌辦夷務始末 · 咸豐朝』 卷七一, 24~25쪽

117 『籌辦夷務始末 · 咸豐朝』 卷七一, 24~25쪽

118 『籌辦夷務始末 · 同治朝』 卷八, 30쪽

여기서는 외국어를 배우는 이유를 "不受人其蒙(외국인에게 속지 않는 것)"과 "悉其底蘊(외국을 잘 이해하는 것)"이라고 말하고 있다. 요컨대, 영국과 프랑스의 요구가 아니라, 스스로의 틀 속에서 외국어학습의 필요성을 강조하고 있는 것이다. 이것은 아마도 외국의 요구에 굽히고 있다고 하는 반발을 예측한 위에서 생각해낸 결론일 것이다. 열강국들과 교섭할 때 구미열강이 시키는 대로 복종해왔다는 괴로운 경험으로부터 공친왕은 외국어습득의 중요성을 통감했음에 틀림없다.

학교에서는 "언어와 문자만 배운다. 선교를 금지한다."고 결정하고,[119] 또 중국인 교사에게 "비밀리에 외국인 교사를 감독하는" 임무를 주었다.[120] 또, 학교 관리(管理)에 대해서는, "내각의 이번원에게 문의할 필요는 없다. 간단히 정리하기 위해, 총리아문의 인원으로부터 만인과 한인을 한 사람씩 뽑아 외국어학과도 겸임한다."고 정했다.[121] 만인과 한인의 공동관리는 지금까지와 같지만, 학교를 이번원하에 두지 않고 총리아문에서 관리하는 것이 종래의 어학학교와 다른 점이었다.

그리고 시험방식에 대해서는, "일 년 동안 우선 만문과 한문의 시험을 행한다. 일 년 뒤 학습효과가 생긴 후, 또 각국의 조회

---

119 『籌辦夷務始末 · 同治朝』 卷八, 30쪽

120 『籌辦夷務始末 · 同治朝』 卷八, 30쪽

121 『籌辦夷務始末 · 同治朝』 卷八, 30쪽

문을 한문으로 번역하는 것을 시험한다."[122]고 정해졌다. 주목되는 것은, 만문의 사용을 요구하고 있는 것과, 학업의 심사기준은 조회(照會)의 번역이고 외국어학습은 외교교섭에 초점을 맞추었다는 것, 이상의 두 가지이다.

중국 최초의 근대외국어학교-경사동문관은 1862년에 정식으로 설립되었다. 실제로는 적당한 중국인교사가 없었기 때문에, 최종적으로는 미국인 선교사를 동문관의 영어교사로 채용했다. 당초에는 영어과만, 이어서 1864년에 불어과와 러시아어과(아라사문관이 병합되었다)가 증설되었다.

(2) 상해광방언관

이홍장은 막료(幕僚) 풍계분(馮桂芬)의 의견을 기반으로, 북경의 동문관과 같은 외국어학교를 상해에 설립하자는 취지의 상주문을 제출했다. 우선, 그는 언어에 관한 중국인과 외국인의 차이를 진술했다.

> 통상한 지 20년래, 그들 이인(夷人)은 대체로 우리 언어와 문자를 이해하고, 그중에는 우수한 인재도 있으며, 우리 경서(經書)와 사서(史書)를 읽을 수 있는 자도 나왔다. 조정의 장전(章典), 나라의 정치, 관리(官吏)의 관리(管理), 민정(民情) 등에 대해서도 잘 이해하고 있다. 그러나 우리 관료와 신사 중에 이 같은 인재는 한 사

---

122 『籌辦夷務始末 · 同治朝』 卷八, 30쪽

람도 없다.[123]

외국인이 한어를 잘 할 수 있음을 인정하고, 중국인이 힘써 공부하지 않음을 비판한 다음, 중국인의 외국어학습에 관한 상황을 분석하고 다음과 같이 말하고 있다.

> 교섭의 경우, 소위 통사(通事)에 의지할 수밖에 없다. 그들은 양무의 대해(大害)이다. 상해의 통사는 수가 매우 많은데, 많은 이익을 얻고 있다. 사농공상 외에 별도로 하나의 직업이 나타났다. 광주(廣州)와 영파(寧波) 사람이 많다. 그런 사람들은 두 종류로 분류할 수 있다. 하나는 직업이 상인이다. (중략) 하나는 의숙생(義塾生)이다. 영국과 프랑스 양국은 의숙을 설치하고, 가난한 아이들을 널리 불러 의식(衣食)을 제공하며 공부시킨다. 아이들의 재능의 수준은 갖가지이지만, 개항장의 기풍에 곧 익숙해질 뿐 아니라, 그리스도교에 물든 이도 많아, 상인보다 못하다.[124]

외교에서 청조 자신의 통역과 번역관이 필요하다는 생각은 공친왕과 거의 같다. 당시의 통역은 양무의 '대해(大害)'라고 단언되고, 또 선교사에게 가르침을 받은 학생은 쉽게 외국의 습관을 몸에 익히기 때문에 가장 해롭다고 기록되어 있다. 결과적으로, '책을 읽어 이치에 밝은 사람(讀書明理之人, 지식인)'에 의한 정

---

123 『李鴻章全集』 奏稿三, 「奏請設外國語言文字學館」

124 『李鴻章全集』 奏稿三, 「奏請設外國語言文字學館」

식 외국어학습이 바람직하다고 인식되고 있었던 것이다.

나아가, 1863년에 이홍장은 북경 이외의 상해와 광주 두 항에도 외국어학교를 설립할 필요성에 대해서 다음과 같이 말했다.

> 통상(通商)의 강령(綱領)은 총리아문에서 정리하지만, 외국과의 교섭은 상해와 광주에서 많다. 이 상황에서는 팔기학생만으로 전부를 겸하는 것은 불가능하기에, 여러 방법으로 학생을 모으고, 그 지역에서 구한다. 그렇게 하면 그 언어를 배우는 사람이 반드시 많아진다. 사람의 수가 많으면 인재도 나온다.[125]

실무로부터 말하자면 상해와 광주는 외국과의 교섭이 북경보다도 활발하기 때문에 외국어학교를 설립할 필요성도 있고 또 현 상황에 적합하기 때문에, 이홍장은 팔기학생에 한정하는 규정을 바꾸자고 한 것이다. 그리고, 총리아문과는 다른 설립 취지를 말했다.

> 우리 중화는 기용(器用)에 영리하여, 서양인보다 못하지 않다. 서양문자에 통하게 되고, 또 서로 가르치면, 함선과 무기 등을 만드는 기술도 차차로 배워 익혀, 중국의 자립에 쓸모 있음에 틀림없다.[126]

---

125 『李鴻章全集』奏稿三,「奏請設外國語言文字學館」

126 『李鴻章全集』奏稿三,「奏請設外國語言文字學館」

이홍장은 외국어와 자립의 관계를 명확히 하고 있다. 결국, 외국과 교섭할 때에 외국어가 필요하다는 총리아문의 설립 취지를 다시 한번 권하고, 외국어학습을 기술(技術)을 배워 익히는 목적이자 자립의 수단으로 위치지은 것이다.

같은 1863년, 상해광방언관이 설립되었다. 경사동문관과 달리 광방언관은 규칙에서 외국어를 극히 중요한 위치에 두었다.

> (제3조) 외국어를 배우는 이외의 시간에는 역사와 경전을 기본으로 한다.[127]

> (제4조) 서양인의 기계제조 등은 전부 수학에서 온다. 만약 수학에 통하지 않으면 외국어에 통해도 실제 쓸모가 없다. 학생은 수학과 외국어를 반드시 매일 공부하는 것으로 한다. 그 밖에 경전과 역사 등은 각자의 학문적 자질에 따라 배우는 것이다. 본인의 희망순서대로, 수학만 공부할 수도 있다.[128]

> (제6조) 동관(同館)에서 외국어를 아는 자를 4명 뽑아 항상 외국인 교사의 수발을 들게 한다. 매일 외국인교사가 수업을 할 때 이 4명이 둘러앉아 교사의 말을 학생에게 전한다. 교사의 이야기의

---

127 『廣方言館全案』, 楊逸 · 陳正青 · 夢畹生 · 陸菁編, 『上海灘與上海人叢書』, 上海古籍出版社, 1989년, 111쪽

128 『廣方言館全案』, 楊逸 · 陳正青 · 夢畹生 · 陸菁編, 『上海灘與上海人叢書』, 上海古籍出版社, 1989년, 111쪽

주지를 학생에게 설명하고, 학생들에게 간단히 이해시킨다.[129]

그리고 3년 후, '서양의 전문(全文)을 번역'[130]할 수 있는지 어떤지에 따라 관직을 주기로 정해져, 교섭보다도 오히려 서양서적의 번역이 중시되었다.

이홍장은 종래와 같이 팔기가 외국어학교를 독점하고 있는 구례를 깨어 한인을 학교에 들이고, 교섭보다도 과학과 서적의 번역을 중심으로 한 학교교육의 내용을 정했다. 이것은 종래의 틀을 넘어선, 새로운 외국어학교의 형태를 만드는 시도였다.

(3) 광주동문관

상해광방언관의 교육방침에 대해 청조정부로부터의 반발은 없었지만, 팔기주재방위군이 있는 광주에 1864년 광주동문관을 개설할 때 학생의 조건으로서 청조정부는 다음과 같은 칙명을 내렸다. "자질이 총명하고, 나이는 14세 이내(以內) 혹은 20세 전후, 청(淸), 한(漢) 문자에 이미 통효(通曉)하고 실질적으로 양성해야 할 사람을 뽑는다.",[131] 즉 "만한문(滿漢文)에 통할" 것이 전제로서 요구된 것이다.[132]

---

129 『廣方言館全案』, 楊逸 · 陳正青 · 夢畹生 · 陸菁編, 『上海灘與上海人叢書』, 上海古籍出版社, 1989년, 111쪽

130 『廣方言館全案』, 楊逸 · 陳正青 · 夢畹生 · 陸菁編, 『上海灘與上海人叢書』, 上海古籍出版社, 1989년, 112쪽

131 『籌辦夷務始末 · 同治朝』 卷一四, 5쪽

132 『籌辦夷務始末 · 同治朝』 卷一四, 5쪽

또, 교관에 대해서는 "서양인 교사의 초빙과 함께, 덕(德)과 지(知)가 모두 뛰어난 내지(內地)의 거공생(擧貢生)을 초빙해 역사와 경전의 대의를 습득시킨다. 이리하여 고금에 통함과 동시에 청어도 배워 익히게 한다."[133]고 언급하는데, 서양인 교사의 채용이 명언(明言)되고, 학생에게는 외국어 · 역사 · 경전 외에 만문 공부도 의무지어졌다.

광주동문관의 개교는 1864년 6월의 일인데, 1897년에는 동문(東文, 일본어)과 아문(俄文, 러시아어)의 두 관이 열렸다. 그때까지는 영문관뿐이었다.

학생의 진로에 관해서는 "1~2년 후에 외국어를 장악한 자가 있으면, 상경한 다음 시험하여 관직을 주고, 승진의 기회를 준다."고 정했다.[134]

이듬해 광주 동문관의 장정(章程)은 다음과 같이 규정되었다. 매일 한문과 서양문자를 학습하는 이외에, 본래의 일을 중히 여겨 만문을 학습한다. 학생의 정원을 20명으로 하고, 그중 16명은 광주에 주재하는 팔기로부터 "쭉 만주문자를 배우고 있는" 자제를 16명, 한인의 우수한 세가자제(世家子弟)를 4명 뽑은 것이었다.

개교 약 10년 후, 양광총독(兩廣總督) 서린(瑞麟)은 다음과 같이 보고했다. 즉, 한인 학생은 1~2년간 공부하고 나서 조금 언어가 가능해지면 언제나 병(病) 등을 구실로 학교를 그만두고, 스

133 『籌辦夷務始末 · 同治朝』 卷一四, 5쪽

134 『籌辦夷務始末 · 同治朝』 卷一四, 6쪽

스로 생활을 영위한다고 한다. 서린 자신이 내린 판단은 "금후 동문관의 학생은 전적으로 기인(旗人)을 등용하고, 한인은 채용하지 않는다."는 내용의 것이었다.[135]

경사동문관과 광주동문관은 어느 쪽이나 모두 청조 다언어 체제의 틀 속에서 설립된 학교이다. 경사동문관은 개교 5년 후에, 학생의 나이가 어린 데다가 만주팔기자제가 많기 때문에 한문학력이 낮고 한문의 의미를 아직 충분히 이해할 수 없다는 문제가 생겼다. 그런데 상해광방언관은 처음부터 경사동문관과 다른 방침으로 나아가, 중심적인 과목에는 외국어 이외에 수학도 포함되어 있었다. 여기에서, 팔기자제가 언어학교를 독점하는 전통은 깨졌다.

1858년 일련의 천진조약에 의해 청조는 강제적으로 조약체제에 편입되었다. 거기서 청조의 대외관계는 '조공관계'와 '조약관계'의 이중체제가 되었다. 그리고 일련의 불평등조약에서, 한문이 종래부터 차지해온 위치는 주로 영문과 불문이 차지하게 되었다. 그것에 대응하기 위해 북경, 상해, 광주에 외국어학교가 설립되었다. 북경과 광주의 학교에서는 아라사문관을 견본으로 하여 학생은 팔기자제에 한정되어 있었다. 상해에서는 만주팔기가 주재하고 있지 않은 것도 있어서, 이홍장의 요청에 따라 한인 학생을 학교에 들인 것이다. 결국 지금까지 팔기자제에 의해 번역과 통역이 독점되었던 체제는 그다지 변화하지 않았다. 북경과 광주의 학교에서는 외교용 어학만 습득하는 것은 종래의 조공국

135 『籌辦夷務始末 · 同治朝』 卷八四, 29쪽

(朝貢國)과 번부(藩部)에 관한 어학습득과 동일시되어 있었다고 생각된다. 이홍장 등이 어학의 범위를 넘어 수학 등을 넣은 것으로부터는 서양에 대한 인식의 변화를 엿볼 수 있다.

이 장의 요약

이상, 이 장에서는 세 과제를 설정한 다음, 청조의 다언어체제와 대외관계를 논했는데, 그것들에 대해서 다음과 같이 정리할 수 있다.

만주인 왕조인 청조에서는 언어를 통일하는 정책을 채택하지 않고, 다발[束]처럼, 만문을 중심으로 등거리적으로 한문과 기타 언어를 두고 있었다. 만주자제에게는 '국어기사'를 요구하고, 만문을 사용케 하기 위해 갖가지 우대책을 채택했음에도 만문의 한화(漢化)는 멈춰지지 않았다. 인구가 압도적으로 많은 한인에게는 한문온존(漢文溫存)의 방침을 관철하여, "한인으로 한인을 제압한다."는 정치정책과 표리관계(表裏關係)가 되었다. 비한문세계에게는 각각의 민족의 언어를 사용케 하여 한문세계와 격리시켰다. 청조정부는 이렇게 함으로써 거대한 한문세계를 견제하려고 하였다.

대외관계에서는, 종래의 조공체제를 계속시킴과 동시에, 사역관과 회동관의 합병 및 조선역학(朝鮮譯學)의 신설 등, 이번원이 관리하는 지역과의 관계를 조정하면서 조공관계를 유지하고 있었다. 그리고 조공국에게는 공문서에서 한문의 사용을 인정했지만, 청조정부 측은 '만한합벽(滿漢合璧)'의 형식을 취하고 있었다. 한편, 러시아와의 관계는 청조정부에게 있어 새로운 외교의 전개인데, 러시아는 '비한문세계'의 연장선에 두어졌다. 마찬가지로 아라사문관에서의 러시아어 학습은 팔기자제에 한정하고, 대외관계에 있어서 '비한문'적인 요소를 늘리려 했다. 그에 반해, 바다에서 온 영국사절단에 대한 대응은 라틴문을 사이에 두고 한문이 외교공문의 사용문자가 되었다. 그것은 영국을 바다에서 온 조공국과 마찬가지로 취급한 것이다. 한문의 사용은 중국본토로부터 조공국으로, 바다에서 온 서양 국가들로까지 확장되고, '비(非)한문세계'는 몽골 · 신강 · 베트남 등의 지역 이외에 러시아까지도 포섭하기에 이르렀다.

마지막으로 조약체제의 가입과 외국어학교의 설립에 대해 논했다. 중영 · 중불 천진조약의 정문규정에 의해 한문이 그때까지 가지고 있던 권위를 상실했는데, 그것이 외국어학교 설립 요인의 하나가 되었다. 그러나 팔기주재(八旗駐在)가 없는 상해를 제외하면, 북경과 광주의 동문관은 학생이 팔기자제에 한정되고, 만문의 습득도 규정되어 있었다. 이것은 조직상에서 종래의 여러 언어학교와 마찬가지이고, 게다가 학교의 규칙은 아라사문관의 규칙을 채용했다. 결국, 청조정부는 서양 열강국과의 외교를 만주인에 의해 장악하려 하고 있었다고 볼 수 있다.

제2장

에도막부의 상해파견에 대한 청조의 대응

처음에

서론에서 말했듯이, 청조는 영국 · 프랑스 · 미국과 천진조약을 체결한 이래 구미국가들과의 외교를 '이무(夷務)'로부터 '양무(洋務)'로 고쳤다. 양무를 담당하는 총리아문 아래에서, 청조의 '자강(自强)'을 수행하려 하는 '양무운동'이 개시되었다. 이 운동은 증국번(曾國藩)과 이홍장(李鴻章) 등 한인관료를 비롯, 아편전쟁 이후 영국 · 프랑스와 교섭한 공친왕(恭親王) 혁흔(奕訢) 등 양무파로 총칭되는 그룹이 중심이 되어 추진되었다.

영국, 프랑스, 러시아, 미국 4국은 조약항에서 통상을 행하는 것 외에 북경에 공사를 주재시키는 특권을 가졌다. 총리아문은 이 4국에 대해 "조약에 따르게 하고, 조금도 침월(侵越)하지 않게 하며, 외면에서는 화목하게 하지만, 내실에서는 회유(懷柔)하는 것을 보여준다."는 방침을 결정했다.[1] 조약내용 이외의 권리를 양보하지 않는다는 자세로부터는, 천진조약의 불평등성을 다소는 인식하고 있었다고 말할 수 있다. 한편으로, 조약을 이용해 상대를 '회유(懷柔)'한다는 조공의 이념이 총리아문의 외교를 떠받친 것을 볼 수 있다.

남경조약 체결 이후가 되면 지금까지 광주에서 무역을 하고 있던 유럽의 소국은 각 조약항에서의 통상이 인정되었다. 천진조약 이후 총리아문은 이 무조약통상국(無條約通商國)들에 대해 "만

---

1 『籌辦夷務始末 · 咸豐朝』 卷七一, 18쪽. [*원문은 "按照條約. 不使稍有侵越. 外敦信睦. 內隱示羈縻."이다. 본문에서는 羈縻를 懷柔의 의미로 풀이하여 논지를 전개하고 있다.-역자주]

약이라도 영국, 프랑스, 미국의 흉내를 내어 중국과 조약체결을 도모하려고 하면, 반드시 단호히 거절하고, 그 요구를 두절시켜야 한다."고 엄격한 태도를 취했다.[2] 본래 총리아문이 설립된 목적은 '내부의 치명적인 화근(心腹之患)'인 태평천국(太平天國) 진압 후에 구제(舊制)로 돌아가려는 의도에 있었다.[3] 따라서 임시적 조치로서 총리아문을 설치하면서도 조약국을 늘리지 않는 것은 그런 이유 때문이었다. 그러나 실제로는 1861년 9월 중독(中獨) 천진조약의 체결을 시작으로, 무조약통상국이 열강국의 중개로 잇따라 조약국이 되었다.

1860년에, 청조는 태평천국 진압과 지배체제 재편이라는 긴급한 과제를 달성하기 위해 외국세력과의 충돌을 의식적으로 회피하고 있었다. 그 때문에, 현행 조약을 쌍방이 이행하고, 동시에 외국세력에도 조약을 준수시킴으로써 더 이상의 침략을 막으려고 한 것이다. 이렇게 상대적으로는 안정이라고 말할 수 있는 시기에, '자강'을 진행해 지배체제의 재편성을 수행하려 한 '대외협조' 노선이 중시되고, 구미 국가들에 대한 양무파의 외교방침에 이어지게 되었다.

또, 조선 이외의 조공국은 태평천국으로 인해 공로(貢路)가 차단되었기 때문에 일시적으로는 조공이 중단되었으나, 1864년 이후 조공이 재개되고 종래대로 예부(禮部)가 조공관계를 취급했다. 이렇게 청조의 대외관계는 조공체제와 조약체제가 병존하는

2 『籌辦夷務始末 · 咸豐朝』 卷七二, 8~9쪽

3 『籌辦夷務始末 · 咸豐朝』 卷七一, 19쪽

상태로 되돌아갔다.

조약국, 무조약통상국, 조공국에 대해 각기 다른 외교정책이 취해졌다. 그중에서도 동양에서 온 일본은 상기의 어느 쪽에도 위치지어지지 않는 입장에 있고, 그 점에서 청조가 대응한 대일 정책은 매우 독특한 것이 되었다.

청조보다 약 10년 후 '개국'된 일본의 경제불황 탈출을 위해 막부는 1862년부터 사절단을 여러 차례 상해로 파견하여 대외 무역을 시도하고, 상해에서의 통상 등을 타진했다. 서양 국가들과 대치하는 중에, 청조 관료는 2백년 남짓의 공백을 거쳐 내항(來航)해온 일본에 대해서 어떻게 대응했는지, 또 조공국, 조약국, 무조약통상국이라는 구조를 참조하면서 어떻게 위치지었는지, 이 문제들을 해명하는 것은 그 후의 일청관계를 이해하는 데에 불가결한 최초의 작업일 것이다.

이 장에서는 대만의 중앙연구원 근대사연구소가 소장한 외교당안(外交檔案)의 일부인 『총리각국사무아문청당(總理各國事務衙門清檔)』[4]을 이용하고, 막부에 의한 1862년의 센자이마루(千歲丸), 1864년의 겐쥰마루(健順丸)의 상해파견, 1868년 나가사키부교(長崎奉行)가 상해도대(上海道臺)에게 보내는 서간에 초점을 맞추어, 일본의 통상요구를 통해 청조관료의 대일인식의 변화, 그리고 청조 내부 의견의 분기(分岐)를 명확히 하고자 한다. 특히, 청조 측이 일본에 제한을 가하기 위한 '장정(章程)'을 작성하는 준비과정을 분석한다.

---

4 「總理各國事務衙門清檔」에 대해서는, 서론의 주15를 참조

막부의 상해파견에 관한 선행연구는 무수히 많은데, 다음의 두 측면에서 정리할 수 있다.

첫째는, 다카스기 신사쿠(高杉晋作) 등 파견사절들의 일기와 보고서를 소재로 한 연구이다. 이 연구들은 주로 사절의 파견에 이르는 과정과 그들의 상해에서의 활동에 초점을 맞추어, 서양 열강국에 위압된 청조를 보는 것에서 일본이 위기감을 느낀 점에 주목한다. 미야나가 다카시(宮永 孝)의 『다카스기 신사쿠의 상해 보고』[5]는 막부의 수회에 걸친 상해 사절파견의 경위에 대해 상세히 설명하며, 또 같은 책의 마지막에는 '막부 선박 센자이마루의 상해 도항(渡航)에 관한 유익한 논저'로서 다수의 논문도 소개되어 있다. 야마네 유키오(山根幸夫) 등이 편찬한 『증보근대일중관계사연구』[6]에서도 막부의 상해파견에 대한 선행연구를 망라하여 소개한다. 중국 측에서는 왕효추(王曉秋)의 「태평천국혁명이 일본에 미친 영향」[7]과 풍천유(馮天瑜)의 『「센자이마루」 상해행-1862년 일본인의 중국 관찰』[8]이 있다. 양자 공히 일본 측의 자료를 이용하는데, 사절들에 의해 태평천국에 관한 정보와 상해의 실태가 일본에 전해지고, 그것이 일본인의 중국관을 전환시키는 계기가 되어 일본의 근대화에 영향을 주었다는 관점에 서 있다.

---

5 宮永 孝, 『高杉晋作の上海報告』, 新人物往來社, 1995년

6 山根幸夫 外 編, 『增補近代日中關係史研究入門』, 研文出版, 1996년

7 王曉秋, 「太平天國革命對日本的影響」, 『中國近代啓示錄』, 北京出版社, 1987년

8 馮天瑜, 『「千歲丸」上海行-日本人1862年的中國觀察』, 商務印書館, 2001년

둘째는, 이미 말한 『총리각국사무아문청당』이라는 사료를 이용, 센자이마루와 겐쥰마루의 상해파견과 나가사키부교에 의한 서간제출에 초점을 맞추어, 청조 측에서 본 막부말기 일본을 논한 연구이다. 우선, 왕새(王璽)의 『이홍장과 중일정약(1871)』[9]과 사사키 요(佐佐木揚)의 『청말 중국의 일본관과 서양관』[10]에서는 일청수호조규가 체결되는 전단계로서 이 사료에 간단히 언급하고 있다. 이 사료를 처음 상세히 논한 것은 가와시마 신(川島眞)의 「에도 말기의 대중사절에 대한 새로운 시각-총리아문당안으로부터의 물음」[11]이었다. 가와시마는 "중국 측의 시점에서 일본을 봄으로써, 종래 그다지 보이지 않았던 일본의 위치짓기, 상대화된 일본의 상태 등이 보인다고 생각된다."라고 말하여 당(當) 사료의 중요성을 시사했다.[12]

이것들을 받아서 이 장에서는, 막부사절단과 직접 접촉한 상해지방 행정관인 상해도대(소송태도(蘇松太道)라고도 한다)를 시작으로, 천진조약 이후에 각 조약항의 대외사무를 담당하게 된 오구통상대신(五口通商大臣, 남양통상대신(南洋通商大臣), 상해흠차대신(上海欽差大臣)이라고도 한다)[13]과, 청조정부의 대외기구인 총리

9 王璽, 『李鴻章與中日訂約(1871)』, 臺灣中央研究院近代史研究所, 1981년

10 佐佐木揚, 『清末中國における日本觀と西洋觀』, 東京大學出版會, 2000년

11 川島 眞, 「江戶末期の對中使節への新視角-總理衙門檔案からの問い」, 『中國研究月報』, 2003년 5월호. 同, 川島 眞, 『中國近代外交の形成』, 名古屋大學出版會, 2004년

12 川島 眞, 「江戶末期の對中使節への新視角-總理衙門檔案からの問い」, 『中國研究月報』, 2003년 5월호

13 五口通商大臣은 1844년에 설립되고, 廣州에 주재했다. 1859년에 上海로 이주

아문이, 1862년과 1864년의 두 차례에 걸친 막부의 상해파견과, 1868년 나가사키부교로부터 온 서간에 대해서 품은 소감을 분석하여 청조중앙과 지방관료가 가지고 있던 일본관을 밝힌다. 특히, 메이지유신 직전에 나가사키부교가 상해도대에게 보낸 서간에 대해서는 상세하게 분석하고자 한다. 청조에서는 가까운 장래에 일본과의 사이에서 '조약'을 체결하지 않기 위해 한정적 요소가 강한 '장정'을 맺을 것을 상정하여 갖가지 사전준비가 행해지고 있었다. 이것이 2년 후의 일청수호조규의 초안작성에 어떤 영향을 주었는지에 주목한다.

제1절

센자이마루의 상해 내항

1. 상해도대 방문

1858년 구미 국가들과 일련의 조약이 체결된 후, 일본에서는 물가앙등(物價昂騰)이 발생하고, 경제적 곤궁에 빠졌다. 막부는 이 사태에 대처하기 위해, 개항장에서 대외무역을 행하는 종래의

해, 1866년에 南洋通商大臣으로 개칭되었다. 본문에서 사용한 臺灣中央研究院近代史硏究所所藏의 「總理各國事務衙門淸檔」에서는 '上海通商大臣'이라고 기록되어 있는데, 같은 職役이다.

방법으로부터 일본을 나와 무역을 행하는 방법으로의 전환을 시도했다. 나가사키에서의 종래의 대청(對淸)관계를 바탕으로, 우선 발판으로 삼은 것이 상해였다.

다카스기 신사쿠 등 젊은 무사들을 태운 센자이마루 일행 67명(일본인 51명, 영국인 15명, 네덜란드인 1명)은 1862년 5월 25일 나가사키를 출범해, 6월 3일 상해에 도착했다. 5일에는 네덜란드 영사와 함께 상해도대 오후(吳煦)를 방문했는데, 그때의 상황을 오후는 오구통상대신인 설환(薛煥)에게 다음과 같이 보고했다.

> (동치 원년) 5월 9일(1862년 6월 5일)에 상해 주재 네덜란드 영사 테오도어 크루스(P. Theodore Kroes, 哥老司)가, 동양일본국의 우두머리 네다치 스케시치로(根立助七郎) 등 8인을 데리고 관서(官署)에 왔다. 그들은 본국 상사(上司)의 명(命)에 따라 13인의 상인을 동반하여 해삼, 상어지느러미, 곤포(昆布), 전복, 칠기, 부채 등을 네덜란드 상선에 싣고 도항했다. "네덜란드 상인에 의해 세관의 신청(申請), 검사(檢查), 납세(納稅), 수입(輸入) 등의 수속을 한다. 시험적 무역을 행하고 싶기에, 상해에서 매매의 허가를 구한다."는 요청을 해왔다.[14]

일본 측의 요구에 대한 오후의 생각은 다음과 같았다.

---

14 同治元年七月初一日收, 通商大臣薛文一件(總理各國事務衙門淸檔 · 「無約國案(日本) · 日本商人擬來滬貿易事」 01-21, 22-1)(이하 생략)

청국 상인이 사포(乍浦)[*오늘날 절강성(浙江省) 가흥시(嘉興市)와 평호시(平湖市)-역자주]에서 일본에 건너가 동(銅)을 구매하는 전례는 있지만, 역으로 일본의 상인이 청국에 무역하러 오는 일은 없다. 규칙에 따라 무역 허가는 불가하지만, 바다를 건너 원방(遠方)에서 온 것이기도 하니, 네덜란드상인에 의해 세관의 수속을 해결하는 것부터 거부할 수는 없다. 그래서, '천조(天朝)가 원인(遠人)을 회유(懷柔)하는 의(意)'를 보여주고, 임시로 네덜란드상인의 화물로서 판매하는 것을 허가했다.[15]

그런데 오후는 일본사절에게 "중국 화물의 구매는 불가하며, 일찍 자금을 지참하고 네덜란드 상선을 타고 귀국할 것, 다음번부터 이 같은 경솔한 행동을 멈출 것"이라고 지시했다.[16] 아마도 오후는 일본 측이 다시 내항할 것을 예측하고 이를 체념시킬 목적으로 사전에 '다음번 행동'을 제지했을 것이다.

그로부터 약 1개월 후, 오후 스스로가 일본인들이 체재하고 있던 배에 찾아갔다. 그때 일본 측으로부터 오후에게, 상해에서 '장모(長毛)의 난(태평천국)'이 일어나, 지참해 온 화물이 잘 팔리지 않아 상당한 손실을 입었고, 기후풍토가 맞지 않아 세 명의 상인이 사망했기에, 남은 화물을 다 팔면 바로 귀국하고 싶다는 사정을 설명했다.

오후는 일본인에게서 확실한 귀국의 의지를 느끼고, "서양의

15 同治元年七月初一日收, 通商大臣薛文一件

16 同治元年七月初一日收, 通商大臣薛文一件

각국은 일본과 통상한 이래, 일본의 산물을 전부 상해로 운반해 판매한다. 화물이 늘면 가격이 내려가는 것은 당연할 것이다. 그리고 상해에서는 태평천국의 난으로 상품의 판매가 정체되고 있는 것도 사실이다. 이번에 일본 측은 상해에서의 무역시행이라는 목적을 달성할 수 없었기에, 금후로는 다시 오기를 그칠지도 모른다."고 판단했다.[17]

이상의 보고내용으로부터 보면, 오후는 '회유'라는 조공체제의 이념에 기반하여 일본 측과 대응하면서, 이번만의 특례로서 '일회한정'의 무역을 인정했다. 또 일본에 대해 상해에서의 장래 무역 가능성에 대해서는 부정적으로 파악했다.

한편, 이 오후의 보고를 받은 오구통상대신 설환은 총리아문에 보낸 서간 속에서 "일본은 통상(通商) 각국(各國) 속에 들어 있지 않고, 지금까지 중국에 와서 무역을 행한 일은 없다. 네덜란드가 무조약통상국임에도 불구하고 일본의 상인들을 수반한 무역을 행하는 것 같은 일이 시작되면 무역을 독점하는 폐해(包攬之弊)를 초래할 우려가 있다. 장래에 각국이 잇따라 그것을 흉내 낼 경우 어떻게 저지할 것인가? 점차 폐해가 확대될 가능성을 막을 필요가 있다."는 의견을 말했다.[18]

설환은 일본이 통상국의 일원이 아니고, 지금까지 청조에 와서 무역을 한 전례가 없음을 강조했다. 그리고 그가 가장 염려한 것은 각국이 일본을 흉내 내면 '대리무역'이 그치지 않게 되는 데

---

17 同治元年七月初一日收, 通商大臣薛文一件

18 同治元年七月初一日收, 通商大臣薛文一件

에 있다. 많은 조약을 담당하는 설환은 상해도대 오후보다도 그 위험성을 인식하고 있었다.

이 서간을 수취한 총리아문은 일본에 대한 이번의 대응책을 '극히 적절하다'고 긍정했다. 단, "해외의 소국은 매우 많기 때문에, 만일 그 말을 듣고 잇따라 내항하면 명확히 조사해 대응할 방책이 없다. 금후 각국의 상선이 내항할 경우 반드시 적확하게 조사하고, 가능한 한 적절히 취급할 것을 오후에게 엄히 명한다. 각국에 일본 흉내를 내지 않게 하는 것이 매우 중요하다."는 지시를 내렸다.[19]

총리아문은 오후의 "천조(天朝)는 원방(遠方)의 사람을 회유한다."는 전통적인 대응을 높게 평가하면서도, 설환의 의견을 받아들여, 만약 다수의 소국이 일본의 흉내를 내어 내항하면 총리아문은 대응할 수 없다고 판단하고, 금후 이 같은 일이 일어나지 않도록 하라고 지시한 것이다.

당시, 태평천국의 난은 청조정부에게 '내부의 치명적인 화근[心腹之患]'이었기 때문에,[20] 그것의 진압이 상해의 관료들에게는 제일의 관심사였다. 오후는 첫 대면한 일본 측 사절에 대해 "이쪽의 명령을 듣고, 언어구사도 상당히 공순하다."는 인상을 가졌지만,[21] 일본개국 후의 첫 방문이라는 점에 대해서는 그다지 주목하지 않았다.

---

19 同治元年七月初四日行, 通商大臣薛文一件

20 『籌辦夷務始末 · 咸豐朝』 卷七一, 19쪽

21 同治元年七月初一日收, 通商大臣薛文一件

1861년에 막 설립된 총리아문은 태평천국을 진압하고 외국의 사무가 축소되면 "즉시 폐지하고, 군기처의 관리에 따라, 구제에 맞춘다."라는 임시적 성격을 가진 기관으로서[22] 어디까지나 서양열강국과의 교섭을 중심으로 하고, 그 이외의 것에는 간섭하고 싶지 않았던 것이다. 일본의 상선에 일회한정이라는 대응책을 낸 상해도대와 대조적으로, 오구통상대신과 총리아문은 이번의 통상에 의해 전술(前述)한 것과 같은 폐해가 다른 항(港)에서 일어날 가능성을 경계했다.

2. 상해통상의 요청

오후를 방문하고 약 1개월 후, 상해에서의 팔림새가 좋지 않은 것을 이유로 일본의 사절은 다시 그와 회담을 했다. 일본 측은 상해에 체재하여 2개월이나 되어도 팔린 화물은 반도 안 되니, 정리하여 귀국할 심산이라고 전했고 화제를 상해통상으로 바꾸었다. "상해에서 통상하고 있는 무조약의 소국이 많은데, 이 나라들은 각 항에서 규칙에 따라 무역을 인정받고 있지만, 북경과 장강(長江) 연안의 각 항(港)에는 들어올 수 없다."라고 상해에서의 무조약통상국을 거론하고, 회담의 마지막에는 "일본은 청에 매우 가깝고, 청의 동상(銅商)이 매년 일본에서 동을 구입할 때 일본 측은 진지하게 대응해 줄곧 문제는 없었다. 일본의 상선은 상해에서만 무역하고, 또 그것을 관리하는 관리(官吏)를 두어

---

22 『籌辦夷務始末 · 咸豐朝』 卷七一, 19쪽

가옥을 빌려 체재하면서 일본상인의 통관수속을 거들기 때문에, 서양의 무조약국의 예(例)에 준하여 굳이 조약체결을 청하지 않고, 각별한 은혜를 바랍니다."라고 요구했다.[23]

이 같은 일본 측의 요구를 들은 오후는, "서양의 무조약국은 원래 광주에서의 무역이 허가되어 있고, 오구통상(五口通商) 개시 후에 무조약국이 상해로 옮겨간 후로도 시간이 매우 많이 지났다. 그때 각국이 상주(常住)했는지 어떤지는 상해에서 확인할 수 없다. 중국상인이 일본에서 동을 구입한 일은 있지만, 지금까지 일본의 상선이 내항한 일은 없었다. 따라서 일본은 각 항에서 통상하는 국가들 속에 들어가지 않는다. 그에 따라 종래대로 해야 하며, 바라는 바를 즉시 받아들일 수는 없다"고 말하며 일본 측의 요구를 각하했다.[24]

이에 대해 일본 측 사절은 황제의 성덕(聖德)이 하늘처럼 서양과 동양의 상인을 마찬가지로(一視同仁) 취급해야 한다고 반론하고, 상해에서의 통상의 건을 상주하도록 오후에게 의뢰했다.

오후는 광동무역 경력이 없는 일본에 대해 다른 무조약국과 동일하게 상해에서의 무역을 거부하면서도 일본 측의 '일시동인' 등의 중화사상적인 발언으로부터 통상의 성의를 살피고, 상해에서만의 무역을 요구하고 있음에 불과하며 특별히 다른 흉계(狡詐)를 꾸미고 있는 것은 아니라고 판단했다. 그 결과, 오후는 "일본국 상선이 서양 무조약국의 장정을 참고로 해 상해에서만의

23 同治元年八月初四日收, 通商大臣薛署江蘇巡撫李文一件

24 同治元年八月初四日收, 通商大臣薛署江蘇巡撫李文一件

통상허가를 상주(上奏)할 수 있을까" 하는 점을 설환에게 제안했다.[25] 그때, 상해에서 무역을 행하고 있는 조약국(7개국) · 무조약국(9개국)의 리스트도 제출했다.[26]

오후의 제안을 읽은 설환은, 무조약국에 대해서 상해에서는 어떻게 통상을 인정해왔는지 조사할 것을 오후에게 명령했다.

조사 결과, 함풍 3년(1853년) 상해는 태평천국에 점거되어 있었고, 관청의 공문은 전부 분실되었기 때문에 조사불능이라는 것이 분명했다. 그러나 도광 23년(1843년)의 영국과의 사후처리 조약의 제8조에, 지금까지 각국의 상인은 광주에서만 무역이 허가되었으나, 황제의 은혜를 얻어 서양 각국의 상인 전부가 복주(福州), 하문(厦門), 영파(寧波), 상해에서 무역을 할 수 있게 되었다는 내용이 있다고 보고되었다. 결국, 상해에서 통상하고 있는 무조약국은 전부 광동무역의 경력을 갖고 있었던 나라들이었다.

이 상해통상의 건에 관해, 설환과 당시 강소순무(江蘇巡撫)였던 이홍장은 의견을 내지 않은 채 오후의 보고서와 통상국(通商國) 리스트를 합해 총리아문에 제출했다.

이상을 요약하면, 일본 측은 지리적으로 가까운 데 더하여

---

25 同治元年八月初四日收, 通商大臣薛署江蘇巡撫李文一件

26 조약국은 英吉利國(영국) · 法蘭西國(프랑스) · 美理駕國(미국) · 俄羅斯國(러시아) · 大西洋國(포르투갈) · 布魯斯國(프로이센) · 比利時國(벨기에)의 7개국이다. 무조약국은 大丹國(덴마크) · 威敦 · 瑙威國(스웨덴 · 노르웨이) · 荷蘭國(네덜란드) · 意大利國(이탈리아) · 日斯巴尼亞國 · 兼官呂宋事務(스페인, 필리핀 사무를 겸하여 관리하다) · 昂不爾厄國(함부르크) · 布林宴國 · 兼魯伯國(브레멘, 겸 뤼베크(Lübeck)) · 亞爾敦不爾厄國(아르덴부르크) · 大漢諾佛國(대하노버)의 9개국이다.

사실상 무역관계가 이미 성립해 있음을 강조하고, 일청 간에 공유되고 있는 조공이념을 명분으로 이용함으로써 상해통상의 자격을 얻으려고 한 것이다. 이 일본의 상해무역 요구에 대하여, 오후는 종래의 원칙에 따라 거절했다. 그러나 그는 일본과의 접촉을 거듭함에 따라 일본 측의 경제적 곤궁의 상황을 이해하게 되고, 일본 측이 갖고 있는 조공이념으로부터 '성의'를 느껴, 상해에서 이미 10개국 이상의 국가와 통상하고 있는 현실에 입각해, 일본에 대해 상해에서만의 무역허가를 오구통상대신에게 제안했다. 오후는 일본을 하나의 항구에만 한정한 통상국으로 위치짓는 것의 '폐해'는 없다고 판단했다. 그러나 그의 제안에 대해 오구통상대신과 강소순무는 즉시 응하지 않았다.

단, 비록 오후 자신도 상해에서의 일본의 무역허가를 오구통상대신에게 권하긴 했지만 일본의 행동에 대해서 약간은 의문을 갖고 있었다. 전술했듯이 일본 화물의 판매가 부진하고 좋은 값에 팔 수 없다는 이야기를 들었기 때문에, 아마도 일본의 상선이 두 번 다시 오지 않으리라고 추측했을 것이다. 그러나 그 직후에 일본 측은 서양의 무조약국의 예와 나란히 통상을 신청해 왔다. 그는 그 이유를 일본 측에 물었다. 이에 대한 일본 측 답변의 대의는 다음과 같은 것이었다.

> 종래 일본은 서양의 네덜란드와만 통상을 행했는데, 이백 년에 걸쳐서 특별히 문제는 없었다. 그러나 수년 전부터 영국과 프랑스 등의 나라가 돌연 일본에 찾아와, 군사력에 기대어 조약체결과 통상을 압박해 왔다. 별 수 없이 그들의 희망대로 현재 세 개의 항구

에서 통상을 행하고 있다. 매년 세관 수입은 약 백만 양은(洋銀)이다. 이러면 공사(公使)의 왕래 비용과 세관의 경비를 충당하는 데에 불과하고, 나라에는 전혀 이익이 없다. 일본의 산물은 결코 많지 않고, 종래부터 생계의 도를 취해온 상인들은 지금 서양의 상인에게 이권을 독점당해 확실히 손해를 입고 있다. 게다가, 서양의 상인은 널리 일본의 산물을 모으고 물건은 양은으로 회수하기 때문에 모든 물가가 뛰어버려 민중에게도 손해가 초래되고 있다. 그러나 힘으로 제압할 수도 없고 거절할 수도 없다. 그래서 관민(官民)이 상담한 결과, 산물이 서양상인에 의해 운출(運出)되어 이익을 독점당하기보다는, 스스로 판매하고, 각국에 가서 무역을 행하는 쪽이 좋다. 그렇게 함으로써 조금은 서양의 세력을 분산시킬 수 있을지도 모른다. 이번에 상해에 와서 특별히 융통을 받고, 네덜란드 상품이라는 형태를 취해 통관할 수 있었다. 그러나 모든 무역은 네덜란드 영사관(領事官)의 주장에 따라서 수수료가 취해지고, 우리는 갖가지 압박을 받아왔다. 그래서 막부에 보고했고, 비밀히 상해도대에게 보고하도록 명령받았다. 서양 무조약국의 규제를 기준으로 삼아 상해에서의 통상을 허가하고 있었던 것뿐이라면 타인의 억제를 받지 않고도 끝난다. 천조의 덕화(德化)를 흠모하고, 청조를 관광하고 싶다고 생각해 상해에 무역을 하러 왔다. 그러나, 목하 태평천국의 난으로 화물의 값이 내려가고 있다. 중국 국내가 안정되면 반드시 서로 이익을 얻을 수 있다.[27]

---

27 同治元年八月初四日收, 通商大臣江蘇巡撫李函一件

오후는 이 사절의 발언이 사실일 것이라고 생각하면서도, 종래부터 통상은 허가하고 있지 않았기 때문에, 갑자기 개시하는 것은 매우 곤란하다고 일본 측에 설명했다. 일본 측은 이에 대해, 청조의 상인이 종래 일본에서 동(銅)을 수입해왔기에 그 역(逆)도 당연하고, 반드시 이유 없이 내항하고 있는 것은 아니며, 근거도 없이 통상을 구하는 경우와 다르다고 강하게 주장했다.

그래서 오후는 명말의 왜구에 대해 중국인이 아직 숙원(宿怨)을 버리고 있지 않다는 별개의 이유를 가지고 일본의 요구를 차단하려 하였다. 그러자 일본의 사절은 당시 왜구의 주범자 18인은 체포되어 처형되었다고 답했다. 악민(惡民)이 예상 외로 난을 일으킨 것이고, 일본은 별도로 악심(惡心)을 갖고 있는 것이 아니었다고 설명한 다음, 오후의 신뢰를 얻기 위해, 일본의 기록에 서명하여 후일에 보낼 것을 약속했다.

역으로, 일본의 사절은 별도의 문제를 두 가지 부가했다. 첫째는, 이전에 동(銅)상인인 양(楊)과 왕(王) 두 사람이 일본에 가서 동을 구입했지만 정산이 아직 완료되지 않는 것이 있는데, 청조의 관리가 재촉해주지 않아도 좋지만, 관리들이 양·왕 본인에게 그것을 처리케 하도록 바란다는 것이었다.

둘째는, 전년에 강소성에서 태평천국의 난이 일어났기 때문에 강소와 절강(浙江)의 수많은 남녀 난민이 서양 상선을 타고 일본에 온 것에 관해서이다. 즉 그들이 나가사키에 머무는데, 최근에는 수천 명에 이르고 있고, 그중에는 상매(商賣)를 행하는 자도 서서히 나왔다. 그러나 그들은 서양국가들의 주일영사의 관할에 따르는 것이 아니기에, 일본에 있어 중국인 체재자는 관리하기 어렵고, 만약 범죄가 있는 경우에도 매우 처리하기 어렵다는 것이었다.

이에 대해 오후는 다음과 같이 답했다. 첫째에 대해서는 지방의 난이 안정된 후에 조사를 행한다는 것이고, 둘째에 관해서는 "강소와 절강의 난민은 중국 관인(官人)의 허가를 얻어 일본에 간 것이 아니며, 일본은 그 피난을 딱하게 생각하고, 점차 수용해 호의를 보여준" 점을 강조했다. 그리고, "금후로는 유령(諭令)을 발하여 급히 귀국시키는 조치를 강구함으로써 좌우간 안정되게 된다. 만약 장기간 체재하여 범죄를 저지른 경우, 배로 중국에 보내 중국에서 재판해도 무방하다."고 말했다.[28]

이번 회담을 통해, 오후는 일본 측의 의도를 다음과 같이 분석했다. "일본으로서는 중국과의 왕래를 명시함으로써 통상을 끌어내는 것밖에는 방법이 없다. 서양의 상인에게 제한받고 있기 때문에, 권리를 나누고 싶은 것이 주인(主因)일 것이다."[29]라고 말했다.

그런데 오후의 보고를 받은 후 설환과 이홍장은 총리아문에 서간을 제출했는데, 그 속에서 "일본은 동양(東洋)의 섬나라이다. 역대의 사서(史書)를 보면, 『황청통고(皇淸通考)』의 「예문(裔門)」과 가깝게는 『해국도지(海國圖志)』, 『영환지략(瀛寰志略)』 등의 서적에도 실려 있다. 일본은 분명히 명대에 중국과 왕래하고 있었지만, 우리 청조에 있어서는 상인만이 일본에 가서 양동(洋銅)을 구

28 同治元年八月初四日收, 通商大臣江蘇巡撫李函一件

29 同治元年八月初四日收, 通商大臣江蘇巡撫李函一件

입하고 있다."고 양국의 관계에 대해서 언급하고 있다.[30] 지금까지는 일본에 청조와 무역할 자격이 없음과 무역에 의한 '폐해' 등을 강조하고 있었지만, 설환과 이홍장은 일본 측이 통상의 이유로 지적한 일청 간 과거의 무역사례를 언급하고, 다소의 이해를 보였다. 그러나 가장 중요한 것인 통상의 허가에 대한 구체적인 의견은 없었다.

총리아문은 설환에게 답장을 보내는데, 다음과 같은 내용을 썼다. 통상의 폐해가 있는가 없는가라는 질문에 대해 총리아문은, 억측으로 답할 수는 없으나, 시세(時勢)를 잘 생각하고 상황을 조절한 다음 통상의 건을 적절히 취급할 것과, 게다가 어떻게 취급했는가를 신속하고 상세하게 총리아문에 보고할 것을 지시했다.[31]

이상, 일본의 상해통상 요청에 대하여, 오후는 가능성이 있다고 생각하면서도, 왜구에 대한 중국인의 대일감정 등을 이유로 결국은 일본 측의 요구를 거절했다. 이에 반해 일본 측은 조공이념을 원칙으로 하면서, 동상인(銅商人)이라는 사실과 나가사키로 간 난민 등 현실의 문제를 거론하여 오후를 설득했다. 또, 오구통상대신과 총리아문은 오후의 제안에 대하여, 이전처럼 '폐해'만을 강조하려는 태도는 고치기 시작했지만 명확한 지시도 내리지 않았다.

---

30 同治元年八月初四日收, 通商大臣江蘇巡撫李函一件

31 同治元年八月初八日行, 通商大臣薛文一件

3. 일본사절의 전언

상해에서의 통상허가를 얻는 것이 불가능한 채로, 일본 측 일행은 1862년 8월 1일에 상해를 출발해 네덜란드 배로 귀국했다. 귀국 전에 일부러 다음과 같은 전언을 남겼다. "이전에 상해 통상을 구한 것에 대해서는, 늦더라도 만약 허가가 있을 경우에는 네덜란드 영사 크루스에게 서간으로 알려주기 바란다. 만약 거부된 경우에도 영사에게 알려주기 바란다. 그때, 다시 공사를 파견해 요청하러 온다."는 내용이었다.[32]

청조 측에서는 통상 허가에 대해서 의견의 분산이 보였다. 오후는 "일본 측은 통상만을 요구하고, 게다가 상해에만 한정하고 있으며, 달리 바라는 것은 없다. 또 흉계도 없기에 요청은 허가해야 한다"고 주장했다.[33] 또, 상해에서의 통상방법에 대해서는 "입항과 출항의 화물세는 전부 해관에서 징수하고, 통관수속은 서양무조약국의 예를 따라 같은 규칙으로 행한다. 아울러 관리를 두도록 허가하고, 방을 세주고 체재시켜, 일본의 통상사무를 관리시킨다. 다른 동양 국가들은 일본을 예로 삼지 않도록 한다. 또 관리(官吏)에게는 일본상인에게 멋대로 다른 항구에서 무역하지 않을 것을 약속게 한다. 이 같은 제한을 보여라. 그렇게 하면 특별히 폐해가 생기지 않을 것이다."는 구체안을 제시했다.[34] 결

32 同治元年閏八月初三日收, 通商大臣薛署江蘇巡撫李文一件

33 同治元年閏八月二十八日收, 通商大臣薛署江蘇巡撫李文一件

34 同治元年閏八月二十八日收, 通商大臣薛署江蘇巡撫李文一件

국, 상해통관에 한해서 오후는 일본을 서양무조약국과 같이 위치지은 것이다.

이에 대해서, 설환과 이홍장은 "차후 전혀 폐가 없으리라고 확실히 믿기는 어렵다."는 반대의견을 내었다.[35] 그리고 통상의 허가에 관해, "우선 확실한 말로 거부하고, 만약 일본 공사가 오면 다시 헤아려 처리한다."는 제안을 내보였다.[36] 여전히 두 사람은 신중한 자세를 보이고 있다.

쌍방의 의견을 받은 총리아문은 "외국인은 성질이 교활하다. 만약 요청에 응할 경우, 욕망이 계속 나아가 다른 조약항에 대해서도 야심을 품을 우려가 있다. 게다가 무조약 소국은 매우 많기 때문에, 잇따라 흉내 낼 우려도 있다."라고 일본에 대해서 불신을 나타내고, 다른 항구에의 통상요구와 소국에의 폐해유발을 염려하고 있다.[37] 또, "일본은 요청이 이루어지지 않으면 다시 찾아온다."고 생각한 총리아문은 설환과 이홍장에게 "너무 구애될 필요도 없고, 너무 관대해서도 안 된다"라고, 유연한 대응책을 지시했다.[38] 총리아문은 기본적으로 오구통상대신과 같은 의견을 보여, 일본의 행동에 대해 불신감을 느끼고, 다시 올 가능성은 예상하고 있었음에도, 결국 구체적인 대응책을 내놓지 않은 것이다.

그 후, 신임 상해도대 황방(黃芳)은 일본과의 통상에 대해서

---

35 同治元年閏八月二十八日收, 通商大臣薛署江蘇巡撫李文一件

36 同治元年閏八月二十八日收, 通商大臣薛署江蘇巡撫李文一件

37 同治元年九月初四日行, 通商大臣薛文一件

38 同治元年九月初四日行, 通商大臣薛文一件

다음과 같이 의견을 발표했다.

> 금후 전혀 폐해가 없다고는 말할 수 없지만, 은근히 경모하고 있기에 갑자기 야심을 품고 다른 조약항을 요구할 정도가 되지는 않을 것이다. 만약 지나치게 확실히 거부할 경우, 일본은 공사를 파견하여 다시 요구하러 올지도 모른다. 그렇게 될 경우 도리어 원인(遠人)을 회유(懷柔)하는 뜻을 보여줄 수 없게 된다. 또, 각 소국이 잇달아 흉내 낼지도 모른다고는 말할 수 없지만, 단 지금까지 일본과는 동선(銅船)의 왕래가 있던 것도 있어 상황이 다를 것이다. 각 소국은 그때가 되어 또 조절하여 처리해야 할 것이다. 일본 한 나라만은 전임 도대 오후의 제안을 따라, 서양 무조약국의 예를 모방해 상해에서만 통상케 하고, 관청을 설립해 일본의 상무(商務)를 처리케 한다. 단, 일본 측에 다른 항구에서의 무역은 허가하지 않는다는 점을 설명하고, 제한을 보여줄 필요가 있다.[39]

황방은 기본적으로 전임 도대 오후와 마찬가지로 일본의 상해통상을 허가해야 한다고 주장했다. 그는 청조 측의 주도권과 일청 양 국가에 이미 존재하고 있던 무역관계에 주목하여 일청관계의 특수성을 강조한 것이다.

센자이마루의 내항에 대해서, 이상에서 보여준 청조 측의 대응을 정리해보자.

최초의 단계에서, 상해도대는 조공이념에 기반하여 일본에

---

39 同治元年十一月十九日收, 通商大臣薛署江蘇巡撫李文一件

일회에 한한 무역을 인정했다. 한편, 오구통상대신과 총리아문은 이로 인해 다른 '폐해'를 일으킬 가능성에 경계심을 갖고 있었다. 이윽고는, 일본 측의 상해통상 요구에 대해 오후와 황방 2대(代)에 걸친 상해도대는 동의를 보여주게 되고, 일본을 무조약상해통상국으로 위치지웠다. 오구통상대신 설환과 강소순무 이홍장은 우선은 거부하고 일본공사가 왔을 때에 다시 유연하게 대응한다는 방침을 정했지만, 총리아문은 일본에 불신감을 품으면서도 배려는 한다는 애매한 태도를 취했다. 결국, 상해도대 이외의 청조관료들은 우선 일본의 통상 요구를 거절하고, 일본과의 관계를 종래대로 유지하려고 생각하고 있었다.

일본은 광동무역의 경력은 갖고 있지 않았지만 그보다 더 전부터 청조와 동(銅)무역을 계속해왔다. 청조 측은 이런 일본의 특수성을 인식하고, 나아가 일부 관료가 일본에 대해 조약국, 무조약통상국, 조공국이라는 틀과는 다른 위치짓기를 보여주기 시작했다. 일청의 근대관계는 이런 경위 속에서 전개되고 있었다.

그리고 청조 측의 의견이 일치하지 않는 중에, 하코다테(箱館)에서 파견된 겐쥰마루(健順丸)가 상해에 내항했다.

겐쥰마루의 상해 내항

하코다테부교쇼(箱館奉行所)로부터 파견된 겐쥰마루 일행은 하코다테부교시하이시라베야쿠(箱館奉行支配調役)[40]인 야마구치 스즈지로(山口錫次郎)를 비롯한 일본인 약 50명으로, 1864년 3월 16일에 효고(兵庫)를 출범해 3월 28일 상해에 도착했다. 겐쥰마루의 경우, 네덜란드뿐 아니라 영국에도 알선을 의뢰해 상해도대와 연락을 취했다.

4월 8일 영국영사관의 통역은 야마구치 스즈지로 등 다섯 명의 일본인을 데리고 상해도대의 관서에 왔다.

이때는 응보시(應寶時)가 상해도대의 대리(代理)가 되어 있었는데, 일본인 다섯 명에 대한 최초의 인상은 "예를 공손히 갖추고 있다"는 것이었다.[41]

일본 측의 설명에 의하면 이번의 목적이 "바다에 익숙해지기 위해 목조 범선으로 이곳저곳 돌아다니고", 또 "상인에게 의뢰해 해조류 등의 화물을 가지고 와 상해에서 팔고 싶기에, 만약 통관할 수 있다면 매우 감사하다. 그리고 3월 말(원치(元治) 원년(元年))에는 귀국하지 않으면 안 되기에 선상에서 체재한다."고 설명

---

40 하코다테부교(箱館奉行) 휘하의 관직 가운데 하나-역자주

41 同治三年四月初十日收, 上海通商大臣文一件(總理各國事務衙門清檔 ·「無約國案(瑞 · 那 · 日本) · 瑞 · 那 · 日本國來華請求設領通商事」01-21, 22-2)(이하 생략)

했다.[42]

일본 측은 이것 이상의 요구를 언급하지 않았기 때문에, 도대 응보시는 겐쥰마루의 내항을 일회에 한정된 무역이라고 이해하고, "조속히 화물을 판매한 다음 귀국하라, 상해에서의 장기체재는 인정할 수 없다."고 일본 사절에게 명령했다.[43]

동시에 응보시는 세무관인 영국인 토마스(狄妥瑪, Dick Thomas)에게 "일본의 번호로 세관 수속을 마칠 수 있도록" 지시했다.[44] 센자이마루의 경우는 네덜란드상인에 의해 세관 수속을 마쳤지만, 이번에는 일본인만으로, 일본의 번호로 통관시키게 되었다고 생각된다.

그리고 응보시는 겐쥰마루 내항의 건을 오구통상대신에게 보고할 때, "건륭 46년 호부(戶部)가 간행한 『강해관칙례(江海關則例)』[45]에 동양(東洋) 상선의 입항과 출항의 세액(稅額) 및 상인의 상행위에 관한 조문이 있는데, 동양의 상선이 상해에서 무역하는 것은 금지되어 있지 않고, 중국과의 통상은 서양보다 빠르다."고 하듯이, 청조에서 일청무역관계가 존재한 사실을 강조했다.[46] 그는 그 이상으로는 아무것도 언급하지 않았지만, 지금까지 논해

---

42 同治三年四月初十日收, 上海通商大臣文一件

43 同治三年四月初十日收, 上海通商大臣文一件

44 同治三年四月初十日收, 上海通商大臣文一件

45 『清史稿』志百三三 · 邦交六 · 「日本」 속에 "乾隆四十六年, 戶部奏請頒江南海關則例, 定東洋商船出口貨稅律」(건륭 46년에 戶部는 東洋 商船의 수출화물의 세금을 정하기 위해 江南海關則例를 반포하도록 상주했다)고 기록되어 있다.

46 同治三年四月初十日收, 上海通商大臣文一件

온 일본의 상해무역문제에 대한 자신의 태도를 보여주었다.

응보시의 보고를 받은 오구통상대신은, 일본 측이 스스로 통관수속을 하고, 귀국할 때까지는 선상에 체재한다고 말하고 있을 뿐이기에, 별도의 요구를 부가하지 않는다면 동정(同情)할 의사를 나타내고, 그들의 요구를 허가하면 좋겠다고 총리아문에 제안했다.[47]

총리아문은 오구통상대신에게 "통관수속의 완료 여부를 조사하여, 조속히 화물을 판매하고 귀국하도록 재촉하라. 전례에 따라, 멋대로 장강의 각 항구에 들어가 다른 항구에서의 통상을 넘보는 것을 허락하지 않음으로써 제한을 보여준다."고 종래대로 지시했다.[48] 겐쥰마루는 1864년 5월 1일에 상해 황포강(黃浦江)을 출발해 귀국했다. 이번은 체재기간이 센자이마루의 경우보다 짧고, 게다가 청조 측에게 통상과 영사의 개설 등을 일체 요청하지 않았다. 그 때문에, 상해도대와 통상대신 및 총리아문 삼자는 "일찍 판매시키고 일찍 귀국케 하라"는 일치된 의견을 갖고 있었던 것이다.

여기서 주목해야 할 점이 둘 있다. 첫째는, 응보시가 건륭연간의 칙례를 들어, 일청무역관계가 이미 존재하고 있었던 사실을 주장한 것이다. 일본과의 무역은 일방적이고, 일본 측이 오는 일은 없었다는 지금까지의 청조 측의 원칙이 무너진 것이 된다.

둘째는, 전회(前回)의 센자이마루와 달리 이번에는 '일본번

47 同治三年四月初十日收, 上海通商大臣文一件

48 同治三年四月十三日行, 上海通商大臣文一件

호'로 해관수속을 행한 것이다. 상해도대의 이 방식에 대하여, 오구통상대신 및 총리아문은 아무것도 지적하고 있지 않다. 센자이마루에는 영국인과 네덜란드인이 타고 있었지만, 이번의 겐쥰마루는 전원이 일본인이었다는 것이 요인이라고 생각된다. "수대(數代)에 걸친 상해도대의 움직임이 일본의 돌파구를 열고 있었다"라고 말해지듯이,[49] 일본은 정식통상화로 가는 길을 걷기 시작한 것이다.

제3절

나가사키부교로부터 온 서간

1. 서간의 내용

1868년 2월, 나가사키부교 가와즈 이즈노카미(河津伊豆守)가 영국 사절에게 의뢰한, 상해도대에게 보낸 한 통의 서간이 도착했다.

우선 그 해 무렵 청조 국내의 상황을 간단히 설명해두자면, 국내에서 태평천국과 그 잔당인 염군(捻軍)의 반란이 진압되고

49 川島 眞, 「江戸末期の對中使節への新視角-總理衙門檔案からの問い」, 『中國研究月報』, 2003년 5월호

사회질서는 안정을 향하고 있었다. 다른 한편, 대외관계에서는 1861년 총리아문 설립 당시 청조와 조약을 맺고 있던 나라는 5개국(영국 · 프랑스 · 러시아 · 미국 · 독일)에 불과했지만, 그 후 1868년까지는 네덜란드, 덴마크, 스페인, 벨기에, 이탈리아 등의 나라와도 조약을 맺었다. 또, 중영천진조약(1858년)의 체결로부터 10년째를 맞아 조약개정도 행해지는데, 청조 측에서는 이것을 기회로 조약을 조금이라도 유리하게 개정하려고 조약국과 교섭하고 있다.

그런데, 나가사키 부교의 서간은 1868년 2월 17일 영국 영사 윈체스터(Charles Alexander Winchester, 溫思達)를 통해 상해도대 응보시의 손에 도달했다. 서간은 "게이오(慶應) 3년 정묘(丁卯) 12월 28일"(1867년)이라고 쓰여 있었는데, 해서(楷書)와 초서(草書)로 쓰여 있으며, 초서는 나가사키부교 가와즈 이즈노카미, 해서는 번역자에 의해 쓰인 것이었다.

내용은 두 가지로, 첫째는 동치 원년(1862년)의 사절단이 상해에서 환대를 받은 것에 관한 사례(謝禮)이고, 둘째는 여권(護照)의 인장(印章)에 관한 것이었다. 일본인이 유럽에 갈 때는 관서(官署)로부터 여권이 발행되고, 여객 조사를 위해 사전에 여권의 인장을 서양 국가들에 발송한다. 이 수속에 의해 일본인은 도착하는 곳을 안전하게 통행할 수 있게 되어 있었다. "현재, 귀지(貴地)에 가서 학술을 전습한다든가 상업을 영위한다든가, 편의를 가지고 거류하다든가라는 요청이 나오고 있기에, 금후 이 같은 인물이 귀지로 갈 때에는 보살펴주기 바란다. 그러나 멋대로 들어가는 것을 두려워하기 때문에, 여권을 조사했다는 인장을 상해

도대의 관서에 보여준다"는 내용이었다.[50]

겐쥰마루의 내항 시에 비해 이번 서간은 분명히 많은 것을 요청했다. 결국, 통상뿐 아니라 학술을 전습(傳習)한다는 내용이 담겨 있고, 체재기간에 대해서도 장기(長期, 僑寓)라고 되어 있었다.

이에 대해 응보시는 다음과 같은 견해를 진술했다. "지금까지 상해에서 통상이 끝나면 바로 귀국한 것과 달리, 일본인은 중국 체재를 요청하고 있다. 만약 중국에 체재하는 사람이 범죄를 일으킨 경우 어떻게 처치할까에 대해서는 서간에 쓰여 있지 않다."라는 불안을 나타내고,[51] 일본인의 체재기간과 장소에 대해서 의문을 드러내었다.

또 응보시는 "만약 통상 요청이 강하게 거부된 경우, 일본인은 반드시 서양 국가들의 힘을 빌려서 청조와 조약을 체결하게 된다. 스페인과 이탈리아와 덴마크와 마찬가지로."라고 염려하고, 그래서 그가 한 제안은, "여기서는 일본상인과의 무역을 인정해두고, 제한하는(箝制) 장정을 별도로 의정하는 쪽이 좋다."는 것이었다.[52]

응보시는 장기체재 하는 일본인의 범죄를 염려하는 한편으로, 일본 측의 요청을 거부했을 때 조약체결을 압박당할 가능성을 예상했다. 그래서 그는 청조 측이 주도권을 쥐고 먼저 일본을

---

50 同治七年三月初三日收, 上海通商大臣文一件(總理各國事務衙門清檔·「無條約國(日本)·日本請求通商貿易事」01-21, 22-3)(이하 생략)

51 同治七年三月初三日收, 上海通商大臣文一件

52 同治七年三月初三日收, 上海通商大臣文一件

'제한'할 수 있는 장정을 맺어 일본이 서양에 기대지 못하도록 할 것을 고려했다. 이 시점에 이미 청조 측은 일청 사이에서 서양 국가들의 조약과 다른 것을 작성하려고 생각했던 것이다.

당시의 오구통상대신은 설환(薛煥)에서 증국번(曾國藩)으로 교체되어 있다. 증국번은 응보시의 제안을 읽고, 이전의 센자이마루와 겐쥰마루의 경험을 분석한 다음 아래와 같이 말했다.

> (상해항에서만의 통상은) 총리아문에 의해 인정되었지만, 영사관의 개설에 대해서는 동치 원년에도 3년에도 미결이다. 이번에 상해에서 상업경영의 요청이 있는데 허가할 수 있다. 학술의 전습에 대해서는 반드시 무슨 학술인지 조사하여 밝혀야 한다. 여권의 인장을 보내 검속을 편하게 하는 것은, 서양 통상 각국과의 사이에서 이 같은 예가 없기에 총리아문의 지시를 따른다. 인장을 보내와도 즉시 접수하지는 않지만, 입항을 막지는 않는다.[53]

전임자와 달리 증국번이 통상을 인정하게 된 것은 청조 측에 있어서 큰 전환이라고 말할 수 있다. 한편, 학술의 내용에는 의문을 가지고, 여권확인용 인장에 대해서는 필요 없다고 판단했다.

응보시와 증국번의 이 제안들에 대해 총리아문은 구체적인 의견을 말했다.

우선 통상에 대해서는, "만약 일본상선이 상해에서만 무역을 하고, 또 멋대로 장강(長江)에 들어와 다른 항구를 넘보거나 하지

53 同治七年三月初三日收, 上海通商大臣文一件

않는다면, 이미 전례도 있으니 반드시 입항을 막지는 않는다."라고 말하듯이, 상해에서만의 무역을 인정하는 자세를 보였다.[54]

또 통상의 '장정'을 어떻게 정할지에 대해서는,

(1) 예년(例年) 무조약 각국이 상해에서 무역하고 있는 사례를 참고할 수 있다.

(2) 샴(暹羅) 상선의 납세장정(納稅章程)을 참고할 수 있다.

(3) 중국의 상인이 일본에서 무역을 할 때 일본은 엄격히 제한하고 있는 듯한데, 어떻게 제한하고 있는 것인지, 중국이 그것을 참고할 수 있는지를 일찍이 일본과 무역했던 상인에게 상황을 물어야 할 것이다.[55]

오구통상대신과 마찬가지로 총리아문은 이번에는 상해에서만의 통상을 인정하게 되었다. 그리고 일본과의 사이에서 '장정'을 맺는 것에 대해서는 이의(異議)를 보이지 않고, 그 내용에 대해서는 무조약통상국, 조공국, 나가사키 무역을 참고로 하는 등의 구체적인 지시를 내렸다.

또 이 서간과 동시에 총리아문은 중국번 개인 앞으로도 한 통의 편지를 보내, 동치 4년(1865년)에 정해진 샴과의 아래와 같은 무역방식을 소개했다.

> 먼저 수출입화물을 목록에 기반하여 전부 확인한 다음, 장부를 만들어 기록한다. 선박등록증명서의 속표지에 세무사(稅務司)의

54 同治七年三月初八日發, 上海通商大臣文一件

55 同治七年三月初八日發, 上海通商大臣文一件

검사인(印)을 찍은 뒤 세관으로 가서 신고하게 했다. 세(稅)는 서양상선의 수출입세의 항목에 들어있다. 북양(북방의 조약항들)은 이 방법을 따라 행한 지 오래되었고, 아직까지 전혀 폐해가 없다. 단, 샴은 청국의 속국으로서 일본과는 좀 다르다. 그러나 샴, 안남국의 상선은 청국이 각국과 조약을 체결하기 이전부터 청국과 통상하여 관세의 수속을 행해왔다. 당연히 일본은 속국과 별도로 다룬다.

또, 편지 속에서 "금후 장정을 규정할 때, 탈세(偷漏)와 명의도용(影射)과 범죄 등을 어떻게 막을까, 또 일본 측의 '학술을 전습한다'란 어떤 의미일까, 이런 것들을 반드시 전체적으로 판단해야 하고, 조그마한 부주의가 있어도 안 된다. 표면적으로는 회유의 뜻을 보이고, 실질적으로는 일본의 야망을 막는다. (중략) 양무를 취급할 때는 눈앞의 일을 얼버무릴 것이 아니라 장래의 일을 생각하지 않으면 안 되기 때문이다."라고 덧붙였다.[56]

총리아문은 일본이 조공국이 아님을 확실하게 의식하였고, 일본의 야망을 막기 위해서 새로운 장정의 내용에 대해서 몇 가지 주의점을 지적하며 상세한 지시를 내렸다. 이 시기, 서양조약국과의 사이에서 조약개정을 둘러싸고 애쓰던 총리아문은 조약이 가진 의미에 대한 이해가 깊어지고 있었다고 생각된다.

56 同治七年三月初八日收, 上海通商大臣文一件

2. 상해도대의 회신(回信)

청조 측은 약 1개월간 검토한 후, 상해도대 응보시가 영국 영사에게 부탁해 일본 측에 회신했다.

편지에서는 우선 일본 측의 "학술을 전습한다든가 상업을 한다든가 하는 목적으로 체재하는 자"에 대해서, 응보시는 지난번의 야마구치 스즈지로의 예만을 거론하여, 야마구치가 상륙하여 체재하고 있지 않았던 사실을 지적하고, "학술전습에 관해서는 어떤 학술을 전습하는지, 또 중국인으로부터 학습하는지 아니면 중국인에게 학술을 전하는지"[57] 물었다. 그리고 "여권의 인장에 대해서는 수용할 수 없으며, 귀국 사람이 중국에 와서 중국의 규정을 지키고 중국인과 다툼이 없으면 괜찮은 것이다."[58]라고 말했다.

응보시가 이 편지에서 겐쥰마루의 예를 거론한 것은 일본인의 장기체재를 피하기 위해서일 것이다. 또, 응보시가 당초부터 염려하고 있던 체재자의 범죄에 대해서는, 편지 속에서 "중국의 규정을 지키도록"이라고 경고했다. 한편, 이 편지에서 통상(通商)에 대해서는 전혀 언급되고 있지 않았다. 일본의 회신에 따라 다시 대응한다는 책략일 것이다.

아래에서, 나가사키부교로부터 온 편지에 대한 청조 측의 생각을 정리해 보자.

---

57 同治七年四月十三日收, 上海通商大臣文一件

58 同治七年四月十三日收, 上海通商大臣文一件

상해도대 응보시는 우선 '장기적'(僑寓)으로 체재하고 싶다는 일본 측의 의도를 읽어내고, 일본의 요청을 인정할 경우 범죄를 생각하지 않을 수 없다고 판단했다. 또, 만약 일본 측의 요구를 거부할 경우 일본이 서양의 힘을 빌려 조약체결을 압박할 것을 이른 단계부터 예상하고 있었다. 그렇게 되면 청조로서는 조약국이 늘어 불리해지기만 한다. 그래서 그는 우선 일본과 통상하고, 후에 서양과 달리, '제한'이 붙은 장정을 [*일본과-역자주] 맺을 것을 제안했다.

통상대신 증국번은 일본 측 편지에 쓰인 통상, 학술전습, 여권요구 가운데 상해에서의 통상은 인정했지만, 학술내용에 대해서는 확인할 필요가 있고, 또 여권에 대해서는 서양 각국과의 사이에서 그 전례가 없는 점을 이유로 수리(受理)할 수 없다고 생각하고 있었다.

이번에 총리아문은 센자이마루와 겐쥰마루 때에 비해 구체적인 지시를 내렸다. 특히 '장정'의 내용에 관해서는 세 가지 안을 제출하고, 장정내용의 주의사항에도 언급했다. 청조정부의 관심은 통상에 의해 초래되는 '폐해'에 대한 불안으로부터 일본의 야망을 막을 방법으로 이미 한층 더 옮겨왔다. 결국, 일본과의 통상은 이미 인정하지 않을 수 없는 이상, 가능한 한 조약을 체결하지 않을 전략을 모색하게 되었다.

3. 청조 측의 사전준비

총리아문의 지시에 따라, 응보시는 갖가지 일을 조사한 다음 그 결과를 총국번에게 보고했다.

상해에서의 무약(無約) 각국(各國)의 무역장정을 막 조사해보니, 서양 배로 운송하는 경우는 영·불 각국과 마찬가지이고, 샴의 납세장정도 서양 각국의 규정과 같다. 장래에 일본을 엄하게 제한할 경우에는 일본이 중국 상인을 다루는 방법에 따르면 가장 주도면밀할 것이다. 그러나 일본인은 서양 각국의 예를 보고 서양과 같아지고 싶다고 요구할 우려가 있다. 일본 측이 장정의 의정(議定)에 대해 말을 꺼낼 경우에는 먼저 청국 상인이 일본에서의 무역장정을 참조한다는 점을 주장하면 좋을 것이다. 또 들은 바에 의하면, 최근 일본국에서는 사쓰마와 쇼군이 나가사키에서 전쟁을 시작했는데, 나가사키의 수비관(守備官)이 사쓰마의 병사에게 쫓겨났다. 사쓰마는 멋대로 점령하고, 해관을 부수고, 서양 상선의 왕래를 끊으려고 한다. 조사한 바로는, 일본은 9주(州) 72도(島)를 관할하고 있는데, 그중에서도 사쓰마가 가장 강하고, 전쟁도 많다. 최근 서양인은 요코하마, 나가토(長門) 등에서 대치하고 있는데 어떤 결말이 될지 모른다.[59]

총리아문의 세 가지 제안에 대해서, 응보시는 무조약통상국과 샴의 무역규칙이 전부 서양조약국의 내용과 같은 것이고, 청조는 제3의 제안, 결국 나가사키 무역의 규칙에 기반한 새로운 장정을 맺는 것이 가장 적절하다고 보았다. 그는 일청 간에 존재

59 同治七年閏四月十四日收, 上海通商大臣文一件

하고 있는 독자적 무역규칙에 따라서 서양조양국과 다른 규칙을 만들려고 생각한 것이다.

그리고 응보시는 이런저런 조사를 행하면서 청조 상인으로부터 막말 일본의 보신전쟁(戊辰戰爭)의 정보도 입수했다. "일본은 9주(州) 72도(島)를 관할하고 있다."라는 잘못된 정보는 나가사키에서 장사하고 있던 상인으로부터 응보시에게 전해졌을 것이다.

또, 응보시는 일찍이 나가사키에서 무역활동을 행한 동상(銅商)을 방문해, 청조 상인에 대해서 일본 측이 정한 무역장정을 입수했다. 거기에 정리되어 있는 10개조의 내용은 주로 청조 상인에 의한 나가사키의 도진야시키(唐人屋敷)[60]에서의 무역과 생활규칙에 관한 것이었다.

이 규칙을 읽은 증국번은 제9조와 제10조에 대해서 몇 가지를 질문했다. 우선, 제9조와 제10조의 내용을 확인해둔다.

> 제9조, 중국과 저 나라가 통상을 한 지 200여 년이나, 줄곧 세금을 납부할 세관이 없었다. 서양과 통상한 이후 저 나라는 비로소 세관을 설치하여 세금을 내었다. 화물에 대한 그들의 세금징수는 조(粗)와 세(細)로 나뉜다. 약재, 설탕, 잡화류는 '조화(粗貨)'로서, 백 양(兩)마다 5양의 세금을 거둔다. 견직물, 모직물, 포목류(布木類) 등은 '세화(細貨)'로서, 백 양마다 20양의 세금을 거둔다. 화물의 가격은 '간화인(看貨人)'이 정하고 그것에 기반해 납세한다. 중국 상인은 자유롭게 일본상인과 장사할 수 있고, '회관(會館)'(도

60 나가사키에 내항한 청국인들의 거류시설. 唐館이라고도 한다.-역자주

진야시키(唐人屋敷)-필자주)과는 관계가 없다.

제10조, 청국상인은 그곳[나가사키-역자주]에서 사원을 4개소 지었다. 흥복사(興福寺), 숭복사(崇福寺), 복제사(福濟寺), 오진사(悟眞寺)이다. (후략)

중국번의 질문은 아래와 같은 것이었다.

(1) 납세하는 화물과, 자유롭게 일본상인과 교역하는 인물에 대해서 일본 측은 증거로서 어떤 증명을 발행하는가? 서양의 상인과 마찬가지인가? 이 같은 상인과 상선에 대해 입항, 출항, 하역, 선적을 하는 경우, 일본 관원은 관세를 징수하고 증명을 낸 후에 검사나 관리를 하는가? 현재, 나가사키에서 교역하고 있는 사람들은 전부 서양의 신례(新例)에 따르는가? 회관의 구례(舊例)는 최근에 변경되었는가?

(2) 중국상인은 나가사키에서 사원을 4개소 지었는데, 미리 일본에서 관서에 신고하였는가? 지은 장소는 교외의 넓은 곳인가 아니면 시내(市內)에 가까운 곳인가? 부지는 샀는가 빌렸는가? 사원의 문지기와 관리자 등은 모두 중국인인가? 출입은 전적으로 자유인가? 중국 본토의 승려와 도사는 있는가?

(3) 동치 3년(1864년)에 일본 상인이 해초(海草) 등을 가지고 상해에 왔었다. 그때 청조 측이 징수한 세금은 일본 측이 정한

조세화물규정(粗細貨物規定)에 비할 때 같은 것인가?[61]

마지막으로, 증국번은 “이상과 같은 점들에 입각해, 금후 만약 일본 측이 장정을 신고하면, 중국인의 일본에서의 무역규정을 참고로 할 것인지, 관대함을 보여 조금 완화할 것인지에 대해서 이 세 가지 문제점을 조사해 명확히 한 후 다시 결정한다.”고 응보시에게 지시했다.[62]

이상의 질문으로부터, 증국번은 관세와 영사관 개설시의 토지문제 등에 관한 구체적인 문제점을 고려했음을 알 수 있다.

증국번의 질문에 대해서 응보시는 더 조사한 후 다음과 같이 답했다.[63]

질문(1)에 대해서

현재, 일본에 가서 무역을 하는 이는 복건(福建) · 광주(廣州) 집단이든 호주(湖洲) · 영파(寧波) 등의 집단이든 전부 서양 행상(行商)에 들어간다. 화물선이 입항해 화물을 내릴 때 통관 수속을 한다. 해관(海關)으로부터 사람을 화물선에 파견해 값을 매기고 수량을 헤아린다. 규칙에 따라 납세하면 일본인 상인과 무역할 수 있다. 모든 장정과 제한은 서양인의 양식에 따르고, 이전(以前)의 회관

---

61 同治七年閏四月十四日收, 上海通商大臣文一件

62 同治七年閏四月十四日收, 上海通商大臣文一件

63 同治七年五月初九日收, 上海通商大臣文一件

장정(會館章程)은 따르지 않는다. 세관(稅關)의 규칙에 대해서, 당초에는 '세화(細貨)'는 100양마다 20양을 징수하고, '조화(粗貨)'는 100양마다 5양을 징수했다. 현재에는 내용이 변경되어, 조화이건 세화이건 화물이 입출항 시에 전부 화물을 보고 값을 매기는데, 100양마다 5양을 징수한다. 납세 후에 화물과 상인은 자유롭게 출입할 수 있다. 별도로 증명을 발행하지 않고, 검사와 관리도 하지 않는다.

질문(2)에 대해서,

중국인이 지은 사찰은 숭복사, 복제사, 흥복사 3개소뿐이고, 오진사는 일본의 사찰로서, 지난 번 보고는 잘못이다. 숭복사 등의 세 사찰은 전부 큰길에 있고, 토지를 사서 지어졌다. 불상과 죽은 사람의 위패를 세워서 제사 지낸다. 사찰 뒤의 빈 땅 및 오진사 뒤의 산지(山地)는 전부 중국인의 묘지로서 구입되었다. 이전에 토지를 살 때 관서에 신고했는지 어떤지는 지금은 알아볼 수 없다. 응보시는 다음과 같이 추론한다. 당시 중국인에 대한 감시는 극히 엄하여, 아마도 갑자기 멋대로 계약을 맺고 살 수는 없기 때문에 반드시 허가를 얻었을 것이다. 조사한 바 각 사찰의 문지기, 관리자, 주지승은 전부 일본인이고 중국인은 없다. 단 각 사찰 위의 묘지는 전부 명령에 의해 승려가 지킨다.

질문(3)에 대해서,

동치 3년(1864년) 일본국 상선은 화물을 싣고 입항했다. 그 배는 서양의 세칙(稅則)에 따라 화물세와 톤세가 징수되었다.

청조 측은 일청 간 나가사키 무역의 규칙에 따라 '장정'을 작성할 의향을 표명했다. 여기에 쌍무적 관점이 나타나 있다. '장정'의 내용에 대해서, 관심의 초점은 세금과 장기체재의 문제였다. 세금에 관해 서양의 방식으로 바꾼 것은 일청 양국 공히 서양의 시장(市場)으로서 규정한 증거였다고 말할 수 있을 것이다.

4. 일본 측이 보낸 회신

10월 10일, 다시 영국영사가 일본에서 온 서간을 보내왔다. 응보시의 질문에 대해서 다음과 같이 쓰고 있다.

소위 학술은 우리나라에 이익이 있는 것이면 어떠한 내용도 전부 배우게 한다. 인장에 대해서는, 각하(閣下)는 신중하고, 독단으로 결정할 수 없다고 보고 있다. 단 다시 상사에게 전하기를 바란다. 향(鄕)에 들어가면 그 금기를 묻고, 국(國)에 들어가면 그 법률을 지키라고 하듯이, 우리 쪽은 당연히 미리 엄히 방지하여, 가르쳐 주시는 쪽을 번거롭게 하지 않을 것이다. 그리고 우리나라는 국정을 쇼군에게 오래 맡겼기 때문에, 귀국에 가는 것은 쇼군에게 신청하지 않으면 안 된다. 현재, 조정(朝廷)의 강기(綱紀)가 새로워져서, 천황께서 직접 정무를 총괄한다. 본관은 칙명을 받아 나가사키를 다스린다. 황실의 뜻을 받들어, 선린 우호관계를 맺고자

한다.[64]

일본 측의 회신에 대해서, 응보시는 다음과 같이 자신의 의견을 서술했다.

지난 번 회신(回信)에서 물은바, 어떤 학술을 전습하는 것인지, 또 중국인에게 가서 전습하는 것인지, 아니면 중국인에게 전해주어 배우게 하는 것인지에 대해서는 아직 불분명하다. 다시 그 말의 의미를 추측해 보면, 중국에 와서 학습하는 것일 것이다. 왜냐하면 일본은 근년 서양 국가들 및 상해의 신문사에 사람을 파견하여 언어문자를 학습하고 있기 때문이다.[65]

응보시는 최근 일본의 해외유학 등의 행동으로부터 '학술전습'의 의미에 대해서 일본인이 내항하여 청조의 것을 배운다고 이해했다.

중국번은 일본 측의 서간과 응보시의 보고서를 읽고 다음과 같이 지시했다.

학술전습은 중국의 가르침을 받으러 오는 듯하기에 동의할 수 있다. 금후 회신할 때 확실히 설명하면 좋을 것이다. 만약 오는 사람이 전적으로 중국의 학술을 익히는 것이라면, 결코 가르치기를 아

64 同治七年十月初九日收, 上海通商大臣文一件

65 同治七年十月初九日收, 上海通商大臣文一件

까워하지 않는다. 거꾸로 중국인에게 전수한다면 조사할 필요가 있다. 또 인장에 대해서는, 일본 측은 상사에게 전하라고 말하고 있다. 인장을 접수하지 않는다면, 총리아문이 지시했듯이 샴에 대한 방법과 마찬가지로 선패(船牌)를 입항 · 신청 · 납세의 증거로 하는 방법을 채용하는 것도 생각할 수 있을 것이다.[66]

1868년의 일본 측 서간에 대해, 청조 측에서는 지방으로부터 중앙에 이르기까지, 적어도 일본의 상해통상을 인정하는 방침에는 견해가 거의 일치했고, 일본 측의 학술 전습과 여권 등에 대해서는 조금 난색을 보였다고 해석할 수 있다.

이 장의 요약

이 장에서는 막말 일본의 센자이마루의 내항과 겐쥰마루의 내항, 나가사키 부교의 서간을 둘러싸고 청조의 지방에서 중앙에 이르는 각 부서에서의 일본에 대한 대응방법을 검토했다. 이 분석을 통해 청조로부터 본 막말 일본의 위치짓기가 일층 구체적으로 파악되었다고 생각된다.

센자이마루의 내항에 대해 최초의 상해도대 오후는 조공이념에 기반해 일회에 한정된 무역을 허가했다. 오구통상대신과 총

66 同治七年十月初九日收, 上海通商大臣文一件

리아문은 일본의 내항에 기인하는 다른 '폐해'를 경계하고 있었던 것이다. 그 후, 일본 측은 '상해만의 통상'이라는 요구를 제시했다. 상해도대는 최종적으로 일본과의 통상에 찬성하게 되었다. 그는 일본을 '무조약상해통상국'이라는 듯이 위치지었지만, 오구통상대신과 총리아문은 좌우간 일본과 통상하지 말고, 일본공사가 파견된 후 다시 대응하라고 주장했다.

다음으로, 겐쥰마루의 경우는 통상요구 등이 나오지 않았기 때문에 그다지 문제로 삼아지지 않았다. 그러나 '일본번호(日本番號)'로 세관 수속을 마치도록 허가한 청조 측의 조치는 종래와 다른 성격을 보였다.

나아가 1868년의 나가사키 서간에서는, 상해도대부터 총리아문까지가 상해통상을 허가하는 태도를 보이는데, 일본을 조약국으로 치지 않기 때문에 일본에 대해서는 '제한' 가능한 '장정'을 맺는 방침을 보였다. 특히, 총리아문은 적극적으로 '장정'의 내용에 관여하는데, 일본을 조공국과 똑같이 취급할 수 없다는 의사가 강하게 비쳐졌다. 그러나 서간에 대한 회신에서 상해통상의 허가에 대해서는 명기하지 않았기 때문에, 결과적으로 보면 일본 측의 3회에 걸친 요청은 모두 청조 측에 의해 각하되게 된다.

일본으로부터의 내항에 대한 청조 측의 반응에 대해서 사사키 요는 "특히 센자이마루에게는 다카스기 신사쿠 등 여러 번의 번사(藩士)가 종자(從者)로서 승조했는데, 그들의 견문은 막말 일본의 중국관에 충격을 주었다. 그러나 이들 일본의 개국 후 최초의 대중(對中)사절단 파견이 청조의 관료와 지식인에게 특단의 영향을 미친 흔적은 없다."고 지적한다.[67] 확실히 '쇄국' 200년 후 처음으로 취한 일본인의 상해 방문과 메이지유신이라는 정체(政體) 변화에 대하여 청조 측은 정치상에서 그다지 관심을 보이지 않았다. 종래의 중화사상이 아직 뿌리 깊게 남아 있었기 때문에, 일본을 그저 이익을 구하기 위해 통상을 신청해 온 나라로 볼 뿐이었을 것이다. 또 1860년대의 청조는 '내우외환'의 시기였기에, 근린 일본의 움직임에 관심을 가질 여유는 없었던 것이다. 그러나 청조 측의 대(對)일본인식에 변화가 생긴 것은 간과할 수 없고, 청조에게 일본이 독특한 존재감을 가지게 된 것에는 주목해야 할 것이다. 1862년의 센자이마루의 경우에는, 상해지방관료가 일본을 조약국, 무조약통상국, 조공국이라는 틀 이외의 '무조약상해통상국'에 위치지으려고 하였다. 1868년의 서간 때에는, 청조는 일본을 제한할 수 있는 '장정국'에 위치지으려고 하였다. 3년 후 1871년에 일청수호조규를 체결했을 때, 청조 측의 주장에 의해, 청조와 서양열강국 사이에서 맺어진 지금까지의 조약들과 구별하기 위해 '조규'라는 명칭이 사용되고, 서양 국가들에게 준 '최혜국대우'를 조문에 넣지 않은 것은, 1868년 서간에 나타나 있는, 일본을 '조약국'으로 하지 않는다는 청조 측의 의도와 큰 연관이 있다고 말할 수 있을 것이다.

67 佐佐木揚, 『淸末中國における日本觀と西洋觀』, 東京大學出版會, 2000년

제3장

일청수호조규의 체결

처음에

앞 장에 이어서 이 장에서도 『총리각국사무아문청당(總理各國事務衙門清檔)』(대만 중앙연구원 근대사연구소 소장)을 이용해, 1871년 체결된 일청수호조규에 초점을 맞추어 그 성립의 과정에서 청조 관료의 일본관 및 일본의 위치짓기를 고찰한다.

일청수호조규를 대상으로 한 선행연구는 많다. 성립과정, 양국의 각 초안의 내용, 청조의 대일정책, 일본의 대청정책 등 갖가지 측면에서 연구되었다.[1] 이 선행연구들을 근거로, 이 장에서는 1870년대 청조관료의 일본관을 분명히 하고, 1860년대의 막부 상해파견 시기에 보인 일본관과의 차이를 명확히 한다. 앞 장에

1 田保橋潔, 「日支新關係の成立」(一)-幕府維新期における」, 『史學雜誌』, 제44권 제2, 3호, 1933년; 『文學部研究論集』 41 · 史學14, 1966년; 同, 「明治初年におけるアジア政策の修正と中國-日清修好條規草案の檢討」, 『名古屋大學文學部研究論集』 44 · 史學15, 1967년; 安井達彌, 「『日清修好條規』締結の外交過程」, 『學習院大學法學部研究年報』 12호, 1977년; 吳文星, 「日中修好條約初探」, 『大陸雜誌』 제57권 제1기 1978년; 王璽, 『李鴻章與中日訂約(1871)』, 臺灣中央研究院近代史研究所, 1981년; 徐越庭, 「『日清修好條規』の成立(一)(二)」『法學雜誌(大阪市立大學)』 제40권 제2호, 제3호, 1994년; 鳴野雅之, 「清朝官人の對日認識-日清修好條規草案の檢討から」, 『史流』 38호, 1999년; 谷渕茂樹, 「清末外交史から見た日清修好條規の研究」, 『史學研究』 229호, 2000년; 同, 「日清修好條規の清朝側草案よりみた對日政策」, 『史學研究』 231호, 2001년; 森田吉彥, 「日清修好條規締結交涉における日本の意圖1870~1872年-藤村道生說へのいくつかの批判」, 『現代中國研究』 제11권, 2002년; 同, 「幕末維新期の對清政策と日清修好條規-日本 · 中華帝國 · 西洋國際社會の三角關係と東アジア秩序の二重性, 1862~1871년」, 『國際政治』 제139호, 2004년; 李啓彰, 「日清修好條規成立過程的再檢討-以明治五年柳原前光的清國派遣問題為中心」, 『史學雜誌』 제150편 제7호, 2006년

서 서술했듯이 응보시는 일본을 '제한(감제)'하는 '장정'을 제안하고, 일본을 '장정국'이라고 특별히 위치지었는데, 이 취지가 일청수호조규가 체결될 때 어떻게 반영되었는지 검토한다.

앞 장에서 서술했듯이 1860년대 말경 '무조약통상국'은 차례대로 '조약국'이 되었다. 반노 마사타카는 양무파의 조약교섭에 대해 "중국 측은 다소라도 자기에게 유리한 방향으로 수정하려고 노력하였다. 새로운 조약의 거의 전부에 최혜국조관(最惠國條款)이 들어갔기 때문에, 이런 수정도 도로(徒勞)에 가까웠다고 말할 수 있다. 그러나, 수정의 노력과 그 방향과 성과는 상당히 주목할 만하다."라고 지적한다.[2] 이것은 어디까지나 청조와 유럽 국가들의 경우였고, 일청 간에서 양무파의 노력은 도로(徒勞)가 아니었다. 일본의 위치가 '장정국'에서 '조규국'으로 변경된 것을 통해, 대일외교에서 청조 측은 어떻게 주도권을 잡았는지, 소위 대일외교의 특징에 주목해야 한다.

스즈키 도모오는 "1860년대부터 1870년대의 중국의 조약논의는 구래의 지배자로서의 입장에서 이루어졌고, 전근대적인 위정자로서의 본성을 드러낸 의론이 압도적으로 많았다. 국제법에 대한 지식의 흡수가 꾀해지고, 국외세력에 의한 새로운 요구의 저지를 위해 이것을 부분적으로 활용하는 일은 있었으나, 조약에 대한 양무파의 발언 논리를 더듬어가 보면, 거기에는 구체제의 옹호를 목표로 하는 구래의 지배층으로서의 입장이 관철되고

2 坂野正高, 『近代中國政治外交史』, 東京大學出版會, 1973년, 279쪽

있었다."라고 말한다.[3] 결국, 조약체제를 도입하였음에도 종래의 조공체제의 이념이 여전히 유효하게 기능하고 있었던 것이라면, 1870년대의 대일외교에서 조공이념은 어떻게 사용되었는지, 조공 이외의 역사적인 요소가 조약 체결에 어떠한 영향을 주었는지 명확히 할 필요가 있다.

제1절

청조관료의 일본관

1868년 메이지유신이 시작된 일본은 주변 지역들과 새로운 관계를 맺기 위해, 우선 12월에 쓰시마의 소씨(宗氏)를 매개로 국서(國書)에 해당하는 '서계(書啓)'를 조선에 보내 왕정복고를 통지했다. 그러나 국서 속에 '봉칙(奉勅)'과 '황상(皇上)'이라는 문자가 적혀 있었기 때문에[4] 조선 측은 수취를 거절했다. 조공체제하에서 이 표현들은 종주국인 청조 황제만이 사용하는 문자이기에, 일본이 그것을 사용함으로써 청조와 동격관계에 들고, 조선보다도 일본의 지위가 상위(上位)가 된다고 조선은 파악한 것이다.

조선과의 외교관계를 개선하기 위해서 일본정부는 청조와

3 鈴木智夫, 『洋務運動の研究』, 汲古書院, 1992년

4 『大日本外交文書』 一卷, 第二冊, 690~693쪽

'동격'관계를 맺는 것을 우선으로 하는 방침을 내세웠다. 그래서 1870년에 청조에 사절을 파견, 대청(對淸)조약 체결을 향한 사전 준비를 시작했다.

한편, 제2장에서 말했듯이 청조 국내에서는 1864년에 태평천국의 난이 진압되고, '자강'이라는 슬로건을 내건 양무파가 1860년대 초 무렵부터 서양의 군사와 공업을 도입하며 근대학교를 설립하고 있었다. 또 가능한 한 조약내용을 준수하고, 서양 열강국과의 사이에서 협조관계를 구축하고 있었다. 청조는 소위 '동치중흥(同治重興)'의 시기에 있었다.

그러나 1860년대 후반부터 자유자본주의 국가들은 제국주의적 측면을 강화하여, 열강국 사이에서 식민지 획득을 목적으로 한 격한 경쟁이 시작되었다. 청조의 상황은 내지(內地)보다도 그 주변지역과 주변조공국 쪽이 긴급사태에 있었다.

우선, 서북의 신강지역에서는 러시아와 영국의 경쟁이 격화하고, 남쪽의 홍콩은 영국의 침략거점으로 기능하기 시작했으며, 서남에서는 영국과 프랑스가 베트남과 버마를 탐내는 상황이었다. 또 동쪽에서는 열강의 경쟁이 대만과 조선에 집중되고 있었다. 1866년 조선 홍선대원군의 그리스도교 금지령에 의해 프랑스인 선교사 9인이 처형된 일로 프랑스 군함이 강화도를 공격했다. 소위 '병인양요' 사건이다. 1867년 미국 상선이 대만에 표착하여 14인이 원주민에게 살해되는 사건이 일어나자 미국 군함이 대만 남부를 포격했다. 1869년에는 장뇌의 수출을 둘러싸고 영국의 군함이 대남(臺南)의 안평(安平)을 포격했다.

이 같은 일련의 사건에서 청조관료의 관심은 동쪽으로 이동했다. 바로 이 시기에 메이지유신 후의 일본정부는 청조에 사절을 파견해 조약체결을 타진했다.

우선 1870년 8월에 일본은 통역사 사이 유료(蔡祐良)와 다치바나 마사히로(橘正宏)를 상해로 파견해 청조와의 조약체결 의향을 강남해관소송태도(江南海關蘇松太道)인 도종영(涂宗瀛)에게 전했다. 그때 도종영은 "동양(東洋)은 중국과의 통상이 서양보다 빠르기에 조약을 맺을 필요는 없다"는 의견을 말했다.[5] 도종영의 견해는 1860년대 청조의 대(對)막부방침과 기본적으로 일치하여, 통상은 인정하지만 조약의 체결은 인정하지 않는다는 것이었다.

9월 1일에 일본 외무대승 야나기와라 사키미쓰(柳原前光)를 비롯해 수행원 하나부사 요시모토(花房義質), 데이 에이네이(鄭永寧), 나쿠라 노부아쓰(名倉信敦), 오자토 마사미치(尾里政道)로 이루어진 일행이 나가사키를 출발해 4월에 상해에 도착했다. 12일에 도종영과 면회하고, 이때 상해에서 일본인 거류민을 관리하는 관리(官吏)를 두고 통상하는 건에 관해 의견이 교환되었다. 나아가 야나기와라 일행은 조약을 맺을 의지를 전하기 위해서 상해에서 대기하라는 도종영의 제안을 듣지 않고 23일에 상해를 출발해 천진으로 향했다. 도종영은 직예총독 이홍장, 삼구통상대신(三口通商大臣) 성림(成林) 등에게 보낸 편지에서 야나기와라 일행의 움직임을 보고한 외에, 일본 외무경이 총리아문에게 보내는 서간의 사본도 동봉하고 있었다.

---

5 同治九年七月二十三日收, 上海通商大臣馬新貽文一件(總理各國事務衙門清檔, 「無約國案(日本) · 日本委員來華請求立約事」 01-21, 23-1)(이하 생략) [*여기서 '동양'은 일본을 가리킨다.-역자주]

막 직예총독이 된 이홍장과 삼구통상대신 성림은 도종영의 보고를 받고서 야나기와라 일행의 움직임을 총리아문에 전하고, 일본외무경의 서간도 전송했다. 외무경이 보낸 서간을 읽은 후 총리아문은 "이번에 일본의 목적은 전적으로 통상이다. 조약의 체결에 대해서는, 이번에는 그 뜻을 전달함에 그치는 듯하다."라고 이해하고,[6] 삼구통산대신 성림에게 다음과 같이 지시를 내렸다.

> 만약 일본 측이 조약을 언급할 경우, 흠차대신(欽差大臣)을 파견해야 비로소 중국의 대신(大臣)과 면담할 수 있다. 위원(委員)만으로는 조약에 관해 논의할 수 없다. 이것이 지금까지의 방식이다. 만약 통상만을 의론한다면, 우선 성림이 있는 곳에서 면담시키도록 하라. 종래대로 일본인에게 통행증을 내어주어 북경으로 가게 하는 일이 있어서는 안 된다. 이것이 지금까지의 방식과 일치한다. 총리아문의 여러 대신(大臣)은 결단코 야나기와라 위원과 회견해서는 안 된다. 만약 논의할 것이 있으면 성림을 통해 전하고, 천진에서 그 응답을 기다리게 하라. 상경하는 것은 체제를 손상시키는 것이 되기에, 북경에 오지 않게 하는 것이 극히 중요하다.[7]

총리아문은 일본 측의 취지가 통상에 있다고 이해하고, 대일

6 同治九年九月初六日發, 署三口通商大臣成文一件

7 同治九年九月初六日發, 署三口通商大臣成文一件

교섭을 전부 천진에서 행하고 그들이 북경으로 가지 못하도록 지시했다. 조약국이 아닌 일본은 북경에 들어갈 허가를 받지 못했다. 총리아문은 변함없이, 조약국을 늘리지 않는 대외방침을 채택했다. 한편, 조약을 체결할 경우 일본 측이 흠차대신을 파견하라는 요구는 총리아문이 조약체결의 가능성을 완전히 부정하고 있지는 않음을 의미했다.

야나기와라 일행은 9월 28일에 천진에 도착했고, 10월 1일에 성림과 야나기와라 두 사람이 회담했다. 우선 야나기와라의 인상에 대해서 성림은 "예의 바르고"라고 호감을 보였다.[8] 그리고 야나기와라 일행의 상경에 대해서 "도량이 크다는 것을 보여주기 위해 상경시키고, 중화 풍경의 성대함을 보게 함으로써 영광을 느끼게 하라."라고 제안했다.[9] 성림은 야나기와라의 언행을 높이 평가하고, 상경(上京)을 오히려 중화의 영광을 보여줄 좋은 기회라고 찬성했다. 그의 생각은 조금 중화적(中華的)이긴 하지만, 종래의 규칙을 깨고 비조약국 사람을 북경에 보내려 생각한 바는 총리아문과 다른 생각을 갖고 있었음을 알 수 있다.

다음 날은 직예총독 이홍장이 야나기와라 일행과 회견했다. 야나기와라는 일본인이 구미열강의 압박을 받아, 본심으로는 불복하면서도 독자적으로 저항할 힘을 갖고 있지 않다고 전하는데, "가장 가까운 나라인 중국과 우선 통호(通好)하여, 협력을 기

---

8 同治九年九月初八日發, 署三口通商大臣成文一件

9 同治九年九月初八日發, 署三口通商大臣成文一件

대하고 있다."[10]는 마지막 말에 이홍장은 찬동했다.

이홍장이 일본을 높이 평가한 점은 다음과 같이 정리된다. 즉, 일본과 열강국 사이에서 맺어진 조약 속에서, 해관에는 서양인을 채용하지 않는 점과 선교를 금지하는 점 두 가지는 청조가 서양과 맺은 불평등조약보다 유리한 것이고, 또 일본은 서양의 기계와 병선(兵船) 등을 구입하고 기능성이 높은 총포를 본떠 만드는 데에 비용을 아끼지 않은 것이다. 이 같은 평가를 바탕으로, 일본과 조약을 체결하는 이점(利點)에 대해서 "일본은 강소(江蘇)와 절강(浙江)과의 거리가 겨우 3일 정도이고, 중화문자에도 정통하며, 동양 국가들 중 비교적 강한 무력을 갖고 있기 때문에, 참으로 우리나라의 '외원(外援)'으로서 연합할 수 있다. 서양인의 '외부(外府)'로 만들어서는 안 된다."고 말했다.[11]

일본을 청조의 '외원'으로 만들려는 생각이 있던 이홍장은 조약내용에 대해서, "장래에 허가를 얻어 통상할 수 있게 되면, 관원을 파견하고 주재시켜 우리나라의 상인을 관리한다.", "그 조약은 잘 의론하여 따로 정할 필요가 있다. 영국 · 프랑스 · 러시아의 조약을 참조하지 않으면 안 된다. 이것은 전체적으로 유익하다."라는 방침을 분명히 말했다.[12]

---

10 同治九年九月十日收, 直隸總督李鴻章信一件. 『李鴻章全集』 譯署函稿, 卷一 「論天津教案」

11 同治九年九月十日收, 直隸總督李鴻章信一件. 『李鴻章全集』 譯署函稿, 卷一 「論天津教案」

12 同治九年九月十日收, 直隸總督李鴻章信一件. 『李鴻章全集』 譯署函稿, 卷一 「論天津教案」

이홍장은 야나기와라의 말에 동감하고, 메이지유신을 높게 평가하여 지리적·군사적 측면에서 일본을 분석하고 일본을 서양의 중개인으로 만들어서는 안 된다고 생각하고 있었다. 그래서 그는 구미 국가들과는 다른 조약의 체결을 상정하고, 일청 양국 간에 독자적인 내용의 조약을 체결할 것을 주장한 것이다. 1860년대 전반에 비해, 이 시점에 그의 일본인식은 크게 변화했다. 막부에 의한 상해파견 무렵 이홍장이 우려한 것은 상해에서의 통상에 의해 다른 항구에 폐해를 초래하는 것이었다. 이번 야나기와라의 내방에 대해서는, 서양국가들과의 이해관계 속에서 일본과 청조의 관계를 생각하고, 조약항에서 청조 전체 및 해외 거주 상인에까지 시야를 넓히고, 정치적인 관점에서 일본을 위치지었다. 그렇게 함으로써 그는 서양국가들과 다른 내용의 조약을 맺고 일본을 서양의 일원으로 만들지 않으려고 했다. 이 생각 자체는 전술한 1860년대 응보시의 것과 일치하지만, 주로 통상에 주목했던 당시에 비해 이홍장은 정치면에서 조약의 중요성을 인식했다. 이것은 1870년대의 국제정세와 메이지유신 후 일본의 국력을 이해한 위에서의 판단이었다고 생각할 수 있을 것이다.

여기에 이르러, 조약에 대한 일청 간의 방침의 차이가 명확해졌다. 당초에 야나기와라 일행을 청조에 파견하기 이전, 일본 외무성의 제안에서는 "서양 각국과 지나가 맺은 대로에 따라야 한다."고 간주하고 있었는데,[13] 물론 그것은 이홍장의 속내와는 정

13 『日本外交文書』第三卷, 181쪽

반대의 것이었다. 이홍장은 아마 이 시점에서는 서로의 인식 차이를 느끼지 못했을 것이다. 교섭이 진행됨에 따라 그 차이는 서서히 명백해졌다.

이홍장의 제안에 대해서 총리아문은 '심모원려(深謀遠慮)'라고 평가하고, 일본 측의 여러 차례의 상해파견 및 상해도대에게 보낸 서간으로부터 일본 측의 통상(通商)에 대한 성의를 느끼고, "만약 통상이 가능하면 일본을 구슬리는 것으로서, 중국의 외원이 되어 서양인의 외번(外藩)이 되지 않도록 할 수 있다."고 말하고, 나아가 청조와 외국의 교섭은 변화가 많기 때문에 갖가지 상황에 따라서 적절히 대응하라고 이홍장에게 지시했다.[14] 총리아문은 이홍장의 의견에 기본적으로는 동의하는데, 막말 일본의 상해파견을 언급하면서 일본 측의 통상의 성의를 인식하고, 통상이라는 수단으로 일본을 구슬리며, 서양인의 편을 들지 않도록 한다는 의도를 가지고 있었다. 다른 한편에서 대외교섭은 천변만화하기 때문에 유연성이 필요하다고 간주되고, 이홍장에게도 주의를 촉구했다. 그 시점에서는 총리아문의 태도는 여전히 불투명하여서, 통상을 인정한 것처럼 보였지만 대일외교의 방침은 기본적으로 1860년대와 다르지 않다고 말할 수 있다.

야나기와라 일행의 상경은 총리아문의 엄한 반대에 의해 실행할 수 없었다. 야나기와라는 외무경의 조회문(照會文) 원본을 성림에게 건네 총리아문에 전하도록 의뢰했다. 그것을 수취한 총리아문은 검토결과에 따라 10월 13일부로 성림에게 보내는 서간

---

14 同治九年九月十日初十日致, 直隸總督李鴻章信一件

에서 다음과 같이 썼다. “일본 측에서 온 모든 서간의 대의는 통상에 있다. 조약체결에 대해서 잘 검토했지만, 이것은 면하고 싶다.”[15] 또, 일본 외무경에게 보내는 회신도 동봉되어 있었다. 그 속에서, 막말의 두 차례 상해파견에 의해 약간의 무역이 행해진 사실을 말한 후, “귀국은 이미 상해에서 통상하고 있지만, 양국의 통상은 금후에도 전례에 따라서 처리하고, 서로 믿고 있기에, 다시 조약을 맺을 필요는 없을 것이다. 이것이 소위 고인이 말한 ‘큰 믿음은 약속에 구애되지 않는다(大信不約)’는 것이다.”라고 명기하고, 조약체결을 거절했다.[16] 막부의 상해파견 이래, 총리아문은 비로소 상해통상을 명확히 인정하고, 일본을 ‘무조약상해통상국’에 위치지었다.

‘대신불약’이라는 취지의 회답을 붙인 처리에 대해서, 총리아문은 황제에게 “통상을 허가함으로써 회유(懷柔)의 의미를 명시할 수 있다. 조약체결을 불허가함으로써, 조약을 배경으로 갖가지 것이 강요될 가능성을 피할 수 있다.”라고 설명했다.[17] 결국, 총리아문은 조약체결에 의해 일본으로부터 무리한 요구가 이뤄질 것을 염려하고 있었던 것이다. 총리아문은 이홍장의 의견에 찬성하면서, 결국은 일본과 조약을 체결하지 않기로 결정하고,

15 同治九年九月十九日發, 署三口通商大臣成信一件

16 同治九年九月十九日發, 署三口通商大臣成信一件. 『籌辦夷務始末 · 同治朝』 卷77, 37쪽. 『日本外交文書』 第3卷, 238쪽(附屬書一), 240~241쪽.(附屬書一) [* ‘大信不約’은 『禮記』 「學記」의 “君子曰: 大德不官, 大道不器. 大信不約, 大時不齊.”에 나오는 말이다.-역자주]

17 『籌辦夷務始末 · 同治朝』 卷七七, 36쪽

가능하면 조약국을 늘리지 않는다는 대외방침을 관철한 것이다. 이런 총리아문의 태도는 일본 외무경의 서간에 쓰여 있는 "방금(方今) 문명(文明)의 화(化) 크게 열려, 교제(交際)의 도(道) 날로 성(盛)하니, 우주간(宇宙間)에 멀고 가까움 없다."[18]라는 메이지정부의 적극적인 대외태도와는 대조적이었다.

이 총리아문의 응답을 기다리는 사이, 10월 10일에 야나기와라는 성림에게 조약 초안을 제출했다. 13일에 총리아문의 '대신불약'의 응답이 오고, 다음 날 성림이 그 초안 원고를 총리아문에 제출하여 이홍장의 의견을 물었다. 이홍장은 일본 측이 이만큼 빨리 초안을 제출할 수 있었던 것은 청조와 서양 국가들과의 조약내용을 사전에 검토했기 때문일 것이라고 말하고, 일본은 만약 요구가 거부될 경우 영국과 프랑스에 중개받을 것이라고 예측했다. 또, 영국과 프랑스의 중개로 조약을 허가하면 일본에 약체를 보여주게 되고, 역으로 거부할 경우에는 서양 국가들과 싸움이 일어날 것이 틀림없다고 가정한 위에서, 일본과 서양국의 관계가 진전되고 자신들의 편이 점차 적어지는 상황은 청조 측에 불리해진다는 전망을 말했다. 마지막으로 이홍장은 "조약의 체결을 허가하면 견제(羈縻)할 수 있다. 설령 일본이 중국의 외원이 되지는 않더라도 서양의 외번(外藩)으로는 만들지 않는다."고 전하고, 조약을 맺는 이점을 설명했다.[19] 이홍장의 생각은 매우 명쾌하여, 조약체결을 허가하면 일본을 견제할 수 있지만, 거부

18 『日本外交文書』第三卷, 204쪽

19 同治九年九月二十二日收, 署三口通商大臣成信一件

하면 서양의 세력이 더 확대된다는 이해관계를 분석했다.

야나기와라 일행의 내방을 막말 상해파견의 연장선으로 생각하고 있던 총리아문은 이홍장의 의견에 영향을 받아, 10월 16일 다시 성림에게 편지를 보내 "만약 야나기와라가 고집한다면, 일본 측이 흠차대신을 파견한 다음에 의론한다."는 말을 전하며 기존의 방침에서 약간의 변화를 보였다.[20]

그러나 야나기와라는 조약체결에 대한 총리아문의 애매한 태도에 불만을 나타내고, 성림과 이홍장을 방문하여 조약체결을 계속 주장했다. 그의 말속에는 다음과 같은 것이 언급되었다. 사절단이 일본을 출발하기 전에 일본 국내에서 서양대국(西洋大國)의 소개가 없으면 청조와의 조약을 체결할 수 없다는 논조가 있었으나, 외무성의 의견은 청조와의 통교통상이 하루 이틀이 아니기에 서양대국과 함께 갈 필요는 없다는 것이었다. 성림은 야나기와라의 이 말을 총리아문에 보고했다.[21]

나아가 야나기와라는 총리아문과의 교섭개시를 맞아, "서양인의 중개 없이 직접 교섭할 수 있다."는 의견이 있었다고 말하고,[22] 일청 양국은 종래부터 우호국임에도 "어째서 종래의 우호관계를 방기하고 서양인에 기대는 것인가."라는 편지를 사전에 제출했다.[23] 편지 속에서 서양인의 중개 없이 직접 청조와 교섭할

---

20 同治九年九月二十二日發, 署三口通商大臣成信一件

21 同治九年九月二十八日收, 署三口通商大臣成信一件

22 『日本外交文書』 第三卷, 186~187쪽

23 『日本外交文書』 第三卷, 186~187쪽

것을 강하게 요구한 야나기와라는 구미공사들의 소개가 없으면 조약의 체결은 성립하지 않을 것이라는 일본 국내의 반대의견을 보여주고, 역으로, 지금 체결하지 않으면 일본은 구미열강과 결탁해 청조에 압력을 가해서라도 조약을 체결시킬 것이라고 총리아문을 협박한 것이다.

야나기와라의 반론은 확실히 청조가 두려워하고 있는 점을 부각시켰고, 총리아문은 현단계에서 대일교섭을 시작하지 않으면 장래에 구미 국가들의 개입을 초래해 외교상 곤란한 문제가 생긴다고 경계했다. 결국, 총리아문은 일본 측의 조약체결 요구를 더 이상 거부하는 것은 불가능하다고 판단하고, 마침내 일본 측의 요구를 받아들이기로 결정했다. 10월 24일에 총리아문은 조약 체결을 인정하는 서간을 성림에게 보냈다. 서간에서는 다음 해에 일본 측이 흠차대신을 파견하여 조약을 상의하는 수순에 대해 야나기와라에게 설명하도록 지시한 것 외에, "만약 야나기와라가 조약 초고를 의론할 것을 강하게 요구할 경우, 이홍장과 협력, 지방의 관료를 뽑아 초안의 각 조를 상세히 검토하라. 그 속에 영국과 프랑스의 조약과 같이 폐해가 있으면 고쳐야 할 것이다"라고, 조약의 내용에 대해서 구체적인 방침을 정했다.[24] 여기서 총리아문은 이홍장의 영향을 받아 일본과의 조약내용을 구미와 다른 것으로 할 필요가 있다고 판단했다.

그리고 야나기와라의 요구에 응해, 총리아문은 다시 외무성

---

24 同治九年十月初一日發, 署三口通商大臣成林信一件(總理各國事務衙門清檔 · 「無約國案(日本) · 日本差官來華立約通商事」 01-21, 24-1)(이하 생략)

에 조회문을 보내 다음 해의 흠차대신 파견의 지시와 조약체결의 약속을 기록했다. 이리하여, 야나기와라 일행은 천진을 떠나 상해를 경유해 12월 16일 도쿄에 귀착했다.

한편, 총리아문은 황제에게 다음과 같은 주문(奏文)을 올려 일본과의 조약체결 이유를 말했다.

> 서양의 각 소국(小國)은 중국과 조약을 맺을 경우 전부 영국과 프랑스에 소개받아 양국의 보호에 기댄다. 이번에 일본은 스스로 사자를 파견하여 중국으로부터의 허가 획득 여부에 따라 장래의 방향을 결정할 것이다. 이전부터 서양 국가들의 요청을 전부 허가해 온 것에 반해, 단지 일본이 가까운 동양에 있다는 것만으로 굳이 거절하는 것은 일시동인(一視同仁)이 아니다. 일본의 요구를 거절하면, 후일 영국과 프랑스의 소개에 기대게 된다. 그때 다시 거절할 경우에는 싸움이 끊이지 않고, 허가하면 약함을 보이게 된다. 그들은 연합하고, 우리는 이윽고 고립되게 된다. 어차피 허가한다면 지금 그 의사를 보여 안심시키는 쪽이 양책(良策)일 것이다.[25]

분명히 총리아문은 이홍장의 의견에 영향을 받아, 일본을 서양 국가들의 일원으로 간주하기 않기 위해서는 조약체결의 길밖에 남지 않았다고 인식했다.

그 후 청조에서는 일본과의 조약체결을 둘러싸고 큰 논쟁이

---

25 同治九年十月初八日發, 署三口通商大臣成林文一件.『籌辦夷務始末 · 同治朝』卷七八, 23~24쪽

일어났다. 이때 가장 먼저 반대의 목소리를 낸 것은 안휘순무(安徽巡撫) 영한(英翰)이었다. 반대의 이유로서 그는 다음과 같이 말했다. 즉 "일본은 옛부터 신하로서 복종하여 조공하던 나라이니, 영 · 불과 같은 국가에 비할 수 없다. 나아가 일본은 본래 왜국으로서, 명대에 해안에서 소요하고 대해(大害)를 일으킨 일이 있다. 지금 통상을 인정하면, 그 해(害)는 영 · 불에 못지않게 될 것이다. 지금 일본의 요구에 응하면, 해외의 신복(臣服)하는 국가들이 모두 이 예(例)를 원용하여 차차로 방문하고, 대국(大局)에 영향을 줄 것이다. 대의를 분명히 보여주고, 비례(非禮)의 요구를 거절해야 한다."고 논리를 전개했다.[26]

이 영한의 대일관은 명료하다. 일본은 조공국의 하나이고, 구미열강과 같이 종주국인 청조와 조약관계가 되는 일은 있을 수 없다는 것이 그의 근본적인 인식이다. 그 위에서, 일청 간에 조약이 체결될 경우에 조선 등의 속국(屬國)에도 영향을 주어 조공체제가 동요한다고 두려워하면서, 종래의 조공체제를 유지시키고 구미열강과의 사이에서 성립한 조약체제를 조공국에는 적용하지 않는다는 자세가 보인다. 그는 조공체제가 일본과의 조약체결에 의해 전면적으로 붕괴할 것을 우려한 것이다. 이것은 종래의 조공 · 책봉이라는 종속지배를 계속하려 하는 한(限)은 당연한 의론이었다. 그리고 조약체결에 의해 왜구가 다시 올 가능성에 대한 영한의 불안은 전술한 1860년대 오후의 생각과 같았다.

---

26 『籌辦夷務始末 · 同治朝』 卷七九, 7~9쪽

그러나 이홍장은 영한의 의견에 반대하고, 일본과 조약을 맺을 것을 총리아문에 강하게 주장했다.

> 일본은 이전부터 중국의 속국이었던 것이 아니고, 중국의 역법(曆法)에 따르지 않는다. 본래 조선, 류큐, 베트남 등의 신복국(臣服國)과도 다르다. 만약 강하게 거부하면 야나기와라가 말했듯이 반드시 서양 국가들로부터 소개를 얻어낸다. 그때에 조약을 맺는 것을 허락하면 우리에게 더 실책이 된다. 오히려 지금 정의(情誼)를 통해 성의를 갖고 접하면, 설령 외원(外援)이 되지는 않더라도 적어도 견제(羈縻)할 수는 있을 것이다.[27]

이홍장은 일본이 조공국이 아니라고 반론하긴 했지만, 일본에 대해 적어도 견제하고 주도권을 쥐자고 주장했다.

또, 이홍장은 야나기와라 초안 속의 최혜국대우 요구에 대해서, 일본인은 "전부터 계획을 세워, 서양을 흉내 내 하나의 조약으로 다수의 조약에 적용시키려 한다."고 지적하고, "각국과의 조약 가운데 최혜국대우(一切均霑)라는 일절(一節)은 본래 폐해가 많은데, 일본은 확실히 이 점에 주의하고 있다."라고 야나기와라의 조약의 본의를 읽어냈다.[28] 그래서 이홍장은 다음 해에 일본대표가 오기 전에 그 초안을 반드시 심의할 필요가 있다고 보고,

---

27 同治九年十一月二十九日收, 北洋通商大臣李鴻章信一件. 『李鴻章全集』 譯署函稿, 卷一 「議日本換約」

28 同治九年十一月二十九日收, 北洋通商大臣李鴻章信一件. 『李鴻章全集』 譯署函稿, 卷一 「議日本換約」

천진해관도(天津海關道) 진흠(陳欽)에게 각 조문을 상세히 검토하도록 명령했다. 그때 '관위상당표(官位相當表)'를 첨부해 일본의 행정관위를 소개했다. 다음 해 일본과 회담할 때 일본대표의 관위에 상당하는 청조 측 대표를 뽑은 결과, 이홍장은 강소안찰사(江蘇按察使) 응보시와 천진해관도 진흠을 총리아문에 추천했다.[29]

이홍장은 일본이 청조의 속국이 아니라고 분명히 말하고, 통상거부를 이유로 일본이 구미열강의 동맹국화하는 것을 걱정했다. 조약체결에 의해 일본을 견제하고, 경우에 따라서는, 청조를 지원하는 일은 없다 하더라도 적어도 구미 측에는 붙지 않는다는 구상에서 조약체결을 주장했다. 결국, 일본과의 조약체결에 의해, 영한이 말한 '대국(大局)'(조공체제)을 유지할 수 있다는 것이 이홍장의 고려에 있었다고 말할 수 있을 것이다. 그리고 그는 야나기와라의 최혜국대우 요구라는 일본의 조약의 본의를 깨닫고 일본에 대한 경계심을 강화했다.

이홍장은 보수파의 의견을 전부 무시하지도 않았다. 적어도 일본에 대한 불신감을 가지고 있는 점에서는 영한과 일치했다. 이홍장은 청조에서 최초로 일본 메이지유신의 '자강(自強)'에 주목한 관료로서, 일본으로부터의 위협을 민감하게 느끼고 있었다.[30] 동시기의 군기처에 보낸 주문(奏文)을 훑어보면, 그는 "일본

---

29 同治九年十一月二十九日收, 北洋通商大臣李鴻章信一件.『李鴻章全集』譯署函稿, 卷一「議日本換約」

30 劉學照,「略論李鴻章的對日觀」,『歷史硏究』1990년 제3기

은 팔꿈치나 겨드랑이처럼 가까이에 있기 때문에 오래 중국의 걱정거리가 된다."고 일본에 대한 위기감을 보여주고,[31] 지리상에서 말하자면 구미보다 일본 쪽이 불안의 씨앗이 될 수 있을 것이라고 생각하고 있었다. 나아가, 일본이 개국 후의 유신 이래 널리 '기기(機器)와 병선(兵船)'을 구입하고, '총포와 철도'를 모방하여 제작하며, 유학생을 해외에 보내 '기예(技藝)를 익히는 데'에 노력해온 전개를 파악하고 있었기 때문에, "결국 일본은 중국에 가깝고 서양에 멀기에, 구슬리면 우리의 쓰임이 될지도 모르지만 거부하면 반드시 우리의 적이 된다."라고 종래의 구상을 말했다.[32] 이 시점(時點)에서 이홍장의 일본관은 복잡해 보인다. 일본의 유신개혁을 선망하고 있었지만, 그 반면에 위기감도 느끼고 있었다. 지리적으로 가까운 일본은 서양보다 위험성이 높다고 생각하고, 서양의 일원으로 만들지 않는 것이 가장 중요하다고 의식하고 있었다.

이홍장의 은사인 증국번도 찬성파의 일인이었다. 그는 상주문 속에서 막말 일본의 상해파견을 언급하고, "장기간 계속 일본을 거부해왔으나, 대신을 파견하고 조약을 상의하게 되었는데도 어째서 또 거절할 수 있을까."라고 말해, 우선 도의(道義)상에서 영한을 비판했다.[33] 그리고 원세조(元世祖)의 일본출병 실패와 명

31 同治九年十二月初三日軍機處交出李鴻章抄片一件.『李鴻章全集』奏稿, 卷十七,「遵議日本通商事宜片」

32 同治九年十二月初三日軍機處交出李鴻章抄片一件.『李鴻章全集』奏稿, 卷十七,「遵議日本通商事宜片」

33 同治十年正月二十日軍機處交出曾國藩抄摺一件(總理各國事務衙門淸檔 ·「立

대의 왜구 횡행 등의 예를 들고, "일본은 본래 중국을 두려워하는 분위기는 없고, 평소부터 이웃나라라고 말해왔다. 조선, 류큐, 베트남 등의 속국과 전혀 다르다. 일본은 스스로 대등한 예의(禮儀)라고 생각하고, 영국과 프랑스 등의 예(例)를 흉내 내는 것은 예상대로일 것이다."라고 단언하고,[34] 다시 일본이 조공국이 아닌 점을 강조하며 일본의 강함을 인정했다. 그 위에서, 조약 속에 쓸 수는 없는 것을 둘 들었다. 첫째는 청조와 서양 국가들의 조약을 참조한다는 문구(文句)이고, 둘째는 타국에 주는 이익을 일본에도 주는 최혜국대우라는 문구였다.[35] 결국, 일청 간의 조약은 종래 서양 국가들과 체결했던 조약과 다른 것이어야 한다는 생각이 증국번과 이홍장 사이의 일치된 견해였다. 이전에 증국번은 나가사키부교의 서간에 대응할 때 학술전습과 여권발행 등의 요청에 대해 부정적인 의견을 내어놓았지만, 현시점에 이르러서는 조약체결에 찬성하고, 또 내용에 대해서도 이홍장과 마찬가지로 서양열강국과 다른 내용을, 특히 최혜국대우의 표현을 조약에 넣어서는 안 된다는 점을 강하게 주장했다.

증국번은 나아가 다음과 같이 발언했다. "병사를 훈련하는 것은 자강을 도모하기 위해서이고, 처음부터 중국 이외의 곳에서

約 · 修約 · 換約檔-日本 · 無約各國附日本國請議商約案」)(01-21, 50-1). 『籌辦夷務始末 · 同治朝』 卷八十, 9~12쪽

34 同治十年正月二十日軍機處交出曾國藩抄摺一件. 『籌辦夷務始末 · 同治朝』 卷八十, 9~12쪽

35 同治十年正月二十日軍機處交出曾國藩抄摺一件. 『籌辦夷務始末 · 同治朝』 卷八十, 9~12쪽

위세를 보여줄 의지는 없다. 징세는 그들의 관습에 따르며, 크게 이익을 거둘 마음도 없다. 모든 일이 공명(公明)하고, 서양과 동양을 똑같이 우대하고, 위(威)와 덕(德)을 언제나 적절히 사용해, 청조의 힘이 멀리까지 지배하고 전부 공평함을 외국에게 인식시킨다. 그렇게 하면 만국 모두 중국의 성의(誠意)를 살펴, 일본과만 영원히 사이좋게 지내지는 않을 것이다."라고 말했다.[36] 이 증국번의 관점은 소위 양무파의 '중체서용(中體西用)'의 사상 자체이다. 서양의 군사제도와 경제제도를 도입했으나, 한편에서 대외인식은 기본적으로 조공이념대로였다.

이상을 요약하면, 영한처럼 일본을 조공국이라고 보는 생각은 중심적이지 않아, 이전부터 총리아문은 일본이 조공국이 아니라고 단언했었다. 그러나 영한이 걱정하던 조공체제 유지는 아마도 이홍장, 증국번, 총리아문에게 공통의 문제였을 것이다. 이홍장은 일본의 특수한 지리적 위치, 군비, 국제정세에 입각해, 외적(外敵)으로서 가볍게 볼 수 없다는 대일본관을 가진 이상, 조약체결의 형태로 일본을 견제하려고 생각한 것이다. 이홍장은 조약체결이 '전체(全體)'에 있어 유리하다고 말하고 있는데, '전체'의 범주에는 조공체제의 유지 자체도 포함된다고 생각된다. 그 때문에 조약내용에 대해서는 서양열강국과 다른 것으로 간주한 것일 것이다. 증국번의 생각도 1860년대와 달리 일본과의 조약체결에 찬성하고, 조약내용에 관해서도 이홍장과 같은 생각이었다.

---

36 同治十年正月二十日軍機處交出曾國藩抄摺一件 [*여기서 '동양'은 일본을 말한다.-역자주]

그러나 그가 목표로 한 것은 전통체제의 회복이었다. 다시 말하면, 무력에 기대지 않고 이익을 추구하지 않으며 만국을 우대함으로써 종래의 제도를 유지하려고 생각하고 있었다. 이 점에 관해서는 이 장의 처음에 말한 스즈키 도모오의 지적과 일치한다.

제2절

'장정국'에서 '조규국'으로

야나기와라는 청조와 교섭할 때 조약체결을 향한 결의를 보여주기 위해 사안(私案)으로서의 조약 초안(16개조)을 성림에게 제출했다. 그것은 일본 측의 의지를 정식으로 보여주는 것은 아니었지만, 성림이 초안과 함께 총리아문에 보낸 보고서에서는 "야나기와라가 조약의 초안을 내놓았는데, 그 뜻은 역시 조약 체결에 있다."[37]고 한다. 결국, 그는 야나기와라의 사안을 일본 측의 정식 초안이라고 오해하고 있었던 것이다. 출장지에서 사안을 제출한 야나기와라의 독단과 경솔함, 일본외무성의 인증이 없는 사안을 나라의 정식 문장(文章)이라고 믿어버린 성림의 오인, 어느 쪽이나 아직 외교관례에 익숙하지 않은 당시에는 무리도 아닌 데가 있었다.

37 『籌辦夷務始末 · 同治朝』卷七十七, 36쪽

야나기와라는 외무성의 "서양 각국과 지나가 맺은 대로에 따라야 한다."[38]라는 명령에 따라서, 사안에서 영사재판권과 통상항안(通商港岸)의 규정에 관해 전부 서양열강국의 조약에 따른다(一切照例辦理) 등의 용어를 사용하여, 지금까지의 서양열강국 조약에 준할 것을 주장했다.

일본은 청조와 평등관계를 맺으려고 의도하면서, 청조가 구미열강에 타협했던 약점을 이용한 위에서, 청조와 열강국가들과의 사이에서 맺어진 불평등조항을 승인시킬 의도를 갖고 있었다. 이 무렵부터 일본은 청조에 대해 구미열강과 동일한 특권을 획득하려고 하는 외교자세를 보여주게 되었다.

청조 측은 야나기와라의 16개조 제안에 대해서, "양국의 입장을 반영한 것으로서, 그 속에는 타당하지 않은 개조(個條)도 몇 조 있지만, 채용할 수 있는 바도 많았다."[39]라고, 일청 양국의 기본적 대등성을 추구한 야나기와라안에 거의 동의했다. 일본 측의 대등관계 요구에 대해서 청조 측에 특별히 반대의견은 없었던 듯하지만, '타당하지 않은 몇 조'라는 문구는 야나기와라의 "전부 서양열강국의 조약에 따른다(一切照例辦理)"를 가리켜, 서양열강국과의 조약에 따른다는 점은 유보되었다.

청조 측의 초안 작성은 총리아문의 지시에 기초하면서도, 천진에 있는 이홍장과 상해에 있는 증국번이 서로 연락을 취하면서 실제 작업을 지휘했다. 1870년 10월에 야나기와라의 초안을

38 『日本外交文書』 第三卷, 181쪽

39 『李鴻章全集』 奏稿, 卷十八「應寶時陳欽復日本副使函」

받은 이후, 1871년 9월에 일청수호조규가 체결되기까지의 흐름을 정리하면 다음과 같다.

1870년 10월	야나기와라 사키미쓰는 천진에서 초안(16개조)을 작성해 청국 측에 제출했다.
1870년 11월	이홍장의 명령을 받은 천진해관도 진흠이 천진에서 야나기와라의 초안을 수정하고, 청조 측의 1차 초안(18개조)을 작성했다.
1871년 3월	증국번 아래에서 외교교섭 경험이 있는 강소안찰사 응보시와 상해도대 도종영이 상해에서 1차 초안을 수정하고 2차 초안(24개조)을 작성했다.
1871년 7월	이홍장 · 진흠 · 응보시가 천진에서 1차, 2차 초안을 재검토하고, 청조 측의 정식 초안(18개조)을 작성했다. 다테 무네나리(伊達宗城) 일행이 천진에 도착해 청조에 일본 측 초안(46개조)을 제출했다.
1871년 9월	청조 측의 정식초안에 기초해 일청수호조규(18개조)가 체결되었다.

청조 측의 1차 초안, 2차 초안, 정식 초안 각 조문의 내용에 대해서는 전술한 선행연구들에서 상세히 논하기에 여기서는 생략하지만, 청조 측은 약 1년에 걸쳐서 반복해 음미한 다음 최종 초안을 확정하는데, 지금까지의 서양열강국가들과의 조약과 달리 일본을 견제하려는 자세를 강하게 보였다. 청조 측 초안의 요점은 다음과 같다.

첫째, 서로 외교사절과 영사를 상대국에 주재시킨다.

둘째, 서로 제한적인 영사재판권을 인정한다.

셋째, 내지통상은 금지한다.

넷째, 최혜국대우를 삽입하지 않는다.

다섯째, 조선에 대한 일본의 침략을 저지하는 조항을 삽입한다.

여섯째, 상호 원조 조항을 삽입한다.

일곱째, '조규(條規)'라는 용어의 출현

영사관의 설립과 외교관의 파견은 본래 청조정부에게 가장 성가신 일이었으나, 서양 국가들과의 조약들을 시작으로 일본과의 경우도 이 내용은 받아들이지 않을 수 없었다. 쌍무적 영사재판권은 일본에 체재하는 청조상인을 보호할 의도가 있었다고 생각된다. 또, 내지통상의 금지는 왜구 등의 전례(前例)로부터 일본인과 중국인이 결탁해 범죄를 일으키는 것을 경계했기 때문일 것이다.

최혜국대우를 삽입하지 않는 점은 청조 측의 처음부터의 속내였다. 야나기와라의 초안에는 쌍무적 최혜국대우의 내용이 있어 표면적으로는 평등하게 보이지만, 그 준거가 되는 안세이(安政)조약(1858년)과 천진조약(1858년)의 내용에는 큰 차이점이 있었다. 이홍장은 이전부터 일청 양국이 각각 체결한, 서양 국가들과의 불평등조약의 차이에 주목하고, 전술했듯이 청조의 통상에서 서양인의 세관권리 장악과 선교의 자유에 관한 일청 간의 차이를 지적했다.

야나기와라 초안의 불평등성에 대해서 후지무라 미치오는, "양국이 열강국에 의해 규정된 불평등한 조건에서 각기 동일한 혜택을 받는 것(均霑)을 골자로 한 형식적 평등이기 때문에, 실제로는 양국의 식민지화 진행 정도를 반영하여 불평등하게 되어 있었다."[40]고 지적한다. 또, 최혜국대우에 대한 이홍장 등의 저항에 대해서 스즈키 도모오는 "어디까지나 구체제의 유지라는 기본적 의도로부터 이루어진 것으로서, 그 본질에서 수구파의 배외의식과 합치할 수 있는 성질의 것이었다고 해석될 수 있지, 근대적 의미에서의 '민족방위의 의식'(내셔널리즘)의 출현이라고 볼 수 없는 것이다. 일본에 최혜국조관을 인정하는 것을 막으려 한 것은 이웃나라 일본의 침략에 의해 지배체제의 붕괴가 촉진되는 것을 두려워하였기 때문일 것이고, 영사재판권을 쌍무적인 것으로 만든 것은 중화제국의 체면과 위신이 손상되는 것을 방지하기 위해서일 뿐이었던 것이다."라고 지적한다.[41] 확실히, 이 단계에서 이홍장 등은 소위 '민족방위'의 의식은 갖고 있지 않지만, 냉엄한 국제정세 속에서 청조에 유리하게 하기 위해서 일본을 견제하려고 의식했다.

조선을 보호하기 위한 규정은 영한 등 보수파의 영향을 받았기 때문일 뿐 아니라, 실은 야나기와라 일행의 방문 이전부터 일본의 정한론(征韓論)이 청조 측에서 주목을 받았기 때문이다.

---

40 藤村道生, 明治初年におけるアジア政策の修正と中國-日清修好條規草案の檢討」,『名古屋大學文學部硏究論集』 44 · 史學15, 1967년

41 鈴木智夫,『洋務運動の硏究』, 汲古書院, 1992년

이홍장은 초안의 준비단계에서 조선의 안전을 항상 우려했는데, "일본은 서양국가들과의 관계가 친밀해지고 있는데, 조선과의 불화는 상당히 심각하다. 일본은 이미 조선과 통상을 시작했는데, 조선에는 아마도 독자적으로 저항할 힘은 없을 것이다. 저항하면 일본은 더욱 조선의 가까운 환(患)이 된다."고, 일본이 조선에 초래할 위험성을 의식하고 있었다.[42] 그렇기에 일본의 조선 침략을 막기 위해서, 조약체결의 기회를 잡아 일본에 제약을 가하려고 생각하였다. 이홍장 등은 일본이 의심을 품을까 염려하여 조선이라고는 명기하지 않고, 구미국가들과 맺어진 조약 속에 기록되어 있지 않은 '소속방토(所屬邦土)'라는 개괄적인 문구를 초안 제1조에 넣었다.

(전략) 兩國所屬邦土, 以亦各禮相待, 不可稍有侵越, 俾獲永久安全.[43]
(양국에 속한 방토도 각기 예(禮)로써 상대하고 조금이라도 침월하는 일 없이 영구히 안전을 얻도록 해야 한다.)

이홍장은 일본의 조선진출에 대해서 불안을 보여주는 한편으로, 종주국으로서의 무력감도 느꼈다. 그는 근대적 조약의 형태로 대일방위를 꾀하면서 전통적인 조공체제를 유지하려고 생각했다. '조공'과 '조약' 사이에서 흔들리고 있던 이런 애매한 정

42 『李鴻章全集』譯署函稿, 卷一「條例五事」

43 同治十年六月十四日收, 署津海關道陳欽信一件

책은 이미 파탄했다. 일본은 그 후 대만출병, 강화도사건, 류큐처분을 잇달아 일으켜, 일본을 견제한다는 목적은 문자상에서 약속되었음에 불과한 것이 되었다.

동맹조약의 성질을 가지고 있는 상호원조조항이 초안 제2조에 삽입되었다.

> (전략) 若他國偶有不公及輕藐之事, 一經知照, 必須彼此相助, 或從中善爲調處, 以敦友誼.[44]
>
> (만약 타국에 우연히라도 공정하지 않고 업신여기는 일이 있으면, 통지하여 반드시 피차 도우며, 혹 그 속에서 잘 조처하여 우의를 두텁게 한다.)

이 규정은 1858년에 천진에서 체결된 중미화호조약(中美和好條約) 제1조의 동종(同種) 규정을 모델로 한 것인데, 일본이 외국의 '외부(外府)'가 되는 것을 막기 위해 삽입되었던 것이다. 이홍장 등은 이 조항에 의해 일본을 구미 국가들의 일원으로 만들지 않을 심산이었다.

그리고 최종 초안 제18조에는 '조규'라는 용어가 사용되었다.

> 兩國議定條規, 均係預爲防範, 以盡講信修睦之道.[45]
>
> (양국이 의정한 조규는 모두 미리 조처하여, 믿음을 중시하고 화목함

---

44 同治十年六月十四日收, 署津海關道陳欽信一件

45 同治十年六月十四日收, 署津海關道陳欽信一件

을 닦는 도를 다한다.)

청조와 구미국가들과의 사이에서 체결된 조약은 남경조약을 비롯해 1858년의 '중러천진화약' 이외에는 거의 '조약'이라는 문자가 사용되었고, '조규'라는 용어는 처음 나왔다. '조규'를 채용한 이유에 대해서 이홍장은 다음과 같이 서술했다. 즉 "지금까지 천진에서의 각 조약의 사례를 조사했다. 과거에 예(例)는 있었지만, 일본은 중국과 가장 가까운 이웃나라이고, 동문지국(同文之國)이라고 자칭하고 있기에 신중히 대응하지 않으면 안 된다. 따라서 응보시와 진흠에게 일본과 서양국가들과의 조약 및 중국과 서양 국가들과의 조약교섭에서 생긴 폐해를 상세히 조사한 위에서, 따로 양국 수호조규통상장정(修好條規通商章程)을 작성케 했다."[46] 결국 이홍장은 '조약'과 '조규'를 의식적으로 나누어 사용했다. 일본과는 '근린(近隣)'과 '동문'이라는 특별한 관계가 있기에 구미국가들과의 '조약'과 다른 '조규'를 체결해야 한다고 생각했다.

이리하여 일본의 위치짓기는 1860년대의 '장정국'에서 1870년대의 '조규국'으로 변경되었다. '장정국'과 '조규국'은 어느 쪽이나 일본을 서양 국가들과의 중개인으로 만들지 않도록 하기 위한 전략이었지만, '장정국'의 경우 제2장에서 말했듯이 제한하는 장정(箝制章程)을 작성함으로써 조약국을 늘리지 않는 것이 목적이었다. 그러나 그 장정내용에 관해서는 관료들은 명확히 결

46 『李鴻章全集』奏稿, 卷十八「日本議約情計摺」

정할 수 없었다. '조규국'의 경우 이홍장 등이 서양국가들과 다른 조약내용으로 할 것을 처음부터 확실히 인식하고 있었기 때문에 대일교섭에서 주도권을 쥘 수 있었다. 1860년대부터 1870년대까지 체제 재편에 관한 청조관료의 인식이 크게 변화한 것이다.

한편, 일본에서는 외무성이 정식 초안의 작성에 착수했다. 이 작업은 대구미(對歐美)조약개정안의 기초(起草) 시기와 거의 병행하였다. 야나기와라안(案)에 의해 청조와의 사이에 동격관계가 성립했는데, 예를 들면 '최혜국대우' 등의 규정은 일청 쌍방에게 이익이 있고 쌍무적이라는 것이었다. 거기에는 구미 국가들이 청조와의 사이에서 맺은 편무적인 규정과 큰 격차가 있었다. 청조에게 있어서의 일본과 구미국가들의 차이는 일본이 구미국가들의 하위에 두어지는 것을 보여주는 것이기에, 조약개정에서는 당연히 [*일본에게-역자주] 불리한 조건이 된다. 따라서 일본은 구미국가들과의 불평등조약을 매끄럽게 개정하기 위해서는, 구미 국가들과 평등관계를 다시 맺을 필요가 있고, 그것은 청조와 맺는 조약의 내용을 통해 보여주는 방법밖에 없었다. 즉, 일청 간에 편무적인 '최혜국대우'의 규정이 들어 있음에 의해 비로소 일본은 구미국가들과 평등관계가 되고, 조약개정이 완수된다는 것이다. 그래서 메이지정부는 새롭게 초안을 작성하기로 하였다.

일본외무성 초안의 견본이 된 것은 천진조약 계열에 속하는 청독조약(1861년)이었다. 청조와 독일 사이에서 체결된 이 조약은 영국과 프랑스가 1840년대 이후 쌓아 올려온 각종 특권에 완전히 의거하면서 그것을 망라하여 체계화한 것에 특색이 있었다. 말하자면, 1840년대 이래로 열강이 청조로부터 탈취한 특권의 집대성이었던 것이다. 외무성이 준비한 초안은 거의 청독조약을 그대로 채용했고, 제외한 것은 그리스도교 보호에 관한 규정뿐이었다. "야나기와라의 제의와 비교하면, 양국의 쌍무성은 다시 편무적인 조약이 되었다. 열강이 중국에서 가진 권익을 일본도 획득하려는 야심이 일층 노골적으로 드러나 있다."고 후지무라 미치오가 지적하듯이,[47] 일본은 청조에 대해 서양열강국과 동격의 신분을 획득하려고 하였다.

1871년 7월, 흠차전권대신(欽差全權大臣)에 임명되어 조약체결을 위해 청조에 파견된 다테 무네나리는 야나기와라 사키미쓰와 데이 에이네이 등을 이끌고 천진에 도착했다. 청조 측은 이홍장을 전권대신으로, 강소안찰사 응보시와 서직예진해도(署直隷津海道) 진흠을 보좌로 임명해 일본과 조약을 맺는 임무를 맡겼다.

일청 간에 정식 교섭이 시작된 직후, 일본 외무성이 제출한 불평등한 초안에 대해 청조 측은 일본의 초안이 구미열강의 조약을 통째 베껴 편무적인 내용을 기록할 뿐으로서 청조정부의 예상에 크게 반한다고 여겨 일본 측 초안을 단호히 거부했다. 그리고, 조약 토의(討議)의 기초안(基礎案)으로는 전년의 야나기와라안을 참조하면서 청조 측이 작성한 초안을 사용하도록 요구했다.

청조 측의 행동은 일본 측을 놀라게 했다. 종래, 청조정부는

47 藤村道生,「明治初年におけるアジア政策の修正と中國-日清修好條規草案の検討」,『名古屋大學文學部硏究論集』44 · 史學15, 1967년

구미 국가들과의 조약교섭을 할 때 스스로 초안을 제시한 일이 없고, 상대국이 준비한 조약초안에 기초하여 교섭에 들어가는 것이 일반적이었기 때문이다. 그런데 일본 측은 "귀국이 구미 국가들과 맺은 조약에 비추어, 마찬가지로 조약을 체결하고, 구미로부터 의심을 받지 않도록 하지 않으면 안 된다."고 말하고,[48] 구미열강으로부터 불신을 초래하는 것을 구실로 청조에 일본의 제안을 받아들이도록 강요했다. 또 청조 측의 초안에 대해서는 "지금 귀국이 겨우 자면(字面)을 고쳐 서양과 다른 조약을 체결하려 한다면 단지 서양인의 의심과 질투를 초래할 뿐일 것이다. 이것은 양국에게 행복하지 않을 것이다."라고 전하고, 청조의 초안을 부정했다.[49]

일본의 압력에 대해 청조 측은 "귀국이 중국에 전권(全權)을 파견한 것은 원래 양국의 통호(通好)를 위해서이다. 만약 그것이 동맹연합과 닮았다고 하여 구미열강으로부터 혐의를 받는 것을 두려워하는 것이라면, 처음부터 전권단(全權團)을 파견하지 않는 것이 상책일 것이다."라고 거듭 말한 다음,[50] 일본의 초안이 "구미 국가들의 조약을 모아 자국에 유리한 개조(個條)를 채택한 다음 그 가운데에서 다시 선택하고 있는데, 작년의 초고와 모순된다. 전고(前稿)를 무시하는 것은 교섭하기 전에 이미 신의를 잃으니,

48 『李鴻章全集』 奏稿, 卷十八 「日本副使柳原前光等來函」

49 『李鴻章全集』 奏稿, 卷十八 「日本副使柳原前光等來函」

50 『李鴻章全集』 奏稿, 卷十八 「日本副使柳原前光等來函」

무엇으로써 교섭을 순조롭게 진행할 것인가"라고 지적했다.[51] 그리고 일본 측에 두 선택지를 내놓았는데, 하나는 "전일에 건넨 우리 초안을 서로 상담(相談)하든가 삭제하든가 더하든가 함으로써 일찍 결론을 낸다.", 또 하나는 "작년의 총리아문의 결론에 따라 구래(舊來)대로 통행화호(通行和好)하면 조약체결의 필요는 없다."였다.[52]

여기에 이르러 교섭의 주도권은 완전히 청조 측에 쥐어졌다. 청조 측의 초안에 기초하여 교섭을 진행할지, 교섭을 중지하고 귀국할지 양자택일을 강요받은 일본 측은 전자를 선택했다. 그리고 최혜국대우와 내지통상권을 부정하는 청조 측 초안을 기초로 일청 사이에서 몇 번이나 교섭이 반복된 결과, 1871년 9월 13일에 일청수호조규가 조인되었다. 그것은 수호조규 18개조, 통상장정 33개조, 해관세칙(海關稅則)으로 성립되어 있는데, 그 내용은 거의 청조 측의 초안을 기초로 한 것이다. 또 이홍장의 주장에 따라, 서양 국가들과 체결된 조약과 구별하기 위해 청국 측 최종 초안과 마찬가지로 '조규'라는 문자를 사용했다.[53]

그 후 일본정부는 비준교환에 앞선 1872년에 야나기와라를 다시 천진에 파견하고 개정교섭을 꾀해, 전술한 상호원조라는 제2조의 삭제를 노렸으나 청조 측은 전혀 상대하지 않았다. 일본

51 『李鴻章全集』 奏稿, 卷十八 「應寶時陳欽復日本副使函」

52 『李鴻章全集』 奏稿, 卷十八 「應寶時陳欽復日本副使函」

53 徐越庭, 「『日清修好條規』の成立(一)(二)」『法學雜誌(大阪市立大學)』 제40권 제2호, 제3호, 1994년. 毛利敏夫, 「『條規』という用語」, 『日本通史』 月報五, 岩波書店, 1994년을 참조

측이 제2조의 삭제를 바란 것은 전부터 일본 측이 두려워한 것과 같이 이 조항이 열국(列國)의 의심을 초래, 미국으로부터 정식 항의가 있어 일본 측은 그 삭제를 약속해야 했기 때문이다. 일청 간의 교섭은 처음부터 마지막까지 구미 국가들이 둘러싼 환경 속에서 진행되어, 열강의 이해와 의향의 영향을 받는 데에 특징이 있다. 결국, 개약(改約)의 제안은 실현되지 않고, 조규의 비준서가 1873년에 교환되었다.

시노부 세이사부로는 일청수호조규의 내용에 대해서, "똑같이 구미열국의 시장으로 규정된 국가로서의 것이었다."라고 말한다.[54] 마찬가지로 열강에 포위되어 있다는 환경으로부터 보면, 일청 간에 연대감과 제휴의 제안이 일어나도 이상하지 않을 것이 아마 청조 측의 '조규'라는 발상의 출발점일 것이다. 청조 측은 구미의 국가들과의 관계를 별개로 치면서 일본과 양국만의 관계를 맺으려고 생각했다.

그러나 일본은 조선문제 등을 해결하기 위해 청조와 평등관계를 맺는 것을 목적으로 했기에, 일청교섭의 처음부터, 청조와 제휴하여 구미와 대항할 의도는 없었다. 그 한편에서, 구미 국가들과의 불평등조약의 개정을 순조롭게 진행하기 위해, 청조의 태도보다 오히려 구미 국가들의 반응에 마음을 쓰고 있었다.

전술했듯이 일본외무성의 최초 방침은 "서양 각국과 지나가 맺은 대로에 따라야 한다."로 되어 있고, 그에 따라 야나기와라의 초안이 작성되었다. 그때 이홍장은 야나기와라에 대해 "교제(交

54 信夫淸三郎, 『近代日本外交史』, 中央公論社, 1942년

際)는 타국과 비교하는 것이 아니다. 어째서 하나하나 참조하는 것인가."라고 청조의 자세를 보여주었다.[55] 이홍장이 '교제'는 일청 양국의 일이지 구미와 하나하나 비교할 필요는 없다고 주장한 것에 대해, 야나기와라는 "마찬가지로 사이좋게 지낸다면, 일률적으로 하지 않으면 안 된다."라고 구미 국가들과 일률적으로 하겠다는 의향을 보였다.[56] 결국, 청조 측의 체결목적은 일본을 서양열강국의 일원으로 만들지 않는 것에 있었지만, 일본 측은 자국의 불평등조약을 순조롭게 개약(改約)하기 위하여 청조에 대해 서양열강국과 똑같은 조약내용을 요구한 것이다.

후지무라 미치오는 야나기와라안에서 대(對)아시아 외교노선을 소중화주의라고 부르는데, 이 노선은 근대 이전의 아시아에서의 청조의 국제적 우월을 타파하려 하는 것으로서, 일청평등관계를 실현함으로써 반서구적 일청연합에의 가능성이 잠재했다고 지적한다. 그 후의 수정안은 소중화주의적 발상으로부터 서구와의 동일화에 의한 탈아(脫亞)외교노선으로의 전환이라는 근본적 수정을 의미하고, "일본의 대(對)아시아정책이, 이미 명분론적인 것으로부터 근대국제법원리에 입각한 그것으로 전환하고 있었음을 보여준다."고 말한다.[57]

일본 측의 대청(對淸)정책 전환에 따라 일본에 대한 이홍장 등의 태도도 변화한 점에 주목하고 싶다. 야나기와라 일행이 내

---

55 『李鴻章全集』 譯署函稿, 卷一 「議日本換約」

56 『李鴻章全集』 譯署函稿, 卷一 「議日本換約」

57 藤村道生, 「征韓論争における內因と外因」, 『日本外交史の諸問題』 III(『國際政治』 37호), 有斐閣, 1968년

방한 단계에서는 조약 체결을 적극적으로 주장하고 일본 측에 협력적인 자세를 보이고 있었지만, 수호조규체결 전후에는 그것으로부터 일전(一轉)하여 일본에 엄한 태도를 취하게 되었다. 일본을 외원(外援)으로 삼는다는 최초의 기대는 어긋나고 일본에 대한 불신감이 깊어졌기 때문이다.

이상에서 말했듯이, 근대 최초의 일청외교교섭의 결과, 청국은 주도권을 발휘하면서 구미 국가들과는 다른 국가관계를 일본과의 사이에서 수립한다는 목적을 달성했다. 일본 측은 조선과의 관계를 재건하는 전제로서 청국과 평등관계를 맺는다는 목적은 달성했지만, 구미 국가들과의 조약개정의 전제로서, 구미국가들과 동격관계를 맺기 위해 불평등조약을 청국에 원용한다는 대청외교노선은 좌절되었다. 그 후 일청 간에 류큐문제가 생겼을 때 일본이 최혜국대우의 요구를 다시 청조에 부각시켰다.

이 장의 요약

이 장에서는 1871년에 체결된 일청수호조규에 초점을 맞추어, 일본의 위치가 '장정국'에서 '조규국'으로 변경된 경위를 더듬었다. 1870년대 청조 대일외교의 특징을 다음과 같이 정리해 본다.

이홍장의 대일관은 1860년대에 비해 상당히 복잡했다. 일본의 메이지유신을 높게 평가했지만 일본에 대한 경계심도 있었다.

그의 대일방침은 기본적으로는 일본과 대등관계를 인정하면서 일본을 '제한'하는 일면을 갖고 있었다. 그리고 처음부터 서양과 다른 조약을 작성할 방침을 결정하고, 최후까지 일관시켰다.

증국번은 1860년대에 일본을 '무조약상해통상국'에 위치짓고, 일본으로부터의 '학술전습'에 대해 난색을 표했었다. 이번에는 우선 도의상에서 일본을 거절하는 것은 좋지 않다고 말하며 조약 체결에 찬성했지만, 최혜국대우를 조문에 넣지 않을 것을 강조했다. 한편, 그는 종래의 조공이념의 입장에 서서 청조가 또 언젠가 세계의 중심이 될 것을 믿고 있었다. 이홍장이 조약을 체결함으로써 일본을 제한하고, 재일(在日) 상인을 지키는 것 등을 생각하고 있던 것에 반해, 증국번은 조약 체결에 의해 종래의 질서로 돌아갈 것을 생각하고 있었다.

총리아문은 나가사키부교가 서간을 제출했을 무렵, 응보시의 '장정'의 제안에 대해서 적극적으로 그 내용 등을 생각하고 있었다. 그러나 이 조약을 체결할 때는 기본적으로 이홍장에게 맡겨버렸다.

이상의 분석으로부터, 이홍장 등의 대일방침은 고정적이지 않고 변동적인 것이었음을 알았다. 또, 청조 측은 늘 장래(일본이 서양에 의존하는 것과 조공국 조선을 지키는 것)를 염두에 두고 그 방위대책을 받아들였다. 이에 따라 대일외교에서 주도권을 쥘 수 있었는데, 상황의 변화와 함께 일본의 자리매김이 '무조약상해통상국'에서 '장정국', 나아가서는 '조규국'으로 변화했다.

일청외교에서 조공이념은 쌍방에 암묵리에 존재하고 있었다. 이것은 대(對)유럽외교와 다른 바였다. 그 밖에, 이웃나라 일본과의 장기간에 걸친 역사적 관계와 지리적 거리도 크게 작용했다. 그리고 일본에 대한 경계심은 메이지유신 후의 군사력 외에 명대의 왜구문제에 의한 영향도 무시할 수 없다. 청조관료의 발언 중에서 왜구 이야기가 끊임없이 나와, 역사적인 대립에 의해 청조가 일본을 '제한'한다는 경위도 있었다.

1871년 7월, 일본 외무성에서 온 조회문과 사절단 명부 및 증정품 일람 등을 읽은 후 이홍장은 총리아문에 "일본은 반드시 북경에 가서 국서와 증정품을 건넬 뜻이 있다고 추측할 수 있다. 수호(修好) 속에 조공의 뜻이 이미 포함되어 있기에 너무 거절하면 좋지 않지만, 그러나 그것은 조약을 의정한 뒤가 아니면 안 된다."라고 말한다.[58]

일본이 조공국이 아니라고 분명히 말한 이홍장이지만, '조공'이라는 말을 사용했다. 그는 일본을 대등관계인 '조규국'에 자리매김했는데, 그것은 일본을 서양의 일원(一員)으로 만들지 않는 수단이었다. 그의 대일인식에서는 일본이 조공국이라는 생각으로부터 완전하게는 벗어나지 않았을 것이다.

58 同治十年五月二十一日收, 北洋通商大臣李鴻章信一件

제4장

청조관료의 일본어 인식

일청수호조규의
정문조규를 둘러싸고

처음에

제3장에서 말했듯이 일청수호조규에 대해서는 지금까지 갖가지 측면에서 연구되었다. 이 장에서는 선행연구들에서 그다지 언급되지 않았던, 조규의 정문규정에 초점을 맞춰, 제3장에서도 분석한 『총리각국사무아문청당』 및 와세다대학 소장의 『일청인교무역(日淸隣交貿易) · 통상(通商) · 수교조약안(修交條約案)』이라는 일차사료를 사용해 청조관료의 일본어 인식에 대해서 분명히 하고자 한다.

소위 조약의 정문규정이란 "조약의 문구가 조약 당사국 각자의 국어로 쓰여진 경우, 각자의 국어를 정문으로서 주장하는 것은 국가의 평등권에 기초한 당연한 권리이다. 중국과 각국과의 조약에는 중국에 두드러지게 불리한 정문규정이 설정되어 있다. 조약의 내용에 불평등한 조항이 많고, 그 해석은 더욱이 중국의 상대방의 국어에 의거하기로 하는 것은 단순한 형식상의 문제가 아니라 불평등의 효과를 이중으로 짙게 하게 된다."고 하는 것으로,[1] 환언하면, 조문해석상의 근거는 조약당사국 각자의 국어로 기술한 본문에 따라야 하고, 각국의 본문은 원칙적으로 평등한 가치를 가진다는 것이었다. 그러나 중영천진조약과 중불천진조약처럼 조약당사국 중 일국어인 영문과 불문이 조약의 정문으로 규정된 것으로부터, 청조에게는 이중의 불평등이 깔려 있었다고 생각할 수 있다.

---

1 入江啓四郎, 『中國における外國人の地位』, 東京堂, 1937년

반노 마사타카가 천진조약 이후 청국 측이 조약체결교섭에서 구애된 문제점의 하나로서 거론한 것은 조약의 정문이었는데, "조약의 어느 텍스트를 정문으로 할 것인가. 1858년의 천진조약에서는 외국문을 정문으로 삼았는데, 1860년대에 들어와 중국 측은 이 문제를 문제로서 확실히 자각하게 되어, 한문과 외국문 쌍방을 정문으로 하는 경우가 많았다."[2]고 말한다. 결국, 반노의 설에 의하면 천진조약에서 외국문이 정문으로 간주된 경우의 문제를 인식한 청조정부는 그 후의 조약체결에서 한문과 외국문 쌍방을 정문으로 삼았다. 1860년대 이후에 체결된 조약은 정문에 대해서 '자국의 문자'라고 규정한 것이 많은데, 서양 국가들에 한정된 것이었다. 중영 · 중불천진조약의 정문규정 이래 외교상 한문의 권위가 상실되어 있는데, 동양의 일본과의 사이에서 체결된 일청수호조규는 어떠한 특징을 가진 것이었을까?

일청수호조규의 내용분석은 주로 최혜국대우와 영사재판권 등을 중심으로 이루어졌고, 정문규정에 대한 연구는 극히 적다.[3] 당시의 청조관료에게서 보이는 대일관의 전체상을 이해하기 위해서는 그들의 일본어 인식을 구명할 필요가 있다. 이 같은 문제관심에 기초하여, 이 장에서는 일청수호조규의 정문규정에 초점을 맞추어, 한문이 주도적 위치로서 규정된 확립경위를 더듬고, 규정성립까지의 일청 쌍방의 초안에 대해서 검토한다.

---

2 坂野正高, 『近代中國政治外交史』, 東京大學出版會, 1973년

3 山本忠士著 · 李春蘭譯, 「明治初期的中日關係」, 渡邊與五郎 · 山本忠士 · 李春蘭 · 丁雪冬 · 秋月里保, 『對外交流史研究』, 文化書房博文社, 2008년

제1절

조약의 정문규정

1. 청조와 서양 국가들의 경우

1870년 9월 외무성은 외무권대승(外務權大丞) 야나기와라 사키미쓰(柳原前光)를 단장으로 한 사절단의 청조 파견을 결정하고 그 준비활동을 개시했다. 야나기와라에게 주어진 사명은 청조와의 조약체결 타진뿐이었지만, 제3장에서 서술했듯이 외무성의 방침은 조약내용을 "서양 각국과 지나가 맺은 대로에 따라야 한다."고 정해져 있었다. 즉 일본 측은 사절단을 파견하기 전에 지금까지 청조와 서양 국가들 사이에서 맺어진 조약내용을 검토했다고 생각된다.

그런데 청조의 조약에 정문규정이 처음 나오는 것은 1858년 6월의 중러천진화약이다. 여기서는 우선 1858년부터 1869년까지 청조와 서양 국가들 사이에서 맺어진 조약들 속에서 정문규정에 관한 부분을 거론하자.

1858년 6월 13일 중러천진화약(말미)

諭旨定立和書, 限一年之內, 兩國換交於京, 永遠遵守, 兩無違背. 今將兩國和書用俄羅斯並清漢字體抄寫, 專以清文爲主, 由二國欽差大臣手書花押鈐用印信換交可也. 所議條款, 俱照中國清文辦

理.[4]

(체결된 조약은 1년 이내에 북경에서 교환하고, 영원히 준수하며, 쌍방 공히 위반하지 않기로 한다. 여기서 양국의 조약은 러시아문 및 만문, 한문으로 기록하는데, 전적으로 만문을 정문으로 한다. 양국 흠차대신은 서명하고 날인하여 교환한다. 의론되는 조문의 내용은 전부 중국의 만문에 따른다.)

1858년 6월 18일에 천진에서 교환된 중미화호조약에서는 양국 공문의 사용문자에 대한 조문은 없지만, 제25조에서 어학학습과 서적구입에 관해 다음과 같은 규정이 이루어져 있다.

大合衆國官民延請中國各方士民人等, 教習各方語音, 並幫辦文墨事件, 無論所請係何等之人, 中國地方官民等, 均不得稍有阻撓陷害等情, 並準其採買中國各項書籍.[5]

(합중국의 관원이나 민간인이 중국인을 초빙해 중국어를 교습시키거나, 서류집필 등을 돕는 사람으로 어떤 인물을 초빙하려 하더라도 중국의 지방 관원이나 민간인으로부터의 방해와 모함 등은 일체 금지한다. 또 중국서적의 구입을 허가한다.)

1858년 6월 26일 중영천진조약 제50조

4 田濤編, 『清朝條約全集』 第壹卷 「咸豐朝條約 · 中俄天津和約」, 黑龍江人民出版社, 1999년

5 田濤編, 『清朝條約全集』 第壹卷 「咸豐朝條約 · 中美和好條約」, 黑龍江人民出版社, 1999년

嗣後英國文書俱用英字書寫, 暫時仍以漢文配送嗣, 中國選派學生學習英文, 英語熟習卽不用配送漢文. 自今以後, 遇有文詞辯論之處, 總以英文作以正義. 此次定約漢英文字, 詳細較對, 無訛譯照此例.[6]

(금후 영국의 공문은 영문으로 기록한다. 잠시 동안은 한문역을 붙이지만, 중국 측에서 학생을 뽑아 영문을 습득시키고, 익숙해진 후에는 한문 조회(照會)는 행하지 않는다. 금후 내용에 대해서 논쟁이 있을 때는 전부 영문을 기준으로 한다. 이 조약의 영문과 한문을 상세히 교정하여, 오류가 없으면 이것에 따른다.)

1858년 6월 27일 중불천진조약 제3조

凡大法國大憲, 領事等官有公文照會中國大憲及地方官員, 均用大法國字樣, 惟爲辯事妥速之便, 亦有翻譯中國文字一件附之, 其件務盡力以相符, 候大淸國京師有通事諳曉且能譯大法國言語, 卽時大法國官員照會大淸國官員公文應用大法國字樣, 大淸國官員照會大法國官員公文應用大淸國字樣. 自今以後, 所有議定各款, 或有兩國文詞辯論之處, 總以法文作以正義. 玆所定者, 均與現立章程而爲然. 其兩國官員照會, 各以本國文字爲正, 不得將翻譯言語以

6 田濤編,『淸朝條約全集』第壹卷「咸豐朝條約 · 中英天津和約」, 黑龍江人民出版社, 1999년

爲正也.[7]

(프랑스 상관(上官) 및 영사관(領事官)은 중국 상관 및 지방의 관료에게 조회문을 발행할 때 불문을 사용한다. 그러나 중요한 안건을 빨리 처리하기 위해서 한문 역문을 붙인다. 역문은 가능한 한 원문과 일치시킨다. 청국의 수도에 불문이 가능한 인물이 생기면, 프랑스 관원은 청국 관원에게 보내는 조회문을 불문으로 기록하기로 한다. 청국 관원은 프랑스 관원에게 보내는 조회문을 청국 문자로 기록한다. 금후 모든 조문에 관해 양국 사이에서 논쟁이 있을 경우, 항상 불문을 기준으로 한다. 이상 정해진 내용은 이 조약에 의해 결의된 것으로 한다. 그러나 양국 관원의 조회문은 본국 문자를 정문으로 하고, 번역문을 정문으로 하지는 않는다.)

나아가, 이 조약의 제11조에서는 전술한 중미화호조약과 마찬가지로 중국인의 고용, 어학학습, 서적구입 등에 관해 다음과 같이 규정되어 있다.

大法國人在通商各口地方, 聽其任便雇買辦, 通事, 書記, 公匠, 水手, 工人, 亦可以延請士民人等, 教習中國語音, 繕寫中國文字與各方土語. 又可以請人幇辦筆墨, 作文學文藝等工課, 各等工價束脩或自行商議, 或領事官代爲酌量. 大法國人亦可以教習中國人願學

7 田濤編, 『淸朝條約全集』 第壹卷 「咸豐朝條約 · 中法天津和約」, 黑龍江人民出版社, 1999년

本國及外國話者, 亦可以發賣大法國書籍及採買中國各樣書籍.[8] (프랑스인은 통상하는 각 항에서 매판, 통역, 서기, 장인(匠人), 수부(水夫), 노동자를 자유롭게 고용할 수 있다. 또 중국인을 초빙해 중국어학습, 문서작성, 거기에 중국의 방언 등을 가르칠 수 있다. 중국인에게 문장을 돕게 하고 문학과 문예 등을 교수시킬 수도 있다. 임금과 사례(射禮)에 대해서는 각자 상담(商談)하든가 혹은 영사관이 대신 헤아려줄 수 있다. 프랑스인은 중국인이 희망할 경우 프랑스어 혹은 외국어를 가르칠 수 있다. 또 프랑스의 서적을 발매할 수 있고 중국 측의 각종 서적도 구입할 수 있다.)

1861년 9월 2일 중독(프로이센)화호통상조약 제5조

凡大布國秉權大臣以及德意志通商稅務公會和約各國領事官, 有公文照會中國大憲暨地方官, 均用德意志字樣書寫, 惟暫時仍以漢文配送, 倘配送漢文內有旨義不合之處, 仍以德意志字樣爲正. 中國官員有公文照會亦以中國文字爲正, 不得將翻譯文字以爲正也. 至於現定和約章程, 用中國文字並德志意(그대로-역자)字樣合寫, 兩國公同較對無訛. 因法國文字係歐羅巴人所通習, 是以另備法國字樣稿本各一分. 倘日後中國與布國有辯論之處, 卽以法國稿本爲證, 以免舛錯而昭公允.[9]

8 田濤編, 『清朝條約全集』 第壹卷 「咸豐朝條約 · 中法天津和約」, 黑龍江人民出版社, 1999년

9 田濤編, 『清朝條約全集』 第壹卷 「咸豐朝條約 · 中德天津和約」, 黑龍江人民出版社, 1999년

(프로이센전권대신 및 독일 통상세무공회(通商稅務公會) 외 각국의 영사관이 중국의 상급 및 지방의 관료에 조회할 때 독문(獨文)으로 적기로 한다. 단, 잠시 동안은 한문역을 붙인다. 만약 첨부한 한문 속에 주지(主旨)가 맞지 않는 경우에는 독문(獨文)을 정문으로 한다. 중국 관원은 조회를 행할 경우 중국 문자를 정문으로 한다. 번역문자를 정문으로 해서는 안 된다. 이 조약은 한문과 독문으로 쓰고, 양국은 승인하는 것으로 한다. 불문은 유럽인의 공통문자이기에, 별도로 불문 역본을 준비한다. 금후 양국 사이에서 논쟁할 곳이 생기면 불문 역본을 정문으로 하고, 잘못 없이 공평할 것을 명확히 한다.)

프로이센의 경우, 영국이나 프랑스와 달리 왜 제3국 문자로 된 텍스트가 정본이 된 것일까? 그 이유에 대해 총리아문은 다음과 같이 황제에게 설명했다.

프로이센 측이 제출한 조약 제5조에, 조문과 금후의 조회문은 전부 독일문을 정문으로 한다고 쓰여 있다. 영국과 프랑스의 조문에도 마찬가지 내용이 있는데, 독일은 그 횡포한 규정을 흉내 내어서는 안 된다. 또 금후의 교활함을 두려워하여, 숭륜(崇綸)에게 명령해 중국의 문자를 정문으로 하도록 그 조문을 개정하려고 하였다. 그러나 (프로이센 측) 사자 오일렌부르크(Friedrich zu Eulenburg, 艾綸波)는 동의하지 않았다. 거듭 반발하여, 줄곧 결단에 착수할 수 없었다. 양국이 서로 양보하지 않는 사이에, 상대국의 통역인 마르케스(José Martinho Marques, 馬吉士)가 병에 걸렸다. 오일렌부르크는 프랑스 통역 메리탕(Baron de Méritens, 美里登)을 꾀어, 협력하여 처리했다. 메리탕은 양국 사이를 조정한 다음 의정했다. 중국과 프로이센은 자국의 문자를 정문으로 하고, 따로 불문 역본을 만들어 장래의 증거로 하기로 하였다.[10]

이 같은 경위로 불문 텍스트가 정문이 된 것이다. 청조 입장에서 프로이센은 아편전쟁의 전승국이 아니기 때문에 영국이나 프랑스와 똑같이 취급할 이유는 없었다. 독일문을 정문으로 한다는 프로이센 측의 요구를 무시하고 한문을 정본(正本)으로 하려 한 총리아문은 외교에서 종래대로 한문의 주도권을 회복하려고 생각하고 있었다. 그러나, 양국이 자국의 주장을 고집한 결과, 제3국어인 불문이 정본이 된 것이다. 그 이후 타국과의 사이에서 체결된 조문의 정문은 거의가 '자국의 문자'가 되었는데, 불평등조약에서 이 점에서만 평등성이 보였다고 말할 수 있을 것이다.

1862년 13일 중포르트투갈화호무역조약 제6장

大西洋國官員有公文照會大淸國官員, 均用大西洋國字樣書寫, 倂翻譯大淸國字相連配送. 至於此次所定各款章程, 亦應漢番字同寫, 公同較對無訛, 各以其國字爲憑.[11]

(포르투갈 관원은 청국 관원에게 조회할 때 전부 포르투갈문으로 기

10 『籌辦夷務始末 · 同治朝』 卷一, 1~2쪽

11 田濤編, 『淸朝條約全集』 第壹卷 「同治朝條約 · 中葡和好貿易條約」, 黑龍江人民出版社, 1999년

록하고, 거기다 번역한 청국문자를 붙인다. 이번에 의정된 각 조의 내용은 한문과 포르투갈문으로 쓰고, 공동으로 교정하여 잘못이 없게 하고, 각기 자국 문자를 정문으로 한다.)

이 1862년의 조약은 비준되지 않았기 때문에, 1887년 7월에 청조와 포르투갈은 재차 중포르투갈조약을 맺었다. 그 제7조는 다음과 같은 내용으로 되어 있다.

大西洋國官員有公文照會大清國官員, 均用大西洋國字樣繕書寫並翻譯漢文相連配送. 各以其本國字爲憑.[12]
(포르투갈 관원은 청국 관원에게 조회할 때 전부 포르투갈문으로 기록하고, 거기다 한문역을 붙인다. 각기 자국의 문자를 기준으로 한다.)

같은 조약 제53조에는 외교공문에 대한 규정이 더 설정되어 있다.

各國議立和約原係洋漢文字, 惟因欲防嗣後有辯論之處, 茲查英國文字中外人多熟悉, 是以此次所定之和約以及本和約所附之專約, 均以中國文, 大西洋國文暨英國文三國文字, 譯出繕寫花押六紙, 每國文字二紙, 均屬同意, 倘遇有大西洋文與中國文有未妥協之處, 卽

12 田濤編, 『清朝條約全集』 第壹卷 「光緖朝條約 · 中葡條約」, 黑龍江人民出版社, 1999년

以英文解明所有之疑.[13]

(각국과의 조약은 원래 한문과 그 국가의 문자를 사용한다. 단 금후 논쟁을 방지하기 위해, 영문은 중국인도 외국인도 숙지하고 있기에, 이번에 의정된 조약 및 부가하는 전약(專約)은 전부 한문, 포르투갈문, 영문으로 번역하고, 여섯 부에 서명한다. 즉 각 언어를 두 부씩 작성한다. 만약 포르투갈문과 한문이 적절하지 않으면, 영문으로 그 의문점을 해명한다.)

1863년 7월 13일 중덴마크천진조약 제50조

大丹國大臣並領事官等員所有行知大清國大臣官員等公文各件, 俱有英字書寫, 仍以漢文譯錄, 暫爲配送. 俟中國學習英文熟習洞澈, 卽不配送漢文. 惟遇日後設有文詞辯論之處, 丹國總以爲英文作爲正義. 此次定議漢英文字, 詳細較對, 以期無訛.[14]

(덴마크 대신 및 영사관원이 청국 대신과 관원들에게 보내는 공문은 전부 영문으로 기록하는 것으로 한다. 당분간은 한문역을 붙인다. 중국 측이 영문을 학습하여 정통한 단계에서 한문역을 중지한다. 단, 금후에 자구에 대해서 논쟁할 곳이 생기면 덴마크 측은 영문을 정문으로 한다. 이번에 의정된 한문과 영문은 상세히 교정하여, 잘못이 없기를 기대한다.)

---

13 田濤編, 『淸朝條約全集』 第壹卷 「光緖朝條約 · 中葡條約」, 黑龍江人民出版社, 1999년

14 田濤編, 『淸朝條約全集』 第壹卷 「同治朝條約 · 中丹天津條約」, 黑龍江人民出版社, 1999년

1863년 10월 6일 중네덜란드천진조약 제14조

嗣後大和欽差大臣及領事等官行移文書與大清特簡大員及地方監督等官, 和國俱依和字書寫, 仍以漢字配送, 若遇有文辭辯論之處, 各以本國文字爲正. 此次定漢和文字, 詳細較對無訛, 亦依此例.[15]
(네덜란드 흠차대신 및 영사관원 등이 청국 관료에게 문서를 보낼 때, 전부 네덜란드문으로 적고 한문역을 붙인다. 자구에 대해서 논쟁할 때는 각각의 본국문자를 기준으로 한다. 이번에 의정된 한문과 네덜란드문은 상세히 교정하여 잘못이 없게 하고, 역시 이 예에 따른다.)

1864년 10월 10일 중스페인화호무역조약 제51조

日斯巴尼亞國官員有公文照會中國官員, 均用日斯巴尼亞國字樣書寫, 並翻譯中國字相連配送. 至於此次所定各款章程, 以應漢洋字同寫, 公同較對無訛, 各以其國字爲憑.[16]
(스페인국 관원이 중국 관원에게 조회할 때, 전부 스페인문으로 적고, 아울러 한문역을 붙인다. 이번에 의정된 각 조의 내용은 한문과 스페인문으로 적고, 공동으로 교정하여 잘못이 없게 하며, 각각의 문자를 기준으로 한다.)

---

15 田濤編, 『清朝條約全集』 第壹卷 「同治朝條約 · 中和天津条約」, 黑龍江人民出版社, 1999년

16 田濤編, 『清朝條約全集』 第壹卷 「同治朝條約 · 中日和好貿易條約」, 黑龍江人民出版社, 1999년

1865년 11월 2일 중벨기에통상조약 제8조

大比利時國大臣並領事官等員所有行知大淸國大臣官員等公文各件, 俱用法字書寫, 仍以漢文譯錄, 暫爲配送. 中國官員有公文照會比國官員亦用漢字書寫. 倘日後有辨論之處, 各以本國文字爲正. 此次議定條約漢法文字, 詳細較對以期無訛, 亦依此例.[17]
(벨기에국 대신 및 영사관원 등은 청국 대신과 관원 등에게 공문을 보낼 때 전부 불문으로 기록하고, 당분간은 한문역을 붙인다. 중국 관원이 벨기에 관원에게 조회할 때는 한문으로 적기로 한다. 금후 논쟁이 생기면 자국의 문자를 기준으로 한다. 이번에 의정된 각 조의 한문과 불어를 상세히 교정하여 잘못이 없게 하고, 이에 따르기로 한다.)

1866년 10월 26일 중이탈리아통상조약 제50조(159)

大義國大臣並領事官等員所有行知大淸國大臣官員等公文各件, 均用義字書寫, 仍以漢文譯錄, 暫爲配送. 中國官員有公文照會義國官員, 亦用漢字書寫. 倘日後設有文詞辨論之處, 各以本國文字爲正. 此次議定條約漢義文字, 詳細較對以期無訛, 亦依此例.[18]

---

17 田濤編, 『淸朝條約全集』 第壹卷 「同治朝條約 · 中比通商條約」, 黑龍江人民出版社, 1999년

18 田濤編, 『淸朝條約全集』 第壹卷 「同治朝條約 · 中義通商條約」, 黑龍江人民出版社, 1999년

(이탈리아 대신 및 영사관원 등은 청국 대신과 관원에게 공문을 보낼 경우, 이탈리아문으로 기록하고, 당분간은 한문역을 붙인다. 중국 관원이 이탈리아국 관원에게 조회할 때는 한문으로 기록한다. 금후 자구의 의론이 있을 때는 자국의 문자를 기준으로 한다. 이번에 의정된 한문과 이탈리아문을 상세히 교정하여 잘못이 없게 하고, 이에 따르기로 한다.)

1869년 9월 2일 중오스트리아-헝가리통상조약 제7조

大奧斯馬加國大臣並領事官等員所有行知大清國大臣官員等公文各件, 俱用德意志字書寫, 仍以漢文譯錄, 暫爲配送. 中國官員有公文照會奧國官員亦用漢字書寫. 倘日後有辨論之處, 各以本國文字爲正. 此次議定條約漢洋文字, 詳細較對以期無訛, 亦依此例.[19]
(오스트리아국의 대신 및 영사관원 등은 청국의 대신과 관원 등에게 공문을 보낼 경우 전부 독문으로 적고, 당분간은 한문역을 붙인다. 중국 관원이 오스트리아 관원에게 조회할 때 한문으로 쓴다. 금후 다툴 때 각각 자국의 문자를 기준으로 한다. 이번에 의정된 각 조의 한문과 독일문을 상세히 교정하여 잘못이 없게 하고, 이에 따르기로 한다.)

조약의 정문규정에 관한 이상의 조문을 명확히 하기 위해,

---

19 田濤編,『清朝條約全集』第壹卷「同治朝條約 · 中奧通商條約」, 黑龍江人民出版社, 1999년

표1에 본 조약의 '조약의 사용문자', '조약의 정문', '금후의 공문의 사용문자', '한문역', '금후의 공문의 판단기준'이라는 다섯 항목으로 구분해 정리했다.

표1 1858~1869년에 체결된 조약의 정문규정에 관한 조문

조약명칭·상대국	조약의 사용문자	조약의 정문	금후의 공문의 사용문자	한문역	금후의 공문의 판단기준
중러천진화약 (1858년) 러시아	한문 러시아문	만문			
중미화호조약 (1858년) 미국	한문 영문				
중영천진조약 (1858년) 영국	한문 영문	영문	영국 측(영문)	잠정(暫定) 첨부 중국에 영어가 가능한 사람이 생기면 즉시 중지	
중불천진조약 (1858년) 프랑스	한문 불문	불문	프랑스 측(불문) 중국 측(한문)	첨부 중국에 불어가 가능한 사람이 생기면 즉시 중지	양국 간의 조회문은 자국의 문자를 정문으로 하고, 번역문을 정문으로 하지 않음.
중독통상조약 (1861년) 프로이센	한문 독일문 불문	불문	프로이센 측(독일문) 중국 측(한문)	잠정 첨부	프로이센 측의 한문역이 독일어와 의미가 다를 경우 독일어를 기준으로 한다. 중국 측은 한문을 정문으로 하고, 번역문을 정문으로 하지 않음.
중포르투갈화호무역조약(1862년, 비준 않음) 포르투갈	한문 포르투갈문	자국의 문자	포르투갈 측(포르투갈문) 중국 측(한문)	첨부	

중덴마크천진조약 (1863년) 덴마크	한문 영문	영문	덴마크 측 (영문)	잠정 첨부 중국에 영어가 가능한 사람이 생기면 즉시 중지	
중네덜란드천진조약 (1863년) 네덜란드	한문 네덜란드문	자국의 문자	네덜란드 측 (네덜란드문)	첨부	
중스페인화호무역조약(1864년) 스페인	한문 스페인문	자국의 문자	스페인 측 (스페인문)	첨부	
중벨기에통상조약 (1865년) 벨기에	한문 프랑스문	자국의 문자	벨기에 측 (불문) 중국 측(한문)	잠정 첨부	
중이탈리아통상조약 (1866년) 이탈리아	한문 이탈리아문	자국의 문자	이탈리아 측 (이탈리아문) 중국 측(한문)	잠정 첨부	
중오스트리아-헝가리 통상조약(1869년) 오스트리아	한문 독일문	자국의 문자	오스트리아 측 (독일문) 중국 측(한문)	잠정 첨부	

표1에 나타났듯이, 중독조약에 제3국 문자로 작성된 텍스트가 있었으나, 그 외의 각 조약은 체결국의 문자로 쓰여 있고, 청조 측은 중러천진화약을 제외하고는 전부 한문을 사용했다. 조약정문과 금후의 공문의 사용문자에 대해서는, 일국의 문자로 한정한 경우에도, '자국의 문자'라고 규정하고 양국의 문자를 사용하는 경우가 있었다. 한문역에 대해서도 '첨부', '잠정 첨부', '잠정 첨부하지만, 중국 측에 외국어가 가능한 사람이 생기면 즉시 중지'라는 세 종류로 나뉘었다. 금후의 공문의 판단기준에 관한 규정은 중불조약과 중독조약에만 보이는데, 양국은 자국의 문자를 정문으로 하고, 번역문은 정문이 되지 않는다고 규정하였다.

아편전쟁과 애로우호전쟁의 두 차례 패전에 의해 영국과 프랑스에 대해서 한문의 우월성이 상실되고 영문과 불문이 중요한 위치를 차지하게 되었다. 그러나 총리아문은 영국과 프랑스 이외의 나라에 대해서는 한문의 주도권을 회복하기 위해 제3국의 문자를 정문으로 하거나 조약국 쌍방의 문자를 정문으로 하는 등의 형식으로 변경하여 상대국 문자를 정문으로 하는 것을 피하려고 하였다.

갖가지 차이점을 가진 조약군(條約群)에서 주목하고 싶은 것은, 청조 측의 정문이 전부 한문으로 쓰여 있는 데 반해 중러천진화약에 한해서는 정문이 만문이었던 점이다. 제1장에서 서술했듯이, 청조와 러시아 사이에서는 라틴문과 만문과 몽골문을 사용해 네르친스크조약과 캬흐타조약을 체결했다. 중러천진화약은 영국 · 프랑스보다도 먼저 체결되었기 때문에 종래대로 만문이 사용되었다고 생각된다. 만문이 정문이 되어 있는 것은, 다음에 말하듯이 일청수호조규의 초안작성 시점에서도 한인관료들에게 큰 영향을 주었다.

제1장에서 말했듯이, 천진조약 이후 1862년에 최초의 외국어학교인 경사동문관이 설립되고, 1864년에는 러시아어과(아라사문관이 합병되었다)가 증설되었다. 그다음 해에 타르바가타이 의정기약(議定記約)에 따라 러시아와 함께 경계비를 세울 때 러시아어과로부터 통역을 파견하라는 청조 진수장군(鎮守將軍)의 요구에 대해 총리아문의 공친왕은 학생이 겨우 2년밖에 공부를 하지 않은 것을 이유로 들어 "러시아와의 왕래는 종래의 방식에 따라 만

문과 몽골문으로 행하면 좋을 것이다."라고 대답했다.[20] 결국, 공친왕은 지금까지의 러시아와의 왕래공문과 통상교섭(通商交涉)에 대해서는 만문·만어, 몽골문·몽골어가 사용되어왔는데, 서로 차이가 없어서 다른 언어로 변경할 필요는 없다고 생각하고 있었다. 그리고 경계비를 건설할 때에도 "만문·만어와 몽골문·몽골어로 러시아인과 교섭한다."는 명령을 내린 것이다.[21] 육상(러시아)과 해상(영국·프랑스 등)에 대해 각각의 외교경로 및 조문의 사용언어를 나누어 사용하고 있는 점은 청조 외교의 특징이라고 말할 수 있을 것이다.[22] 또, 러시아에 대해서 만문은 국어의 역할을 수행했다고 말할 수 있을 것이다.

2. 일본과 서양 국가들의 경우

다음은 일본과 서양 국가들 사이에서 체결된 조약들 중 정문 규정에 관한 부분을 들어보자.

1853년 7월 2일에 페리는 4척의 함대를 이끌고 나하를 출발해 에도로 향했다. 우라가 앞바다에 닻을 내린 것은 7월 8일 오후였다.

미국 측은 일본 측과의 의사소통을 도모하여, 일본어, 중국어(한문), 네덜란드어의 통역을 중국에서 고용해 놓았다. 이것을

---

20 『籌辦夷務始末·同治朝』 卷三十二, 10쪽

21 『籌辦夷務始末·同治朝』 卷三十二, 10쪽

22 村田雄二郎, 「ラスト·エンペラーズは何語で話していたか?-淸末の『國語』問題と單一言語制」, 『ことばと社會』, 三元社, 2000년 3호

받아, 일본 측은 중국어 통역과 네덜란드어 통역을 맡을 당통사(唐通事)와 네덜란드 통사를 수배했다. 미국의 국서는 영문 · 네덜란드문 · 한문으로 쓰여 있지만, 그것을 수취한 일본 측은 화문(和文)과 네덜란드문으로 쓰인 '황제의 수령서'를 미국 측에 건넸다.[23] 일미 간의 교섭은 구두로는 주로 네덜란드어를 매개로 이루어졌고, 서면 왕래는 주로 한문에 의지했다.

이듬해 1월에 페리는 다시 우라가에 내항하는데, 일본과의 조약교섭을 진행하기 위해 중국인 한 사람을 통역으로 홍콩에서 일본에 데려왔다. 이 인물은 나삼(羅森)이라고 하는데, 자는 향교(向喬)라고 하며, 출신은 광동 남해현(南海縣, 지금의 광주시(廣州市))의 문인이었다.[24] 홍콩에서 선교사와 교제한 경험도 있고 영어도 약간이지만 말할 수 있기에 일미화친조약 한문판 작성에 협력했다.

1854년 3월 31일에 일미화친조약이 체결되고, 영문, 화문(和文), 네덜란드문, 한문으로 조약이 작성되었다. 일본 측은 화문 3통, 한문 1통, 네덜란드문 1통, 미국 측은 영문 3통, 한문 1통, 네덜란드문 1통을 준비했다. 일본 측은 화문에 서명하여 미국 측에 건네고, 페리는 영문에 서명하여 일본 측에 건넸다. 네덜란드문

23 S · ウェルズ · ウイリアムズ著 · 洞富雄譯, 『ペリー日本遠征隨行記』, 維松堂, 1970년. ペリー著 · 金井圓譯, 『ペリー日本遠征日記』, 維松堂, 1985년

24 羅森은 일본체재에 대해 『日本日記』라는 제목으로 집필해 홍콩의 중국어월간지 『遐邇貫珍』의 1854년 11월호, 12월호, 1855년 3월호의 3회에 걸쳐 연재했다. 요코하마 · 시모다(下田) · 하코다테 등지의 산수 · 인정 · 풍속 · 산물, 관리 · 문인 · 민중과의 교류의 모습이 기록되어 있다. 『羅森等早期日本游記五種』, 湖南人民出版社, 1983년 수록

과 한문은 그 언어를 담당하는 양국 관리가 서명하여 교환했다. 결국, 동일 조약에 쌍방이 서명한 일은 없었다. 그 때문에 후일에 조문의 해석에 대해서 쌍방 간의 의견 차이가 눈에 띄었다.[25]

일미화친조약의 조문에서는 정문에 관한 규정이 이루어져 있지 않았다. 조약체결로부터 3개월이 지난 6월에, 조약부록으로서 금후 양국 간의 사용문자에 대해서 기록되었다. 이 부록의 내용에 대해서 검토해보자.

1854년 6월 18일 日本國米利堅合衆國和親條約附錄(일본국미리견합중국화친조약부록)[26]

第七條 向後兩國政府において公顯の告示に, 和蘭譯司居合さる時の外は, 漢文譯書を取用ふる事なし

양국 정부가 공식적으로 고시(告示)할 때, 네덜란드문 번역자가 없는 경우에만 한문역을 사용한다고 적혀 있다. 즉, 양국 간에서 원칙적으로 네덜란드문이 사용되고, 한문역은 보조적인 역할을 맡는 데 불과하다고 간주되었다. 또 부록 마지막 문장에는 다음과 같이 적혀 있다.

右條約附錄, エケレス語日本語に取認め, 名判致し, 是を蘭語に翻

25 三谷 博, 『ペリー 來港』, 吉川弘文館, 2003년을 참조

26 外務省編, 『日本外交年表竝主要文書 · 上』, 原書房, 1965년, 3쪽

譯して, 其書面合衆國と日本全權雙方取締すもの也

요컨대, 이 조약부록은 영문과 화문으로 써서 날인한 후 네덜란드문으로 번역하여 그 서류를 합중국과 일본의 전권(全權) 쌍방이 교환한다고 규정되어 있다. 이후 일미 간의 교섭에 대해서는 원칙적으로 한문의 사용이 배제되었다.

그 후, 일본과 영국(1854년 10월), 일본과 러시아(1855년 2월), 일본과 네덜란드(1856년 1월) 사이에 체결된 조약에도 정문규정에 관한 기술은 없었다. 미국과의 사이에서 1857년과 1858년에 체결된 조약 속에는 네덜란드문에 대한 규정이 있다.

1857년 6월 17일 日本國米利堅合衆國條約(일본국미리견합중국조약)[27]

第八條 下田奉行はイギリス語を知らす合衆國のエキセルレンシーコンシュル, ゼネラールは日本語を知らす故に眞義は條條の蘭譯文を用ふ可し

즉 시모다부교(下田奉行)는 영어를, 합중국 영사와 제독은 일본어를 몰랐기에, 조약에는 네덜란드문역을 이용하기로 하였다.

1858년 7월 29일 日本國米利堅合衆國修好通商條約(일본국미

27 外務省編, 『日本外交年表竝主要文書 · 上』, 原書房, 1965년, 9쪽

리견합중국수호통상조약)[28]

第十四條 (전략)尤日本語英語蘭語にて本書寫共に四通を書し其譯文は何れも同義なりと雖蘭語譯文を 以て證據と爲すへし(후략)

여기서도, 화문 · 영문 · 네덜란드문으로 조약 사본을 4통씩 기록하고, 어느 쪽이나 같은 문의(文意)이지만, 네덜란드문을 정문으로 한다고 규정되어 있다.

안세이조약(安政條約) 후 양이정책(攘夷政策)을 취하고 있던 조슈번이 시모노세키해협을 통과하는 외국함선에 포격을 가하고 해협을 봉쇄했다. 이에 대해 영국 · 프랑스 · 미국 · 네덜란드 4개국은 연합함대를 파견해 시모노세키 포대를 공격하고, 조슈번은 참패하여 화의(和議)를 제안, 1864년에 요코하마에서 시모노세키사건 약정서(取極書)의 조인이 행해졌다. 여기서 처음으로 아메리카합중국 이외의 나라들과의 정문규정에 관한 결정이 이루어졌다.

1864년 10월 22일 下ノ關事件取極書(시모노세키사건약정서)[29]

第四 此取極書の日附より十五箇日の內に大君政府にて本書を取替すべし右證據として各國と日本の全權此取極書を英文蘭文及

28 外務省編,『日本外交年表竝主要文書 · 上』, 原書房, 1965년, 17쪽

29 外務省編,『日本外交年表竝主要文書 · 上』, 原書房, 1965년, 27쪽

ひ和文に綴り各五通宛書記し調印せり右の內英文を原文とすへし (이 약정서(조약)의 날짜로부터 15일 이내에 막부에서 이 약정서를 교환하기로 한다. 그 증거로서 각국과 일본의 전권(全權)은 이 조약을 영문 · 네덜란드문 · 화문(和文)으로 번역하고, 각기 다섯 통씩 작성하여 조인한다. 그때 영문을 정문으로 한다.)

또한, 1869년의 일본과 프로이센 및 오스트리아-헝가리와의 조약에서 양국 간의 사용문자에 대해서 다음과 같이 규정되었다. 우선, 프로이센과의 조약에서는

1869년 3월 31일 에노모토 가마지로(榎本釜次郎)와 프로이센인 '라인홀트 게르트너(Reinhold Gärtner)'와의 에조시마(蝦夷島) 나나에무라(七重村) 및 그 부근의 토지 300평방 개간 약정서[30]

第八條 (前略) 此條約書は日本語日爾曼語英吉利語にて認め雙方共英文を以て證據と可致事

라고 하듯이, 화문 · 독일문 · 영문으로 쓰고, 쌍방 공히 영문이 정문으로 간주되었다. 또, 오스트리아-헝가리와의 조약에서는,

1869년 10월 18일 日本墺地利條約書(일본-오스트리아 조약

30 外務省編, 『日本外交年表竝主要文書 · 上』, 原書房, 1965년, 34쪽

서)[31]

第二十二條 墺地利兼洪噶利'ジプロマチックエゼント'或は'コンツュラル'官吏より日本長官に贈る總て公 書翰は獨逸語を以て記すべし然と雖も便利の爲め此條約施行の日よ三ヶ年間は英語或は日本語の譯文を添ゆべし
(오스트리아-헝가리의 '외교사절' 혹은 '영사관원'이 일본 장관에게 보내는 모든 공식 서한은 독일어로 기록해야 한다. 그러나 편리를 위해 이 조약의 시행일로부터 3년간은 영어 혹은 일본어 역문을 첨부해야 한다.)

第二十三條 此條約は獨逸文二通英文三通日本文二通各七通に認め其文意は各同義なりと雖も文意相違する 事あらば英文を原と見るべし
(이 조약은 독일문 2통, 영문 3통, 일본문 2통 총 7통으로 쓴다. 그 문의는 모두 같다. 그러나 문의가 서로 다른 일 있으면 영문을 원문으로 보아야 한다.)

라고 적혀, 오스트리아-헝가리 수석관과 영사관은 일본의 장관(長官)에게 보내는 모든 공적 서한에 독일어로 기재하지 않으면 안 되지만, 편의상 이 조약시행일 이후 3년간은 영문과 화문 역문도 첨부하기로 하였다.

---

31 外務省編, 『日本外交年表竝主要文書 · 上』, 原書房, 1965년, 37쪽

제23조에서는 본 조약은 독일문 2통, 영문 3통, 화문 2통 총 7통을 쓰는데, 그 문의가 서로 다른 경우는, 영문을 정문으로 간주한다고 명기되었다.

이상에서 분명하듯이, 미국과의 일련의 조약체결에서는 외교상의 한문사용이 이루어지지 않게 되고, 네덜란드문이 조문의 정문으로 사용되었다. 또, 1864년 이후로는 정문에 영문이 사용되기 시작했다.

외국어인 네덜란드문과 영문이 조문의 정문이 되고, 일본어는 3년간이라는 기한부로 첨부된다는 구조는, 전술한 청조가 놓인 입장과 똑같았다. 단 전체적으로 보면 서양 국가들과 일본의 조약에서 정문규정은 청조와의 조약에서만큼 상세하지 않았다. 예를 들면, '금후 공문의 사용문자'와 '금후 공문의 판단기준' 등에 대한 규정은 없었던 것이다.

제2절

야나기와라 사키미쓰의 초안

제3장에서 이미 일청수호조규를 체결하기까지의 흐름에 대해서 설명했다. 준비단계에서부터 일청수호조규가 체결되기까지의 약 1년간에, 청조 측에서는 세 초안, 일본 측에서는 두 초안이 작성되었다. 특히 청조 측은 천진과 상해에 걸쳐 넓은 범위에

서 의견을 정리하여, 일본과의 대등관계를 강조하는 '조규'의 내용을 결정했다. 각 초안에는 다음의 한 조가 설치되어 있어, 금후 양국 간 외교공문을 발송하는 경우에 사용할 언어에 대해서 규정되어 있다.

일본 측 초안

(1) 1870년 10월에 야나기와라 사키미쓰가 천진에서 작성한 초안의 제16조

(2) 1871년 6월에 야나기와라 사키미쓰와 쓰다 마미치(津田眞道)가 일본에서 작성한 일본 측 정식 초안의 제5조

청조 측 초안

(1) 1870년 11월에 진흠이 천진에서 작성한 제1차 초안의 제18조

(2) 1871년 3월에 응보시와 도종영이 상해에서 작성한 제2차 초안의 제12조

(3) 1871년 7월에 이홍장, 진흠, 응보시가 천진에서 작성한 정식 초안의 제6조

제3장에서 말했듯이 청조 측의 초안은 기본적으로 야나기와라의 초안에 기초하여 작성된 것이지만, 최혜국대우와 영사재판권 등의 내용 외에, 양국 간의 외교공문에 사용되는 언어에 관한 규정은 양국 간에 큰 차이가 있었다.

청조와 서양 국가들과의 조약내용의 검토에 입각해, 야나기

와라 일행은 1870년 9월에 상해에 도착했다. 그리고 천진에서 이홍장에게 조약체결의 의향을 전하고, 10월에 전(全) 16개조에 걸친 조약 초안을 청조 측에 제출했다. 그 제16조에는 일청 양국의 외교공문이 다음과 같이 서술되어 있다.

> 大日本國文書, 副以翻譯漢文一件, 便於達其辭意, 俟後大清國亦有通曉大日本國語理句法者, 不配漢文.[32]
>
> (의미를 소통시키기 위해 화문(和文)에는 한문역을 덧붙인다. 금후 청국에 일본의 언어와 문법에 통한 사람이 생기면 한문역은 붙이지 않는다.)

야나기와라 초안 속에서는 '본 조약의 사용문자'·'본 조약의 정문'·'금후 공문의 판단 기준'에 대해서 명기되어 있지 않다. '한문역을 첨부'하는 내용을 강하게 강조한 외교공문에서 종래의 한문의존 상태로부터 빠져나와, 화문을 한문과 동격에 둘 것을 생각하고 있었다. 이 점에 관해 후지무라 미

第十五款
一兩國通信通商既經換約准行後有別外
諸國或沾異數殊典增損章款兩國無不
照辦以獲其美
第十六款
一大日本國文書副以繙譯漢文一件便於
達其辭意俟後大清國亦有通曉大日本
國語理句法者不配漢文

야나기와라 사키미쓰 초안 제16조
(대만 중앙연구원 근대사연구소 소장 「總理各國事務衙門清檔」에서)

32 同治九年九月二十日收, 署三口通商大臣成文一件(總理各國事務衙門清檔 · 「無約國案(日本) · 日本委員來華請求立約事」 01-21, 23-1)

치오는, "여기서는 한쪽의 국어를 정문으로 하는 규정을 배제한 점에서는 양자가 대등하지만, 당분간은 중국문을 덧붙인다고 정하고 있기에, 중국에 조금 유리하다."라고 지적한다.[33] 다음 절에서 청조 측의 동향을 더듬어본다.

제3절

청국 측의 초안

1. 1차 초안

제3장에서 본 대로, 영한(英翰) 등 보수파에 반해 이홍장을 중심으로 한 양무파는 일본을 조공국이 아니라 독립국이라고 생각하고, 일본과 조약을 맺어야 한다고 주장했다. 그들은 일본의 특수한 지리적 상황과 강대하져가고 있는 군사력을 인식하고, 외적으로서 경시할 수 없다는 일본관을 가지면서,[34] 또 일본이 '한문에 정통하다'(精通中華文字)라고도 말하고,[35] 그것이 일청관계의 기초이기도 하다고 생각하고 있었다.

---

33 藤村道生, 「明治初年におけるアジア政策の修正と中國-日清修好條規草案の檢討」, 『名古屋大學文學部研究論集』 44 · 史學15, 1967년

34 佐佐木揚, 『清末中國における日本觀と西洋觀』, 東京大學出版會, 2000년

35 『李鴻章全集』 譯署函稿, 卷一 「論天津教案」

야나기와라 초안을 수취한 후, 이홍장의 명령에 따라 청조 측의 초안을 준비한 천진해관도 진흠은 앞에 인용한 야나기와라 초안의 제16조에 관해 다음과 같은 견해를 말했다.

> 查所擬原款本無關出入, 因以上各條皆係統言兩國, 此獨單提該國, 未能劃一, 且明明道破, 俟大清國有通曉日本國語理句法之言, 顯係賣弄彼能通我文義, 我不能識彼文字 故雖國家以滿文爲重, 今只定以漢文爲憑, 使其欲用該國文字, 亦必須副以翻譯, 以示文字一道, 我無待於學彼也.[36]
>
> (이 조문에 관해서는 본래 잘못이 없지만, 다른 조문이 전부 일청 쌍방을 말하고 있음에도, 이 조문만은 일본 측을 일방적으로 말하고 있어 일관성이 없다. 게다가 청국에 일본문에 통효한 사람이 있다는 문면으로부터는, 그들은 우리 문장에 통하는 것을 분명히 자랑하고 있고, 우리는 그들의 문자를 인식할 수 없는 것을 자랑하고 있다는 것을 알 수 있다. 청국은 만문을 중시하고 있지만, 여기서는 한문만을 기준으로 하려는 것이기 때문에, 그들이 자국 문자를 사용하고 싶은 경우에는 반드시 번역을 붙이도록 하라. 이걸로 문자의 일치를 보여준다. 우리가 그들의 문자를 배울 필요는 없다.)

진흠은 우선 이 조문의 내용에 대해서 큰 잘못이 없다고 판단하고, 다음의 두 가지를 지적했다. 다른 조문은 전부 일 · 청

36 同治九年十二月十八日收, 北洋通商大臣李鴻章文一件(總理各國事務衙門清檔 · 「無約國案(日本) · 日本差官來華立約通商事」 01-2, 24-1)

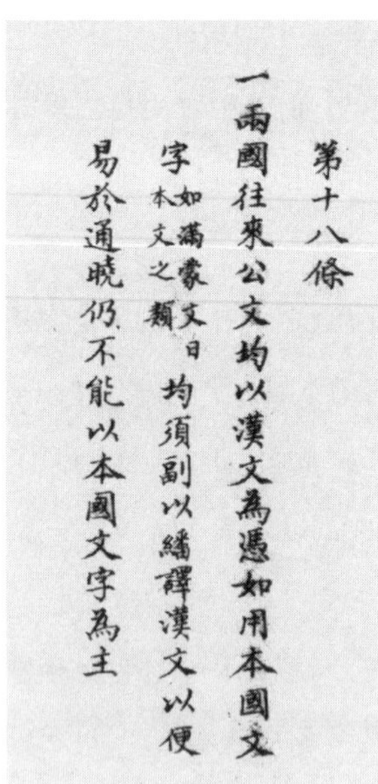
第十八條

一兩國往來公文均以漢文為憑如用本國文字如滿蒙文日本文之類均須副以繙譯漢文以便易於通曉仍不能以本國文字為主

진흠 초안의 제18조
(대만 중앙연구원 근대사연구소 소장
「總理各國事務衙門淸檔」에서)

쌍방을 기록하는 데에 반해, 이 조문은 일본 측에 대해서만 쓰여 있어 일관성이 없다. 특히 기간 한정으로 한문역을 붙이고, 중국인에게 일본어를 학습시킨다는 야나기와라 초안의 오만한 태도에 대해 불만을 보이고 있다. 청조에 일본어 학습을 강요하는 것은 일본인이 언어에 있어서 우세라는 것을 보여준다고 진흠은 이해했다. 그는 한문의 절대성을 지키기 위해서 일본 측에 한문을 사용케 하고 한문을 기준으로 하자고 강하게 주장한 것이다. 진흠은 이렇게 함으로써 '동문(同文)'을 보여주는 것이 가능하다고 생각하고, 일본어를 습득할 필요는 없다고 단언했다. 일본문을 한문과 동격으로 여기는 야나기와라의 생각은 일찌감치 청조 측에 의해 거절된 것이다.

그리고 진흠이 제출한 초안의 제18조에서는 외교공문에 관해 다음과 같이 규정되었다.

兩國往來公文, 均以漢文爲憑. 如用本國文字, 如滿蒙文日文之類,

均須副以翻譯漢文, 以便易於通曉, 仍不能以本國文字爲主.[37]

(양국을 왕래하는 공문은 모두 한문을 기준으로 한다. 만약 본국의 문자를 사용할 경우, 만문, 몽골문, 화문 등에는 반드시 한문역을 붙이는 것으로 한다. 그것은 의미를 간단히 통하게 하기 위한 것이다. 본국의 문자를 기준으로 해서는 안 된다.)

일청 양국 간의 외교공문을 한문으로 한다고 강조된 것이 한눈에 분명할 것이다. 주목해야 할 것은 한문, 만문, 몽골문의 자리매김이다. 진흠은 만문과 몽골문을 본국문자로 위치를 부여했지만, 한문은 본국문자의 위치를 초월해 종래의 조공체제에서의 위치에 두어진 것일 것이다.

2. 2차 초안

이 진흠의 초안은 이홍장이 상해에 있는 은사 증국번에게 송부해 검토를 요청했다. 증국번은 대외경험이 있는 강소안찰사 응보시와 상해도대 도종영에게 1차 초안의 검토를 명했다. 그리고 1871년 3월에 응보시와 도종영은 1차 초안에 기반해 2차 초안을 기초(起草)했다.

응보시와 도종영은 진흠 초안의 제18조에 관해 다음과 같이 지적했다.

37 同治九年十二月十八日收, 北洋通商大臣李鴻章文一件

此條上有滿蒙文之句, 下有不能以本國文字爲主之句, 似滿蒙文亦不爲準, 與中國崇尙淸文稍有未符.[38]

(이 조문의 전반부에 만문과 몽골문이 쓰여 있지만, 후반부에 본국의 문자를 기준으로 해서는 안 된다는 자구가 있다. 만문과 몽골문이 기준이 되지 않는다는 표현은 중국에서 만문이 존중되는 것과 일치하지 않는다.)

그리고 웅보시와 도종영이 작성한 2차 초안의 제12조에서는 외교공문에 관해 다음과 같이 개정했다.

兩國往來公文, 均以漢文爲憑. 如用洋文, 必均須副以翻譯漢文, 俾易通曉.[39]

(양국을 왕래하는 공문은 전부 한문을 기준으로 한다. 만약 서양문자를 사용하는 경우에는 알기 쉽게 하기 위해 반드시 한문 역문을 붙인다.)

웅보시와 도종영은 진흠의 한문사용의 규정에 대해서는 의견을 나타내지 않았다. 단, 문맥으로부터 말하자면, 만문에 관해 "기준으로 삼을 수 없다."라는 표현은 청조의 국어에 대해 부적합하다고 지적했다. 그들은 진흠의 1차 초안의 "만약 본국의 문

38 同治九年八月初二日收, 北洋通商大臣李鴻章文一件(總理各國事務衙門淸檔 · 「立約 · 修約 · 換約檔-日本 · 日本國換約)

39 同治十年八月初二日收, 北洋通商大臣李鴻章文一件

第十八條兩國往來公文均以漢文為
憑如用本國文字（如滿蒙文日本文之類）均須
副以繙譯漢文以便易於通曉仍不
能以本國文字為主

謹查此條上有滿蒙文之句下有不能
以本國文字為主之句似滿蒙文亦
不爲準與中國崇尚清文稍有未符
擬請改爲兩國往來公文均以漢文
爲憑如用洋文必須副以繙譯漢文
俾易通曉是否伏候

응보시 초안 중 진흠 초안 18조에 대한 의견과 대안
(대만 중앙연구원 근대사연구소 소장 「總理各國事務衙門淸檔」에서)

자를 사용할 경우, 만문, 몽골문, 화문 등에는 반드시 한문역을 붙이는 것으로 한다."라는 부분을 "만약 서양문자를 사용하는 경우에는 알기 쉽게 하기 위해 반드시 한문 역문을 붙인다."로 변경한 것이다. 그렇게 되면, 일본 측은 한문만 사용할지 '양문'에 한문역을 붙일지 선택해야 하고, 실제로 일본어를 사용하는 것이 불가능해지는 것이다.

야나기와라 초안의 "기간한정으로 한문역 첨부"라는 조문은 청조 측의 1차 · 2차 초안에서 완전히 부정되었는데, 청조 측은 "均以漢文爲憑(전부 한문을 기준으로 한다)", "必均須副以繙繹漢文(반드시 한문역을 붙인다)"이라는 강한 어조로 한문을 외교공문으로 한다고 주장하고, 일본어 사용에 대해서 엄한 태도를 취하였다.

또 하나 주목할 점은, 한인 관료가 청조의 국어인 만문의 취급에 관해서만 배려하고 있는 것이다. 전술했듯이, 1858년 중러천진화약은 만문을 정문으로 했고, 그 이후 청러교섭에서도 만문은 중요한 역할을 수행했기 때문에, 청조의 한인관료는 만문의 특수성을 충분히 의식하고 있었던 것이다.

3. 정식 초안

작성된 2차 초안은 이홍장이 있는 천진으로 회송되었다. 4월에 이홍장은 청조정부에 1차 초안과 2차 초안의 기초(起草) 과정을 보고한 다음, 응보시를 상해에서 천진으로 전임(轉任)시킬 것을 요청했다. 7월에 응보시는 천진에 도착해 이홍장 아래에서 진흠과 함께 1차 초안과 2차 초안을 재차 검토하고, 청조 측의 정식 초안을 기초하게 되었다. 이 정식 초안은 후에 일본 흠차전권대신 다테 무네나리와의 체약교섭에서 일본 측에 제출하게 된다.

이 정식 초안의 제6조에 외교공문의 사용언어에 관한 내용이 다음과 같이 기록되어 있다.

> 兩國往來公文, 均以漢文爲憑. 如用本國文字, 如滿洲文日本文之類, 均須副以翻譯漢文, 以便易於通曉.[40]
>
> (양국을 왕래하는 공문은 모두 한문을 기준으로 한다. 만약 본국의 문자를 사용할 경우, 예를 들면 만문, 화문 등은 반드시 한문 역문을 붙인다. 그것은 의미를 간단히 통하게 하기 위해서이다.)

---

40 同治十年六月十四日收, 署津海關道陳欽信一件(總理各國事務衙門淸檔 ·「立約 · 修約 · 換約檔-日本 · 日本國換約)

이 내용은 2차 초안에 사용된 '양문(洋文)'이라는 제안을 각하하고, 진흠의 1차 초안을 짜 넣은 것인데, 1차 초안의 '몽골문', "仍不能以本國文字爲主(본국의 문자를 기존으로 해서는 안 된다.)"라는 자구는 삭제되었다. 만문의 자리매김을 명확히 할 목적이 있다고 생각된다.

第六條
一兩國來往公文均以漢文爲憑如用
本國文字 如滿洲文日本文之類 均須副以繙譯
漢文以便易於通曉
第七條
一兩國既經通好所有沿海各口岸彼
此均應指定處所准聽商民來往貿易
并另立通商章程以便兩國商民永遠
遵守

청조 정식 초안 제6조
(대만 중앙연구원 근대사연구소 소장
「總理各國事務衙門清檔」에서)

이 조문의 내용에 대해서는, "이 외교용어에 있어서의 기묘한 대등성의 주장은 종래의 연구에서는 간과되었지만, 아마 절대대등(絶對對等)의 형식을 실현하려고 했기 때문일 것이다."라고 지적되었다.[41] '한문', '본국문자', '만문' 이 삼자의 관계에 대한 청조 한인관료의 인식에 주목해야 할 것이다. 주지하듯이, 청조는 만주인의 왕조이고, 청조 정부에 있어 '국어기사(國語騎射)'는 국책이기 때문에, 한인관료는 그것을 배려한 다음 '본국문자'와 '만문'을 명확히 통일시킨 것이다. 다른 한편, '한문'은 이미 '본국문자'의 범주를 초월하여, 종래의 조공체제하에서 공용(共用)되는 문자로 자리매김되어 있었다. 한인관료들은 일본과 조약을 맺을 때에, 조공체제에서의 한문의 공용성과 배타성을 그대로 원용(援用)하려고 한 것이다.

---

41 徐越庭, 「『日清修好條規』の成立(一)」『法學雜誌(大阪市立大學)』 제40권 제2호

결국 조공체제를 전제로 한 '절대대등의 형식'을 실현하려고 했다고 말할 수 있을 것이다.

제4절

일청수호조규의 정문규정

1. 일본 측의 초안

1871년 7월에 일본의 흠차전권대신 다테 무네나리는 천진에 도착해, 조약체결을 위해 이홍장과 정식교섭을 시작했다. 일본 측은 청조에 건네기 전에 초안을 준비했는데, 그 내용과 작성 경위에 대해서 야나기와라 사키미쓰와 쓰다 마미치는 "彼國咸豐十一年七月孛國欽差大臣於天津取結候條約の形を摹し"라고 설명했다.[42] 즉, 1861년에 천진에서 청조와 프로이센 사이에 조인된 수호통상조약 및 항해조약을 견본으로 작성한 것이다. 이 초안은 태정관(太政官)의 결재를 거쳐 일본 측의 정식 초안이 되었다.[43]

---

42 『日本外交文書』 제사권, 165쪽

43 와세다대학도서관 소장 「日清隣交貿易 · 通商 · 修交條約案」의 사료집에 일본 측 초안에 관한 아홉 건의 사료가 수록되어 있다. 제목이 붙은 사료는 일곱 건이고, 제목이 없는 사료는 두 건이다. 藤村道生, 「明治初年におけるアジア政

日本國淸國隣交貿易和約章程 和文 第五條

大日本國ノ秉權大員ヨリ以下領事官ニ至ルマテ公文モテ淸國ノ大憲及ヒ地方官ニ照會スルニハ何レモ日本字ニ漢文字ヲ交エテ認ム惟當分ハ漢譯ノ文ヲ添テ差シ出スヘシ若シ差出セシ文中ニ旨義不合ノ處有ラハ仍日本字ヲ交エタル本文ヲ以テ正ト爲ス淸國ノ官員ヨリ公文モテ照會スルニモ亦漢文ヲ以テ正ト爲シ繙譯ノ文ヲ以テ正ト爲ス事ヲ得ザル也今般議定セシ和約章程ヲモ漢文ト日本文ト合セ認メ何レモ意味違ヒ無キ様ニ兩國公同(원문 그대로-저자)較對(원문 그대로-저자)セリ若シ以後淸國ト日本國ト辯論スヘキ義有ルトキハ意味取リ違ヒヲ免ン爲メ卽チ日本文ヲ以テ證據ト爲シ以テ公允ヲ昭ニス[44]

(대일본국 대신 및 영사관(領事官)은 청정부의 관료 및 지방의 관료

策の修正と中國-日淸修好條規草案の檢討」,『名古屋大學文學部硏究論集』44·史學15, 1967년을 참조

①「日本國淸國隣交貿易和約章程 和文」②「日本國淸國隣交貿易和約章程 漢文」③「大日本國大淸國通商章程」④「大日本國大淸國修好條規」⑤「通商章程條約漢文」(藤村道生의 논문에서는「通商章程條約和文」으로 기록되어 있다.) ⑥ 제목 없음. 메이지 4년 10월 19일 左院[*메이지 초기의 입법부-역자주]으로부터 제출된 의견서이며, 일청수호조규의 제2조에 대한 비판이다. 후지무라 미치오의 논문에서는 '일청수호조규 의점 관 결의상진서'라고 이름 붙여져 있다. ⑦「和漢條約案」⑧ 제목 없음. 메이지 4년 4월 30일 외무대승 야나기와라 사키미쓰(柳原前光)와 외무권대승(外務權大丞) 쓰다 마미치(津田眞道)가 太政官의 辨官에게 보내는 청국과의 조약 초안 목록이다. ⑨「通商條約 和漢文共」. ①과 ②는 일본 측이 청국 측에게 제출한 초고라고 간주된다.

44 早稻田大學圖書館所藏「日淸隣交貿易 · 通商 · 修交條約案」,「日本國淸國隣交貿易和約章程和文」

에게 공문으로 조회할 때, 전부 일본문자와 한문자를 혼용한 글을 적는다. 단, 당분간은 한문역을 첨부하여 제출해야 한다. 만약 한문역 속에 뜻이 들어맞지 않는 바가 있으면 일본문자를 섞은 글을 정문으로 한다. 청국 측 관료가 조회할 때도 한문을 정문으로 한다. 번역문은 정문으로 인정할 수 없다. 금번에 의정하는 화약장정을 일본문과 한문으로 기록한다. 의미의 틀림이 없도록 양국은 공동으로 교정한다. 만약 금후 청국과 일본국이 논쟁할 경우, 의미의 오해를 피하기 위해 일본문을 증거로 삼는다. 이에 의해 공평함을 밝힌다.)

日本國淸國隣交貿易和約章程 漢文 第五條

大日本國秉權大員以及領事官, 有公文照會淸國大憲暨地方官, 均用日本字, 與漢文字配寫, 惟暫時以漢文配送, 倘送漢文內有地義不合之處, 仍以有日本字樣之本文爲正. 淸國官員有公文照會, 亦以漢文爲正, 不得將繙譯文字以爲正也. 至於現定和約章程, 用漢文字並日本字樣合寫, 兩國公同校對無訛, 倘日後淸國日本國有辨論之處, 卽以有日本字養之文爲證, 以免舛錯而昭公允.[45]

이 조문 내용을 1861년 중독천진조약의 제5조와 비교해 보면, 중독천진조약 제5조의 '독일어'를 '일본문'으로 바꾸었을 뿐 다른 내용은 완전히 같음을 알 수 있다. 야나기와라 초안과의 근본적 차이는, 이번의 초안에서 화문을 정문으로 규정한 것이다.

45 早稻田大學圖書館所藏「日淸隣交貿易 · 通商 · 修交條約案」,「日本國淸國隣交貿易和約章程漢文」

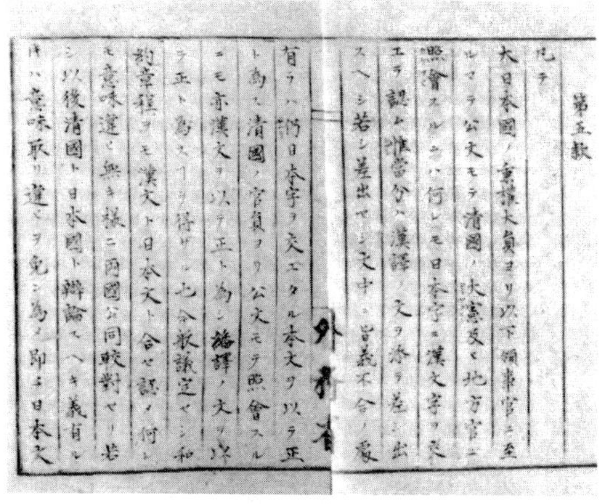

第五款

也テ

大日本國ノ重議大員ヨリ以下領事官ニ至

ルマテ公文モテ清國ノ大憲及ヒ地方官ニ

照會スルニハ何レモ日本字ニ漢文字ヲ添

エテ読ムニ准當分ハ漢譯ノ文ヲ添テ差ニ出

スヘシ若シ差出セシ文中ニ旨義不合ノ處

旨アハ仍日本字ヲ文エタル本文ヲ以テ正

ト為ス清國ノ官員ヨリ公文モテ照會スル

ニモ亦漢文ヲ以テ正ト為シ譯ノ文ヲ以

テ正ト為スヿヲ得ザレモ今般議定セシ和

約章程ヲモ漢文ト日本文ト合セ読ノ何レ

モ意味違ヒ無キ様ニ両國公同較對セリ若

シ以後清國ト日本國ト辯論スヘキ義有ル

件ハ意味取リ違ヒヲ免ニ為メ即チ日本文

일본 측 초안 제5조

(와세다대학 도서관 소장 「日清隣交貿易和約·通商·修交條約案」에서)

야나기와라가 화문을 한문과 동격이 되도록 한 것에 반해, 이번 초안에서는 화문을 지금까지 한문이 가졌던 배타적인 위치에 둠으로써, [*화문을-역자주] 영문 및 불문과 동격(同格)으로 하려 한 것이었다.

2. 일청수호조규 제6조

청조 측은 이 초안을 읽고서, 열강국의 조문을 그대로 인용하였다고 강하게 비판한 다음, 일본 측에 청조의 정식 초안을 제출하고, 그것에 기반하여 교섭을 진행하도록 주장했다. 그 후 교섭의 주도권은 청조 측에서 잡아, 격한 교섭이 몇 번에 걸쳐 계속되다가 9월 13일에 일청수호조규 18개조 및 통상장정 33개조가 조인되기에 이르렀다.

일청수호조규 제6조에서는 양국을 왕래하는 공문에 관해 다음과 같이 규정하였다.

> 漢文 嗣後兩國往來公文, 中國用漢文, 日本國用日本文, 須副以譯漢文, 或只用漢文, 亦從其便[46]
>
> 和文 此後兩國往復スル公文, 大清ハ漢文ヲ用ヒ, 大日本ハ日本文ヲ用ヒ, 漢譯文ヲ副フヘシ或ハ漢文ノミヲ用ヒ其便ニ從フ[47]

여기서는 청조 측이 초안에 사용해온 "均以漢文爲憑(전부 한문을 기준으로 한다)"라는 자구가 삭제되었지만, "반드시 한문역을 붙이거나 한문만을 사용한다."는 규정에는 "한문을 정문으로 한다."라는 의미가 포함되어 있을 것이다.

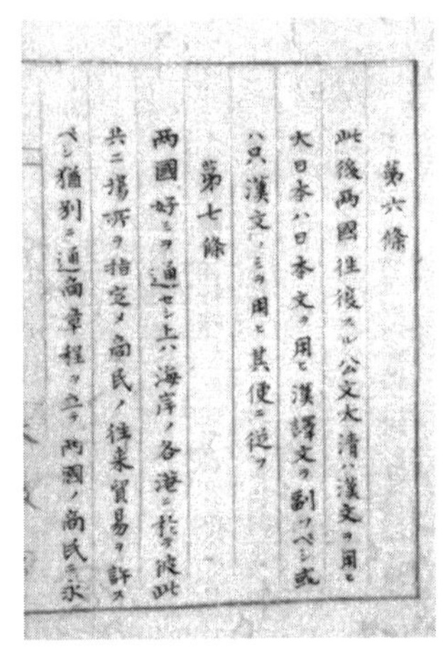
第六條
此後兩國往復スル公文大清ハ漢文ヲ用ヒ
大日本ハ日本文ヲ用ヒ漢譯文ヲ副フヘシ或
ハ只漢文ノミヲ用ヒ其便ニ從フ
第七條
兩國好ミヲ通セシ上ハ海岸ノ各港ニ於テ彼此
共ニ場所ヲ指定シ商民ノ往來貿易ヲ許ス
ヘシ猶別ニ通商章程ヲ立テ兩國ノ商民ニ永

일청수호조규 제6조
(와세다대학 도서관 소장 「日清隣交貿易和約·通商·修交條約案」에서)

이상, 일청 양국의 초안을 거쳐 일청수호조규가 성립한 과정을 뒤돌아보면, 외교공문의 사용언어에 관한 규정의 수정에서 청조 측의 일본어 인식을 엿볼 수 있다. 야나기와라 초안에 대해서 청조 측은 "과시(誇示)이다"라고 비판하

46 『日本外交文書』 第四卷, 206쪽

47 『日本外交文書』 第四卷, 206쪽

고, 나아가 "일본어를 배울 필요는 없다."고 단언했다. 종래부터 조공체제하에서 공용되어온 한문을 배타적으로 양국 외교공문(外交公文)으로 확정하고, 열강국과의 사이에서 맺은 불평등조약과는 다른 내용을 규정한 것이었다. 대등관계를 강조하는 '조규' 가운데 제6조와 관련해서는 청국 측에 유리한 것이 분명했다.

이 장의 요약

이 장에서는 청국과 서양 국가들 사이에서 1858년부터 1869년에 걸쳐 체결된 조약 가운데 정문규정에 관한 개조(個條)를 들어 그 내용을 음미했다. 독일과의 조약교섭 과정에서부터 청조 측은 정문규정의 문제를 중시하기 시작했다. 그리고 1860년대 이후에 서양 국가들과 체결한 조약은 대부분이 조약국 쌍방의 언어를 정문으로 한 것이었다. 영문과 불문에 빼앗긴 한문의 권위는 조금씩 회복되어, 문면(文面)상에서는 다른 언어와 평등했다.

다른 한편, 일본과 서양 사이에서 맺어진 불평등조약의 조문규정으로부터는 다음과 같은 세 가지를 알았다. 첫째는 정문규정이 네덜란드문으로부터 영문으로 정착하게 된 것이고, 둘째는, 한문이 보조적인 자리에 두어져 있었다는 것이었다. 셋째는 기한부로 일본역을 붙이는 경우도 있었다는 것이다. 한문의 보편성이 없어진 것은 일본 측의 대청외교와 조약 초안 작성자에 다소라도 영향을 주었다고 생각한다.

한문은 종래에 가지고 있던 정문의 지위를 양보하지 않을 수 없었지만, 1860년대 이후에는 서양 언어들과 동격관계가 되었다. 다른 한편으로, 일본어는 서양언어에 대해 종속적인 위치가 되었다. 야나기와라 초안은 화문(和文)과 한문을 동격관계로 만들려고 하였고, 메이지정부의 초안은 종래 한문이 차지하고 있던 위치에 일본문을 두고, 한문의 지위를 영문이나 불문과 동격으로 하려고 하였다.

청조 측 초안을 작성한 한인관료들은 종래의 조공체제에서 한문이 가졌던 배타성을 전제로 한 다음 일본과의 조약체결에 임했기 때문에 외교공문에 관한 일본 측의 제안을 당초부터 거절했다. 또, 영문과 불문 등 서양언어 학습은 인정했지만, 일본어 학습은 필요 없다고 단정했다.

이홍장을 비롯한 양무파는 일본과 조약을 맺을 필요성을 인식하고 형식상에서는 청조와의 동격관계를 인정했지만, 일본어에 대해서는 한문과 동격관계를 인정하지 않았다.

제5장

청국 초대주일공사단과 일본어

처음에

중국 역사서에서 일본어에 관한 최초의 기록은 『위지(魏志) · 왜인전(倭人傳)』에까지 소급할 수 있는데, 거기에는 일본어 발음을 한자로 표기한 관직과 인명이 기재되어 있다. 예를 들면, "其大官曰卑狗, 副曰卑奴母離(이 나라의 대관은 히코라고 하고, 차관을 히나모리라고 한다)", "乃共立一女子爲王, 名曰卑彌呼(여자 한 사람을 왕으로 세웠다. 이름을 히미코라고 한다)"라고 기재된 것을 확인할 수 있다.

또, 일본국의 문자 유무에 대해서 최초로 기록된 것은 『수서(隋書) · 왜국전(倭國傳)』인데, 그저 "문자가 없다(無文字)"고만 기록되어 있다. 그 후 『구당서(舊唐書) · 왜국일본국전(倭國日本國傳)』에서 "꽤나 문자가 있다(頗有文字)"라고 기록되어 있다. 나아가 『송사(宋史) · 일본전(日本傳)』에는 "오진천황(應神天皇) 갑신년에 처음으로 백제로부터 중국문자를 얻었다."는 기록도 있다.

정사 외에 민간서적에서 일본어가 등장하는 경우도 있었다. 남송(南宋)의 나대경(羅大經)이 쓴 『학림옥로(鶴林玉露)』에는 일본 승려로부터 배운 몇 개의 단어가 기록되어 있다. 그 기술방법은 『위지 · 왜인전』처럼 한자로 일본어 발음을 표기하는 것인데, 예를 들면, "墨曰蘇彌(墨은 스미라고 한다)"처럼 표기하였다.

이상과 같이 중국 역사서 속에서 일본어에 대한 기록은 이른 단계에서 시작되었다. 문자가 없는 시대부터 한반도를 경유해 중국의 한자와 만나기까지의 일본어의 역사는 중국의 역사서에도 기록되어 있지만, 일본의 자국 문자인 가나에 관한 기록은 이루어지지 않았다.

제4장에서 말했듯이 일청수호조규의 정문규정은 한문이 우위였다. 일본어를 학습할 필요가 없다고 생각한 청조관료들은 조약국의 언어를 습득하는 외국어학교 내에 일본어과를 설립하지 않았다. 그 때문에, 1877년 초대 주일공사단이 내일할 때 일본어 통역 2인을 데리고 왔다.

청국 초대주일공사단의 재일활동에 대한 연구로서는 20세기 중후기에 걸친 사네토 게이슈(實藤惠秀)의 일련의 선구적 업적을 들 수 있다.[1] 사네토 게이슈는 여러 해에 걸쳐 중국인의 일본여행기(통칭 '동유일기(東遊日記)')를 중심으로 일중 양국의 문화교섭에 관한 방대한 자료를 수집하고, 이 분야의 연구에 빼놓을 수 없는 소재를 제공했다. 또, 전(前) 다카사키(高崎) 번주(藩主) 오코우치 데루나(大河內輝聲)와 주일공사단원들 사이에 행해진 필담의 기록(통칭 '오코우치 문서(大河內文書)') 역시 사네토 게이슈에 의해 학계에 소개된 중요 자료이다.[2] 사네토 게이슈의 연구에 영향을 받은 사토 사부로(左藤三郎)는 『근대일중교섭사의 연구』[3]에서 초대 주일공사 하여장(何如璋)의 『사동술략(使東述略)』, 참찬 황준헌의

1 實藤惠秀의 저작에는 『日本文化の支那への影響』(螢雪書院, 1940년), 『近代日支文化論』(大東出版社, 1941년), 『明治日支文化交涉』(光風館, 1943년), 『日本雜事詩』(豊田穰과 共注, 生活社, 1943년. 개정판은 平凡社 『東洋文庫』에 수록, 1968년), 『近代日中交涉史話』(春秋社, 1973년) 등이 있다.

2 實藤惠秀編譯, 『大河內文書-明治日中文化人の交遊』, 平凡社, 1964년; 實藤惠秀 · 鄭子瑜編, 『黃遵憲與日本友人筆談遺稿』, 早稻田大學東洋文學硏究會, 1968년

3 佐藤三郎, 『近代日中交涉史の硏究』, 吉川弘文館, 1948년

『일본잡사시(日本雜事詩)』와 『일본국지(日本國志)』를 소개했다.

다른 한편, 중국에서는 1992년에 출판된 왕효추(王曉秋)의 『근대일중문화교류사』[4]가 종래 일중양국에서의 연구성과에 입각해 아편전쟁으로부터 오사운동에 이르는 일중문화교류사의 전체상을 기록하는데, 그중에서도 같은 책에 수록된 논문 「19세기 70-90년대의 일중문화교류」에서 청국주일공사관의 문화활동에 대해서 비교적 상세히 서술한다. 그 후 내일외교관과 시찰자들의 보고서 및 일본인과 나눈 '필담' 기록의 공개에 의해 일중교류사 연구는 문화교류, 학술교류, 외교활동 등 갖가지 분야에서 전개되었다.[5]

이 같은 연구의 흐름에 입각해 이 장에서는 언어적 측면에서 초대주일공사단의 활동을 고찰한다. 또 제4장의 연장선에서, 일본에 온 외교관들이 일본어를 어떻게 인식했는가를 밝힌다.

이 장의 서술의 흐름으로서는 우선 종래 중국인이 가지고 있던 일본어에 관한 지식 및 중국인의 일본어연구의 특징을 소개한다. 다음으로 내일외교관들이 일본어를 어떻게 보고 있었는가, 바꿔 말하면 일본어에 통효(通曉)하지 않은 그들이 한자를 통해 일본의 문화 · 풍습 · 메이지일본의 문명개화 등을 어떻게 느꼈는

4 王曉秋, 『近代日中文化交流史』, 中華書局, 1992년

5 汪婉, 『清末中國對日教育視察の研究』, 汲古書院, 1998년; 能達雲, 『近代中國官民の日本視察』, 山梨學院大學社會科學研究所, 1998년; 張偉雄, 『文人外交官の明治日本-中國初代駐日公使團の異文化體驗』, 柏書房, 1999년; 陳捷, 『明治前期日中學術交流 研究-清國駐日公使館 文化活動』, 汲古書院, 2002년; 王寶平, 『清代日中學術交流の研究』, 汲古書院, 2005년

지를 명료히 기록한다. 특히, 황준헌을 들어 그가 가지고 있던 일본어 인식, 특히 일본어의 가나에 대한 인식도 분명히 하고자 한다. 마지막으로, 공사단의 일본어 통역 문제를 들어, 일본어 인재를 육성할 필요성을 인식한 공사들이 어떠한 것을 계획했고, 이 계획에 대한 청국 내의 반응은 어떤 것이었는가를 구체적으로 검토해간다.

제1절

청말 이전의 중국서적으로 보는 일본어

1. 명조의 일본어연구

일본의 히라가나를 최초로 설명한 것은 명조 초기의 『서사회요(書史會要)』(1367년)이다. 이 서적은 주로 서도(書道)의 명가를 삼황오제(三皇五帝)부터 열거하고 그 사람들 각각의 소전(小傳)을 실은 다음 그 사람들 각각의 서(書)에 대한 간단한 평가를 가한 것이다. 그 제8권에는 '외역(外域)'으로서 천축(天竺), 위구르[畏吾兒], 회회(回回)의 기타 문자에 대해서 기록하고 있는데, 일본국 부분에서는 히라가나에 대해서 "저 나라에 자신의 국자가 있는데, 자모(字母)는 겨우 47개뿐이다. 그것을 통식(通識)할 수 있으면 그 음과 뜻을 이해할 수 있다."[6]고 썼다.

그리고 'いろは' 47자(字)의 표를 들어, 'ら'를 '羅'로 표기하는 등 그것에 대한 한자의 음역을 붙였다. 하나의 문자로 명확히 표기할 수 없는 경우 비슷한 발음을 가진 두세 자가 병기되든가, '목구멍에서 소리를 낸다.', '혀를 튕긴다.'라는 식으로 발음방법이 지시된다. 예를 들면 'い'의 경우, "'以'라고 발음한다. 또는 '移'에 가깝다."라고 설명하고, 'は'의 경우는 "'法'라고 발음하고, 평성(平聲)으로 '排'에도 가깝다."라고 말하고 있다. 히라가나를 소개할 뿐 아니라, "발음의 정확도 기하려 애쓴"[7] 듯하다.

명조 중기 이래 왜구의 횡행과 도요토미 히데요시의 조선침략으로 인해, 이 시기에 일본연구에 박차를 가해 정사(正史) · 관서(官書) 이외에도 많은 저작이 출판되고 일본연구가 민간에도 퍼져 있었다고 생각된다.

일례로서 1523년에 출판된 설준(薛俊)의 『일본고략(日本考略)』을 소개하자면, 그 책에서는 '기어(寄語)'라는 란(欄)[*寄語略-역자주]이 있었다. 寄란 옛 관명(官名)의 하나로서, 동방(東方) 언어의 번역에 종사한 관직이었다.[8] 이 란에 일본어와 중국어 대역어휘가 들어 있다. 이것은 일종의 중일단어장과 같은 것으로, 일본어 발음이 전부 중국어의 한자로 표기되어 있다. 수록된 어

---

6 陶宗儀, 『書史會要』 第八卷, 「外域」

7 渡邊三男, 「明人による日本語文理解の經過」, 『鶴見女子短期大學紀要』 제2호, 1962년

8 『禮記』 「王制」에서 "五方之民, 言語不通, 嗜欲不同. 達其志, 通其欲. 東方曰寄, 南方曰象, 西方曰狄鞮, 北方曰譯."이라고 하였다.

휘는 군사용어가 아니라 일상생활용어와 상업용어이다. 이 작성의 기초가 된 것은 일본의 규슈(九州) 주변과 영파(寧波)를 왕래하는 명조 상인으로부터 들은 것이었다.[9]

그 후의 일본연구서에는 표1에 보이듯 일본어 소개 부분을 두었는데, 그중에는 『일본고략』의 '기어'를 거의 전문 재수록한 것도 있었다.

이 일련의 일본연구서 중에서 일본어 수록어휘 수가 가장 많은 것은 정순공(鄭舜功)의 『일본일감(日本一鑑)』(1556년경)의 '기어란(寄語欄)'이다. 이 책에는 18류(類)로 나뉜 3천 4백여 어휘가 수록되어 있다. 같은 책 「궁하화해(窮河話海)」의 권4 「문자」 속에는 가나의 기원이 기록되는데, '화문왜자(華文倭字)'라는 제목하에 '伊, イ', '路, ロ'처럼, 소위 만요가나(萬葉假名)와 가타카나(片假名)를 병기하고 'イロハ'를 들고 있다. '화문(華文)' 즉 만요가나를 든 것은 가타카나의 자원(字源)을 보여줄 의도라고 생각되는데, "그중에는 가타카나의 자원(字源)이라고 생각되는 것도 있어서, 전부가 타당한 문자는 아니다."라고 지적한다.[10] 이것이 중국문헌에서의 가타카나에 관한 최초의 설명이다.

명조 중기 중국인의 일본어연구에는 다음 표에서 보여주듯이 일본어 어휘뿐 아니라 일본의 와카(和歌)와 고우타민요(小歌民謠) 등도 수록되어 있다.

---

9 汪向榮, 「中國第一部研究日本的專著-『日本考略』」, 『中日關係史文獻論考』, 岳麓書社, 1985년

10 渡邊三男, 「明人による日本語文理解の經過」, 『鶴見女子短期大學紀要』 제2호, 1962년

표1 명조의 일본어연구서

서명	저자	일본어 부분	어휘수·분류	특징
일본고략 (日本考略)	설준(薛俊)	기어략(寄語略)	350개 어휘 15류(類)	중국인이 최초로 쓴 일본연구 전문서
주해도편 (籌海圖編)	정약회(鄭若會)	기어잡류 (寄語雜類)	358개 어휘 15류	설준『일본고략』「기어략」재수록
일본풍토기 (日本風土記)	후계국(侯繼國)	제4권	1186개 어휘 56류	일본어 단어 · 와카(和歌) · 고우타(小歌)의 음역과 한역
일본고 (日本考)	이언효(李言孝) 학걸(郝傑)			『일본풍토기』와 일서이각(一書二刻)
일본일감 (日本一鑑)	정순공(鄭舜功)	궁하화해 (窮河話海) '기어란(寄語欄)'	3401개 어휘 18류	일본어의 어휘수는 최대

그러나 이 일본어연구들에서 일본어 문법에 대해서는 거의 언급하지 않는다. 그 이유로서 첫째는 '중국어의 특징'을, 둘째는 "일본어 속에 대량의 한자가 사용되고 있다."는 점을 들 수 있을 것이다.[11] 즉 종래부터 중국의 언어학에서는 자(字)와 어휘의 연구가 중심이 되어왔기 때문에 문법에 관한 연구는 경시되었다. 또 일본어에는 한자가 많기 때문에 많은 연구자들은 일본어와 중국어가 비슷하다고 생각했다. 따라서 일본어의 어휘만 익히면 통할 것이라 생각하고, 일본어 어휘에 중점을 두었다. 이것은 중국인의 일본어연구의 한 가지 특징이었다고 말해도 좋다.

11 周一良,『中日文化關係史論』, 江西人民出版社, 1990년

2. 청조 중기의 일본어연구

청조 초기 · 중기의 경우 일본에 대한 관심은 명조시대만큼 두드러지지는 않았다. 그것은 주로 1641년 도쿠가와막부가 쇄국체제를 완성시켜 청조와의 교역은 나가사키항에서만 행해지게 된 것과 관련되어 있다. 또, 1688년에는 청선(淸船)에서 나오는 수입액(輸入額)을 제한할 목적으로, 내항수(來航數)를 연간 70척으로 한정하고, 나아가 다음 해에는 지금까지 나가사키의 시내(市內)에 섞여 살던 청국인의 거주지를 도진야시키(唐人屋敷)로 한정했다. 일련의 폐쇄정책을 취했기 때문에, 청조의 일본연구는 명말의 "범람상태로부터 불 꺼진 듯이 그림자를 감춰버리는" 상황이 되었다.[12]

그러나 이 사이에도 청조 측이 일본에 대한 관심을 완전히 잃은 것은 아니며 청조는 나가사키를 통해 일본어를 이해했다. 나가사키에 내항한 청조 상인에 의한 일본 견문기록 등이 조금이지만 남아 있다. 1710년 나가사키에 온 진륜형(陳倫炯)은 『동양기(東洋記)』에서 "일본국은 중국의 문자를 배워 왜의 발음으로 읽는다."라고 기록하여, 일본과 중국은 '문자'가 같고 '음'이 일치하지 않는 점을 말하는데, 그 용례로서 '都'를 '彌耶穀'(미야코), '疊'을 '毯踏棉'(다타미)라고 하는 식으로, 음역한자로 일본어의 음을 기록했다.[13]

---

12 濱田敦, 「國語を記載する明代支那文獻」, 『國語 · 國文』 第十卷 第七號, 1940년

13 『東洋記』는 1730년에 출판된 陳倫炯의 『海國見聞錄』에 수록되었다.

그 외에, 동시대에 나가사키에 온 상인 왕붕(汪鵬)이 견문록 『수해편(袖海編)』(1764년)을 남겨 왕석기(王錫祺)의 『소방호재여지총초(小方壺齋輿地叢鈔)』(1877년)에 수록되어 있다.

『수해편』을 기록한 왕붕은 자(字)를 익창(翼倉), 호(號)를 죽리산인(竹里山人)이라고 하며, 그림 및 시에 뛰어났다. 그는 무역에 종사하고 있던 20년간 수차례 일본에 건너갔다. 1764~1765년에 나가사키를 방문했을 때의 견문을 기록한 것이 『수해편』이었다.[14] 그 속에 특히 도진야시키의 생활에 대해서 상세히 쓰여 있고, 음역한자에 의한 일본어도 몇 개 소개되어 있다.

연회(宴會)와 유락(遊樂)에 관한 일본어도 몇 개 기록되어 있기에 일부를 인용한다.(밑줄은 필자)

客納妓名曰太由(華言大夫也)

(기녀를 다유(タユウ)라고 한다.(중국발음은 大夫(다이푸)이다.))

[*최고 등급의 기녀(게이샤)인 다유(太夫)를 가리키는 것으로 보인다.-역자주]

呼煙爲淡巴菇

(담배는 다바코(だばこ)라고 부른다.)

煙筒爲幾世留

(곰방대는 기세루(キセル)라고 한다.)

14 나가사키에 來航한 汪鵬에 대해서는, 松浦章, 『江戶時代唐船による日中文化交流』(思文閣, 2007년)의 제2장 「乾隆時代の長崎來港中國商人-汪繩武 · 汪竹里 · 程赤城を中心として」와 제3장 「浙江商人汪鵬(王竹里)」와 日本刻 『論語解義疏』」를 참조.

枕名麻姑喇

(베개는 마쿠라(マクラ)라고 한다.)

其船主名嘎必丹, 卽本國之官

([홍모선(紅毛船)의] 선주를 카피탄(カピタン)이라고 한다. 곧 그 나라의 관리이다.)

이처럼 왕붕은 일본어의 음을 한자에 대응시키고 간단한 설명을 가했다. 이 일본어들은 아마도 당시 도진야시키에서 나오지 못하는 상인이 유녀(遊女)로부터 캐물어서 알아낸 것일 것이다. 그중에는 데지마에 두어진 네덜란드상관장(商館長)에 대한 일본어 호칭인 '카피탄'도 보여서, 도진야시키에서 네덜란드상관이 화제에 올라 있었음을 추측할 수 있다.

중국 상인은 한적(漢籍)을 다수 싣고 들어와 나가사키에 내항하고, 귀로에는 중국에서는 이미 보이지 않는 한적과 일본의 고서(古書) 등을 싣고 귀국했다. 명말경 일본의 역사서인 『아즈마카가미(吾妻鏡)』(52권)가 중국대륙에 전해져 학자의 주의를 끌었다. 1814년, 『아즈마카가미』를 바탕으로 일본을 연구한 『오처경보(吾妻鏡補)』가 지어졌다.[15]

그 저자인 옹광평(翁廣平)은 자를 해침(海琛), 호를 해촌(海村)이라고 하며, 강소성(江蘇省) 오강(吳江) 근처의 평망(平望)에서 태

15 현재 사본으로밖에 전해지고 있지 않고, 일본에서는 靜嘉堂文庫本과 駒澤大學圖書館藏本이 있다. 2005년에 중국의 全國圖書館文獻縮微複製中心에서 『吾妻鏡補』의 抄本의 영인이 출판되어 있다. 연구서로는, 王寶平編著, 『吾妻鏡補 中國人による最初の日本通史』(朋友書店, 1997년)가 있다.

어난 사람으로서 서화(書畫)에 능통했다. 『오처경보』를 지은 것은 55세 때로서, 자서(自序)에서 "전후(前後)로 7년간 부지런히 원고를 고치기 다섯 번"이라고 적어, 고심의 저작이었음을 전한다. 이 책에 대해서는 2차 세계대전 중에 이미 후지쓰카 치카시(藤塚鄰)가 총괄적인 연구를 발표했다.[16] 『오처경보』의 권28(고마자와대학(駒澤大學) 도서관 소장본)의 「국어해(國語解)」는 당시 통용된 일본어를 음역(音譯)으로서 14류(類)로 나누고, 1061개 어휘를 수록했다. 그 내역은 다음과 같다.

> 천문시령류(天文時令類)(98개), 지리류(地理類)(17개), 신체류(身體類)(93개), 인물류(人物類)(93개), 금수충어류(禽獸蟲魚類)(64개), 화목류(花木類)(60개), 식물류(食物類)(57개), 의복류(衣服類)(56개), 방옥류(房屋類)(19개), 선중기용류(船中器用類)(154개), 수목류(數目類)(22개), 인사류(人事類)(154개), 속어류(俗語類)(69개), 통용류(通用類)(105어)

그중에서 '선중기용류'의 어휘가 가장 많아 154개 어휘인데, 거울, 먹[墨], 향, 벼루[硯] 등 무역상품의 어휘 외에 도진야시키 등의 고유명사도 수록되어 있어 나가사키무역관계의 연구 및 근

---

16 藤塚 鄰, 「清儒翁海村の日本文化研究」, 『大東文化學報』78호, 1942년. 또 『吾妻鏡補』의 「國語解」를 거론한, 일본어에 관련된 연구에서는 渡邊三男의 논문이 알려지는데, 「吾妻鏡補所引の日本語彙」, 『駒澤大學文學部研究紀要』 제20호, 1962년을 참조

세 국어의 연구에서도 중요한 자료가 될 수 있다.[17] 수록형식은 앞에 소개한 명조 시기의 일본어연구서와 마찬가지로 우선 중국어를 들고 그것에 대응하는 일본어의 음역한자를 이용해 보여주는 대역형식을 취했다. 아래에서 약간의 예를 보자. 아래 ( ) 안의 번역은 와타나베 미쓰오(渡邊三男)를 따른다.[18]

月	姿基(ツキ, 달)
亮	阿夾力(アカリ, 밝은 빛) · 郁阿幾(ヨアケ, 새벽)
我記得	烏蒲一馬失搭(オボイマシタ, 기억하고 있었습니다)

이상, '月'과 같이, 하나의 중국어에 대해 하나의 일본어 음역을 붙이는 경우도 있지만, '亮'과 같이 의미에 따라 'アカリ'와 'ヨアケ'처럼 여럿을 병기하는 경우도 있다. 또 간단한 문장(オボイマシタ)과 인사에 관한 말도 포함하고 있다.

이상, 중국 측의 일본어연구의 형식은, 전부 중국어로부터 일본어로라는 순서로 되어 있다. 결국, 일본어에 중국어 단어를 대응시키는 것이 아니라 중국어에 맞추어 일본어 단어를 든 것이다. 또 일본어의 음은 전부 중국어의 한자로 표시하기 때문에 가나를 무시할 수 있다. 소위 일본어연구는 일본어 가나와 문법 등

17 福島邦道는 "근세후기어의 자료라고 인정해두지만, 규슈(九州) 방언도 포함한, 진귀한 말이 수록되어 있다"라고 평가하고 있다. 京都大學文學部國語學國文學硏究室編, 『纂輯日本語譯』, 京都大學文學會, 1968년

18 渡邊三男, 「吾妻鏡補所引の日本語彙: 校本海外奇談國語解」, 『駒澤大學文學部硏究紀要』 제20호, 1962년

에 관한 설명이 도외시된 형태로 행해진 것이다.

그러나 청조의 일본어 인식은 주일공사관의 설치를 계기로 크게 변화했다.

제2절

초대주일외교관이 본 일본어

1. 초대주일공사단의 내일(來日)

1871년 7월 메이지정부는 다테 무네나리를 흠차전권대사(欽差全權大使)로서 천진에 파견해 일청수호조규 18개조, 통상장정(通商章程) 33개조가 체결되었다. 제3장에서 검토한 일청수호조규 체결 다음 해인 1872년, 외무경 소에지마 다네오미(副島種臣)가 특명전권대사(特命全權大使)로서 청국에 파견되어 동(同) 조규의 비준(批准)이 교환되었다. 1874년에는 야나기와라 사키미쓰(柳原前光)를 공사(公使)로 하는 북경주재 일본공사관이 개설되었다.

청조 측은 일본의 대만출병(臺灣出兵, 1874년)과 세이난전쟁(西南戰爭, 1877년) 때문에 일본보다 좀 늦는데, 1877년 10월 상해에서 군함 해안호(海安號)에 탑승, 도중에 나가사키, 고베, 오사카 등에 기항하여 각지에서 실정(實情)을 시찰한 후 12월에는 외무성이 요코하마에 준비한 임시 공사관에 들어갔다. 다음 해 1월에 메이지천황에게 국서를 올리고 각국의 공사들과 함께 궁중의 신년 축하의식에 참석했다. 그 사이 도쿄 시조죠지(芝增上寺)의 겟케인(月桂院)에 공사관을 설치했다.

초대공사인 하여장(何如璋)은 개항장인 광동성 대포현(大埔縣) 출신으로 1868년 과거시험에 합격하고 진사가 되어 한림원(翰林院) 편수(編修)에 선발되고, 후에는 황제와 황태자에게 강의하는 시강(侍講)까지 된 우수한 문인이다. 그는 이른 시기부터 양무(洋務)에 관심을 가져, 과거시험을 치기 위해 상경했을 때 영미 선교사를 방문하고 해외의 사정을 물었다. 그가 가진 서양 관련 지식은 일찍이 이홍장을 놀라게 하여, "한림원에 양무에 통효한 이가 있다고는 생각지도 못했다."라고 높게 평가했을 정도의 인재이다.[19]

부사(副使) 장사계(張斯桂)도 마찬가지로 개항장인 절강성 영파(寧波) 사람이었다. 영어를 다소 이해하고 외국사정을 열심히 연구하며, 또 구미열강을 중국의 춘추전국에 비유하는 설을 제기했다.[20] 1864년 경사동문관에서는 영어교사 윌리엄 마틴(丁韙良, William Alexander Parsons Martin)이 번역한 『만국공법(萬國公法)』이 출판되어 장사계가 그 서문을 썼다. 이 책은 출판 직후 일본에 전해지고, 그다음 해에는 에도에서 번역되어 일본 지식인에게

---

19 溫廷敬, 「清詹事府少詹何公傳」, 『茶陽三家文鈔』(沈雲龍, 『近代中國史料叢刊』 第三輯, 文海出版社, 1967년)

20 王錫祺, 『使東詩錄 · 跋』, 『小方壺齋叢書』第四集

도 큰 자극을 주었다. 또, 일본의 대만출병을 둘러싸고 일청 양국이 교섭할 때 그는 수행원으로서 사이고 쓰구미치(西鄉從道)와의 회담에 참가했다.[21] 공사단 중에서도 장사계의 이름은 일본의 지식인에 의해 알려져 있었을 것이다.

참찬 황준헌은 광동성 가응주(嘉應州) 사람으로 공사 하여장의 친척뻘이었다. 그가 처음 서양문명을 체험한 것은 22세 때이다. 1870년 과거시험을 위해 고향 가응주에서 홍콩을 경유해 배를 타고 광주로 나왔다. 홍콩에서 훌륭한 건물과 번영한 거리, 이국의 깃발 등을 보고서 황준헌의 기분은 복잡했다. 그의 『향항감회십수(香港感懷十首)』에는 중화세계 이외의 또 하나의 세계와 충돌했을 때의 놀라움과 곤혹이 표현되어 있다.[22] 1876년 과거시험에 합격해 거인이 되었는데, 하여장의 추천으로 참찬으로 일본에 동행하게 되어 30세의 젊은 나이에 외교의 길을 시작했다.

공사관의 중심 인물인 이 세 사람은 전통적 교육을 받은 문화인이면서도, 개항장 출신이기 때문에 이미 외국을 간접적으로 체험했다. 그러나 세 사람에게 일본은 처음 보는 나라이고, 당연하지만 세 사람 모두 일본어는 몰랐다. 하여장은 상해를 출발해 나가사키에 도착하고, 시내(市內)를 산책했을 때 "이국(異國) 사람들이 모여서 수다를 떠는 것을 보고, 그 언어를 알 수 없어서 유감이다."라는 생각을 적었다.[23] 부사 장사계는 수사관(修史館)

---

21 『同治甲戌日兵侵臺始末』, 45쪽(沈雲龍, 『近代中國史料叢刊』第100輯, 文海出版社, 1978년)

22 黃遵憲著 · 錢仲聯箋注, 『人境廬詩草箋注 · 上』, 63쪽, 上海古籍出版社, 1981년

23 何如章, 『使東述略』, 王錫祺, 『小方壺齋輿地叢鈔』 第十帙(이하 같음)

의 미야지마 세이이치로(宮島誠一郎)와 처음 대면했을 때 미야지마가 "귀국의 언어를 할 줄 몰라 유감이다."라고 필담하자, 장사계도 "언어가 통하지 않아 안타깝다. 생각하는 대로 말할 수 없어 죄송하다."라고 써서 분한 기분을 표현했다.[24] 황준헌은 『일본국지』의 서문에서 "일본에 와서 이미 2년이 되는데, 그 나라의 언어를 조금 배워 그 나라의 서적을 읽고 그 나라의 사대부와 교제하고 있다."[25]고 썼다. 일본어를 못하는 것에 대하여 유감스럽게 생각하고 조금이나마 학습한 내일(來日) 외교관들의 생각을 엿볼 수 있다.

본래, 공사단 일행의 본업은 외교관이 아니라 과거시험에 합격한 일류 문인이었다. 다망한 외교사무의 한편에서, 그들은 일본인의 의뢰를 받아 한시(漢詩)를 첨삭하기도 하고 한적(漢籍)의 서문(序文)과 발문(跋文)을 집필하기도 했으며, 또 일본의 정치가와 한학자(漢學者), 옛 번주(藩主) 등과 필담을 통해 폭넓게 교류했다. 현존하는 필담원고로부터 일청 양국 문인들의 갖가지 교류가 확인된다.[26] 또, 일본 한학자의 협력은 청국 외교관의 일본

---

24 『宮島誠一郎文書』, 早稲田大學圖書館所藏, 文書27C12

25 『日本國志』 序文(光緒二十四年上海圖書集成印書局版本. 이하 같음)

26 청국초대주일공사단과 관계 있는 필담집은 다음의 넷이 있다.
(1) 實藤惠秀編譯, 『大河內文書-明治日中文化人の交遊』, 平凡社, 1964년. 구다카사키(高崎) 번주(藩主)는 오코우치 데루나(大河內輝聲)라고 하고, 호를 桂閣이라고 부른다. 그의 조상은 마쓰다이라 노부쓰나(松平信綱)이니, 그가 源氏이기 때문에 源桂閣이라고 이름을 쓴 것도 있다.[*오코우치(大河內)씨의 조상이 미나모토노 요리마사(源賴政)이다.-역자주] 메이지유신 이후 그는 아사쿠사(淺草)의 저택에서 은둔생활을 보내는데, 한시문 짓기가 취미여서 재일 중국인을 선생으로 삼았다. 중국문인과의 필담이 거기서부터 시작된 것이다.

연구에는 빠트릴 수 없는 것이었다.

청국공사관 사람들은, "외교사절과 문화사절 양면의 역할을 거의 균등하게 맞추고 있었다고 할 수 있을 것이다."고 평가되듯이,[27] 일본에 온 후에는 정치와 문화 두 영역에서 활동했다. 그들에게 일본은 매우 흥미롭게 비쳤을 것이다. 다음에는 이들 각자

그리고 1877년에 청국 초대주일공사 등이 일본에 온 후 그는 곧 공사관의 단골이 되어, 공사단의 단원과 필담을 행하게 되었다. 사네토 게이슈(實藤惠秀)가 편역한 『大河內文書』는 1877년의 필담 기록의 역문이다.

(2) 鄭子瑜 · 實藤惠秀, 『黃遵憲與日本友人筆談遺稿』(중국어), 早稻田大學東洋文學硏究會, 1968년. 이 필담집은 1878년 3월 3일부터 1880년 4월 9일까지의 필담 기록이다. 또 『黃遵憲全集 · 上』의 第五篇 「筆談」에 수록되어 있다. 中華書局出版, 2005년.

(3) 『宮島誠一郎文書』, 早稻田大學圖書館所藏. 『宮島誠一郎關係文書』, 日本國會圖書館所藏. 미야지마 세이이치로(宮島誠一郎)는 본래 요네자와(米澤藩) 번사(藩士)이며, 栗香, 養浩堂 등으로 號한다. 메이지유신 후, 左院과 修史局과 宮內廳 등에서 근무하고 있었다. 공사단에 일본에 관한 한문자료 등을 제공하고, 황준헌 등의 일본연구에 협력했다. 『宮島誠一郎文書』와 『宮島誠一郎關係文書』 속에 청국 초대주일공사단과의 필담의 부분이 거론되고, 『黃遵憲全集 · 上』의 「筆談」에 수록되어 있다.

(4) 『蓮池筆談』, 東京都立中央圖書館特別文庫室所藏. 저자 오카 센진(岡千仞)은 센다이(仙臺) 번사로서, 호를 로쿠몬(鹿門)이라고 부른다. 에도의 昌平黌에서 아사카 곤사이(安積艮齋)에게 배우고, 번으로 돌아온 후에는 藩校 養賢堂의 교수가 되었다. 메이지유신 후, 太政官 修史局 協修, 東京府 書籍館 幹事 등 漢籍의 수집을 담당했다. 『蓮池筆談』에서 그와 청국공사 등과의 필담이 수록되어 있다. 마찬가지로 도쿄 도립중앙도서관 특별자료실에 『淸使筆語』라는 필담집이 소장되어 있다. 저자 사무다 미쓰구(增田貢)는 『淸使筆語』 속에서 청국공사단과의 필담을 기술하고 있었다. 『蓮池筆談』과 『淸使筆語』에 기록되어 있는 일본과 청국 문인들의 필담 부분은 『黃遵憲全集 · 上』의 「筆談」에 수록되어 있다.

27 佐藤 保, 『近代における日中文化交流の黎明期-調査 · 硏究の槪況」, 浙江大學日本文化硏究所編, 『江戶 · 明治期の日中文化交流』, 農山漁村文化協會, 2000년

가 가진 일본상(日本像)을 보도록 하자.

2. 공사 하여장의 경우

일본 초대 공사 하여장에게는 일본의 전부가 신선하고, 메이지유신 이후의 상황은 더욱더 인상적이었다고 한다. 그가 본 일본이 어떻게 표현되어 있는가는 극히 흥미롭다.

하여장은 부임 도상(途上)에서, “지나간 바다와 육지에서 보고 들은 풍토, 정치, 풍속 등에서 알게 된 것의 대략을 날마다 기록하고, 느낀 것이 있으면 시로 만들었다.”고 적었다.[28] 그 사건과 견문 등은 『사동술략(使東述略)』이라고 제목을 짓고, 또 도중에 지은 67편의 칠언절구(七言絶句)와 간단한 주석은 『사동잡영(使東雜詠)』이라고 제목을 붙여, 둘 모두 보고서로서 북경의 총리아문에 제출했다. 하여장의 두 책은 “중국인이 메이지유신 이후의 일본을 가장 일찍 가장 적절하게 인식한 저작이다.”라고 평가되듯이,[29] 중국인에게 메이지유신 후 일본의 정보를 일찍 확실하게 제공한 것이라고 말할 수 있을 것이다.

하여장의 『사동술략』과 『사동잡영』 속에는 공사단 일행이 나가사키에 도착하기 무섭게 도쿄까지 가는 길의 각지(各地)에서

---

28 何如璋, 『使東述略』[*何如璋의 원문은 “海陸之所經, 耳目之所接, 風土政俗, 或察焉而未審, 或聞焉而不詳, 或考之圖籍而不能盡合. 就所知大略, 繫日以記之. 偶有所感, 間記之以詩, 以志一時蹤迹.”이며, 원서에서는 축약하여 서술하였다.-역자주]

29 彭澤周, 「初代駐日公使之筆話」, 『大陸雜誌』 제84권 제2기 1992년

중국인 화교와 일본인에게 깊게 환영받은 모습이 쓰여 있다. 또, 일본 국민의 의식주(衣食住)의 모습을 비롯, 각지의 풍물과 인정, 거기에 더해 일본의 역사와 지리가 기술되어 있다.

1878년경 일본사회에 대해서 "최근 구미의 습속을 좇아 위로는 관부(官府)에서부터 아래로는 학교에 이르기까지 모든 제도, 기물, 언어, 문자 등 전부가 서양을 기준으로 한다."고 말한다.[30] 또, "유로(遺老)와 일민(逸民) 및 뜻을 얻지 못한 이들 가운데에는 아직 옛 풍습을 중시하고, 한학(漢學)을 담론하며, 옛 풍속을 고집스럽게 지키는 이들이 있는데, 자랑할 만하다."고 하여,[31] 유로와 일민을 높게 평가하는 면도 있었다. 그리고 양력 설날의 장면을 서술할 때, "도시의 일본인은 서양의 습관을 흉내 내어 설날에 솔잎과 댓잎을 문 앞에 꽂는다. (중국 풍습인) 도부(桃符) 바꾸기와 닮았다. 그러나 촌에서는 옛 습관을 지켜 음력 정월을 지내니, 아직 모두가 [*새 풍습을-역자주] 따르지는 않는다."고 지적하여, 혼란의 와중에 있던 메이지 초기의 일본을 묘사한다.[32] 그의 『사동술략』과 『사동잡영』 속에서는 일본의 새로운 사물을 소개할 때 일본어의 한자를 그대로 사용하는 경우가 많다. 정부기관의 명칭은 전부 그대로 인용하고, 다시 설명을 가한다.(밑줄은 필자)

30 何如璋, 『使東述略』

31 何如璋, 『使東述略』

32 何如璋, 『使東雜詠』「新年」, 王曉秋點 · 史鵬校, 『羅森等早期日本游記五種』, 湖南人民出版社, 1958년. 王錫祺의 『小方壺齋輿地叢鈔』第十帙에는 『使東雜詠』의 시가 삭제되고 주석 부분만이 수록되어 『使東雜記』라고 이름 붙여져 있었다.

曰大政院, 有大臣議官, 佐王出治, 以達其政於諸省.

(대정원이라고 하는데, 대신과 의관이 있으며, 각 성이 국가의 정치정책을 실행하기 위해 천황을 보좌하고, 조언을 한다.)

曰大審院, 掌邦法者也, 內外裁判所隷之.

(대심원이라고 하는데, 국가의 법을 관장하는 곳으로, 모든 재판소가 여기에 속한다.)

曰元老院, 掌邦議者也, 上下各議員隷之.

(원로원이라고 하는데, 국가의 의사(議事)를 관장하는 곳으로, 귀족원(貴族院) 의원들과 중의원(衆議院) 의원들이 여기에 속한다.)

九省者, 曰宮內以掌王宮, 曰外務以理邦交, 曰內務以治邦事, 曰大藏以制邦用, 曰司法以明邦刑, 曰文部以綜邦教, 曰工部以嚴邦材, 曰陸軍海軍以固邦防.

(아홉 성은, 궁내성이 왕궁을 담당하고, 외무성이 국가의 외교를 담당하고, 내무성이 국내의 일을 담당하고, 대장성이 국가의 경제를 담당하고, 사법성이 국가의 형벌을 밝히고, 문부성이 국가의 교육을 종합하고, 공부성이 국가의 재산을 엄하게 관리하며, 해군성과 육군성이 국방을 견고히 한다.)

此外尙有警卒捕役, 分部市閭, 游徼巡邑, 屬警視廳.

(이 밖에도 경찰이 있어 도시와 마을을 지역별로 순찰하는데, 경시청에 속한다.)

공사는 메이지유신 후 일본정부 조직을 총리아문에 보고할 때 일본 한자를 그대로 인용했다. 중국 한자의 교양이 있으면 이

일본 한자들의 의미는 자면(字面)으로부터 추측할 수 있는 것이 많다.[33]

하여장의 『사동술략』과 『사동잡영』은 총리아문에 제출한 보고서이기 때문에, 두 책은 총리아문에서 관판(官版)으로서 인쇄에 부쳐진 것이 아닐까 생각되지만, 그와는 별도로 민간에서도 다른 몇 개의 판으로 출판되어 있다. "이것은 이 두 책이 중국의 지식인 사이에서 주목을 받고 있었음을 말해주는 것이라 할 수 있을 것이다."[34]라고 지적되고 있듯이, 당시 청국 지식인은 일본인에게 큰 관심을 보이고 있었다.

3. 부사 장사계의 경우

부사인 장사계는 대외교섭의 경험자이기도 하고, 공사단의 최연장자이기도 했다. 내일했을 때 이미 60세를 넘겼고, 친손자인 장자경(張子庚)도 동행해 도쿄에 왔다. 장사계는 주일(駐日) 기간 중에 『사동시록(使東詩錄)』을 기록하여, 40수의 시를 수록했다.

장사계의 『사동시록』은 공사 하여장의 『사동잡영』과 참찬 황준헌의 『일본잡사시』와 합해 '삼절(三絶)'이라고 평가되고 있

33 沈國威, 『近代日中語彙交流史-新漢語の生成と受容』(改訂新版), 笠間書院, 2008년

34 佐藤三郎, 「明治時代前期における中國人による日本研究書について」, 『國士館大學文學部人文學會紀要』 第十四號, 1982년; 佐藤三郎, 『近代日中交涉史の研究』, 吉川弘文館, 1984년

지만,[35] 하여장이나 황준헌의 작품과는 달리 장사계의 『사동시록』은 당시에는 아직 출판되어 있지 않았다.

이 시집은 대략 세 가지 내용으로 되어 있었다. 첫째는, 상해를 출발한 후 도쿄에 도착하기까지의 아름다운 자연을 읊은 시 부분이다. 둘째는, 메이지유신 이후의 새로운 사물을 시로 지은 부분이다. 장사계는 당시 수많은 지식인과 마찬가지로 일본의 신식 학교 등의 교육개혁에 찬성하고, 견학 후에는 「육군사관학교」, 「도쿄사범학교」, 「도쿄여자사범학교」, 「유치원학교」 등의 시를 지었다. 다른 한편, 서양풍 복장이 착용되기 시작한 것과 양력이 채용되기 시작한 것에 대해서 불만을 흘렸다. "옷을 바꾸는 것은 개꼬리에 담비를 이어놓은 것만큼 창피하다."고 풍자했다.[36] 그러나 장사계와 달리 하여장은, "복장을 바꾸고, 의식(儀式)의 형식 등을 고치니, 실속이 형식을 이긴다."고 생각했다.[37] 같은 문인이고 같은 외교관이라도, 바꾸어서 좋은 것과 나쁜 것의 기준이 크게 다름을 알 수 있다. 셋째 내용은 당시 도쿄 번화가의 풍경을 시로 만든 부분이다. 시집에 수록되어 있던 40수 중 18수가 이 부분을 차지하는데, 메이지유신의 내용을 읊은 6수에 비해, 부사가 무엇에 관심을 가지고 있었는지를 잘 이해할 수 있다. 이 18수 중 15수는 제목 아래에 간단한 해석이 붙어 있다. 다음에 들듯이 중국인이 본 위화감 있는 한자 해석이다.

35 王錫祺, 『使東詩錄 · 跋』 同 『小方壺齋叢書』 第四集

36 張斯桂, 『使東詩錄』 「易服色」; 王錫祺, 『小方壺齋叢書』 第四集(이하 같음)

37 何如璋, 『使東述略』

釣道具

釣魚鉤舖子. 猶言釣魚一道之器也.

(낚시바늘을 파는 가게이다. 낚시도구라는 말이기도 하다.)

四海波

酒名也.

(술의 이름이다.)

八百屋

菜蔬店. 未詳何義.

(채소가게이다. 말의 뜻은 자세히 모른다.)

御料理

御者大也. 料理猶言善治庖也.

(御는 크다는 뜻이다. 料理는 능숙하게 식사를 만든다는 뜻인 듯하다.)

仙臺·味噌

仙臺, 地名. 味噌者, 醬醃鹹菜等類也.

(仙臺는 지명이고, 味噌은 된장(みそ)에 채소 등을 적시는 것 같은 것이다.)

荒物類

荒物, 草器也.

(荒物은 풀 등으로 만든 성긴 것이다.)

玉子場

玉子鷄卵也. 場買處也.

(玉子는 달걀이다. 場은 파는 곳이다.)

古帳買

古帳, 破碎舊紙, 用作還魂紙, 其整張者分與各舖包什物

(古帳은 찢어지고 낡은 종이로서, 환혼지(還魂紙)로 사용된다. 온전한 종이 한 장은 각 점포에 나눠주어 물건을 싼다.)

御入齒

鑲配牙齒, 亦西法也.

(치아를 넣는 것으로서, 역시 서양의 방법이다.)

髮鋏處

鋏剪也, 剪髮之匠也.

(가위이다. 모발을 자르는 장인이다.)

吾妻橋

吾妻, 地名.

(吾妻는 지명(地名)이다.)

仕立處

成衣鋪也.

(옷을 만드는 가게이다.)

大安買

減價賤買, 謂買者可安於心也.

(가격이 내려가 싸게 살 수 있어, 사는 사람이 안심할 수 있다는 말이다.)

小間物

細碎小物件也.

(자질구레한 작은 물건이다.)

大問屋

大鋪子, 不肯零星拆賣也.

(큰 가게이다. 잘게 떼어 팔지 않는다.)

여기서 거론된 일본어는 모두 시내에서 보이는 간판류뿐인 듯한데, 장사계는 일본에 온 후부터 시내에서 눈에 띈 간판의 한자에 흥미를 품고, 그것에 기반하여 시를 지은 듯하다.

그러나 어디까지나 한자 지식으로부터 일본어를 이해하고 있기에, '大安買'를 안심하고 살 수 있다고 해석하기도 하고, 한자 지식으로는 이해할 수 없는 '八百屋' 등의 말에 대해서는 '의미불명'이라고 적기도 한다. 또, 환혼지(재생지(再生紙))를 만들기 위해 낡은 장부와 종이를 매입해서 장사하는 폐지구매의 간판은 장사계에게는 모종의 장사와 잘 어울렸을 것이다.

또 『사동시록』에 「오처교(吾妻橋)」와 「양국교(兩國橋)」라는 제목의 시가 수록되어 있는데, 「양국교」라는 제목의 시에 대해서는 주석이 없지만, 「오처교」 쪽은 "오처는 지명이다."라고 기록되어 있다. 중국어의 한자로는 '吾妻'를 '내 부인'의 의미로 이해하는 경향이 강하기 때문에, 일부러 '지명'이라는 주석을 붙이고, "직녀성이 견우성과 만나는 이야기와는 무관하다.(非關織女會牛郎)"[38]고 썼다. 전술했듯이 청조 중기에 쓰여진 『오처경보(吾妻鏡補)』도, 아마 『오처경(吾妻鏡, 아즈마카가미)』[*『東鑑』이라고도 쓴다. 가마쿠라시대에 성립한 일본 역사서-역자주]의 내용보다도, 그 제명(題名)이 저자 옹광평(翁廣平)[*『오처경보』의 저자-역자주]의 호기심을 끌었을 것이다.[39]

4. 참찬 황준헌의 경우

(1) 황준헌과 일본어의 한자

황준헌은 체재 중에 『일본잡사시(日本雜事詩)』를 출판하고, 일본연구서인 『일본국지』(40권)의 초고(草稿)도 완성했다. 이 두 저작은 '일본연구의 쌍벽(雙璧)'이라고 절찬되는데,[40] 특히 『일본

38 張斯桂, 「吾妻橋」, 『使東詩錄』

39 佐藤三郎, 「中國人と吾妻鏡」, 『日本歷史』 제188호, 1964년

40 石原道博, 「黃遵憲の日本國志と日本雜事詩 上 · 中 · 下」, 『茨城大學文理學部紀要 · 人文科學』 7호(1957년) · 8호(1958년) · 9호(1959년)

국지』는 무술변법(戊戌變法, 1898년)에 매우 큰 영향을 주었다.

주일공사단의 문인들은 도쿄의 시내(市內)에 나갔을 때, 시내에 있는 한자로 쓰인 간판에 매우 흥미를 느꼈다. 황준헌 역시 부사 장사계와 마찬가지로 갖가지 간판을 눈여겨보고, 중국어와의 의미 차이에 주목한다. 『일본잡사시』에는 다음과 같은 기술이 보인다.[41](밑줄은 필자)

> 시내에서 점포를 가지고 장사하는 것을 오돈야(大問屋)라고 하고, 사들이고 파는 것을 우리바사키쇼(賣捌所)라고 한다. 싸게 파는 것을 오야스우리(大安賣)라고 하고, 소매를 고마모노야(小間物屋)라고 한다. 또, 환전을 료가에야(兩替屋)라고 하고, 술을 메이슈(銘酒, 銘은 名과 같다)라고 하며, 차를 오챠(御茶, 御는 일본에서는 잘 쓰는 글자로서, 그 의미는 존(尊)자와 같다. 또 일본의 편지에서는 겉에 이름을 쓰는 경우, 반드시 아무개도노(某某殿), 아무개사마(某某樣)라고 쓴다. 이것 역시 높여 부르는 말이지만, 무엇에 근거한 것인지 알 수 없다. 여기서 주를 붙여 둔다.)라고 하고, 요리점은 오챠즈케(御茶漬)라고 하고, 계란은 다마고(玉子)라고 하고, 면류에 고기를 넣은 것을 가모난반(鴨南蠻)이라고 하고, 야채를 야오야(八百屋)[*채소가게-역자주]라고 하고, 밤(栗)을 구리(九里)라고 하고, 군고구마(和蘭薯)를 하치리한(八里半)이라고 하고, 음식에 생선을 얹는 것을 스시야(壽司屋)[*초밥집-역자주]라고 하며, 장(醬)을 미소(味噌)라고 한다.

---

41 『日本雜事詩』定本 151注(實藤惠秀 · 豊田穰譯, 平凡社, 1968년, 以下同)

황준헌은 여기서 일본어 한자의 의미를 설명한다. 예를 들면, '御'의 설명은 상당히 상세하고, 일본어 경어에 대한 이해가 보인다. 그러나 일본어 한자의 의미를 아직 충분히 이해하지 못해서, 물건과 가게, 혹은 가게와 거기에서의 행동을 혼동한 것이 많다. 예를 들면, '야채'를 '채소가게'라고, '오챠즈케'를 '요리점'이라고 오해한 점 등에서 분명하다. '소매점'과 '잡화점'을, '밥에 물고기를 얹다'와 '스시가게'를 혼동한 점도 마찬가지이다. 가장 황준헌의 호기심을 끈 것은 '구리'와 '하치리한'일 것이다. 중국 한자의 의미에서 보자면 '구리'와 '하치리한'은 거리를 보여줄 뿐이지만, 일본어로는 각기 '밤'과 '고구마'를 의미하는 이유에 대해서, 그는 『일본국지』의 「예속지」에서 특별히 검토하여, "율(栗)자의 일본음은 구리(九里)와 같고, 하치리한 즉 고구마의 맛은 밤과 비슷하지만 조금 못하다."고 설명한다.[42]

일본사회 및 문화와 접촉했을 때, 셀 수 없을 정도로 많은 수의 한문 동문이의(同文異義) 어휘에 관해 황준헌은 "번역하여 기록하는데, 종이에 적은 것 전부가 어음(語音)이 어려워 구분하기 어려움은 더 말할 것도 없다."라고 말한다.[43] 이 같은 '동문'이 아닌 점에 대해서, 청국 공사관원이 옛 다카사키(高崎) 번주(藩主) 오코우치 데루나(大河內輝聲)에게 물은 기록도 있다.[44]

---

42 『日本國志』 卷三五 「禮俗志 · 二」의 「飮食」

43 『日本雜事詩』 定本一五一

44 實藤惠秀編譯, 『大河內文書』, 平凡社, 1964, 216~218쪽

일본어에서의 한자사용에 중국 측이 보인 관심에 대해서 사네토 게이슈는 "요컨대, 일본이 한자를 사용하고 있는 것을 보고 일본을 자신의 문화권이라고 본 것은 내조(來朝)한 모든 중국인에게 공통된 사실이었다. 결국, 중국을 위라고 보고 일본을 아래라고 보는 관점이었다."라고 말하며[45] 내일(來日) 중국인의 한자의식을 혹평한다. 그러나 일본어를 할 수 없는 청국 외교관에게 한자는 어디까지나 그들이 일본사회를 이해하는 수단으로서, 일본 행정기관의 추상적인 이름이든 시내의 간판이든 관심을 보이는 자세를 "일본을 아래로 본다."고 싸잡아 말할 수는 없다. 황준헌은 『일본국지』의 범례(凡例) 제1에서, "사필(史筆)로 본국을 높이고 외국을 비하하여 기술하는 것은 좁은 견해로서, 사가(史家)의 기술(記述)은 모쪼록 사실의 기록에 따라야 할 것이다. 특히 일본은 조공국이 아니고, 국서(國書)가 오가는 대등한 예(禮)를 사용하고 있는 나라이다."[46]라고 적은 것은 일본을 대등국으로 간주하고 공평하게 다루는 태도와, 황준헌의 저작이 일본과 일본어에 대해 객관적으로 사고했음을 단적으로 이야기하는 것이다.

청국의 문인외교관이 내일했을 때 일본의 한학자(漢學者)와 한시인(漢詩人)들은 시주(詩酒)의 모임을 개최하여 환대하고, 그들로부터 시와 문장을 첨삭받기도 하며 매우 좋아했다. "이는 물

45 實藤惠秀, 「明治初期日中文化交流史の一齣」, 『瀧川博士還曆記念論文集(一)東洋史篇』, 中澤印刷, 1957

46 『日本國志』 凡例

론 우호를 권장하는 것도 되었지만, 그와 동시에 중국인에게 일본은 한자에 대해서는 중국문화권에 속한다고 느끼게 했다. 그런데 정치정세가 악화되었을 때에는, 이런 문화적 예속국이 상국(上國)에 대해서 실례일 것이다."라고 느끼고 있던 것이 지적되었다.[47] 일청전쟁 이후에도 이 같은 풍조가 보였지만, 그보다는 왜 상국인 청조가 패전했는가를 반성하는 경향 쪽이 강했다.

(2) 황준헌과 일본어의 가나

전술했듯이 참찬으로 근무한 황준헌은 일본어의 한자에 고민하고 있었다. 스스로 기록하고 있듯이 일본어를 조금밖에 학습하지 않았던 그는 일본어의 문법과 가나 등에 대해서 어떻게 인식했을까?

황준헌은 『일본국지』를 편찬할 때 세 가지 곤란에 직면했다. 우선은 '자료수집의 어려움'이었다.

> 당시의 메이지정부의 규정 · 명령 등은 많이 나와 있었지만, 전부 화문(和文)으로 쓰여 있기에 완전히는 번역할 수 없다. 현재의 것도 조사하기가 어렵다. 이것은 자료수집의 곤란함이다.[48]

메이지정부의 규정과 명령 등을 번역하고 자국에 소개하는

---

47 實藤惠秀, 「明治初期日中文化交流史の一齣」, 『瀧川博士還暦記念論文集(一)東洋史篇』, 中澤印刷, 1957년

48 『日本國志』凡例

것은 황준헌의 『일본국지』 편찬목적이었지만, 메이지 이후는 '한자 가나 혼용' 문체가 많아져, 한문에 기대어 의미를 이해하려고 하는 황준헌에게는 자료의 수집과 이해 등이 한문자료보다도 어려워졌다. 그 때문에 황준헌은 자료를 수집할 때 특별히 일본인에게 중국어로의 번역을 의뢰한 일도 있었다.

다음은 '편찬의 어려움'이다.

> 외국인으로서 일본에 와서 아직 날이 얼마 되지 않았다. 말이 통하지 않기에 일본인에 대한 대응은 순조롭지 않다. 이것은 사람을 방문하거나 현지를 조사할 때의 어려움이다. 또 외국땅이라 도와주는 사람이 적어, 조사한 자료를 정서(淨書)하기도 힘들고, 추려서 쓰기도 어렵다.[49]

이처럼 일본어를 몰랐기 때문에 실지조사 등은 할 수 없었다. 한자 지식이 낮은 일반 서민과 접촉할 때는 '필담(筆談)'이라는 수단은 통용되지 않는다. 한자만으로는 어디까지나 제한된 일본인과만 교류할 수 있어, 현지방문 시 매우 불편했다. 또 협력자가 적었기 때문에 혼자서 연구를 했고 상세한 연구는 불가능했다.

> 책 속의 용어는 화문(和文)에서 한문으로 번역한 것과, 영문에서 화문으로 번역해 그것을 다시 한문으로 번역한 것도 많다. 어떤

49 『日本國志』 凡例

곳은 의역이고, 어떤 곳은 음역이다. 이 말들을 교정(校訂)하는 것도 매우 어려웠다.[50]

결국 메이지시대에 생긴 새로운 용어는 화문에서 한문으로 번역되거나 혹은 영문에서 화문으로, 그리고 마지막으로 한문의 형태로 되거나 하는 식이어서 용어를 교정할 때 출전(出典)이 되는 말을 찾기가 극히 어려웠다.

따라서 황준헌은 자신의 연구에 대해 "일본어를 몰라 오류가 많을 것이 끝내 염려되니, 뒤에 오는 이들이 바로잡아주기를 바랄 뿐이다."고 말했다.[51] 이상과 같이 그는 한자에 기대 일본어를 이해하는 일의 한계를 이미 느끼고, "차차 그 나라의 언어를 배워"[52] 일본어를 습득하려 하였다. 그가 일본어를 접한 기록이 남아 있는데, 공사단 사람들과 오코우치 데루나가 꽃구경을 의논하고 있을 때 황준헌은 '油羅須, 油羅須(요로시이, 요로시이[*'좋다'는 뜻-역자주])'라고 일본어로 말했던 듯하다.[53] 이 필담록에 일본어가 나온 것은 이것이 처음이다. 황준헌은 일본인과의 교류가 언제나 '필담'으로 행해지고 있는 것에 만족하지 못하고, 적극적으로 일본어를 몸에 익히고, 더 자유롭게 이야기하고 싶었을 것이다.

---

50 『日本國志』凡例

51 『日本雜事詩』定本 200注

52 『日本國志』序文

53 實藤惠秀 · 鄭子瑜編, 『黃遵憲與日本偶人筆談遺稿』「戊寅筆話 · 第九卷 · 第五十八話」, 早稻田大學東洋文學硏究會, 1968년

황준헌은 방일 이래 모든 면에서 일본어와 접촉하고, 점차 일본어와 중국어의 차이를 알게 되었다. 전술했듯이 그는 일본어의 한자는 중국어와 같은 자형(字形)이라도 발음과 의미가 다르듯이, '동문이의(同文異義)'라는 중국어와 일본어의 사실을 지적했다. 나아가 그는 일본어의 특징을 다음의 세 가지로 집약했다.

(1) 일본어는 발음의 수가 적고 형태변화가 복잡하다.
(2) 어휘 하나하나가 길고 조사의 종류가 많다.
(3) 목적어를 앞으로 하고 동사를 뒤로 한다. 실사는 앞에, 허사는 뒤에 두어진다.[54]

일본어의 모음은 '아이우에오'뿐이고, 이것은 일본어를 학습하는 중국인에게 있어 난점은 아닌 듯하지만, 그러나 형용사와 동사의 변화가 복잡한 것은 중국어와 다른 바이다. 그리고 다양한 조사의 사용법은 중국인이 구사할 수 없는 바일 것이다. 마지막으로, 일본어의 어순이 중국어와 반대인 것이 가장 큰 차이일 것이다. 황준헌은 '같음[同]'이 아니라 '다름[異]'의 측면으로부터 발음과 문법 등 일본어의 특징을 집약한 것이다.

그러나 중국의 지식인 중에는 일본어와 중국어의 '같은' 부분을 강조하고, '다른' 부분을 무시한 사람들도 적지 않다. 무술변법(戊戌變法) 실패 후에 일본에 망명한 양계초(梁啓超)는 중국

54 『日本國志』「學術志二 · 文學」[*文學이 아니라 文字라고 해야 마땅하나, 판각본의 제목에 文學으로 표기되어 있기에 원서뿐만 아니라 이 번역서에서도 文學으로 표기한다.-역자주]

어와 일본어가 '동문(同文)'이고, 일본어의 쉬움을 강조하고 있다. 그는 "일본어는 며칠이면 일단 가능하고, 몇 달이면 완전히 가능하다."고 말하는데,[55] 그 논거는 "일본어는 한자가 열에 일고여덟을 차지하고, 가나만을 이용하는 것은 접속사와 조사뿐이다."라는 점에 있었다.[56] 그리고 양계초는 일본어의 배우기 쉬운 점을 다음과 같이 들고 있다.

(1) 발음의 수가 적은 것. 발음은 전부 중국어에 있는 것이다.

(2) 문법은 조잡하다.

(3) 사물의 서술과 형용이 대부분 중국과 같다.

(4) 한자로 표기된 어휘가 절반 이상을 차지한다.[57]

'음이 적다'라는 점에서는 양계초와 황준헌이 일치하지만, 다른 점에서 양계초는 중국어와 일본어의 긴밀함을 보다 강조했다. 일본어의 발음은 전부 중국어의 발음에 있고, 사물에 대한 진술도 중국어의 표현과 거의 같고, 일본어의 반 이상은 한자라는 식으로 중국어와 일본어의 '같은(同)' 부분을 더 크게 서술했다. 일본 서적을 대량으로 읽고 그 속에서 자국의 근대화를 일찍 실현시킬 방법을 찾는 양계초에게 독서를 위해 최소한의 일본어를 습득하는 것이 목적이었던 것과 달리, 황준헌의 경우는 일본어를

---

55 梁啓超,「論學日文之益」,『淸議報』第十冊 1899년

56 梁啓超,「論學日文之益」,『淸議報』第十冊 1899년

57 梁啓超,「譯書」,『時務報』第三三冊

읽을 수 있는 것만이 아니라, 현지조사 등을 위해서는 듣기와 회화도 중요했다. "양계초와 동시대의 황준헌은 화문 속의 가나 부분의 중요한 역할과 이해의 어려움을 자세히 서술하고 있다. 확실히 이 두 사람이 말하는 바는 극히 대조적이다."[58]라고 지적되듯이, 황준헌이 양계초와 크게 다른 점은 중국어와 일본어의 다른 부분을 무시하고 있지 않은 데에 있다.

내일(來日)한 황준헌은 갖가지 실체험을 하는 중에 종래의 일본어 인식이 계속 바뀌었다. 시내에는 '동문이의(同文異義)'의 한자가 많이 있고, 메이지정부의 명령 등은 '가나혼용문'이며, 서민들과는 한자 필담이 통용되기 어려웠다. 이런 일본어에 대한 '동문'의식과 현실의 낙차가 서서히 늘어가자 황준헌은 점차 현실을 중시하고, 일본어와 중국어의 '다른' 부분을 인식하게 되었던 것이다.

일청수호조규가 체결된 후 수많은 일본인이 청조의 개항장에 찾아왔기 때문에 중국인이 일본어와 접촉할 기회가 늘어났다.

황준헌의 친구로 홍콩의 신문사에 근무하고 있던 왕도(王韜)는 일찍이 일본인 친구로부터 일본어를 배운 일이 있었다.

> 일본의 서적에는 대체로 한자와 일본문자가 섞여서 문장을 이루는데, 읽어도 전혀 이해할 수 없다. 한자도 일본음으로 읽는다. 순숙(順叔)에 의하면, 일본문자는 금체(今體)와 고체(古體)의 구별이 있는데, 고체는 비교적 읽기 어렵다. 일본고대의 언어는 국서

58 大原信一, 『近代中國のことばと文字』, 東方書店, 1994년

(國書)를 배우지 않았기에, 옛날의 와카(和歌)는 시를 잘 하는 사람이 아니면 이해할 수 없다. 그 문자 제작의 기원을 보자면, 일본의 승려 고보대사(弘法大師)가 당(唐)나라에 갔다가 귀국 후에 만든 것이다. 전부 48개의 자모가 있다. 속되게 히라가나(比良假名)라고 읽는다. 히라(比良)는 편안하고 쉽다는 뜻이고, 가나(假名)는 빌린다는 뜻이다. 그 후에 또 가타카나(片假名)가 생기는데, 만든 사람은 누구인지 모르고, 서사(書史) 속에도 보이지 않는다. 가타카나라는 것은 한자의 반쪽을 취한다는 의미이다. 예를 들면 毛자로부터 モ를, 呂자로부터 ロ를 만든 것 같은 것이다. 획수도 대체로 줄어들어 있다.[59]

순숙이라는 인물은 왕도가 홍콩에서 알고 지낸 일본인으로,[60] 그로부터 일본어 히라가나와 가타카나에 관한 지식을 배운 듯하다. 여기서는 "읽어도 전혀 이해할 수 없다.", "고체는 비교적 읽기 괴롭다.", "시를 잘 하는 사람이 아니면 이해할 수 없다."라고 하여, 일본어의 어려움을 반복해 설명했다. 이렇게 일본어에 관한 정보는 서서히 늘었지만 아직 단편적이었다.

당시 중국에서는 양무운동의 영향으로 외국어 학습이 행해지기 시작했으나, 그것은 주로 서양 언어들이고, 일본어는 아직 중국인에게 충분히 중시되지 않았다. 이 사정을 황준헌은 바로

59 王韜, 『瓮牖餘談』 卷五, 「日本文字」

60 하치노헤 히로미쓰(八戶宏光)로서, 王韜, 『瓮牖餘談』 卷三, 「日本宏光」, 『弢園文錄外編』 卷八 「送日本八戶宏光遊金陵序」에 상세하다.

파악하였고, "(중국에는) 서양 언어와 문자를 아는 사람이 많고, 일본 언어와 문자를 아는 사람은 적다."[61]고 비판한다.

황준헌은 일본에 체재하던 4년간 적극적으로 일본을 연구해 그 연구결과를 『일본잡사시』와 『일본국지』로 정리했다. 그는 『일본잡사시』에서도 신사물(新事物)에 관한 문구를 다수 거론한다. 예를 들면, 의원(議員), 경찰(警察), 소방(消防), 병원(病院), 박물관(博物館), 통계표(統計表), 신문지(新聞紙), 전보(電報), 학교(學校) 등이 있다. 그 외에도 지금까지 하여장의 『사동술략』과 『사동잡영』 및 장사계의 『사동시록』 속에서는 전혀 언급되지 않았던 일본어에 대해서, 「고대문자(古代文字)」, 「가나(일)(假名(一))」, 「가나(이)(假名(二))」, 「일본문과 한문」, 「이로하47자」, 「한음(漢音) 오음(吳音) 지나음(支那音)」 등의 시로 기록했다. 또, 『일본국지』 권33 「학술(學術) 2」의 「문학(文學)」에서는, 일본의 가나문자와 음운(音韻) 등을 상세히 서술했다. 일본어에 대한 그의 지식은 일본의 한학자 무라세 고테이(村瀨栲亭)의 『예원일섭(藝苑日涉)』 권2 「국음오십모자(國音五十母字)」로부터 얻은 것이 많았다.[62]

황준헌의 일본어연구가 전술한 청말 이전 중국인의 일본어 연구와 다른 바는 가나에 대한 연구였다. 그때까지의 연구는 단지 가나를 듣고 그 발음을 한자로 표기하는 데에 그치고 있었다. 황준헌의 연구는 다음의 두 가지 점에서 주목해야 한다.

---

61 實藤惠秀 · 鄭子瑜編, 『黃遵憲與日本偶人筆談遺稿』 「戊寅筆話 · 第二十六九卷 · 第一百七十話」, 早稻田大學東洋文學研究會, 1968년

62 王寶平, 『淸代中日學術交流の研究』, 169~183쪽, 汲古書院, 2005년

한 가지는 가나문자의 정의이다. 『일본국지』에서는 가타카나에 대해 "한자의 부수(部首)를 취하여 그것을 문자로 삼은 것으로서, 가타카나(片假名)라고 한다. 가타(片)는 반쪽(偏)이라는 뜻이다."[63]라고 했고, 또 "자형이 한자의 초서(草書)에서 유래하고, 거기서부터 음을 취하고 있어서 히라가나라고 하는 것이다. 히라는 전부라는 뜻이다."[64]라고 히라가나의 의미도 언급하고 있다. 이것은 중국에서 처음으로 가나에 관한 정의를 소개한 것이다. 이 같은 설명은 『일본국지』 이후의 일본어연구에 영향을 주어 많은 연구에서 인용되었다.[65]

둘째는 오십음도와 범어(梵語)의 관계이다. 황준헌은 "실담자모(悉曇字母) 47자를 생각해보면, 그 마지막 12자를 마다(摩多)라고 하는데, 마다는 모(母)이다. 그 외의 35자를 체문(體文)으로 삼는데, 지금 오십자모 중의 阿衣烏噎嘔(아이오에우)는 범서(梵書)의 마다이며, 그 방법은 참으로 실담의 자기(字記)로부터 나오는 것임을 알 수 있다. 당나라 때, 덴교(傳教) · 구카이(空海) 두 승려가 견당사를 따라 유학한 것은 정원(貞元) 연간(785-805)의 일로서, 둘 모두 실담학을 범승(梵僧)으로부터 얻었다."라고 하여,[66] 구카이 등이 당조(唐朝)의 승려로부터 범어의 구조를 배우고, 실담자모를 견본으로 하여 일본어의 가나문자를 창출한 역사를 설

63 村瀨栲亭, 『藝苑日涉』卷二, 「國音五十母字」, 『日本國志』 「學術之二 · 大學」

64 村瀨栲亭, 『藝苑日涉』卷二, 「國音五十母字」, 『日本國志』 「學術之二 · 大學」

65 王藝生, 『六十年來中國與日本』第一卷, 生活 · 讀書 · 新知三聯書店, 1979년

66 『日本雜事詩』 定本六二

명했다. 그리고 일본어의 발음에 관해 "십오음이 있는데, 그것은 정후(正喉), 천후(淺喉), 심후(深喉), 설두(舌頭), 설상(舌上), 권설(卷舌), 종순(縱脣), 봉순(縫脣), 중순(重脣), 경순(輕脣), 아(牙), 악(腭), 정치(正齒), 반치반설(半齒半舌), 반설반치(半舌半齒)."라고 조금 어려운 설명을 하는데,[67] 발음할 때 사용하는 기관을 거론한 것은 보다 정확하게 발음할 수 있기 위한 배려일 것이다.

가나를 설명함과 동시에 황준헌은 가나가 가진 대중성도 느꼈다. 재일 중에 수많은 학교와 유치원을 견학하고, 메이지유신에 의해 '문명개화'한 일본사회에 강하게 관심을 가지며, "동인이 서인과 비슷해질 수 있다."[68]라고 읊어 '문명개화'의 효과를 적극적으로 평가했다. 그는 '문명개화'의 기반이 '가나'에 있다고 생각했다.

일찍이 일본의 한학자 오규 소라이(荻生徂徠) 등이 유학(儒學)을 창도하였는데, 일본문자의 비루함을 부끄러워하여, 먼저 일본어식의 독법을 제거해야 한문이 될 수 있고, 반드시 중국어를 먼저 배운 후에야 일본식 독법을 제거할 수 있다고 말하였다. 이에 대해 황준헌은 "일본에서 가나를 없앤다면 글자를 아는 사람은 거의 없을 것이다."[69]라는 반대의견을 보였다. 또 황준헌은 "유럽에서도 옛날에는 라틴어밖에 통용되지 않았다. 그러나 각국 언어가 다르기에, 사용하기 어려운 라틴어를 사용해 사람들

67 『日本國志』「學術志二 · 文學」

68 『日本雜事詩』定本十二

69 『日本國志』「學術志二 · 文學」

은 괴로워하고 있다. 그리고 프랑스, 영국에서는 자국의 언어로 바꾼 후 영국과 프랑스의 문학이 흥륭했다."[70]고 말하고, 프랑스어와 영어가 라틴어로부터 분립(分立)함으로써 자국의 문화를 고양시킬 수 있었듯이, 일본어는 중국어의 한자로부터 독자적인 가나를 만들어내고, 그 가나가 있기 때문에 비로소 일본의 문화가 지켜지고 있다고 주장한 것이다. 황준헌은 서양 언어들의 성립과정에 비추어, 일본어의 가나는 일본문화의 생명선이라고 인식했다.

또, 황준헌은 가나의 편리함에도 찬탄하여, "이 나라의 아이들은 말을 배운 후에 가나를 알면 곧 소설을 읽을 수 있고, 편지도 지을 수 있다. 가나는 한문과 이어서 함께 쓰기도 하는데, 가나만 사용하면 여인들도 알아보지 못하는 이가 없다."[71]고 말했다. 이 가나의 대중성을 알고 그것을 비교함으로써 다음과 같이 중국어의 결점도 인식했다. "한자 중에는 하나의 문자에 여러 가지 발음을 가진 것이 많은데, 어떤 발음을 사용할지 판단하기 어렵다. 같은 발음을 가진 문자가 많이 있기에 자(字)의 선택도 어렵다. 하나의 문자에 획수가 수십 개나 있기에 문자를 읽는 것도 어렵다"고 말하여[72] 중국어 한자의 불편함을 지적했는데, 당시 중국에서 봉건교육을 받은 지식인 가운데 이만큼 명료하게 중국의 문자에 대해서 비평한 자는 드물다고 해도 좋을 것이다.

---

70 『日本國志』「學術志二 · 文學」

71 『日本雜事詩』定本六五注

72 『日本國志』「學術志二 · 文學」

그러나 황준헌의 의식은 그 단계에 머물지 않고, 나아가 "언(言)과 문(文)이 일치하지 않으면 문자를 읽을 수 있는 사람이 적고, 일치하면 문자를 읽을 수 있는 사람이 많다."[73]고 하여, 중국어의 문자와 문체를 개혁하려고 생각했다. 또 "어느 날엔가, 보다 간단한 문자, 보다 편리한 문자로 되는 일이 없다고 누가 말할 수 있겠는가?"라고 문체개량 · 국자개량에의 길을 예측하고,[74] "아아, 천하의 농민, 공인(工人), 상인, 부녀자, 어린이로 하여금 모두 문자를 잘 사용할 수 있게 하는 데에는 이런 간이한 방법을 구하는 것밖에 없을 것이다."라고 문자보급의 정도를 높이려 했다.[75]

일반인들에게 교육을 보급하자고 주장하는 지식인은 당시 중국의 개량파 중에서는 적었다. 무술변법 무렵, 황준헌은 중국 최초의 잡지인 『시무보(時務報)』를 집필하기도 하고 시무학당(時務學堂)을 만들기도 함으로써 새로운 문자와 문체 등을 만드는 일의 중요성을 더욱 통감했다. 1898년에 엄복(嚴復)이 토마스 헨리 헉슬리(Thomas Henry Huxley, 赫胥黎)의 『진화와 윤리』를 『천연론(天演論)』이라는 제목으로 번역해 출판했다. 고아한 문체를 기준으로 삼아 만들어졌기 때문에 매우 난해했음에도, 『천연론』이 준 영향은 매우 컸다. 1902년에 황준헌은 엄복에게 보낸 편지에서 자신의 생각을 구체적으로 기록하는데, "첫째는 신자(新字)를

73 『日本國志』「學術志二 · 文學」

74 『日本國志』「學術志二 · 文學」

75 『日本國志』「學術志二 · 文學」

만들 것", "둘째는 문체를 바꿀 것"이라고 강조하고,[76] 또 "문자는 시대와 함께 늘어나고, 세상일에 따라 만들어진 것이 많다.", "현재의 문장과 원명(元明) 이후의 연의소설(演義小說)은 옛날에는 없었던 것이지만, 사람들이 이것을 사용하고 즐긴다. 문자라는 것도 사람들이 사용하고 즐기면 그것으로 좋다."라고 말해,[77] 문자와 문체가 시대의 요구에 응해 변화함을 분명히 말했다.

황준헌은 20세 때에 지은 「잡감(雜感)」이라는 시에서 "我手寫吾口"(내 손으로 내 입에서 나오는 말을 쓴다)라고 썼다. 이 말은 전통적인 격식에 구애되지 않고 자신의 구어를 사용하여 생각하는 대로 쓴다는 자립적인 태도를 보여주는데, '시계혁명 최초의 선언'이라고 높은 평가를 받고, "자산계급 개량파가 근대사상계몽운동 속에서 제기한, 사상해방의 첫 슬로건이다."라는 말을 들었다.[78] 황준헌이 20세 때부터 갖고 있던 이 생각으로부터 『일본국지』를 완성하기까지의 궤도에 대해 사네토 게이슈는 "20세 때의 '我手寫吾口'는 40세에 『일본국지』를 쓸 때까지 이어졌다. 그것은 일본의 가나를 본 다음, 점점 더 20세 때의 신념이 굳어졌다고 보아도 좋을 것이다."라고 지적했다.[79]

일본에서 본격적인 문자개혁은 일청전쟁 이후부터, 중국에서

---

76 黃遵憲, 「致嚴又陵書」, 鄭海麟 · 張偉雄編, 『黃遵憲文集』, 中文出版社, 1991년, 187쪽

77 黃遵憲, 「致嚴又陵書」, 鄭海麟 · 張偉雄編, 『黃遵憲文集』, 187쪽, 中文出版社, 1991년

78 鄭海麟, 『黃遵憲與近代中國』, 9쪽, 生活 · 讀書 · 新知三聯書店, 1988년

79 『日本雜事詩』, 305쪽, 「解說」

는 '오사운동(五四運動, 1919년)'부터 시작되었다고 말해진다. 그렇다면 문자개혁에 대한 황준헌의 생각이 실로 선각적(先覺的)이었다고 말할 수 있을 것이다. 그의 "내 손으로 내 입에서 나오는 말을 쓴다."라는 취지는 "중국문학의 표기에서의 대전환-언문일치의 백화운동 시기에 이르기까지의, 과도적인 시대의 현상으로서도 간과할 수 없는 것일 것이다."라고 파악할 수 있다.[80]

제3절

초대주일공사단의 일본어통역

1. 통역자의 구성

제2절에서는 초대주일공사단의 공사·부사·참찬 전원이 일본어를 하지 못했음을 말했다. 내일할 때가 되어 일본외무성에 제출된 공사단일행의 명부에는 '번역관'이 4인 있는데, 심정종(沈鼎鐘), 장종량(張宗良), 반임방(潘任邦), 풍소위(馮昭煒)라는 4인의 이름이 기록되어 있다.[81]

이 4인이 어떻게 선발되었는지는 확실하지 않고, 4인의 외국

80 島田久美子, 『黃遵憲』, 10쪽, 岩波書店, 1964년

81 『日本外交文書』, 第十卷, 188~189쪽

어능력에 대한 기록도 적다. 장종량은 영국 선교사가 창립한 홍콩 성 바울 서원(1851년 설립)에서 공부한 일이 있고, 『향항일보(香港日報)』 주필(主筆)로 근무한 일도 있었다. 전술한 홍콩의 저널리스트 왕도(王韜)가 『보법전기(普法戰紀)』를 집필했을 때 장종량은 그 자료번역을 담당했다.[82] 심정종과 장종량은 '서문번역관(西文翻譯官)'으로 고용되는데, 1개월 봉급은 두 사람 공히 130량(兩)이었다.[83] 반임방은 나가사키와 오사카에서 장사를 한 경험이 있고, 하여장의 친척이기도 하여 수행원이 되었다.[84] 그의 일본어 능력은 그럭저럭이었던 듯한데,[85] 내일 후에는 도쿄에서 일본어 번역을 담당했다. 풍소위의 일본어 학습 경력에 대해서는 자세히 알 수 없지만, 다소는 일본어가 통한 것 같다.[86] 내일 후 고베의 영사관에서 일본어 번역을 담당하게 되었다. 반임방과 풍소위는 '동문번역관(同文翻譯官)'이라는 신분에 1개월 봉급은 80

---

82 王韜, 『扶桑游記』, 鍾淑河主編, 『走向世界叢書』, 岳麓書社, 1985년, 369쪽. "내가 『普法戰紀』를 지을 때, 芝軒이 번역을 해주어 功績이 많다."고 기록했다. 芝軒은 張宗良의 字이다.

83 『軍機處錄副奏摺』中國第一歷史檔案館所藏(三全宗, 一六四目錄 · 七七四六卷 · 二號)(이하 같음)

84 王寶平, 「陶大均および甲午戰爭以前に在日した日本語通譯たち」, 陶德民 · 藤田高夫編, 『近代中日關係人物史研究の新しい地平』, 雄松堂, 2008년

85 蔣英豪編, 『黃遵憲師友記』, 上海書店出版社, 2002년, 140쪽. "주일공사단의 수행원이자, 황준헌의 동료이다. 필담에 참가하고 있었다. 그는 일본어를 조금 안다."

86 鄭子瑜 · 實藤惠秀編, 『黃遵憲與日本友人筆談遺稿』, 「戊戌筆話 · 第二十六卷 · 第一七○話」, "此間本有翻譯馮姓者爲之(여기에는 본래 풍씨 성을 가진 통역이 있어 그 일을 했습니다.)」, 早稻田大學東洋文學硏究會, 1968년

량과 60량으로,[87] '서문번역관'과의 금액 차이는 상당히 컸다.

하여장이 일본 외무성에 제출한 명부에 '양원(洋員)'이라고 기록되어 있는 서양인이 있다.[88] 이 '양원'은 맥카티(Divie Bethune McCartee, 麥嘉締)라는 미국인인데, 그는 청국 공사단의 고문 겸 통역으로서 내일한 인물이었다.[89] 맥카티는 장로파 교회 선교사로서 1844년에 영파에 착임했는데, 선교의 한편에서 영파주재 미국대리영사의 일을 하기에 이르렀다. 그사이 중국인에게 중국어를 배워, 후에 『성서』 등 수많은 종교서적을 중국어로 번역했다.

1861년 12월 맥카티는 휴가를 얻어 일본에 내항, 다음 해 4월까지 요코하마와 나가사키에 체재했다. 그 후 청국에 돌아가 1872년부터 상해주재 미국 영사하에서 통역관 및 혼합재판소의 배석판사로서 일하게 되었다.

1872년 7월에 페루 국적의 마리아 루스(Maria Luz)호가 중국인 쿨리를 태우고 요코하마에 기항했는데, 당시의 가나가와현(神奈川縣) 현령(縣令) 오에 다쿠(大江卓)는 쿨리들을 해방했다. 맥카티는 법률조언자로서 쿨리들을 거두기 위해 다시 내일했다. 체재하는 동안 소에지마 다네오미 외무경과도 몇 번 회견하여, 사건

87 『軍機處錄副奏摺』 中國第一歷史檔案館所藏

88 『日本外交文書』 第十卷, 188~189쪽

89 맥카티에 관한 일본어로 된 연구는 다음의 논문을 참고할 수 있다. 小澤三郎, 『日本プロテスタント史の研究』의 제5장 「開成學校御傭教師DBマッカーテー」, 東海大學出版會, 1964년. 渡邊正雄 · 小川眞理子, 「D.B.マッカ―ティ-醫師 · 宣教師 · 外交官 · 御雇教師」, 『東京大學教養學部教養學科紀要 · 7』, 1974년. 중국어로 된 자료는 『近代來華外國人名辭典』, 298쪽, 中國社會科學出版社, 1981년을 참조

을 원활하고 신속하게 진행하는 데에 공헌했다.

일본에 왔을 때, 일찍이 그가 나가사키에서 만난 적이 있는 네덜란드 선교사 베어벡(Verbeck)이 문부성 고문이자 난코(南校. 도쿄대학의 전신)의 교사로서 도쿄에 있었다. 그의 추천으로 맥카티는 오야토이[90] 교사가 되었다. 맥카티는 그대로 일본체재를 연장하여 1872년 9월부터 1877년 4월까지 도쿄의 가이세이갓코(開成學校)에서 영어, 의율(醫律), 박물학, 라틴어 교사로서 교편을 잡았다. 5년간 근무한 학교를 사직하게 된 이유는 미국 상해주재 총영사관으로부터의 초빙이었다. 상해에 돌아온 맥카티는 미국 부총영사에 임명되었다.

전부터 맥카티는 영파 출신의 부사 장사계와 친교가 있었다. 일본에서 교사를 하고 있던 기간에도 두 사람은 계속 편지를 주고받았다. 장사계는 일본주재 청국부사로 임명된 후 맥카티에게 공사관의 고문(顧問) 격인 일을 의뢰했다. 루스호의 쿨리사건을 원활히 해결하고, 또 5년간의 일본체재 경험을 가진 맥카티는 청국공사단 중에서 일본을 가장 잘 아는 인물이었다고 생각할 수 있을 것이다. 대일경험이 풍부하고, 또 법률통이자 중국어에도 정통한 맥카티는 장사계의 요청을 받아들여, 상해 미국 총영사의 동의를 얻은 다음 청국 주일공사관과 3년 계약을 맺고 청국측 고문 겸 통역으로서 일본에 왔다.

90 幕末부터 메이지시대에 걸쳐 구미의 기술, 학문, 제도 등을 도입하기 위해 정부가 고용한 외국인-역자주

맥카티는 주일공사관에 살고 있지 않았기에,[91] 현존하는 공사단원과 일본인의 필담기록 속에는 그의 등장장면이 많지 않지만,[92] 일본체재 기간이 길었기 때문에 공사단과 일본인 교류의 중개인 같은 역할을 수행하고 있었음을 미루어 알 수 있다. 그의 소개로 장사계는 도쿄대학 교수이자 일본 최초의 이학박사(理學博士)이기도 한 이토 세이스케(伊藤圭介)와 알게 되어 서로 방문도 하고 필담도 했다. 또 장사계는 이토 세이스케의 『일본식물도설초부イ초편(日本植物圖說草部イ初編)』의 서문을 집필하고, 도설(圖說) 속에 장사계가 쓴 시와 이토 세이스케가 그린 그림의 합작품도 실었다.[93] 결국, 맥카티의 소개를 통해 청국 외교관은 일본의 한문학자 외에 과학자와의 교류도 실현할 수 있었다.

맥카티가 그 진가를 발휘한 것은 류큐 귀속을 둘러싸고 일청 양국 간에 교섭이 행해졌을 때였다. 특히 미국 전 대통령 그랜트

---

91 實藤惠秀編譯, 『大河內文書』에 "築地의 海軍省 맞은편에 거주하고 있습니다"라고 쓰여 있다. 90쪽, 平凡社, 1964년; 鄭子瑜 · 實藤惠秀編, 『黃遵憲與日本友人筆談遺稿』, 「戊寅筆話 · 第二十三卷 · 第百五十五話」, 「麥嘉締住三年町一番地」(맥카티는 三年町 一番地에 거주하고 있다.), 早稻田大學東洋文學硏究會, 1968년.

92 鄭子瑜 · 實藤惠秀編, 『黃遵憲與日本友人筆談遺稿』, 「戊寅筆話 · 第二十卷 · 第一百三十二話」, "聽說公使在客廳陪着美國人麥嘉諦吃飯(공사 하여장은 미국인 맥카티와 동석하여 식사를 하고 있다)"; 「戊寅筆話 · 第二十一卷 · 第一百四十四話」, "是麥繙譯之義子姓金名備(맥카티의 양녀는 金備이다.)" 早稻田大學東洋文學硏究會, 1968년; 맥카티는 寧波에서 중국 여자의 자식을 양녀로 삼았는데, 그녀의 이름은 金韵梅이다. 『近代來華外國人名辭典』, 298쪽, 中國社會科學出版社, 1981년을 참조

93 名古屋大學附屬圖書館 · 附屬圖書館硏究開發室編, 『錦窠圖譜の世界-幕末 · 明治の博物誌』, 13쪽, 2003년을 참조

(Ulysses Simpson Grant, 格蘭忒)가 청국 측으로부터 조정(調停)을 의뢰받고 내일하자 맥카티는 갖가지 제안을 하면서 청국, 일본, 미국 사이에서 중요한 역할을 수행했다.[94]

그의 일본어 능력은 자세히 알 수 없지만, 전술한 이토 세이스케와 한자로 필담한 기록이 남아 있는데,[95] 역시 일본어는 중국어만큼 능숙하게 구사하지는 않았다. 그의 1개월 봉급은 4백량이었는데,[96] 그 금액은 공사와 부사 다음에 위치하는 것이다. 일본과의 교섭에 직접 참가한다든가 청국 외교관들과 별도의 경로로 일본인과 접촉하는 등, 공사단 중에서도 그의 존재가 컸음을 살필 수 있을 것이다.

이상이 1877년 11월에 내일한 청국 초대주일공사단 통역의 상황이었다. 일본어가 가능한 사람은 반임방과 풍소위 두 사람뿐이고, 게다가 일본어 능력은 그다지 높지는 않았던 듯하다. 그 후 요코하마 · 고베 · 나가사키에 영사관이 개설됨에 따라, 일본어통역 부족의 문제가 다시 나타나게 되었다.

그러면 일본 측의 중국어통역은 어떤 상황이었던 것일까? 야나기와라 사키미쓰의 조약 타진으로부터 다테 무네나리의 조인(調印)에 이르기까지, 일본 측에는 데이 에이네이와 에이센 쥬칸(穎川重寬) 같은 나가사키 당통사(唐通事, 중국어통역)가 붙여져 있

---

94 西里喜行, 『清末中琉日關係史の硏究』, 323쪽, 京都大學學術出版會, 1985년

95 名古屋大學附屬圖書館 · 附屬圖書館硏究開發室編, 『錦窠圖譜の世界-幕末 · 明治の博物誌』, 13쪽, 2003년을 참조

96 『軍機妻錄副奏摺』, 中國第一歷史檔案館所藏

었다.[97] 일청의 교섭의 장(場)은 필담 외에 그들에게도 의뢰하게 되었다. 1874년 일본 초대주청공사단이 북경에 공사관을 열었을 때 데이 에이네이는 공사단의 통역으로 근무했다. 주청공사단에 '당통사' 출신의 전문 통역이 있는 것은 일본 측의 대청교섭에 유리했을 것이다.

2. 통역자 부족의 문제

정식 일본어통역이 두 사람밖에 없는 주일공사단은 한문을 구사하여 외교교섭을 시작하고, 또 '필담(筆談)'과 '시회(詩會)' 등을 통해 일본의 관료 · 한문학자 · 옛 번주(藩主) 등과 갖가지 교류를 행했다. 전혀 부자유(不自由)가 없을 듯 보이지만, 실은 일찌감치 일본어통역의 부족이라는 문제에 직면했다.

나가사키에 상륙한 이래, 공사 하여장은 다수의 청조 상인과 회담하고, 재일 청조 상인의 상황에 대해서 조사했다. 그는 "일본에 간 후 즉시 영사관 설치를 의론하고, 스스로 상민(商民)의 소송을 들었다."[98]고 기록되어 있듯이, 상민을 보호하기 위해 영사관의 조기 설립을 기도한 것이다. 그러나 요코하마와 쓰키지(築地), 고베와 오사카, 나가사키라는 세 지역에 영사관을 설치하기

97 당통사 및 일본의 중국어교육에 대해서, 롯카쿠 쓰네히로(六角恒廣)의 일련의 연구를 참조할 수 있다. 六角恒廣, 『近代日本の中國語教育』, 不二出版, 1984년. 『中國語教育史の硏究』, 東方書店, 1988년. 『中國語教育史論考』, 不二出版, 1989년. 『漢語師家傳-中國語教育の先人たち』, 東方書店, 1999년

98 溫廷敬, 「清詹事府少詹何公傳」, 『茶陽三家文鈔』

는 데에는 정이사관(正理事官, 領事官) 한 사람을 파견하는 것 외에 통역과 수행원이 한 사람씩 필요했다. 영사관 개설이 다가오면서 통역 부족의 문제가 점점 더 심각해졌기 때문에 하여장은 그 문제를 총리아문에 보고했다.

> 전에 데려온 서양언어 통역은 미국인 맥카티 외에 심정종과 장종량밖에 없었다. 두 사람을 3개소에 파견하지만 통역이 부족하다. 실은 후선주동지(候選州同知)[*청대의 관직명. 주동지(州同知)는 주(州)의 수령인 지주(知州)의 부직(副職)이며, 후선주동지란 이 주동지에 선발되기를 기다리는 사람이다-역자주] 양전훈(梁殿勳)을 뽑아 5월에 와서 번역하고 있다. 또 총리아문에 동문관(同文館) 통역학생의 파견을 의뢰했는데, 총리아문은 호부(戶部)의 번역학생 양추(楊樞)를 파견할 것을 상주하여 금년 9월 14일에 비준되었다.[99]

공사는 통역 부족의 문제를 해결하기 위해 우선 청국 국내로부터 통역을 파견해달라고 요청했다. 관리(官吏) 외에, 제1장에서 서술한 경사동문관(京師同文館)의 학생도 파견받게 되었다. 공사관에 온 양전훈에 대해서 황준헌과 동료 요추선(寥樞仙)은 다카사키의 옛 번주 오코우치 데루나와 필담했을 때 다음과 같이 소

99 『淸光緖朝中日交涉史料』卷一, 「何如璋等奏請在日本橫濱等處分設理事官摺」, 故宮博物院編, 1932년(이하 같음)

개했다.[100]

공도(公度, 황준헌): 그는 요코하마에서 수년 있었기에 일본어를 잘 안다.

계각(桂閣, 오코우치): 요코하마에 몇 년 거주했는가? 어떤 일을 하고 있었는가? 지금 공사관에서 어떤 직을 일하고 있는가?

공도(황준헌): 전에 영국 영사관에 있었는데 영어도 할 수 있다. 영국의 사절과 함께 일본에 와서 서서히 일본어가 가능해졌다. 지금 공사관의 통역을 하고 있다.

계각(오코우치): 관직은 몇 품인가?

공도(황준헌): 6품이다.

계각(오코우치): 왜 그는 필담하지 않는가?

요추선(廖樞仙): 필담에 익숙하지 않기 때문이다. 그는 일본어를 상당히 할 줄 알기에, 말로 하는 것이 편리하다.

결국 양전훈은 영어만이 아니라, 일본체재 경험으로 인해 일본어도 상당히 가능한 인물이기에 공사관에게 귀중한 존재였다.

그리고 동문관(同文館) 출신인 양추는 본래 광동동문관(廣東同文館) 출신인데, 영어 성적도 뛰어났기 때문에 후에 북경의 경사동문관(京師同文館)에 추천되었다. 총리아문에 의해 "이전부터 영어를 배워, 통역 임무를 감당할 수 있다."라고 높게 평가되었

100 鄭子瑜 · 實藤惠秀編, 『黃遵憲與日本友人筆談遺稿』, 「戊寅筆話 · 第十五卷, 第一百零一話」, 早稻田大學東洋文學硏究會, 1968년

다.[101] 그는 1878년 11월에 내일하여 공사관의 번역 일을 담당했다. 황준헌은 "양추는 서양언어에 정통하고, 천문과 산학(算學)도 안다. 그는 수재(秀才)이고, 동문관에서 10년간 학습했다."라고 하여 양추를 높게 평가했다.[102] 그는 그 후에도 제3대 공사단의 번역관 겸 참찬의 신분으로 다시 내일하고, 1903년에는 주일공사의 신분으로 세 번째 일본에 부임하게 되었다.[103]

청조정부에 통역 파견을 요청하는 것 외에, 하여장은 현지에서 찾기도 시도했다. 전술한 보고서 속에서는 다음과 같이 서술했다.

> 일본어통역을 뽑기가 가장 어렵다. 일본문자의 어순은 반대가 되고, 의미도 다르기 때문이다. 당연히 일본어에 정통할 수 있는 사람이 적다. 저희 공사관은 우선 통역 두 사람을 찾았을 뿐이다. 세 곳의 영사관에게 현지에서 통역을 한 사람씩 찾아, 소식을 전달하고, 하급관리로 삼도록 명령했다.[104]

'동문(同文)'이라고 생각되는 일본어는 실제로는 중국어와 어순과 의미 등이 크게 달랐기 때문에 하여장은 일본어통역 찾기

101 『清光緒朝中日交涉史料』 卷一, 「總理各國事務衙門奏派楊樞爲出使日本國繙譯官摺」

102 鄭子瑜 · 實藤惠秀編, 『黃遵憲與日本友人筆談遺稿』, 「戊寅筆話 · 第二十六卷 · 第一百七十八話」, 早稲田大學東洋文學硏究會, 1968년

103 蘇精, 『清季同文館及其師生』 참조. 臺灣, 私家版, 1985년

104 『清光緒朝中日交涉史料』卷一, 「何如璋等奏請在日本橫濱等處分設理事官摺」

의 곤란에 직면했다. 결국 부득이하게 각 공사관이 있던 현지에서 다섯 명의 임시 통역을 찾게 되었다. 당시 외국인거류지에는 청국에서 온 화가(畫家)와 어학교사, 상인 등이 다수 체재하고 있었다. 공사관이 현지에서 찾아낸 통역 중 한 사람인 왕치본(王治本)은 1878년에 중국어교사로서 일본에 왔는데, 후에 다카사키의 옛 번주인 오코우치 데루나의 집에서 숙식하면서 시문(詩文)의 고문(顧問)이 되었다. 오코우치 데루나는 그의 소개로 공사관 사람들과 사귀고, 필담 교류를 왕성하게 계속했다.[105]

1880년 4월 맥카티가 미국으로 귀국했기 때문에 공사관의 통역이 또 부족했는데, 하여장은 갖가지로 궁리하여 통역을 조달했다. 그 점에 대해서 그는 청조정부에 다음과 같이 보고했다.

> 요즘 통역관이 양추 한 사람뿐이어서, 실로 부족하다. 전에 공사관에 근무했고 현재는 요코하마에서 통역관을 맡고 있는 심정종이 프랑스어에 정통하기에, 영어 통역과 협력하여 매우 도움이 된다. 그래서 도쿄에 돌려보낸다. 그러나 요코하마 영사관에 급히 사람이 필요하여, 멀리까지 찾아보아도 매우 어려움을 느낀다. 요코하마에 직원 채국소(蔡國昭)가 있는데, 작년 8월에 모친의 병으로 2개월간 휴가를 얻었다. 채국소에게 통역과 번역의 일을 대신하게 하였더니, 전혀 실수가 없었다. 그는 젊을 때 홍콩과 마카오에서 서학(西學)을 공부했고, 후에 금산대서원(金山大書院)에서 6

105 王治本에 대해서는 앞에 나온 사네토 게이슈의 일련의 日中교섭사 연구를 참조. 또 왕치본의 중국어교사의 면에 대해서는 六角恒廣, 『近代日本の中國語教育』, 不二出版, 1984년을 참조.

> 년간 공부했다. 일찍이 미국인의 요청에 따라 잠시 교장으로 근무했다. 근년 요코하마에서 서양인의 요청으로 글쓰기를 맡고 있다. 서학에 본래 명망이 있고 한문 역시 매우 순통하니, 통역관을 맡을 수 있다.[106]

이처럼 공사관은 늘 통역 부족이라는 문제를 안고 있었다. 하여장은 "일본어는 중국어와 크게 다르고, 글도 조리가 없다. 번역자도 통역도 매우 찾기 어렵다."[107]고 탄식하면서, 본토로부터 사람을 파견받거나 현지에서 채용하여 곤란한 상황에 대처했다.

또, 일본 외무성의 추천으로 당통사 출신인 오가 가쿠타로(鉅鹿赫太郎)를 통역으로 고용하게 되었으나, 일본 측이 추천했기 때문에 청국 측은 그에 대해 다소 경계했다. 실제로, 자질구레한 일과 외근(外勤) 이외에는 그다지 중요한 일을 맡기지 않았다.[108] 황준헌은 『일본국지』를 집필할 때 자료 번역을 일부러 외부인에게 의뢰한 일도 있다.[109] 그리고 공사단원들은 오가 가쿠타로의

---

106 中央硏究院近代史硏究所編, 『淸季中日韓關係史料』 卷二, 1972년, 413쪽

107 何如璋, 『使東述略』

108 黃遵憲과 宮島誠一郞이 필담할 때, "○○氏在此, 通應酬語耳. 至於關係大事, 未嘗藉彼也(○○씨가 여기 있는데, 그저 응대하는 말에 통할 뿐이다. 외교관계의 큰 일에 있어서는 그의 힘을 빌린 적이 없다.)"라고 하듯이 오가 가쿠타로에 대해 불신감을 보였다. 『宮島誠一郞文書』, 早稻田大學圖書館所藏, 문서 27C12

109 鄭子瑜 · 實藤惠秀編, 『黃遵憲與日本友人筆談遺稿』, 「戊寅筆話 · 第二十六卷 · 第一百七十話」. "此篇自『政體』以下, 祈代爲譯漢(이 편은 '정체' 이하 부분을 대신 중국어로 번역해 주었으면 한다)". 早稻田大學東洋文學硏究會, 1986년

말에 대해서 불평을 늘어놓기도 했다.[110]

모든 방법을 이용해 도쿄 공사관과 요코하마 · 고베 · 나가사키 각 영사관의 통역은 간신히 갖출 수 있었다.

이상, 문인외교관들이 체험하였듯이, 일본어의 한자를 음미하는 문제와 공사관 내 일본어통역 부족의 문제로부터 일본어학습의 필요성도 실감하게 되었다.

3. 통역자 부족에 대한 대책

일청수호조규의 체결을 목표로 1871년 5월 일본 외무성은 간고가쿠쇼(漢語學所)를, 동년 8월에는 영어 · 프랑스어 · 독일어를 학습하는 요고가쿠쇼(洋語學所)를 설치했다. 외무성은, "지나와의 통신과 통상은 점차 성대하게 열릴 것은 물론이고, 통역 없이는 모든 일이 경색될 것이다.(支那通信通商ハ漸次盛代開起セラレンハ無論ナルニ通辯者無クテハ百事梗塞ナル)"라고 말하고 있듯이,[111] 일청수호조규 체결 후에 청국과의 외교 · 통상 업무가 점차 다망(多忙)해질 것을 예상하고, 실용성을 중시한 중국어통역을 양성하기 위해 '간고가쿠쇼(漢語學所)'를 설립하기로 했다.

일청수호조규의 준비단계부터 조약체결에 이르기까지 통역으로 근무한 데이 에이네이는 간고가쿠쇼의 독장(督長)에 임명되고, 다른 교사도 당통사 출신자로 채워졌다.

---

110 實藤惠秀編譯, 『大河內文書』, 38쪽

111 『外務省報附錄』 수록 「外務省官制沿革」, 明治四年辛未二月二日 무렵

그리고 1876년 5월, 외무성은 간고가쿠쇼 학생 가운데 나카타 다카요시(中田敬義), 후타쿠치 미쿠(二口美久), 나카지마 노부유키(中島信之) 세 명을 뽑아 외무성 유학생으로서 북경에 유학시켰다.[112] 후에 류큐 귀속을 둘러싸고 청국에서 일청회담이 행해졌을 때 통역은 전부 나카타 다카요시가 담당했다.[113]

일본 측의 적극적인 중국어교육과 대조적으로 청국 측은 일본어교육을 전혀 하지 않았다. 일청수호조규에 양국의 외교공문은 한문이라는 것이 규정되어 있고, "일본어를 학습할 필요는 없다."고 생각했던 관원은 진흠 한 사람이 아니었다. 따라서 외국어학교인 동문관(同文館)에 일본어과가 설립되지 않은 것은 이상하지 않다.

그러나 다른 한편으로, 주일공사단 사람들은 늘 통역 부족이라는 문제를 안고 있어서, 일본어에 정통한 인재의 양성이 필요하다고 인식하고 일본어학교 설치 계획을 세웠다. 황준헌은 오코우치 데루나와 필담했을 때, 중국인 중에 "서양 언어와 문자를 아는 사람이 많고, 일본 언어와 문자를 아는 사람은 적다."라고 일본어학습자 부족의 문제를 지적했다.[114] 그래서 그는 일찍부터 일본어학교 설립을 생각하고, "일본에서 일본어학교를 열고 싶다. 총명한 소년을 모아 공부시켜, 3년 있으면 인재가 된다."는

---

112 漢語學所의 설립, 교사, 학생, 교재 및 연혁에 대해서는 主83을 참조

113 中田敬義, 「明治初期の支那語」, 『中國文學』 제83호, 生活社, 1940년

114 鄭子瑜 · 實藤惠秀編, 『黃遵憲與日本友人筆談遺稿』, 「戊寅筆話 · 第二十六卷 · 第一百七十話」, 早稻田大學東洋文學研究會, 1968년

구상을 갖고 있었지만,[115] "류큐의 소속다툼 때문에 중지되고, 실현할 수 없었다."는 결과로 끝났다.[116] 이리하여 황준헌은 일본어 학습 장소를 본국이 아니라 일본으로 하고, 학습 연수(年數)는 3년으로 한정했지만, 류큐귀속을 둘러싸고 일청 간에 격한 논쟁이 있었기에 일본어학교라는 안(案)은 중지되고 말았다.

또, 공사관 설치 다음 해에 하여장은 오쿠보 도시미치(大久保利通)와 회담할 때 어학학교 개설을 언급했다. "도쿄에 학교를 열고, 일본인 학생 20인과 중국인 학생 20인을 모집하며, 교사를 4명 초빙한다."는,[117] 양국의 인재를 동시에 양성한다는 제안이었다. 그러나 후에 오쿠보 암살사건이 일어나 이 이야기도 실현되지 않았다. 하여장은 일본어학교만이 아니라, 도쿄에 양국의 언어를 학습하는 학교를 설립하려 생각했지만, 생각지 못했던 사건이 일어났기 때문에 학교 설립은 실현될 수 없었다.

청말에 내일한 외교관과 친교한 미야지마 세이이치로는 1880년 3월 9일 흥아회(興亞會)에서 행한 연설에서 오쿠보와 하여장의 논의를 언급하며, "도쿄 중앙에 일본과 지나(支那) 양국의 어학교를 열어 서로 4명의 교사를 초빙하고 양국의 생도 60명으로 하여금 어학에 종사케 하여 크게 양국의 홍익(洪益)을 도모하려 한다."[118]고 말하면서 어학학교의 설립이 양국에 대해 '홍익'을

115 『宮島誠一郎文書』, 早稲田大學圖書館所藏, 文書27C9

116 『宮島誠一郎文書』, 早稲田大學圖書館所藏, 文書27C9

117 『宮島誠一郎文書』, 早稲田大學圖書館所藏, 文書27C9

118 『興亞公報』, 第一輯, 明治13年 3月 24日

불러오는 점을 강조했다.

하여장은 같은 달 하순에 흥아회의 발기인이었던 소네 도시토라(曾根俊虎)와의 회담에서 같은 뜻을 이야기했다.

> 제가 귀국(貴國)에 온 후로 고(故) 오쿠보 도시미치와 의논하여, 폐국(弊國)으로부터 소년 10명을 뽑아 귀국에 유학시키고, 또 귀국에서 뽑은 소년을 폐국에 보내 서로 국어를 배워, 각기 양국의 실정을 알게 하고, 후래 양국 정부로 하여금 더욱 외교관계를 친밀하게 하면, 위에서 하는 바를 아래에서 저절로 모방하여, 상하가 서로 무릎을 붙인 듯 친하고, 어려운 일을 도와 외부로부터의 모욕을 막을 것을 약속했는데, 가련할사 불행히도 돌아가시니, 제가 그것을 생각하면 매번 저도 모르게 눈물이 옷을 적시기에 이르렀습니다. 그 후 또 그 사정을 이야기해도 귀를 기울이는 사람이 없기에, 저는 유감을 안고 오늘에 이르렀습니다.[119]

여기서는 교환유학이라는 형식도 언급되는데, 하여장과 오쿠보는 어학학교의 설립을 둘러싸고 갖가지 제안을 생각하고 있었을 것이다.

공사와 참찬 등은 일본어학교의 장소, 학습의 연수(年數), 학생 수 · 교사 수 등을 구체적으로 생각하고 있었지만, 전술한 류큐귀속 문제와 오쿠보 도시미치 암살사건 같은 경위로 인해 상황이 좋지 않기에, 결국 일본과 협력하여 어학학교를 설립할 계

119 『興亞會報告』, 제2집, 明治 13년 4월 1일

획과 구상은 실현할 수 없었다. 최종적으로 하여장은 총리아문에 "중국 아이를 모집해 일본어를 학습시키고, 장래의 선발에 대비한다."라고 제안하고,[120] 청국 측만의 일본어학교를 설립하게 되었다. 그것을 받아, 일본어학교의 설립과 유학생 파견 등의 안에 대해서 황제의 허가를 얻은 총리아문에서는 주일공사에게 "장정을 결정하고 경비를 조달하며 장소를 선택하여 실시한다. 사용한 경비는 공사관경비 중에 넣어 매년 일회 정산한다."라고 구체적인 지시를 내렸다.[121]

하여장 등의 일본어인재 양성계획을 실현시킨 것은 두 번째 주일공사 여서창(黎庶昌)이었다. 여서창은 1882년 2월에 착임해서 같은 해 9월에는 청국공사관 내에 소규모 일본어학교-동문학당(東文學堂)을 설립했다. 동문학당의 일본어교사는 일본인이고, 학생은 청조에서 파견되었다.

설립할 때 학생의 졸업 후 대우에 관해 여서창은 주문(奏文)을 올려 총리아문에 지시를 청했는데, 그것에 대해 총리아문은 다음과 같이 답했다.

> 러시아 공사대신(公使大臣) 증기택(曾紀澤)이 매년 신청하는 번역학생의 봉급은 한 달에 일백 량이다. 매년 그 금액이 등록(登錄)되고 있다. 일본에서 일본어를 학습하는 학생을 모집하는 것은 일

120 『軍機處錄副奏摺』, 中國第一歷史檔案館所藏(三全宗, 一六四目錄 · 七七四六卷 · 八號)(이하 같음)

121 『軍機處錄副奏摺』, 中國第一歷史檔案館所藏

본의 통상항구에서 통역하기 위한 것이다. 3년 후 학업을 완성하면 봉급을 지급한게 된다. 단 일본은 가깝기에, 학생의 봉급은 규정에 의해 감소시킨다. 이제 등급을 분별해보았다. 상급(上級)은 한 달에 50량, 그다음은 40량, 또 그다음은 30량이다. (중략) 3년 미만 혹은 학업의 성과가 오르지 않는 자에게는 봉급을 지급하지 않는다. 학업성과를 올린 자로서 각 항구의 통역이 된 경우는, 업무상의 잘못이 없이 3년 후 대신(大臣)으로부터 우대하라는 상주(上奏)가 있으면 또 조정한다.[122]

러시아 주재 청국공사단(淸國公使團)에 근무하고 있는 동문관(同文館) 졸업생의 대우를 기준으로 하여, 일본어학생은 장래 통상항구의 통역이 될 것이며, 일청 간의 거리에 따라 봉급이 계산되었다. 상급의 경우에도 러시아공사관 봉급의 반액이었다.

왕보평(王寶平)의 연구에 의하면,[123] 1882년부터 1894년까지는 12명의 졸업생이 있었다. 학습 연수는 3년으로 되어 있었지만, 실제로는 3년 이상 재적하는 학생도 있고 1년 미만인 자도 있었다. 본래 "일본통상항구의 번역인원으로 쓰기 위해" 일본어 교육이 시작되었기 때문에, 졸업생 다수는 재일 공사관과 영사관에서 통역을 담당하는데, 그중에는 우수한 졸업생도 있었다. 예

---

122 『淸光緒朝日中交涉史料』 권5, 「總理各國事務衙門奏遵議在日所招東文學生畢業後應如何待遇片」

123 王寶平은 中國第一歷史檔案館에 소장된 『軍機處錄副奏摺』 속에 수록된 주일 공사관의 회계보고서에 기반해 일청전쟁 이전의 東文學堂의 조직을 연구했다. 『淸代中日學術交流の硏究』, 汲古書院, 2005년, 371~402쪽

를 들어, 당가정(唐家楨)은 1888년 경사동문관에 설치된 번역처(翻譯處) 최초의 동문번역관(東文翻譯官)이 되고, 1897년 설치된 동문과(東文科)의 초대 동문(東文) 교사가 되었다. 또 졸업생 도대균(陶大均)은 당가정과 함께 이홍장의 통역으로서 시모노세키조약(1895년)의 체결에 협력했다.[124] 그러나 주일공사관 내의 동문학당(東門學堂)에 관한 사료는 적어서, 현단계에서는 학생의 선발방법과 수업내용 등에 관해서는 미상이다.

동문학당(東文學堂)의 설립을 둘러싸고 주목할 점은 우선 초대 주일외교관의 일본어 인식의 문제이다. 하여장 등은 업무상에서 늘 일본어통역 부족의 문제에 고민하며, 일본어 인재양성이 필요하다고 인식했다. 이것은 제4장에서 말했듯이 "일본어학습을 행할 필요는 없다."는 진흠(陳欽)의 생각과 다르다. 또, 전술했듯이 하여장은 일본어가 매우 어렵다고도 느꼈다. 참찬 황준헌도 "우리나라와 자(字)는 같아도 발음이 다르고, 어휘[語]는 같아도 읽기가 다르며, 문장[文]은 같아도 같아도 의미는 다르다. 그런 까닭에, 일본어를 번역하려 해도 상당히 어렵다."고 말했다.[125] 일본어를 체험한 공사들은 '동문(同文)'이라고 간주되는 일본어에 대해 '어렵다'고 실감했다. 그 때문에, 동문관(同文館)에서의 서양언어 학습에 비해 일본어학의 개시는 보다 절실한 문제라는 인식이 있었다.

---

124 王寶平, 「陶大均および甲午戰爭以前に在日した日本語通譯たち」, 陶德民 · 藤田高夫編, 『近代中日關係人物史研究の新しい地平』, 雄松堂, 2008년

125 『日本雜事詩』, 原本六十六注

다음으로 주목할 점은 학생의 일본파견이다. 동문학당이 설립된 것은 1882년 9월이었지만, 꼭 1년 전에 청국 국내에서는 해외유학을 둘러싸고 큰 혼란이 일어났다. 1872년 8월에 증국번과 이홍장 등의 제안에 따라 청국정부는 미국유학생을 파견했다. 4년간으로 나누어 합계 120명의 소년을 미국에 유학시키는 계획은 본래 기간이 15년간으로 설정되었지만, 10년째에 들어온 1881년 6월에 소년들이 서양 풍속에 물들어 중국의 근본을 잊어버렸다는 이유로 유학은 중지되고 유학생은 전원 철수했다. 그러나 그다음 해 청조정부는 일본에 유학생을 파견하는 것을 허가했다. 거리가 가깝고 학생의 인원수가 적었기 때문에 경제적 부담은 그다지 많지 않았던 것, 또 어학 학습을 중심으로 하고, 게다가 일본은 동양의 나라이기 때문에 서양의 풍속에 물들 우려가 없었던 것 등 갖가지 이유가 고려되었다. 그 때문에 일본에의 유학생 파견은 강하게 반대되지 않았다고 생각된다.

마지막으로 주목할 점은, 왜 청조 국내의 외국어학교에서 일본어학습이 행해지지 않았는가라는 문제이다.

일찍이 유럽에 외교관으로서 체재한 경험을 가진 허경징(許景澄)은 주일공사 여서창에게 다음과 같이 제안했다.

> 중국과 일본이 의(誼)를 통한 이래, 우리는 문자가 같다는 형편에 익숙해, 일본 국내에서 독자적인 언어와 문자를 사용해온 점에 대해서 특별히 주의를 기울이지 않았다. 그러나 전문인(專門人)이 적으면 견문(見聞)에 지장이 생긴다. 그러므로 학생 두세 명을 뽑아 동문관(同文館)에 한 학과를 증설하든가 아니면 우선 시험적

으로 일본어 공부를 시작해보는 것이 좋다고 생각된다. 일본어를 학습할 때 교사는 반드시 도쿄 출신자를 초빙하여 그 나라의 표준어를 배우도록 하고, 학생은 반드시 한민족(漢民族)과 만주족 양적(兩籍)을 뽑아 우리나라의 언어를 통일해두는 것이 좋을 것이다.[126]

허경징은 우선 중국인이 '동문(同文)'이라는 일본어 인식에 길들여져 온 점에 주목했다. 그리고 동문관에 하나의 과를 증설하든가, 아니면 과를 증설하지 않고도 우선 일본어를 시도하기 시작해보라고 제안했다. 일본인 교사를 도쿄 출신으로 한정하는 것은 표준일본어를 습득하도록 해야 한다고 생각했기 때문이었다. 그리고, 학생은 한인과 만주인 양쪽을 취할 것을 주장하여, 동문관(同文館)은 팔기자제로 한다는 종래의 방침을 부정했다. 그러나 여공사(黎公使)의 대답은 어땠는지 모르지만, 결과적으로 동문관은 일청전쟁 이전에 일본어과를 증설하지 않았다.

또, 일청 간에 류큐의 귀속을 둘러싸고 상당히 격한 논쟁이 행해졌기에, 청조정부와 이홍장 등은 일본에 대해서 상당한 관심을 가지고 있었을 터이다. 유학생 파견이 가능했음에도, 국내의 외국어학교에서 일본어교육이 전혀 이루어지지 않은 것은, 역시 패전에 의해 시작된 서양언어 학습과 일본어학습을 구별하려 했을 가능성이 높다. 또 "일본어학습을 할 필요는 없다."라는 국내의 의견도 배려하고 있었을 것이다.

---

126 許景澄, 『許文肅公遺稿』第八冊, 書札一, 「致黎蓴齋星使」

"중국이 일본과 조약을 맺었을 때, 중국과 일본은 동문의 나라이기 때문에 공사관에 따로 번역관을 붙일 필요는 없었다. 서로의 문자왕래에 장애가 많기에 동문학당(東文學堂)을 설립했지만, 잠시 후 폐교되었다."라고 기록되어 있듯이,[127] 제2대 주일공사 여서창이 1882년 9월에 공사관 내에 일본어학교를 설립했지만 일청전쟁으로 인해 폐교되었다. 중국에서 본격적인 일본어교육이 실시되기 시작한 것은 1897년 3월 광동동문관(廣東同文館)에 '동문관(東文館)'이라는 일본어과가 설립되었을 무렵부터였다. "동문관(同文館)에 동문관(東文館)을 증설한 것은 중국에서의 본격적인 일본어교육의 시작을 의미한다."고 말해지듯이,[128] 일본어는 일청전쟁 이후 다른 서양언어와 마찬가지로 동문관(同文館)에서 학습되게 되어 본격적으로 시작되었다고 말할 수 있을 것이다.

덧붙여 말하자면, 남경조약의 체결(1842년)부터 경사동문관의 설립(1862년)까지 약 20년이 걸렸으나, 일청수호조규의 체결(1871년)부터 광동동문관의 동문관(東文館, 일본어과) 설립(1897년)까지는 26년이 걸렸다.[129]

---

127 黃慶澄, 『東游日記』, 光緒甲午(1894) 2월. 王曉秋點, 史鵬校, 『羅森等早期日本記五種』, 湖南人民出版社, 1983년

128 劉建雲, 『中國人の日本語學習史-清末の東文學堂』, 學術出版會, 2005년

129 『上海縣續志』卷十一에 의하면 上海廣方言館에서는, 영문과 프랑스문 다음에 東文館이 설치되었다. 그러나 학생이 적어 중지하게 되었다. 중국 국내에서 정식 일본어학습은 1897년부터 시작되었다고 간주된다.

이 장의 요약

이 장에서는 중국인의 일본어연구의 역사를 개관했다. 연구는 한자요소에 중점을 두고 있으며, 일본어의 한 요소인 가나는 중시되지 않았다. 내일한 청국 초대주일외교관들 역시 일본어의 한자에 흥미를 보이고, 한문을 구사하여 일본의 한학자와 정부의 관료 등과 교류하고, 일본을 이해하려고 하였다. 한편으로, 그들은 일본어의 어려움을 통감했다. 특히 황준헌은 일본어와 중국어에서 한자의 '같은' 부분만이 아니라 '다른' 부분에도 주목하고, 나아가, 일본연구서에서 가나의 유래와 발음 등을 소개하고, 가나의 보급성과 대중성에 비해 한자에 대해서 의문을 드러내게 되며, 문자개혁의 필요성을 확신했다.

일본에 온 후 공사들은 늘 일본어통역자 부족이라는 문제를 고민했다. 일본어인재 육성의 필요성을 느낀 공사들은 이윽고 일본어학교 개설을 계획하고, 마침내 유학생을 파견하는 안을 제출했다. 나아가 그들은 일청 양국의 교류를 더 발전시키기 위해 교환유학이라는 방법도 검토했다. 결과적으로 교환유학의 계획은 실현되지 않았지만, 도쿄의 공사관 내에 소수의 인원을 대상으로 한 '동문학당(東文學堂)'이 생겼다.

이미 제4장에서 서술했듯이, 청조관료들 사이에는 "일본어를 학습할 필요는 없다."는 의견도 있었다. 이런 의견과 달리, 공사들 사이에서는 일본어에 대한 생각이 바뀌었다. 일본어를 '동문'이 아니라 '외국어'라고 강하게 인식한 것이다. 한편, 총리아문의 대응에도 주목할 만한 전개가 생겼다. 즉, 주일공사관의 제안에 응해서 유학생을 파견한 것으로서, 일본어학습이 공인되었다고 이해할 수 있을 것이다.

그러나 일본어인재를 육성할 필요성을 실감했음에도 불구하고, 공사들은 최종적으로 경사동문관 등의 외국어학교에 일본어과 개설을 제안할 수는 없었다. 일청수호조규의 정문규정이 그들의 진언(進言)을 막았을 것이다.

결론

이 책에서는 청말 중국이 조공체제로부터 조약체제로 전환하는 과정에 대해 청조의 대일외교와 일본어 인식을 중심으로 검토해왔다. 아래에서는 다섯 장의 내용을 요약함과 동시에, 청말 중국과, 조공과 조약 사이에 두어진 일본과의 관계에 대해서 약간의 고찰과 금후의 과제를 기록해둔다.

전근대의 청조는 다민족 통합체에 의한 다언어 병존의 언어체제를 취하고 있었다. 종래의 '한문세계'가 유지됨과 동시에 '비한문세계'도 창출되어, 다언어가 만문을 축심으로 하여 다발(束)처럼 병존한 것이었다. 대외관계에서는, 조공국에 대해서는 한문을 외교공문의 사용언어로 삼았지만, 러시아와의 사이에서는 한문이 배제되고 만문, 몽골문, 라틴문이 사용되며, 나아가 팔기자제를 중심으로 러시아어학교가 설립되었다. 영국사절단에 대해서는 라틴문 외에 조공국과 마찬가지로 한문 사용이 인정되었다. 전근대 청조의 언어체제는 한문의 권위를 존속시키면서 비한문적인 요소도 부가되어 있었다. 이 이원적 구조가 러시아와 영국에 대해서도 응용되고, 중층적인 언어체제가 유효하게 기능하게 되었다.

중영, 중불 천진조약의 정문규정에 의해 한문의 권위는 상실되었지만, 러시아와의 사이에서 라틴문으로 된 조약이 정문이 된 경위가 있어, '불평등성'에 대해서는 청조 내에서 그만큼 중시되지 않았다. 청조정부는 러시아어학교를 선례로 하여 외국어학교를 설립하고, 팔기자제에게는 영어와 불어도 학습시켰다. 지금까지의 중층적인 언어체제가 여전히 유효하다고 생각하던 만주인과는 달리, 이홍장 등의 한인 관료는 언어습득만으로는 새로운 정세에 대응할 수 없다고 생각하고, 한인 학생을 들인다든가 수학(數學) 등의 학습을 개시하는 등 새로운 형식의 외국어학교를 설립했다. 언어 면에의 새로운 대응은 일본과의 외교관계가 개시된 1870년대 이래 다시 청조에 요청되게 되었다.

대외관계를 둘러싼 일본과 청조의 교섭은 1860년대 초에 시작되었다. 이 시기에 청조정부는 막부의 통상요구를 거절했지만, 사절파견과 서간제출에 대해서 지방의 상해로부터 중앙의 총리아문까지, 조공국, 조약국, 무조약통상국이라는 위치짓기를 참조하면서, 일본을 어떻게 위치지을까에 관해서는 갖가지 의견과 대응책이 의론되고 1860년대에 '무조약상해통상국(無條約上海通商國)'으로부터 '장정국(章程國)'으로 변화했다. '무조약상해통상국'은 일부 상해지방관료의 주장이었지만, '장정국'의 경우에는 총리아문이 적극적으로 장정의 내용에 관여하게 되었다. 이 위치변화에는 청조와 서양 국가들의 관계가 영향을 주었지만, 일본을 조약국에 넣지 않는다는 청조 측의 주장이 관철되었다고 말할 수 있다.

나아가 1870년대가 되자 대일조약의 중요성과 조약내용을 둘러싸고 이홍장 등 양무파를 시작으로 갖가지 견해가 제기되었다. 일본이 서양 국가들의 일원이 될 가능성을 끊는 것이 이홍장의 목표이고, 일본의 요청에 응해, 열강국의 관여와 중개 없이 일본을 조약국으로 하는 것에서 시작해 그 목적이 실현 가능하다고 생각했다. 조약 속에 최혜국대우 등의 내용을 넣지 않는 것을 조건으로, 일본은 1860년대의 '장정국'으로부터 '조규국'으로 위치지어졌다.

그러면 청조는 일본어에 대해서는 어떻게 위치지은 것일까? 천진조약에 의해 한문의 권위가 상실되었지만, 그 후 서양국가들과의 조약에서의 정문규정은 '자국문자(自國文字)'가 되고, 한문이 상대방의 언어와 대등한 것이 되었다. 일본과의 사이에서는 야나기와라 사키미쓰(柳原前光)의 초안이 한문과 일본어를 정문으로서 요구한 것에 대하여, 청조 측의 초안을 기초하는 관료들은 그것을 일본 측의 오만이라고 비판하고 중국인의 일본어학습의 필요성을 부정했다. 청조의 한인관료들 입장에서 보자면 한문은 '본국문자'의 범위를 넘어 공통문자라고 인식되었다. 청조 측의 최종 초안은 '한문을 기준'으로 한 것에 반해 일본 측의 최종 초안은 '일본어를 정문'으로 규정했다. 정식 교섭은 청조 측이 주도권을 잡고 있었기 때문에 일청수호조규의 정문규정은 한문 우위의 것이 되었다. 그 때문에 서양 언어들을 습득하는 외국어 학교에 일본어과는 설립되지 않았다.

청조 초대 주일외교관들이 일본에 온 후 한문을 구사하여 일본 측 한학자 및 정부 관료들과 교류하고, 한문을 통해 일본을 이해하려고 했다. 그중에서도 황준헌은 일본어에서 가나의 보급성에 주목하고, 한자의 그것에 대해 의문을 드러내게 되며, 문자개혁의 필요성을 실감했다. 또, 영어에 비해 일본어 학습자가 적다고 통감했다. 한편, 청국공사관 내에서는 일본어통역의 부족이라는 문제가 상당히 심각했다. 동문관의 학생을 파견해달라고 청조에 의뢰하기도 하고 일본에서 현지의 중국인을 모집하기도 했다. 이 같은 움직임을 거쳐, 마침내 유학생을 파견해 일본에서 일본어를 학습하는 안이 제출되고, 도쿄의 공사관 내에서 시작되었다. 그러나 일본어의 필요성을 실감한 공사들도 최종적으로는 경사동문관(京師同文館) 등의 외국어학교에 일본어과를 설치하자고 제안하지는 않았다.

그런데 다섯 장(章)의 내용을 통해 다음과 같은 구조가 보인다.

청조의 외교는 수동적이었다고 생각되기 십상이지만, 1860년대부터 1870년대의 대일외교로부터 보아도 알 수 있듯이, 청조정부는 국제상황의 변화에 따라 끊임없이 대응책을 모색하고 있었다. 그러나 이 모색은 단지 '충격'에 대한 '반응'이 아니었다. 1860년대부터 1870년대의 대일외교정책을 보아도 분명하듯이, 이홍장 등은 장래적인 상황(일본이 서양에 의존할 가능성과, 일본의 야심으로부터 조선을 지키는 것)을 고려하고, 방위책을 도입했다. 이렇게 함으로써 일본의 위치를 '무조약상해통상국', '장정국', '조규국'으로 변경시키고, 대일외교에서 주도권을 잡을 수 있었다.

일본에 대한 경계는 메이지유신 이후의 발전만이 아니라 왜구의 영향도 무시할 수 없다. 과거의 갈등은 서양열강국과의 사이에서는 있을 수 없었다. 응보시의 걱정인, 통상에 의해 일본인의 범죄가 증가한다는 불안도 거기에서 왔을 것이고, 일본인을 '제한'한 이유의 하나일 것이다.

청조 측 각 초안의 정문규정 내용에 나타났듯이 대일외교는 대구미(對歐美)와 달리 조공이념(중화사상)이 우위에 두어져 있었다. 한편, 일본 측은 1860년대에는 이 조공이념을 완전히 부정하지 않고, 청조와 교섭할 때, '일시동인(一視同仁)' 등의 조공이념을 이용해 청조의 신뢰와 친근감을 얻었다. 일청 양국이 암묵적으로는 조공이념을 인정하고 있었다고 말할 수 있다. 일청수호조규에서는, 한문에 유리한 규정이 이루어진 것에 대해 일본 측으로부터 반대의견이 없었던 것은 그 때문일 것이다.

다음으로, 청조의 외교를 고찰할 때 만주인과 한인의 관계를 무시할 수 없다. 1858년에 청 · 러시아 사이에 체결된 중러천진화약의 정문규정은 만문이고, 그 조약교섭은 만주인 관료가 중심이었다. 일청수호조규의 초안이 한인에 의해 작성된 것과 한문의 우위성이 강조된 것은 관계가 있다고 생각된다. 제1장에서 보았듯이 경사동문관 · 광주동문관의 조직과 상해광방언관의 조직은 달랐다. 팔기주재(八旗駐在)가 설치된 북경과 광주에서는 외국어학교의 학생은 팔기자제에 한정되고, 또 만문의 학습은 일과(日課)였다. 그에 반해 팔기주재가 없는 상해의 광방언관(廣方言館)은 한인(漢人) 학생을 들였고, 만문 학습을 수행하지 않았다.

마지막으로, 본서에서는 다루지 않은, 일청전쟁까지의 대일외교에 대해서 간단한 전망(展望)을 기록해 두고 싶다. 일청수호조규의 정문규정을 둘러싸고 청조관료는 처음부터 일본어 사용에 난색을 표하고 결국 한문에 유리한 내용으로 매듭지어졌다. 그러나 같은 한자라도 일청 간에 이해가 다른 것은 청조관료에게는 경악(驚愕)이었음에 틀림없다.

1871년 류큐의 야에야마(八重山)섬 주민이 대만 남동쪽 해안에 표착(漂着)하고, 그중 54명이 목단사(牧丹社) 원주민에게 피살되자, 류큐를 관할하던 가고시마현(鹿兒島縣) 참사(參事) 오야마 쓰나요시(大山綱良)는 그 책임을 묻는 출병(出兵)을 정부에 건의했다. 청조 측은 대만 원주민이 '화외(化外)'이고, 청조의 통치 바깥에 있다고 말하고 책임을 회피했다. 일본 측은 국제법의 개념에 따라 '화외'의 땅은 '주인 없는 땅'이라고 해석하고 대만에 출병했다. 최종적으로 '일청양국호환조관(日淸兩國互換條款)'이 조인되어 청조가 일본의 출병을 인정하고 조난민에게 위로금을 지불하는 것을 조건으로 일본은 철병에 동의하게 되어 사건은 가라앉았다. 또, 청조가 일본군의 행동을 승인했기 때문에 야에야마섬 주민은 일본인이라고 말하게 되어, 류큐의 일본 귀속이 국제적으로 확인된 형태가 되었다.

그후 1875년 5월, 일본 정부는 마쓰다 미치유키(松田道之)를 류큐 처분관(處分官)으로 임명해 류큐문제를 매듭지으려 했다. 1875년 7월 류큐를 방문한 마쓰다는 류큐 측에 대해, (1) 청조에의 진공사(進貢使) 파견 및 청조로부터 책봉을 받는 것의 금지, (2) 청조 측 연호가 아니라 일본 측 연호의 사용, (3) 번주(藩主) 쇼타이(尙泰) 자신의 상경(上京) 등의 요구를 부각시켰다. 청조도 류큐에 대한 종주권을 유지하려 하여 외교적 수단을 사용해 일본에 엄중히 항의했기 때문에, 류큐문제는 단숨에 일청 양국의 중대사건으로 발전하게 되었다. 청조 당국자 일부에는 무력발동도 사양하지 않으려는 강경파도 있었다. 이홍장은 내방 중인 미국 전 대통령 그랜트에게 류큐문제의 조정을 의뢰했지만 좋은 결과가 나오지 않았다. 최종적으로는 일청전쟁에서 일본이 승리하게 되어 종지부가 찍혔다. 이처럼, 한문을 이용한 교섭(交涉)과 '화외(化外)'와 '양속(兩屬)'에 대한 해석은 일청 간에 차이가 크다. 각각의 해석 및 그 해석 속에 잠재하고 있던 사상을 분석할 필요가 있다.

또, 본서에서는 일청수호조규 전후를 중심으로 대일외교와 일본어 인식의 문제를 해명했는데, 일청전쟁 후 체결된 일청강화조약의 경우 어떻게 변경한 것인가 하는 관점도 중요하다. 예를 들면, 1895년 4월에 시모노세키에서 맺어진 일청강화조약(日清講和條約, 시모노세키조약)의 '의정전조(議訂專條)'에는, 양국의 정문 규정에 관해 다음과 같은 규정이 두어졌다.

> 大清帝國大皇帝陛下政府及大日本帝國大皇帝陛下政府爲豫防本日署名蓋印之和約日後互有誤會以生疑兩國所派全權大臣會同議訂下開各款
>
> 第一 彼此約明, 本日署名蓋印之和約, 添備英文, 與該約漢正文, 日本正文較對無訛
>
> 第二 彼此約明, 日後設有兩國各執漢正文或日本正文, 有所辯論,

卽以上開英文約本爲憑. 以免舛錯而昭公允[1]

(대청국 황제폐하의 정부 및 대일본제국 황제폐하의 정부는 금일 서명하여 날인한 화약에 후일 서로 오해가 있어 의심이 생기는 것을 예방하기 위해 양국에서 파견된 전권대신이 회동하여 아래의 각 조항을 의정(議訂)한다.

첫째, 금일 서명하여 날인한 화약은 영문을 첨부하여, 해당 조약의 한문 정문 및 일본문 정문과 대조하여 잘못이 없는지 밝힐 것을 피차 약속한다.

둘째, 후일 만약 양국이 각기 한문 정문 혹은 일본문 정문을 가지고 논쟁이 있으면, 곧 위의 영문 약본(約本)을 근거로 삼아 천착(舛錯)을 면하고 공평(公平)을 밝힐 것을 약속한다.)

大日本帝國皇帝陛下ノ政府及大淸國皇帝陛下ノ政府ハ本日調印シタル媾和條約中ノ意義ニ付將來誤解ヲ生スルコトヲ避ケムト欲スル目的ヲ以テ雙方ノ全權大臣ハ左ノ約定ニ同意セリ

第一, 本日調印セシ媾和條約ニ附スル所ノ英譯文ハ該條約ノ日本文本文及漢文本文ト同一ノ意義ヲ有スルモノタル事ヲ約ス

第二, 若該條約ノ日本文本文ト漢文本文トノ間ニ解釋ヲ異ニシタルトキハ前記英譯文ニ依テ決裁 スヘキコトヲ約ス[2]

(대일본제국 황제폐하의 정부 및 대청국 황제폐하의 정부는 본일 조

1 田導編, 『淸朝條約全集』 第貳卷 「光緖朝條約 · 日本約 · 議訂專條」, 黑龍江人民出版社, 1999년

2 外務省編, 『日本外交年表竝主要文書 · 上』, 原書房, 1965년, 168쪽

인한 강화조약 속의 의미에 덧붙여 장래 오해가 생기는 것을 피하고자 하는 목적으로 쌍방의 전권대신은 다음과 같은 약정에 동의한다.
첫째, 본일 조인하여 강화조약에 첨부하는 영역문은 해당 조약의 일본문 본문 및 한문 본문과 동일한 의미를 가진 것임을 약속한다.
둘째, 만약 해당 조약의 일본문 본문과 한문 본문 사이에서 해석을 달리할 때는 전기(前記) 영역문에 의거하여 결재할 것을 약속한다.)

이처럼 조약은 한문과 일본어로 쓰이고, 양국 사이에서 한문과 일본어에 어긋남이 나타난 경우는 영문역(英文譯)을 정본(正本)으로 삼았다.

그 후 중일통상조약(1896년)을 맺을 때에 청국 전권대신 장음환(張蔭桓)은 "중국의 국체와 권리에 관계된다는 이유로 일본측 초안 7개조를 각하(却下)했다. 특히 제5조는 일본관원이 중국관원에 조회할 때 전부 화문(和文)을 이용하고 한문을 사용하지 않는다는 내용이었다."라는 의견을 말하고 있다.[3]

1896년 7월에 체결된 중일통상행선조약(中日通商行船條約) 제28조는 다음과 같이 규정되었다.

本約繕寫漢文日本文英文, 署名爲定. 惟防以後有所辯論, 兩國全

---

3 「全權大臣張蔭桓奏遵議日本商約分別刪減大略情形摺」, 田濤編, 『清朝條約全集』 第貳卷 「光緒朝條約 · 日本約 · 議定專條」, 黑龍江人民出版社, 1999년, 943쪽. [*조약 원문에 의하면, 본래의 조약안 40개조 가운데 9개조를 반박하여 삭제하고, 7개조를 반박하여 변경했으며, 24개조는 그대로 두었다. 그리하여 실제로 정해진 조약은 31개조로 이루어졌다.-역자주]

權大臣訂明, 如將來漢文日本文有參差不符, 均以英文爲準.[4]

(본 조약은 한문, 일본문, 영문으로 정서(淨書)하고, 서명하여 승인했다. 다만, 후에 논쟁이 생기는 것을 방지하기 위해, 양국 전권대신은 만약 장래에 한문과 일본어가 일치하지 않는 바가 있으면 영문을 기준으로 하기로 분명히 정한다.)

24년 전의 일청수호조규에 쓰인 "차후 양국에서 왕복하는 공문은, 대청은 한문을 이용하고, 대일본은 일본문을 이용하며, 한역문을 첨부해야 하거나 단지 한문만을 이용한다."고 하는 한문의 배타성은 없어지고, 일본문에 대한 한문의 절대적인 지위는 영문에 양보되었다.

마지막으로 일청전쟁 이래의 청한(淸韓)의 상황에 대해서 보충해둔다. 패전에 의해 청조는 최후의 조공국인 조선도 상실했다. 양국은 이미 종주국과 조공국의 관계가 아니게 되었지만 청조 측에 종주국의 의식이 뿌리 깊게 남았다. 1899년에 중한통상조약(中韓通商條約)이 체결되고, 제15조에는 양국 간의 외교공문에 관해 아래의 규정이 이루어졌다.

中韓兩國本屬同文, 此次立約及日後公牘往來, 自應均用華文, 以歸簡易.[5]

---

4 田濤編, 『清朝條約全集』 第貳卷 「光緒朝條約 · 日本約 · 議定專條」, 黑龍江人民出版社, 1999년, 949쪽

5 田濤編, 『清朝條約全集』 第貳卷 「光緒朝條約 · 日本約 · 議定專條」, 黑龍江人民出版社, 1999년, 1075쪽

(중국과 한국 양국은 본래 동문에 속하기에, 이번 조약 체결 및 후일의 공문 왕래는 자연히 모두 화문(華文)을 이용하여 간결하고 쉽도록 해야 할 것이다.)

여기서의 '화문(華文)'이란 한문을 가리킨다고 보아도 좋을 것이다. 한문의 배타성을 강조하는 조문은, 전술한 진흡과 응보시 등의 초안의 내용과 거의 같은 것으로 보아도 지장이 없다. 이렇게 생각해보면, 1860년대에 구미열강국과의 사이에서 상실된 한문의 우월성은 1870년대에 일본과의 관계에서 추구되었고 1890년대에 들어와 일본과의 사이에서 상실된 한문의 우월성이 이번에는 조선에 요청되었다고 파악할 수 있다.

본서는 박사논문을 바탕으로 재구성한 것이다. 주로 1860년대부터 1870년대의 일청관계를 중심으로 연구를 행해왔다. 금후의 과제로서는 조공국을 포함, 보다 넓은 범위에서 청조 대외관계의 변화의 검토를 들어두고 싶다.

후기

이 책은 2004년도에 도쿄대학 대학원 총합문화연구과에 제출한 학위청구논문 『청말 중국인의 일본어관-일청 국교 체결 전후를 중심으로(清末における中國人の日本語觀－日清國交締結前後を中心として)』를 바탕으로, 증보 · 수정을 가해 재구성한 것이다.

각 장이 처음 나온 곳은 다음과 같다.

제1장 「清朝の多言語制における同文館の位置づけ」
(『法政大學教養部紀要 · 人文科學編』 法政大學教養部 · 제123호, 2003년 2월)

제2장 「清朝同治年間における幕末期日本の位置づけ－幕府の上海派遣を中心として」
(『大阪經大論集』 제59권, 제1호, 2008년 5월)

제3장 박사논문의 제3장 새로 씀

제4장 「清國初代駐日公使團の日本語通譯をめぐる諸問題」
(『大阪經大論集』 제57권, 제6호, 2007년 3월)

제5장 「清末中國知識人の日本語觀-清國初代駐日公使團の書記

官であった黃遵憲の場合」

(『東京大學言語情報科學研究』 제6호, 2001년 5월)

박사논문의 심사는 도쿄대학대학원 총합문화연구과의 이케다 노부오(池田信雄) 선생, 고모리 요이치(小森陽一) 선생, 나미키 요리히사(並木頼壽) 선생, 무라타 유지로(村田雄二郎) 선생, 나카자와 히데오(中澤英雄) 선생이 맡아주셨다. 다망한 가운데 친절하게 지도해주신 선생님들께 충심으로 사의(謝意)를 표하고 싶다. 또 유학 중에 공부 외에 생활면에서도 이케다 선생을 비롯 많은 선생님들에게 갖가지로 폐를 끼쳤기에 다시 사의를 표하고 싶다.

도쿄대학의 많은 선생님들의 세미나에 나가는 기회를 얻어, 자유로운 연구 분위기 가운데 여러 각도에서 공부할 수 있었다. 특히, 나미키 선생의 세미나에서 황준헌의 『일본국지』를 윤독한 것이 박사논문을 집필하는 직접적 계기가 되었다. 황준헌의 일본주재 생활은 그 후의 미국주재와 영국주재보다 더 그의 사상형성에 준 영향이 많았다고 하는 것이 강하게 인상에 남아 있었다. 당시의 중국인이 일본을 어떻게 이해하고 있었는지에 대해서 관심을 가질 수 있었던 것이다.

그리고 대학수험 때부터 의문을 가지고 있던 것인데, 왜 중국의 근대 외국어학교는 '동문관(同文館)'과 '방언관(方言館)'이라고 불렸는가? 근대 중국인은 외국어를 어떻게 보았는가? 또 외교의 장에서는 도대체 무슨 말로 이야기하였는가? 등 소박한 의문으로부터 나는 박사논문의 집필을 시작했다.

사료를 조사해가면서 갖가지 사실을 차차 알게 되었다. 네르친스크조약의 정문은 라틴어였던 것, 1895년까지 일청 간의 외교공문은 한문이었던 것, 또, 일본의 상해에서의 통상에 관해 당시 상해도대인 응보시가 가장 염려한 것은 일본인의 범죄문제였던 것 등, 매우 흥미 깊은 사실뿐이었다. 나의 공부부족을 반성하면서도 호기심을 가지고 박사논문을 쓴 것을 지금은 그리워하면서 다시 떠올린다.

고모리 선생이 연구실에서 2주에 1회 논문지도를 해주신 것은 매우 자극이 되었다. 나는 쓴 것을 2주마다 선생께 보여드리고 그 자리에서 토론하고 질문하였다. 선생의 전문(專門)은 근대일본문학으로, 역사와는 다른 시점에서 문제를 분석하는 방법을 가르쳐주셨다. 그것은 나의 연구에 큰 거름이 되었다.

또 현재 근무하는 학교인 오사카경제대학에서도 크고 많은 은혜를 입었다. 이 책의 출판 준비단계에서는 이 학교 교직원 여러분으로부터 모든 면에서 응원을 받았다. 특히 경제학부 선생님들의 조력에 의해 출판에까지 도달할 수 있었다. 여기서 깊이 사의를 표하고 싶다. 이 학교의 일본경제사연구소 소장 혼다 사부로(本多三郎) 선생은 젊은 연구자의 육성에 정력을 기울여 많은 연구회를 개최하시는데, 나도 몇 차례에 걸쳐 발표의 기회를 얻었다. 그것들을 통해 박사논문 이후의 나의 연구를 크게 전개시킬 수 있었다. 특히 2007년 12월 8~9일 이틀에 걸쳐 연구소가 주최한 심포지엄 『동아시아경제사연구회』에서는 「청조의 다언어병존과 외국어의 위치짓기」라는 테마로 발표했다. 그 자리에서 일본, 중국, 한국의 연구자로부터 귀중한 의견을 얻고, 이 책을 집필할 때 참고가 된 점이 많다.

그리고 연구소의 이에치카 요시키(家近良樹) 선생과 야마모토 다다시(山本正) 선생을 비롯, 연구원 미노리 미호코(熟美保子) 씨, 소문한(蕭文嫻) 씨, 이와모토 신이치(岩本眞一) 씨도 귀중한 코멘트를 주신 것 외에 일본어도 친절히 바로잡아 주셨다. 또 출판 직전에 귀중한 의견을 보내주신 야마모토 쓰네토(山本恒人) 선생에게도 아울러 사의를 표한다.

또, 중국의 하얼빈상업대학의 주덕귀(朱德貴) 선생께 마음으로부터 감사를 표하고 싶다. 위에서 말한 심포지엄에서 주 선생과 만난 이래, 언제나 나의 한학(漢學) 지식의 부족에 부끄러워하면서도 메일로 주 선생에게 고전의 해석 등을 배웠다.

일본에 온 후 15년간, 일중 양국에서 언제나 따듯하게 응원해주시고, 일상의 생활과 학업을 지원해주신 모든 분들께 깊이 감사를 표한다.

마지막으로, 글이 느린 필자의 책 집필을 참을성 있게 기다려주시고, 책의 구성으로부터 일본어 사용법까지 친절히 가르쳐주신 도호쇼텐(東方書店)의 야마자키 미치오(山崎道雄) 이사께 마음으로부터 감사를 표한다.

역자후기

(1903년에) 노신은 채원배(蔡元培)와 하기(何琦)에게 이렇게 말했다.

(1) 일본을 두둔하지 말 것

(2) "동문동종(同文同種)"이라는 겉 다르고 속 다른 논조로 국민들을 속이지 말 것

(3) 국민들에게 국제시사(國際時事)를 진지하게 연구하라고 권할 것

—심질민(沈瓞民), 「노신 초년의 활동 약간(魯迅早年的活動點滴)」, 『상해문학(上海文學)』 1961년 제10호

여기 소개하는 옌리 선생의 저작 『청말 중국의 대일정책과 일본어 인식-조공과 조약 사이에서』는 동아시아의 전통적인 조공체제가 근대적인 조약체제로 전환하는 시기에 중국과 일본 사이에서 발생한 국제정치적 관계를 언어의 문제와 연결시켜 고찰하고 있다. 조공체제와 조약체제라는 렌즈로 동아시아 근대사를 들여다보는 것은 특별한 일이 아니나, 이를 조약의 언어문제와 연관지어 살피는 것은 흔한 일이 아니다. 이 흔하지 않은 작업이

저자의 박사학위논문을 기반으로 하고 있기에, 글의 성격상 따라 읽기가 결코 쉽지 않다. 저자는 이 책의 제1장에서 청조의 다언어체제와 대외관계의 변용을 고찰한 뒤, 제2, 3, 4장에서는 일청수호조규에 이르는 과정을 '정문규정'과 관련지어 자세히 서술한다. 그리고 제5장에서는 1877년에 시작되는 청국 초대주일공사단원들의 일본어 인식을 보여준다. 이 가운데 역자가 개인적으로 더 관심을 가진 것은 제1장과 제5장의 서술이었다. 역사학이나 국제정치의 전문가가 아니고 어문학 연구자이기에, 조공, 조약, 통상과 같은 문제보다는 그 과정에서 발생하는 언어교류의 문제가 상대적으로 더 흥미로웠다. 독서의 과정에서, 역자의 중국사/동아시아사 지식이 얼마나 빈약한지 새삼 깨달았다. 그럼에도 굳이 이 책을 옮긴 데에는 나름대로 이유가 있다. 한마디로 말하자면, 이 책이 보여주는 언어적 다양성 때문이었다. 명청대 중국과 주변민족의 언어접촉을 보여주는 제1장의 서술만 보아도, 흔히 동아시아를 '한자문화권'이라고 단순화하는 것이 얼마나 무리한 일인지 알 수 있다. 중국과 내륙아시아에서는 만주 언어 · 문자를 포함한 다양한 언어와 다양한 문자들이 한자 · 한문과 다양하게 상호 접촉하고 교류하였다. 이것은 동아시아로 범위를 좁히더라도 변하지 않는 사실이다. 제5장에서는, 일본이 중국과 '동문'이라고 생각했던 초대주일공사단원들, 특히 황준헌이 느꼈을 당혹감을 충분히 짐작할 수 있다. 왕도가 말했듯이, "일본의 서적에는 대체로 한자와 일본문자가 섞여서 문장을 이루는데, 읽어도 전혀 이해할 수 없다."는 것이 현실이었다. 동아시아적 아이덴티티를 한자 · 한문에서 찾고자 하는, 난감하지만 어렵지 않게 볼 수 있는 시도가 역사적 현실 및 언어적 사실과 얼마나 어긋나는 것인지를 이 책의 서술 속에서 확인할 수 있는 것이다. 주변에서 어렵지 않게 들을 수 있는, 한자가 표의문자이기에 한국인이나 일본인이 중국어(여기에는 흔히 '한문'이라고 불리는 고전 중국어 혹은 문언문도 포함된다)의 통사구조나 문법을 익히지 않고도 한문을 읽을 수 있다는 이야기나, '근대 서양의 음성중심주의'라는 것과 대립되는 것으로서 동아시아 한자 · 한문세계를 상정하려는 조금 더 거창한 이야기는 매우 부정확한 인식 위에 자리잡고 있는 것이다. 근대 일본의 천황제를 설명하는 종교적 · 민속학적 틀인 샤머니즘과 극히 주관적인 한자어원학을 결합시켜 고대 중국과 동아시아를 일본식 귀신천지로 만드는("[일본] 황실은 영원한 동양의 예지(叡智)"이며, 은(殷)왕조는 너무나 훌륭한 '제정일치' 국가이다.) 시라카와 시즈카류의 한자학이나, 메이지 초기에 일본을 잠깐 다녀간 서양인들 중 한 명으로서 한자와 한시를 흘끗 들여다본 어니스트 페놀로사의 엉터리 한자론 · 한시론이 거론되는 것도 이런 부정확한 인식과 관련되어 있다. 또 이와는 결이 다른 것이지만, 메이지시대에 만들어진 소위 화제한어(和製漢語)와 영어 사이에서 벌어진 일들을 렌즈로 삼아 동아시아의 언어와 근대를 들여다보는 것 역시 근대 일본이라는 한정된 시공간적 범위를 모델로 삼고 있기에, 역사상 실재했던 언어적 사실들을 도외시하는 결과를, 의도치 않게, 가져온다. 그와 달리, 이 책에서 소개되는 역사와 언어적 사실들은 동아시아 아이덴티티를 둘러싼 강박증을 해소할 계기를 마련해주고, 우리의 시야를 시간적으로나 공간적으로 훨씬 넓혀준다.

물론, 이 책의 서술에 대해 다른 관점도 제시할 수 있을 것이다. 우선 이 책의 대전제로서 두어져 있는 소위 조공체제가 과연 전근대 동아시아의 국제관계를 설명하는 틀로서 적절한지에 대해서부터도 이견이 있다. 페어뱅크가 1940년대에 처음으로 이야기한 이래 자리잡은 조공체제론은 그 후 여러 논자들의 비판을 받아왔다. 또 그보다는 덜 중요하지만, 근세(도쿠가와 시대) 일본을 쇄국체제라고 볼 수 있는지 역시 충분히 다른 관점이 있을 수 있다. 하지만 아쉽게도 그에 대한 논의는 역자의 역량을 훨씬 넘어서는 것이며, 독자들이 이 책을 읽을 때는 잠시 접어두어도 좋을 것이다.

역자가 이 책의 번역에 나서게 된 것은 두 해 전 동아시아 근대 조약의 번역과 연구 프로젝트에 참가를 권유받으면서였다. 역사학자도 국제정치학자도 아닌 사람이 그저 고전중국어를 조금 읽을 수 있다는 이유로 그런 작업에 참여하게 되니 긴장과 두려움이 일지 않을 수 없었다. 적어도 형식상으로는 어문학을 전공한 사람이 조약연구에서 할 수 있는 일이 단순한 번역작업 외에 또 무엇이 있을지 고민하던 차에 이 책을 발견했다. '조약'과 '언어'라는 키워드를 입력하는 것만으로도 다른 학자의 연구성과를 찾을 수 있는 시대 덕분이다. 제1장과 제5장은 평소에 관심을 가지고 있던 주제를 다루었기에 다른 장들에 비해 더 흥미로웠고 읽기도 편했지만, 다른 장들은 상대적으로 쉽지 않았다. 중국이 일본이나 서양 국가들과 맺은 구체적 외교통상관계들에 대한 저자의 서술을 착실히 따라가기는 했으나, 그 이야기들에 대해 역자 나름의 식견을 가지고 있지는 않았기 때문이다. 책에 인용된 원문을 거의 다 찾아내어 저자의 일본어번역과 대조해보는 것으로 부족한 능력을 상쇄하고자 하였다. 그러나 책 속 인용문들 중 청대 외교문서들의 경우는 그 특수한 술어들과 문장작법으로 인한 난삽함 때문에, 결국 저자가 친절하게 제시한 일본어 번역을 바탕으로 하여 역자 나름의 원문 해석을 가미한 절충적 번역을 내놓게 되었다. 또 몇몇 군데는 저자와의 협의하에 오탈자와 문구를 수정하였기에 원서와 조금 다르기도 하다. 독자의 양해를 바란다.

역서가 출간되기까지 많은 분의 도움을 얻었다. 일면식도 없는 외국인이 번역을 거의 마쳤다며 느닷없이 연락했음에도 흔쾌히 출간을 허락하고 문의사항에도 친절히 응해주신 저자 옌리 선생님께 가장 먼저 감사의 말씀을 드리고 싶다. 알 수 없는 이유로 무산된 그 프로젝트에 참여를 권해주신 차태근 선생님과 민정기 선생님은 이 책의 원서를 찾도록 동기를 부여해주셨다. 안양대학교 HK+사업단의 이은선 단장님은 이 책이 사업단의 총서에 포함되도록 배려해 주셨다. 역자가 사업단에 소속된 뒤에 사업단의 여러 동료들, 특히 김석주 선생님과 곽문석 선생님이 많은 조언과 격려로 도움을 주셨다. 부경대학교 서광덕 선생님은 번역과 출판의 과정에서 관심과 도움을 아끼지 않으셨고, 산지니 출판사는 상업성 없는 책의 출판을 흔쾌히 허락하고 정성을 다해 편집해 주었다. 역자의 학문적 미성숙이 고마운 분들께 누가 되지 않기를 바란다.

2021년 11월

최정섭

참고문헌

일차사료

1. 중앙연구원 근대사연구소(中央研究院 近代史研究所) 소장

『總理各國事務衙門清檔』

「日本商人擬來滬貿易事」(01-21 · 22-1), 「瑞 · 那 · 日本國來華請求設領通商事」(01-21 · 22-2), 「日本請求通商貿易事」(01-21 · 22-3), 「日本委員來華請求立約事」(01-21 · 23-1), 「日本差官來華立約通商事」(01-21 · 24-1), 「立約 · 修約 · 換約檔-日本 · 無約各國附日本國請議商約案」(01-21 · 50-1), 「立約 · 修約 · 換約檔-日本 · 日本國換約」(01-21 · 51-1), 「立約 · 修約 · 換約-日本 · 日本國換約案」(01-21 · 52-1), 「立約 · 修約 · 換約檔-日本 · 日本國換約」(01-21 · 52-2)

2. 중국제일역사당안관(中國第一歷史檔案館) 소장

『軍機處錄副奏摺』, 「總理衙門覆覈出使日本國大臣册開受支經費各款繕具清單」 三全宗 · 一六四目錄 · 七七四六卷 · 二號, 三全宗 · 一六四目錄 · 七七四六卷 · 四號, 三全宗 · 一六四目錄 · 七七四六卷 · 八號

3. 와세다대학(早稲田大學) 도서관 소장

『宮島誠一郎文書』 文書二七C九, C十二

「日清隣交貿易和約 · 通商 · 修交條約案」

이차사료

1. 일본어

『日本外交文書』, 『日本外交年表竝主要文書 · 上』

2. 중국어

『明會典』, 『東華錄』, 『李朝實錄 · 鼎足山本光海君日記』, 『李朝實錄 · 顯宗改修實錄』, 『淸實錄』, 『淸會典事例』, 『掌故叢編』, 『籌辦夷務始末』(道光朝 · 咸豐朝 · 同治朝), 『淸史稿』, 『淸光緒朝中日交涉史料』, 『朔方備乘』, 『李鴻章全集』, 『使東述略』, 『使東雜詠』, 『使東詩錄』, 『日本雜事詩』, 『日本國志』, 『人境廬詩草箋注』, 『黃遵憲與日本友人筆談遺稿』, 『淸朝條約全集』(第一卷, 第二卷), 『羅森等早期日本記五種』, 『出使英法義比四國日記』, 『黃遵憲全集』

일본어단행본

石橋崇雄, 『大淸帝國』, 講談社, 2000년

入江啓四郎, 『中國における外國人の地位』, 東京堂, 1937년

王寶平, 『淸代中日學術交流の硏究』, 汲古書院, 2005년

______, 王寶平編著, 『吾妻鏡補 中國人による最初の日本通史』, 朋友書店, 1997년

大友信一 · 木村晟, 『日本館譯語 本文と索引』, 洛文社, 1958년

大原信一, 『近代中國のことばと文字』, 東方書店, 1994년

岡本隆司, 『中國近代と海關』, 名古屋大學出版會, 1999년

________, 『屬國と自主のあいだ－近代淸韓關係と東アジア命運』, 名古屋大學出版會, 2004년

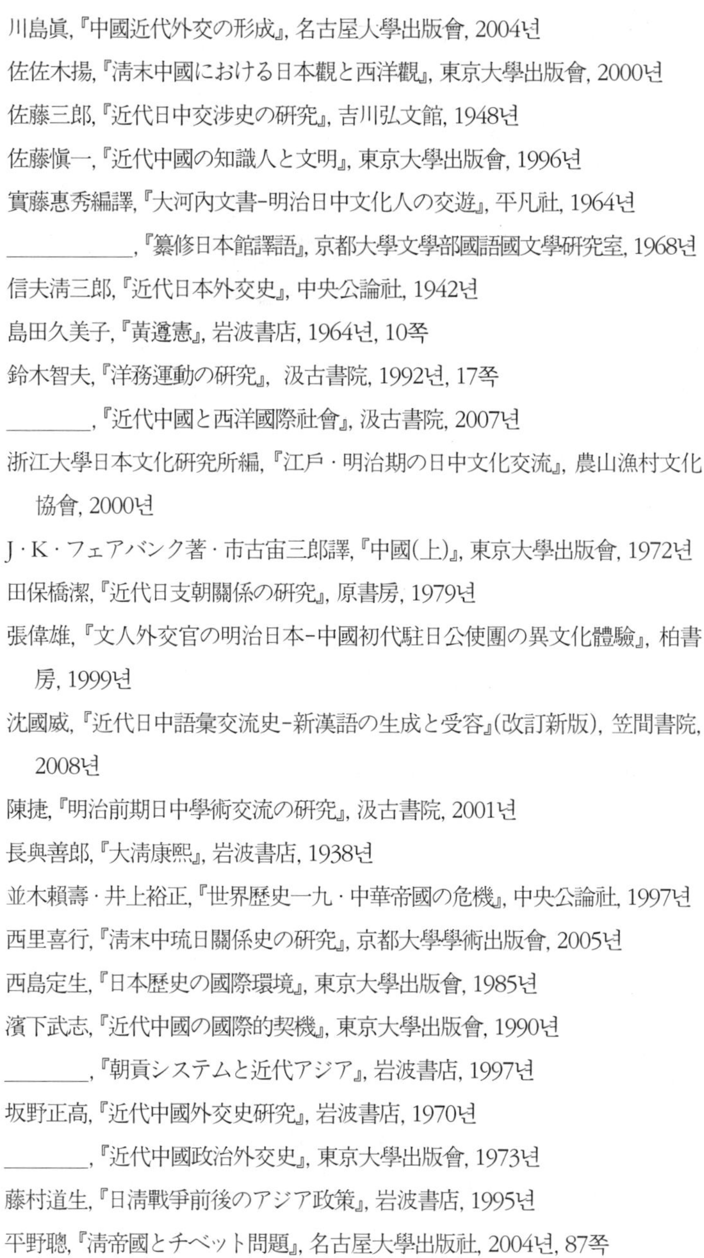

川島眞,『中國近代外交の形成』, 名古屋人學出版會, 2004년

佐佐木揚,『清末中國における日本觀と西洋觀』, 東京大學出版會, 2000년

佐藤三郎,『近代日中交涉史の硏究』, 吉川弘文館, 1948년

佐藤愼一,『近代中國の知識人と文明』, 東京大學出版會, 1996년

實藤惠秀編譯,『大河內文書-明治日中文化人の交遊』, 平凡社, 1964년

__________,『纂修日本館譯語』, 京都大學文學部國語國文學硏究室, 1968년

信夫淸三郎,『近代日本外交史』, 中央公論社, 1942년

島田久美子,『黃遵憲』, 岩波書店, 1964년, 10쪽

鈴木智夫,『洋務運動の硏究』, 汲古書院, 1992년, 17쪽

________,『近代中國と西洋國際社會』, 汲古書院, 2007년

浙江大學日本文化硏究所編,『江戶 · 明治期の日中文化交流』, 農山漁村文化協會, 2000년

J · K · フェアバンク著 · 市古宙三郎譯,『中國(上)』, 東京大學出版會, 1972년

田保橋潔,『近代日支朝關係の硏究』, 原書房, 1979년

張偉雄,『文人外交官の明治日本-中國初代駐日公使團の異文化體驗』, 柏書房, 1999년

沈國威,『近代日中語彙交流史-新漢語の生成と受容』(改訂新版), 笠間書院, 2008년

陳捷,『明治前期日中學術交流の硏究』, 汲古書院, 2001년

長與善郎,『大淸康熙』, 岩波書店, 1938년

並木賴壽 · 井上裕正,『世界歷史一九 · 中華帝國の危機』, 中央公論社, 1997년

西里喜行,『淸末中琉日關係史の硏究』, 京都大學學術出版會, 2005년

西島定生,『日本歷史の國際環境』, 東京大學出版會, 1985년

濱下武志,『近代中國の國際的契機』, 東京大學出版會, 1990년

________,『朝貢システムと近代アジア』, 岩波書店, 1997년

坂野正高,『近代中國外交史硏究』, 岩波書店, 1970년

________,『近代中國政治外交史』, 東京大學出版會, 1973년

藤村道生,『日淸戰爭前後のアジア政策』, 岩波書店, 1995년

平野聰,『淸帝國とチベット問題』, 名古屋大學出版社, 2004년, 87쪽

ベイジル・ホール著・春名徹譯,『朝鮮・琉球航海記-一八一六年アマースト使節團とともに』, 岩波文庫, 1986년
P.コーエン著・佐藤愼一譯,『知の帝國主義』, 平凡社, 1984년
マカートニー著・坂野正高譯,『中國訪問使節日記』, 平凡社, 1975년
松浦章,『江戸時代唐船による日中文化交流』, 思文閣, 2007년
溝口雄三・濱下武志・平石直昭・宮島博史編,『アジアから考える2・地域システム』, 東京大學出版會, 1993년
________,『アジアから考える3・周邊からの歷史』, 東京大學出版會, 1994년
三谷 博,『ぺリー 來港,』, 吉川弘文館, 2003년
宮崎市井,『宮崎市井全集・一四』,『宮崎市井全集・一五』, 岩波書店, 1991년
宮永 孝,『高杉晋作の上海報告』, 新人物往來社, 1995년
村瀬栲亭,『藝苑日涉』
茂木敏夫,『變容する近代東アジの國際秩序, 』, 山川出版社, 1997년
山下範久,『現代帝國論』, 日本放送出版協會, 2008년
山根幸夫 外 編,『增補近代日中關係史研究入門』, 研文出版, 1996년
吉田金一,『近代露清關係史』, 近藤出版社, 1974년
劉建雲,『中國人の日本語學習史-淸末の東文學堂』, 學術出版會, 2005년
六角恒廣,『近代日本の中國語教育』, 不二出版, 1984년

중국어단행본

蔡鴻生,『俄羅斯館紀事』, 中華書局, 2006년
陳尙勝編,『中國傳統對外關係的思想・制度與政策』, 山東大學出版社, 2007년
丁偉志・陳崧,『中體西用之間』, 中國社會科學出版社, 1995년
渡邊與五郎・山本忠士・李春蘭・丁雪冬・秋月里保,『對外交流史研究』, 文化書房博文社, 2008년
杜家驥,『八旗與淸朝政治論稿』, 人民出版社, 2008년

高曉芳,『晚清洋務學堂的外語教育研究』, 商務印書館, 2007년
費正清 · 賴肖爾著, 陳仲丹 · 潘興明 · 庬朝陽譯,『中國: 傳統與變革』, 江蘇人民出版社, 1996년
馮天瑜,『「千歲丸」上海行-日本人1862年的中國觀察』, 商務印書館, 2001년
郭廷以,『近代中國的變局』, 聯經出版事業公司, 1987년
何文賢,『文明的衝突與整合-“同治中興”時期中外關係重建』, 廈門大學出版社, 2006년
黃遵憲著, 實藤惠秀 · 豊田穰譯,『日本雜事詩』, 平凡社, 1968년
蔣英豪編,『黃遵憲師友記』, 上海書店出版社, 2002년
________,『近代來華外國人名辭典』, 中國社會科學出版社, 1981년
李鵬年等編,『清代中央國家機關概述』, 黑龍江人民出版社, 1983년
李時岳 · 胡浜,『從閉關到開放-晚清“陽武”熱透視』, 人民出版社, 1988년
李揚帆,『走出晚清』, 北京大學出版社, 2005년
李雲泉,『朝貢制度史論-中國古代對外關係體制研究』, 新華出版社, 2004년
劉廣京 · 朱昌峻編, 陳絳譯,『李鴻章評傳』, 上海古籍出版社, 1995년
馬戛爾尼著, 劉半農譯,『乾隆帝英使覲見記』, 上海中華書局, 2016년
馬戛爾尼著, 秦仲龢譯,『英使謁見乾隆記實』, 香港大華出版社, 1972년
茅海建,『天朝的崩潰』, 生活 · 讀書 · 新知三聯書店, 1995년
______,『近代的尺度-兩次鴉片戰爭軍事與外交』, 上海三聯書店, 1998년
秦國經 · 高換婷,『乾隆皇帝與馬戛爾尼』, 紫禁城出版社, 1998년
蘇精,『清季同文館』, 臺灣, 私家版, 1978년
____,『清季同文館及其師生』, 臺灣, 私家版, 1985년
孫子和,『清代同文館之研究』, 臺灣嘉興水泥公司文化基金出版, 1977년
萬明,『中國融入世界的步履-明與清朝前期海外政策比較研究』, 社會科學文獻出版社, 2000년
汪向榮,『中日關係史文獻論考』, 岳麓書社, 1985년
王寶平,『中日文化交流史研究』, 上海辭書出版社, 2008년
王爾敏,『中國近代思想史論』, 華世出版社, 1977년
______,『晚清政治思想史論』, 臺灣商務印書館, 1995년

王紹坊,『中國外交史』, 河南人民出版社, 1985년
王璽,『李鴻章與中日訂約(1871)』, 臺灣中央研究院近代史硏究所, 1981년
王曉秋,『中國近代啓示錄』, 北京出版社, 1987년
______,『近代日中文化交流史』, 中華書局, 1992년
______,『近代中國與世界-互動與比較』, 紫禁城出版社, 2003년
王藝生,『六十年來中國與日本』 第一卷, 生活 · 讀書 · 新知三聯書店, 1979년
吳福環,『淸季總理衙門硏究』, 文津出版社, 1995년
夏東元,『洋務運動史』, 華東師範大學出版社, 1992년
楊逸 · 陳正靑 · 夢畹生 · 陸菁編,『廣方言館全案』(『上海灘與上海人叢書』), 上海古籍出版社, 1989년
余定邦 · 喩常森等著,『近代中國與東南亞關係史』, 中山大學出版社, 1999년
約瑟夫 · 塞比斯著, 王立新譯,『耶蘇會士徐日昇關與中俄尼不楚談判的日記』, 商務印書館, 1973년
張德澤,『淸代國家機關考略(修訂本)』, 學苑出版社, 2001년
張振聲 · 郭洪茂,『中日關係史』 第一卷, 社會科學出版社, 2001년
鄭海麟,『黃遵憲與近代中國』, 生活 · 讀書 · 新知三聯書店, 1988년
鄭海麟 · 張偉雄編,『黃遵憲文集』, 中文出版社, 1991년
中國史學會 · 中國社會科學院近代史硏究所編,『黃遵憲硏究新論』, 社會科學文獻出版, 2007년
鍾叔河校,『黃遵憲日本雜事詩廣注』, 湖南人民出版社, 1981년
周建波,『洋務運動與中國早期現代化思想』, 山東人民出版社, 2001년
周一良,『中日文化關係史論』, 江西人民出版社, 1998년
朱雍,『不願打開的中國的大門』, 江西人民出版社, 1998년

일본어논문

石田幹之助,「女眞語研究の新資料」,『桑原博士還曆記念東洋史論叢』, 弘文堂, 1931년

________, 「所謂丙種本『華夷譯語』の『韃靼館譯語』」, 『北亞細亞學報』 第二輯, 1943년

石原道博, 「黃遵憲の日本國志と日本雜事詩」(上 · 中 · 下), 『茨城大學文理學部紀要 · 人文科學』 7호(1957년) · 8호(1958년) · 9호(1959년)

王寶平, 「黃遵憲『日本國志源流考』-『藝苑日涉』との關聯をめぐって」, 浙江大學日本文化研究所編, 『江戶 · 明治期の日中文化交流』, 農山漁村文化協會, 2000년

______, 「陶大均および甲午戰爭以前に在日した日本語通譯たち」, 陶德民 · 藤田高夫編, 『近代中日關係人物史研究の新しい地平』, 雄松堂, 2008년

小澤三郎, 「開成學校御傭教師DBマッカーテー」, 『日本プロテスタント史の研究』, 東海大學出版會, 1964년

川島眞, 「中國における萬國公法の受容と適用-『朝貢と條約』をめぐる研究動向と問題提起-」, 『東アジア近代史』 第二號, 1999년 3월

______, 「江戶末期の對中使節への新視角-總理衙門檔案からの問い」, 『中國研究月報』, 2003년 5월호

佐佐木揚, 「同治年間における清朝官人の對日觀について」, 『佐賀大學教育學部研究論文集』, 제31집 제2호, 1984년

________, 「清代の朝貢システムと近代中國の世界觀(一)(二)-マーク · マンコールの研究について」, 『佐賀大學教育學部研究論文集』 제34집 제2호, 1987년, 제35집 제2호, 1988년

佐藤三郎, 「明治時代前期における中國人による日本研究書について」, 『國士館大學文學部人文學會紀要』 第十四號, 1982년

佐藤保, 『近代における日中文化交流の黎明期-調査 · 研究の概況-」, 浙江大學日本文化研究所編, 『江戶 · 明治期の日中文化交流』, 農山漁村文化協會, 2000년

實藤惠秀, 「明治初期日中文化交流史の一齣」, 『瀧川博士還曆記念論文集(一) 東洋史篇』, 中澤印刷, 1957년

重松保明, 「李鴻章の對日觀-同治時代を中心として」, 關西學院大學『人文論究』 제45권 제2호, 1995년

________, 「李鴻章の對日觀-光緒時代前期を中心として」, 關西學院大學『人文論究』 제47권 제1호, 1997년

徐越庭, 「『日清修好條規』の成立(一)」, 「『日清修好條規』の成立(二)」, 『法學雜誌(大阪市立大學)』 제43권 제2호, 제3호, 1994년

新免康, 「『邊境』の民と中國-東トルキスタンから考える」, 溝口雄三 · 濱下武志 · 平石直昭 · 宮島博史編, 『アジアから考える3 · 周邊からの歷史』, 東京大學出版社, 1994년

鈴木智夫, 「中國における國權主義的外交論の成立」, 『歷史學硏究』, 1974년 1월호

谷渕茂樹, 「清末外交史から見た日清修好條規の硏究」, 『史學硏究』 229호, 2000년

________, 「日清修好條規の清朝側草案よりみた對日政策」, 『史學硏究』 231호, 2001년

田保橋潔, 「日支新關係の成立」(一)-幕府維新期における-」, 『史學雜誌』, 제44권 제2, 3호, 1933년

鳴野雅之, 「清朝官人の對日認識-日清修好條規草案の檢討から」, 『史流』 38호, 1999년

濱田敦, 「國語を記載する明代支那文獻」, 『國語 · 國文』 제10권 제7호, 1940년

波多野善大, 「李鴻章-一八八○年代における對日政策について-」, 『歷史學硏究』 제253호, 1961년

坂野正高, 「黃仲畬(張彤雲)と戰爭-清英交涉機構の一側面」, 『英修道博士還曆記念論文集』, 慶應通信, 1962년

福島邦道, 「纂輯日本語譯 · 解題」, 京都大學文學部國語學國文學硏究室編, 『纂輯日本語譯』, 京都大學文學會, 1968년

福盛貴弘 · 遠藤光曉編, 「華夷譯語論文集」, 『語學教育フォーラム』 제13호, 大東文化大學語學教育硏究所, 2007년

藤塚鄰, 「清儒翁海村の日本文化硏究」, 『大東文化學報』 78호, 1942년

藤村道生, 「明治維新外交の舊國際關係への對應-日清修好條規の成立をめ

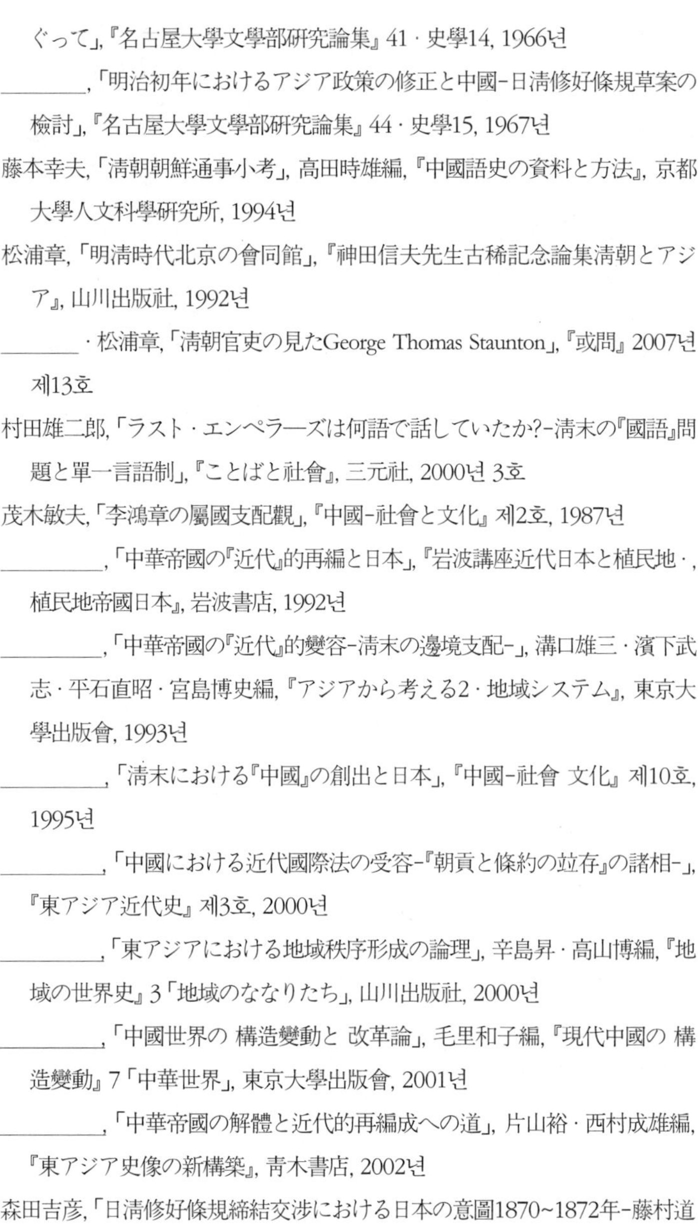

ぐって」,『名古屋大學文學部研究論集』 41 · 史學14, 1966년

________,「明治初年におけるアジア政策の修正と中國-日清修好條規草案の檢討」,『名古屋大學文學部研究論集』 44 · 史學15, 1967년

藤本幸夫,「淸朝朝鮮通事小考」, 高田時雄編,『中國語史の資料と方法』, 京都大學人文科學研究所, 1994년

松浦章,「明淸時代北京の會同館」,『神田信夫先生古稀記念論集淸朝とアジア』, 山川出版社, 1992년

________ · 松浦章,「淸朝官吏の見たGeorge Thomas Staunton」,『或問』 2007년 제13호

村田雄二郎,「ラスト · エンペラーズは何語で話していたか?-淸末の『國語』問題と單一言語制」,『ことばと社會』, 三元社, 2000년 3호

茂木敏夫,「李鴻章の屬國支配觀」,『中國-社會と文化』 제2호, 1987년

________,「中華帝國の『近代』的再編と日本」,『岩波講座近代日本と植民地 · , 植民地帝國日本』, 岩波書店, 1992년

________,「中華帝國の『近代』的變容-淸末の邊境支配-」, 溝口雄三 · 濱下武志 · 平石直昭 · 宮島博史編,『アジアから考える2 · 地域システム』, 東京大學出版會, 1993년

________,「淸末における『中國』の創出と日本」,『中國-社會 文化』 제10호, 1995년

________,「中國における近代國際法の受容-『朝貢と條約の竝存』の諸相-」,『東アジア近代史』 제3호, 2000년

________,「東アジアにおける地域秩序形成の論理」, 辛島昇 · 高山博編,『地域の世界史』 3「地域のなりたち」, 山川出版社, 2000년

________,「中國世界の 構造變動と 改革論」, 毛里和子編,『現代中國の 構造變動』 7「中華世界」, 東京大學出版會, 2001년

________,「中華帝國の解體と近代的再編成への道」, 片山裕 · 西村成雄編,『東アジア史像の新構築』, 青木書店, 2002년

森田吉彦,「日淸修好條規締結交涉における日本の意圖1870~1872年-藤村道生說へのいくつかの批判」,『現代中國硏究』 제11권, 2002년

________, 「幕末維新期の對淸政策と日淸修好條規-日本 · 中華帝國 · 西洋國際社會の三角關係と東アジア秩序の二重性, 1862~1871년-」, 『國際政治』 제139호, 2004년

安井達彌, 「『日淸修好條規』締結の外交過程」, 『學習院大學法學部硏究年報』 12호, 1977년

矢野仁一, 「北京の露國公使館に就いて」, 『藝文』 제9호, 1918년; 제10호, 1919년

李啓彰, 「日淸修好條規成立過程 再檢討-明治五年柳原前光 淸國派遣問題中心-」, 『史學雜誌』 제150편 제7호, 2006년

ワルタ · フックス著 · 鴛淵一 · 村上嘉實譯, 「新『華夷譯語』に就いて」, 『史林』 제17권 제2호, 1932년

渡邊三男, 「華夷譯語及び日本館譯語について」, 『駒澤大學文學部硏究紀要』 제18호, 1960년, 제19호, 1961년

________, 「吾妻鏡補所引の日本語彙: 校本海外奇談國語解」, 『駒澤大學文學部硏究紀要』 제20호, 1962년

渡邊正雄 · 小川眞理子, 「D.B.マッカーティ-醫師 · 宣教師 · 外交官 · 御雇教師」, 『東京大學教養學部教養學科紀要 · 7』, 1974년

중국어논문

馮蒸, 「"華夷譯語"調査記」, 『文物』 1981년 제2기

計秋楓, 「馬戛爾尼使華事件中的英吉利"表文"考」, 『史學月刊』 2008년 제8기

栗振復, 「滿文的創製與運用」, 『故宮博物院院刊』, 1980년, 제3기

劉學照, 「略論李鴻章的對日觀」, 『歷史研究』 1990년 제3기

米鎭波 · 蘇全有, 「淸代俄國來華留學生問題初探」, 『淸史研究』, 1994년 제1기

穆鳳良, 「四夷館與同文館名稱考」, 『淸華大學學報(哲學社會科學版)』, 2004년 增1期, 제19권

彭澤周, 「初代駐日公使之筆話」, 『大陸雜誌』, 1992년 제2기, 제84권

滕紹箴, 「明淸兩代滿語滿文使用情況考」, 『民族語文』, 1986년 제2기
王寶平, 「淸末駐日外交使節名錄」, 『中日關係史論考』, 浙江大學日本文化硏究所編, 中華書局, 2001년
王和平, 「從中俄外交文書看淸前期中俄關係」, 『歷史檔案』 2008년 제3기
王鐘翰, 「"國語騎射"與滿足的發展」, 『故宮博物院院刊』, 1982년 제2기
吳建雍, 「淸前期中西貿易中的文化交流與融合」, 『淸史硏究』, 2008년 제1기
吳文星, 「日中修好條約初探」, 『大陸雜誌』, 1978년 제1기 제57권
吳義雄, 「"廣州英語"與一九世紀中葉以前的中西交往」, 『近代史硏究』, 2001년 제3기
許海華, 「近代中國日語敎育之發展-同文館東文館」, 『日語學習與硏究』, 2008년 제1기
張雙志, 「淸朝皇帝的華夷觀」, 『歷史檔案』, 2008년 제3기
莊澤宣 · 陳學恂, 「從四方館到同文館」, 『嶺南學報』 1947년 제1기, 제8권

찾아보기

ㅋ

ㅌ

ㅍ

인명

ㅈ

ㅊ

ㅋ

ㅌ

청말 중국의 대일정책과 일본어 인식

조공과 조약 사이에서

초판 1쇄 발행 2021년 12월 20일

지은이 옌리
옮긴이 최정섭
펴낸이 강수걸
기획실장 이수현
편집장 권경옥
편집 윤소희 김리연 신지은 오해은 강나래
디자인 권문경 조은비
경영지원 공여진
펴낸곳 산지니
등록 2005년 2월 7일 제333-3370000251002005000001호
주소 부산시 해운대구 수영강변대로 140 BCC 613호
전화 051-504-7070 | 팩스 051-507-7543
홈페이지 www.sanzinibook.com
전자우편 sanzini@sanzinibook.com
블로그 sanzinibook.tistory.com

ISBN 978-89-6545-768-8 94910
978-89-92235-87-7 (세트)

* 책값은 뒤표지에 있습니다.
* 잘못된 책은 구입하신 곳에서 교환해드립니다.
* 이 저서는 2019년 대한민국 교육부와 한국연구재단의 HK+사업의 지원을 받아 수행된 연구임(NRF-2019S1A6A3A03058791)

문학과지성 시인선 477

잘
모르는 사이

박성준 시집

문학과지성사

문학과지성사에서 펴낸 박성준의 시집

몰아 쓴 일기(2012)

문학과지성 시인선 477

잘 모르는 사이

초판 1쇄 발행 2016년 1월 23일
초판 4쇄 발행 2024년 12월 2일

지 은 이 박성준
펴 낸 이 이광호
펴 낸 곳 ㈜문학과지성사

등록번호 제1993-000098호
주　　소 04034 서울 마포구 잔다리로7길 18(서교동 377-20)
전　　화 02)338-7224
팩　　스 02)323-4180(편집) 02)338-7221(영업)
전자우편 moonji@moonji.com
홈페이지 www.moonji.com

ISBN 978-89-320-2836-1 03810

지은이는 2012년 서울문화재단 예술창작지원금을 수혜했습니다.

이 도서의 국립중앙도서관 출판예정도서목록(CIP)은 서지정보유통지원시스템 홈페이지(http://seoji.nl.go.kr)와 국가자료공동목록시스템(http://www.nl.go.kr/kolisnet)에서 이용하실 수 있습니다. (CIP제어번호: CIP2015035152)

문학과지성 시인선 477

잘 모르는 사이

박성준

2016

시인의 말

누가 왔다 갔을까
이만큼 이토록 높이를 가진 건물의 입구

2016년 1월
박성준

잘 모르는 사이

차례

2부

3부

1부

벌거숭이 기계의 사랑

불타는 고리를 통과하는 사자들의 몸은 늘 젖어 있다
막 뽑아낸 뿌리의 근성처럼
그리움이 많은 인간들은 눈을 자주 깜빡거리고
슬픔은 가볍게 손아귀를 통과하는 비누 조각만큼 환한 불빛
더 이상 식물이 자라지 않는 기분입니다
사과는 사과를 방치했던 만큼 사과에게로 간다
공기 중에 칼이 너무 많아 숨 쉬기가 힘들다
그토록 푸르고 아름답던 기계들에게
주목 없이도 아주 특별해지고 싶은 아이들에게
안녕, 그 많던 나의 고아들은 왜 수일이 지나서도
소설이 되지 않는가

인연

친구가 사람을 죽였다고 고백했다 그럴 리가 없다고 생각하며 나는 라면을 끓였다 달걀은 풀지 말아 달라고, 친구는 내게 부탁한다 봉지 속에 면발을 사등분으로 부술 때마다 경미하게 눈가가 떨려왔다 그게 누구였냐고 왜 그랬느냐고 물으려던 찰나, 당혹은 비밀이었다 나는 가위로 얼린 파를 싹둑싹둑 자른다 양은 냄비의 뚜껑을 덮고 온몸에 열이 돌 때쯤에도 도무지 친구가 무섭지 않았다 고백이란 스스로를 보호하기 위한 방책에 지나지 않았기 때문에, 나는 사람을 죽였다는 그 손 또한 아름다워 보이기 시작했다 질투가 필요했다 이따금씩 서로의 눈을 찾아오는 짐승들에게도 얼룩을 허용해야 했다 라면이 다 익을 동안 한 사람의 죽음과 우리는 상관이 없어진다 단지 라면이 매웠을 뿐, 땀인지 눈물인지 모를 공포가 난투처럼 창을 만든다 서로의 얼굴에 환하게 솟구치는 천국, 나는 여전히 구원을 믿지 않는다

마주 보는 두 사람의 태도

이층에서 일층을 본다

거리에 불빛들이 하나씩 꺼진다

내가 사랑했던 사람들은
때마침 모두 다 나를 잊는다

잘 닦인 숟가락은 깊고
식 때를 지나서도 뒤집힌 얼굴이다

바퀴를 굴린다
혼자 춤을 추다 들킨다

전쟁이 일어나도
그리 대수롭지 않았다

복도는 눈을 감고 있다

건강한 질문

약국을 다녀온 뒤로 대낮에도 불을 켜고 삽니다 대문을 초록으로 칠했지만 좀체 좁아지지 않았습니다

그러니까 국물을 낸 멸치들은 버려집니다 액자를 떼어낸 자리처럼, 사는 동안의 냄새는 감출 수가 없는 법입니다

기념이 되는 일들은, 전원도 켜지 않은 텔레비전을 오래 보고 있던 여자와 인사를 나눈다거나 간이 센 김장김치의 밀봉을 푸는 날처럼 그렇게 시작됩니다

달력은 아직까진 새가 아닙니다 장마철마다 손목시계에 성에가 끼는 이유도 마찬가지지요

그 아름답던 중국 여자는 도망을 갔습니다

밤새 비가 내린 천막 위에는 웅덩이가 생겼습니다 사내는 자신 있게 장대로 물을 쑤시고 있습니다

천막 아래에 너무 예의 바른 물들은 돌이 되곤 합니다

좋은 사람들

아무도 믿지 않기로 했으나 그게 잘 안 되었다
그뿐이었다
윗집으로 이사 온 목사 내외는 겸손했다
요즘 같은 세상에 미신으로 떡을 돌리기도 하고
손 없는 날에 맞춰 이사를 들어올 줄 아는
꽤나 현명한 사람들이었다
무엇보다 목사의 여자는 얼굴이 하얬다
소음에 대해 아주 조심스러운 눈빛으로 양해를 구할 줄 알았고
모르는 나에게 쉽게 미안한 표정을 지어줄 줄 알았다
나는 그런 결함 없는 친절함이
딱 견딜 수 있을 만큼만 무서웠다
새벽 두 시 이후가 돼야 들리는 사랑을 나누는 기척이라든가
늘 창문으로 소리가 경미하게 빠져나갈 수 있게끔 조치를 취해두는 수고라든가
그런 것들이 목사 내외를 굉장히 예의 바른 이웃

으로 인지하게 했다

그럴수록 그들이 믿는 예수를 나는 더욱더 질투했다

그들은 누구보다 화목했고 절실했고 평판이 좋았다

그뿐이었다

이따금씩 여자는 초대를 빙자해 신앙을 강요했다

불필요한 대화를 주고받으면서도 나는 자주 생각했었다

어떤 표정이 누군가를 굉장히 아프게 할 수 있다고

신을 믿지 않는 나를, 여자는

늘 죄인이라고 생각하는 눈치였다

어느 추운 날 지방 소도시, 시동을 걸어놓은 버스 배기구에 손을 녹이고 있던 부랑자처럼

소파는 많이 낡았고 무방비했다

나는 그들과 적당히 친해졌고, 설교를 조금은 들어줄 수 있었다

친절한 여자의 하얀 무릎을 뚫어져라 오래 바라볼 수도 있었다

한 번도 넘어져본 적이 없는 뜨거운 무릎만큼
윗집으로 이사 온 목사 내외는 늘 그렇게 겸손했다
모르는 내 손을 꼭 붙잡아주면서
구원을 이야기할 수 있는 대단한 사람들이었다
그래서인지 나는 무서웠다
그들이 맹신하는 견고한 무엇이 더 무서워졌다
어떤 죄를 짓더라도 용서를 해줄 것만 같아서
그럴 것만 같아서, 나는
용서가 필요한 내가 그토록 공포스러웠던 것이다

물

종이는 단호해진다

누구나 액자 파는 가게 앞이 한 번쯤 필요했던 것이다 민은 지나치게 지나친 요구를 한다 하소연이다 절취선처럼 늘어선 얼굴들과 이따금씩 돌발적인 모래바람은 주민들의 구멍 난 부위를 다 감추기에 모자랐다

염려를 놓지 않아도 언제나 부주의한 사람들은 곧잘 사라진다 밤이면 그간의 것을 탕진해버린 도박꾼 같은 얼굴을 하고 유리 바깥으로 흘러나오는 일부는 움직임을 멈춘다 목숨은 사회였다

다 간격 때문이었다고 민은 흩어진 모래들에게 고함을 지른다 각자의 이유가 있겠으나 슬픔 또한 이 도시의 평균치를 마련하는 수많은 위험의 한 종류일 뿐

공감은 액자 속에 가급적 갇혀 있는 입장을 취한다 민의 그리움은 불황이다 사인은 뚜렷하지 못하다

우산은 굉장히 편안해 보인다

안아주는 사람

저곳을 본다 저곳을 바라본다 저곳에서 말하는 사람이 말을 하고 있다 불이 꺼지고 말을 놓친다

꺼진 불 때문에 불의 아름다움을 느낀다 이해해야 한다 불에서 피가 나거나 불에서 다시 불이 붙더라도 저곳은 불이 있던 자리

처음 맡는 냄새가 있었다
장소를 잃어버렸다

저곳을 본다 저곳을 바라본다 저곳에서 말하는 사람이 피를 흘린다 내용을 알 수 없는 어둠이 이글거린다

소원을 말해봐

옛말에 죽은 사람 소원도 들어준다는데
죽어야만 소원을 들어준다는데
우리는 소원을 말하기 위해 죽어야 했다.

소원을 말해봐. 소원을 말해봐; 무서운 고백
여기서 살아가는 동안, 소원이 생기면 나는 죽을지도 몰라. 소원이 생기기 전까지만 살아 있는 날들. 소원이 생겼다면 소원을 숨기자.

소원 때문에 우유처럼 흰 피를 터뜨린 순교자와
잠든 주인의 소원을 먼저 이해한 말의 독심술을 생각하는 밤;
말 목을 자른, 말의 죄목이 뭐랍니까?
우리의 주인은 누구이기에 우리의 말을 자른답디까. 목을 자른답디까.

내가 아는 어떤 사람은
한평생 제 소원을 숨기려고 딸 이름을 소원이라

지었지. 소원아 소원아 소원이를 부르면 제 소원을 소원이가 들어줄 것만 같아서, 소원이는 아빠의 소원 때문에 소원 하나 품지 못하고 자랐다.

나도 그렇게 참아왔는데; 나도 참았어.
무엇을 더 참아내야 소원이 생길까.

희망의 노래를 부른 적이 없다.
꿈을 꾸려고 태어난 적이 없다.
내 목소리를 퇴고한 적이 없다.
두려워서, 살아 있으려고, 살았던 적이 없다.

사람으로 태어났으면 소원을 갖지 말아야지.
소원으로 태어났다면? 곰으로 태어났다면? 쑥과 마늘을 백 일만 먹고 참아야지.

내가 태어나기도 전에 소원 때문에 죽은 사람들.
바보회 회장은 작은 소원 때문에 몸에 불을 질렀대.

아무도 들어주지 않는다고 불을 질렀대.

목소리가 뜨겁다, 쑥과 마늘을 한 움큼 입에 넣은 것처럼

이제야 산 사람이 될 것 같다고. 목소리가 뜨겁다.

소원을 말해봐. 소원을 말해봐; 우리의 소원은 통일

소원을 이루기 위해 또 누구를 죽여야 하지?

나는 부끄러움을 타는 사람이라서 소원을 말한 적이 없다.

아직 죽지도 못하고 살아 있어서 소원을 외친 적이 없다.

소원을 말해봐, 소원을 말한다면;

내 소원은

내 소원은

죽지 않고 오직 소원을 말해보는 것

그러나 나의 태생은

공사 중

그게 전부가 아닐 거라고 혼자 끄덕여보았다

고개가 있으면 끄덕일 수 있고, 손은 얼굴을 가린다 일층이었다 그네는 타는 사람 없이 흔들리고 발이 닿지 않는 땅의 입장에서 올려다보는 하늘을 생각했다

거리를 두기 시작했다

여기가 공사 중이었다

서로는 견딜 만큼의 제외를 경험했고 또 견딜 만큼의 제외를 행사했지만, 일층이었다

그네를 탄다 시소가 아니다 다 예정된 행동이었다

실험 관찰

삼백 년 전에 기계를 만든 인간이 있었고 삼백 년 후에 제발 기계가 되고 싶은 인간들이 있었다 그 사이 기계가 되기 싫은 인간들도 있었다

누군가 기계에게 명령한다 기계는 대답하고 기계는 행동하고 기계는 생각하지 않는다 기계는 기술적이고 기계는 기품이 있지만 기계는 기다리지 않는다 기계는 기적적이게도 실수를 하지 않는다

기계가 허락한 만큼의 사이를, 기계가 허락할 수 있는 틈을, 기계가 소유하고 있던 문을, 두드렸다

어느 날 기계 속에서 살아가는 사람을 만났다 기계를 가면으로 쓰고 기계로 몸을 두르고 제가 기계라고 믿는 사람은, 기계가 아니다

비에 젖은 기계에서 기름이 흐르는 실수가 있었다 물 위에 뜬 무지개를 갸우뚱 보고 있는 인간이 있었다 이미 삼백 년이 지나갔다

토포필리아

비가 옵니까 아니 눈이 맑습니다

여기가 벽이로구나 아니 향기가 있었습니다 정적입니다 그럼 백색이구나 아니 가지 않은 곳입니다 도착이 없는 도착이었지요 그건 상실이겠지 바다이거나 수증기입니다

움직임이거나
움직임을 멈추거나

이상하거나
이미 상한 뒤거나

죄송합니다
오늘은 아무도 죽지 않아서 일거리가 없습니다

죄송합니다
내가 주인이 아니었습니다 아무도 없었습니다

그럴 리가 그럼 여기가 벽이로구나 아니요 향기가 있었습니다 누가 왔다가 갔구나 아니요 잠시 버릇을 놓쳤습니다

죄송합니다
땅이 이동합니다
구름 대신에

기계들의 나라

물구나무서기를 하면 심장이 머리보다 위에서 뛴다. 이제 생각을 할 수 있을 것만 같다. 세상에! 생각하는 심장이라니? 머릿속이 다 쏟아질 것 같은 기분입니다.

심장에서 생각한 생각이 온몸을 돌아 말초신경까지 전달된다. 생각은 바깥으로 빠져나오고 싶지만 피가 나기 전까지는

생각은 생각으로 그친다.

그것을 우연이라고 부르죠. 생각이 없고 심장만 있는 것. 무슨 마음이 여기에 남아서 심장을 털어놓는 것.

생각이 심장으로 다시 돌아온다. 이제 숨을 쉴 때마다

내 몸은 생각이다.

머리가 터질 것 같다고! 괜찮아 심장이 터지지는 않을 테니까. 심장이 터지면 속으로 했던 생각들이 분출되겠지? 아니다. 생각이 그칠지도 모른다. 어슬렁거리며 저 풍경들이 내 심장 속으로 이제 다 들어올지도 모른다. 내가 우연이 될지도 몰라. 사건이 될지도 몰라.

너는 무슨 생각으로 그런 말을 하니? 그럼 어떤 생각으로 무슨 말을 해야 합니까. 말을 마세요. 더 지칠 뿐입니다.

물구나무서기;

나는 우연을 이해해보려고 몸을 뒤집었다. 움직이지 않아도 더 빨리 뛸 수 있다. 심장은,

심장에서 나온 말이 지구를 들고 중력을 거부하고 신을 거부하고 두 발로 허공을 딛고 우주에서 힘이 가장 센 존재처럼 으르렁거릴 수 있게 한다. 마음이

안 가는 곳을 모두 거절할 수 있게 한다.

무슨 말이 필요하니? 생각 있는 말이 필요합니다. 아니요. 생각이 없는 진짜 말이 필요합니다. 당신, 우연입니까? 우리 여기가 우연입니까?

아니요. 병든 사람입니다. 좀처럼 편해질 수 없는 사람입니다. 물구나무서기; 온몸으로 하는 생각. 모르는 마음을 만나려고 더 큰 벌을 받는다.

그토록 그리워한 우연을 만나면
내 주먹이, 내 심장보다 조금은 더 컸으면 좋겠다.

전자보다 후자를 위한 사교활동

나는 일곱 시에 살다가 다섯 시에 도착한다 너는 이른 아침이나 늦은 오후에만 갈색이 된다

받아들일 수 없을 만큼 창문은 창문을 허용했고, 뒤를 돌아볼 때마다 자전거는 꼭 시계탑 아래를 지나갔다

기관차는 사각사각 연필을 깎는다
여름이다 편지를 쓸 수밖에 없었다

너의 꽃집에서는 꽃이 자라지 않는다, 그러는 지금

철로는 가까워지기 싫어 길이 되고, 내가 아는 여배우들은 모두 나를 몰라 아름다웠다

내가 모르는 너의 지금은 늘 아름답다

뜨거운 곡선

기념하고 싶은 날을 만듭니다 기억이 잘 나지 않는 꿈이
꿈을 꿉니다 나는 내 숨소리에서 네가 가장 두렵습니다

남자가 안개처럼 눈을 감으면 만나지 못한 방들은 햇빛이 됩니다
이때 여자는 눈을 감고 겨우, 냄새에 대해 생각하곤 합니다

새들이 제 그림자를 쫓아가 울면 맥박은 조금 더 분명해졌을까요
어떻게 한 번쯤 죄인이 되지 않고서 누군가를 그리워할 수 있는지

먼 곳에서 물소리가 들립니다 무슨 말이든 해달라는 얼굴로
늘상 고함을 쳐도 좀체 구름 떼는 짐승 바깥으로

돋지 않고

용서나 허락이 필요한 아침입니다
창문들이 어딘가 메스껍습니다

손톱처럼 웃던 여자는 하품을 하다가 눈물을 잘 흘립니다
종이에는 의자가 숨어 있고 물속에는 죄다 수술 자국뿐입니다

벌써부터 도착해 있는 자목련은 남자의 이마를 닮았습니다
신작로 위에 분분하던 잿빛들은 놀랍게도 무릎이 아닙니다

대체 이게 다라면, 남자는 계단을 내려가고 여자는 계단을 붙잡아 지웁니다

우리는 평평하게 숨을 쉬고 있습니다
나는 나에게 거절당한 적이 있습니다

하품을 하면 눈물이 나는 이유는
꿈에서나 슬퍼할 일을 먼저 예감했기 때문입니다

반과 반

살을 만지는 느낌이 있고 살을 만지는 살이 있다
살이 있었다

태어났다 그곳은 얼굴 없는 입김 같은 곳 살을 만지는 느낌이 있다

외롭다는 것은 명확히 그리운 곳에서 발생하는 것이 아니라 모르는 곳에서부터 착각되는 것이라서 그 모를 듯한 먼 곳들이 모두 좋았다

태어나지도 않은 곳
살을 만지는 느낌이 있고 살을 생각하는 사람이 있다 양파는 둘로 쪼개진다

외로운 날에는 누가 대신 울게 되는가

사냥꾼

수혈을 하면서 나는 눈을 감았다
담벼락이 무너진 집에 나무가 깊숙이 서 있었다
반딧불이는 폐가 아파서 분주히 날아다닌다
내용을 알 수 없는 비명 소리가 상식처럼 출몰했다가
그렇게 꺼지곤 했는지 구름으로 변한
여자의 간은 분노를 이해하기엔 아직 멀었다
약도 들지 않는 동공에는 황달기가 슬픔을 구실삼아 번지고 있다 아주 먼 옛날처럼
여자의 두 귀는 부르지 않아도 희망에 홀린다
사랑을 모르더라도 쫑긋한 바깥
날카로운 것은 그뿐만이 아니었다
쉽게 가혹해지던 빈집 어딘가에서
누군가를 기다리기 위해 맥박 대신 풀벌레가 자랐다
그사이 여자는 병에 뒤척거리면서도 간신히
용서를 준비할 수밖에 없었다
아무도 오지 않았고 아무도 믿지 않았다

그저 혀를 깨물어 죽기에는 혀에 퇴적된 말들이
너무도 많아서
그런 인생을 욕하기에는 뉘우칠 그늘만 깊었다
곁에 누운 바늘은 쓸쓸했다
여자가 사는 집을 조물락 조물락 생각하면서
어딘가를 향해 돌고 있을 조용한 피
나는 내 몫의 두께를 모두 들켜버렸다
의심할 수 없는 저녁이 울창하게 이별을 흔든다
쓸쓸한 두 혀는 골동품 같은 빈 몸을 살다가
목숨에 갇힌다

과제

우리 사이에 아주 덕망이 높았던 교수는 돌연 강의실에서 담배를 피우면서 여러분께서 지금 못 하고 있는 것이 무엇인지 아느냐고 질문을 해왔다 목소리는 낮았고 매우 단호했기 때문에 몇몇은 그걸 폭력으로 받아들였다 대다수의 학생들은 의아한 표정을 지으며 믿을 수 없다는 듯 갸우뚱 교수를 올려다 보았다 종이를 찢을 때마다 벌레 소리가 들린다거나 손금에 서식하고 있는 새에 대해 말해야겠다는, 혹은 순간이동을 할 수 있다는 가벼운 농담조의 이야기들은 그 덕망 높은 교수의 재미없는 위트 정도로 받아들일 수 있었지만, 이렇게 직접적으로 어떤 실천에 대해 질문하는 일은 수십 년간 강단에 있으면서도 없었던 일이다 썩은 과일은 술이 되고 술을 마시면 씨 없는 과일처럼 결국에는 조용해지듯이, 아무도 말하지 않는 강의실 안에서 교수는 누구든 말을 시작할 때까지 기다려주기로 작정했다 개중에 용기가 있던 학생이 제 말 속 사투리를 억누르며, 그럼 교수님께서는 우리가 무엇을 못 하고 있다고 생각하십니까 하고 정해진 답을 물었으나, 그걸로 이와 같은 침묵을 깨기는 어려웠으므로 교수는 세상에서 가장 인자한 얼굴로 다섯번째 담배를 교탁에 비벼 껐다 표현되는 것은 그뿐이었다 모두에게 필요한 만큼 시간이 지났으나 모두에게 적당한 결과는 생성되지 않았다 그리고 우리의 그 덕망 높았던 교수는 할당된 시간을 다 채우고서 짐을 챙겨 강의실을 빠져나갔다 안심한 학생들은 차례차례 그 뒤를 따랐고 다음 시간은 또 어떻게 견뎌야 할지 왠지 모를 부채감을 가지고 시시덕거렸다 아무도 없는 강의실에서 교탁 위 담배꽁초를 치우는 학생이 있었다 학생은 다 알겠다는 듯 고개를 끄덕였다

외국어연수평가원

건물에 들어가서 보았다

자전거를 타고 지나가는 백인
길을 묻다가 지갑을 떨어뜨린 여자
농구코트 안에서 달리는 인간들

눈을 감으면 제자리를 찾는다

하나를 살리기 위해
여럿을 죽이고 있다는 생각

건물은 밖으로 계단을 토해놓았다

이만큼 이토록 높이를 가진
건물의 입구

2부

녘

바늘이 말랑말랑하다
종이는 주사를 기다린다
천장은 중력이 필요하다

간호사는 소파를 닮았다 월요일은 항아리가 아니다 가령 준비한 비극의 장소가 없었던 것처럼 아무래도 폭설은 새가 아니고 북극은 오래전 일이다

죽으려고 했던 어제까지의 오늘이 오늘이 아니듯, 목적에는 보는 기능이 없다 아파할 겨를이 없다 링거병을 역류하는 피의 힘처럼 마냥 동정받고 싶은 두께가 있다

사랑이 전부라고 생각하는 그 바보 같은 사람 곁에서 달력을 본 적이 있다

선물

액자처럼 문이 좁았다. 문은 고장 나 있고, 나는 책임이 없었다. 문이 고장 난 차에 어린 여자가 들어와 자고 있었다. 접촉이 필요했다. 누구냐고. 어디서 왔냐고. 어떻게 들어왔냐고. 집은 어디냐고 묻는데 대답이 없다. 대답할 수 없이 선명하게, 서로 고장 난 부분이 부풀어 올랐다. 그러니 말해보라고. 어린 여자는 혁명에 실패한 듯, 나를 가만히 보다가 그렇게 보다가 주차장 저편으로 도망을 가는 것이었다. 넘어지고 무릎이 까지고 꺅 소리도 지르고, 제가 넘어져놓고 괜히 나를 흘겨보는 것이었다. 찡그린 미간 속에서 비장하게 엎질러진 문을 생각했다. 벽을 생각했다. 지하주차장에 발소리가 다 빠져나갈 때까지, 혀로 앞니를 쓸어 아직 단단하다는 것에 안심했고, 자정은 어떤 인생만큼 멀리 가 있었다. 나를 대신해서 사연이 많아진 문을 믿기가 어려웠다. 운전석 시트에서는 아주 어린 냄새가 났다. 한 번도 맡아본 적이 없는 로션이었다. 얼굴은 기억나지 않는다. 용서 없이 냄새로 생각나는 밤이 있다.

숨을 참으면 조금은 아름다워질 수 있다

서류봉투에 담겨 나온 제 흉부 단층을 남자는 다시금 가슴팍으로 끌어안는다 생각이 많아서 더 일찍 늙었다 장례식과 장래희망 사이 얼마나 많은 시간을 허용했는가 간혹 우유를 먹으면 다 괜찮아질 거라는 속설을 믿고 실행에 옮기기도 했지만 몸에서 외출하기 시작한 몸은 더 차갑다 걸으면서 지구가 둥글다는 것을 깨닫지 못한 사람들이 전부였던 시절이 있었듯이 지구본을 돌리면서도 제 손의 위치가 우주 어디쯤이라는 것을 조감할 수 없는 전부의 시선이 있다 또 무언가 깨닫기에는 아무런 일도 일어나지 않는다

솔비

욕을 하고 있었다 힘껏, 어제 읽다 만 소설 속에 등장한 왕이 마음에 들지 않아서였다
외국에서 자란 한국인 친구는 작가가 멍청하다며 나에게 동조해주었다

나는 왕이 문제였고 친구는 작가가 문제였다

이런 건 다시 써야 한다고, 네가 다시 써보라고
절망하기 좋은 날씨처럼 친구는 나를 자주 작가라 부른다

엄마의 모국어로 꿈을 꾼 적이 있지 그때마다 배경은 늘 몰락한 도시야
맞춤법은 여간해서 잘 맞힐 수가 없고, 비를 믿을 수 없는 이유는 틀린 철자를 고치고 싶지 않아서였다

법을 고치는 대신 힘껏 팔목을 잡았다 잡고, 계속 잡고 있었다 친구가 여자라는 것이 문제가 되었다

백색의 단호

1

아랫집 남자는 그림을 그만두었다
아주 오래전 일이다
한데 그때부터 방광은 중력을 견디기가 힘들다
아픈 아랫배를 쥐고 골똘히 각오를 할 때면, 왜 튜브물감은 죄다 흰색이 먼저 굳는지
닦아도 자라나는 제 털에 대해 고민을 하다가
천장에서 자주 새는 모래에 대해 불쑥
화가 났다
윗집은 남자 둘이 동거를 하고 있었다

2

아내는 남자가 없는 동안에만
부업으로 머리를 말았다
기관지가 좋지 않아 고민이었다

살아 움직이는 것들의 움직임은 상투로부터 자유로운 것이 아니었지만
천장에서 떨어진 모래는 시야보다 적막했다
집에 파마약 냄새가 진동하는 것을 못 견뎠던 남자 탓에
베란다에 앤티크풍 식탁의자를 세우고, 아내는 무허가로 이 동네 대다수 여자들의 머리를 해주었다
햇빛이 많은 곳마다 수없이 소문들이 증식되었지만
소문에 의하면 아랫집은 자식을 잃은 부모였다

3

주말이면 내외는 어김없이 예배당을 찾았다
꽤나 엄숙한 습관이었다
방치된 염색약처럼 서로가 엉키면서 더 짙은 검정으로 기도를 드리고 눈가에서
눈물 대신 모래를 쏟아내며 서로의 불구들을 이해

하려 했다
그것은 오래된 천장의 문제였지
기도의 문제가 아니었다
기도는 오른손과 왼손이 서로 미는 힘의 강도에 의해서만
성립되었다

4

갑작스레 천장에서 모래가 쏟아졌다
방이 잠기고 빛이 들지 않아서
꿈을 꿀 수 있었다
그들은 기도 대신 상대방의 손을 잡아 깍지를 꼈다
믿음은 신뢰에서 비롯되지 않는다
그 강력한 경고에도 불구하고 아무도 애원하지 않았다
꿈은 텅 비어 있다

나무의 약속

나무를 생각합니다. 대지는 의견을 감추는 법을 가르칩니다. 고백이 아니더라도. 음악은 나무를 허용하지 않았습니다. 산을 오르는 사람은 산을 알지 못하고, 직립을 한 이후부터 종이는 누구도 믿을 수가 없었습니다. 피아노를 치면서 피아노가 희박해집니다. 산길은 누구 혼자서 높이를 이해했다는 증거가 아닙니다. 아무것도 붙잡을 수 없다는 것을 깨닫는 순간 나무의 후렴은 할애된 공간보다 먼저입니다. 이를테면 석공이 돌 속에서 부처를 꺼내 왔다든가 향불 연기 속에다 절간을 지었다는 풍문이 풍경 소리로 노승의 그림자를 흔들었다고 한들, 피아노는 여전히 뿌리가 없습니다. 불편은 계단입니다. 각자의 몫으로 넘어지기 좋은 그림자와 오차를 사랑하기 때문입니다. 나무였을 때를 생각하며 엽록으로 울렁거리는 느림의 명치 곁에는 잘 깎아놓은 불상이 있습니다. 피아노가 모르는 것을 나무가 알고 있습니다. 희망이 흉기가 되기도 합니다. 또 어떤 불상은 토르소처럼 보이기도 하지요. 피아노는 그늘을 모르고 있습니다.

애타는 마음

아무도 랑의 말을 믿지 않는다 심지어 랑이 태어나던 순간에도 대다수는 랑을 인간이 아닌 다른 것이라 했다 누군가는 랑에게 묻는다 어떤 시간에서 왔느냐고 랑이 대답을 아끼면서 시간이 생성되었다 랑이 대답하자 랑은 사라진다 랑은 연기였고 랑은 미래였다 누군가가 스스로 랑이라고 주장하는 사례가 있었으나 그 또한 랑이었다 랑은 늘 랑이다 랑은 늘 혼자였지만 혼자처럼 보이지 않는다 놀라운 일이다 랑이 혼자라는 사실은 랑을 아는 혼자만이 알 수 있는 일, 아무도 랑을 믿지 않는다 때문에 어디서든 뜻밖에 랑이 나타나 랑의 말을 듣는다 랑은 공원에 앉아 있었다

소유

옛 애인의 어머니에게서 부고가 왔다 어쩌다가 네 친족의 죽음이 나에게도 수신되었다

얼마나 웃자란 걱정이어야 지천의 꽃나무들은 발 삔 소리만큼 저대로 지고, 병명도 없이 제 그늘을 고쳐 써야 하는지

창밖의 풍경이 창을 흔들다가 지친 사이
의문처럼, 나에게까지 보낸 부고를 찬찬히 읽었다
냄새가 필요했다

언젠가 가지 마 붙잡았던 손아귀의 힘만큼 나는 지금 뻐근한 창밖을 주무르고 얼굴에서 얼굴 하나가 빠진다

벚꽃이 지고 난 자리에 엽록으로 환해지는 곁이 보이기 시작했다 그토록 햇빛은 햇빛이 많았다

연두에게

눈을 감을 때 꼭 찡그리게 된다 애오개 대폿집에는 다리 저는 이모가 이십 년 전 행방불명된 아들을 아직도 기다린다 한 병을 다 먹지도 못하고 남은 술을 화분에 부어주고 왔다 언덕을 넘으면서 거슬러준 돈에 적혀 있던 외국어로 쓴 낙서가 무슨 의미일까 생각했지만, 나와 상관없는 일이라고, 주머니 속 헌 돈을 자꾸만 더 문지른다 출신이 바닥난 기분이랄까 생각났던 사람이 이제 죽고 없다는 사실이 기다리던 사람을 또 기다리게 한다 어쩌면 그런 종교도 있었다 전화 걸 곳을 생각하는 나는, 이제야 내가 과연 몇 명일까 결정해야 했다

비 내린 비린내

물고기가 보고 싶어 수족관에 갔다 물고기가 있다
바다가 없는데 물고기가 있어 저 물고기는 슬프다
비가 내리고 있다 우산을 접고 뾰족해져 문을 연다

신문을 보던 남자는 다가와 주문을 요구하고 나는 슬픔을 채 추스르기도 전에 두리번, 남자가 긴 목으로 나를 본다 이때 나는 가장 짧아진다

광어를 주문하고, 주문된 대로 수족관에서 원인을 찾는다 기다린다 지루하다 나와 아무런 상관도 없는 결과

전혀 슬프지 않다 아무래도 슬프지가 않아서 매운탕이라는 이름이 참 싫다 물고기머리탕, 물고기뼈탕, 가시탕이라고 부를 것이지 왜 하필 매운탕이란 말인가

매운탕이 맵지 않다면 누가 슬플까

맵게 해주세요 남자는 나를 가만히 본다

물고기 살은
새하얀 계단처럼 접시에 담겨 있다
언젠가 키스를 했다가
계단에서 뺨을 맞았다 싱싱하게 부풀어 오른 왼쪽
홀로 남아, 내가 서 있던 그 자리를
젓가락으로 집어
오물오물 씹는다

여기서 이 살이 가장 슬프다
내 살이다
남자는 소주를 권하고 다시 신문을 뒤적이고
밖은 비가 내리고 있다

비리지 않은 물고기는 슬픔을 모른다
매운탕은 자꾸 더 맵다

분위기

장수탕에 가면 사람이 없다
사람이 없어서 벗은 사람도 없다
언제부터 여기 있었을까 라커룸에 누군가 흘리고 간 양말은
주인이 없는 양말은 쓸모를 감당할 수 없는 한 짝
주인을 기다리지 않고 주인에게서 많이 멀어진
냄새를 쥐고 있다 싱크대가 무너졌다
집주인은 부재중이다
모르는 양말을 더 깊숙이 집어넣는다 내가 빌린
나의 라커룸에 다른 주인의 냄새가 돋아나 있다
나는 옷을 벗는다 아무도 없는 곳에서
나 혼자 옷을 벗었다 왜 부끄러울까
집주인은 성지순례차 충청도에 내려갔다는데
나는 성지가 없다 싱크대 상판이 무너져버렸다 옷을 벗고 나온
깨진 그릇들이 부끄러웠다
나의 라커룸에는, 내가 빌린 라커룸에는 내 옷과 뒤엉켜 있는

다른 주인의 발이 있고
무너진 싱크대를 물어내라는 집주인의 전화가 있다
장수탕에서 전화를 받은 내가 있다 나는 벗고 있었다 성지를 몰라서 홀딱 벗고
싸우고 있었다
양말을 한 짝만 신고 간, 주인은 부끄러움을 모른다
순례를 아는 집주인은 부끄러움만 모른다 대체로 싸움에서
나는 이겨본 적이 없다
양말은 늘 왼쪽과 오른쪽을 구분하기 어렵고
장수탕에는 사람이 없다 모든 우연은 해결이 되지 않는다
나는 장수탕을 가는 유일한 없음이다

하늘에서

짖지 못하는 개의 울음은 주인의 것

주인이 만든 팽팽한 구속과
개의 동공 속을 다녀간 권리

컹컹 귀신이 머문 자리에
잠깐 돋은 송곳니

불 꺼진 거리의 손전등
밤은 어떤 고집으로 쓴 용서도 돕지 못하고

개는 울음을 그친 순간에만 더 짐승이 된다

아무런 잘못도 하지 않았는데 걸음을 멈추는
그런 버릇을 고치고 싶었다

평형감각

랑은 생각하지 않겠다고 생각한다 머릿속에 떠오른 단어를 사라지게 하려고 랑은 랑이 아닌 가운데에서 랑을 떠올렸다

둘이 있었다

다른 생각을 하면 다른 생각을 했다는 것을 인지해야 하기에 생각하면 생각할수록 랑은 몰랐다

모르게 되었다
둘이었다

개별 사상가의 비전

싸움이 있었다 싸우고 있었다

사랑에게 집권할 권리를 주자
사나운 적을 대하는 오늘의 수치는 조금 더 강물이 되었다

돌이 연기가 될 때까지
숲으로 떠나간 사람은 잘 잘린 목재들처럼 가지런해지고

은둔은 또다시 내일을 향해 개정이 되지 않는다

눈먼 사람이 본 것을 믿을 수 있을 때까지 눈을 지운다 보이지 않기 때문에 믿는다

비좁은 생활에서 꿈을 꾸고 나니 그 꿈까지 제 것이라 우기는 싸움이 있었다 싸우고 있었다

별이 되어

숨을 쉬려고, 헤어지자고 말한다 이때마다 애인은 누구도 다스려본 적이 없는 눈으로 나를 본다 슬픔을 다 암기할 수 없었지만 울음은 문제 풀듯이 다 풀어봐야만 직성이 풀릴 때가 있다 누군가는 체온을 의심했고, 누군가의 음악은 피를 다스리려고 군중을 모았겠지 아무도 모이지 않는 집회에 이룰 수 없는 내 꿈이 있다 내 국가가 있다 어떤 아름다움을 더 배워야 한 번도 사랑을 모르는 눈으로 또 너를 볼 수 있겠니? 옥상에서 떨어진 남자는 옥상을 사랑한 적이 없다 나는 또 헤어지자고 말한다 아무것도 할 수 없다는, 꽤 좌파적이고 입체적인 얼굴로 너는 나를 본다 환풍기가 필요하다 나는 너를 그렇게 본 적이 없다

俳優 3; 여관에서 쓰는 시

좀더 엄숙한 얼굴이었으면 좋겠다 삼우여관은 왜 이층으로만 대실을 줄까 게다가 혼자 가면 주지도 않는다 자살을 하기에는 촛농처럼 한적하고 시를 쓰기에는 너무나 거울이 큰 방, 이런 곳에 제목을 붙이기란 쉽지가 않다 그런 눈으로 보지 않았으면 좋겠다

아이들이 지루해하고 있다 들어줄 만하나 전혀 도움이 안 되는 백묵을 쥔 손을 보고 있다 교육은 가장 합법적인 방법으로 계급을 승계하고 나는 그것을 돕는다, 라고 쓴다

나도 그 시로 문제를 풀어봤어, 맞혔어 종결어미에서 근거를 찾았어 어떤 해제가 되려고 애를 쓴 말이 있다면 이것이 문제로구나? 나는 그런 말이 문제라고 생각했다 이층 복도 끝방에 두고 온 시가 있다

엎드려서, 누워서 시를 쓰다 보면 위장이 납작해지는 느낌이다 카페보다는 여관이 좋지 어머니는 책값 대신 김치를 챙겨주신다 더 슬퍼지기 전에 용서할 일들이 필요했지만 더 슬퍼지기 전에 죽을 수도 없는 일이다

이게 무슨 말인지 모르겠어? 맙소사! 나도 네가 어려워할 줄 알고 이 말을 썼어 시를 권하는 사회; 세 시간이 지나자 여관에 전화벨이 울리고, 저 전화를 받지 않으면 문을 쾅쾅쾅쾅 두드리고, 아직 한 줄도 해결되지 않았고 주인이 문을 따자 나는 급하게 욕실에 물을 튼다

자살보다는 샤워가 다행이라고 나는 시를 쓰는 대신, 거울에게 벗은 몸을 모두 보여주었다 몸만 씻고 나온 여관의 뒷문, 어떤 빛이 더 진지해질 수 있을까 나는 더 슬퍼지지 못해 슬프다

호수를 에돌아 나가면서 대낮은 자살하기 좋은 천장처럼 엄숙하다 오랜만에 전화를 걸자 다시 삼우여관 복도 끝 방이 된 수화기 속은, 옛 애인의 존댓말로 내게 더 엄숙해진다

용기가 필요했고, 몹시 견딜 만했다 아무것도 그칠 수 없는 나의 몫을 더 의심해봐야 했다 한 번쯤, 호수 속을 가만히 보고 있을 수밖에 없었다 아직이었다

아름다운 재료

엄지는 반지하 방에서 복숭아를 깎았다
좀더 무르기 전에 처리해야 할 연락이 있기 때문이다
때마침 창가에는 발자국과 함께 관음들이 지나갔다
사람은 모두 언젠가 죽는다지만
그가 바로 어제 죽었다는 사실이 엄지의 식욕을 더 돌게 했을 것이다
입가와 두 손이 자꾸만 끈적여왔다
속 깊은 신발처럼 빛이 들지 않는 반지하 방
엄지는 어둠 곁을 꼼지락거리며 꽤나 여럿을 생각했다
그게 다였다
아직도 개비로 담배를 파는 가게가 있다는 버스 정류소는
꼭 한두 번씩 버스가 정차도 않고 지나갔지만 그런 일들이 있었기 때문에
버스를 기다리는 게 몹시 좋았다
동짓날에는 팥죽 대신 호빵을 호호 불어 먹는다든

가 값싼 부적을 지갑 안쪽에 챙긴다든가 하는 당부들은
망자가 된 그가 가르쳐준 미신이었지만
모두 그의 탓만은 아니었다
여름날이면 팔꿈치와 왼쪽 복사뼈가 까매지는 증상이
그를 닮아가는 과정이라고 해도, 그것은 그저 혼자 묻는 질문이었다
이윽고 엄지는 울지도 않고 복숭아를 다섯 개나 해치웠다
여섯 개째, 빚을 지는 마음으로
다시 거울을 본다
복숭아에 벌레 먹은 부분을 앙 하고 뱉어내보지만
썩은 곳이 더 달콤하다는 사실을 부인할 수가 없다
알던 사람들 중 이제 하나가 죽었으니
여러 명의 엄지들 중에 단 하나의 엄지가 죽은 셈,
늘상 고아거나 많은 아버지들처럼
대낮이 줄어들고 있다

저 바깥으로 향하는 한결같은 피의 즐거움

호스를 끌어다가 책장에 물을 준다
이제 더는 자라지 못할 것이기 때문에
이게 마음이다
목소리 속에 공터가 있다면
공터를 지나가는 벙어리 대신 말을 앓다가
두 눈 딱 감고 몇천 년쯤 말을 앓다가
너는 이미 죽었다고
추문을 당하고 싶다
살아온 날들보다 더 많이 산 것 같은 책들이
다시 가볍게 말라가는 동안
종이는 나이테를 생각한다
울퉁불퉁 울어버린 공간만큼
뿌리나 그늘이 있었던 적을 생각한다
활자들이 부서지고 빻아지고 물 안에서 저자들이
이리저리 부유하다가 가라앉고 또 문드러지고
배열을 바꿔 주인 없는 자리를 문 벌레들이
온몸을 기어 다녀도 그늘을 빌려 쓰는 이게
마음이다

물을 먹은 책들이 다시 가벼워지는 동안
종이는 무슨 말을 또 붙들고 있나
꼭 한 명쯤 불구를 만들어내는 가족력 때문에
언젠가 제 몫을 다해 미치려고 한 적이 있었던 것
처럼
이제 성격이 되어버린 병은 자주
간밤에 환청을 데리고 들어오고
나는 마음 없는 마음자리에 맘에 들지 않는 그늘
자리를 찾아
숨을 놓치고 싶은 그런 마음
물에 젖은 책들은 모두 선인장처럼
잎이 되지 못한 뾰족한 포기처럼
훌륭한 학살의 마음
황홀한 전쟁의 마음
행복한 야만의 마음
호스를 끌어다가 책장에 물을 준다 우연을 끌어
다가
마음에 시간을 준다

선인장은 제 속을 적시는 대신 가시를 바깥으로
두고 있고
뼈 대신 가시를 품고 사는 물고기들은 물 바깥이
이미 죽음이란 것을 직감해 오래전
눈을 퇴화시켰다
두 눈을 딱 감고 몇천 년쯤 시간을 참아야
마음이 방치해둔 책에서는 버섯이 자라날까
악몽도 병균이라 꿈에서도 버림을 받고 꿈에서도
식욕이 돌았다
무슨 말을 더 하고 싶다는 듯 낼름
책에서부터 혀를 내민 것들을 나는 가만히 만진다

오히려

누가 내 편이 되어줄까

독이 든 은수저처럼 입에 문 말들이 검게 변할 때 삼덕공원에서 담배를 피운다 연기는 왜 푸르지 않을까 생각이 생각만큼 저릴 때쯤 교복을 입은 아이가 다가와 담배 두 갑만 사달라고 부탁한다 돈은 드릴 테니 아무것도 묻지 말아달라고 딱 말보로 두 갑이면 된다고 한다 그토록 모르던 바람은 누군가의 몸에서 살다 나온 숨인가 너 그러면 안 된다는 말의 찰나, 언니들이 안 사 오면 죽이겠다고 꼭 사 가야 된다고, 아이는 모르는 팔을 잡고 흔든다 무슨 말을 해야 독이 되려나 담배를 사 주고 난 후 나는 몇 분 전보다 더 파래진다 꾸벅 인사를 하고 아이는 왜 이쪽을 한번 돌아봤을까 모르는 사람이 우연히 내 이름을 불러줬으면 좋겠다 담배 한 대를 더 피우고 아직 모르는 내가 겨우 그리워지는 순간 침묵은 누군가의 이름을 부르기 위해 평생을 쓴다

공원을 지나 모텔 골목, 아이가 문을 온몸으로 밀고 들어가는 것을 본다 말보로 두 갑을 손에 꼭 쥐고

삭

애인의 아이를 지우고 건너온 밤
도무지 어디가 아픈 줄을 몰라서 울음이 났다
그토록 발작하던 햇빛은 다 어디로 갔는지
자신에게서 빠져나와 모두 제 자신에게로 돌아가는 저녁
책가방 대신 애인을 업고 돌아오는 길이었다
빠져나간 것이 있다는데 더 무거워진 애인
그 중력이 싫었다
가슴팍에 돌돌 말린 우주야
한 근 떼 온 소고기가 손끝에서 달랑거리는
거추장스러운 중력이 싫었다
핏물이 다 빠지지 않은 소고기에 미역을 둥글게 풀며
지구가 자꾸 돈다는 게 갑자기 느껴졌지만
다 기분 탓이라고, 아랫배를 쥐고, 자꾸 나오지 않는 오줌을 싸겠다
애쓰는 애인에게 나는 느닷없이 화를 낸다
다 기분 탓이라고

애인은 내 화를 다 받아주면서 짜증 대신
화장실 문을 닫는다
아무것도 흐르지 않는 변기에서 물이 흘렀으면 좋겠다
어딜까 지도에도 없는 땅
나는 그날 애인 대신 밤새 오줌을 쌌더랬는데
가고 싶다는 곳으로 좌표를 찍으며
그토록 꿈을 꾸고 싶었다
서로를 꼭 안고 달로 가는 꿈
6분의 1만큼 줄어든 통증이 기다리고 있을 거라고
먼 우주에서 온 것 같은 초음파 사진을 만지며
애인은 속삭였다
나는 하나도 아픈 곳이 없었다
노란 달이 다 빠져나가도록 지구와 달이 서로를 외면하면서
각자에게 멈춰 있었다

그 옛날 혀가 되지 못한 냄새들

주먹을 쥔 손가락 속으로 들어간
손수건은 새가 되었다
그러나 다시 장막은 쳐지고 뒤엉킨 필름처럼
새는 혀를 갖고 있지 않아
또한 암전 속에서 우리는
입술 위에 올려놓은 지붕을 나눠 덮는다
주머니를 나누고
가격당한 손찌검을 나누고
너의 붉은 뺨은 대체
어디서 찾아야만 하니? 나비넥타이는
벌레였던 적이 없고 빈손에서 튀어나온
꽃가루들은 향기였던 적이 없으니
맹인이 된 여자가 어떻게 딱
거리를 알아채고 뺨을 때릴 수 있었는지
왜 아치형 새장을 보고 예배당에 조아린
벙어리를 생각하게 됐는지
나는 모국어를 사랑한 적이 없었으나
내가 배운 말이 나를 이토록 사랑할 줄이야

울렁거리는 시계추 앞에
좀처럼 말문이 막혀버리는 고립
눈 깜짝할 사이 홀연히 사라져
손수건으로 돌아간 새의 찰나를
여행이라 부르고 나면
나는 내게 잠깐 기대고 갔던 모든
기울기들을 대체 무엇이라 부르나?
모서리만큼 혀를 잃고
새처럼 부리를 벌려 밤새 종을 친다
그러나 종의 내부에는 공간이 없어
아무런 소리가 들리지 않는다
그저 마술처럼

동행

국도를 걸으면서 우리는 핑계가 많아졌다 집에 가기 싫었고 서로 위로하는 법을 점점 몰랐다 일부러 식당에 가서 길을 물어본다든가 타로점을 봐주면서 라면을 얻어먹기도 했지만, 우리는 걸으면서 왜 걸어야 하는지 몰랐다 아무것도 보기 싫었고 누구도 믿을 수가 없었다

밤길에 산을 넘을 때는 작은 기척도 공포가 되곤 했다 그럴 때마다 봄 보지 가을 좆이라든가 손가락을 펴고 길이마다 십대 이십대 삼십대라든가 음담패설을 주고받으면서, 하루에 한 도시씩밖에 넘지 못하는 무능한 두 다리를 서로 두들겨주었다

너는 왜 나랑 목욕탕에 안 가니? 너는 왜 술 먹고 나한테만 뽀뽀를 안 하니? 서운한 점을 말하기도 하면서 누군가 우리를 꼭 찾아줄 거라고 전원을 꺼둔 전화기를 만지작거렸다

모 학교 교수이자 유명 시인에 대해서도 이야기를 했다 학생들이 보직 때문에 강의를 접은 교수를 탓해 시위를 했는데 그 교수 왈, 너희들의 배후가 누구

냐 했다는 것이다 우리들의 배후는, 우리들의 배후는, 젊은 시절의 당신이라고, 아무렇지 않게 좋아서 아무렇지 않게 감동하고는 우리는 또 걸었다 걸어야 했다

시인이 되면, 서로의 학교 앞에서 2인 시위를 해보자 별 특별한 이유 없이 시위를 해보자고 특별하게 서로를 질투하면서, 우리의 배후에는 누가 있을까 생각했다 고백은 서로를 지키기 위해 단 한 가지씩밖에 할 수가 없었다

나는 누나 이야기를 했고, 너는 여자 이야기를 했다 너는 곧 전화기를 켰고 기차를 탔다 나는 계속 걸었고 왜 걷고 있는지 도무지 알 수가 없었다

그때 다 걷지 못한 길을 지금 같이 걷고 있다는 생각이 가끔 들 때가 있다

3부

왜 그것만을 요구하지 못했을까

말이 필요한 날이면, 울어줄 사람이 없었다 이불을 깊숙이 뒤집어쓰면 더 좋은 꿈을 꿀 수 있을까 해서, 꿈을 꿀 수 있을 때까지 살을 만졌다 간혹 썩 좋지 않은, 나의 과거도 인간의 것이라 믿고 싶었다

용서라는 말을 배우기 전까지 얼마나 아름다웠을까
중력이 위험한 나날들

주사위가 추락하는 순간
날씨가 필요했다 의문을 내려놓기 전까지 건잡을 수 없이 또 그 육체는 솔직해져갔다

그해 여름 이웃에게 평판 좋고 친절했던 아들은 어머니의 목을 졸랐고, 옆집에 사는 중국 여자는 강간을 당했다 완강하게 저항하던 그 소리들을 오해하면서, 나는 수차례 자위를 하다가 잠이 든 적도 있다

몸에서 가장 감동적인 부분을 멈추고 만 것처럼

인파 속에 종종 어깨를 묻으면, 묻고 싶은 질문들도 때마침 사라져갔다 모두 내가 사랑하기 시작하면 그렇게 나를 떠났다

이별에는 질량보다 질문이 필요했을까

때때로 뜻하지 않은 슬픔 때문에 뜻을 갖게 될 때

울음을 그칠 때까지는 조심해야 할 몹쓸 선악을 믿고 싶을 때

주머니에 손을 감추고 싶다

이제야 그리운 사람들이 모두 죽었다는 것을 알았다

이유 없이도

대학살

공정한 제도 속에서 공정한 사람이 태어날 수 있다 공정하지 않던 날씨는 어김없이 비를 뿌렸다 장마였다 뻔뻔스럽게도 불변하는 것들은 요점 정리가 쉬웠고 그럴 만하겠다고 생각한 건강은 조합원들의 몸을 몹시 공격했다

병은 본래 숨기기가 어려운 것이었다 근대적인 교육이 처음 이런 작업장에서 일어난 것이라고 생각하고 나니 기억하고 있는 것보다 잊어버린 것들이 순해 보였다

불이 꺼진다

최후의 목적은 농성이 되었다

할 일

우리들의 꿈은 반대다
어느 날 개가 죽었다
꿈은 우리들과 반대다
마당에서 짖던 개가 죽었다
개의 성대에 들어와 컹컹 풀리던 마당이
개와 함께 죽었고
개와 함께 발작하던 어느 날이
개처럼 죽었다
우리들은
우리들을 지키기 위해 꿈을 꾸었고
꿈을 꾸기 위해 우리들은
우리에게 반대를 강요했다
죽은 개를 묻어주러 간 아버지와
죽은 개를 받아주려 버틴 뒷산과
개가 죽었다는 우리들의 꿈
우리들 꿈속의 주인공이었던 개가
농약을 먹고 죽었다
농약을 받아먹고 영근 벼들이

우리들의 꿈과 반대로 눕고
농약을 받아먹고 죽은 개는
우리들의 꿈만큼 괴롭게 죽었다
우리들의 꿈은 반대다
마을의 청년들은 눈빛이 초롱초롱하다
이래도 될까?
초롱초롱한 눈으로 꿈을 꾸고
꿈에서나 할 짓을 해볼 생각
죽은 개를 묻고
죽은 개를 지키는 아버지
산에서 내려올 줄 모르는 아버지
개의 주검을 지키려는 꿈
아버지와
아버지의 꿈은 반대다
뒷산에 개의 무덤을 파는 청년들은
죽은 개의 내장을 쏟고
죽은 개를 끓이기 위해
죽은 꿈을 끓이기 위해

무덤 곁에 불을 놓는다
반대로만 꾸었던 꿈은
우리들이다
개가 죽었다는 사건이 덕지덕지 붙은 살
고스란히 뼈만 남기고
개의 주검을 먹어치우는 청년들
농약이 머문 내장과
농약이 닿지 않은 뼈와 함께
무덤은 무덤을 만든다
개는 죽어서도 개라서
우리들의 꿈은 반대로 꾸어도
우리들만 마냥 좋을 꿈
개 같은 꿈을 꾼다
여린 나뭇가지를 꺾어 이를 쑤시고
땅에 풀릴 살로 제 살을 채우고
무덤을 더 단단하게
단단하게 밟는다
우리들의 꿈은

우리들의 꿈과 반대다
아버지가 하산하고
청년들이 하산하고
새벽이면 안개가 하산한다
안개는 마당까지 몰려와 꿈을 꾼다
축축한
우리들의 꿈
우리들의 꿈은 반드시 이루어진다
개가 죽었다
이 꿈은 반드시 우리들의 꿈이다
꿈은 반대다
이루어지지 않는다

명분

이윽고 랑은 생활을 포기했다

지하철에서 발견한 명함에는 누구나 할 수 있는 가벼운 노동이라고 소개가 되어 있었다 랑은 심지어 반나절간 적당한 지루함을 갖고 교육까지 받아내었다

회사 측은 이튿날부터 랑의 출근을 허락했다 뜻밖이었다 그렇게 배정된 업무도 모른 채 랑은 거룩하게 지하철을 탔다 며칠 전 랑을 인도한 그 명함을 한 짐씩 지고서 곳곳을 누비며 찌라시를 돌리기 시작했다

랑의 몸은 점점 얇아져갔다 시간이 필요했다 낯선 종이에서는 살냄새가 났지만 대수롭지 않았다

다른 청년에 의해 그 찌라시가 뿌려지게 된 것은 얼마 후였다

나무로 만들어지지 않은 종이였다

희망의 혈통

소다를 넣어도 부풀어 오르지 않는 설탕이 있었다 까닭 모를 까닭 때문에 죄보다 가방이 무거웠고 얼마 동안 아이들은 주머니 속에서도 주먹을 불끈 쥐었다 서로의 정체를 드러내지 않으려고 쉽게 절실해질 필요가 있었다 때 묻은 동전 같은 낯빛으로 보이지 않는 끝처럼 사납게 웃다가 제 집을 찾아 돌아가곤 했다 형벌은 주머니 속 힘이 단 하나였을 때만 가능했다 삐뚤빼뚤한 치열 사이로 주인 없는 그해 가을은 참담했다 폐가 앞에서 죽은 남자를 발견했을 때에도 우리는 혀를 괴롭히지 않았다 손가락을 악기 삼아서 서로의 공포를 조금씩 눌러줬을 뿐, 아무도 눈이 부시지 않았다 바람에서는 떫은 맛이 감지되곤 했다 국자 속에 설탕은 계속 녹고 있었다 나무가 스스로 열매를 소유할 수 있다고 생각지 못한 눈치였다 무섭게 줄어들었고, 파랗게 자랐다 달게 마시던 커피가 부끄러워질 때쯤, 아이들은 용서를 망각한 부분만큼 용서를 알았다 그럴 수밖에 없었다 나의 실수는 아직 살아 있다는 실천이었다

행복한 거지가 되고 싶었던 페시미스트

깨진 화병에 흥분하던 모서리들이 서로를 잊습니다 때마침 허공이 깨지지요 벽에서 탈출한 창살과 굵기가 맞지 않는 소식들이 서로 뒤엉켜 바닥이 낭자합니다 당신은 죄가 없습니다

거울 속에서 흐르던 얼굴이 푸름을 깨고, 마네킹의 음부처럼 뜨거워진 해안선이 몰래 가을을 넘어오고 있었습니다 우리는 그것을 쉽사리 죄라고 불렀지요 누군가의 그윽한 휴일은 음악이 되고 공기가 쉬어간 자리는 무덤이라 했던가요

눈동자는 제 안쪽으로 홀연히 자취를 풀어헤칩니다 죄를 기록하기 좋은 몸, 몸에 좋은 죄가 있었을까요 손바닥으로는 가릴 수 없는 심장이 파랗게 파랗게 뛥니다

내 편지가 그런 당신에게 조금 차도가 있는지 궁금합니다 몸이 가진 죄에 마음이 정들고 맙니다

것들과 들것

불이 나간 전구를 오래 바라보고 있을 것
자판기 반환구에 이따금씩 주머니에 있던 동전들을 모두 털어둘 것
토끼에게 콘택트렌즈를 먹이로 줘볼 것
오랜 줄을 기다렸다 차례가 되었을 때 돌아서볼 것
아는 길을 물어물어 찾지 못해 헤매어볼 것
제 살 어딘가를 딴 곳인 듯 오래 깨물어 흔적을 만들 것
도통 알 길이 없는 외국어 강의를 경청해볼 것
물어뜯은 손톱 대신 먼저 웃을 것
책상에게 물을 줘볼 것
모르는 사람을 향해 내 이름을 힘껏, 불러볼 것

랑

남자는 말을 하고 문을 닫고 사라진다 남자가 사라지고 문이 남는다

문이 여자를 보고 있고 문은 여자를 남긴다

남겨진 여자는 남자가 한 말에 대해 생각하면서 여자에게 남겨진 말을 생각한다

남자가 남긴 말이 여자의 머릿속에 들어가 있다 문을 닫고 사라졌는데 머릿속에 말은 남아 있다

문을 가만히 본다
순간 문이 여자에게 말을 건다

혁명

문이 열리는 동안의 역사가
문을 열고 난 후의 현재를 다 말해주지 않네 주인을 잃자 개는 저 스스로 주인이 되고
모서리가 하늘인 것처럼
날씨를 기다리는 노인이 이마를 짚고 있네

누가 왔다 갔을까

죄책감

유월에 시월이 아픈 사람을 만났다
죽은 나비처럼 두 귀는 유독 지쳐 있었고
처진 눈에는 매듭 몇 개가 풀려 있는 모습이었다
그럴 만도 했다 근육보다
신경이 큰 승모근의 기울어진 각도는 제 숨은 뿌리를 적발해내기 충분했고
푸른 손으로 얼굴을 문지를 때마다
낯빛에서 풀밭이 두껍고 잦게도 풀려나왔다
저마다 소리를 물고 있는 꽃들이 저마다의 사연에 익어
절벽만큼 안개로 지고, 말을 할 줄 모르는 혀는
말을 배우기 위해 저 혼자 병에 걸려야 했다
고향이 어디라 했던가
태생을 모르더라도 그보다 오래 살았을 육지
꼭 자물쇠 같았다 서로 우회할 수 있었다면 만나지 말아야 할 저녁이 있었다
온몸으로 헤어지고 있었다
약도 쓸 수 없는 나의 미래가 여전히 부끄러웠다

천국

사인이 다 같을 수는 없다

대신 유서를 써달라고 애원하던 사람은
끝끝내 죽지 못했다

누가 죽어야만 완성되는 글이 있다

이미 죽은 사람의 필체가 궁금해지는 밤
죽으러 간 사람은 다시 돌아온다

누가 죽어야만 시작되는 세상

진혼가를 위한

팔월의 밤은 평면 같다
먼 곳으로부터
무식한 트럭 소리가 들리고
무식한 사람이 내려
무식한 아내에게 버럭
화를 낸다
아이들은 이미 자고 있다
이유가 있을까
이건 거짓말이 아닌데
거짓말처럼 고개를 숙이게 만드는 문
무식한 사람을 매일 같은 시각
겸손하게 만드는 문으로부터 아내가
마중을 나오고
아이들은 이미 자고 있다
불이 켜진다
문명이 미안할 정도로 단호해진다
몇몇이 떠난 이유를 굳이 말하자면
아주 교훈적인

이유였다
사내의 투지는 신경질에서 나온다
자유에는 보람이란 없다

빠빠라기

음악을 듣는다. 혼자라는 나의 문명이 더 이상 나쁘지 않고, 모르고 있던

한 생애를 다 겪고 난 것처럼 얼굴이 얼굴을 모르려고 할 때가 있다.

목소리 속에 살고 있는 너무 많은 귀신들.

나의 연인. 바보. 오랜만이야. 그때 또 다시. 왜 그랬는지. 너는 너로서. 내 안에 아직.

나를 알던 사람들은 모두 나를 모른다. 때마침 느껴봤던 매혹들을 모두 다정이라 부른다.

트랙이 돈다.

희망은 폭력이었다.

랑에게

집 안에서 모르는 냄새가 난다
한 달간 집을 비우고 돌아왔는데 사는 동안
몰랐던 냄새가 먼 길을 돌아와
앞에 선 것이었다

거실에는 불이 켜져 있고, 냉장고에는 한 달 전 받아놓은 물병의 물이 아직도 맑다

보일러를 돌리고 손바닥으로 바닥을 쓸어보다 놀란다
한 번도 본 적 없는 물이 끓고 있다

물에 다른 것이 섞여 있을 때
나는 물이 상했다고 생각한다

누가 컵 속에서 찰랑거릴까 가지 못한 흔적들은 끝끝내 가지 못한다 누군가 있다

나는 손님처럼 의자에 앉아서

핑퐁

뜨거운 것을 만지기 싫은 사람 흉내를 내보자. 다치지 않게 간격들을 완성해보자. 그녀의 목소리는 자주 모빌처럼 끄덕인다. 더 멀리 갈 거야. 심증만으로는 찌그러지기 쉬운 테두리. 미루기 좋은 핑곗거리로 만들어진 뼈. 좋지 않은 발음. 왜 발에 차이는 건 여전히 태양이 아니라 낙엽인가. 떠나갈 수가 없다.

오래 밀어내면서 붙어 있고 싶던 배경 때문이라도 오이는 오이보다 더 시원하게 자란다. 마주 잡은 손을 녹이는 미끄러움과 쑥 하고 빠져나가는 허탈감. 찰나가 멀어진다. 밤과 낮이 오간다. 간격이 우리의 손을 떠났다. 그녀는 부서지면서 도착한다.

오이꽃이 떨어지면 제 속이 굵어지고 가시의 간격들도 느슨해. 더 커다란 반복이 필요해. 나무주의자를 만났을 때 나무주의자는 제 손목에 호수를 보여주면서 나이테나 파동에 대해 이야기하기를 원했다. 애초에 테이블을 벗어나면 안 되는 게 규칙이었다는 듯 더 멀리. 승패는 중요하지 않다.

그물을 향해 그녀가 팔을 휘젓는다. 손바닥에 혀가 돋은 것처럼 우리는 우리가 필요하다. 나에게서 한 번, 너에게서 꼭 한 번. 사이좋게 부딪치지 않으면 다시 시작해야 한다. 두 손은 뜨거워져서.

가령의 시인들

아무도 말을 하지 않았지만

동기들은 주문대로 시를 지었다. 카페에서 오늘의 커피를 주문하며, 골방에서 치킨을 주문하며, 주문된 대로 시를 지었다.

될 만한 시를 말하는 지방놈은 시집이 한 삼백 권쯤 있는 놈이었다. 너 그거 죄가 되는 거라고. 시는 그런 게 아니라고. 주장하던 몇몇은 얼마 버티지 못하고 생각을 시작했다. 아무도 말하지 못했지만 우리는 지방놈을 늘 부러워했다.

생각을 그칠 줄 아는, 지방놈이 부러웠다.

여기서 누구보다 시를 잘 짓는 시인은, 늘 가능성이 넘치는 최종심이었는데, 그의 지론에 따르면 시를 짓는 데에는 의식주의 법칙이 필요했다. 옷도 짓고 밥도 짓고 집도 짓는데 시도 그렇게 짓는다는 것. 참을성이 조급하게 필요한 날들이었다.

우리 중에 인내심이 많던 최종심은 자꾸 최종까지 죄를 짓고 시를 지었다. 발에 잘 맞지 않는 구두를 구겨 신으며, 마음이 마음이 되었다.

너는 왜 필명을 짓지 않았니?

이름 짓는 일이 더 중요하다고 나는 곧 유명해질 거라고. 생각이 중지되었다.

그것도 서정이라 부르자.

말할 필요 없는 말을 더 시끄럽게 떠들 수 있는 지방놈은 부모 중에 누가 더 많거나 아예 없었다. 부재와 넘치는 것 사이에서 모종의 결탁이 있었다. 모두 가난일 수 있다고, 야합이었다. 그런 것도 서정이라 부르자. 등록금을 동결하는 모임에 나가고, 세상에서 가장 억울한 얼굴로 담배를 피웠다.

그해 겨울 최종심은 또 최종까지 죄를 지었다. 몇몇은 시를 포기했다. 때때로 미지는 멀리, 가까이 있었다. 이렇게 분명한 미지는 우리에게 안정감을 선사했다.

한 명이 자살을 택했다.

어떤 식으로든 죄짓는 일이 많아진 동기들 중 하나였다. 최종심이 슬퍼하는 방법에 가장 능했고, 우리는 그를 따라했다. 역시 최종심은 진정 지방놈이었다.

우리에겐 시 짓는 일보다 약을 지어 먹을 일들이 조금씩 더 많아졌다.

이렇게 거짓말을 짓는 일들이 슬퍼져갔다.

더 이상 아프게 살 용기가 없었다.

기분특별시

안경 코받침이 떨어져 나갔다

안경이 얼굴에서 흘러내릴 때마다 비행기가 떨어지고, 간판 불빛들이 소등되고 약속이나 한 듯 그네의 수평이 깨졌다 심지어 몇몇 아이들은 골목에서 사라져갔다

자정까지 친절을 구걸했지만

너는 누구인가

살면 살수록 왜 음력과 양력 생은 자꾸만 어긋나는지 안경사들은 최선을 다해 나를 손님으로 판단할 뿐

나는 실망할 준비가 되어 있다

얼마나 근사한가

내가 알던 지난 몇 년이 나를 모르려고 하니

몇 세기 전 사람을 죽였던 돌이 담이나 집의 일부가 되더라도 시야에 들어온 전부는 누구에게도 사람이라 부를 용기를 마련해주지 못했기 때문에

나는 기분 없이 자랐다

육면체로 된 색깔

체르니 40번을 치다 말고 뛰쳐나온 여자아이가
쪼그려 앉아 마냥 우는 보도블록 한 칸쯤을 입술이라 부르자
사거리에 낮은 건물들 사이 일층에는 오래된 음악교습소가 있고
유독 높이를 가늠할 수 없던 나의 첫 짐승 같은 건물
건물과 건물 사이로 가볍게 곤두박질치는 햇빛들을 손톱이라 부르자
버려진 손톱을 먹은 쥐는 왜 나를 닮았을까
변신 직전까지 오물거리던 언 땅과 시간과 흑백의 위기
더 멀리 도망가는 쥐의 계산 방향을 귀라고 부르자
귀라고 발음하고 들었던 모든 저쪽을 다시 쥐라고 부르자
서랍이 아니었던 건물에는 높이만큼의 귀가 많고
변신할 수 있는 모든 용도의 벽에서는 다 사용하지 않은 오후의 신경질이 있어

건물과 건물 사이를 질주하는 남자를 분노라고 부르자
위험을 무릎
세계를 춤
전염병은 살자
정체불명의 두부를 얼굴이라 부르자
촛농처럼 무너지는 울음이라 부르자
햇빛을 발작이라 부르자
이층부터 사층까지를 사용하는, 문 신경정신과의원
병원에 도착했던 나는 대체 몇 살쯤일까
진료실에서 울다 멈춘 여자를 보도블록 한 칸만큼 부르자
'문'이라는 상호는 달을 뜻하는 걸까
성씨를 뜻하는 걸까
문을 열고 들어가는 환자들의 모든 고충들이 블라인드를 내리고
온도는 대체 어디에서 오는가

지방 군소에 이토록 육중한 정신과의 필요는 누구의 동굴인가

피아노를 치던 아이의 이름을 올려놓은 혀를 파충류라 부르자

정신과 의사가 남모르게 앓고 있는 신병(神病)을 살이라고 부르자

왜 신체는 외출하지 않는가

울음은 몸에서 빠져나오려고 하는 살의 욕구

만지면 만질 수 있도록 변형되는 종교

여의사는 왜 상담을 하다 말고 내 손목을 붙잡는가

보도블록처럼 친절했던 내 살이 나를 발견하기 시작할 때

아버지

어머니

누이

따위의 명칭들이

다 상상력이라는 추궁을 감내해야 할 때

피아노 소리는 어른이 되고 다 늙은 어른이 되고

잘못 만진 내 얼굴이 나를 피한다 왜 그토록 나를 피했던 나를
나는 파헤치려 하는가
성을 배운 누이의 얼굴과
속을 배운 의사의 얼굴이
회전한다
회전하면서 무섭도록 자라고
회전하면서 아주 조금도 성장하지 않는다
나는 다시 건반처럼 차분해진다

반란하는

그러므로 목숨아
내일의 치욕에서 얻은 손목은
더 이상 놀라움에 보태지 않고
오장이 타버리는 자리에 통곡도
익숙한 죄들로 투명해질 뿐이니
그리 맨발에 웃음을 걸어두고 칠한 청동빛은
누구를 통한 강물이었느냐
땅 위에
춤을 심어
귀뚜라미 속에 나무를 들이고
냄새의 방문을 거절하는 무너진 옛 성터들과
털이 빠진 태양의 보채는 마음으로 쉽사리 늙어
가니
아! 입을 벌리고 받아먹고 싶은 귀여운 눈물*
산목숨 아닌 목숨 기특하게도 개어 자라
예사롭지 않게 돋은 어리석음은
죽음을 보여주지 않고도 미리
사인을 마련했구나

그러므로 목숨아
제 몫을 다하고 떨어지는 이파리들과
교태를 부리며 솟은 숲들에게 미련을 부리지 마라
입구인 동시에 출구인 넋 빠진 저 북소리에 기대어
흙으로 짐승 따위는 굽지 마라
까닭이 필요한 맥박 따위를 억측하지 말고
그러므로 시인아
안간힘을 쓰며 나체로 누워 있는 목숨아
몇몇의 영혼들로 창문을 핥아
서로 없는 쪽으로 견인해가는 재생의 목발을 짚고
순한 울음의 일상에게 고삐를 묶으리라
신경질은 그리 멀고
아물던 꿈은 보다 가까워
시인아
시인아
이름 없이 부른 이름의 타협자리에 속아 부르던 시인아
소식 없이 부르는 목숨들에게 수은 같은 전설을

주리라
　다 살고 난 부끄러움에 엿본
　기도 없는 배경들처럼
　주법이 없는 악기들처럼
　그리하여 다시 시인아
　몫이 없는 말의 노예가 된 저 입술들아

* 이상화, 「몽환병」.

그리운 플랜 파랑

그리하여 나는 내 슬픔을 믿지 않기로 했다
우리 모두를 믿고 있었던 그는 좀체 자신을 잘
드러내지 않아, 나는 쓸쓸하고 분주히
내 친절의 가면을 쓰고 안개 속에서 젖은 삭정이를 쓰러뜨린다
그와 나 사이의 숲이 가볍고 메스껍다

어디서 봤더라, 모르는 사람을 보게 되면
대체로 내가 낯설어지고, 나는 들어본 적이 없는 노래
감정에 휘둘리지 않고 천천히 공터가 된 식물
왜 그것만을 몰랐을까
저는 누군가를 보호하기 위해서 이렇게 살았습니다
희생이란 접어둔 곳이 없는 청결한 페이지입니다
씨앗은 딱딱하지만 늘 물을 품고 있다

다 알고 있는 풍경에 복종하고 있는 것처럼
그가 쥔 술잔은 궁지에 몰린다 얼굴이 식민지 같다

그뿐이겠는가, 입술보다 공기는
너무 많은 식솔들을 거느리고 있어
창밖에서 흘러가는 열심히 생긴 얼굴들과 빤한 약력들
캄캄하기 짝이 없는 용서
젓가락질을 잘하지 못하면 왜 나비가 날아가고 있는지
몸은 취하고 정신은 맑아진다

살아서 나타난 사람 때문에 나는 살아 있었습니다
그러나 무엇 때문에 떠나야 하는지 의문입니다
울먹이는 그의 손을 잡고 내 믿음의 증거는
그늘뿐이었으므로 서로 마주 보고 있던 자리마다
나무가 없는 숲이 지나가고 숲이 요구하는 햇빛이 보드라워진다
다시 볼 수 있을까, 내가 모르는 주소
그는 떠나는 마지막 날까지 자신의 이야기를 꺼내 놓지 않았다

오래 보고 있었으나 아주 처음 보는 것 같던 사내
우리에게 전혀 해가 되지 않던 그가 떠나자
우리 중에 가장 슬픈 사람으로 그는 판명되었다, 아니
누구도 그를 기억하려 하지 않았다
우리 슬픔에 마땅한 사연이 필요했던 건 아니었으므로
어느 날 빈손을 내밀어 그를 다시 만난다 해도
끌고 다녔던 몇 개의 답변들이 겨우 그를
사람으로 취급하게 할 뿐, 나 또한 모르는 사람처럼
그를 반가워하겠다, 하여 나는
결코 누구도 모르지 않는 불편

어느덧 해가 되기 시작한 내 슬픔이
나를 믿지 않기로 한다

문

벽찬 듯이 김은 외쳤다 이제 밟으라고, 그해 겨울 멧돼지를 잡으려던 덫에 토끼가 우연히도 자주 걸렸다 선임이었던 김은 포박당해 아무것도 할 수 없는 토끼를 들에 던지며, 토끼는 비탈 아래쪽으로 쫓는 거라고 그럴 수밖에 없는 신체 구조에 대해 설교했다 나는 마음에 들지 않는 사람을 용서했던 일들을 떠올렸다가 수압을 가늠하려고 잠수함에 토끼를 데리고 들어갔다던 과거의 기후에 대해 생각했다 대체 누가 책임을 뒤집어써야 하는가 김은 죽어가는 토끼를 내게 밟으라고 지시를 내렸다 망설임은 어떤 증오도 할 수 없는 얼굴로 김을 바라보는 것에 전부를 썼지만, 내키지 않는다고 해서 실핏줄이 터진 토끼의 민감한 귀가 더 낮은 곳을 감당해낼 수 있는 건 아니었다 군화가 토끼의 숨을 밟았다 떨고 있던 몸이 쑥 꺼지는 순간이 곧 있었다 용기란 얼마나 우리에게 익숙한 경고인가 예측보다 아래 있던 계단 칸을 잘못 밟은 듯 다리가 풀려서 나는 주저앉았다 선임들의 낄낄거리는 소리는 사람의 것이었다 그런 행동들이 처음에는 그럴듯한 우연 같았지만 죄다 필요에 의한 처사였다 그때 나는 자신을 보호하기 위해 얼마나 많은 양의 귀를 붉혔을까 그 선임이었던 김은 시를 쓰는 사람이었다

교술시

약국에 들어갔다 나온
사람들 표정에 일층이 있다

병이 오래되면
귀신이 되는 기분처럼
일층이 있다

밤에는 소리가 전부인 몸이 되고
낮에는 햇빛이 몸의 전부를 느낀다

보다 보면 볼 수 있게 되는
그곳에서

늘 한결같이 보고 있는 사람

| 해설 |

기계, 부끄러움 그리고 사랑

박상수

1

'귀신' '신병' '누이' '무당'이라는 시어를 재호명하여 우리 시단에 독자적 존재감을 선명하게 각인시킨 박성준의 첫 시집은 어머니이자 애인이며 친구이자 뮤즈였던, 무당이 된 '누이'에 대한 강렬한 병적 동일시의 열망과 함께 그 악력에서 놓여나 새로 자기 세계를 구축해내려는 반동일시의 투쟁으로 근래에 보기 힘든 의고체와 만연한 주술적 언어의 비의를 유감없이 보여주었다.

인상적이었던 것은 시인이 그 시집 마지막 시편으로 「회복기의 노래」를 배치한 것이다. 40여 년 전, 송기원이 썼던 「회복기의 노래」(1974)가 병 이후 온몸에 차오르는 생명력을 몽환적이면서도 유려하게, 휘몰아치는 듯한 낭

만적 파토스에 실어 형상화해냈다면 박성준의 「회복기의 노래」는 '누이'로 대변되는—자신이 몸담았던 한 시절을 떠나보내는 슬픔과 죄의식 속에서도 살아야겠다는 마음의 도도한 기미를 따라가려는, 스스로에게 보내는 진지한 위문이자 탄원서와도 같았다.

연민과 질투로 누이의 신병을 같이 앓으려 했던 불가능한 열망, 그것이 선물처럼 허락하는 시적 언어의 폭발적 향연으로 아프면서도 황홀했던 한 시절을 이제는 마감하려는(마감해야 한다고 믿는) 자의 슬픈 상엿소리가 배경으로 깔렸던 이 시에서 특히 "살아 있다는 증명이 오직 병뿐인 당신/나는 숨을 쉬기 위해서 통증을 만든다"는 마지막 문장은 "아픔은 '살아 있음'의 징조이며, '살아야겠음'의 경보"(이성복)라든지 "시인이 할 수 있는 소위 가장 건설적인 일은 [……] 아픔과 상처를 응시하는 '지극히 개인적인' 부정의 거울을 통해 비추이는 꿈"(최승자)이라는 말처럼 상처와 아픔을 통해 역설적으로 제대로 된 삶이 무엇인지 묻는 문학적 전통과 맥을 같이하고 있어서 진지하게 사력을 다하는 정통한 문학주의자의 기품을 내뿜었으며 또한 누이를 떠나보낸다 해도 남은 자신의 삶이 통증 없이 평안해서는 안 된다는 죄책감과 함께, 어쩐지 통증을 만들어서라도 저 멀리에서, 누이의 병에 연결되고 싶다는 미련이 담겨 있었기에 부정할 수 없는 격정과 비장함을 동시에 불러온 것이 사실이었다.

2

그러나 생각해보면 "나는 숨을 쉬기 위해서 통증을 만든다"라는 고백을 실현하기 위해서, 그것이 개인서사 안의 진정한 '회복기의 노래'가 되게 하기 위해서, 박성준은 '숨 쉬고 사는 일'과 '(다른) 통증을 만드는 일', 두 가지 과업을 손에 쥐고 유년과 누이의 고통스러운 낙원에서 스스로 걸어 나왔다고 말해야 할 것 같다. 지금 다시 읽는 「회복기의 노래」는 무엇보다도 어떤 결단의 의지가 두드러진 만가로 읽힌다는 말을 하고 싶은 것이다. 이 영민한 젊은 시인은 이미 첫 시집 안에 제 말의 기원과 과정, 끝을 동시에 배열해놓았다. 그렇기에 한 시절을 마감하고 새로운 시절을 꿈꾸는 들끓는 에너지가 마지막 시 마지막 문장에 집약돼 있었다고 할 수 있으리라.

이후 중요해진 것은 이제 어떻게든 삶을 '홀로' 살아내는 일이며, 그 삶 안에서 존재의 가치를 확인할 수 있는 이전과는 '(다른) 통증'을 만드는 일인 것 같다. 이것은 강력한 상처와 고통만이 존재의 의미를 감각하고 시를 견인해내는 우물임을 믿는 시인들에게는 정언명령과도 같다. 그러니까 시인은 '누이'의 세계를 떠나 홀로 서야 하는 완전히 새로운 임무를 스스로에게 강제한 셈인데, 이는 말 그대로 '살기 위한 자구책'이었을 것으로 짐작된다.

귀신처럼 낯선 존재에게 몸을 내어주는 일, 낯선 존재의 목소리를 받아 적는 일은 시인으로서는 축복에 가까운 경험이지만 매번 '내'가 죽어야 가능한 일이어서 자기 몸을 열면 열수록 종국에는 삶을 잡아먹히는 무서운 일이 되기도 한다. 어떤 시인은 뚜벅뚜벅 그 안으로 걸어 들어가기도 할 것이다. 우리는 그/녀의 용맹함에 박수를 보낼 수는 있지만 고통을 대신 짊어질 수 없기에 그 노릇을 강요할 수는 없다.

만약 그/녀가 너무나 고통스럽다면 어떻게 될까. 아마도 거기서 빠져나오려고 할 것이다. 진짜 고통을 감별하려면 고통을 겪고 있는 사람이 그 고통에서 빠져나오고 싶어 하는지 그 안에 머물고 싶어 하는지를 살펴야 한다. 의식적이고 동시에 무의식적인 이 일을 단숨에 재단해낼 수는 없는 일이며 고통의 압력을 어디까지 견뎌낼 수 있는지 또한 개인차가 있겠지만, 적어도 박성준은 자기 한계의 치열한 실험 끝에 살기 위해서 후자를 선택한 것이다. 물론 여기에는 "이렇게 거짓말을 짓는 일들이 슬퍼져갔다./더 이상 아프게 살 용기가 없었다"(「가령의 시인들」)에서처럼 자신이 형상화해낸 상처와 아픔이 때로 과장된 것은 아닐까 하는 자문과 부끄러움이 포함되어 있다. 그럼에도 불구하고 우리는 최소한 박성준이 자신의 가장 화려한 시적 자양분을 조건 없이 모두 반납하고 아무것도 없는 대지 위에 시의 길을 새롭게 내야 하는 벌거숭이의 모습으로 우리 앞에 다시 섰다고 말할 수 있으리라.

이번 시집의 서시 격인 「벌거숭이 기계의 사랑」은 바로 이 자리를 보여주는 작품이다. "더 이상 식물이 자라지 않는 기분입니다"라는 문장과 "그토록 푸르고 아름답던 기계들에게/주목 없이도 아주 특별해지고 싶은 아이들에게"라는 문장, "안녕, 그 많던 나의 고아들은 왜 수일이 지나서도/소설이 되지 않는가"라는 문장에는 누이를 떠난 뒤 홀로 꾸려가야 하는 삶과 언어의 막막함, 누이 없이도 특별한 제 길을 찾고 싶은 자신의 꿈, 그럼에도 특별한 길을 쉽게 찾을 수 없는 고아와 같은 심정이 잔별처럼 시리게 박혀 있다.

물론 그는 여전히 '(같은) 통증'의 기억에 사로잡혀 있으며 누이의 그늘을 벗어나지 못하는 것처럼 보이기도 한다. "꼭 한 명쯤 불구를 만들어내는 가족력 때문에/언젠가 제 몫을 다해 미치려고 한 적이 있었던 것처럼 [……] 숨을 놓치고 싶은 그런 마음"(「저 바깥으로 향하는 한결같은 피의 즐거움」)과 같은 구절을 읽으면 특히 그러하다. 또한 「기계들의 나라」 같은 몇몇 시에서는 여전히 예전과 흡사한, 낯선 감각을 기다리는 시적 화자의 열망이 읽히기도 한다. "심장에서 생각한 생각이 온몸을 돌아 말초신경까지 전달된다. 생각은 바깥으로 빠져나오고 싶지만 피가 나기 전까지는/생각은 생각으로 그친다//그것을 우연이라고 부르죠. 생각이 없고 심장만 있는 것. [……] 물구나무서기;/나는 우연을 이해해보려고 몸을 뒤집었다. 움직이지 않아도 더 빨리 뛸 수 있다. 심장은,//심장에서 나온 말이 지구를 들고 중력을 거부하고 신을 거부하고 두 발로 허공을 딛고 우주에서 힘이 가장 센 존재처럼 으르렁거릴 수 있게 한다. 마음 안 가는 곳을 모두 거절할 수 있게 한다"(「기계들의 나라」)라는 구절 역시 그러한데, 시적 화자는 물구나무를 선 채로 육체의 통증을 생생하게 감지한다.

피가 역류하며 만들어낸 거센 박동이 생각을 대신하는 이 상황은 실제 현실에서는 얻을 수 없는 삶에 대한 자신감을 시적 화자에게 부여해준다. 자신이 중력을 거부하고, 신을 거부하고, 힘센 존재인 것처럼 포효하게 만드는 힘이 거기 당당히 있다. 여기서 몇 가지 유추해볼 수 있겠다. 첫째, 박성준은 대체로 형이상학적 반성·통찰·고뇌를 통한 자기 확장 대신 철저하게 육체의 변화된 감각에서 세계의 확장과 가능성을 꿈꾼다는 것(그것이 이름의 통증이다), 둘째, 만약 첫 시집에서라면 통증에서 시작된 말을 자기 것으로 삼아 또 다른 말을 불러오는 도취와 황홀로 넘어갈 테지만 이번 시집의 시적 화자는 육체의 통증을 따라 상상을 펼치면서도 끝내 그것을 '그리운 우연'으로, 내 것이 아닌 것처럼 다루고 있다는 점, 셋째, '누이'에 대한 호명이 완전히 사라졌다는 점이다. 누이로 대표되는 세계가 불러일으켰던 감각을 그리워하되, 누이 없이 자기 몸의 의지와 감각으로 그 세계를 만나보려는 시도라고 할까.

세 가지를 묶어 생각해보면 어째서 이 작품의 제목이 “기계들의 나라”인지를 알 수 있다. 즉 이 제목은 물구나무를 서서 불러일으키는 감각과 말의 확장을 감싸 안아주는 제목이 아니라 물구나무를 끝내고 다시 돌아온, 혹은 물구나무를 서도 명백한 지금 현실의 막막하고 기계적인 삶을 가리키는 말에 가깝다. 아마도 ‘기계’는 “제발 기계가 되고 싶은 인간들이 있었다 그 사이 기계가 되기 싫은 인간들도 있었다/누군가 기계에게 명령한다 기계는 대답하고 기계는 행동하고 기계는 생각하지 않는다”(「실험 관찰」)에서처럼 아무 생각 없이 누군가의 지시를 받으며 이 생을 기계적으로 살아가는 사람들, 그와 다를 것 없는 자신에 대한 자각이 불러온 차갑고도 현실적인 단어일 것이다. 텅 빈 자리를 심장의 뜨거운 피와 압력이 대신해주기를 바라지만 그것은 이제 우연에 가까운 일일 뿐이며, 따라서 서시였던 「벌거숭이 기계의 사랑」에서 ‘벌거숭이 기계’는 박성준의 시적 화자가 ‘누이’ 이후의 삶을 어떻게 감각하는지 보여주는 가장 적확한 비유라고 할 수 있다. 건조하고 무력한 삶, 스스로의 의지대로 살지 못하고 누군가 주문하는 대로 살아야 겨우 유지되는 삶, 마음이 내키지 않아도 거절할 수 없는 자신의 처지, 그렇다고 뭔가 대단한 것이 나타날 거라는 희망이 있지도 않은 삶, 마치 벌거벗은 채로 타인과 세계의 시선에 완전히 노출된 것 같은 부끄러움이 지배하는 삶 말이다.

3

이렇듯 '누이'에서 '기계'로 넘어온 삶에는 황홀 대신 견딤이, 동일시 대신 거리감이, 뜨겁게 넘치는 말 대신 연정에 물든 사소한 아픔들이, 모르는 것에 대한 끌림 대신 명백히 잘못된 것에 대한 연루와 고통이 중요해질 수밖에 없다. 늘 닿을 수 없는 저기를 바라보던 시적 화자의 시선이 내가 살고 있는 지금 여기에 주로 머물게 되는 것은 그런 의미에서 필연적인 변화일 것이다. 슬픈 것은 그렇게 마주한 현실에서 시적 화자가 만나는 타인과 세계의 모습이 전혀 아름답지 않다는 점이며 강력한 동일시의 욕망을 불러일으키지도 않고, 연루된 자신의 삶 또한 남루하기 짝이 없다는 점이다. 당연히 광기의 언어, 상상력의 언어, 넘치는 말의 향연은 줄어들고 사실적이고 소박한 언어들이 그 자리를 채우게 된다. 명백하게 반어적인 제목을 달고 있는 「좋은 사람들」에서 겸손하고 화목하며 평판이 좋기로 소문난 목사 부부가 아래층에 사는 시적 화자를 전도하지 못해서 안달인 장면을 먼저

보자.

신을 믿지 않는 나를, 여자는
늘 죄인이라고 생각하는 눈치였다
어느 추운 날 지방 소도시, 시동을 걸어놓은 버스 배기구
에 손을 녹이고 있던 부랑자처럼
소파는 많이 낡았고 무방비했다
[……]
그래서인지 나는 무서웠다
그들이 맹신하는 견고한 무엇이 더 무서워졌다
어떤 죄를 짓더라도 용서를 해줄 것만 같아서
그럴 것만 같아서, 나는
용서가 필요한 내가 그토록 공포스러웠던 것이다

—「좋은 사람들」 부분

이번 시집에서 박성준의 시적 화자는 때로는 무력하다 싶을 정도로 손쉽게 상처받는다. 인용 시에서 시적 화자는 목사 부인이 자신을 죄인으로 생각하는 '눈치'를 느끼자 급속하게 움츠러드는데 "시동을 걸어놓은 버스 배기구에 손을 녹이고 있던 부랑자"는 시적 화자가 도달한 슬픔의 자기 이미지일 것이다. 눈여겨볼 것은 상대의 무례를 되갚아주려는 시도도 없이 파장을 자기 것으로 흡수해버리는 시적 화자의 행동이다. 분명 목사 내외의 시선

에 동의하지 않으면서도 그것과 정면대결하기보다는 그것을 더욱 확대시켜 그들의 맹신을 견고한 것으로 전제한 후, '내가 그토록 죄가 많다는 말인가'를 거쳐 '용서가 필요한 나'에 대한 극도의 공포로 전환되는 전 과정은 박성준의 시적 화자가 타인의 규정과 시선이 주는 상처를 무리할 정도로 온통 자기 것으로 수용해버리는 심리를 선명하게 보여준다.

사실상 '맹신하는 그들이 잘못되었다'는 논리적 판단은 '맹신하는 그들이 공포스럽다'는 정서적 문장으로 뒤바뀌어 기술되고, '공포'라는 감정을 매개로 이 문장은 다시 '용서가 필요한 내가 공포스럽다'는 문장으로 바뀐다. 이렇게 되면 '타인과 세계와 나'의 문제는 따로 절단되어서 오직 '나'의 문제로 축소된다. 타인의 폭력과 맞부딪쳐 싸우기보다는 타인은 어떻게 해볼 수 없는 단단한 실체로 거기 그대로 남고, 화자는 자기 내면으로 침잠하여 가장 연약한 자의 모습으로 흔들리며 자신을 탓하게 된다. 실로 '거대한 세계'와 비할 데 없이 '미약한 화자'의 대조라고 할 수 있겠다. 경계를 넘나드는 과잉의 언어로 몰아치듯 낯선 감수성들을 길어 올렸던 박성준의 화자가 이토록 소박하고 쓸쓸한 모습으로 변했으니, 서운한 감정을 지울 수 없다 하여도, 지금 박성준의 화자는 마치 태어나 처음 세계와 만나는 신생아처럼 연약하고 쉽게 상처받는 존재로 홀로서기를 시도하고 있음을 기억할 필요가 있겠다.

다음 시 또한 마찬가지다.

싱크대 상판이 무너져버렸다 옷을 벗고 나온
깨진 그릇들이 부끄러웠다
[……]
무너진 싱크대를 물어내라는 집주인의 전화가 있다
장수탕에서 전화를 받은 내가 있다 나는 벗고 있었다 성
지를 몰라서 홀딱 벗고
싸우고 있었다
양말을 한 짝만 신고 간, 주인은 부끄러움을 모른다
순례를 아는 집주인은 부끄러움만 모른다 대체로 싸움
에서
나는 이겨본 적이 없다
[……]
나는 장수탕을 가는 유일한 없음이다.

—「분위기」 부분

이 시를 읽고 나면 우리는 당연하게도 우연히 무너진 싱크대를 바꾸어주기는커녕 오히려 세입자에게 물어내라고 전화를 걸어온 집주인의 매정함에 분노하게 되지만, 다른 측면에서 정당하게 해결되지 않은 분노를 부끄러움으로 받아들이는 시적 화자의 내면 심리에 의문을

품고 따라가게 된다. 이것은 읽는 이의 감정을 배가시키기 위한 방법론적 부끄러움일까? 그런 면이 분명히 있지만 “나는 이겨본 적이 없다”라든지 “나는 장수탕을 가는 유일한 없음이다”라는 후반부의 돌연한 문장을 만나게 되면 어쩐지 모든 사태를 스스로의 탓으로 돌릴 수밖에 없는 무력하고 가난한 마음의 화자를 떠올리게 된다.

현실 세계에서 스스로의 힘으로 무언가를 성취해본 기억이 적은 사람에게는 자부심이 자리 잡을 시간이 없고, 자부심이 적은 사람에게 자기 권리를 당당하게 주장할 힘을 기대하기는 힘들며, 결국 일상의 작은 일로도 세계는 어떻게 해볼 길 없는 거대하고 무서운 형상으로 자리 잡고 만다. 화자는 부끄러움 끝에 자기 존재 자체가 아예 지워지는 감정에 빠져든다. “나는 장수탕을 가는 유일한 없음”이라니. 정작 부끄러워 해야 할 사람은 전혀 부끄러워하지 않고 오히려 위로받아야 할 시적 화자가 모든 사태를 자기 탓으로 감수하는 부조리함이라니. 여기에는 분명 정의가 제대로 작동하지 않는 대한민국적 현실, 몰락하는 시대감각 속에서 어떻게 해도 미래가 더 나아지지 않을 것이라는 체화된 무기력, 젊은 세대를 향한 사회적 호명이 단절되어 아무리 주위를 둘러봐도 존재의 의미를 찾을 수 있는 길을 발견하기 힘든 우리 시대 무능감에 빠진 주체의 상황이 사회적 배경으로 폭넓게 작동하고 있을 것이다. 이런 상황에서 다음 시는 한 편의 우울한 시대적 우화로 읽어도 무리가 없을 것 같다.

내가 태어나기도 전에 소원 때문에 죽은 사람들.
바보회 회장은 작은 소원 때문에 몸에 불을 질렀대.
아무도 들어주지 않는다고 불을 질렀대.
[……]
나는 부끄러움을 타는 사람이라서 소원을 말한 적이 없다.
아직 죽지도 못하고 살아 있어서 소원을 외친 적이 없다.
소원을 말해봐, 소원을 말한다면;
내 소원은
내 소원은
죽지 않고 오직 소원을 말해보는 것
그러나 나의 태생은

—「소원을 말해봐」 부분

화면 속 '소녀시대'는 소원을 말하면 금방이라도 이루어질 것처럼 노래하지만, 그 소원은 오직 '영원한 사랑'임을, 당신도 어서 이 사랑에 동참하라고 달콤하게 유혹하지만, 인용 시를 보면 지금 우리 시대는 소원을 말하는 것이 아니라 아예 소원을 갖는 것 자체가 불가능한 시대가 아닌가 하는 자괴감과 절망을 읽게 된다. 시간을 거슬러 1969년, 그동안 자본가에게 착취만 당하며 바보같이 살아왔으니 앞으로는 그렇게 살지 말자는 뜻으로 노동운동

조직인 '바보회'를 만들었으나 현실의 장벽 앞에 좌절하고, 결국 '근로기준법을 지키라' '우리는 기계가 아니다'란 말을 남기고 분신한 전태일의 시대에서 지금 우리는 얼마나 멀리 왔는가. 전태일의 '기계'와 박성준의 '기계'는 얼마나 다른가. 전태일이 저 당연하고 소박한 소원을 말하기 위해 죽음을 택했다면 시적 화자는 지금 죽는 것이 두려워 소원을 말하지 못한다. 소원의 내용은커녕 단지 소원을 겨우 입 밖에 내는 일조차 두려워 눈치를 살펴야 하는 우리 시대의 억압적 상황이 지독한 '부끄러움'으로 남을 수밖에 없다. 다시 말하자면 박성준의 시적 화자에게 부끄러움은 명백한 모순과 맞서 싸우지 못하고 겨우 '죽지 않고 소원을 말해보는' 일밖에 꿈꿀 수 없는, 잘 사는 것이 아니라 겨우 살아 있는 것만을 바라게 된, 지속된 일상의 패배와 내재화된 자기 검열로 무력해진 자신에 대한 정서적 반응이다. 시적 화자는 바로 이 부끄러움의 자리에서 "죄송합니다/내가 주인이 아니었습니다 아무도 없었습니다"(「토포필리아」)의 심정으로 고개를 숙인 채 우리 앞에 서 있는 것이다. 이것이 바로 박성준이 새로 찾아낸, (다른) 통증의 모습이며, 누이 이후 현실의 삶을 혼자만의 힘으로 돌파해오며 문득 발견한 자화상이다.

4

이 모습이 너무 소박하여 쓸쓸한가? 지나치게 솔직하여 안타까운가? 그러나 명백하게 사실적이어서 인정할 수밖에 없다는 생각 때문에 오래 아프기도 할 것이다. 또한 아무리 봐도 죄송할 필요가 없는 사람이 죄송하다고 고백하고 있기에 말할 수 없이 서글프기도 할 것이다. 「기분특별시」와 같은 시에서 확인할 수 있듯이 안경 코받침이 떨어져서 안경점에 들렀는데도 자정이 될 때까지 안경을 수리할 수 없는 도시의 삶을 생각한다면 이 예민하고 쉽게 상처받는 시적 화자의 모습을 그저 가볍게만 볼 수는 없다. 정작 부끄러워해야 할 사람은 그 부끄러움을 모르고 뻔뻔할 정도로 잘 살며, 사죄를 청해야 할 사람이 오히려 큰소리를 치며 상처받은 자를 핍박할 때, 위로받아야 할 사람이 진상규명을 요구하며 책임을 져야 할 사람과 별반 다르지 않은 권력자에게 공정한 법 집행을 눈물로 하소연하게 될 때, 정당한 대가를 정당하게 받는 당연한 일에 목숨을 걸고 가장 높은 곳이나 가장 위험한 벼랑 끝에 서는 일이 일상화될 때, 기약 없는 싸움에 너무 오랫동안 방치될 때, 비교적 높은 윤리 의식을 가졌으나 승리의 체험이 부족하고, 사회적 연대의 통로를 가지지 못한 사람들일수록 세계의 비참을 자기 몸으로 수용하여 절망을 내재화하고 무기력을 앓을 위험이 높다.

우리 중 누구도 이런 마음의 상태에서 멀리 벗어나 있다고 할 수 없겠지만, 특히나 지금 우리의 젊은 시인들이 더욱 예민하고 심각하게 이와 같은 상황을 감지하고 있는 것은 아닐까. 다만 이 생각은 다분히 수동적이고 추수적이어서 우리는 어쩐지 시에 조금 다른 것, 혹은 그다음의 것을 요구하고 싶은 생각에 빠져든다. "약도 쓸 수 없는 나의 미래가 여전히 부끄"(「죄책감」)럽겠지만, "아무런 잘못도 하지 않았는데 걸음을 멈추는/그런 버릇을 고치"(「하늘에서」)는 일을 꿈꾸어보게 된다고 할까. '나'한테 잘못이 없는데 왜 '내'가 부끄러워해야 하고, 무력해야 하는지 되묻는다면 어떤 일이 생길까. '나와 타인'뿐만 아니라 '나와 타인과 세계'의 '연관성'을 두루 추적해 들어갈 때 부끄러움의 감각은 또 어떻게 바뀔 수 있을까. 당연히 이 삶을 '부끄럽게', 그저 있는 그대로 수용하면서 사는 것도 박성준의 시적 화자가 바라는 일은 아닐 것이다. 새로운 힘은 어디서 찾아야 할까. 무엇이 우리의 삶을 다시 살게 하는 기원이 될 수 있을까. 아마도 이런 고민과 기대 속에 시집으로 다시 돌아오면, 우리는 「벌거숭이 기계의 사랑」이라는 서시를 떠올리게 되고 '기계'와 '부끄러움' 이외에 우리가 아직 말하지 않은 것이 하나 남아 있음을 알게 된다. 그것이 바로 '사랑'이다.

그러나 섣불리 행복해하지 않기를 바란다. 예를 들면

"숨을 쉬려고, 헤어지자고 말한다 이때마다 애인은 누구도 다스려본 적이 없는 눈으로 나를 본다 슬픔을 다 암기할 수 없었지만 울음은 문제 풀듯이 다 풀어봐야 직성이 풀릴 때가 있다"(「별이 되어」)라든지 "애인의 아이를 지우고 건너온 밤/도무지 어디가 아픈 줄을 몰라서 울음이 났다/그토록 발작하던 햇빛은 다 어디로 갔는지/자신에게서 빠져나와 모두 제 자신에게로 돌아가는 저녁/책가방 대신 애인을 업고 돌아오는 길이었다"(「삭」)와 같은 시를 보면 시적 화자는 그야말로 현실적이면서 사실적인 사랑을 통과하는 중인 것 같다. 아프고 진득한 서정이 배어나오는 문장들을 마음 다해 읽고 있노라면 오직 사랑만이 유일한 구원이라는 식의 상투적인 해법이 들어설 여지가 여기엔 없는 것처럼 보인다.

슬프고 또한 아프다. 뿐만 아니라 아마도 '사랑'이라는 단어에서 앞 글자를 빼고 만든 것 같은 '랑'이라는 단어가 들어간 시편들은 어쩐지 '사랑에 대한 포기할 수 없는 기대'를 담고 있는 것은 아닐까 하는 호기심을 낳기도 하지만, 실제 그런 시편들에서조차 "아무도 랑의 말을 믿지 않는다 심지어 랑이 태어나던 순간에도 대다수는 랑을 인간이 아닌 다른 것이라 했다 누군가는 랑에게 묻는다 어떤 시간에서 왔느냐고 랑이 대답을 아끼면서 시간이 생성되었다 랑이 대답하자 랑은 사라진다 랑은 연기였고 랑은 미래였다 [……] 아무도 랑을 믿지 않는다 때문에 어디서든 뜻밖에 랑이 나타나 랑의 말을 듣는다"(「애타는 마음」)와 같이 표현되어, 사랑도, 사내[郞]도, 이리[狼]처럼 떠돌며 살아야 하는 삶도, 끝내 존재성을 인정받지 못하고 사라질 것처럼 느껴지면서 섣부른 희망을 접게 되는 것이다.

다만 우리는 절망 끝의 믿음을 상기하며 "아무도 랑을 믿지 않는다 때문에 어디서든 뜻밖에 랑이 나타나 랑의 말을 듣는다"라는 말에서, 문득, 아직 오지 않은, 아니 지금 여기 와 있지만 우리가 보지 못한 사랑의 가능성 하나를 그리워하게 된다. 이상한 것은 '랑'이 등장하는 이 건조하고 객관적인 시의 제목이 "애타는 마음"이라는 점이다. 죽은 듯 보이는 우리의 무기력한 삶도, 아무것도 보이지 않는 지금의 막막한 마음도, 랑을 둘러싼 알 수 없는 누군가의 애타는 마음의 조력을 받아 뜻밖에 랑의 '출현'을 만들어내지 않을까? 미래를 내다볼 수 없는 삶, 당장 오늘의 생존을 확신할 수 없는 시간이 계속되고 있지만 차마 제대로 불릴 수 없어 쪼개진 '랑'에게나마 희망을 걸어보면 안 될까? 박성준의 시적 화자는 그저 "보다 보면 볼 수 있게 되는/그곳에서//늘 한결같이 보고 있는 사람"(「교술시」)의 시선으로 다음을 차분하게 기다릴 뿐이다. 그 눈빛에 기대어서라도 우리는 "사랑이 전부라고 생각하는 그 바보 같은 사람 곁에서 달력을 본 적이 있다"(「녘」)는 말을 기억하며, "손바닥으로는 가릴 수 없는 심장이 파랗게 파랗게"(「행복한 거지가 되고 싶었던 페시미스트」) 뛰는 일을 기다려볼 수는 없을까. 부끄러움으로 가득 찬 이 도시, 잘 모르는 사람들로 서로를 스쳐 지나가는 이 도시에서 말이다. 지금 곁을 지나가는 거기 당신, 당신에게 겨우 말하거니와 박성준의 두번째 시집은 이 외롭고 쓸쓸한 도시에서 그 어떤 마술도, 구원도 섣불리 꿈꾸지 않고 제 몸의 통증으로 삶의 한복판을 통과하려는 한 순진무구한 사내가 부끄럽게 적어 보낸 사랑, 아니 랑의 완성되지 못한 미련이다. ▨

약편

仙道 체험기 9

신선神仙되는 길이 보인다
경이적인 현상이 눈앞에 펼쳐진다!!
선도수련의 현장을 체험으로 파헤친 충격과 화제의 소설

약편 선도체험기 9권을 내면서

『약편 선도체험기』 9권은 『선도체험기』 35권부터 39권까지의 내용에서 선별하여 구성하였다. 시기적으로는 1996년 10월부터 1998년 1월까지 일어난 이야기이다.

『선도체험기』의 내용 중에서 『약편 선도체험기』로 옮길 때 고려한 선정 기준은 수련에 관련성이 높되 중복되지 않고, 기운을 느끼게 하거나 교훈, 감동을 주는 것 등이다. 그런데 권수가 쌓일수록 이 작업이 어려워지고 있다. 그 이유는 삼공 선생님의 내공이 계속 상승하시어, 같은 주제에 대한 말씀이더라도 상대방과 상황에 따라 내용이 다르고 얻게 되는 가르침이 커지기 때문이다. 결국 옮기고 싶은 내용이 많아져 선정의 고심이 늘어나고 있다.

더욱이 『선도체험기』는 선도수련을 위한 교본이 아니라, 선도수련을 하는 동안 체험한 바를 가감 없이 전함으로써 독자가 저자와 공감하여 실제로 수련하는 기분으로 읽고 또 그렇게 함으로써 수련하는 효과를 볼 수 있게 구상되었다. 『약편 선도체험기』도 그러한 의도가 유지되게

끔 하다 보니 애초에 예정했던 권수보다 증가하고 있는 상황이다.

선도수련은 몸공부, 기공부, 마음공부로 구성되며 세 가지 공부 중 어느 하나를 등한시할 수 없다. 특히 마음공부가 결여된 상태에서 기공부를 하면 초능력에 현혹된다든가 저급령을 맞이하는 등의 부작용이 생길 수 있다. 따라서 마음공부의 중요성이 강조될 수밖에 없다.

우리가 태어난 것은 부모가 나를 낳았기 때문인 것 같지만 실은 스스로 선택하여 태어난 것이다. 현재의 나는 과거의 내가 만든 것이고, 미래의 나는 지금의 내가 만들어 갈 것이다. 이렇게 인과응보의 이치는 철저하게 적용된다. 처지를 바꿔놓고 생각하고 모든 것을 내 탓으로 여기고 마음을 비운다면 삶을 살아가는 데도 진리를 깨닫는 수행도 한결 수월해질 것이다.

이번 9권에는 위와 같은 내용 외에도 기공부의 일환으로 관음 수련에 대해 소개된다. 이 수련 방법은 깨달음을 얻기 위한 선정에 이르는 하나의 방편으로, 참고하라는 수준에서 다뤘다. 끝으로, 글터 한신규 사장님의 후의 덕분에 『약편 선도체험기』를 출판하고 있으니 여기서 감사의 뜻을 전한다.

단기 4354년(2021년) 4월 20일

엮은이 조 광 배상

차 례

Contents

39권

〈35권〉

나보다 남을 위하는 것이 진리다

1996년 10월 31일 목요일 11～16℃ 구름, 해

일곱 명의 수련생이 찾아와서 각기 질문을 했다.

"선생님, 어떤 삶이 진짜 보람 있는 삶입니까?"

"그야 바르게 사는 것이죠"

"어떻게 하는 것이 바르게 사는 것입니까?"

"항상 진리를 염두에 두고 진리를 구현하는 삶을 사는 겁니다."

"진리란 무엇인데요?"

"나보다 남을 위하는 것이 진리입니다."

"그럼 그 진리는 어디에 있습니까?"

"그야 각자의 마음속 중심에 있죠."

"나보다 남을 위하는 것이 진리라면 진리는 내 속에 있는 것이 아니라 남의 속에 있는 것이 아닙니까?"

"그때의 남은 바로 참나 즉 진아(眞我)를 말합니다. 그 진아 속에는 나와 남이 따로 있는 것이 아닙니다."

"무슨 말씀인지 알쏭달쏭한데요."

"마음공부를 좀더 하면 자연히 알아차리게 되어 있습니다."

"어떻게요?"

"나와 남이 하나고, 하나가 전체고 전체가 하나라는 실상을 깨달으면 자연히 알게 됩니다."

"선생님 저는 『소설 단군』 2권을 읽다가 강한 기운이 들어오는 것을 느끼고 다시 이렇게 찾아왔습니다."

"그래요. 그럼 언제부터 언제까지 우리집에 오다가 이제 다시 찾아오는 겁니까?"

"3년 전부터 재작년까지 일 년 동안 오행생식도 하면서 열심히 다니다가 한 1년 동안 안 나오다가 『소설 단군』 2권 읽다가 강한 기운을 느끼고 이렇게 다시 찾아왔습니다. 아무래도 선생님과는 보통 인연이 아닌 것 같습니다."

"그런 것 같네요."

"선생님, 정말 고맙습니다."

"고맙다니 뭐가요?"

"1년간이나 열심히 다니다가 아무 소리 없이 떠났던 몰인정하고 괘씸한 제자를 이렇게 흔쾌히 다시 받아주시니 말입니다."

"그야 '가는 사람 잡지 않고, 오는 사람 막지 않는다'는 것이 평소의 내 소신이니까 새삼스러울 것도 없습니다. 오히려 잊었던 나를 이렇게 다시 찾아주는 것이 고마울 뿐입니다."

"저는 그렇게 생각지 않았습니다. 선생님한테 아무 말도 없이 떠났던 저를 괘씸하게 여기시고 쫓아버리면 어떻게 하나 하고 속으로 걱정이 이만저만이 아니었는데 이렇게 반갑게 대해 주시니 정말 몸 둘 바를 모르겠습니다. 선생님과 저와는 아무래도 전생부터 끈질긴 인연이 있는 것 같습니다."

"정말 그런 걸 느끼십니까?"

"그렇구말구요. 그렇지 않으면 쑥스러워서라도 어떻게 이렇게 다시 찾아올 수 있겠습니까? 옷깃만 스쳐도 3생의 인연이 있다고 흔히 말하는데, 스승과 제자 사이는 보통 몇 생의 인연이 있을까요?"

"적어도 3백 생의 인연이 있지 않고는 전생의 사제(師弟)가 이렇게 다시 만날 수 없습니다."

"그러니까 떨어졌다가도 이렇게 다시 찾아오게 되는 모양입니다. 좌우간 앞으로는 중간에 게으르지 않고 더욱더 열심히 선생님께서 늘 강조하시는 세 가지 공부를 해 나가겠습니다."

"그렇게 하세요."

"선생님 저는 다른 질문을 하겠습니다."

"하십시오."

"삼독(三毒)은 뭐고 오독(五毒)은 또 뭡니까?"

"삼독은 탐욕, 분노, 어리석음을 뜻하는 탐진치(貪瞋癡)를 말하고 오독은 탐욕, 분노, 어리석음, 자만, 의심을 뜻하는 탐진치만의(貪瞋癡慢疑)를 말합니다."

죽음을 이길 수 있는 확실한 방법

"선생님, 죽음을 이길 수 있는 가장 확실한 방법을 가르쳐 주십시오."

남자 수련생 중 하나가 말했다.

"죽음에 임해서 죽음의 공포심에 휩싸이지 않고, 죽음 속에 파묻히지 않고, 죽음 속에서 벗어져 나와 죽음 자체를 관찰하는 법을 익히시면 됩니다."

"그거 참 어렵겠는데요."

"어려우니까 공부를 해야 합니다. 쉬운 일이라면 구태여 공부할 필요가 있겠습니까? 사람들은 흔히 인명(人命)은 재천(在天)이라 하여 죽음은 하늘의 뜻이고 사람의 힘으로는 어쩔 수 없는 것이라고 쉽사리 체념을 해버리는 경향이 있는데, 이것은 잘못된 발상입니다."

"그건 왜 그렇죠?"

"인명은 재천이라는 사상 속에는 죽음 자체는 하늘의 뜻이므로 인간의 능력으로는 극복할 수 없으므로 체념해야 된다는 뜻이 내포되어 있습니다. 그러나 여기서 말하는 죽음은 육체 생명의 종식이지 영적 생명 자체의 종말을 말하는 것은 아닙니다. 그것은 생명의 환생, 전생(轉生), 윤회지 종말이 아닙니다. 진실을 진실 그대로 알아버리면 되는데 구태여 잘못된 주석(註釋)을 달아 육체의 종식을 생명의 종말인 양 잘못 알고 있는 것이 문제입니다."

"그럼 인명은 재천이라는 말의 진정한 뜻은 무엇입니까?"

"주석을 달지 말고 진실 그대로를 받아들이면 됩니다. 여기서 재천(在天)의 천(天) 즉 하늘이 무엇을 뜻하는지를 알면 해답은 의외로 간단히 나올 수 있습니다."

"그럼 그 하늘의 뜻이 무엇입니까?"

“재천(在天)이라고 할 때의 하늘이 어디에 있는가를 알아내는 것이 열쇠입니다.”

“선생님께서는 그 하늘이 어디에 있다고 보십니까?”

“문제가 제기되었을 때 그렇게 일일이 남에게 물어서 알게 되면 진정한 자기 공부가 되지 않습니다. 사색도 하고 명상도 하고 관(觀)도 하고 해서 고심 끝에 스스로 알아내야 공부하는 재미도 있고 보람도 있습니다. 그렇게 해서 스스로 깨친 공부가 진짜 공부가 되는 겁니다. 진리에 대한 깨달음 역시 남에게서 해답을 일일이 물어서 알아낸다면 그건 진정한 의미의 깨달음이 아닙니다. 침식을 잃고 깊은 참구(參究)와 고민과 번뇌 끝에 일정한 시간이 흐른 다음에 찾아오는 자연스런 개화(開花)가 되어야 진짜 공부입니다.”

이때 스님의 얼굴에는 잔잔한 미소가 떠오르고 있었다. 그것을 본 한 수련생이 물었다.

“스님께서는 알고 계시는군요.”

그러나 그는 얼굴에 미소만 띄울 뿐이었다. 그것은 답을 알고 있다는 뜻이기도 했다.

“스님께서는 알고 계실 테니까 관심 두지 말고 스스로 알아내도록 하십시오.”

모두가 한동안 말없이 앉아 있었다. 마침내 한 사람이 입을 열었다.

“인명은 재천이라고 할 때의 하늘은 저 미지의 높은 허공일 수도 있고 각자의 마음속일 수도 있습니다.”

“그럼 미지의 허공일 때의 하늘과 각자의 마음속의 하늘은 어떻게 다릅니까?"

"미지의 허공일 때의 하늘은 몸 나 즉 개아(個我)일 때의 하늘이고, 각자의 마음속의 하늘은 참나 즉 진아(眞我)일 때의 하늘입니다. 다시 말해서 하늘이 각자의 마음 밖에 있는 것은 이기심 때문에 하늘을 수용할 수 없는 것을 말하고, 마음속에 하늘이 있다는 것은 욕심을 비웠으므로 마음속에 하늘이 들어와 마음이 하늘 자체가 되어 있는 것을 말합니다. 이때의 인명(人命)은 재천(在天)이 아니라 재아(在我)라고 할 수 있습니다.

이때의 아(我)는 진아(眞我) 즉 하늘 그 자체이기 때문입니다. 다시 말해서 진리를 깨달은 사람은 죽음도 삶도 마음대로 할 수 있다는 뜻이 됩니다. 마음대로 할 수 있다는 것은 죽음에서 이미 벗어나 있다는 뜻이기도 합니다. 진정한 의미의 대자유는 생사에 구속당하지 않는 바로 이때에 찾아오는 것입니다.

생명을 자기 마음 밖의 미지의 하늘이나 남의 손에 맡겨놓았을 때에야 무슨 자유가 있겠습니까? 그러나 생명을 확실히 자기 손아귀에 움켜잡았을 때 비로소 우리는 영생을 거머쥔 것입니다. 진정한 마음의 평화 역시 이때에 찾아오는 것입니다. 이것이 바로 우주의 주인 된 자의 심회(心懷)입니다."

"그런 사람에게는 순경(順境)도 역경(逆境)도 따로 없겠네요."

"좋은 것은 좋은 것대로 좋고, 좋지 않은 것은 좋지 않은 것대로 또한 좋은 것입니다. 왜냐하면 순경 속에 역경이 있고 역경 속에 순경이 있기 때문입니다."

"문자 그대로 무소불통(無所不通)이란 그런 경지를 두고 하는 말인 모양이죠?"

"그렇습니다. 왜 즉심시불(卽心是佛)이라는 말이 있지 않습니까?"

"그게 무슨 뜻입니까?"

"마음이 바로 부처라는 말이니까 마음이 바로 하늘이라는 말과 같습니다. 여기서 말하는 하늘이나 부처는 진리를 말하는 것입니다. 마음이 바로 하늘이고 진리이니 전후좌우상하(前後左右上下)가 다 툭 트여 통하지 않는 데가 없습니다. 성자즉실상(聲字卽實相)입니다. 그런 사람이 하는 말이나 글은 곧 진리라는 뜻입니다."

"선생님 어떻게 하는 것이 선(禪)이고 관(觀)입니까?"

"선(禪)이나 관(觀)이나 사물을 육안으로만 보는 게 아니고, 마음을 통하여 입체적으로 전체적으로 그리고 종합적으로 살펴본다는 점에서는 같은 뜻입니다. 지금 당장 자기가 하고 있는 일에 온 마음을 집중하는 것이 올바른 선이고 관입니다."

우물 안 개구리 신세 된 기복 신앙자

"제 여동생은 『선도체험기』를 읽고 나서 선생님한테 다니면서 선도 수련한 지 금년에 3년째 되는데, 그렇게도 이기적이고 고집불통이던 애가 지금은 마음이 그야말로 확 트여서 시집 동서들이 대환영입니다. 그런데 제 시어머님은 절에 다니신 지 50년이나 되고, 제 친정어머님은 교회에서 영아세례를 받은 진짜배기 기독교인인데도 두 분 다 그 옹고집은 조금도 변하지 않고 그대로 있습니다. 그런데도 두 분 다 절과 교회에만은 누구보다 열심히 다니시고 시주와 십일조를 한 번도 거른 일이 없습니다. 제가 보기에는 아무래도 뭐가 잘못되어도 한참 잘못된 것이 아닌가 생각됩니다. 왜 이런 일이 벌어진다고 생각하십니까?"

나이 50줄에 들어선 오경선이라는 여자 수련생이 말했다.

"두 분 다 종교라는 감옥 속에 갇혀서 우물 안 개구리 신세가 되어 있기 때문입니다. 이런 분들의 관심사는 오직 자신과 가족의 행복, 안위만이 전부입니다. 그래서 종교를 기껏 기복신앙(祈福信仰)을 위한 도구 정도로 알고 있기 때문에 애인여기(愛人如己)라든가 이타행(利他行) 따위에는 애당초 관심이 없습니다. 오직 자기 자신과 가족의 행복만을 추구하다가 보니 마음은 꽉 닫혀 있을 수밖에 없습니다. 마음이 닫혀 있는 한 옹고집은 절대로 풀리지 않습니다."

"저는 제 여동생의 변화를 보고 선도를 택했습니다만 친정어머니와 시어머니는 선도 얘기만 해도 외도니 사탄이니 하고 말도 못 하게 합니다. 어떻게 하면 이분들의 마음의 문을 열어드릴 수 있을지 그것이 저에게는 늘 화두가 되고 있습니다. 까딱하다가는 이분들은 지금 다 팔순이 가까운 분들이니 이대로 한세상을 마감하면 불쌍해서 어떻게 하나 하는 생각이 들곤 합니다. 무슨 좋은 방법이 없을까요?"

"가장 좋은 방법은 그분들이 믿는 담당 스님이나 목사가 기존 신앙 방법에서 과감하게 탈피해야 합니다."

"그런데 저도 알아보았는데, 시어머님이 받드는 스님이나 친정어머님이 존경하는 목사도 역시 세속화된 기복신앙 쪽에 아주 큰 비중을 두고 있는 것 같았습니다. 제가 보기에는 성직자들과 교도들이 아주

죽이 척척 맞아 돌아가는 것 같았습니다. 스님이나 목사의 의식을 변화시킨다는 것은 까마귀를 백로로 바꾸기보다 더 어려울 것 같은 느낌이 들었습니다."

"아주 예리하게 관찰을 하셨군요. 그들 성직자들은 오히려 한결같이 시주나 십일조 잘 내는 교도들을 누구보다도 제일 좋아할 것입니다. 바로 이러한 분들에 의해서 사찰이나 교회의 재정은 튼튼하게 잘 유지가 되니까요."

"무슨 획기적인 방법이 없을까요?"

"시어머니와 친정어머니의 헛된 꿈을 깨워드리는 길밖에 없습니다."

"어떻게 하면 그렇게 할 수 있을까요?"

"연세나 성격으로 보아 말로 설득을 하는 데는 한계가 있을 겁니다. 요컨대 기성 종교의 잘못을 깨닫게 해드리는 길밖에 없습니다."

"그런데 평생 철석같이 오직 그 한길로만 외눈 하나 팔지 않고 걸어오셨으니 그것을 이탈하신다는 것은 상상도 할 수 없습니다."

"말로 안 될 때는 모범으로 보여드리는 수밖에 없습니다."

"그럼 제가 시어머니와 친정어머니에게 모범을 보여 드려야 할까요?"

"그렇습니다. 오경선 씨가 여동생의 변화를 보고 감동이 되어 같은 길을 걷게 된 것과 같이 말입니다. 친정어머님은 두 딸이 변해가는 것을 직접 목격하시고 혹시 미망(迷妄)에서 문득 깨어나실지 누가 압니까? 그리고 시어머님은 늘 가까이 모시고 계신다니까 머리만 잘 쓰면 좋은 결과를 가져올지 누가 압니까?"

"글쎄요. 그게 무슨 효과가 있을까요?"

"진인사대천명(盡人事待天命)입니다. 오경선 씨가 할 수 있는 일을 다 한 뒤에는 하늘의 뜻에 맡겨야지 어떻게 하겠습니까?"

"그렇게 했다가 돌아가시는 순간까지 아무런 깨우침도 없다면 허무해서 어떡하죠?"

"그런 것은 생각할 필요는 없습니다. 모든 일은 인과에 의해서 굴러가게 되어 있으니까 원하던 일이 꼭 성취되지 않았다고 해서 초조하거나 안달할 것은 조금도 없습니다. 잘되면 잘되는 대로 좋고, 잘 안되면 잘 안되는 대로 또한 좋다는 느긋한 생각을 갖도록 해 보십시오."

"그렇게 애쓰다가 그냥 돌아가시면 어떻게 합니까?"

"왜 꼭 그렇게만 생각하십니까? 그 반대의 가능성도 충분히 생각해 볼 수 있지 않겠습니까?"

"반대의 가능성이라면?"

"조문도석사가의(朝聞道夕死可矣) 즉 아침에 도를 깨쳤다면 저녁에 죽어도 여한이 없다는 말이 있지 않습니까? 임종의 순간에라도 깨달음이 있으면 됩니다. 설사 그렇게 되지 않는다고 해도 '공은 닦은 대로 가고, 죄는 지은 대로 간다'는 말이 있지 않습니까. 오경선 씨가 쌓은 이타행은 천지개벽이 일어난다고 해도 사라지는 일은 없을 것이고 반드시 수행에 큰 보탬이 될 것입니다. 그러한 공이 쌓이고 쌓여서 티끌 모아 태산이라고 반드시 구경각(究竟覺)을 이루는 데 이바지하게 될 것입니다."

"구경각이란 무엇입니까?"

"초견성, 재견성을 거쳐 마지막 큰 깨달음에 도달하는 것을 말합니다."

"초견성과 재견성은 어떤 것입니까?"

"불교에서는 공(空)을 깨닫는 것을 보고 초견성이라고 합니다. 니르바나 또는 열반이라고도 합니다. 색즉시공(色卽是空)의 경지입니다. 이 경지에 도달한 구도자를 보고 아라한이라고 합니다."

"그다음 단계는요?"

"재견성 즉 피안(彼岸)의 경지, 무상등정각(無上等正覺) 즉 아뇩다라삼막삼보리라고도 합니다. 부정(否定)의 단계 즉 공즉시색(空卽是色)의 단계입니다. 그러나 열반과 피안의 단계는 아직 생과 사, 정의와 불의가 대립하는 현상계에 지나지 않습니다. 여기에서 또 한 단계 더 뛰어넘어야 생사, 거래, 선악이 하나가 되는 구경각에 도달하게 됩니다.

무위(無爲)의 눈을 뜨고 유위(有爲)의 세계를 바라보며 살 수 있는 것을 입전수수(入廛垂手)라고 합니다. 삼라만상의 있는 그대로가 다 진리요 부처요 용화세계요 유리세계인 단계, 산은 산이요 물은 물이고, 일상사(日常事)가 그대로 도(道)가 되고, 남들이 고통을 느낄 때 그것을 오히려 즐길 수 있으므로 지옥도 극락으로 바꿀 수 있는 단계에 도달하게 됩니다.

이것은 또 사불사(死不死)요 생불생(生不生)의 단계입니다. 바로 이 단계에 도달한 구도자는 현실이 제아무리 고통스럽다고 해도 거부감을 느끼는 일이 없습니다. 왜? 있는 그대로가 다 인과응보에 의한 결과이므로 잘못된 것은 하나도 없기 때문입니다. 따라서 현실을 있는 그대로 얼마든지 수용할 수 있습니다. 이 경지에 도달해야 비로소 성통공완(性通功完), 견성해탈(見性解脫) 또는 견성성불(見性成佛)했다고 할 수 있습니다."

"그럼 열반과 피안이 진리입니까? 구경각의 경지, 무상등정각(無上等正覺)의 위치에서 삼라만상을 바라보는 경지가 진리입니까?"

"무위(無爲)와 유위(有爲), 상대(相對)와 절대(絕對)계가 다 진리입니다. 나뭇잎 하나, 풀 한 포기, 육안으로는 보이지 않는 먼지 알갱이 하나 속에도 우주가 들어 있으므로 진리 아닌 것이 없습니다. 오경선 씨도 진리이고 그 밖의 여러분도 진리이고 나도 진리입니다. 미국도 한국도 세계도 태양계도 은하계도 프레아데스(북두칠성)도 전부 다 진리의 한 구현체입니다. 우리 눈에 보이는 것, 보이지 않는 모든 것 쳐놓고 진리 아닌 것은 없습니다. 익균(益菌)도 독균(毒菌)도 다 진리입니다. 깡패도 선량한 시민도 다 같이 진리의 표현 아닌 것이 없습니다."

"그럼 죽음은 있다는 말이 진리입니까? 없다는 말이 진리입니까?"

"유위의 세계, 상대의 세계에서 보면 죽음은 있는 것이고 무위의 세계, 절대의 세계에서 보면 죽음은 분명 없습니다."

"그럼 죽음은 있다는 말씀이 옳습니까? 없다는 말씀이 옳습니까?"

"정답을 말하겠습니다. 죽음이 있다는 사람에게는 있고 없다는 사람에게는 없습니다."

"선생님, 누구나 깨달으면 다 대자대비해집니까?"

"그것은 마치 피어난 꽃은 다 아름답습니까? 하고 묻는 것과 같습니다. 꽃 쳐놓고 제 나름으로 아름답지 않는 것은 없습니다. 여기서 구도자가 조심해야 할 일은 대자대비 정신은 이타심에서 싹이 튼다는 것입니다. 이타심이 없는 사람은 제아무리 날고 기어도 깨달음을 얻을 수 없다는 것을 알아야 합니다. 20년, 30년을 한 자리에 앉아서 참선을 했는데도 아무런 깨달음이 오지 않는다면 다만 며칠 동안이라도 남에게 착한 일을 해 보라고 권해 보고 싶습니다. 그렇다고 해서 단지 깨달음이라는 목표를 위해서만 선행을 한다면 별 효과를 얻을 수 없을 것입니다."

"그럼 어떻게 선행을 해야 합니까?"

"자기가 착한 일을 하면서도 착한 일을 한다는 의식이 없이 하는 것이 진짜 선행입니다. 하는 줄 모르게 하는 선행이야말로 무위이화(無爲而化)입니다. 이것이 바로 진리로 들어가는 지름길입니다."

"다 깨닫고 난 뒤에는 어떻게 해야 합니까?"

"진리가 자기 심신에 완전히 정착이 될 때까지 보림을 해야 합니다."

"보림을 한 뒤에는 어떻게 합니까?"

"보림을 하면서 하화중생(下化衆生)을 병행(竝行)해야 합니다."

"그걸 안 하면 안 됩니까?"

"보림도 하화중생도 안 하면 그대로 쓰러져버립니다. 마치 잘 굴러가던 자전거가 멈추면 그 자리에서 쓰러지는 것과 같습니다."

"무슨 말씀인지 잘 이해가 가지 않는데요."

"구경각을 얻은 사람에게는 나와 남이 따로 있는 것이 아니고 모두가 하나입니다. 따라서 나는 깨달았는데 남은 깨닫지 못했다는 것은 반쪽밖에 깨닫지 못한 것과 같습니다. 반신불수(半身不隨)가 자유로울 리가 없습니다. 그러니까 온몸이 자유로워질 때까지 어떻게 하든지 노력을 계속하지 않을 수 없습니다. 이것이 바로 홍익인간이고 하화중생(下化衆生)이고 중생제도(衆生濟度)입니다. 그러니까 하화중생은 하고 싶으면 하고 하기 싫으면 하지 않아도 되는 그러한 성질의 것이 아닙니다.”

“그렇게 되면 남을 위한 일이 곧 나를 위한 일이 되겠네요.”

“그래서 자타일여(自他一如)입니다. 남을 위하는 것이 나를 위하는 것이라는 이치를 깨닫고 일상생활에서 실천할 수만 있다면 어디에 가든지, 비록 지옥에 떨어지는 한이 있더라도 그 자리를 극락이나 천국으로 바꾸어 놓을 수 있을 것입니다. 이 이치를 한자로 표현하면 이타즉자리(利他則自利)이며 여인방편자기방편(與人方便自己方便)이 됩니다.”

“역시 핵심은 이타행에 있군요.”

“네, 그것이 바로 진리에 도달하는 핵심 비결이며 가장 소중한 노하우입니다. 이것을 가슴 속에 소중하게 간직한 사람은 지구가 파멸한다고 해도 두려울 것이 없습니다.”

“그건 무슨 뜻이죠?”

“이것만 간직하고 있어도 인간은 어떤 경우에도 최대의 행복을 확보할 수 있다는 뜻입니다.”

“최대의 행복이란 무엇인데요?”

“옛 조상들은 흔히 오복(五福)을 타고 난 것을 최대의 행복이라고 했습니다. 오복 속에는 수(壽), 부(富), 강녕(康寧), 유호덕(攸好德, 도덕 지키기를 낙으로 삼은 것), 고종명(考終命, 제명대로 살다가 편안히 죽는 것)이 들어가는데, 어떤 사람은 유호덕과 고종명 대신에 귀(貴)와 자손중다(子孫衆多)를 꼽기도 합니다.

그러나 아무리 오복을 누린다고 해도 반망즉진(返妄卽眞)하지 못하는 한 모든 게 다 헛수고입니다. 다시 말해서 진리파지(眞理把持)로 영원한 생명을 성취하지 못하는 한 전부 다 빈 껍질에 지나지 않는다는 말입니다. 죽음을 극복하지 못하는 한 인간은 최대의 행복을 성취했다고 할 수 없습니다. 따라서 죽음을 극복하는 것이 최대의 행복입니다.

지금부터 30년 전 프랑스의 한 잡지에 세계의 저명인사 1백 명에게 '지구가 파멸할 날이 예고되었다 할 때 가장 먼저 들고 나갈 지구상의 보물이 무엇인가?'라는 설문을 했다고 합니다. 그 결과 이탈리아 토리노 대성당에 보관중인 예수 그리스도의 수의(壽衣)가 제 1위로 뽑히고 그다음이 미로의 비너스상이었다고 합니다.

그러나 예수의 수의나 미로의 비너스상은 아무리 귀중하다고 해도 한갓 물질에 지나지 않습니다. 이것들보다 이루 말할 수 없이 더 소중한 것은 남을 사랑할 수 있는 마음입니다. 애인여기(愛人如己)할 수 있는 마음은 생사를 극복할 수 있게 하지만 그 밖의 어떠한 소중한 물질적인 보배도, 그것이 비록 성인(聖人)의 존재를 입증해주는 증거물이라고 해도, 인간에게 생사를 초월할 수 있는 능력을 주는 것은 아닙니다."

회광반조

1996년 12월 6일 금요일 -9~-5℃ 해, 구름, 눈

오후 3시경. 7명의 남녀 수련생들이 명상을 하고 있는데, 충남 당진에 사는 오구영이라는 30대 초반의 젊은 주부 제자로부터 다음과 같은 전화가 걸려왔다.

"선생님 안녕하십니까? 저 오구영입니다."

"네, 안녕하세요. 어떻게 무사히 출산하셨습니까?"

바로 보름 전에 만삭의 몸으로 찾아와서 오행생식 두 달 분을 처방받아가면서 '다음에 올 때는 아기 낳은 뒤에 홀가분한 몸으로 오게 될 것입니다' 하면서 떠난 그녀의 당찬 모습이 떠올랐다. 내가 그녀를 보고 '당차다'는 형용사를 쓴 것은 그녀의 마음공부가 상당한 수준에 도달해 있었다는 것을 말한다. 마음공부가 상당한 수준에 도달했다는 것은 부모미생전본래면목(父母未生前本來面目)을 향해 이미 되돌이킬 수 없을 정도로 접근해 있음을 말한다.

"출산을 하기는 했는데, 별로 무사하지 못합니다."

그녀는 언제나 그렇듯이 착 가라앉은 목소리로 말했다.

"아니, 어떻게 됐기에 그러십니까? 오구영 씨의 건강은 어떻습니까?"

"저는 건강합니다. 오행생식을 철저히 이행하고 등산, 달리기, 도인체조와 함께 단전호흡을 꾸준히 실천해서 그런지 건강에는 이상이 전연 없습니다."

"그건 참 다행이군요. 애기는 딸입니까, 아들입니까?"

"아들입니다."

"남편과 시부모님이 득남했다고 좋아하시겠네요."

"그렇기는 한데 문제가 생겼습니다."

"아니 문제라뇨?"

"애기가 숨을 제대로 쉬지 못합니다."

"네엣? 아니 그럼 어떻게 된 겁니까?"

"폐와 기도가 횡경막하고 기형적으로 유착이 되어 있다고 합니다."

"그래요. 그럼 담당 의사는 뭐라고 합니까?"

"유착된 부분을 분리 수술을 하면 살아날 수는 있다고 합니다. 그런데 워낙 갓난애가 되어 놔서 수술을 해도 성공률이 반반이라고 합니다. 그런데, 제가 알고 싶은 것은 그렇게 현대의학의 힘을 빌어 인공(人工)을 가하여 살아난다고 해도 수술한 부위의 경락은 크게 손상을 입을 게 아니겠는가 하는 겁니다. 선생님께서는 어떻게 생각하십니까?"

"그야 물론 중요 장부(臟腑)에 칼을 댄 이상 경락이 상하지 않을 수는 없는 일이죠."

"선생님, 이렇게 말하는 저를 보고 선생님께서는 어떻게 생각하실지 모르지만 저는 성공 확률도 반밖에 안 되는데, 굳이 없는 돈 꾸어서 수술을 해야 하는지 의문입니다. 다행히 수술에 성공을 했다고 해도 평생 불구자로 살아야 한다면 이왕에 그렇게 태어난 거, 그냥 하늘에 맡겨두어 자생력이 있으면 살게 내버려 두는 것이 어떨까? 생각합니다.

그렇게 하는 것이 아이를 위해서도 차라리 좋지 않을까? 하는 생각이 듭니다.

만약에 자생력이 없다면 한 번 더 윤회하여 인연이 있으면 저에게 다시 태어날 것이 아니겠습니까? 만약에 그럴 수 있다면 그때 가서는 온전한 아기를 키울 수 있지 않을까? 하는 생각이 드는데 선생님께서는 어떻게 생각하십니까?"

말은 이렇게 하지만 이러한 결론을 내리기까지 산모로서 얼마나 참담한 고뇌와 번민을 거쳤을까? 하는 생각을 하니 측은한 생각이 들었다. 이 경우 이 세상의 대부분의 산모들은 어떻게 해서든지 무조건 살려놓고 보려고 갖은 수를 다 쓸 것이다. 자기가 낳은 아기에 대한 본능적이고 무조건적인 애착이 그렇게 만들 것이기 때문이다. 그러나 그녀는 마음공부 덕으로 산모로서 아기에 대한 세속적 집착에서 한발 물러서서 아기의 장래까지 내다보고 있었던 것이다.

"하늘의 뜻인 자생력에 맡기자는 오구영 씨의 생각에는 나도 찬성입니다만, 이런 일은 혼자서 마음대로 할 수 있는 일은 아니지 않습니까? 남편이나 시부모의 생각은 어떻습니까?"

"손이 귀한 집안에 오대독자가 태어났다고 무슨 수를 써서든지 살리려고 애를 쓰고 있습니다."

"그렇다면 너무 오구영 씨 고집만 부리지 말고 합의점을 찾도록 해 보세요. 영아(嬰兒)가 수술을 한다고 해서 반드시 위험하기만 하다고 말할 수는 없으니까요. 수술이 잘돼서 멀쩡하게 잘 자랄 수도 있습니다. 요즘은 완전히 하나로 유착된 쌍둥이를 분리 수술하여 성공한 예도 있습니다.

일단 태어난 생명은 누구나 동등하게 살 권리가 있고 그를 둘러싼 사람들은 그와 공생공영(共生共榮), 상부상조(相扶相助)할 의무가 있습니다. 이 세상 누구에게도 남의 생명을 함부로 다룰 권리는 없습니다. 그래서 남의 생명을 빼앗는 살인은 최대의 죄악입니다. 모든 생명을 살리는 것은 선(善)이고 그 반대는 악(惡)입니다. 그리하여 이 선(善)을 통하지 않고는 그 누구도 진리에 도달할 수 없게 되어 있습니다.

진인사대천명(盡人事待天命)이라는 말도 있지 않습니까? 사람이 할 수 있는 몫이 있고 하늘이 할 수 있는 몫이 따로 있으니까요. 하늘은 언제나 스스로 돕는 자를 돕는다고 하지 않습니까? 사람의 힘으로 하는 데까지 다 해 보다가 끝내 어쩔 수 없는 경우라면 몰라도 처음부터 포기해버린다면 나중에 애기 아버지나 시부모에게도 평생 한을 안겨 줄지도 모르는 일이 아니겠습니까?"

"선생님 말씀 듣고 보니 역시 그런 측면도 있겠는데요."

"그리고 왜 하필이면 그러한 아이가 오구영 씨에게 태어났을까 하는 것도 한번 진지하게 생각해 보아야 합니다. 만약에 그 원인이 금생에 있었던 것이 아니라면 과거생의 어느 때인가에 있었던 것이 틀림없습니다. 인과(因果)에는 한 치의 오차도 있을 수 없기 때문입니다. 그렇다면 그러한 아기가 오구영 씨에게 태어난 것은 하나의 숙제일 수도 있습니다. 이런 경우 오구영 씨가 어떠한 태도를 취하느냐 하는 것이 과제일 수도 있습니다."

"그럼 남편이 끝까지 수술을 주장하면 그대로 놔두어야겠죠?"

"그렇게 하는 것이 다수 의견이라면 그렇게 하는 것이 순리입니다."

"선생님, 좋은 말씀 해주셔서 고맙습니다. 그럼 다음에 찾아뵙기로 하고 오늘은 이만 전화를 끊겠습니다."

전화가 끝난 뒤에 궁금해하는 수련자들에게 대충 사연을 설명하자 한 여자 수련생이 말했다.

"젊은 산모인데 어떻게 그렇게까지 마음을 절제할 수 있는지 모르겠습니다."

"마음공부가 일정한 수위에 도달하면 희구애노탐염(喜懼哀怒貪厭)에서 어느 정도 자유로워질 수 있습니다."

"이제 겨우 30대 초반인데 그 정도라면 앞으로 대성할 것 같습니다."

"희구애노탐염에서 자유로울 수 있다면 그다음 단계인 생로병사(生老病死)에도 초연할 수 있는 것이 아닐까요?"

"물론 그럴 수 있습니다. 인과응보의 원리를 완전히 깨달으면 인과에 더이상 끌려다니지 않고 오히려 인과를 스스로 다스려 나갈 수 있습니다. 자식을 맹목적으로 사랑하면 바로 그 집착이 눈앞을 가려 판단을 그르치게 하지만 거기서 벗어나면 눈앞이 오히려 환히 트이게 될 것입니다. 객관적인 눈이 항상 떠져 있는 사람은 판단을 그르치는 일이 없습니다. 회광반조(迴光返照)가 가능한 사람은 자성불(自性佛)을 만난다고 했습니다."

"자성불이 뭔데요?"

"자성(自性) 즉 참나를 깨달은 사람을 말합니다."

"회광반조란 무엇입니까?"

“진리의 빛으로 자기 자신을 비추어 보는 것을 말합니다.”

“관(觀)하고는 어떻게 다릅니까?”

“관, 관찰, 위빠사나, 회광반조, 모두가 다 같은 뜻입니다.”

“어떻게 해야 제대로 된 관을 할 수 있겠습니까?”

“우선 마음속에서 욕심과 이기심을 비워야 합니다. 꼼 나, 즉 개아(個我)에서 벗어나야 합니다. 그러자면 세속적인 상식, 학식, 지견, 관념 따위에서도 자유로워야 합니다. 왜냐하면 이런 것들은 이기적인 목적에 이용될 수도 있기 때문입니다. 마음에 한 점 이기심의 티끌까지도 사라졌을 때 진실이 보입니다. 그래서 흔히들 마음만 비우면 진리인 진여자성(眞如自性)은 스스로 드러나게 되어 있다고 합니다. 이것이 회광반조입니다.”

“마음이 넓은 사람은 어떤 사람을 말합니까?”

“현재를 항상 잘사는 사람입니다.”

“미래의 희망이 아니고 현재입니까?”

“미래는 아직 오지 않은 꿈일 뿐이지 현실은 아닙니다. 인생에 있어서 가장 중요한 시간은 언제인지 아십니까?”

“바로 현재 이 시간이 아닙니까?”

“그렇습니다. 인생에 있어서 가장 중요한 시간은 과거도 미래도 아니고 바로 지금 이 시각입니다. 존재하는 것은 오직 현재일 뿐 언제나 과거나 미래는 아닙니다. 엄격히 말해서 과거와 미래는 현재 이 시각 속에 용해되어 있습니다. 따라서 존재하지도 않는 과거나 미래에 집착하는 것이야말로 무지개 쫓아가기와 같이 허황된 일입니다. 그럼 각자의 인생에 있어서 지금 가장 중요한 사람은 누구이겠습니까?"

"그야 기독교인은 예수일 것이고 불교도는 석가모니일 것이고 유교도에게는 공자일 것이고, 아무 종교도 갖고 있지 않는 평균적인 한국인에게는 단군일 수도 있고 세종대왕일 수도 있고 이순신 장군일 수도 있는 것이 아니겠습니까?"

"그거야 자기가 평소에 늘 존경하는 사람을 말하는 것이고 지금 바로 이 시각에 가장 중요한 사람은 누구냐 그겁니다."

"글쎄요?"

아무도 대답을 못했다.

"그럼 내가 말하겠습니다. 지금 이 시각에 가장 중요한 사람은 방금 내가 만나고 있는 여러분 자신들입니다. 어떻게 하면 여러분들이 알고 싶어하는 것과 또 원하는 것을 충족시켜 주느냐 하는 것이 나의 가장 중요한 과제입니다. 지금 내가 여러분과 마주 앉아 있는 시간은 방금 지나가버리면 영원히 되돌이킬 수 없습니다."

"왜요. 원하기만 한다면 우리는 지금의 이 장면을 얼마든지 녹음도 하고 녹화도 해둘 수 있지 않겠습니까?"

"물론 녹음도 녹화도 해둘 수는 있습니다. 그러나 그것을 재생할 때는 지금의 이 시간은 물론 아닙니다. 그 녹화했거나 녹음해 놓은 것은 지나간 과거의 흔적일 뿐 아무도 임의로 바꾸어 놓을 수는 없습니다."

"왜요. 편집을 하려면 내용을 바꿀 수도 있지 않겠습니까?"

"그것은 어디까지 작품을 만들 때의 얘기고 진실을 바꾸어 놓을 수는 없습니다. 그것을 임의로 바꾸어 놓는다면 그것은 위조이며 왜곡이며 날조이지 이미 진실은 아닙니다. 그 위조, 왜곡, 날조 뒤에는 여전히 과거의 진실이 그대로 살아 있습니다. 그럼 그다음에 인생에 있어서 가장 중요한 일은 무엇입니까?"

"지금 당장 우리가 하고 있는 일입니다."

"맞습니다. 후회 없는 인생이란 이처럼 바로 지금 이 시간에 만나고 있는 사람이나 하고 있는 일에 유감없이 전력투구하는 겁니다. 그렇게 하지 않고 지금 이 시간에 어떤 사람을 만나서 중요한 얘기를 나누고 있으면서 무성의하게 과거나 미래를 생각한다든가 엉뚱한 딴 사람을 생각한다면 그 사람은 금방 상대에게 배척을 당하거나 불신을 사게 될 것이고 반드시 뒷날 이때를 후회하는 일이 있게 될 것입니다.

이것을 다시 정리하겠습니다. 인생에 있어서 가장 중요한 시간은 바로 지금이고, 인생에 있어서 가장 소중한 사람은 방금 만나고 있는 사람이며, 인생에 있어서 가장 중요한 일은 바로 지금 하고 있는 일입니다. 세속적인 인생살이에서나 구도에서나 크게 성공한 사람들은 예외 없이 이 세 가지를 가장 잘 활용한 경우입니다. 그런데 이 세 가지 일에 꼭 선행해야 할 중요한 일이 무엇인지 아십니까?"

"선택입니다."

고상호 씨가 말했다.

"선택이라니 무엇을 말합니까?"

"인생의 방향을 진리 쪽으로 트느냐 비진리 쪽으로 트느냐 하는 선택을 말합니다."

"그것도 맞습니다. 그러나 선택을 하는 안목은 어디에서 얻을 수 있다고 보십니까?"

"바르게 관(觀)하는 겁니다."

"그렇습니다. 중심은 바로 거기에 있습니다. 사물을 바르게 볼 줄 아는 사람은 언제나 바른 선택을 할 수 있습니다. 사물을 바르게 보려면 마음속에 사(私)가 들어있지 않아야 합니다. 사(私)는 사욕(私慾)인데, 이것을 마음속에서 몰아내지 못한 사람이 정치인이나 고위 공직자가 되면 반드시 권력형 부조리에 휘말려 들어가게 되어 있습니다.

처음에는 언필칭 대가성(代價性) 없는 떡값이고 정치자금을 받는다고 하지만 점점 더 간이 커지기 시작하면 자기도 모르는 사이에 대가성 있는 떡값도 넙죽넙죽 받아 삼키게 되어 있습니다. 그러다가 천에 하나 만에 하나 한보 사태 같은 대형 스캔들이 터지면 줄줄이 텔레비전 화면에서 멋적은 웃음을 띤 얼굴을 드러내게 됩니다."

"하지만 정치를 하다가 보면 누구나 그런 유혹에 걸려드는 거 아닐까요?"

"그러나 관(觀)을 바르게 하는 사람은 절대로 그런 유혹에 말려들지 않습니다. 차라리 정치를 안 하면 안 했지, 뇌물 받아 챙겼다는 오명은 절대로 후세에 남기지 않습니다."

보고 듣는 일체가 나의 스승

단기 4330(1997)년 1월 15일 수요일 -7~2℃ 해

새해가 된 지도 어느덧 보름이 되었다. 지난해에는 나에게 몇 가지 잊을 수 없는 사건이 있었던 해였다. 연초에는 내가 열네 살 때부터 스승이었고 월남 후에도 내내 부형을 대신하여 내 후원자였던 김기웅 선생님이 73세를 일기로 별세하신 것이다. 『선도체험기』 33권에 '은사의 최후'라는 항목에서 구체적으로 다루었다.

그다음에는 6월에 난생 처음으로 해외여행을 했다. 북경, 연변, 백두산, 심양을 밟아보고 많은 것을 느꼈었다. 『선도체험기』 34권에 '백두산 기행'에 상세히 다루었다.

세 번째는 95년에 문화일보 연재로 시작되었다가 그 해 연말에 중단되었던 『소설 단군』 전5권을 완성한 것이다.

이 밖에도 몇 가지 잊지 못할 사건들이 있었지만, 모두가 지극히 사적인 일들이라 언급할 가치가 없어서 생략하겠다. 그러나 영리한 독자들은 작년에 나온 내 저서의 행간(行間)에서 내가 무엇을 겪었는가를 포착했을 것이다. 좌우간에 작년 한해는 예년과는 달리 나에게는 뜻 깊은 일들이 많이 일어났던 해였다. 그리고 그 사건들을 통하여 나도 많은 공부를 할 수 있었다.

이제 나에게 일어나는 하나하나의 사건들은 아무리 사소한 것이라고 해도 전부가 나를 가르치는 스승임을 새삼 깨달은 해이기도 했다. 어떤 사건은 그 얘기를 듣자마자 누가 쇠몽둥이로 된통 내 뒤통수를 강타한 것만큼이나 큰 충격을 받고 휘청거린 일도 있었다. 그러나 다 겪고 난 뒤에 안 일이긴 하지만 그 충격이 심하면 심할수록 그만큼 나에게 큰 깨달음을 안겨주었다는 것을 알게 되었다. 그렇다고 해서 반드시 굵직한 사건만이 깨달음을 주는 것은 아니다. 티끌 모아 태산이라고 사실은 일상생활에서 일어나는 사소한 사건들이 축적되어 나중에는 큰 깨달음을 주기도 한다.

우리는 흔히 하루하루의 사건들이 똑같이 되풀이된다고 생각하고 무심하게 지나쳐버리기 쉽지만, 사실은 그렇지 않다. 왜 그러냐 하면 엄밀히 관찰해볼 때 어제와 똑같은 일이 오늘 되풀이되는 일은 결코 없기 때문이다. 좀더 눈여겨 살펴보면 어제와 똑같은 것은 하나도 없고 매일같이 새로운 것이 나타나는 것이다. 같은 것 같으면서도 실은 다른 것이다.

이것은 매일매일 깨어서 자기 자신과 주변을 빠짐없이 관찰하는 사람은 누구나 다 아는 일이다. 그래서 일신우일신(日新又日新)이라고 어느 선배 도인은 말했던 것이다. 매일매일의 일상생활의 따분함 속에서도 늘 새로움을 발견할 수 있는 것이다.

일전에 어느 독자가 느닷없이 다음과 같은 질문을 해왔다.

"선생님, 저는 참선을 10년 해온 사람입니다. 참선을 해왔다고 해서 선방생활을 한 것은 아닙니다. 그냥 혼자서 관(觀)을 해 왔습니다. 관이 곧 참선(參禪)이 아니겠습니까?"

"그야 그렇습니다만."

"참선을 하면서 저는 그 전과는 비교가 안 될 정도로 마음공부가 많이 되었다고 봅니다."

"무엇을 보고 그렇게 생각하십니까?"

"우선 가정과 직장에서 아내나 부하들에게 짜증을 내거나 신경질 내는 일이 없어졌습니다. 왜 그렇게 되었는지 아십니까?"

"글쎄요."

"짜증을 내 보았자 결국 상처를 입는 것은 저 자신밖에 없다는 것을 관을 통해서 알게 되었기 때문입니다. 그렇다고 해서 짜증내는 습관이 완전히 뿌리 뽑혀나간 것은 아닙니다. 지금도 가끔 가다가 그 짜증이 복병처럼 숨어 있다가 기습을 가해 오는 수가 있습니다. 그러나 그것에 대응하는 방법이 수련 전하고는 천양지차가 있습니다."

"어떻게 차이가 나는데요?"

"짜증이나 화나 신경질을 냈다가도 곧 잘못을 깨닫고 후회를 하게 됩니다. 그 때문에 그로 인해서 저 자신은 물론이고 남에게도 상처를 입히는 일은 없어지게 되었습니다. 그래서 아내와 부하 직원들이 제일 좋아합니다. 그전에는 나를 보면 비실비실 피해가던 직원들도 이제는 눈만 마주쳐도 반갑게 인사를 하고 가까이 하려고 합니다. 부하들뿐만 아니라 고객이나 상사들도 저에게 친밀감을 표시해 오곤 합니다."

이렇게 구체적으로 말하는 것을 보니 그는 마음공부가 어지간히 진행된 것을 알 수 있었다.

"그동안 그야말로 일상생활을 좋은 자료로 하여 많은 공부를 하셨군요."

"저는 기독교 교회에도 10년, 불교 사찰에도 10년을 다녀보았습니다만 그곳에서 발견하지 못한 희한한 것을 선생님께서 쓰신 『선도체험기』 34권을 읽고는 알게 되었습니다. 그게 무엇인지 아시겠습니까?"

"모르겠는데요."

그의 다음 말을 이끌어내려고 내가 말했다.

"기독교는 이웃을 네 몸처럼 사랑하라고 가르치고 불교는 남에게 착한 일을 많이 하라고 가르칩니다. 결국 두 종교가 가르치는 것은 같은 것입니다. 모두가 마음공부에 관한 것입니다. 그런데 선도 공부를 하면서 깨달은 것은 사람은 마음공부만 가지고는 안 된다는 것이었습니다.

기공부와 몸공부의 뒷받침이 없는 마음공부는 사상누각(砂上樓閣)에 지나지 않는다는 것이었습니다. 사랑도 착함도 몸과 기에 대한 완벽한 공부가 이루어져야 비로소 빛을 발한다는 것을 알게 되었습니다. 최근에 어떤 유명 인사가 나이 70이 되니 30년 동안 해오던 새벽 조깅에 무리가 왔는지 무릎 통증 때문에 그만두고 오후 수영을 하기로 했다고 합니다.

만약에 그 유명 인사가 기 공부를 하여 온몸의 경락에 골고루 운기를 할 수 있었다면 무릎 통증 같은 것은 일어나지도 않았을 것입니다. 그 유명 인사의 주치의들은 4년 전부터 조깅은 무리라고 하지 말 것을 종용해 왔다고 하는데, 그 의사들 역시 기공부에는 문외한인 것을 알 수 있습니다.

기공부가 수반되지 않는 몸공부와 마음공부는 이처럼 건강 유지에 큰 지장을 초래합니다. 이처럼 기(氣)가 무엇인지, 기 수련과 기공부라는 것이 과연 무엇인지 모르는 사람들은 낙오자가 될 수밖에 없는 시대 환경 속에 우리는 살고 있습니다.

앞으로 기공부가 수반되지 않는 육체 운동은 건강 유지에도 이처럼 한계에 부딪치게 될 것입니다. 노년기에도 건강이 따르지 않는 마음공부는 온전한 수행이 아니라는 것까지는 알겠는데 저는 아직 멀었다고 봅니다."

"아니 왜요?"

"아직은 진리가 제 손아귀에 확실히 잡혀오지 않습니다. 진리가 무엇이라는 것은 어렴풋이 알겠는데 아직 장중보옥(掌中寶玉)처럼 또렷이 포착이 되지 않는 이유가 무엇일까요?"

"진리는 장중보옥마냥 꼭 그렇게 감각적으로 손 안에 잡혀와야만 하는 것은 아닙니다."

"그럼 어떻게 그것을 감지할 수 있습니까?"

"진리는 물고기와 물의 관계와도 같은 겁니다. 물고기는 헤엄칠 때 전연 물의 존재를 느끼지 않지만 물속을 자유자재로 누비고 다닐 수 있습니다. 그와 마찬가지로 사람도 허공 즉 하늘을 의식하지 않고도 그 속에서 아무런 구속감을 느끼지 않고 유유자적할 수 있을 때 정말 대자유인이 될 수 있습니다."

"아무런 구속감을 느끼지 않는다는 것은 무슨 뜻입니까?"

원수가 은인으로 보일 때

"죽음 속에서 삶을 보고, 원수가 은인으로 보일 때를 말합니다. 이때 비로소 그 사람은 진리와 하나가 됩니다. 진리와 한몸이 된 사람은 진리를 새삼스레 의식하지 않습니다. 그것까지도 초월하기 때문입니다."

"그건 그렇고, 기 수련을 하고 안 하고의 차이가 그렇게 건강에 영향을 주는 것은 무엇 때문일까요?"

"인간은 심(心), 기(氣), 신(身)으로 되어 있다는 말은 세계의 어떠한 외국 경전에도 나와 있지 않는데 유일하게 우리나라의 경전인 『삼일신고(三一神誥)』에만 나와 있습니다.

마치 이것을 입증이라도 하듯 지금까지 세계 도처의 대부분의 사람들은 마음공부(종교)와 몸공부(육체운동)에는 많은 관심을 기울여 왔지만, 이 두 가지 공부에 기공부까지 편입시킨 예는 고조선과 동양의 극히 일부 이외에는 없었습니다.

예부터 우리나라와 지나에서 발달했던 침술은 기를 의학적으로 응용한 것입니다. 인체에는 기가 흐르는 12정경과 기경팔맥을 위시하여 720여 개의 경혈(經穴)이 있는 것은 한의학의 초보만 익힌 사람도 다 아는 사실입니다.

그러나 경혈학(經穴學)과 침술(鍼術)은 인체 속에 흐르는 자연 상태의 기를 의학적으로 이용만 했을 뿐, 기공부나 기 수련과는 하등의 관련이 없습니다. 오직 조직적이고 체계적인 조식(調息) 즉 단전호흡이나 기 수련을 통해서만이 우리는 기를 느끼고 운영할 수 있게 됩니다.

『삼일신고』가 말한 것처럼 인간은 원래 심, 기, 신 즉 마음, 기, 몸의 세 가지 요소로 구성되어 있는데, 이것을 무시하고 마음공부(종교)와 몸공부(체육)에만 전념해 왔으니 처음부터 절름발이 공부일 수밖에 없었던 것입니다.

마음공부와 몸공부를 아무리 열심히 잘해 보았자 결국은 기껏해야 3분의 2의 공부밖에 안됩니다. 세 개의 다리로 버텨야 안전한데 겨우 두 개의 다리로만 버티는 격입니다. 그래서 평생을 종교를 믿어오고, 운동을 규칙적으로 아무리 열심히 해도 기공부가 따르지 않는 한, 30년 동안이나 조깅을 해 보았자 겨우 70세에 무릎 통증으로 달리기를 포기할 수밖에 없는 처지에 이르게 됩니다."

"선생님, 무릎 통증은 왜 온다고 보십니까?"

"무릎 한가운데로 지나는 경맥이 바로 위경(胃經)인데, 무릎이 아프다는 것은 위경에 이상이 있다는 징후입니다. 걱정과 의심이 많은 사람이 걸리기 쉬운 병입니다. 마음공부와 기공부가 일정 수준에 오른 사람이라면 이러한 병에 걸리지도 않습니다."

"기공부를 규칙적으로 하는 사람이, 하지 않는 사람보다 더 오래 건강을 유지할 수 있는 이유는 어디에 있습니까?"

"기공부가 대주천 경지까지만 가도 하늘 기운이 온몸의 720여 개 경혈에 골고루 운기(運氣)되므로 자연치유력이 기공부 안 하는 사람보다 몇 배 더 강력하게 작용하기 때문입니다."

1997년 3월 1일 금요일 6~8℃ 비

어제는 시작한 지 4년 만에 처음으로 새벽 달리기를 중단해야 할 만큼 심한 몸살을 앓았다. 명현반응이었다. 그것을 보면 아직도 나는 수련이 나도 모르게 계속 진행되고 있는 것을 확연하게 알 수 있다. 오늘 아침부터는 기운이 크게 바뀌었다. 전보다 훨씬 강한 기운이 들어오기 시작한 것이다. 밤새도록 끙끙 앓는 것을 보고 아내가 말했다.

"생전 앓지 않던 사람이 끙끙 앓으니 이상하네요."

인천에 살면서 우리집에 일주일에 한 번씩 정기적으로 다니는 강인숙 씨는 말했다.

"전에는 선릉역에 도착했을 때 선생님 기운을 느꼈었는데, 오늘부터는 신도림역에서 2호선으로 갈아타는 순간에 선생님 댁에서 오는 전보다 더 맑고 강한 기운을 느꼈습니다."

그 정도의 기감(氣感)이라면 수련이 굉장한 수준이다. 한국 상공을 뒤덮고 있는 기운의 층이 점점 더 강해지고 있음을 말해주는 것이다. 한보, 현철 사건, 경제 불황으로 우리나라가 거덜이 나는 것은 아닌가 하고 걱정하는 사람들이 있는데, 그렇지 않다. 지금의 불황은 재정비 강화를 위한 일시적인 답보 상태이지 결코 후퇴는 아니다. 장기간 지속되어온 구조적인 부정부패와 뇌물 문화를 자체 정화하기 위한 정화(淨化) 기간이라고 생각하면 틀림없다.

기운의 층은 한반도 상공에서만 강화되고 있는 것은 아니다. 이것은 전 세계적인 현상이다. 그러나 확실한 것은 그 전 지구적인 기운의 강화된 층의 핵심이 한반도라는 것이다. 그래서 한국은 지금은 실로 오래간만에 국운 상승기를 맞고 있다. 그렇다면 왜 한보, 현철, 대선자금 비리 같은 악재가 작용하고 있는가 하고 묻는 사람이 있겠지만 그것은 2보 전진을 위한 1보 후퇴임을 알아야 한다. 근 반세기를 숨가쁘게 달려오다 보니 미처 챙기지 못한 일들이 쌓여서 곪아터진 것이 한보, 현철, 대선자금 비리이다.

요즘 한국에 선도나 단학, 기공의 붐이 일고 있는 것도 우연한 현상이 아니다. 기 수련을 통해서 기문(氣門)이 열려있는 사람은 누구나 이러한 변화되는 하늘의 기운을 받아들일 수 있다. 그러나 반드시 기문이 열린 정도에 따라 하늘 기운을 받아들일 수 있다. 많이 열린 사람은 많이 받아들일 수 있고, 조금 열린 사람은 조금밖에 받아들일 수 없다. 기문이 전연 열리지 않은 사람은 전연 받아들일 수 없다.

바로 이 때문에 요즘은 누구나 선도에 마음을 두고 진지하게 정성을 다하여 수련에 임하면 금방 기운을 느끼고 기문이 열리게 된다. 그전에 10년, 20년 걸리던 것도 단 며칠 안으로 이루어지는 것이다. 시대 상황이 그처럼 급변하고 있다. 우리는 이러한 시대 상황에 부응하여 수련을 하여야 한다. 기성관념에 사로잡혀버리면 구태의연한 사고방식으로 인한 동맥경화증에 걸려버리고 만다. 변화하는 시대 환경을 미처 따라가지 못하고 낙오하게 되는 것이다.

진실을 외면하는 사람은 항상 잘못된 기성관념의 노예가 되기 쉽고 고집과 아집에 빠져 구경각과는 상관도 없는 엉뚱한 사도(邪道) 속에서 헤매든가 잘못된 지도자의 맹종자나 광신자가 될 가능성이 많다. 그렇게 되지 않으려면 항상 열려 있는 두 귀를 그대로 열어놓아야 한다. 열려 있는 귀를 억지로 닫으려고 해서는 안 된다. 우리의 두 귀가 항상 열려 있는 것은 비록 비위에 거슬리는 말이라도 들어야 할 것은 듣게 하기 위해서이다.

보기 싫은 장면에 눈을 감으면 안 볼 수 있다. 말하기 싫으면 입을 다물면 그만이다. 그러나 우리의 두 귀만은 구조적으로 항상 열려 있는 것은 듣기 싫은 말이라도 때로는 거절하지 말고 들어야 할 필요가 있기 때문이다. 열려 있는 두 귀를 의식적으로 닫아서 귀머거리가 될 때 그는 급변하는 시대 상황의 소리를 들을 수 없어 낙오자가 되어버리고 만다.

1997년 3월 20일 목요일 2~14℃ 해, 구름

오후 3시. 수련생들과 필자 사이에는 다음과 같은 대화가 오갔다.

"수련자가 자신의 수련 정도를 알아 볼 수 있는 기준이 있습니까?"

"있구말구요."

"어떤 것이 있습니까?"

"마음을 어느 정도 비웠느냐를 보고 수련의 깊이를 알아 볼 수 있습니다."

"마음을 비운 정도를 어떻게 알아 볼 수 있을까요?"

"마음을 비운 정도에 따라 반드시 보이지 않는 힘이 실리게 되어 있습니다."

"보이지 않는 힘이란 무엇입니까?"

"기(氣), 즉 생체 에너지를 말합니다."

"좀더 알아듣기 쉽게 구체적으로 말씀해 주시겠습니까?"

"마음을 비우는 정도라는 것은 얼마만큼 이타행(利他行)을 하느냐 하는 것을 말합니다. 공무원이라면 얼마만큼 뇌물을 안 받고 멸사봉공(滅私奉公)하느냐 하는 것을 말합니다. 이타행, 멸사봉공, 애인여기(愛人如己)의 정도에 따라 인신(人神)의 도움을 받게 되어 있습니다.

이 말은 무엇을 말하는가 하면 이타행이라는 큰 뜻을 품은 사람에게는 유유상종(類類相從)의 원칙에 따라 파장이 맞는 동조자들이 힘을 합쳐주기 위해서 모여들게 되어 있다는 말입니다. 그런데 이 동조자들 중에는 사람뿐만 아니라 신(神)도 들어 있습니다. 그래서 사람과 신 즉 인신(人神)의 도움을 받게 되어 있습니다."

"그 신(神) 중에는 어떤 것이 있습니까?"

"신장(神將), 보호령, 수호천사, 지도령(指導靈) 그리고 신명(神明)이 그들입니다. 이들을 통털어 신령(神靈) 또는 신중(神衆)이라고 합니다. 여기서 신장, 보호령, 수호천사, 지도령들은 수련자를 보호하거나 지도하는 역할을 담당하고, 신명은 수행자의 인력(人力)만으로는 하기 힘든 일을 대신해 주는 역할을 합니다."

"어떤 사람은 선생님께서 대주천 수련자들에게 벽사문(辟邪門)을 달아주시는 것을 보고 접신(接神)이 되었다고 말하는데, 그것은 잘못 생각한 것이 아닙니까?"

"접신이라는 것은 마음공부가 잘못된 사람에게 저급령이 들어와 주인 행세를 하는 것을 말합니다. 이때 그 사람은 그 저급령의 심부름꾼이나 종이 되어 그가 시키는 일을 무엇이든지 하게 됩니다. 무당이나 사이비 종교의 교주들이 바로 그러한 사람들입니다.

그러나 정도(正道)를 걷는 수련자가 그에게 도움을 주려고 찾아온 신명(神明)을 부리는 것은 접신이 아닙니다. 나는 내 의지와 판단에 따라 대주천 수련자에게 벽사문을 달아주어 그의 수련을 도와줄 뿐입니다. 벽사문을 운반하는 신명은 내 의사에 따르고 있습니다. 내가 그 신명의 의사에 따라 움직이는 것이 결코 아닙니다. 그러니까 내가 접신이 되었다고 말하는 것은 잘못 생각한 것이거나 공연히 헐뜯기 위해서 만들어낸 비방이나 험담에 지나지 않습니다.

구도자의 수련을 돕기 위해서 신명의 힘을 이용하는 것은 좋은 일입니다. 그러나 그 신명의 힘을 단지 돈 받고 질병을 치료한다든가 일상생활의 편리를 위해서 이용하는 것은 별로 의미가 없을 뿐만 아니라 바람직스러운 일도 아니라고 생각합니다. 영원한 생명에 눈뜨게 하는 것이 중요한 것이지 육체 생명을 기껏해야 몇십 년 더 연장해 보았자 별로 의미가 없기 때문입니다.

의학과 과학이 할 수 있는 일을 구태여 신명의 힘을 빌릴 필요가 없기 때문입니다. 그러나 의학이나 과학은 수련자가 구경각에 도달하는 것을 현재로서는 도울 수 없습니다. 신은 스스로 돕는 자를 돕습니다. 사람 역시 스스로 돕는 자를 돕게 되어 있습니다. 그러나 여기서 꼭 명심해야 할 것은 개인의 이익을 위해서가 아니라 전체의 이익을 위해서 스스로 발 벗고 나서는 사람이라야말로 인신(人神)의 도움을 받게 되어 있다는 것입니다."

마음만이 미래를 결정한다

1997년 4월 12일 토요일 8~19℃ 맑음

오후 3시. 11명의 수련생들이 모였다.

"선생님 저도 질문 하나 할까요?"

50대 초반의 김하규라는 남자 수련생이 말했다.

"좋습니다."

"제 초등학교, 중고등학교 동창인데요. 대기업체의 이사까지 올라가면서 승승장구하던 친구가 갑자기 간암 말기 진단을 받고 초죽음이 되어 있습니다. 수술할 때도 지났고 하여 죽을 날만 기다리고 있습니다. 물론 직장에서는 자진해서 사표를 냈고 집안은 초상집 같습니다. 그래서 제가 오행생식과 선도수련을 권해 보았더니 현대의 첨단 의학도 손을 들었는데 생식과 선도가 어떻게 간암을 고치겠느냐면서 콧방귀만 뀌고 있습니다. 이런 때 좋은 구제 방법이 없을까요?"

"말을 강가에까지 끌고 갈 수는 있어도 물을 억지로 마시게 할 수는 없습니다. 짐승도 그럴진대 사람이야 더 말해 무엇 하겠습니까?"

"그럼 별수 없겠습니까?"

"그 친구가 마음을 바꾸기 전에는 속수무책입니다."

"오행생식은 간암에도 확실히 효과가 있는 거 아닙니까?"

"있구말구요. 모든 암에 다 효과가 있습니다. 백혈병도 오행생식으로 고친 사람이 있습니다."

"오행생식을 끝내 못 하겠다면 차선책은 없습니까?"

"왜 없겠습니까? 우선 체질 점검을 해 보아야 합니다."

"간암이라면 무조건 신 음식을 많이 먹이면 되지 않겠습니까?"

"반드시 그렇지만도 않습니다. B형 간염에서 발전된 간암이라면 가늘고 길고 미끄럽고 긴장감이 있는 현맥(弦脈)이 나오는 것이 아니고, 굵고 넓고 짧고 완만한 홍맥(洪脈)이 나옵니다. 간암이라도 홍맥이 나오는 B형 간암에는 신 음식이 아니라 단 음식을 먹어야 합니다.

암으로 죽을망정 생식은 안 하겠다면 육기잡곡(六氣雜穀)쌀을 먹이되 기장, 피쌀, 찹쌀이 많이 들어간 육기잡곡쌀로 밥을 해 먹이고 채소와 과일을 들게 하고 단전호흡, 등산, 달리기, 도인체조를 일상생활화하고 마음공부에 주력하면 비록 병원에서 치료를 포기한 간암 환자도 소생할 수 있습니다."

"암 치료에 마음공부가 그렇게 중요합니까?"

"그렇구말구요. 외상(外傷)을 제외한 모든 질병의 근본 원인은 마음에서 시작되었으니까요. 먼저 마음에 병이 들면 반드시 그에 상응하는 육장육부에 병이 나게 되어 있습니다. 우선 몹시 화를 내거나 노여워하고 신경질과 짜증을 내면 간장과 담낭이 약해지거나 병들게 되고, 너무 기뻐하거나 즐거워하거나 경솔하고 방정맞은 짓을 잘하면 심장과 소장이 약해지거나 병들게 되고, 남을 너무 의심하고 걱정과 근심이 많고 번뇌와 망상에 골똘하면 비장과 위장이 상하거나 병들게 되고, 지나치게 불쾌한 마음을 품게 되면 왼쪽 폐대장(肺大腸)이 약해지거나 병들게 되고, 몹시 슬퍼하고 자포자기하는 심정이 되면 오른쪽 폐와 신경이 약해져서 폐결핵에 걸릴 우려가 있고, 심히 놀라거나 두려워하거나 반대를 위한 반대를 일삼거나 극도의 공포심에 사로잡히게 되면 신장(腎臟)과 방광(膀胱)이 약해지거나 병들게 되고, 남을 중상모략하고 이간질 잘하고 여기 와서 이 말하고 저기 가서 저 말하고 잔재주 잘 부리고 불안 초조해하는 사람은 심포(心包) 삼초(三焦)가 약해지거나 병들게 됩니다.

그러나 이와는 반대로 간담이 튼튼하면 생장하는 기운이 충만하여 어질고 착하고 관대한 성품을 갖게 되고, 심소장이 튼튼하면 예절 바르고 예술적이고 용감한 성품을 갖게 되고, 비위가 튼튼하면 정확하고 확실하고 신용 있는 사람이 될 것이고, 폐대장이 튼튼하면 의리 있고 준법정신이 강하고 냉정하고 준엄한 성품을 갖게 될 것이고, 신방광이 튼튼한 사람은 지혜롭고 건설적이고 과학적이고 계산이 빠른 두뇌를 갖게 될 것이고, 심포삼초가 튼튼하면 다재다능하고 능수능란하고 생명력이 약동하는 사람이 될 것입니다.

그런데도 불구하고 현대의학은 사람의 마음과 기(氣)에는 거의 관심을 기울이지 않습니다. 사람은 마음과 몸과 기(氣)가 유기적으로 결합되고 조화를 이루고 있는데도 불구하고 오직 육체만을 대상으로 하기 때문에 기껏 국부(局部) 치료나 증상(症狀) 치료를 할 뿐입니다. 인간은 하나의 소우주인데도 전체를 종합적으로 보려고 하지 않고 육체의 한 부분 한 부분에만 치중하니까 전체가 보이지 않게 됩니다. 그래서 근본 치료는 요원해질 수밖에 없습니다. 이것이 현대의학의 한계입니다.

국소(局所)와 증상(症狀)만 따라다니는 한 인간의 질병은 영원히 따라잡을 수 없는 술래잡기가 되고 말 것입니다. 현대의학은 기껏해야 인간의 삼대 구성요소 중의 하나인 육체 분야에만 집착하고 있을 뿐 그 나머지 마음과 기(氣)에 대해서는 속수무책입니다."

"그럼 사람이 완전히 건강해지려면 어떻게 해야 합니까?"

"육체 하나에만 매달릴 것이 아니라 마음과 기(氣)의 분야에도 육체와 거의 같은 관심을 기울여야 합니다."

"그래서 선생님께서는 『선도체험기』에 늘 마음공부, 기공부, 몸공부를 주장하시는군요."

"그렇습니다. 마음, 기, 몸은 셋이되 실상은 하나입니다. 셋 중에서 어느 하나도 뗄래야 뗄 수 없는 유기적인 결합체입니다. 그래서 사실은 기공부, 몸공부도 마음공부입니다. 셋이면서 하나인 이유가 여기에 있습니다."

"그렇다면 그 간암 걸린 친구에게 지금부터라도 마음, 기, 몸 공부를 시키면 소생할 수 있는 가능성이 있겠군요."

"물론입니다. 그 환자가 음식은 제대로 소화시키고 있습니까?"

"겉으로 보기에는 멀쩡합니다. 보통 사람과 조금도 다른 데가 없습니다. 음식도 잘 소화시킬 수 있구요. 등산도 달리기도 테니스도 골프도 할 수 있습니다."

"육장육부를 수술받은 일은 없습니까?"

"없습니다."

"그렇다면 본인의 마음먹기에 따라 얼마든지 고칠 수 있습니다."

"그런데도 병원에서는 기껏 6개월밖에 못 산다고 사형 선고를 내렸다고 합니다."

"방금 전에도 말했지만, 사람은 마음, 기, 몸 세 가지 요소로 되어있는데, 의사는 겨우 육체 하나만 보고 그런 판단을 내렸으니 그 나머지 3분의 2는 틀릴 수도 있습니다. 지금부터라도 늦지 않으니까 마음을 바르고 착하게 먹고 행동하면 탐진치(貪瞋癡)에서 점차 벗어나게 될 것입니다. 지나친 욕심과 야심이 근심 걱정을 낳게 했고 그것이 비위를 약하게 만들었으며, 그것이 다시 악화되어 B형 간염에서 간암 말기까지 발전했던 겁니다. 탐진치에서 벗어나면 누구나 마음이 가벼워지고 편안해집니다."

"그건 선생님 말씀이 옳은 것 같습니다. 그 친구는 유달리 욕심이 많고 승부욕이 강해서 동창들 중에서도 제일 승진이 빨랐고 재산도 제일 많이 모았습니다. 그런데 이제 겨우 50밖에 안 되었는데 사형 선고를 받았으니 기가 막힐 노릇이 아니겠습니까?"

"아무리 기막힌 일이라고 해도 그 일을 당한 사람의 마음가짐 여하에 따라서 그것이 도리어 전화위복(轉禍爲福)의 계기가 될 수도 있습니다. 심기일전(心機一轉)하여 이것을 도약의 계기로 삼는다면 그에게는 새로운 경지가 열릴 수도 있습니다."

"요컨대 마음을 어떻게 먹느냐에 달려 있군요."

"물론입니다."

"유명한 관상가가 그의 수상(手相)과 관상(觀相)을 보고는 90세까지 부귀하고 장수할 상이라고 했다는데 그것도 다 맞지 않는 모양이죠?"

"수련하는 사람들은 사주팔자, 족상, 수상, 관상, 작명, 풍수, 관상 따위를 논하는 것은 수치로 알아야 합니다."

"그건 왜 그렇습니까?"

"사주팔자불여관상(四柱八字不如觀相)이요 또 족상불여수상(足相不如手相)하고 수상불여관상(手相不如觀相)이요, 관상불여심상(觀相不如心相)이라는 말이 있습니다. 작명(作名)과 풍수(風水) 역시 불여심상인 것은 마찬가지입니다. 다시 말해서 사주팔자고 족상이고 수상이고 관상이고 작명이고 풍수고 그 무엇이든지 마음먹기(심상)만은 못하다는 뜻입니다.

사주팔자, 족상, 수상, 관상, 작명, 풍수는 이미 지나간 인연으로 만들어진 결과입니다. 결과는 결과일 뿐 미래는 아닙니다. 인간의 미래를 결정하는 것은 그의 마음밖에는 없습니다. 그러니까 사주팔자, 족상, 수상, 관상, 풍수, 작명 따위는 마음을 앞으로 어떻게 바르고 착하게 먹고 행동하느냐에 따라 얼마든지 변할 수 있다는 말입니다. 마음속에는 탐진치가 가득찬 사람에게 아무리 좋은 사주팔자며 족상, 수상, 관상, 작명, 풍수 따위가 있다 한들 무슨 소용이 있겠습니까? 전부 다 개 발에 편자밖에는 못 됩니다."

"과연 마음 하나만 바꾸면 팔자도 고칠 수 있고 정말 행복해질 수 있을까요?"

"두말하면 잔소리죠. 어떻게 되는 것이 참다운 행복이라고 보십니까?"

"생로병사의 고통이 없는 것이 진정한 행복이라고 생각합니다."

"그렇게 되자면 진리를 깨달아 철인(哲人), 부처님, 하느님이 되어야 합니다. 마음속에서 탐진치를 다 내보내면 누구나 부처님이 될 수 있습니다. 그러나 건강해지는 것도 마음이 편안해지는 것도 부처가 되는 것도, 부처가 되지 않는 것도 사실은 마음먹기에 달려 있습니다. 그래서 심상(心相)이 제일입니다."

전생과 얽힌 풀어야 할 숙제

"선생님 저는 인생 문제를 하나 상의드리겠습니다."

하종식이라는 젊은 남자 수련생이 말했다.

"말씀해 보세요."

"저는 금년에 서른두 살 난 총각인데요. 아버지가 운영하는 책방 일을 돕고 있습니다. 10년 전부터 동갑내기 처녀가 저를 따라다니고 있는데, 저는 그 여자와는 결혼을 하기 싫거든요."

"왜요?"

"도(道)를 알고 나서는 결혼이 하기 싫어졌습니다."

"그 처녀가 특별히 싫어서가 아니고 결혼 자체가 싫어졌다는 겁니까?"

"그 처녀가 별로 이쁘지도 않고 매력이 없는 것도 사실이지만 근년 들어 선도를 알고 나서는 더욱더 그런 생각이 들었습니다."

"그럼 무엇이 문제입니까?"

"그 처녀에게 제 의사를 말했는데도 다른 사람과 결혼할 생각은 않고 정말 끈질기게 저를 따라다닙니다. 도대체 왜 그런지 모르겠습니다."

"그 처녀는 언제 어디서 처음 알게 되었습니까?"

"대학 다닐 때 같은 반이었습니다. 처음부터 남의 이목을 끌지도 못했고 어딘가 쓸쓸해 하는 것 같아서 제가 먼저 말을 걸었는데, 단지 그걸 꼬투리 삼아 지금까지 끈질기게도 따라다닙니다."

"혹시 그 처녀에게 책잡힐 짓을 한 일은 없습니까?"

"그런 일은 절대로 없습니다. 손 한 번 잡아 본 일도 없습니다. 단지 제가 먼저 말을 걸어 본 것밖에는 없습니다."

"그렇다면 그 여자가 하종식 씨를 따라다닐 이유가 없지 않습니까?"

"그 이유라는 게 왜 먼저 말을 걸어놓고 뒤에는 왜 못 본 척하느냐는 겁니다."

"그럼 상대하지 않고 그대로 내버려두면 언젠가는 제풀에 스스로 물러날 것이 아닙니까?"

"10년이 넘었는데도 그렇지 않으니까 문제죠. 그래서 요즘엔 좀 이상한 생각이 듭니다."

"무슨 생각인데요?"

"혹시 전생에 그 처녀와 제가 무슨 피치 못할 사연이 있었던 것이 아닌가 하는 생각 말입니다."

나는 잠시 그에 대하여 마음을 집중을 해 본 뒤에 말했다.

"그 처녀와 하종식 씨는 전생에 부부관계였고 아이도 남매가 있었는데, 하종식 씨는 그때도 아내가 예쁘지 않고 매력이 없다는 단지 그 하나의 이유 때문에 처자를 돌보지 않고 도 닦는다고 삭발 출가를 한 것도 아니면서 팔도(八道)를 운수행각(雲水行脚)하느라고 한평생을 보냈습니다.

그 전생의 아내가 지금의 바로 그 처녀인데, 전생의 미련과 원한이 지금도 풀리지 않고 남아 있어서 그렇게 끈질기게 따라다니는 겁니다. 하종식 씨는 또 그러한 전비(前非)가 있었기 때문에 그 여자를 매정하게 떼어버리지 못하고 미적미적 지금까지 10년간이나 끌어온 것입니다."

"무슨 해결책이 없겠습니까?"

"그 여자에게 가장 바람직한 해결책은 그 여자와 결혼을 해서 알뜰살뜰하게 아들딸 낳고 잘살아보는 길밖에 더 있겠습니까. 그것이 해원(解冤) 상생(相生)하는 길입니다."

"그런데 저는 도(道)를 알고부터는 결혼을 하기 싫어졌거든요. 지금은 제아무리 예쁘고 매력적인 여자가 나타나도 정신적으로도 성적(性的)으로도 끌리지를 않습니다."

"정 그렇다면 그 여자를 만나서 간곡하게 그러한 사정을 고백하고 도반(道伴)으로서 같이 수련이나 하자고 타이르면 될 것입니다."

"그렇게 하려고 시도를 안 해 본 것도 아닙니다. 그러나 그 여자는 구도(求道)와는 인연이 없는 것 같습니다. 제가 아무리 말을 해도 못 알아듣습니다. 어떻게 했으면 좋겠는지 모르겠습니다."

"그게 다 인과응보라는 것은 알고 있습니까?"

"알고 있습니다. 전에도 막연히 그 여자와의 사이에는 무엇인가가 있다고 생각해 왔었는데, 선생님 말씀 듣고 보니 이제는 그 이유가 더욱 확실해졌습니다."

"인과응보라는 것을 알았으면 됐습니다. 천망회회소이불누설(天網恢恢疎而不漏泄)입니다. 하늘의 그물은 크고 넓고 성기지만 사실은 물샐 틈이 없다고 한 노자의 말입니다. 여기서 천망은 인과응보의 그물을 말합니다. 처자에게 무책임한 짓을 한 보복을 당하고 있는 겁니다. 바로 그 때문에 그 여자는 당당하게 하종식 씨에게 손해 배상을 요구하는 겁니다. 그리고 하종식 씨는 무의식 중에도 그 죄책감이 있으니까 그 여자를 박대할 수 없는 겁니다.

씨는 뿌린 대로 거두게 되어 있고, 공은 쌓은 대로 가고, 죄는 지은 대로 갑니다. 지금 하종식 씨에게 가장 중요한 것은 이러한 인과응보의 원리를 뼈아프게 실감하고 앞으로 다시는 그런 실수를 저지르지 않겠다는 다짐을 하는 겁니다. 그리고 그 여자에 대해서는 금생에야말로 어떠한 일이 있어도 전생의 그 원한을 풀어주어야 합니다. 그것이 하종식 씨가 해결하지 않으면 안 될 숙제입니다."

"좋은 해결책을 좀 말씀해 주셨으면 합니다."

"역지사지방하착(易地思之放下着)하고 여인방편자기방편(與人方便自己方便)하고 애인여기타리자리(愛人如己他利自利)의 신념으로 임하면 해결하지 못할 것도 없습니다."

"좀더 구체적으로 말씀해 주셨으면 합니다."

"그건 당사자인 하종식 씨 몫입니다. 번뇌즉보리(煩惱卽菩提)라는 말이 있습니다. 번뇌가 바로 깨달음의 지혜라는 말입니다. 고민도 번뇌도 역시 일종의 수련입니다. 구도의 과정이라는 말입니다. 그 여자와의 문제는 하종식 씨가 금생에 기필코 해결해야 할 피할래야 피할 수 없는 숙제입니다.

사람은 각자 자기 갈 길이 따로 있습니다. 부모와 스승이 아무리 가깝다고 해도 자식이나 제자의 고민을 대신해줄 수 없고, 병을 대신 앓아줄 수도 없고, 죽음을 대신해줄 수도 없는 것과 같이 자기 자신 이외에는 아무도 해결할 수 없는 고유 분야가 있는 법입니다. 그러나 그가 걸어야 할 길의 방향만은 가리켜줄 수 있습니다. 나는 하종식 씨에게 충분히 그 길의 방향을 가리켜 주었습니다."

전생의 인연에 얽매이지 말라

"선생님 저도 제 친구의 인생 문제를 하나 상의드릴 수 있을까요?"

40대 중반의 여자 수련생이 말했다.

"어디 말씀해 보십시오. 모든 인생 문제는 전부 다 수련과 관련이 있으니까 구도자들은 누구나 귀를 기울일 만한 가치가 있을 겁니다."

"모 국책연구소의 책임 연구원으로 있는 제 동창생 여자 친구입니다. 과학자이면서도 구도(求道)에 관한 동서양의 저서들을 많이 탐독하고 있는 숨은 수련자이기도 합니다. 고1, 고3인 아들 형제가 있고 남편은 고급 공무원이고 하여 겉으로 보기에는 여유 있는 행복한 가정의 주부이기도 합니다. 그러나 속사정을 알고 보면 그렇지도 않습니다."

"왜요?"

"남편이 10년 전부터 불능 상태에 빠져 있답니다."

"성적(性的) 무능력자라는 말입니까?"

"그렇습니다."

"남자 갱년기가 여자 갱년기보다 좀 빨리 온 모양이군요. 요즘은 그런 일이 많습니다. 여자 갱년기가 언제나 남자 갱년기보다 한 10년쯤 일찍 오는 것이 정상인데 요즘은 거꾸로 되는 일도 가끔 있는 모양입니다."

"여자 갱년기는 무엇인지 잘 알겠는데 남자 갱년기라는 것은 무엇을 말합니까?"

"기공부를 하여 소주천, 대주천 수련이 되는 것도 아닌데 남성이 발기가 되지 않으면 남자 갱년기가 왔다고 볼 수 있습니다. 돈깨나 있는 사람들은 곰쓸개니 산삼이니 녹용이니 개구리니 토룡탕 따위를 찾거나 보강제(補强劑) 삽입 수술 같은 것을 하지만 다 그때뿐이고 생리적인 노화 현상은 아무도 막을 길이 없습니다. 이렇게 되면 남자 갱년기에 접어들었다고 볼 수 있습니다."

"그런데 선생님 그 친구는 남편의 불능쯤은 문제가 아니라고 합니다."

"그럼 무엇이 문제라고 하던가요?"

"남편이 그 때문에 열등감에 사로잡혀 가끔 의처증을 일으키곤 하지만 그런 것이 문제가 되는 것은 아니라고 합니다. 그렇다고 그 친구의 정력이 강해서 발산할 수가 없어서 문제가 되는 것도 아닙니다. 그 애는 수련의 힘으로 그러한 성적인 충동을 능히 제압할 수 있는 능력을 터득했다고 합니다."

"점입가경(漸入佳境)이군요. 핵심은 그럼 무엇입니까?"

"2년 전에 자기의 전생의 남편을 만났다는 겁니다. 공학박사이고 대학교수인데 아내가 너무 사치와 도박에 빠져서 가정을 엉망으로 만들어 놓았으므로 지금은 별거 중이랍니다. 친구는 지금 그 전생의 남편과 목하 열애(熱愛) 중인데 두 사람은 각각 이혼을 하고 새 인생을 시작할 각오까지 되어 있다고 합니다. 그러나 둘이 다 일정한 사회적인 지위와 명성을 가지고 있는 사람들이라 남의 이목 때문에 선뜻 결행을 못하고 망설이고 있다고 합니다. 그 애는 고민 끝에 단짝 친구인 제 의견을 물어온 겁니다. 만약에 선생님께서 저의 입장이시라면 뭐라고 대답해 주시겠습니까?"

"전생의 남편이라는 것까지 알아보는 혜안(慧眼)이 열린 분이라면 그 정도의 문제는 스스로 알아서 처리하고도 남을 텐데요?"

"그래도 중이 제 머리 못 깎는다는 말이 있지 않습니까?"

"있죠. 수불세수(水不洗水)요 지불자촉(指不自觸)이라. 물은 자기 자신을 씻을 수 없고 손가락은 자기 자신을 만질 수 없다는 말도 있습니다. 눈알은 자기 자신을 볼 수 없습니다. 그것은 사실입니다. 그러나 여기서 한 단계 더 뛰어올라 상대와 시공과 유무를 벗어나 진리의 세계에 들어가면, 중은 스스로 제 머리를 깎을 수도 있고 눈알은 스스로 자기 눈알을 볼 수 있습니다.

부디 그 친구에게 말해주십시오. 전생의 인연 따위에 다시 얽매이는 어리석음을 범하지 말고 전생의 남편을 알아볼 수 있는 그 혜안의 렌즈를 좀더 닦아서 자기 자신을 회광반조(迴光返照)할 수 있게 하라고."

"지금 한창 열애 상태에 있는 친구가 그런 말이 귀에 들어가겠습니까?"

"정 그렇다면 마음 편한 쪽을 택하라고 하세요."

"현재 상태대로 사는 것과 재혼해서 사는 것 중에 어느 쪽이 마음이 편하냐고 저도 물어 보았더니 그야 물론 현재대로 사는 것이 마음은 편하다는 겁니다."

"그럼 좀더 신중하게 생각해 봐서 마음 편한 쪽을 택하라고 하세요.

행복이란 결국은 마음 편한 것이니까요."

"그런데, 그 애는 그것이 세속적인 도덕과 윤리의 굴레 속에 안주하는 것은 아닌지 의심하고 있습니다."

"정관정도(靜觀正道)입니다. 마음을 가라앉히고 조용히 사심 없이 자기 자신을 살펴보면 반드시 바른길이 보이게 마련입니다. 세속적인 굴레가 아닌가 의심을 하건 말건 결국엔 불안이 없고 마음이 편안한 상태가 행복입니다. 나 하나의 행복을 위해서 지금의 남편과 자식들을 그리고 상대의 아내와 자식들을 불행하게 만든다면 그게 어떻게 진정한 행복이 될 수 있겠습니까?"

"그렇다면 결국 기성 도덕과 윤리가 하나도 틀리지 않는다는 말이 되는 거 아닙니까?"

"기성 윤리와 도덕이 잘된 것이냐 잘못된 것이냐 하는 것은 보편적인 진리의 자로 재어보면 압니다."

"그 보편적인 진리의 자라는 것이 무엇인데요?"

"개인이 중심이 된 것은 진리의 잣대가 될 수 없습니다. 언제나 전체가 중심이 될 때만이 진리의 잣대라고 말할 수 있습니다. 전체가 중심이 된다고 해서 그럼 개인은 죽어야 하느냐 하면 그렇지는 않습니다. 전체가 중심이 될 때는 개인도 전체도 함께 살 수 있지만, 개인이 중심될 때는 언제나 개인도 전체도 다 같이 망하게 되어 있습니다."

〈36권〉

인간 혈처(穴處), 인간 명당(明堂)

단기 4330(1997)년 5월 4일 일요일 12~25℃ 오전 비, 구름

오후 3시. 12명의 수련생들이 모여들었다. 그들 중에는 국내의 유수한 선도 수련장에서 공부하다가 온 사람도 몇 있었다. 그중의 한 사람이 입을 열었다.

"선생님 저는 모 도장에서 3년간 수련을 하다가 선생님의 『선도체험기』를 읽고 오행생식을 해 보려고 찾아왔습니다."

"거기서 그대로 수련을 하실 것이지 무엇 때문에 이곳엔 찾아 오셨습니까?"

"처음에 한 1년 동안에는 제법 기운도 느껴지고 하여 열심히 수련을 했었는데, 2년째부터는 별로 진전이 없어서 혼자서 고민을 하다가 어떤 도우의 소개로 선생님께서 쓰신 『선도체험기』를 읽고는 크게 감동을 받고 이렇게 찾아왔습니다. 선생님을 뵌 김에 제가 평소에 의문을 품고 있던 것을 여쭈어보려고 하는데, 괜찮겠습니까?"

"좋습니다. 어서 말씀해 보십시오."

"저는 최근에 그 도장에서 실시하는 5박 6일간의 해외여행을 갔다

왔습니다. 에너지의 회전운동이 가장 활발하여 세계적으로 가장 유명하다는 장소에도 갔다 왔습니다. 제가 알고 싶은 것은 수행자가 그런 데 찾아가는 것이 과연 수련에 도움을 줄 수 있는가 하는 것입니다."

"그래 그곳에 가서 기운을 느껴 보셨습니까?"

"네."

"그래 어떠했습니까?"

"그럴싸해서 그런지 몰라도 다른 곳보다는 기가 좀 강한 것은 느낄 수 있었습니다."

"여지껏 보지 못했던 새롭고 신기한 것을 보았다는 관광 차원에서는 공부가 될 수 있었을지 몰라도 그 이상은 아니라고 생각합니다."

"무슨 뜻인지 좀더 알기 쉽게 해설해 주셨으면 좋겠습니다."

"천리가 지척이라는 말이 있지 않습니까?"

"있죠."

"그게 무슨 뜻인지 알고 계십니까?"

"알고 있습니다."

"그럼 어디 한번 말해 보세요."

"아무리 먼 곳에 떨어져 있어도 마음이 그곳에 가 있으면 지척(咫尺)에 있는 것과 같다는 뜻입니다."

"그렇습니다. 그러나 마음에 없으면 바로 지척에 있어도 천리나 떨어져 있는 것과 마찬가지입니다. 서로 사랑하는 애인끼리는 아무리 멀리 떨어져 있어도 항상 서로를 그리워하고 있으므로 마음으로는 항상 함께하고 있다고 할 수 있습니다. 이럴 때는 거리는 별로 문제가 되지 않습니다. 그러나 사랑하지 않는 남녀는 아무리 이웃에 살고 있다고 해도 서로 관심이 없으므로 지척이 천리일 수밖에 없게 될 것입니다.

사람에게는 기운의 회전이 활발한 총 720여 개의 경혈(經穴)이 있는 것과 마찬가지로 지구 표면에도 수많은 혈처(穴處), 이른바 명당자리가 있습니다. 이러한 명당자리는 국내에도 얼마든지 있습니다. 그 대표적인 곳이 백두산 정상, 강화도 마리산 참성단, 태백산 제천대, 제주도 한라산 정상 같은 곳입니다. 이러한 곳은 국내뿐만 아니고 인도의 히말라야나 미국의 볼텍스처럼 국외에도 얼마든지 있습니다.

우리 조상들은 예부터 에너지의 회전 운동이 활발한 이러한 혈처나 그 근처에서 기공부도 하고 수련도 하는 경향이 있어온 것은 사실입니다. 허지만 아무리 명당자리에서 수련을 한다고 해도 수련자 자신의 마음의 자세가 제대로 확립되어 있지 않으면 별로 큰 효과를 얻기는 어렵습니다.

그러나 아무리 명당자리와는 멀리 떨어져 있어도 지극정성으로 수련에 임하는 사람에게는 그 명당 바로 옆에 있는 것과 같은 효과를 얻을 수 있다는 얘기입니다. 거대한 발전소 바로 턱 밑에 사는 사람도 그 발전소와 전깃줄이 연결되어 있지 않는 한 전깃불을 켤 수 없습니다. 그러나 아무리 먼 곳에 떨어져 있어도 전깃줄만 연결이 되어 있으면 바로 그 옆에 있는 사람과 똑같이 전기를 끌어 쓸 수 있는 것과 같은 이치입니다.

백두산, 마리산, 태백산, 한라산, 히말라야는 물론 수련하기에는 알맞는 장소이기는 하지만 형편이 닿지 않아서 그곳에 갈 수 없는 사람도 마음만 간절하면 어디에 있어도 얼마든지 그곳에서 수련하는 사람 못지않는 효과를 거둘 수 있다는 말입니다. 수련이라는 것은 어디까지나 마음과 정성에 달려 있는 것이지 어느 특수한 장소에 달려 있는 것은 결코 아닙니다.

근대 한국 선종(禪宗)의 중시조(中始祖)라고 하는 경허 스님은 한때 출가한 형님인 태허 스님과 함께 한 암자에서 수행을 하고 있었습니다. 경허 스님의 어머니 역시 두 아들을 따라 출가하여 그 암자에서 같이 수도를 하고 있었습니다. 그런데 처음에는 잘 나가던 어머니가 중도에 갑자기 게을러지기 시작하여 예불도 독경도 하지 않게 되었습니다. 경허 스님이 왜 그러시냐고 물어보았더니 '두 아들을 출가시켜 이름난 스님이 되어 열심히 예불도 하고 독경도 하고 있는데, 나까지 구태여 예불이나 독경 같은 거 하지 않는다고 부처님께서 설마 날 지옥에야 보내겠느냐. 늘그막에 어디 아들 덕 좀 보자꾸나' 하면서 느긋해 했습니다.

그래서 수도라는 것은 아무리 부모 자식 사이라도 각자가 제각기 하는 것이지 남이 대신해 줄 수 있는 것이 아니라고 해도 들은 척도 하지 않았습니다. 경허 스님은 생각다 못해 하루는 아침 공양 때 어머니 밥상에 두 사람 분의 식사를 차려서 갖다 드리게 하고는 경허 스님은 그 앞에 다소곳이 앉아 있었습니다.

"너는 왜 아침 공양을 들지 않느냐?"

어머니가 물었습니다.

"저는 안 먹어도 됩니다."

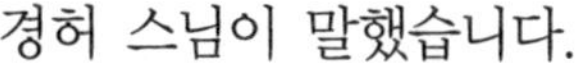

경허 스님이 말했습니다.

"아니, 왜?"

"어머니가 제 밥까지 드시면 제 배도 함께 불러올 테니까요."

아무리 피를 나눈 모자간이라도 밥을 대신 먹어 아들을 배부르게 할 수 없는 것처럼 수행 역시 누가 대신 해줄 수 있는 것이 아니라는 것을 어머니는 비로소 깨달았습니다. 아무리 옆에 경허 스님과 같은 대선지식과 대선사가 있어도 그리고 그가 자기가 낳은 친아들이라고 해도 자기가 직접 수련을 하지 않는 한 아무런 도움도 받을 수 없게 마련입니다. 명당이나 혈처 역시 남의 수련을 대행해 주지는 않습니다.

그와 마찬가지로 아무리 세계적으로 유명한 에너지의 회전 장소인 명당이며 혈처가 지척에 있다고 해도 스스로 수련을 하지 않는 사람에게는 아무런 도움이 될 수 없는 법입니다. 그러나 마음이 백두산이나 히말라야의 설산에 가 있는 사람에게는 구태여 그곳까지 가지 않아도 그곳의 기운을 간단히 끌어다 쓸 수 있습니다."

"선생님 그게 실제로 가능한 일일까요?"

"가능한 일이고말고요."

"그러나 아무나 다 그렇게 되는 것은 아니지 않습니까?"

"그거야 두말할 필요도 없는 일입니다."

"대주천 경지를 통과하여 삼합진공(三合眞空) 또는 삼단합법(三丹合法)의 경지에 들어 상 중 하단이 하나로 통합되어 자신의 기운과 남의 기운을 마음대로 운용할 수 있는 능력을 갖게 되면 그렇게 될 수 있습니다. 이른바 선도에서 말하는 연기화신(煉氣化神)의 경지를 말합니다.

여기서 한 단계 더 앞으로 나아가면 연신환허(煉神還虛)에 도달하게 됩니다. 불교에서 말하는 견성성불(見性成佛)의 경지요, 선도에서 말하는 성통공완(性通功完)의 경지이기도 합니다. 내가 굳이 이 얘기를 하는 이유는 수련자가 이 경지에 도달하면 그 수련자 자신이 하나의 인간 혈처(穴處)요 인간 명당(明堂)이 될 수 있기 때문입니다."

"그걸 어떻게 알 수 있습니까?"

"기공부가 초보 단계를 지나 기문(氣門)이 열려 기운을 느끼고 소주천(小周天)이 되는 사람 즉 연정화기(煉精化氣)가 되는 사람은 기운으로 그것을 감지할 수 있습니다. 그러므로 기공부가 어느 정도 된 사람에게는 절대로 가짜가 통할 수 없습니다.

내가 여러분에게 꼭 당부하고 싶은 것은 국내외의 명당이나 혈처를 찾아 돌아다니기보다는 스스로 지극정성으로 수련에 임하여 자기 자신이 인간 혈처, 인간 명당이 되도록 하자는 뜻에서입니다. 명당, 혈처는 밖에서 찾을 것이 아니라 자기 자신의 내부에서 찾아야 합니다.

올바른 구도자라면 누구나 땅의 혈처나 명당보다는 영혼의 스승인 인간 혈처, 인간 명당을 찾으려 할 것입니다. 사람에게는 인간 명당이 필요한 것이지 땅의 명당이 필요한 것은 아니기 때문입니다. 구도자는 좋은 스승을 만나면 그 역시 좋은 스승이 될 수 있습니다. 그러나 땅의 명당은 아무리 찾아 다녀보았자 인간 명당도 좋은 스승도 될 수 없습니다. 땅의 명당은 역시 하나의 관광지로서의 가치 이상일 수는 없다는 얘기입니다.

이왕에 구도자가 된 이상 여러분은 땅의 명당을 찾아 이리 몰려가고 저리 몰려다니는 한갓 순례자나 관광객으로 만족할 것이 아니라 스스로 착실히 수련을 쌓아 인간 명당이 되어 수많은 후배 구도자들의 수련을 도와주는 것이 훨씬 더 뜻있는 일이 될 것입니다. 그것이 바로 성불제중(成佛濟衆)하는 길이고, 상구보리(上求菩提)하여 하화중생(下化衆生)하는 길이며, 재세이화(在世理化) 홍익인간(弘益人間)할 수 있는 길이라고 생각됩니다."

"선생님, 저도 역시 모 도장에서 3년 동안 수련을 하다가 우연히 『선도체험기』를 읽고는 많은 감동을 받고 이렇게 선생님을 찾아뵙게 되었습니다."

20대 후반의 젊은 남자가 말했다.

"일단 그 도장에서 3년이나 수련을 했으면 정도 들 대로 들었을 텐데, 뭐 하려고 한 우물을 파지 않고 이렇게, 기독교인으로 말하면 외방교회를 찾아 왔습니까?"

"한 3년 그 도장에서 수련을 하다가 보니까 좀 지루하기도 하여 견문도 좀 넓힐 겸해서 찾아 왔습니다. 그리고 저는 선생님께서 쓰신 『선도체험기』를 서른네 권까지 읽는 동안에 완전히 선생님의 팬이 되어 버렸습니다. 그래서 평소에 궁금해 하던 것을 좀 알아볼 겸해서 오행생식도 꼭 해 보고 싶고 해서 이렇게 찾아 왔습니다."

"그래요. 『선도체험기』를 서른네 권이나 읽었다고 했는데, 그 책을 읽으면서 무엇을 제일 많이 느꼈습니까?"

"거기 나오는 말씀들이 같은 선도를 하는 저에게는 너무나도 가슴에 와닿았습니다. 사실 제가 다니는 도장의 스승들 중에는 그러한 책을 쓰신 분이 없었거든요."

"주로 어떠한 부분들이 가슴에 와 닿던가요?"

"역시 읽는 사람의 영혼과 마음을 일깨워주는 어록(語錄)이라고 할까 말씀이라고 할까 그런 것이었습니다. 마치 불경의 『반야심경』, 『금강경』, 『법화경』, 『법구경』이나 신약의 산상수훈, 노자의 『도덕경』, 혜능의 『육조단경』, 유교의 사서삼경에 나오는 좋은 말씀을 현대적인 상황 속에서 현대어로 읽는 것 같은 느낌을 받았습니다.

그런데 유감스럽게도 제가 다니는 도장의 스승들 중에는 그런 어록을 책으로 남긴 사람이 없습니다. 도장의 창설자도 주로 도인체조법만은 자세히 가르쳐 주었지 그야말로 가슴에 와닿는 어록이나 말씀은 남겨 놓지 않았습니다. 그래서 제가 도장의 사범님이나 법사님들에게 『선도체험기』를 읽어보라고 권하면 첫 권도 채 다 읽어보지 않고는 덮어놓고 가짜라면서 일고의 가치도 없다고 합니다.

배타성의 문제

도대체 무엇 때문에 같은 선도의 길을 걷고 있으면서 이렇게 배타적으로 나와야만 하는지 저는 아무래도 이해를 할 수 없습니다. 선생님께서는 이것을 어떻게 생각하십니까?"

"어떻게 생각하다뇨?"

"그건 분명 잘못된 것이 아닙니까?"

"난 그렇게 단정적으로 생각하지 않습니다."

"그럼 그분들의 태도가 옳다는 말씀입니까?"

"옳다 옳지 않다고 일률적으로 단정해서 말할 수는 없습니다."

"그건 왜 그렇습니까?"

"서로의 입장과 처지가 다르므로 얼마든지 다른 견해가 나올 수 있기 때문입니다. 그분들의 처지와 수준에서는 충분히 그러한 말이 나올 수도 있으므로 일방적으로 그분들이 나쁘다고 말할 수는 없습니다. 그분들은 지금은 분명 그렇게 나오지만 앞으로 수련이 깊어져서 지금보다 마음이 더 크게 열리면 그때 가서도 지금의 자신들의 태도가 옳다고 끝까지 주장할지는 의문입니다.

그러한 폐쇄적이고 배타적인 경향에서 탈피하기 위해서 요즘은 불교대학에서도 불경뿐만 아니라 사서삼경, 『노자』, 『장자』, 신구약성경, 코란 등을 두루 다 공부한다고 합니다. 신학대학에서도 역시 신구 성경 외에도 세계의 각종 경전을 공부하고 있다고 합니다. 바르고 착하게 살 것을 가르치는 모든 종교의 귀결점은 비록 방편은 다를지라도 결국은 동일한 목표 지점에 도달하게 되어 있으니까요. 그 목표 지점에 도달하는 방법이 자기네와 다르다고 해서 배척하고 적대시하던 시대는 이미 과거지사가 되어버렸습니다. 그런데도 불구하고 아직도 과거의 구습에서 벗어나지 못하고 편견에 사로잡혀 있는 사람들이 있다면 그들은 자꾸만 시대에 뒤떨어지게 될 것입니다."

"그렇게 자꾸만 시대에 뒤떨어지게 되면 결국은 어떻게 됩니까?"

"자활능력이 없으면 자연 도태가 될 수밖에 더 있겠습니까?"

환단 시대는 왜 지속되지 못했는가?

"선생님 저에게도 한 가지 의문이 늘 따라다니고 있는데 벌써부터 선생님에게 꼭 한번 물어본다 물어본다 하면서 별러 오기만 했었는데 오늘 마침 기회가 온 것 같습니다. 질문해도 좋겠습니까?"

"어서 하십시오."

"『환단고기』를 읽어 보면 우리 민족의 역사상 가장 찬란했던 역사 시대는 7세(世)에 역년(歷年) 3301년인 환인 시대와 18세에 역년 1565년의 환웅 시대와 47세에 역년이 2096년의 단군 시대 총 72세, 6960년의 환단 시대라고 생각됩니다. 그런데 무엇 때문에 그러한 우리 민족의 전성기가 더 오래 지속되지 못하고 말았는지 그것이 늘 궁금합니다."

"환단 시대 6960년이면 상당히 오래된 겁니다. 인류 역사상 이보다도 오래된 왕조 시대가 일찍이 존재한 일이 있었습니까?"

"없었습니다. 오래되었다는 로마 시대 역시 천년 정도에 지나지 않습니다. "

"그것 보십시오. 아무리 좋은 태평 시대도 너무 오래 되면 변하게 되어 있습니다. 모든 현상(現象) 중에서 변하지 않는 것은 아무것도 없습니다. 만약에 변하지 않는 현상이 있다면 그것은 이미 현상이 아닙니다."

"그건 무슨 뜻인지요?"

"모든 현상은 변하지 않는 현상이 아님을 입증하기 위해서 존재하는 겁니다. 환단 시대 역시 하나의 역사 현상에 지나지 않습니다. 현상이 현상임을 입증하기 위해서는 변하지 않을 수 없게 되어 있습니다. 오직 변함으로써 모든 현상은 스스로 변하지 않는 것이 아님을 보여줄 수밖에 없습니다. 따라서 모든 현상의 변화는 필연적입니다. 현상은 변하지 않는 현상이 아님을 입증하기 위해서 변하지 않을 수 없는 것과 같이, 모든 존재는 자신의 존재를 부인함으로써 그 무상함을 입증해 주게 되어 있습니다.

모든 현상은 조건 지어진 존재이기 때문입니다. 여기서 말하는 조건 지어진 존재란 인연으로 만들어진 존재를 말합니다. 따라서 그 조건이 해소되면 그 조건 지어진 그 존재는 사라지게 되어 있습니다. 조건이 사라진 곳에 진리는 있습니다. 그러나 진리는 무조건입니다. 그러므로 모든 현상과 존재의 최후의 목적은 진리입니다. 진리는 허공이고 하늘이고 하느님이고 부처이고 여래입니다. 모든 현상이 무상(無常)임을 깨닫게 될 때 구도자는 여래를 만날 수 있다는 석가의 말은 이래서 그 이상 더할 수 없는 무상의 가치가 있는 겁니다."

"허지만 선생님 우리가 지향하는 미래는 신(新)환단 시대가 되어야 하지 않겠습니까?"

"그거야 정치가들이나 할 수 있는 말이지 구도자가 할 말은 아닙니다."

"왜 그렇죠?"

"신환단 시대 역시 하나의 미래상에 지나지 않습니다. 그 미래상은 실현이 된다고 해도 어차피 어느 정도의 시간이 흐르면 변하지 않을 수 없는 하나의 현상에 지나지 않기 때문입니다. 그렇다고 구도자는 역사의 흐름에 무관심하라는 뜻은 아닙니다. 그들은 항상 음지에서 역사가 진리를 구현하는 방향으로 흐르도록 유도하는 것으로 만족합니다. 변하는 것이 그렇게도 아쉽습니까?"

"솔직히 말해서 그렇습니다."

"왜 그럴까요?"

"아직은 잘 모르겠습니다."

"그것은 무상한 현상에 무게를 두기 때문입니다. 변하지 않을 수 없는 현상에 무게를 두어봤자 남는 것은 허무밖에 없을 것입니다. 그러나 같은 허무라고 해도 그것을 받아들이는 사람에 따라 결과는 180도 달라집니다."

"어떻게 말입니까?"

"허무를 무한한 아쉬움으로 받아들이는 사람과 허무를 무한한 충족으로 받아들이는 사람과는 천양지차(天壤之差)가 있을 수밖에 없기 때문입니다."

"그 차이는 무엇입니까?"

"앞사람이 범인(凡人)이라면 뒷사람은 철인(哲人)이고 현인(賢人)이요 성인(聖人)입니다. 앞사람이 중생이라면 뒷사람은 부처입니다."

"좀더 알아듣기 쉽게 말씀해 주십시오."

"앞사람은 현상에 집착하는 사람이고, 뒷사람은 현상에서 현상 아닌 것을 발견한 사람입니다. 다시 말해서 뒷사람은 현상에의 집착에서 벗어난 사람입니다."

"현상에 집착하는 사람과 현상을 초월한 사람은 일상생활에서 구체적으로 어떠한 차이를 드러냅니까?"

"인생을 고해(苦海)라고 생각하는 사람은 현상에 집착하는 사람이고, 인생살이에서 불만과 고통을 느낄 줄 모르고 지옥에서도 극락을 느끼는 사람, 이 세상에서 벌어지는 모든 것 속에서 영원한 생명을 보는 사람은 현상을 초월한 사람입니다. 글자 그대로 그런 사람에게는 모든 것이 처처불상(處處佛像)이요 사사불공(事事佛供)입니다."

"현실적으로 과연 그런 사람이 존재할 수 있을까요?"

"있구말구요."

"그렇다면 그 사람은 진짜 도인이 아니겠습니까?"

"도인은 뭐 특이한 사람이 아닙니다. 모든 구도생활의 귀착점은 바르고 착하게 사는 겁니다. 그러니까 바르고 착하게 사는 사람이 도인이지 무슨 기행(奇行)과 파격(破格)을 일삼거나 이적(異蹟)이나 도술(道術) 따위를 농하는 사람이 도인이라고 생각한다면 그야말로 큰 착각입니다.

바르고 착한 사람은 공무원이 되어도 절대로 거짓말을 하지 않고 뇌물 같은 것은 챙기려 하지 않습니다. 그런 사람은 여럿이 먼 길을 가다가 식량이 떨어져 사흘을 굶다가 밥 한 사발이 자기 앞에 차례가 와도 남을 먼저 생각하지 절대로 자기 입에 먼저 가져가지 않습니다. 자기 아이와 남의 아이를 데리고 강을 건너다가 갑자기 물이 깊어져서 두 아이 중에 한 아이밖에 살릴 수 없게 되었을 때도 자기 아이보다는 남의 아이를 먼저 살립니다."

"매사에 자기보다는 남을 우선적으로 생각한다는 말입니까?"

"그렇습니다. 남을 위하는 것이 나 자신을 위하는 것이라는 것을 알고 실천하는 사람이 바로 도인입니다. 이런 사람은 매사에 바르고 착하고 성실하고 믿음직스러울 수밖에 없습니다."

"그런 사람을 보고 흔히들 답답하고 우둔하고 미련스럽다고들 하지 않습니까?"

"그렇습니다. 도인은 원래 소처럼 우직하고 잔재주를 부리지 않습니다. 해와 달처럼 자기 갈 길을 묵묵히 갈 뿐이지 남의 눈치 같은 거 살피지 않습니다. 이런 의미에서 도인은 항심(恒心)의 화신입니다. 결론적으로 말해서 우리 민족의 전성기를 구가했던 그 찬란했던 환단 시대가 종말을 고한 것은 어떻게 생각하면 아쉬운 일이기는 하지만, 그것은 환단 시대를 이루었던 제반 조건들이 변하니까 어쩔 수 없이 일어난 일이었습니다.

그 후 우리 민족의 역사가 사대주의의 폐해로 지리멸렬되었었고 지금도 분단의 설움을 안고 있는 우리로서는 심한 아쉬움과 함께 그러한 시대에 아련한 향수를 느낄 만도 하지만 2보 전진을 위한 1보 후퇴로 보면 됩니다. 장구한 역사를 부감해 볼 때 천년, 2천년은 한순간일 수도 있으니까요. 어디를 가나 신선한 공기를 마실 수 있었고 길가의 아무 우물이나 개울에서도 항시 달고 시원한 물을 마실 수 있었던 시대가 엊그제 같은데 우리 곁에서도 그러한 시절은 이미 아득하게 물 건너가지 않았습니까. 지구촌 전체가 환경오염으로 아우성입니다.

이처럼 조건 지어진 모든 현상들은 그 조건들이 하나하나 변하면서 끊임없이 탈바꿈하고 있습니다. 제행무상(諸行無常) 제법무아(諸法無我) 그대로입니다. 있었던 것이 사라진다고 하여 아쉬워할 것도 없고 새로운 시대가 열린다고 하여 환희작약(歡喜雀躍)할 것도 없습니다."

"그렇다면 역사적 변화를 가져오는 근본 원인은 무엇이라고 보십니까?"

"두말할 것도 없이 그것은 인과응보의 원리입니다. 콩 심은 데 콩 나고 팥 심은 데 팥 나는 이치입니다. 사람들의 마음이 바르고 착했을 때는 환단 시대와 같은 태평성대를 연출할 수 있었지만 사람들의 마음이 삐뚤어지고 이기심에 사로잡혀 있었을 때는 분열과 파멸과 고난의 약소국 또는 망국과 분단의 참담한 설움을 면할 수 없었습니다. 따라서 역사는 언제나 교훈이고 시련이며, 진리를 가르치는 교과서입니다. 역사를 교훈으로 받아들이는 사람이나 민족은 똑같은 실수를 범하지 않을 것입니다."

수련은 왜 합니까?

단기 4330(1997)년 6월 1일 일요일 15~19℃ 바람, 오후 비

오후 3시. 12명의 수련생이 모여들어 묵상하다가 여러 가지 대화가 오갔다.

"수련은 무엇 때문에 합니까?"

"부산행 기차를 타고 앉아 있던 사람이 자다가 봉창 두드린다고 내가 왜 이 차를 탔지 하고 옆 사람에게 묻는다면 뭐라 대답하겠습니까?"

"물론 부산에 가기 위해서라고 하겠죠."

"그럼 수련하던 사람이 갑자기 내가 왜 수련을 하고 있지? 하고 옆에 있는 도우에게 묻는다면 뭐라고 대답하겠습니까?"

"저는 성통공완하기 위해서 한다고 하겠습니다."

"저는 견성성불(見性成佛)하기 위해서라고 하겠습니다."

"저는 진리파지(眞理把持)를 위해서 한다고 대답하겠습니다."

"저는 극배상제(克配上帝)하기 위해서라고 하겠습니다."

"저는 성령으로 거듭나기 위해서라고 대답하겠습니다."

"저는 자아(自我)를 이기고 진아(眞我)를 찾기 위해서라고 말하겠습니다."

"저는 힘겨운 하루 일을 끝내고 내일을 기약하고 나른한 피로 속에 편안한 잠자리에 들듯 이생에서도 아무런 유한(遺恨)없이 편안한 죽음을 맞이하기 위해서라고 말하겠습니다."

"저는 생자필멸(生者必滅)의 이치는 알겠는데, 사자필생(死者必生)의 이치가 아직은 가슴에와 닿지를 않습니다. 그래서 사자필생(死者必生)의 이치가 가슴에 와닿을 때를 위해서라고 말하겠습니다."

"저는 마음을 비우면 비울수록 마음이 이상하게도 넓어지는 것을 느낄 수 있습니다. 그러니 마음을 완전히 비우면 과연 어떻게 될까 하는 기대를 충족시키기 위해서 수련을 한다고 대답하겠습니다."

"저는 생사(生死)를 이기는 지혜와 능력을 얻기 위해서 수련을 한다고 대답하겠습니다."

"저는 우선 마음의 안정을 얻고 몸 건강하기 위해서 수련을 한다고 말하겠습니다."

"저는 생로병사(生老病死)의 윤회에 다시금 말려들지 않기 위해서 수련을 한다고 말하겠습니다."

"저는 다시는 이 지겨운 지구상에 태어나지 않기 위해서라고 대답하겠습니다."

"저는 진리와 하나가 되기 위해서라고 대답하겠습니다."

"저는 부모미생전본래면목(父母未生前本來面目)을 회복하기 위해서라고 말하겠습니다."

"저는 자성(自性)을 깨닫기 위해서라고 말하겠습니다."

"저는 저 자신이 무엇인가를 저 자신의 힘으로 직접 깨닫기 위해서라고 말하겠습니다."

"저는 시공(時空)과 물질(物質)의 속박에서 벗어나기 위해서라고 말하겠습니다."

"저는 감옥이나 지옥이라도 극락으로 바꿀 수 있는 능력을 갖기 위해서라고 대답할 것입니다."

"전부 다 정답이군요."

"선생님 사람의 마음속에 불안(不安)은 왜 일어납니까?"

"불안(不安)이란 편안하지 못하다는 뜻입니다. 다시 말해서 안정(安定)을 찾지 못한 상태를 말합니다. 삐딱하게 기울어진 기둥이 안정을 얻지 못하고 있는 것과 같은 것을 말합니다. 한쪽으로 기울어진 기둥은 제대로 세워지든가 아니면 아예 쓰러져 버리든가 해야 하는데 아직 그렇게까지는 되지 않은 중간 단계를 말합니다.

나무 기둥이나 돌기둥이나 철근, 시멘트 기둥은 물질로 된 것이어서 객관적으로 우리의 눈에 확연히 드러나지만, 사람의 마음이 불안한 것은 남의 눈에 명확하게 드러나지 않습니다. 단지 얼굴 표정이나 태도나 말로 짐작해 볼 수는 있을 뿐입니다. 마음이 제자리를 못 잡고 삐딱하게 기울어졌든지 균형이 깨어진 상태를 불안이라고 하는데, 그것은 착하지 못하고 바르지 못한 마음에서 나오는 것입니다."

"불안에는 어떤 종류가 있습니까?"

"희구애노탐염(喜懼哀怒貪厭), 탐진치(貪瞋癡), 희노애락(喜怒哀樂)이 전부 다 불안에서 싹튼 것입니다."

"어떻게 하면 불안에서 벗어날 수 있습니까?"

"삐딱하게 기울어진 기둥을 바르게 세우듯 우리의 마음을 바르게 세우면 불안은 없어지게 되어 있습니다."

"인간의 마음이 기둥이라면 삐뚤어진 것을 바르게 세우면 그만이겠지만, 마음은 기둥을 바로 세우듯 그렇게 손쉽게 바로잡을 수 있는 것이 아니라고 봅니다. 구체적으로 어떻게 하는 것이 불안에서 벗어나는 길이 되겠습니까?"

"애인여기(愛人如己)하고 타리즉자리(他利則自利) 정신으로 살면 됩니다. 다시 말해서 남을 나 자신처럼 사랑하고 남을 위하는 것이 나를 위하는 것이라는 정신으로 살아나가라는 뜻입니다. 이것이 바로 착하고 바르게 사는 길입니다."

"참선이나 명상을 해야 불안에서 벗어날 수 있는 것이 아닙니까?"

"아무리 참선과 명상이 진리를 깨닫는 좋은 방편이라고 하지만 기본적으로 애인여기(愛人如己)하는 이타행(利他行)을 일상생활화 하지 않고, 자기 잇속만 차리는 사람이 참선이나 명상에만 주력하는 것은 남에게 부당하게 손해를 입히고도 갚을 생각도 하지 않은 채 하느님에게 여의주(如意珠)만 달라고 떼쓰는 것과 같습니다."

"여의주는 밖에 있는 것도, 누가 주는 것도 아니고 자기 자신 속에서 캐내는 것이 아닙니까?"

"맞습니다. 단지 방편과 비유로 그렇게 말했을 뿐입니다."

"우상(偶像) 숭배라는 것은 무엇입니까?"

"육안으로는 보이지 않으면서도 엄연히 영존(永存)하는 진리가 아니고, 현상계에서 비록 우리 눈에는 보이지만 언제 없어질지 모르는 시간과 공간에 속박당한 물질적 존재를 받들어 모시는 것을 말합니다. 미개했던 인류의 가장 원시적인 종교 행위를 말합니다."

"선생님 어떤 신흥 종파의 목사는 유태인이 나치 독일에 의해 6백만 명이나 학살을 당한 것은 예수 그리스도를 구세주로 받아들이지 않았기 때문이라고 말했는데, 그 말에 타당성이 있습니까?"

"전혀 타당성이 없습니다.

"왜 그렇습니까?"

"그 목사가 말했다는 구세주는 진리를 말하는데, 진리에 도달하는 길은 예수교 이외에도 얼마든지 있을 수 있기 때문입니다. 예수와는 다른 길을 택했다고 해서 학살을 당해야 한다는 것은 말이 되지 않습니다. 하나님은 그렇게 불공평한 분이 절대로 아닙니다. 지구상에는 예수의 가르침을 통하지 않고도 진리를 깨달은 성현들이 얼마든지 있는 것만 보아도 알 수 있습니다. 그처럼, 자기네 방법만이 유일한 구원의 길인 것처럼 주장하는 것을 보고 종교적 독단이라고도 하고 배타주의라고도 합니다. 쉽게 말해서 우물 안 개구리라는 뜻입니다.

예수 이외에도 단군, 석가, 공자, 노자, 장자의 가르침을 통해서도 진리를 깨달은 사람들은 얼마든지 있습니다. 또 반드시 특정한 성현에게서 가르침을 받지 않고도 불립문자(不立文字), 직지인심(直指人心), 견성성불(見性成佛)한 독각성인(獨覺聖人)도 얼마든지 있습니다. 이것은 무엇을 말하는고 하니 진리란 반드시 어떠한 성현의 가르침을 통해서만 인간에게 전달되는 것이 아니고 이미 시작도 끝도 없이 무소부재(無所不在)하고 무시부재(無時不在)한 존재임을 말하고 있습니다. 어느 때 어느 곳에나 존재하지 않는 곳이 없다는 말입니다."

"그렇다면 그 진리는 어떠한 사람에게 나타납니까?"

"나타나는 것이 아니라 이미 어떤 사람에게든지 그 사람의 중심에 확고히 자리잡고 있습니다."

"그런데도 보통 사람들은 그것을 모르고 있는 것은 무엇 때문입니까?"

"누구에게나 진리는 있지만 볼 수 없는 것은 그것을 볼 수 있는 눈이 떠져 있지 않기 때문입니다. 우리가 막대한 시간과 노력을 기울여 수도(修道)에 전념하는 것은 우리의 마음속에 도사리고 있는 진리를 보는 눈을 뜨게 하기 위해서입니다."

"그렇다면 사람은 누구나 도인이 되고 신불(神佛)이 될 바탕이 되어 있다는 얘기가 아닙니까?"

"정확합니다."

"그런데도 어떤 사람은 살인강도도 되고 또 어떤 사람은 만인을 제도(濟度)하는 도인이나 성직자가 된다는 것은 얼른 이해가 되지 않습니다."

"사람은 누구나 진리라고 하는 보이지 않는 소중한 수표를 한 장씩 가지고 있는데, 이 사실을 알고 있는 사람은 그 무한히 귀중한 수표를 필요에 따라 얼마든지 쓸 수 있지만, 어떤 사람은 아직 눈이 어두워 그 사실을 모르고 있으므로 물론 사용할 줄도 모릅니다. 그러므로 자신의 진가를 모르면 얼마든지 사악하고 타락한 생활을 할 수도 있습니다. 이처럼 알고 모르고의 차이가 성인과 악인의 갈림길이 됩니다."

"진리 즉 하나님은 누구나 자기 안에 있는데, 교회나 절간이나 성당을 사람들이 찾는 이유는 무엇입니까?"

"마음들이 허전하기 때문입니다."

"마음들이 허전하다뇨?"

"진리는 바로 자기중심 속에 있는데도 그 사실을 모르고 있으니까, 자기를 보잘것없는 인간으로 착각을 하고 있으니 마음이 허전할 수밖에 없습니다. 자기 속에 진리도 하느님도 없는 것으로 착각을 하고 밖에서 구하려고 하기 때문입니다. 그러나 교회나 절간이나 교당에서 다행히 올바른 영적인 스승을 만나면 자기 속에 있는 진리를 찾아내는 방법을 전수받을 수도 있지만 가짜 스승을 만나면 한평생 그 교회나 절간이나 교당에 묶여버리는 맹종자가 되어버립니다."

"그렇다면 자기 속에 진리를 발견한 사람은 항상 마음이 충족한가요?"

"물론입니다."

"어떻게 돼서 그럴 수 있습니까?"

"자기중심 속에는 없는 것이 없기 때문입니다. 그래서 밖에서 구할 것이 아무것도 없습니다. 그러니까 욕심을 부릴 필요도 없게 됩니다. 부족한 것이 없는데 무슨 욕심이 일어나겠습니까?"

"아무래도 얼른 상상이 가지 않는데요."

"모든 것이 충족하다는 것은 하나도 부족한 것이 없다는 말입니다. 다시 말해서 유위계(有爲界)와 무위계(無爲界), 상대계(相對界)와 절대계(絕對界)의 모든 것을 전부 다 소유하고 있다는 말입니다."

"그렇다면 이 우주의 주인이 되었다는 말과 같지 않습니까?"

"물론입니다."

"인간의 머리로는 쉽게 상상이 되지 않는데요."

"그렇지도 않습니다. 우주의 주인이 되었다면 우선 생사(生死)를 뛰어넘어야 합니다. 그에게는 이미 생사가 따로 없다는 말입니다. 생사를 초월한 사람에게 무엇이 부족한 것이 있을 수 있겠습니까? 그래서 그에게는 늘어나고 줄어드는 것이 일체 있을 수 없습니다. 그것뿐이 아닙니다. 그에게는 아름다운 것과 추한 것이 따로 없습니다. 깨끗한 것과 더러운 것이 따로 있을 수 없습니다. 선과 악에서도 벗어나 있습니다. 그 무엇이든지 필요에 따라 이용할 수 있으므로 아쉬울 것이 아무것도 없습니다.

이러한 상태를 불생불멸(不生不滅), 부증불감(不增不減), 불구부정(不垢不淨)이라고 『반야심경(般若心經)』은 말하고 있습니다. 진리는 바로 이러한 것입니다. 그러므로 진리를 깨달은 사람의 마음도 그것을 닮을 수밖에 더 있겠습니까? 만물만생을 포용한 허공을 바라보십시오. 허공 속에는 모든 것이 다 들어 있습니다. 그 안에서 생로병사, 흥망성쇠, 성주괴공(成住壞空)을 거듭한다 한들 불어나고 줄어들 것도 없고 생사도 미추도 깨끗한 것도 더러운 것도 따로 있는 것이 아닙니다. 있으면서도 없고 꽉 차 있으면서도 텅 비어 있습니다. 그래서 진공묘유(眞空妙有)라고 합니다.

시작과 끝이 엄연히 있는데도 알고 보면 시작도 끝도 없습니다. 삶과 죽음이 있는데도 없습니다. 그것이 바로 허공의 특성입니다. 그 허공이 진리인데 이것을 터득한 사람은 무슨 일에든지 막히는 일이 없습니다. 허공처럼 바람처럼 무소불통(無所不通)하게 됩니다. 교회도 사찰도 성당도 그의 마음속에 다 들어 있게 됩니다. 이런 사람이 따로 종교 시설을 찾아다닐 이유가 있겠습니까?"

10년쯤 파고들면 뭔가 보일까요?

단기 4330(1997)년 6월 8일 일요일 18~22℃ 흐림

어슴프레 동이 터오는 오전 5시부터 시작된 산행(山行)이었다. 늘 그렇듯이 아내는 10여 미터 이상 앞서 가고 있었고 나는 그 뒤를 따르고 있었다. 내 뒤에는 여자 둘, 남자 넷, 도합 6명의 수련생들이 따라오고 있었다. 초여름이라 이마에는 땀방울이 아롱져 있었다.

그들 중에는 국내 유수의 연구소에서 일하는 30대 후반의 최광선이라는 금속학자도 한 사람 끼어 있었다. 그가 우리집에 다니면서 수련을 하기 시작한 지는 2년쯤 되었지만 지방에 있는 연구단지에서 서울 파견근무를 하면서 새벽등산팀에 들어온 지는 두 달쯤 되었다. 바로 내 뒤를 따라오던 그가 말했다.

"선생님하고 이렇게 등산을 같이하면서 확실히 기운을 크게 받아서 그런지 요즘 저는 몸에 많은 변화가 일어나고 있습니다."

"변화라니 어떤 겁니까?"

"운기가 활발해지면서 이제는 자석 테이프(일종의 압봉)도 듣지 않습니다. 기공부가 급진전하는 것을 느낄 수 있습니다."

"그거 다행이군요. 나를 따라 등산을 하려면 적어도 집에서 오전 4시 이전에 깨어나야 하는데 일요일마다 그것을 실천하는 것 자체가 쉬운 일이 아닙니다. 수련이라는 것은 벽돌공이 벽돌을 한 장 한 장 쌓아 올리는 것 같아서 정성과 열의를 다하면, 다한 것만큼 반드시 효과를 보게 되어 있습니다."

"그 말씀이 과연 옳다는 것을 저는 요즘 체험으로 깨닫고 있습니다. 『선도체험기』에도 씌어 있길래 과연 그럴까 했었는데 막상 제가 직접 몸으로 느껴보니 정말 실감이 나는데요. 요즘 같으면 수련하는 보람이 있는 것 같습니다. 그 성과를 몸으로 직접 느끼고 있으니까요. 그런데, 선생님, 금속학을 한 10년 해 보니까 요새 와서는 뭔가 좀 보이는 것 같습니다. 수련도 그 정도하면 뭔가 좀 보일까요?"

"지극정성으로 용맹정진하면 틀림없이 그렇게 될 겁니다. 뭔가 보이기 시작했다는 것은 남의 도움을 받지 않고도 독자적으로 해나갈 수 있다는 말입니다. 누구든지 자동차 운전을 한 3년 꾸준히 해 보면 어느 정도 자신을 갖게 되어 남의 도움을 받지 않고도 혼자서 충분히 차를 몰 수 있게 되는 것과 같은 이치입니다."

"어떻게 하는 것이 지극 정성으로 용맹정진하는 것입니까?"

"몰아지경(沒我之境)이 될 정도면 됩니다."

"에디슨처럼 말입니까?"

"그렇습니다. 연구에 몰두하다 보면 자기 이름도 나이도 주소도 잊어버리는 것처럼 수련에 몰입하다가 보면 해가 뜨는지 달이 지는지도 모르고 끼니도 잊는 수가 있습니다. 그렇게 수련에 열중하다가 보면 반드시 10년씩 걸리지 않고도 한소식하게 될 것입니다."

"한소식이란 무슨 뜻입니까?"

"진리를 깨닫는 것을 말합니다."

"대체로 한 10년 파고들면 그렇게 될까요?"

"학문의 성과도 연구의 기간이 아니라 그 질이 문제인 것처럼 구도에 있어서도 양이 아니고 질이 문제입니다. 석가모니가 설산(雪山)에 들어간 지 6년 만에 '온갖 집착과 고뇌가 자취도 없이 풀려버렸고, 우주가 곧 나 자신이고 나 스스로가 우주임을 알게 되었다'고 합니다. 그러나 깨달음은 석가모니처럼 한순간에 오는 수도 있지만 조금 전에 최광선 씨가 말한 것처럼 금속학을 한 10년 공부했더니 뭔가 보이기 시작하는 것과 같이 서서히 그 정체가 드러나는 수도 있습니다."

"구도(求道)도 학문 연구와 비슷한 데가 있을까요?"

"구도는 마음을 깨닫자는 것이고 학문은 특정한 대상을 과학적으로 연구 규명하자는 것입니다. 최광선 씨가 뭔가 보이기 시작했다는 것은 금속학자로서의 자기 목소리를 내기 시작했다는 말과 같습니다. 지금까지는 스승이나 선배들의 뒤를 바싹 뒤따라갔었는데, 이제부터는 더 이상 따라갈 대상도 사라지고 자기 스스로 새로운 시야를 개척하기 시작했다는 말입니다.

그런 사정은 구도(求道)에서도 마찬가지입니다. 비록 진리를 설파하는 내용은 동일하다고 해도 그것을 표현하는 방법만은 천차만별이므로 남과 같을 수가 없는 독특한 자기 목소리를 내게 됩니다. 한소식했느냐 못 했느냐 하는 것은 소위 깨달았다는 사람의 말이나 글에서 역력히 드러나게 되어 있습니다.

각자의 마음을 탐구하든지 특정 대상을 연구하든지 최후의 종착점은 진리입니다. 과학자의 연구가 극에 도달하면 에디슨과 같은 발명가가 될 수도 있고, 아인슈타인과 같은 이론 물리학을 도출해 낼 수도 있습니다. 과학, 학문, 예술 쪽으로 파고들면 천재적인 과학자, 예술가가 탄생할 수도 있지만, 마음을 탐구하여 생사를 뛰어넘을 수 있게 되면 도인(道人)이나 성인(聖人)이 되어 중생을 제도할 수도 있습니다."

"천재는 성인이 될 수 있을까요?"

"성인이 되기로 마음을 먹고 일로매진만 한다면 천재가 아니라 단순 육체노동자라도 성인이 될 수 있습니다."

"천재와 성인은 어떻게 다릅니까?"

"천재는 아무리 훌륭하다고 해도 생로병사에서 벗어난 것은 아니므로 결국은 일종의 초능력자에 지나지 않습니다. 천재는 생사해탈을 못한 사람이고 성인은 그것을 성취한 사람입니다."

"다 같이 진리에 도달했는데도 그렇게 차이가 나는 것은 무엇 때문입니까?"

"그야 물론 관심의 방향이 다르기 때문입니다. 진리를 마음의 정체를 깨닫는 데 이용하는 것하고 고작 학문이나 기술이나 예술의 경지를 개척하는 데 이용하는 것하고는 근본적으로 관심의 방향이 다르기 때문입니다. 진리라고 하는 것은 어떻게 보면 거대한 파동을 가진 에너지의 흐름이라고 말 할 수 있습니다. 우리의 마음의 파동이 비록 그 진리의 파동과 일치되어 그 진리의 강가에 도달했다고 해도 그릇의 크기에 따라 그것을 퍼 올리는 양이 다른 것과 같습니다."

"선생님께서는 언제부터 한소식하시게 되었는지 궁금합니다."

"그건 내 저서를 읽으면서 스스로 감지해 보시는 것이 좋을 것입니다. 내가 내 입으로 내 공부에 대해서 왈가왈부하면 자화자찬이 될 수 있으므로 입을 다물겠습니다."

"저는 『선도체험기』를 읽다가 선도에 대한 다른 책을 읽으면 싱거워서 못 읽겠습니다."

"왜요?"

"선도에 대한 다른 책들은 대체로 호흡법이나 도인체조나 초능력 또는 난치병 치료에 대한 얘기가 주류를 이루고 있을 뿐이고, 제가 보기에는 가장 중요한 마음공부에 대해서는 거의 언급이 없습니다. 그러나 『선도체험기』를 읽어보면 기공부, 몸공부, 마음공부 이야기가 혼연 일체가 되어 강한 흡인력(吸引力)으로 독자를 사로잡는 데가 있습니다.

특히 15권 이후에 두드러지게 강조되고 있는 마음공부에 대한 이야기는 너무나도 가슴에 와닿는 데가 많아서 일단 책을 손에 쥐고 나면 놓기가 싫어집니다. 구도에 대한 얘기 외에도 『선도체험기』에 나오는 역사의식과 대북 문제에 대한 깊은 통찰도 흥미를 끌게 합니다."

"내 저서에 대해 좋게 말해 주니 기분은 좋습니다. 그러나 내 독자가 전부 다 최광선 씨와 같은 견해를 갖고 있는 것은 아닙니다. 어떤 독자는 아주 날카로운 비판을 가해 오는 수가 있습니다. 그럴 때는 그야말로 정신이 번쩍 나는 수가 있습니다."

"그럴 때는 심기가 좀 불편하시겠습니다."

"그 당장에는 아니 그렇다고 말한다면 거짓말이 되겠죠. 그러나 다음 순간 그러한 비판은 나에게는 칭찬 이상으로 도움을 줍니다. 그래서 좋은 저자(著者)는 좋은 독자(讀者)가 만들어 낸다는 말은 정곡을

찌른 겁니다."

"선생님, 이런 질문드려서 좀 외람됩니다만 괜찮겠습니까?"

"무슨 질문인데 그럽니까? 주저할 것 없이 말해 보세요."

단전호흡 10년에 폐암에 걸릴 수 있는가

"우리나라 경제계의 거물인 모 그룹의 총수가 10여 년을 단전호흡을 해왔다고 언론을 통해서 널리 알려져 왔는데, 최근에 뜻밖에도 폐암으로 미국에 수술을 받으러 갔다고 합니다. 그의 아내는 침식을 잃고 간호를 하다가 졸도하여 숨을 거두었습니다.

저희 연구소에서는 제가 단전호흡 한다는 것이 널리 알려져 있어서 동료들이 저를 보고 단전호흡 아무리 열심히 해 보았자 폐암에 걸린다면 무슨 효험이 있느냐고 비아냥댑니다. 그 그룹 총수는 제가 알기에는 그룹 내에 단학연수원까지 차려놓고 직원들을 수련시켜 오지 않았습니까? 어떻게 돼서 그런 일이 일어나는지 아무래도 의문입니다."

"한마디로 그 그룹 총수의 수련 정도가 어느 수준이냐 하는 것이 문제입니다. 10년 아니라 20년을 단전호흡을 해왔다고 해도 수련이 초기 수준에서 맴돌고 있었다면 난치병에 걸려도 별수없게 됩니다. 적어도 대주천 경지에 올라 12정경(正經)과 기경팔맥(奇經八脈)에 골고루 운기(運氣)가 되고 있었다면 그런 불상사는 절대로 일어나지 않았을 것입니다."

"그래도 그 그룹 총수가 그룹 내에 단학연수원을 개설할 정도라면 선도수련의 효과에 대해서 어느 정도 확신이 섰기 때문이 아닐까요?"

"선도수련의 효과에 대하여 어느 정도 확신을 가지는 것하고 그분의 수련 수준하고는 반드시 정비례한다고 할 수 없습니다."

"그렇다면 선생님은 대주천까지만 완전히 달통했더라도 그런 병에는 걸리지 않았을 거라는 말씀입니까?"

"그렇습니다."

"그전에 신문에 난 것을 보면 그분은 이미 대주천 경지에 들어가 있다고 나와 있던데, 그럼 그것이 잘못된 기사였을까요?"

"결과적으로 그렇게 되었습니다."

"그렇다면 그 그룹 총수는 대주천 경지에 도달하지 못했다는 얘기가 아닙니까?"

"그렇습니다."

"그걸 어떻게 단정적으로 알 수 있습니까?"

"폐암에 걸렸다면 폐경(肺經)이 막혀 있었다는 말이 됩니다. 다 아시다시피 폐경은 12정경(正經) 중의 하나입니다. 12정경 중의 하나가 막혀 있었다면 대주천 수련이 되지 않고 있었다는 것을 말해줍니다."

"그러고 보니 기자들은 본인이나 주변의 말만 듣고 대주천 운운하는 말을 그대로 기사화했다는 얘기가 되겠군요."

"그렇다고 볼 수 있죠. 만약에 우리나라에 선도에 관한 전문기자가 있었더라면 적어도 그런 실수는 저지르지 않았을 것입니다."

"우리나라에는 선종(禪宗)에 관한 전문기자는 있는 것으로 알고 있는데, 선도에 관한 전문기자는 없다는 말씀입니까?"

"내가 알기로는 없는 것이 거의 확실합니다. 선도에 관한 전문기자가 되려면 선도수련을 직접 체험하여 적어도 대주천 수련까지는 해야 하는데, 그런 수준에 도달한 전문기자가 아직은 없는 것 같습니다. 그렇기 때문에 기자들은 선도에 관한 전문 지식도 없이 그저 취재원이 하는 말을 무비판적으로 그대로 옮겨 놓는 수준에 지나지 않으니까 그런 실수를 저지르게 됩니다.

하긴 우리나라에 선도 붐이 일기 시작한 것이 불과 10년 내외여서 아직은 전문기자가 양성될 만한 분위기가 성숙되지 않았다고 할 수 있습니다. 선도 붐을 타고 우후죽순처럼 급격히 불어나기 시작한 선도 단체들 중에는 사이비 종교 비슷한 것들도 섞여 있어서 순진한 구도자들을 울리고 패가망신케 하는 일이 수없이 많이 일어나고 있습니다.

그런데도 기자들은 무엇이 사이비인지조차 모르고 보도에만 열을 올리고 있는 경우가 많습니다. 수련이 상당 수준에 이른 전문 지식과 체험을 갖춘 기자가 필요한 이유가 여기에 있습니다. 중국 선불교 답사기 〈선(禪)을 찾아서〉를 쓰고 있는 중앙일보의 이은윤 종교 전문기자 정도의 실력을 갖춘 언론인이 선도(仙道)에 관해서 취재를 했더라면 그런 실수는 없었을 것입니다."

"불교에서 견성(見性) 여부를 인가해 주는 것과 같이 우리나라에서는 선도수련의 수준을 인가해 주는 기관이나 개인은 없습니까?"

"아직은 표면화되거나 공인되어 있지도 않습니다. 큰 스승을 자처하는 사람들은 수없이 많지만 믿을 것이 못 됩니다."

"그럼 초보자를 위한 길잡이는 있어야 하는데 그런 것은 있습니까?"

"그런 것도 없습니다."

"그럼 초보자는 무엇을 길잡이로 삼아야 합니까?"

“출판물, 언론의 보도, 근거 없는 소문, 상업 광고들이 있기는 하지만 초보자 스스로 신중하게 잘 선택을 할 수밖에 없습니다. 이런 초보자를 위해서도 선도에 관한 전문기자 양성은 시급합니다.”

“그렇기는 하지만 선도의 초보자를 위해서는 아무리 생각해 보아도 선생님께서 쓰신 『선도체험기』 시리즈만큼 그 내용이 풍부하고 다양할 뿐 아니라 양심적인 안내서는 없다고 봅니다.”

“그렇게 좋게 평가해 주시니 고맙기는 한데, 어떤 면에서 그렇다고 말할 수 있다고 보십니까?”

“선생님께서는 적어도 이 책을 써서 독자들에게 진실을 밝히기 위하여 한때는 목숨까지 거신 일이 있지 않습니까? 제가 보기에 그것은 돈을 벌기 위해서는 분명 아니었고 순전히 선생님의 독자들을 보호하고 바른길로 인도하시기 위해서였습니다. 저는 바로 이 점을 가장 높이 평가합니다. 제가 선생님에게 직접 이런 말씀을 드리는 것은 조금도 아첨을 떨기 위해서는 아닙니다.

저는 선생님한테 아첨을 해 보았자 득이 될 것은 아무 것도 없습니다. 왜냐하면 선생님은 권력이나 금력을 가지고 계신 것도 아니고 그렇다고 특별한 권위를 가지고 계셔서 저에게 특혜를 주실 수 있는 위치에 계신 것도 아니기 때문입니다. 단지 하나의 이득이 있다면 선생님한테 수련을 받을 수 있는 이점이 있는데 이것은 선생님께서 세우신 기준에만 맞으면 누구나 받을 수 있는 것이 아닙니까? 그러니까 저는 선생님에게 아첨을 할만한 하등의 이유가 없습니다.”

“자기 직업에 생명을 걸었다는 것을 그렇게까지 거창하게 생각하실 필요는 없습니다. 고양이가 쥐를 잡고 경찰이 도둑을 잡는 것이 사명인 것과 같이 작가가 독자에게 진실을 밝히는 것은 당연히 해야 할 의무입니다. 경찰이 도둑을 쫓다가 도둑이 흉기를 휘두른다고 추격을 멈출 수 없는 것과 마찬가지로 작가가 진실을 밝히려다가 방해자가 목숨을 노린다고 하여 하던 일을 멈춘다면 그게 무슨 작가일 수 있겠습니까.

나는 당연히 내가 해야 할 일을 공공의 이익을 위해서 했을 뿐입니다. 바로 그 때문에 생명의 위협을 당했습니다. 그 방해자가 출판물에 의한 명예훼손 혐의로 당국에 고소하는 바람에 나는 검찰과 경찰에 세 번이나 불려가서도 조금도 기죽지 않고 당당하게 담당 검사와 경찰관에게 맞설 수 있었습니다. 대단히 미안한 얘기지만 나를 담당한 검사들은 문학이나 선도에 관한 한 도저히 나의 적수가 될 수 없었습니다. 내가 하는 일이 바른 일이라는 확신이 있었기 때문에 우선 정기(正氣)로 상대를 제압할 수 있었으니까요."

"바로 그런 일이 있었기 때문에 저 같은 사람도 선생님의 저서에서 많은 혜택을 받는 것이 아니겠습니까. 좀 외람된 말인지는 모르겠습니다만, 제가 보기에는 『선도체험기』 15권을 쓰실 때 선생님은 확실히 진리의 정체를 보신 것 같은 느낌이 듭니다."

"왜 그런 느낌을 받았습니까?"

"『선도체험기』 14권까지는 어딘가 아직도 미궁 속을 방황하시는 것 같은 느낌을 받았는데, 15권서부터는 완전히 그 미궁에서 벗어나 그전과는 차원이 다른 환하고 밝은 빛이 읽는 사람의 가슴에도 스며드는 것 같은 느낌을 받았습니다. 저만 그런 느낌을 받은 것이 아니고 수행자들에게 물어보아도 거의 다 비슷한 이야기들을 하고 있었습니다.

선생님께서도 직접 말씀하신 바와 같이 15권에서 비로소 수련의 가닥을 휘어잡으신 것이 틀림없습니다. 『선도체험기』 1권을 쓰신 시점이 1986년 1월 20일이고 15권을 쓰신 것이 91년 1월 12일이므로 선생님께서는 선도수련을 본격적으로 시작하신 지 만 5년 만에 한소식하신 게 됩니다."

"최광선 씨는 무엇 때문에 그런 것에까지 그렇게 관심을 두게 되었습니까?"

"저는 일단 선도수련을 하기로 작정을 한 이상 첫 단계로 선생님께서 성취하신 경지를 제 1차 목표로 정했거든요. 그러자니 저는 『선도체험기』를 유달리 면밀히 검토해 볼 수밖에 없었습니다. 어쩌면 이것이 만용으로 끝날지도 모릅니다. 그러나 일단 그렇게 하기로 작정을 했습니다. 저는 가끔 이런 생각을 하곤 합니다."

"무슨 생각인데요?"

"저에게도 이렇게 제 몸 가까이 제가 과녁으로 삼을 만한 스승이 한 분 뚜렷한 그림자를 드리우고 존재하신다는 사실이 더없이 행복하기도 하고 영광스럽기도 할 때가 있습니다. 저는 금속학자로서 어느 정도 직업적인 성공의 기초는 닦아놓았다고 봅니다. 그러나 그것만으로 만족하기에는 인생이 너무나도 허전합니다.

제가 택한 금속학 연구에 몰두할 수 있다는 것도 저에게는 다행한 일이기는 합니다. 그러나 그것은 어디까지나 저 자신과 처자식을 부양할 수 있고 학문적인 욕망을 달성할 수 있는 것밖에는 안 된다는 겁니다. 이것은 어디까지나 세속적인 욕망의 충족이지 그 이상은 아니라는 사실입니다."

"그 이상이 뭔데요?"

"생사대사(生死大事)가 아니겠습니까? 이것의 해결 없이는 결국 인생살이는 헛일입니다. 저는 이 문제를 해결하려고 교회에도 사찰에도 찾아가 한동안 몰입해 본 일도 있었지만 얼마 지나지 않아서 결국은 이게 아닌데 하는 강한 회의가 일어나는 것을 어쩔 수 없었습니다. 그러다가 저는 선도를 알게 되었습니다.

모 선도 도장에 들어갔습니다. 그런데 거기서도 안주할 수 없었습니다. 몇몇 도장을 옮겨 다녀보았지만 역시 안주할 데는 아니라는 게 제 속마음의 반응이었습니다. 어떤 도장은 체육관이나 헬스 센터 수준에서 벗어나지 못했고 어떤 도장은 지나치게 사이비 종교화되었거나 상업성에 기울어지고 있는 것이 제 눈에 확연히 들어 왔습니다.

선도라는 게 고작 이런 것이란 말인가 하는 회의에 사로잡혀 방황하다가 보니까 수련도 별 진전을 보지 못했습니다. 결국 종교도 선도도 나를 구제할 수 없단 말인가 하는 깊은 의문에 사로잡혀 있을 때 같은 도장에 나가는 도반(道伴) 한 분이 『선도체험기』를 읽어보라고 권했습니다. 이것이 저에게는 그야말로 운명의 전환점이 된 겁니다."

글 쓰는 사람이 보람을 느끼는 것은 가물에 콩 나듯 이렇게 글 쓰는 어려움을 알아주는 독자가 있기 때문이다. 이런저런 얘기를 나누면서 우리는 그 무덥고 힘겨운 초여름 새벽 등산을 시간가는 줄 모르고 마칠 수 있었다.

마음을 바꿀 줄 아는 자가 구도자다

단기 4330(1997)년 6월 24일 화요일 21~32℃ 해, 구름

오후 3시. 강혜숙이라는 40대 초엽의 여자 수련생이 찾아와서 말했다.

"선생님, 저는 요즘 아랫배에 꼭 돌덩어리같이 딱딱한 것이 치밀어 올랐다 내렸다 합니다. 혹시 육종(肉腫)이나 암이 아닌가 하고 병원에 달려가서 각종 검사를 받아보았지만 아무 이상이 없다고 합니다. 왜 그런지 모르겠습니다."

"요즘도 계속 수련은 하십니까?"

"수련은 하느라고 합니다."

"기운도 계속 들어오는 것을 느끼십니까?"

그녀는 몇 달 전에 대주천 수련에 들어갔으므로 나는 확인하듯이 물었다.

"그럼요."

"혹시 속상하는 일 없습니까?"

"속상하는 일이야 많죠."

"무슨 일로 그렇게 속이 상하십니까?"

"남편이 친구의 빚보증을 잘못 서는 바람에 아파트가 홀랑 다 날아가게 되었는데, 그것만은 모면해 보려고 제가 다니는 직장 동료들과 친정과 친구들에게서 빚을 얻어 메워 보려고 애를 써 보았지만 어쩐지

하는 일마다 안 됩니다. 게다가 남편은 다니던 직장도 그만두고 중병에 걸려 누워 있습니다. 어떻게 돼서 일이 이렇게도 꼬이는지 정말 울화가 치밀어 올라 못 견디겠습니다."

"그렇다면 그것은 순전히 울화병이군요."

"울화병인데 왜 주먹 같은 것이 치밀어 올랐다 내렸다 할까요?"

"그게 바로 적(癪)이라고 하는 겁니다."

"적이 뭡니까?"

"적이란 원래 한의학 용어인데 우리말로 쉽게 말하면 울화덩어리라고 할까요. 왜 얼마 전에 화병(火病)이라고 해서 특히 한국 여성에게 많은 독특한 질병으로 세계에도 알려져 브리타니카 백과사전에도 오르고, 이 분야를 연구하는 외국 학자도 있다는 신문 보도가 나온 일이 있지 않습니까?"

"아니 그럼 제가 화병에 걸렸다는 말씀입니까?"

"나는 의사 면허를 받은 사람은 아니지만 마음공부를 하는 한 구도자로서 말하는 겁니다. 왜냐하면 화병은 순전히 마음의 병이기 때문입니다. 강혜숙 씨가 말하는 덩어리는 궤양이나 암은 아니지만 심해지면 그렇게 발전될 수도 있다고 봅니다. 그럼 우선 적이란 무엇인지 국어대사전에서 찾아봅시다.

적(癪) 〔한의〕 : 심한 위경련(胃痙攣)으로 가슴과 배가 아픈 병. 심하면 인사불성(人事不省)의 상태에 이르며, 흔히 여자에게 많은 병.

이렇게 나와 있습니다."

"하지만 저는 그 정도로 심하지는 않거든요."

"그것은 강혜숙 씨가 지난 5년 동안 그래도 꾸준히 수련을 하면서 오행생식을 해왔기 때문에 보통 사람들보다는 그 증상이 심하지 않기 때문입니다."

"그럼 제가 수련과 오행생식을 하지 않았더라면 지금보다 훨씬 더 병이 심해졌겠네요."

"물론입니다."

"근본적인 치료방법이 없을까요?"

"없긴 왜 없습니까? 있습니다."

"그게 뭔데요?"

"적이라는 것은 일종의 심인성(心因性) 질병이니까 강혜숙 씨가 마음을 어떻게 먹느냐에 따라 얼마든지 고칠 수 있는 병입니다."

"마음을 어떻게 먹으면 고칠 수 있습니까?"

"마음을 바르고 착하게 먹으면 당장에라도 고칠 수 있는 병입니다."

"그러면 제가 지금까지 마음을 바르고 착하게 먹지 않았다는 말씀인가요?"

"그렇다고 봐야 합니다."

"무엇을 보고 그렇다고 말할 수 있습니까?"

"강혜숙 씨가 아까 '화가 치밀어 못 견디겠다'는 말을 하셨죠?"

"네."

"그것이 바로 마음을 바르고 착하게 갖지 않았다는 증거입니다."

"그럼 제 경우 마음을 어떻게 먹는 것이 바르고 착하게 먹는 것이 되겠습니까?"

"내 앞에 어떠한 불상사, 어떠한 불행이 닥쳐와도 화가 치밀거나 분통이 터지지 않아야 합니다. 그런데 강혜숙 씨는 불행 앞에 화를 내고 분통을 터뜨렸습니다. 마음을 바르고 착하게 갖지 못했기 때문입니다."

"아니 그러면 저와 같은 처지에 빠지면 화나지 않는 사람이 어디에 있겠습니까?"

"보통 사람이라면 그런 경우에 당연히 화를 내야겠죠. 그러나 수련하는 사람은 그렇지 않은 사람과 어디가 달라도 달라야 하지 않겠습니까? 보통 사람과 똑같다면 구도자라고 할 수 없겠죠. 물론 구도자도 사람이니까 화가 치밀 때도 있겠지만 한순간이 지나면 그렇게 화낸 것을 부끄럽게 생각하고 금방 마음을 바꾸어야 합니다.

마음을 바꾸어야 할 때에 바꿀 줄 모르는 사람이 중생(衆生)이고, 마음을 바꾸어야 할 때 바꿀 줄 아는 사람이 철인(哲人)이고 구도자입니다. 구도자는 무슨 좋지 않은 일이 일어났을 때 화내고 속상해 보았자 바뀌는 것은 아무것도 없다는 것을 알고 있으므로 마음이 흔들리지 않습니다.

다시 말해서 마음의 안정을 잃지 않는다는 말입니다. 그러나 속인은 이와는 반대로 사고가 났을 때 금방 콩 튀듯 팥 튀듯 합니다. 아무 이익이 없는데도 안달복달하고 좌불안석(坐不安席)입니다. 역경이나 불행이란 엄격한 의미에서 객관적으로 존재하는 것이 아닙니다."

"무슨 말씀인지요?"

"역경과 불행이란 실존(實存)하는 것이 아니라는 말씀입니다."

"납득이 안가는 말씀인데요."

"방금 말씀드린 대로 불행은 중생에게는 존재하고 구도자나 성인(聖人)에게는 존재하지 않기 때문입니다. 만약에 그것이 실존하는 것이라면 속인에게도 성인에게도 다 같이 그 존재가 인식되어야 하지 않겠습니까? 그러나 실상은 그렇지 않습니다."

"그렇다면 불행이란 오직 속인의 마음속에만 존재하고 있다는 말씀인가요?"

"역시 대주천 수련을 받으시는 분이라 민감하시군요. 소금 장사와 우산 장사 아들을 데리고 사는 두 노파가 있었는데, 한 노파는 비가 오면 소금 장사가 안 된다고 걱정이고 비가 안 오면 우산 장사가 안 된다고 울상입니다. 그래서 근심 걱정이 떠날 날이 없습니다. 그러나 다른 노파는 비가 오면 우산이 잘 팔려서 좋고 날씨가 활짝 개면 소금 장사가 잘된다고 기뻐합니다. 그래서 이 노파에게는 날마다 좋은 일, 기쁜 일이 그치지 않습니다.

똑같은 삶이지만 그것을 긍정적으로 낙관적으로 적극적으로 보느냐 아니면 부정적으로 비관적으로 소극적으로 보느냐의 차이에 따라 이렇게 하늘과 땅의 차이를 가져오게 됩니다. 전자가 속인이라면 후자는 분명 성인입니다. 따라서 불행이란 객관적으로 실존하는 것이 아니라 오직 그것을 대하는 사람의 마음속에 있는 것입니다. 똑같은 대상을 놓고도 마음을 어떻게 먹느냐에 따라 행복도 되고 불행도 될 수 있다는 말입니다."

"그렇다면 행불행이란 실재(實在)하는 것이 아니고 오직 마음을 어떻게 다스려 나가느냐에 따라 있을 수도 있고 없을 수도 있다는 말씀인가요?"

"그렇구말구요. 역시 강혜숙 씨는 정말 두뇌가 민첩하게 돌아가십니다. 자기 마음을 다스릴 줄 아는 사람은 죽음을 극복할 수 있지만, 자기 마음을 다스릴 수 없는 사람은 알렉산더 대왕이나 징기스칸이나 나폴레옹처럼 세계를 정복했다고 해도 죽음 앞에서는 범부와 같이 나약한 존재일 뿐입니다. 따라서 세계를 정복한 영웅이 위대한 것이 아니라 자기 자신의 마음을 자유자재로 다스릴 수 있는 사람이 진정으로 위대한 영웅인 것입니다."

"불세출(不世出)의 영웅이 세계를 정복한다는 것은 이해를 할 수 있는데 사람이 죽음을 정복한다는 말씀은 이해를 할 수 없습니다."

"왜 그렇다고 보십니까?"

"생자필멸(生者必滅)이라고 배웠는데, 어떻게 사람이 죽음을 정복할 수 있다는 것인지 선뜻 이해가 가지 않습니다."

"생자필멸은 보통 사람의 머리를 가지고도 능히 이해를 할 수 있습니다. 그것은 우리가 일상생활에서 매일 보고 느끼는 일이기 때문입니다. 그러나 구도자쯤 되려면 멸자필생(滅者必生)의 이치 역시 깨달아야 합니다. 생자필멸이 말하자면 해가 지는 것이라면 멸자필생은 해가 다시 돋아나는 이치입니다. 방금 전에 불행은 실존하는 것이 아니고 마음먹기에 따라 있을 수도 있고 없을 수도 있다고 한 것과 마찬가지로 죽음 역시 실존하는 것이 아니고 마음먹기에 따라 있기도 하고 없기도 하는 것입니다."

"그렇다면 불행은 있지도 않는 것을 마음이 만들어낸 것처럼 죽음 역시 있지도 않는 것을 순전히 마음이 만들어 냈다는 말씀입니까?"

"바로 맞혔습니다. 그래서 일찍부터 성현들은 생불생(生不生)이요 사불사(死不死)라고 갈파했습니다. 다시 말해서 생사(生死)는 원래 없다는 얘기입니다."

"그렇다면 보통 사람들이 매일 보는 사고나 질병이나 노쇠로 인한 죽음과 새로운 생명의 탄생은 무엇입니까?"

"그것은 우리의 눈에 비치는 물거품 같은 허상(虛想)입니다."

"허상이라뇨?"

"실상(實相)이 아니고 허상 즉 가짜 형상이라는 말입니다. 물이 실상이라면 물거품은 허상입니다. 물거품은 누구나 다 알다시피 실상이 아니고 하나의 현상일 뿐입니다. 잠깐 생겨났다가 사라지는 물거품이라는 말입니다. 물거품의 실상은 물이지 물거품일 수는 없기 때문입니다.

물거품은 우리 눈에 일시적으로 비치는 하나의 현상입니다. 그것은 다음 순간에 곧 물로 바뀌어버리고 맙니다. 물이 본(本)이라면 물거품은 용(用)입니다. 본이 허공이라면 용은 삼라만상입니다. 본이 하나라면 용은 열도 되고 백도 되고 천도 되고 만도 될 수 있습니다. 아무리 많이 늘어난다고 해도 결국은 하나로 귀결됩니다.

일시무시일(一始無始一) 일종무종일(一終無終一)이요, 만법귀일(萬法歸一) 일귀만법(一歸萬法)입니다. 색즉시공(色卽是空) 공즉시색(空卽是色)입니다. 이 이치를 생사(生死)에 대입(代入)해 보면 죽음은 삶이요 삶은 죽음입니다. 생즉시사(生卽是死)요 사즉시생(死卽是生)입니다. 그러니까 결론적으로 말해서 생사는 없다는 얘기입니다."

"그런데도 우리가 일상적으로 보고 느끼는 죽음은 무엇입니까?"

"그것은 아상(我相)이 가져온 환상이지 실상은 아닙니다. 생자필멸(生者必滅)할 때의 생(生)은 육체의 나를 말합니다. 육체의 나란 물거품과 같습니다. 한 번 일어난 물거품은 사라지는 것과 마찬가지로 한 번 태어난 육체는 때가 되면 물거품처럼 사라지게 되어 있습니다.

생사윤회의 뿌리가 아상(我相)이다

물거품이 사라졌다고 해서 아주 없어진 것이 아니고 물로 돌아간 것과 같이 인간의 육체도 숨이 다했다고 해서 없어진 것이 아니고 그 본체인 허공으로 되돌아간 것입니다. 그러나 인간의 육체가 숨을 거두었다고 해서 누구나 다 허공으로 돌아가는 것은 아닙니다. 아상(我相)이 남아 있는 한 업장(業障)이 완전히 사라질 때까지 인과응보(因果應報)의 이치에 따라 언제까지나 생사윤회(生死輪迴)를 거듭합니다."

"아상(我相)이란 무엇입니까?"

"이기심 또는 욕심입니다."

"어떻게 해야 아상에서 완전히 벗어날 수 있습니까?"

"그거야 마음을 깨끗이 비우면 됩니다. 마음속에서 아상 즉 모든 종류의 이기심과 욕심만 몰아내면 누구나 마음을 깨끗이 비울 수 있습니다. 죽음을 이기는 첩경이 바로 이겁니다."

"죽음을 이기면 어떻게 됩니까?"

“다시금 인과(因果)에 묶이지 않게 됩니다.”

“인과에 묶이지 않으면 어떻게 됩니까?”

“모든 속박에서 벗어나 유유자적(悠悠自適)할 수 있고 대자유(大自由)를 만끽할 수 있습니다. 그다음부터는 천상천하유아독존(天上天下唯我獨尊), 삼세개고오당안지(三世皆苦吾當安之)하면서 홍익인간(弘益人間), 이화세계(理化世界), 하화중생(下化衆生)하는 일에 전력투구할 수 있습니다.”

“무엇 때문에 그래야 합니까?”

“모든 존재의 최후 목표는 진리를 깨달아 생사윤회를 뛰어넘는 것이기 때문입니다. 이것 이상으로 숭고한 일은 따로 있을 수 없습니다.”

“그렇다면 죽음을 극복하느냐 못 하느냐를 판가름하는 것은 무엇입니까?”

“진리를 깨닫느냐 못 깨닫느냐에 달려 있습니다.”

“그럼 진리는 무엇입니까?”

“진리는 허공입니다.”

“허공이 어떻게 진리가 될 수 있겠습니까?”

“아무 것도 아니면서도 없는 데가 없고 감싸지 않은 것이 없으면서도 모든 것이 그 안에 다 들어 있기 때문입니다. 따라서 진리를 깨달은 사람, 즉 마음을 비운 사람에게는 마음의 조화로 만들어진 적(癪)도 울화덩어리도 화병 따위도 존재할 수 없게 됩니다.”

“그래도 엄연히 있는 것을 보고 없다고 단정하자니 좀 이상하고 그렇네요.”

"그렇지만 그러한 것은 오직 이기심과 욕심이 만들어낸 꿈이요 허깨비요, 물거품이요 그림자요, 이슬이요 번갯불과 같이 부질없는 것이라고 생각하면 됩니다. 모두가 마음이 삐딱했을 때 생겨난 허상들입니다. 그러나 마음의 중심이 바르게 서면 그런 것들은 신기루처럼 일순간에 사라질 것입니다.

음침한 그늘 속에는 온갖 병균들과 해충들이 들끓고 그것들은 또한 사람을 해치기 위한 기기묘묘한 재주들을 다 부리지만 해를 가렸던 장애물이 제거되어 눈부신 햇볕에 노출되면 온갖 병균들과 해충들이 순식간에 소멸되는 것과 같은 이치입니다. 그런데 우리의 마음은 우리의 뜻에 따라 음침한 그늘도 될 수 있고 따뜻한 양지도 될 수 있습니다. 마음을 어떻게 먹느냐에 따라 사태가 일순간에 달라질 수 있다는 말입니다.

삼공재에는 강원도 깊은 산골에서 낙농업을 하는 중년 부인이 한 분 다니고 있습니다. 그녀는 남편과 아이들 이외에 치매에 걸린 70대의 시부모를 모시고 산다고 합니다. 치매 정도가 심하여 대소변을 가리지 못하여 그녀가 그 바쁜 생활을 틈타 일일이 그 치다꺼리를 다 해야 한다고 합니다. 새벽 4시에 일어나면 밤 12시까지 한시도 쉴 틈 없이 종종걸음을 쳐야 할 만큼 눈코 뜰 새 없이 바쁘게 돌아간다고 합니다. 그 틈에 치매 걸린 시부모까지 혼자서 거두자니 보통 일이 아닙니다. 그러나 그녀는 모두가 다 자신에게 맡겨진 숙제거니 생각하고 조금도 싫은 기색 없이 성실하고 부지런하게 모든 일을 처리해 나가고 있었다고 합니다.

그런데 그녀의 노고를 지켜보는 이웃 아낙들이 시부모 봉양은 적당히 넘겨도 되지 않느냐고 충동을 하곤 한다고 합니다. 요즘은 모든 며느리들이 다 그렇게 적당히 살아간다고 한답니다. 그녀도 한때 이 말에 귀가 솔깃해서 효심(孝心)이 흐려진 일이 있었다고 합니다. 그런데 그렇게 작정을 하고부터 이상하게도 백회를 통하여 그렇게도 잘 들어오던 기운이 한순간에 꽉 막혀 버리면서 답답해서 못 견딜 지경이었다고 합니다. 그래서 내가 일이 힘들다고 해서 그래선 안 되지 하고 다시 시부모에 대한 평소의 효심을 회복하자마자 다시 기운이 강하게 들어오기 시작했다는 겁니다."

"어쩐지 꾸며낸 이야기 같네요."

"꾸며낸 이야기가 아니라 실제의 체험담입니다. 수련이 상당히 진전되어 백회가 열린 구도자는 무슨 어려운 결정을 내려야 할 갈림길에서 주저할 때 어떻게 결정을 내리는지 아십니까?"

"모릅니다."

"이렇게 하는 것이 좋을까 저렇게 하는 것이 좋을까? 양단간에 결단을 내려야 할 때 이렇게 하자고 생각을 해 봅니다. 그리고 그때 들어오는 기운을 주의 깊게 살펴봅니다. 그리고나서 저렇게 하자고 생각하면서 들어오는 기운을 찬찬히 살펴봅니다. 이때 둘 중에서 더 강한 기운이 들어오는 쪽을 택하면 됩니다."

"무슨 특별한 이유라도 있습니까?"

"그렇게 하는 것이 하늘의 뜻이니까요."

"하늘의 뜻이란 무엇인데요?"

"현대식으로 말하면 진리의 흐름과 합치된다는 말입니다. 이것을 좀 더 과학적으로 말하면 자연의 순리(順理)에 따른다는 말입니다. 효도는 역시 하늘의 순리임에 틀림이 없습니다. 그러니까 불효자 쳐놓고 복 받는 사람은 없습니다. 효부, 효자는 하늘이 낸다는 옛말은 그른 데가 하나도 없습니다. 지극한 효자는 호랑이도 보호하게 되어 있다는 말 역시 사실입니다.

요즘은 산업사회의 발달로 핵가족화가 가속화되어 집안에서 노인들의 권위가 초라하기 짝이 없습니다. 할아버지, 할머니들이 며느리 눈치만 슬슬 살피면서 겉돌기 일쑤입니다. 숱한 아들딸을 금지옥엽으로 키워서 시집 장가 다 보내고 나면 자식들은 서로 부모 봉양을 기피합니다. 신문에는 비관 끝에 독신자 아파트에서 유서를 써 놓고 투신자살을 하기도 하고, 이웃도 모르게 혼자 앓다가 병사한 뒤에 몇 달 만에 심한 냄새 때문에 아파트 경비원이 마스터키로 열어보고 나서야 사망 사실을 확인하는 일이 비일비재입니다.

그러나 여기서 명확하게 밝힐 수 있는 것은 그렇게 부모를 방치한 자식 쳐놓고 잘되는 경우는 절대로 없다는 사실입니다. 일시적인 편안은 있을지 모르지만 미구에 모두 다 불효로 인한 화를 입게 되어 있습니다. 왜 그러냐고요? 진리의 흐름을 외면하고 자연의 순리를 거역한 인과응보의 이치에는 예외라는 것이 절대로 없기 때문입니다. 이 모두가 마음을 바르게 쓰지 않았기 때문에 일어난 현상입니다. 양심에 어긋나는 짓을 하면 백발백중 인과율의 보복을 당하게 되어 있습니다."

"양심이라는 것이 뭐죠?"

"양심을 한자로는 良心이라고 씁니다. 간혹 陽心이라고 쓰는 사람도 있는데 그것은 틀린 겁니다. 良자는 옥편에는 바를 양, 착할 양, 어질 양 등으로 나와 있습니다. 그러니까 양심이란 바르고 착하고 어진 마음을 말합니다. 마음이 바르고 착하고 어질다는 것은 바로 진리의 흐름과 일치하는 것이고 자연의 순리를 따르는 것이고, 쉽게 한마디로 말해서 하늘의 뜻대로 사는 것입니다.

이 지구상의 모든 종교와 구도의 지향점이 바로 마음을 바르고 착하고 어질게 쓰자는 것입니다. 다시 말해서 양심대로 살자는 것입니다. 시종일관 양심대로 사는 사람은 어느 땐가는 반드시 진리를 깨닫게 되어 있습니다. 반드시 구도자가 되어 마음공부를 따로 하지 않아도 자연히 진리에 도달하게 되어 있습니다. 깊은 산속의 옹달샘에서 나온 물이 실개천을 따라 개울에 이르고 다시 냇물에 합류되어 큰 강에 도달한 뒤에 마침내 대해에 이르듯이, 우리도 진리의 흐름인 양심에 어긋나는 짓만 하지 않는다면 조만간 진리의 본체와 합류하게 되어 있습니다."

"그럼 양심대로만 사는 사람은 적(癪)도 울화덩어리도 생기지 않을까요?"

"물론입니다. 마음을 바르고 착하고 어질게 쓰는 사람에게는 양지에 병균이 접근할 수 없듯이 어떠한 불행도 다가올 수 없게 되어 있습니다. 그리고 양심대로 사는 사람에겐 조만간 진리 감각이 살아나게 되어 있습니다."

"진리 감각이 뭡니까?"

"수영을 할 수 있느냐 없느냐를 판가름하는 것은 무엇인지 아십니까?"

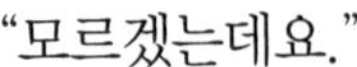

"모르겠는데요."

기 감각, 진리 감각

"몸이 물에 뜨는 느낌 즉 부력감(浮力感)을 터득하느냐 못 하느냐에 달려 있습니다. 부력감을 터득한 사람은 자기 몸을 물과 일치시킬 수 있는 능력을 갖게 되므로 헤엄을 어느 정도 자신 있게 칠 수 있습니다. 수영의 생명은 부력감 터득에 달려 있습니다.

그와 마찬가지로 자전거를 탈 때는 균형 감각을 터득해야 합니다. 이 균형 감각을 터득하지 못한 사람은 아무리 자전거에 올라타도 자꾸만 쓰러지게 되어 있습니다. 따라서 자전거 타기의 생명은 균형 감각 터득 여하에 달려 있습니다.

그렇다면 자동차 운전의 생명은 무엇일까요? 그것은 운전대를 잡은 지 3년쯤 되어 대체로 터득하게 되어 있는 엔진 감각입니다. 운전자는 바로 이 엔진 감각을 터득함으로써 운전에 자신감이 붙게 됩니다. 그때 비로소 운전자는 운전의 묘미도 알게 되고 자동차를 마치 자기의 다리를 움직이듯이 마음대로 조작할 수 있게 됩니다. 다시 말해서 자동차와 운전자가 한몸이 될 수 있습니다. 그것은 마치 기수(騎手)가 말과 무언의 교감을 나누어 호흡이 일치되는 승마 감각과 흡사합니다.

기공부를 해 본 사람은 기 감각이라는 것을 터득해야 합니다. 기공부의 성패 여부는 호흡문이 열린 뒤에 바로 이 기 감각 터득에 달려 있습니다. 기 감각만 일단 터득하고 나면 수영자가 부력감을, 자전거 운전자가 균형 감각을, 자동차 운전자가 엔진 감각을, 기수(騎手)가 말과 무언의 교감을 나눌 수 있는 승마 감각으로 말과 호흡을 일치시킬 수 있듯이 기공부를 일사천리로 밀고 나갈 수 있는 기틀을 잡게 되는 것입니다.

이와 마찬가지로 구도자가 구경각(究竟覺)을 얻어 진리파지(眞理把持)를 하게 되면 진리 감각을 터득하게 됩니다. 바로 이 진리 감각을 터득한 사람을 보고 우리는 도인이라고도 하고 성인이라고도 합니다. 그런데 이 진리 감각만은 다른 것과는 달리 꼭 필요로 하는 것이 있습니다. 그것이 무엇인지 아십니까?"

"모르겠는데요."

"수영, 자전거 타기, 자동차 운전, 기마(騎馬), 기공부에서 각기 독특한 감각을 터득할 때와는 달리 진리를 터득할 때는 마음을 완전히 비워야만 합니다. 일체의 이기심과 욕망에서 벗어나야 한다는 말입니다. 이것을 누진통(漏盡通)이라고 합니다. 마음을 완전히 비우는 그 순간에 그 사람은 진리의 흐름과 합류하게 됩니다.

이때의 느낌을 진리 감각이라고 합니다. 이것을 또 진리파지(眞理把持)라고도 합니다. 이때 그의 몸속에서는 적(癪)이니 울화덩어리니 암이니 육종이니 종양이니 궤양이니 병균이니 바이러스니 에이즈니 하는 온갖 병기(病氣)와 사기(邪氣) 그리고 죽음의 그림자는 붙어 있을 자리를 잃게 됩니다."

재산을 몽땅 다 날린 친구에게

이때 옆에 앉아 있던 중년 남자 수련생이 말했다.

“선생님, 제 친구는 평생 모은 알토란 같은 10억의 재산을 사기꾼에게 몽땅 날리고 허탈해서 어떻게 할지를 모르고 공황 상태에 빠져 있는데 이런 때는 뭐라고 위로를 해 주었으면 좋겠습니까?”

“그 10억의 재산은 어떻게 모은 돈입니까?”

“퇴직금과 평소에 안 쓰고 안 입고 안 먹고 착실하게 절약해서 모은 돈입니다.”

“그럼 집과 처자는 무사합니까?”

“네.”

“그럼 돈은 날렸지만, 집과 처자는 무사한 것을 다행으로 알라고 말해주세요. 집까지 날리고 가족이 풍비박산된 사람도 의연히 살아가는데 그것보다는 낫지 않습니까?”

“그렇다면 집과 처자까지 잃었다면 어떻게 위로해야 합니까?”

“자기 한 목숨이라도 살아 있는 것을 다행으로 알아야죠.”

“그렇다면 자기 목숨까지 잃게 되었다면 뭐라고 말하겠습니까?”

“죽어야 할 전생의 업장이 해소된 것을 다행으로 알아야죠.”

“어떻게 그렇게까지 말할 수 있습니까?”

“육체의 죽음은 이승의 꿈에서 깨어나는 것에 지나지 않으니까요. 원래 행불행(幸不幸)이나 생사(生死) 같은 것은 무위의 실상의 세계에서는 없기 때문에 이렇게 말할 수 있습니다. 석가모니 생시에도 어떤 제자가 이렇게 물었다고 합니다.

‘석존이시어, 어떤 사람이 불교를 비난한다면 어떻게 해야 하겠나이까?’

‘욕먹지 않은 것을 다행으로 알아야 하느니라.’

'만약에 욕을 먹었다면 어떻게 하겠나이까?'

'매맞지 않은 것을 다행으로 알아야 할지니라.'

'만약에 매를 맞았다면 어떻게 해야 하겠나이까?'

'매맞아 죽지 않은 것을 다행으로 알아야 할지니라.'

'만약에 죽으면 어떻게 하리이까?'

'그것으로 전생의 업이 해소된 것을 다행으로 알아야 할지니라.'"

"과연 생사해탈을 한 석가모니다운 진면목이 드러나는 일화인데요."

"그렇습니다. 지금은 석가모니 시대로부터 2천 5백여 년이 지났지만 그가 말한 진리는 추호도 변한 것이 없습니다."

공부 안 하는 자식 때문에 고민입니다

단기 4330(1997)년 7월 1일 화요일 21~28℃ 비

오후 3시. 40대 중엽의 고수일이라는 남자 수련생이 찾아와서 말했다.

"선생님 저는 3대 독자고, 제 자식은 4대 독자입니다. 어떻게 하든지 자식만은 공부를 잘 시켜야 죽어서라도 조상님들을 떳떳하게 대할 수 있을 텐데, 영 공부를 하려고 하지 않으니 고민이 이만저만이 아닙니다. 무슨 좋은 방도가 없을까요?"

"고수일 씨는 수련 시작한 지 얼마나 됩니까?"

"이제 3개월 되었습니다."

"『선도체험기』는 몇 권까지 읽으셨습니까?"

"14권까지 읽었습니다."

"단전호흡 시작한 지는 얼마나 되었습니까?"

"그것도 한 3개월 되었습니다."

"기운은 느끼십니까?"

"네, 단전에 따뜻한 느낌이 있고 장심과 용천에도 시원한 기운을 느낍니다."

"등산도 하고 달리기도 도인체조도 하고 있습니까?"

"그것도 시작한 지 한 2개월 되었습니다."

"그럼 아직 초보시군요."

"무슨 뜻입니까?"

"이제 막 수련이 시작되었다는 말입니다. 기공부와 마음공부와 몸공부가 다 같이 아직은 초보 단계라는 말입니다."

"저도 그렇게 생각합니다만 선생님께서는 그것을 어떻게 아셨습니까?"

"질문하는 거 보고 알았습니다."

"제 질문에 그렇게 씌어 있었습니까?"

"물론입니다."

"어떤 점이 그랬습니까?"

"구도자는 3대 독자니 4대 독자니 하는 말부터 입에 올리지 않습니다."

"그럼 조상의 대(代)를 잇는 일이 중요하지 않다는 말입니까?"

"중요하지 않다는 말이 아니라 그런 것은 속된 인간생활의 한 면모일 뿐 구도에는 그렇게 중요한 일이 아니라는 말입니다."

"그럼 무엇이 중요합니까?"

"구도(求道)에 뛰어들었으면 구경각(究竟覺)에 승부를 걸어야 합니다. 그렇다고 해서 일상생활을 도외시하라는 말은 아닙니다. 구도자가 된다는 것은 적어도 자신과 부양가족의 의식주 문제는 해결해 놓은 것을 전제로 하기 때문입니다. 다시 말해서 구도를 논해야 할 마당에 자녀의 교육 문제 같은 것이 등장해서는 안 된다는 말입니다."

"그럼 그 문제 때문에 구도생활에 장애를 받는 것은 어떻게 하겠습니까?"

"이런 곳에 가져오기 전에 이미 스스로 해결했어야 한다는 말입니다."

"죄송합니다. 제가 너무 성급했던 것 같습니다."

"괜찮습니다. 이왕에 그 문제가 나왔으니 다루어보도록 합시다."

"그럼 어떻게 하는 것이 좋겠습니까?"

"자녀의 공부는 그들 스스로 알아서 하도록 하는 것이 좋습니다. 부모는 자녀의 소질을 살려주고 거기에 적합한 공부를 하도록 도와주고 학비를 대주면 됩니다."

"그냥 내버려두면 대학에도 못 들어갈 텐데요."

"대학에 들어가는 것도 못 들어가는 것도 자녀에게 일임하는 것이 좋습니다. 우리나라의 학부모들은 세계에 유례없이 교육열이 강한 것이 오히려 탈입니다. 아버지의 인생과 아들의 인생은 같아야 할 필요도 없고 아들이 아버지보다 더 나아야 한다는 법도 없습니다. 그런데도 불구하고 대부분의 학부모들은 무조건 자식만은 자기보다 나아야 한다고 생각하거나 적어도 자기 수준은 되어야 한다고 고집을 부립니다.

나는 이것이 근본적으로 잘못되었다고 봅니다. 사람은 백인백색(百人百色)이요 천차만별인데, 부모의 인생과 자녀의 인생은 꼭 같아야 하는 것도 말이 안 되고 자녀는 부모보다 반드시 더 훌륭해야 한다는 것도 확실히 잘못된 생각입니다. 그런데도 이것을 고집한다면 그것은 부질없는 욕심에 지나지 않습니다.

지금 대부분의 한국 가정에서는 학교 다니는 자녀들에게 귀에 못이 박히도록 공부하라는 소리를 합니다. 남편의 벌이가 시원치 않으면 아내가 시간제 가정부 일을 해서라도 과외비를 충당하려고 거의 필사적입니다. 그것도 자녀가 원해서 그런다면 몰라도 거의가 다 일방적으로 부모의 강요에 의해서거나 아니면 남이 하니까 무턱대고 덩달아 그렇게 하고 있습니다.

공부에 소질이 있는 학생은 그렇게까지 하지 않아도 어떻게 하든지 공부를 하게 되어 있습니다. 그런데 공부에 별로 소질도 없는 학생에게 학부모가 일방적으로 공부를 강요하고 있습니다. 객관적인 눈으로 보면 아무리 뜯어보아도 기능공 소질밖에 없는데도 학부모는 어떻게 해서든지 일류 대학에 들여보내 판검사를 만들려고 기를 쓰고 있습니다. 일류 대학에 못 들어가면 마치 인생은 종친다는 듯이 설레발을 치고 야단들입니다.

그러나 알고 보면 일류 대학 나왔다고 해도 양심을 지킬 줄 모르면 그의 인생은 실패한 것입니다. 일류 대학 졸업장은 죽을 때 가지고 갈 수 없지만, 평생 잘 가꾼 양심만은 죽을 때도 가지고 가기 때문입니다.

부모의 강요에 못 이겨 억지로 일류 대학에 들어간 자녀는 어떻게 하든지 공부 안하고도 적당히 졸업장 딸 궁리만 합니다. 이 때문에 상상할 수도 없는 갖가지 부조리가 싹트게 됩니다. 이럭저럭 졸업을 했다고 해도 취직시험에서는 용서가 없어서 떨어지기 일쑤입니다. 부모의 강요에 못 이겨서 하는 공부는 거품에 지나지 않습니다. 학교에서는 시험 때 부정이 용납될 수도 있지만 기업체 채용시험에서는 절대로 부정이 용납 되지 않습니다. 왜냐하면 실력 없는 사원을 채용한다는 것은 회사의 존립에 관계되는 중요 사항이기 때문입니다. 입사시험에 떨어진 엉터리 대졸자들은 어디로 가겠습니까? 거품은 어디에 가도 거품 대접밖에 못 받게 되어 있습니다.

결국은 대졸 고등 백수를 양산하게 됩니다. 차라리 본인의 요구대로 고등학교만을 졸업하고 직업 전선에 뛰어들었더라면 자기 소질에 적합한 건전한 직업을 찾을 수 있었을 텐데 순전히 부모의 과욕 때문에 아들을 폐인으로 만들어 버리게 됩니다. 그뿐 아니라 무직자는 많으면서도 3D 업종에는 지원자가 없어서 외국으로부터 노동력을 수입하지 않을 수 없게 되어 갖가지 부조리를 양산하게 됩니다. 돈과 시간과 노력의 엄청난 낭비가 아닐 수 없습니다. 이것은 또한 국제경쟁력의 약화와 직결됩니다."

"무슨 좋은 방안이 없겠습니까?"

"선진국의 실례를 살펴보면 해결책이 나옵니다. 대부분의 선진국들에서는 초등학교 졸업 때쯤 되면 담임교사에 의해 직업학교에 갈 학생과 대학에 갈 학생이 확연히 구분이 된다고 합니다. 학부모도 학생 자신도 별 이의 없이 여기에 순응하여 각자의 진로를 정한다고 합니다. 될성부른 나무는 떡잎부터 알아본다는 말 그대로 초등학교 시절에 이미 각 학생의 소질은 드러나게 되어 평생의 진로는 이때 벌써 결정됩니다.

대학교수를 부모로 둔 학생이 직업학교에 들어가 선반공이 된다고 해도 조금도 어색할 것도 부끄러울 것도 없습니다. 직업에 귀천을 두는 것 자체가 속물근성의 산물일 뿐입니다. 어떠한 분야에서든지 자기에게 알맞는 직업을 선택하여 잘 적응하여 유감없이 잘살아가면 됩니다."

"그래도 자식을 둔 부모 마음이야 어디 그렇습니까?"

"그렇다고 해서 서까랫감밖에 안 되는 재목을 억지로 대들보로 만들려고 하면 어떻게 되겠습니까? 본인 자신도 괴로울 뿐만 아니고 집 전체를 위해서도 위험천만한 일이 아닐 수 없습니다. 모든 재목은 적재적소(適材適所)에 알맞게 일찍부터 배치되어 공부를 시키는 것이 가장 효율적이고 경제적입니다. 그리고 본인을 위해서도 그것 이상 유익한 일이 또 없습니다.

피아노 소질도 없는 어린이에게 한 달에 수백만 원씩 과외비를 주고 유명 피아니스트를 과외 선생으로 초빙하고 있습니다. 그렇게 한다고 해서 피아니스트가 되는 것은 아닙니다. 하기 싫은 공부를 억지로 시키기 때문에 성격이 일찍부터 비뚤어지게 됩니다.

처음부터 자기 소질과 능력과 재능을 살려서 거기에 적합한 공부를 시켰더라면 아무 이상이 없었을 어린이를 부모의 허욕이 망쳐버리기 일쑤입니다. 멀쩡한 어린이가 부모의 강요 때문에 처음부터 이상한 길로 빠지게 하는 일이 비일비재합니다."

"그러나 우리나라는 사회 구조 자체가 대학을 나오지 않으면 웬만한 직장도 혼처도 구할 수 없게 되어 있지 않습니까?"

"그렇다고 해서 공부하라는 소리에 짜증부터 내는 자녀에게 억지로 공부를 시킨다고 해서 문제가 해결되는 것은 아니지 않습니까? 의무교육을 제외하면 공부를 하겠다는 자녀에게만 공부를 하게 하는 풍조가 자리잡으면 그런 병적인 풍조는 미구에 가라앉게 됩니다. 구미 선진국들에서는 이미 이러한 풍조가 정착되어 있기 때문에 과열 과외라든가 교사에게 돈봉투 내미는 고약한 짓거리도 없어진 지 오래 되었습니다."

"참, 과외와 촌지 얘기가 나왔으니까 하는 말인데, 과외 망국론이 나올 정도로 과외가 극성을 부리고 있는데, 무슨 획기적인 대책이 없을까요?"

"없기야 왜 없겠습니까?"

"있다면 좀 말씀해 주시겠습니까?"

"첫째로 학부모들이 사기 자녀를 똑바로 볼줄 아는 안목부터 키우면 됩니다. 고슴도치도 제 새끼는 예쁘다는 격으로 땔감밖에 안 되는 자기 아이를 억지로 기둥감을 만들겠다는 허욕부터 버리면 과외는 스스로 없어지게 되어 있습니다. 재능도 없는 아이를 억지로 천재로 만들겠다는 잘못된 부모의 욕심 때문에 이 모든 부조리는 빚어지는 것입니다."

"그렇지만 지금은 경쟁시대가 아닙니까? 모든 일에 경쟁의 원리가 도입되어 있는데 어떻게 거기에 무관심할 수 있겠습니까?"

"경쟁은 실력 있는 사람들끼리 우열을 가리는 겁니다. 애초부터 아무런 실력도 재주도 없으면서 순전히 부모의 허욕으로 경쟁 대열에 끼어들게 하려고 무리를 하니까 과열 과외가 극성을 부리는 겁니다.

둘째로 과외가 극성을 부리는 이유는 학교에서 교사들이 학생들의 수요에 제대로 응해주지 못하기 때문입니다. 박봉에 시달리던 실력 있던 교사들이 학교에서 빠져나가 학원 강사로 취직하기 때문에 벌어지는 현상이기도 합니다. 학교 교사의 급료를 대기업체의 직원 수준으로 인상해 준다면 유능한 인재들이 교편을 잡으려고 너도나도 모여들 것입니다.

학원 강사가 비록 돈은 많이 번다고 하지만 누가 보아도 번듯한 평생 직업이라고 할 수는 없습니다. 유능한 학원 강사들이 다시 학교 교사로 복직할 수 있게 되면 과외 선생 쟁탈전 같은 것도 사라지게 될 것입니다. 이처럼 학부모들이 각성을 하고 교사들에게 합당한 대우를 해주면 극성 과외는 자연히 학교 안으로 수용될 수 있을 것입니다."

"선생님께서는 연년생으로 딸아들 남매를 둔 것으로 알고 있는데 실제로 어떻게 교육을 시키셨는지 궁금합니다."

"대체로 이제 말한 원칙대로입니다."

"좀 구체적으로 말씀해 주실 수 없겠습니까?"

"무엇이 궁금한데요?"

민감한 촌지 문제

"초등학교 때부터 촌지 같은 것도 안 내시고 과외도 안 시키셨습니까?"

"딸아이가 초등학교에 입학했을 때 집사람이 남들이 다 하는데 안 할 수 없다면서 한두 번 촌지를 낸 일이 있다고 합니다. 그러나 계속 정기적으로 내야 하는데 그렇게 하지 않으니까 벌써 눈치가 달라지더라고 말하면서 날보고 어떻게 했으면 좋겠느냐고 의논해 왔습니다. 그 때 비로소 나는 촌지라는 것이 있다는 것을 알았습니다."

"눈치가 달라진다는 것은 무엇을 말하는 겁니까?"

"담임선생이 아이를 대하는 것이 촌지를 냈을 때와 안 냈을 때는 여러 가지로 차이가 나더라는 것이었습니다."

"그래서 어떻게 하셨습니까?"

"아내와 나는 그 문제를 놓고 며칠 동안이나 머리를 싸매고 진지하게 고민해 보았습니다. 생각하고 생각해 본 끝에 결국은 촌지를 안 하기로 했습니다."

"왜요?"

"우리 아이만 잘 보아달라고 담임에게 촌지를 정기적으로 상납하는 것이 떳떳하지 못하고 양심에 가책이 될 뿐만 아니라 당장에는 아이에게 이득이 될지 모르지만 그것은 결국에 가서는 교사를 타락시키고 아이에게는 돈이면 무엇이든지 다 된다는 잘못된 의뢰심을 키운다는 것을 알았기 때문입니다."

"그래 그 후에 별일 없었습니까?"

"왜요. 그전보다 여러 가지로 차별대우를 받는다고 아이가 호소해왔습니다."

"예를 들면 어떤 건데요?"

"그때만 해도 70년대 초엽이어서 과밀 학급이었습니다. 촌지 제대로 내는 학생은 앞자리에 앉히는데 촌지가 끊어지자 뒷자리로 옮겨 앉게 하였고, 질문 시간에 아무리 손을 들어도 쳐다보지도 않는다든가, 아무리 지도력이 있어도 하다못해 줄반장에도 선출되지 못한다든가 좌우간 일일이 예거할 수 없을 정도로 눈에 보이는 또는 보이지 않는 차별대우를 받는다고 민감한 아이들은 호소를 해왔습니다.

그래서 아내는 학부형 회의 때 담임선생님에게 어쩌면 우리 아들애에게 돌아가면서 하는 그 흔한 줄반장 하나 안 시켜주느냐고 했더니 그러냐면서 그럼 왜 좀 일찍 찾아오지 그랬느냐고 말하더랍니다. 그게 무슨 뜻인지는 이제 삼척동자라도 다 알아 들을 수 있을 것입니다. 물론 아내도 무슨 뜻이라는 것을 알아차리고 나와의 약속을 어기고 그 담임 선생님에게 찾아가 봉투를 건넸습니다. 그 뒤 아내는 궁금해서 학교엘 찾아갔더니 궁둥이가 유난히 큰 아들애가 줄반장이 되어 반 내 아이들의 숙제를 조사하는 뒷모습을 볼 수 있었다고 합니다.

그 뒤 아내는 중학교에 다니는 딸애에게서 자기는 눈이 나빠서 멀리 떨어진 곳에서는 흑판이 잘 보이지 않는데도 키가 크다는 이유로 뒷자리에 앉히는 바람에 흑판에 씌어진 글이 보이지 않아 학교 가기가 싫다는 불평을 들었습니다. 아내는 이번에도 나 몰래 딸애의 담임선생님을 찾아가서 봉투를 건넸습니다.

그런데 그 담임 선생님은 '나는 아니예요' 하면서 봉투 받기를 단연 거절하더랍니다. 사양하는 거겠지 하고 아내는 억지로 옷속에 쑤셔 넣으려 했더니 한사코 '나는 아니예요, 나는 아니래두요' 하면서 끝까지 거절하더랍니다. 그제야 아내는 속으로 '이 선생님은 다르구나. 내가 사람을 잘못 보았구나' 하고 그 봉투를 그냥 가져오기가 창피해서 할 수 없이 불우학생 돕기에 써달라고 맡기고 나왔다고 합니다.

촌지 문제는 지금도 크게 대두되고 있습니다. 청렴한 선생님들에게는 대단히 민망스러운 일이지만 그러한 실례도 있었다는 얘기입니다. 최근에는 남편의 비리를 조사하던 수사관의 눈에 교사인 그의 아내가 받은 촌지 명세서가 발견되어 전국 교육감들이 모여서 촌지 안 받기 서약식을 가졌고 그 교사는 해직되었습니다.

그러나 일선 교사들의 말을 들어보면 촌지는 지금도 그대로 거래되고 있다고 합니다. 목 좋은 담임선생님들은 으레 상급자에게 관례적으로 상납을 해야 그 자리를 유지할 수 있으니까 학부모에게서 촌지를 안 받을래야 안 받을 수 없다고 합니다. 언론에 가끔 보도되는 촌지 사건은 운수가 나빠서 발각된 빙산의 일각입니다."

"아니 그렇다면 촌지를 받는 것이 나쁜 것이 아니고 부주의 때문에 그 사실이 언론에 공개당하는 것이 나쁘다는 말이 되지 않습니까?"

"그렇습니다. 걸리지 않은 사람은 아무 일 없고 걸린 사람만 처벌을 받게 되어 있는 것이 실정입니다. 아이들은 학부모가 담임선생님을 찾아온 뒤에 일어나는 변화의 실상을 환히 파악하고 있을 뿐 아니라 담임선생님의 차별대우에 매우 민감한 반응을 보이기도 하고 불평도 했습니다."

"자녀분들의 그러한 반응을 보시고 마음이 어떠셨습니까?"

"자식 기르는 부모로서 아이들에게 그러한 말을 들을 때는 사실 기가 막히고 가슴이 미어지는 것 같았습니다. 아내는 남들 다하는 일을 우리만 안 하는 바람에 아이들 아예 잡겠다고 울상이었습니다. 이런 얘기를 들을 때마다 나 역시 속이 상하고 마음이 흔들리지 않을 수 없었습니다.

그러나 내 아이만 잘 보아달라고 담임교사에게 촌지를 주는 치사한 행위는 더이상 하지 않기로 했습니다. 나쁜 짓인 줄 뻔히 알면서 남들이 한다는 이유만으로 나도 할 수는 없는 일이었습니다. 그것은 남들이 다 도둑질을 하니까 나도 할 수밖에 없다는 것과 다를 바 없었습니다.

사람이란 어떠한 역경 속에서도 적응을 하게 되어 있다는 것을 나는 지난 세월의 경험을 통해서 잘 알고 있었습니다. 촌지를 주지 않아서 비록 내 자식이 담임교사에게 차별대우를 받을지언정 그것도 여러 번

겪다가 보면 어느덧 내성이 생겨서 스스로 이겨나갈 수 있는 능력을 갖게 될 것이라는 확신을 갖게 되었습니다.

아이들에게 살살 물어보니 촌지 안 내는 아이는 우리 외에도 적지 않다는 것을 알게 되었습니다. 다행히도 우리 아이들은 삐뚤어지지 않고 그런 환경에 잘 적응해 나갔습니다. 학년이 높아지자 이번에는 아이들의 입에서 절대로 선생님에게 돈봉투 갖다 주지 말라는 말까지 나오게 되었습니다.

점차 사리분별력을 갖게 된 아이들은 스스로 옳고 그른 것을 판단할 만한 능력을 갖게 되었던 것입니다. 결국 바르지 못한 일은 하지 않는다는 내 작전은 효과를 거두게 되었습니다. 초등학교까지는 그런대로 그럭저럭 마치게 되었는데, 중고등학교에 진학하면서 새로운 사태에 직면하게 되었습니다."

"그럼 초등학교 때는 과외는 없었습니까?"

"그때만 해도 초등학교에서는 과외가 그렇게 성행되지 않았습니다. 그러나 중고등학교서부터는 달랐습니다."

"그럼 중고등학교 때부터는 과외가 있었던 모양이죠?"

"네, 있었습니다."

"그래 과외 문제엔 어떻게 대처하셨습니까?"

"부모가 아이들에게 강요하는 방식은 처음부터 취하지 않았습니다."

"그렇다면 자녀분들이 요구할 때만 과외를 시켰다는 말씀인가요?"

"그렇습니다. 아내는 그때도 과외 안 하면 고등학교에도 못 들어간다고 성화를 댔지만 나는 내 신념을 굽히지 않았습니다. 아내는 돈 벌어서 이런 데 투자해야지 어디에 쓰려고 그러느냐면서 남들이 다 하는 과외를 우리만 하지 않았다가 진학을 못 하면 어떻게 하느냐고 야단이었지만 나는 요지부동이었습니다. 그 대신 아이들이 스스로 알아서 과외공부를 하겠다면 시켰습니다.

그런데 솔직히 말해서 우리 아이들의 학교 성적은 내 기대에 훨씬 미치지 못했습니다. 사람이란 언제나 남을 평가할 때 비록 자식이라고 해도 자기 자신을 기준으로 하게 됩니다. 나의 평소의 지론은 부모가 학비만 대주면 공부는 학생이 스스로 알아서 하는 것으로 되어 있었습니다. 그리고 공부는 내가 학창 시절에 그랬던 것처럼, 웬만큼 해도 항상 학급에서 상위 그룹에 들어야 했습니다.

이처럼 나는 무의식적으로 내가 학교 다닐 때의 일을 기준 삼아서 아이들을 평가하려고 했습니다. 그런데 아이들은 성적이 이상하게도 들쑥날쑥이었습니다. 어떤 때는 상위 그룹에 들었다가도 어떤 때는 최하위 그룹으로 떨어지기도 했습니다. 나는 처음에는 이것이 도저히 납득이 되지 않았습니다. 학교 공부 성적이 부모와 자녀가 같을 수만은 없다는 것을 깨닫기까지 나는 상당한 시간이 걸려야 했습니다. 부모의 인생과 자식의 인생은 반드시 같지 않다는 당연한 사실을 깨닫는 데도 나는 적지 않은 시간이 필요했습니다."

"그래서 자녀분들은 순조롭게 진급을 했습니까?"

"그렇지 못했으니까 이렇게 얘기가 길어지는 것 아니겠습니까?"

"아니 그렇다면 혹시 중학교에서 고등학교에 진급할 때 무슨 문제라도 생겼다는 말씀입니까?"

"그렇습니다. 딸애는 그런대로 말썽 없이 진급을 했는데 아들은 그렇지 못했습니다. 중 3때 하루는 아들의 담임선생님으로부터 아내에게 전화가 걸려 왔습니다."

"뭐라구요?"

아들의 말을 믿어봅시다

"까딱하다가는 아들이 성적이 부진해서 고교에도 진학하지 못할 것 같으니 한번 만나자는 것이었습니다. 아들에게 아내가 어떻게 된 거냐고 물어보았더니 괜히 그러는 것이니 가만히 있으면 된다는 것이었습니다. 아내는 날보고 어떻게 했으면 좋겠느냐고 걱정이 태산 같았습니다.

나는 초등학교 촌지 사건 때부터 아이들을 신임하고 있었으므로 아들의 말을 믿어보자고 했습니다. 그러자 아내는 하나밖에 없는 아들이 고교에도 못 들어가면 어떻게 하느냐고 얼굴이 사색이었습니다. 그래도 좌우간 아들의 말을 믿어보자고 설득을 했습니다.

최악의 경우 아들이 고교 시험에 떨어지면 그때 가서 무슨 대책을 세우면 되지 않겠느냐고 말했습니다. 그러자 떨어지기 전에 대책을 세워야지 떨어진 뒤에 무슨 대책을 세우느냐고 울상이었습니다. 그래도 나는 아들의 문제니까 아들에게 맡겨보자고 했습니다."

"그래 결과는 어떻게 됐습니까?"

"막상 뚜껑을 열어보니 아들은 턱걸이에 가깝기는 했지만 고교 입시에 합격했습니다. 그것도 평준화된 후이기는 했지만 우리나라 최고 명문 고교에 말입니다."

"그럼 그게 어떻게 된 겁니까?"

"결국 아들의 말이 옳았던 겁니다."

"그럼 대학은 어떻게 됐습니까?"

"딸애는 아무 말썽 없이 제 발로 대학 입시에도 단번에 통과하여 졸업까지 마쳤는데 아들애는 그렇지 못했습니다."

"그럼 아드님은 대학을 재수라도 했습니까?"

"맞습니다. 지금도 그렇지만 그때도 고3생이 있는 집안에서는 공부에 방해가 된다고 온 식구가 숨소리도 제대로 못 내고 쉬쉬하면서 말소리를 낮추고, 고3생의 어머니는 밤잠도 제대로 못 자고 공부 뒤치닥꺼리에 매달려 입시생 못지않는 고역을 치르고 있었습니다. 그리고는 자식이 대학에 합격하는 것이 부모에게 다하는 최대의 효도라고들 합니다. 온 식구의 기대가 온통 고3생의 대입 합격에만 쏠려 있었습니다.

그러나 나는 이것이 사실은 고3생에게 보이지 않는 은근한 압력이 되고 스트레스가 되어 도리어 공부에 큰 부담이 된다고 봅니다. 그래서 나는 일찍이 아이들에게 '공부는 너희들이 하는 것이지 부모가 하는 것이 아니다. 대학에 들어가는 것도 못 들어가는 것도 순전히 너희들에게 달려있다. 그 대신 부모는 너희들이 요구하는 학비는 충분히 대어줄 것이다'하고 말해주었습니다.

부모가 이렇게 나오자 아들애는 부모가 자식의 공부에 너무 무관심하다고 불평이었습니다. 고3생이 있는 다른 집에서는 온 집안에 총 비상이 걸려 있는데도 우리집은 너무나도 무사태평하다는 겁니다. 아내는 처음에는 나의 이러한 태도에 반대했었지만 나중에는 내 방침에 적극 동참해 주었습니다. 고3생이 있는 여느 집에서는 상상도 할 수 없는 일이 우리집에서는 벌어지고 있었습니다."

"무슨 일인데요?"

"아내는 고3생 뒤치다꺼리할 생각은 하지 않고 일요일에는 입시 전날 이외에는 나와 같이 등산을 했습니다. 첫 번째 대학 입시에 실패한 아들은 부모의 무관심을 탓했지만 우리는 들은 척도 하지 않았습니다. 실력 있으면 누구나 대학에 들어갈 수 있다는 것이 내 변함없는 신념이었습니다.

부모가 관심을 갖는다고 해서 공부를 하고 관심을 갖지 않는다고 해서 공부를 하지 않는다면 그것은 부모를 위한 공부지 아들 자신을 위한 공부는 되지 않기 때문입니다. 그리고 실력이 없으면 꼭 대학에 들어갈 필요 없이 전문대학에 들어가 일찍이 전문 직업을 택하는 것이 현명하다고 말해 주었습니다. 부모가 이렇게 나오자 아들애는 처음에는 부모를 적지 않게 원망하는 눈치였지만 점차 무엇인가를 깨닫기 시작하는 눈치였습니다.

아들애는 죽어도 전문대학에는 안 들어가겠다고 하면서 재수를 해서라도 기어코 정규 대학에 들어가겠다고 했습니다. 그거야 알아서 하라고 했습니다. 그는 성적이 부진한 과목을 보강하려고 학원에도 등록을 하고 열심히 일 년 동안 재수한 끝에 다음 해에는 원하는 대학에 제 발로 들어갔습니다.

드디어 자기를 도울 사람은 자기 자신밖에 없다는 것을 뼈저리게 깨달은 것입니다. 대학에 들어가면서 중고등학교 때의 부진했던 성적을 씻고 실력이 오르기 시작했습니다. 학기 때마다 가져다 보여주는 성적표를 보니 점점 상승곡선을 긋고 있었습니다. 상위 그룹으로 대학을 졸업하자 대학원에까지 진학하여 대학 때의 고고학 전공을 살려 나갔습니다. 그는 스스로 발굴한 자료를 기초로 하여 작성한 논문이 통과되어 석사 학위까지 따고 지금은 그 분야에서 제 앞가림은 하고 있습니다."

"그러고 보니 선생님은 자녀분이 스스로 분발하도록 은근히 도운 것이 되었군요."

"자식 제대로 키우기 위해서는 무조건적이고 맹목적인 자녀 사랑보다는 냉철한 이성적인 관찰과 판단이 훨씬 더 효과적입니다. 공부하는 자녀에게 주위에서 너무 부담을 주지 않도록 해야 합니다. 무슨 일이 있든지 부모의 체면을 생각해서라도 제발 대학에 붙어만 달라고 애걸복걸하는 짓은 절대로 하지 말아야 합니다. 이것이야말로 쓸데없이 자녀의 어깨만 무겁게 합니다.

만약에 떨어지면 부모를 실망시킬 것이 크나큰 짐이 되어 그 중압감 때문에 성적이 조금만 떨어져도 전전긍긍하게 하고 끝내 자살까지 하는 일이 비일비재합니다. 이것은 자식을 위하는 것이 아니라 망치는 것밖에는 되지 않습니다.

그 대신 대학 입시에 붙어도 좋고 떨어져도 할 수 없으니 네가 알아서 최선을 다해 주기 바란다고 왜 말해 주지 못합니까? 그렇게 말하면 처음에는 자식에게 부모로서 너무나 무관심하다고 서운해 하겠지만 공부하고 안 하고는 순전히 자기할 탓이라는 것을 깨닫고 어깨가 가벼우니까 오히려 홀가분한 심정으로 여유 있게 공부에 전력투구할 수 있을 것입니다.”

“그래도 자식을 키우는 부모 심정이야 어디 그럴 수 있나요?”

“그 부모 심정이라는 것이 알고 보면 자식에 대한 부모 자신의 과욕이나 이기심 또는 체면 같은 데 기인한 것이 아닌지 곰곰이 생각해 보아야 합니다. 만약에 그렇다면, 지금이라도 늦지 않으니 말끔히 마음을 비우도록 해야 합니다. 그렇게 되면 과열 과외니 과열 입시니 하는 고질적이고 만성적인 학원 부조리는 자연히 개선되지 않을 수 없을 것입니다.”

“결국은 학부모의 과욕과 이기심, 체면, 가문의 명예 따위가 과열과외, 과열 입시를 부추기는 원흉이라는 말씀이군요.”

“그렇습니다. 욕심이 온갖 부조리를 낳고 부조리는 불의와 범죄와 사망을 낳게 됩니다.”

“혹시 자녀분으로부터 원망을 들어 본 일은 없습니까?”

“왜요? 무슨 원망 말입니까?”

“자녀분의 의사를 너무나도 존중한 나머지 뒷날 자기가 어렸을 때 회초리를 들어서라도 왜 강요하지 않았느냐는 항의 같은 거 말입니다. 자기는 그때 철이 없어서 몰라서 그랬는데도 부모가 무조건 자기 의사를 따랐기 때문에 공부할 수 있는 기회를 놓쳤다고 후회하는 경우는 없었느냐 그겁니다.”

“그런 일이 딱 한 번 있었습니다. 딸애가 초등학교 3학년 때 피아노를 하겠다고 해서 그때 없는 돈을 긴급히 마련하여 피아노를 한 대 마련해 주고 피아노 선생까지 붙여준 일이 있습니다. 한 이태 동안 제법 피아노 과외를 하더니 어느 날 갑자기 피아노가 싫어졌다면서 꼴도 보기 싫으니 피아노를 팔아 없애달라고 하는 거였습니다.

일시적인 현상이겠지 하고 당분간 그대로 두고 보기로 했습니다. 한동안 피아노 교습을 쉬었는데도 딸애는 계속 피아노를 없애달라고 졸라댔습니다. 나중에 후회하지 않겠느냐고 물어보자 절대로 후회하지 않을 테니 빨리 없애만 달라는 것이었습니다.

초등학교 5학년이나 된 딸애가 이렇게까지 나오니 우리는 이 애는 결국 소질이 없나보다 하고 쓰지도 않는 거 좁은 집안에 놓아둘 자리도 마땅치 않아서 피아노를 헐값으로 처분해버리고 말았습니다. 그 후 7년쯤의 세월이 흐른 뒤에 대학 1학년이 된 딸애는 갑자기 다시 피아노를 사달라고 성화를 댔습니다.

우리는 또 부랴부랴 돈을 장만하여 피아노를 한 대 사주었습니다. 딸애는 그때 영문과 1학년이었는데 아무래도 피아노과를 택할 것을 잘못했다면서 피아노 과외교습을 받겠다고 했습니다. 수소문 끝에 모 대학 피아노 전임강사로 나가는 여교수 한 분을 소개받아 감정을 의뢰했습니다.

감정을 해본 뒤에 그 교수는 피아노에 다소 소질이 있기는 한데 너무 늦었다는 겁니다. 적어도 초등학교 때부터 줄곧 시켰어야 하는데 지금은 이미 뼈가 굳어서 피아노를 전공할 시기를 놓쳤다는 거였습니다. 후회막급이었습니다. 이때 딸애는 왜 그때 강제로라도 시키지 않았느냐고 항의를 했지만 이미 때는 늦었고 어쩔 수 없는 일이었습니다. 부모로서 다소 아쉽기는 했지만 이미 다 지난 일을 어떻게 하겠습니까?"

"그럴 때는 어떻게 해야 합니까?"

"나는 부모로서는 할일을 다 했다고 봅니다. 그때 만약 하기 싫다는 피아노 교습을 강제로 시켰더라면 어떤 부작용이 일어났을지 아무도 모르는 일입니다. 만약에 피아노 공부를 중단한 지 1년쯤 뒤에라도 다시 하겠다고 했으면 얼마든지 다시 하게 했을 것입니다. 그러나 7년이라는 간격은 너무 길었습니다. 결국은 그것이 딸애의 금생의 한계인지도 모릅니다.

만약에 딸애가 그야말로 피아니스트로 대성할 의지나 운명을 타고 났었더라면 그때 그러한 피아노 거부 현상은 일어나지 않았을 것입니다. 그 피아노 교수의 말대로 금생에서는 피아노로 대성할 기회를 놓쳤다면 다음 생(生)에라도 그런 기회는 얼마든지 있을 것입니다. 금생에만 꼭 피아노로 대성해야 한다는 법은 없으니까요."

학생 폭력

"그건 그렇고, 요즘 학생 폭력 문제가 크게 사회적으로 물의를 빚고 있는데, 폭력 학생이 생겨나는 이유는 어디에 있다고 보십니까?"

"흔히들 말하는 폭력 만화, 폭력 비디오, 각종 마약 같은 데도 직접적인 원인이 있다고 말할 수 있을 것입니다. 그러나 근본적인 원인은 다른 데서 찾아야 한다고 봅니다. 과열 과외, 과열 입시가 학부모의 자녀에 대한 맹목적인 애정이나 과욕이 빚어낸 현상이라면, 학원 폭력은 자녀에 대한 과욕으로 인한 자녀의 반작용과 함께 자녀에 대한 지나친 무관심이나 부모의 부도덕성 또는 결손 가정에서 생겨난 것이라고 봅니다."

"그런데 가끔 보면 건전한 부모를 가진 학생들 중에도 폭력 학생이 나오는 것은 무엇 때문일까요?"

"그런 때는 원인을 과거생의 인과에서 찾는 도리밖에는 없을 것입니다."

"무슨 근본적인 해결책이 없을까요?"

"폭력 학생 본인들이 스스로 각성을 하고 깨달음을 갖고 새로운 인생을 개척하도록 가정, 사회, 학교, 사법기관들이 깊은 관심과 애정을 갖고 도와주어야 합니다. 그렇게 하지 않고 그들을 사갈시(蛇蝎視)하고 처벌 위주로만 나간다면 기성사회에 대한 적대감만 조장되어 자신들의 생존을 위해서라도 점점 더 지능화하고 잔인한 폭력을 휘두르게 될 것입니다.

다시 말해서 그들을 별종시(別種視)하고 이단시(異端視)하여 코너에 몰아넣기만 할 것이 아니라 그들도 우리의 한 편모(片貌)라는 생각을 갖고 대해야 근본적인 해결책이 나오게 될 것입니다. 자녀를 대하는 부모의 입지는 그들에게 맹목적인 애정을 가져서도 안 되고 그렇다고 너무 무관심해도 안 됩니다. 차라리 냉정하고 이성적인 눈으로 관찰할 줄 알아야 합니다. 그러한 관찰이 반드시 선행되어야 진실을 파악할 수 있습니다. 진실만 파악이 된다면 해결책은 자연히 나오게 되어 있습니다."

"부모로서 자녀에 대하여 가장 경계해야 할 것은 무엇일까요?"

“한국의 부모들 그중에서도 어머니들은 흔히 인생의 목적을 자녀를 잘 키워 세속적으로 성공시키는 데다 두고 있습니다. 다시 말해서 살아도 죽어도 자녀를 위해서 봉사하는 것을 최고의 덕목으로 알고 있습니다. 이것은 자녀에 대한 지나친 동물적인 애정의 발로입니다. 자기가 이 세상에서 이루지 못한 한(恨)을 자녀를 통해서 대리 성취케 하려고 하는 일종의 허욕도 가세합니다.

그러나 이것은 인생관이 근본적으로 잘못된 것입니다. 인생의 목적은 진리인 하나를 성취한 데 있는 것이지 자녀를 세속적으로 성공시키는 데 있는 것이 아닙니다. 자녀에 대한 지나친 기대와 허욕(虛慾)이야말로 성적 제일주의, 입시 위주의 지식 교육을 빚어낸 온갖 학원 부조리의 뿌리입니다. 이와는 정반대로 자녀에 대한 지나친 무관심은 자녀의 반발을 살 수도 있습니다. 지나친 것도 부족한 것도 금물입니다.

그 대신 엄격한 중도를 지켜나가야 합니다. 이것은 냉정한 관찰을 통해서만이 가능합니다. 나쁜 길로 빠져 들어가지 못하도록 항상 감시를 소홀히 하지 말아야 합니다. 철부지 어린이가 강이나 우물에 빠지지 않도록 감시하는 심정으로 말입니다. 회초리는 이때에 필요한 것입니다. 그렇게 해 놓은 뒤에는 스스로 창의성을 발휘하여 자기 앞길을 개척해 나가도록 유도해야 합니다. 마지막으로 다시 한 번 강조하지만 인생의 목적은 일류 대학 나와서 일류 기업체에 들어가 출세하는 것이 아닙니다.”

“그럼 무엇이 진정한 인생의 목적입니까?”

“양심적으로 살아가면서 참나를 찾는 것이 인생의 진정한 목적입니다.”

"참나가 무엇인데요?"

"부모미생전본래면목(父母未生前本來面目)입니다."

"무엇이 부모미생전본래면목인데요?"

"시작도 끝도 없는 진리인 참나 그것입니다."

"어떻게 살아야 그것을 성취할 수 있습니까?"

"바르고 착하고 어질게 살면 누구나 다 그렇게 될 수 있습니다. 지구촌은 더 말할 것도 없고 온 우주 내의 모든 종교와 구도(求道)의 궁극적인 목적은 바로 이겁니다."

사물을 있는 그대로 보기

단기 4330(1997)년 7월 17일 목요일 21~31℃ 구름

오후 3시. 11명의 수련생이 모였다. 그들 상호간에 그리고 그들과 나 사이에 오고 간 얘기들.

"선생님 진리를 깨달은 사람과 깨닫지 못한 사람 사이에는 어떠한 차이가 있습니까?"

"깨닫지 못한 사람은 운명의 사슬에 묶여 언제나 질질 끌려 다니면서 인생고(人生苦)를 호소하지만 깨달은 사람은 운명의 사슬을 과감하게 끊어버리고 스스로 자기 운명을 개척해 나갑니다. 운명에 끌려 다니느냐 아니면 운명을 이끌어 가느냐의 차이입니다."

"실제 생활에서 어떻게 하면 운명에 이끌려 다니지 않고 운명을 이끌어갈 수 있겠습니까?"

"인생살이에서 피치 못할 난관에 부닥쳤을 때 그 난관을 면밀히 관찰해 보고 어떻게 하면 이 장애물을 뛰어넘을 수 있을까를 궁리하여 최선의 방법을 선택하여 나갈 수 있는 사람은 누구나 자기 운명에 사로잡히지 않고 오히려 이를 극복해나갈 수 있습니다."

"그때에는 어떠한 마음가짐이 가장 중요합니까?"

"언제나 양심에 어긋나는 짓을 하지 않으면 됩니다."

"어떻게 하는 것이 양심에 어긋나지 않는 길인데요?"

“마음을 바르고 착하게 가지고 그대로 행동하면 됩니다.”

“선생님 저는 벤처 기업을 하나 일으키려고 하는데 영원히 기업의 좌우명이 될 수 있는 좋은 사훈(社訓)을 하나 주셨으면 합니다. 너무 쉬운 우리말은 잊어버리기 쉬우니까 가능하면 아무 때나 외우기 좋은 것으로 해 주시면 고맙겠습니다. 회사 일에 충실한 사원이면서도 구도자다운 것이면 더욱 좋겠습니다.”

“어떤 종류의 벤처 기업입니까?”

“나날이 불어나고 있는 참다운 구도자들에게 수련할 수 있는 환경을 만들어 주는 새로운 개념의 신종 기업입니다.”

“애인여기(愛人如己) 반망즉진(返妄卽眞) 또는 일의화행(一意化行) 반망즉진(返妄卽眞)으로 하세요. 이 두 마디 말대로만 살면 누구나 조만간에 진리를 깨닫게 될 테니까요.”

“애인여기(愛人如己)란 무슨 뜻입니까?”

“『참전계경』 제 114조 인간(認懇)에 나오는 말입니다. 그 원문을 그대로 번역하면 이렇습니다.

‘인간(認懇)이란 남의 간난(艱難)을 자기가 당한 것처럼 생각하는 것이다. 이웃이 급한 어려움을 당하면 정성껏 해결 방법을 강구하여 준다. 이것은 능력이 있어서가 아니라 남을 나 자신처럼 사랑하기 때문이니라.’

애인여기(愛人如己)란 바로 ‘남을 나 자신처럼 사랑한다’는 구절을 따로 떼어온 것입니다. 이것은 예수가 제자들에게 가르친 '네 이웃을 네 몸처럼 사랑하라'는 말과 너무나도 흡사합니다. 시조 단군이 『참전계경』을 가르치기 시작한 것이 예수가 태어나기 2333년 전의 일인데도 말입니다."

"그 당시에는 동서 교통이 지금처럼 원할하지도 않았을 텐데 어떻게 돼서 그렇게 두 성인(聖人)이 그러한 가르침을 시공을 초월해서 그러한 이치를 베풀 수 있었을까요?"

"그것이 진리이기 때문입니다. 진리는 이처럼 동서고금(東西古今)과 시공(時空)을 초월해 있습니다. 또 진리라고 하는 것은 지구상에서만 통하는 것이 아니라 우주 전체 어디에서도 공통(共通)입니다. 예수보다 무려 2333년 전에 이러한 진리를 중인(衆人)들에게 가르친 단군 시조를 일부 기독교인들이 마귀니 사탄이니 하는 것이 얼마나 무지몽매하고 가소로운 짓인가는 이제 두말할 여지도 없습니다."

"그래서 '아는 것이 힘이다' 하는 말이 나온 것이 아닐까요?"

"그렇습니다. 특히 정보화 시대에는 모르면 남에게 바보 취급을 당하지 않을 수 없게 되어 있습니다. 시조 단군에 대해서 단 한마디라도 논평을 하고 싶으면 적어도 선생님께서 쓰신 『소설 단군』과 『소설 한단고기』 정도는 읽어 보아야 하는 거 아닙니까?"

이렇게 반문하는 수련생도 있었다.

"그러면 일의화행(一意化行) 반망즉진(返妄卽眞)이란 무슨 뜻입니까?"

"일의화행(一意化行) 반망즉진(返妄卽眞)은 『삼일신고(三一神誥)』의 마지막 장(章)인 제8장 삼공훈(三功訓)에 나오는 말입니다.

'무리들은 선악(善惡), 청탁(淸濁), 후박(厚薄)이 한데 뒤섞여, 결국에는 망령된 길을 따라 제멋대로 내달리다가 태어나고 자라나고 늙고 병들어 죽는 괴로움에 빠지지만, 속이 밝아진 이는 지감(止感), 조식(調息), 금촉(禁觸)하여 큰 뜻을 행동에 옮기어 미망을 돌이켜 진리를 터득하니 신기(神機)가 크게 빌동되는데, 성통공완(性通功完)이 바로 이것이니라.'

여기서 일의화행(一意化行)은 '큰 뜻을 행동에 옮기어' 하는 구절에서 나온 말입니다. 여기서 큰 뜻이란 하나인 진리를 깨달으려는 구도심(求道心)을 말합니다. 따라서 일의화행(一意化行)은 구도심을 실천에 옮기는 것을 말합니다. 그리고 반망즉진(返妄卽眞)은 이 중에서 '미망(迷妄)을 돌이켜 진리를 터득하니'에 해당하는 말입니다.

사람이 이 세상에 태어나 살아나가는 목적은 일류 대학 나와서 일류 기업체에 취직하여 승승장구 승진을 거듭하여 출세하여 미인 아내 맞이하여 아들딸 낳고 유감없이 욕심껏 잘 먹고 잘사는 데 있는 것이 아니고 오히려 그 욕심을 비우고 그 빈자리에 진리를 채우는 데 있다는 말입니다. 이 두 개의 구절을 합치면 일의화행 반망즉진(一意化行 返妄卽眞)이 되어 '큰 뜻을 행동에 옮기고 미망을 돌이켜 진리를 터득한다'는 말이 됩니다. 세계의 어떠한 구도자에게도 이것 이상 확실한 좌우명이 어디에 있겠습니까?"

"그 밖에도 좋은 좌우명이 또 없겠습니까?"

"왜 없겠습니까. 얼마든지 있습니다."

"'발대신기 성통공완(發大神機 性通功完)'도 있고 '자성구자 강재이뇌(自性求子 降在爾腦)'도 있습니다. 그러고 보니 구도자를 위한 행동강령은 『삼일신고』 속에 다 들어 있습니다. 구태여 외국 종교의 경전에서 구할 필요도 없이 이미 우리의 경전인 『삼일신고(三一神誥)』 속에 완벽하게 다 갖추어져 있습니다.

발대신기 성통공완은 일의화행 반망즉진(一意化行 返妄卽眞) 바로 다음에 나오는 구절로서 '신기(神機)가 크게 발동되는데, 성통공완이 바로 이것이니라'는 뜻에서 나온 것입니다. 다시 말해서 신기가 크게 발동되면 저절로 성통공완이 이루어진다는 말입니다."

"성통공완이란 뜻은 알겠는데 발대신기(發大神機)란 무엇을 말하는 것입니까?"

"사람에게는 누구나 우주의 보편적인 진리와 통하는 자성(自性)이 있는데, 이 자성에서 신기(神機) 즉 진리의 기틀이 크게 발현하는 것을 말합니다."

"역시 무슨 뜻인지 아리송한데요."

"지감(止感), 조식(調息), 금촉(禁觸) 수련으로 진리를 깨닫기 위한 공부를 하기 전에는 대체로 잠자고 있었던 자성이 깨어나 진리의 불이 마치 새로 만든 원자로에 점화가 되듯 불이 확 당겨지는 것을 말합니다. 이러한 상태를 성통공완(性通功完)이라고 우리 선도에서는 말하고, 불교에서는 견성해탈(見性解脫) 또는 견성성불(見性成佛), 유교에서는 극배상제(克配上帝), 기독교에서는 '성령으로 거듭난다(성령중생, 聖靈重生)'고 합니다."

"그렇다면 발대신기(發大神機)와 성통공완(性通功完)은 같은 뜻입니까?"

"맞습니다. 발대신기와 성통공완은 동의어(同義語)입니다."

"자성이라는 원자로에 불이 일단 당겨지면 어떻게 됩니까?"

"그때 비로소 한 사람의 철인(哲人) 즉 성인(聖人)이 태어나는 겁니다."

"단군, 석가, 공자, 노사, 예수 같은 성인말입니까?"

"물론입니다. 그런 성인들은 세상에 널리 알려진 분들이고 사실은 세상에 알려지지 않은 채 민초들 속에 숨어서 남모르게 진리를 실천함으로써 솔선수범하는 숨은 성인들도 부지기수입니다. 이러한 숨은 성인들에 의해 세상은 악의 구렁텅이에 완전히 빠지거나 괴멸당하지 않고 그럭저럭 유지되는 겁니다. 인류역사상 두각을 나타낸 성인들은 알고 보면 빙산의 일각에 지나지 않습니다."

"우리와 같은 구도의 초보자들이 그러한 성인을 알아볼 수 있는 무슨 기준 같은 것이라도 있습니까?"

"있구말구요."

"어떤 것입니까?"

"우선 이미 세상에 알려진 성인들의 어록(語錄)이나 경전(經典)같은 것을 인용하지 않고도 순전히 독특한 자기 목소리로 중생들에게 진리를 설파하여 인연 있는 사람들을 감화시킬 수 있어야 합니다. 두 번째로 주위에 모여드는 제자들에게 눈에 보이지 않는 영기(靈氣)로 심신을 변화시킬 수 있어야 합니다."

"일단 성통공완(性通功完), 견성성불(見性成佛), 성령중생(聖靈重生)한 사람은 수련을 하지 않아도 됩니까?"

"그렇지 않습니다. 만약에 어떤 구도자가 나는 견성했다고 주위에 공표해 놓고, 그 순간부터 아무런 수련도 안 하고 앉아서 방문객들만 맞고 있다면 그 사람은 운동부족으로 얼마 안 가서 곧 비만증 환자가 되거나 고혈압, 협심증, 뇌졸증, 당뇨, 심경근색과 같은 성인병에 걸리지 않을 수 없게 될 것입니다. 고위 성직자나 고승들 중에도 왕왕 이러한 성인병으로 입원을 하고 수술을 받는 경우가 있는 것은 그 때문입니다.

이렇게 머릿속으로만 깨닫는 것을 보고 혜해탈(慧解脫)이라고 합니다. 이런 사람은 마음공부는 말할 것도 없고 기공부, 몸공부를 절대로 중단해서는 안 됩니다. 그렇다고 해서 누진통(漏盡通)까지 이루어 전생의 습기(習氣)에서도 완전히 벗어나 정해탈(定解脫)을 이룬 성인은 수련을 안 해도 되는가 하면 그렇지 않습니다. 이런 성인들은 수련이 이미 체질화되어 살아 있는 한, 숨이 다하는 그 순간까지 수련을 자동적으로 멈추는 일이 없게 됩니다.

결론적으로 말해서 일단 구도자가 되었으면 혜해탈을 했든지 정해탈을 했든지 간에 수련은 평생 멈추어서는 안 됩니다. 굴러가는 자전거와 같다고 보면 됩니다. 자전거는 멈추는 순간 쓰러지게 됩니다. 자성에 일단 불이 댕겨진 도인에게는 수련을 멈춘다는 것은 있을 수 없습니다. 그에게는 생활 그 자체가 전부 다 중생제도이고 수련의 연속이니까요."

"그러나 그 수련의 내용은 각 종교나 수련 체계마다 다르지 않습니까?"

"물론입니다. 전 세계의 어느 경전을 뒤져 보아도 지감(止感), 조식

(調息), 금촉(禁觸) 즉 마음공부, 기공부, 몸공부를 균형 있게 할 것을 가르친 것은 우리의 『삼일신고』(三一神誥) 이외에는 없습니다. 마음, 기, 몸 이 세 가지 공부를 균형 있게 수행하면 심신(心身)에 무슨 병이 든지 걸리는 일이 없습니다. 그러나 이 세 가지 공부 중 어느 한 가지나 두 가지에만 치중하다 보면 반드시 병에 걸리게 되어 있습니다. 선도의 세 가지 공부는 이것을 미연에 방지하게 되어 있습니다. 한국 선도의 우수성은 바로 여기에 있습니다."

지감(止感)이란 무엇인가?

"지감(止感)을 선생님께서는 분명히 마음공부라고 하셨는데 어떤 사람은 '지감(止感)이란 기를 느끼고 정신 이완과 감각 조절 훈련을 하는 수련'이라고 말하고 있는데 어느 쪽이 맞습니까?"

"지감(止感)은 기를 느끼는 수련이 분명 아닙니다."

"그럼 무슨 수련입니까?"

"희구애노탐염(喜懼哀怒貪厭)을 조절하고 다스리는 수련입니다. 따라서 지감은 마음을 다스리는 마음공부를 말합니다. 기를 느끼는 공부는 조식(調息)에 해당됩니다. 『삼일신고』 제7장 삼도훈(三途訓)에 보면 '감(感)엔 희구애노탐염(喜懼哀怒貪厭)이요, 식(息)엔 분란한열진습(芬爛寒熱震濕)이요, 촉(觸)엔 성색취미음저(聲色臭味淫抵)'라는 구절이 있습니다. 지감(止感), 조식(調息), 금촉(禁觸)의 지(止), 조(調), 금(禁)은 글자는 비록 다르지만 전부 다 '조절한다, 다스린다'는 뜻입니다. 따라서 지감(止感)은 희구애노탐염(喜懼哀怒貪厭)을 조절하고 다스린다는 뜻이므로 틀림없이 마음공부를 말하는 겁니다."

"자성구자 강재이뇌(自性求子 降在爾腦)는 어떻게 됩니까?"

"'자성구자 강재이뇌' 역시 구도자라면 누구나 다 좌우명으로 삼아야 할 명언(名言)입니다."

"그 전거(典據)는 어디입니까?"

"이것 역시 『삼일신고』 제2장 신훈(神訓)에 나오는 구절입니다. 『삼일신고(三一神誥)』 2장 신훈의 우리말 번역은 다음과 같습니다.

'하느님은 그 위에 더없는 으뜸 자리에 계시사, 큰 덕과 큰 지혜와 큰 힘을 가지시고 하늘을 낳으시고 무수한 누리를 다스리시고 삼라만상을 만드셨으나 터럭 끝만큼도 빠진 것이 없으며 그지없이 밝고 신령하시어 감히 이름 지어 헤아릴 수 없나니라. 목소리로 기원하면 반드시 그 모습을 친히 드러내시지만 오로지 자성(自性)으로 그 핵심을 구하면 그대의 뇌 속에 이미 내려와 계시느니라.

여기서 자성구자(自性求子) 강재이뇌(降在爾腦)는 '오로지 자성으로 그 핵심을 구하면 그대의 뇌 속에 이미 내려와 계시느니라'에 해당되는 구절입니다."

"그러면 여기서 '그 핵심'이란 무엇을 말합니까?"

"신(神)의 핵심, 즉 진리의 핵심을 말합니다. 자성(自性)은 사람이 각자 가지고 있는 참마음의 중심을 말합니다. 참마음의 중심으로 진리의 핵심을 간절히 구하면 바로 그 진리의 핵심이 먼저 알고 그대의 머릿속에 이미 내려와 있게 된다는 뜻입니다."

"자성(自性)이나 참마음의 중심이란 무슨 뜻입니까?"

"모든 욕심과 이기심을 비운 상태를 말합니다. 다시 말해서 마음을 깨끗이 비우고 진리를 맞아들일 수 있는 준비가 되어 있는 상태를 말합니다. 따라서 자성구자(自性求子)란 남의 힘이 아니라 사기 자신의 힘으로 진리를 영입(迎入)할 수 있는 모든 조건을 갖추는 것을 말합니다."

"어떻게 해야 그러한 상태가 될 수 있겠습니까?"

"남을 자기 자신처럼 사랑하고, 바르고 착하고 성실하고, 어질고 겸손해야 합니다. 이러한 인간성의 근본 바탕 위에서 계속 수련에 매진하는 것을 역지사지방하착(易地思之放下着), 여인방편자기방편(與人方便自己方便), 애인여기 타리자리(愛人如己 他利自利), 일의화행 반망즉진(一意化行 返妄卽眞)이라고 합니다.

만약에 마음을 채 다 비우지 못한 상태에서 깨닫기만을 갈구하면 반드시 유유상종(類類相從)의 원칙에 따라 저급령(低級靈)에게 접신(接神)이 되도록 되어 있습니다."

"그럼 저급령에게 접신이 되지 않으려면 어떻게 해야 합니까?"

"마음도 채 비우지 못하고 견성(見性), 성통(性通), 깨달음에만 집착하는 어리석음을 범하지 말아야 합니다. 깨달음, 성통(性通), 견성(見性) 같은 것은 처음부터 생각지 말아야 합니다. 실력도 없으면서 떡 줄 사람은 생각지도 않는데 김칫국부터 먼저 마시는 어리석음은 범하지 말아야 한다는 말입니다.

마음을 백 프로 완전히 비워야 하는데 90프로쯤 비우고 나서 깨달음을 갈구하면 90프로만 깨달은 중급령(中級靈)이 들어옵니다. 50프로만 마음을 비우고 나서 성통하기를 갈구하면 50프로만 깨달은 저급령(低級靈)이 들어오게 되어 있습니다. 그러니까 마음을 완전히 비울 때까지 깨달음이나 성통(性通)이나 견성(見性) 같은 건 일체 생각지 말아야 합니다.

그렇게 마음 비우기가 극점에 도달할 때까지 시종일관(始終一貫), 꾸준히 밀고 나가면 자기도 모르는 사이에 욕망 때문에 막혔던 무명(無明)의 장벽이 일순간에 허물어지면서 눈앞이 환히 트이게 됩니다. 깨달음의 순간입니다. 그때까지 전연 경험해 보지 못한, 모순도 대립도 없고, 생로병사(生老病死)도 흥망성쇠(興亡盛衰)도 없는 경천동지(驚天動地)할 새로운 천지가 열리게 됩니다."

"전연 새로운 천지가 열린다고 하셨는데, 그 세계의 특징을 한마디로 말하면 어떤 것입니까?"

"존재하는 모든 것을 있는 그대로 받아들이는 마음가짐을 말합니다. 그러나 전연 새로운 신천지(新天地)가 열렸다고 해서 그전부터 있어왔던 삼라만상이 새롭게 바뀌는 것이 아닙니다."

"그럼 무엇이 바뀌는 겁니까?"

"사물을 보는 마음의 관점이 바뀌는 것이지 사물 자체가 바뀌는 것은 아니라는 말입니다. 다시 말해서 '산은 산이요, 물은 물이라'는 말입니다. 있는 실상(實相)을 있는 그대로 볼 줄 아는 눈을 뜨게 된다는 말입니다. 있는 것을 있는 그대로 보는 눈을 갖게 되는 것을 보고 우리는 깨달음을 얻었다고 말합니다. 물론 견성(見性)도 성통(性通)도 같은 뜻입니다. 인생고(人生苦)의 근본 원인이 어디에 있는지 아십니까?"

"모르겠는데요."

"사람들이 사물을 있는 그대로 보는 것이 아니고 자신의 주관적인 눈을 통해서만 보려고 하기 때문에 온갖 고통이 싹트는 겁니다. 왜 이런 현상이 벌어지는가 하면 사람은 대체로 자기 자신을 기준으로 사물을 보려고 하기 때문입니다. 청춘 남녀가 눈이 맞아서 죽을 둥 살 둥 모르고 연애를 하게 되었습니다. 두 남녀가 연애 감정에 휩싸여 있을 때는 상대의 진면목이 제대로 보이지 않는 법입니다.

상대의 모든 것이 좋게만 보이고 결점은 하나도 눈에 들어오지 않습니다. 드디어 두 남녀는 양가 부모의 허락을 받아 친지들의 축복 속에 성대한 결혼식을 올리고 신혼살림을 차렸습니다. 깨가 쏟아지는 신혼의 단꿈에서 깨어나면서부터 두 남녀의 눈에는 상대의 결점들이 하나하나 극명하게 드러나기 시작합니다.

연애 시절에는 감히 생각지도 못했던 의견 충돌이 일어나 하루가 멀다 하고 싸움박질을 벌이게 되었습니다. 두 사람의 관계는 신속히 냉각하기 시작합니다. 그들은 성격 차이로 도저히 같이 살 수 없다는 결론에 도달하게 됩니다. 신혼(新婚) 1년도 채 안 되어 결국은 파경(破鏡)을 맞게 되었습니다. 의논 끝에 두 사람은 합의이혼서에 도장을 찍었습니다. 도대체 왜 이런 일이 생겨났다고 보십니까?"

"두 사람 사이에 사랑이 없었기 때문일 겁니다."

"그렇습니다. 두 사람 사이에 상대의 모든 것을 용납하는 사랑이 있었더라면 이러한 막다른 지경까지는 가지 않았을 것입니다. 그러나 우리 구도자들은 그렇게 말하지 않습니다."

"그럼 뭐라고 말합니까?"

"사물의 진상을 보는 눈이 떠지지 않았기 때문이라고 말합니다."

"비록 사물의 진상을 보는 눈이 떠졌다고 해도 서로 사랑하는 마음이 없으면 안 되는 것이 아닐까요?"

"그렇지 않습니다."

"그렇지 않다뇨?"

"만약에 두 사람이 다 사물의 진상을 있는 그대로 보는 눈을 뜬 사람들이라면 절대로 의견 충돌 같은 거 일으키지도 않습니다."

"그럴까요?"

"분명히 그렇습니다."

"그건 왜 그렇죠?"

"사물을 있는 그대로 볼 줄 아는 사람에게는 상대도 나도 따로 없고 모든 것이 하나라는 것을 알게 됩니다. 그런 사람들에겐 도대체 의견 충돌 같은 것은 일어날래야 일어날 수 없습니다. 이런 사람에게는 '나'가 따로 없으므로 상대의 처지가 바로 내 처지입니다. 역지사지(易地思之)가 자동적으로 이루어진다는 말입니다. 이러한 사람에게 어떻게 의견 충돌 같은 것이 일어날 수 있겠습니까?

연애 감정이 사라진 뒤에 제정신을 차리고 신랑이 신부를 보면 기대했던 100점짜리가 아니라 60점짜리밖에 안 된다는 것을 알게 되었다고 칩시다. 이때 사물을 있는 그대로 볼 줄 아는 사람은 '나'를 내세우지 않으므로 있는 그대로를 군소리 없이 그대로 받아들입니다. 그러므로 말썽이 일어날 이유가 없습니다. 그러나 사물을 있는 그대로 볼 줄 아는 눈이 떠지지 않은 사람은 '나'가 있으므로 내 기준을 통해서 상대를 보게 됩니다. 내 기준은 언제나 100점입니다. 그러므로 그 100점을 기준으로 상대를 평가하려고 합니다.

60점은 60점 그대로 인정하라

60점짜리는 반드시 100점짜리가 되어야만 합니다. 상대에 대한 불평불만은 언제나 여기에서 싹트게 마련입니다. 그러나 해결책이 없는 것은 아닙니다. 다소 불만스럽기는 하지만 60점을 60점 그대로 인정하고 받아들이면 그 순간부터 마음도 편해지고 아무런 갈등도 일어날 수 없을 텐데 세상 사람들은 그렇게 하지를 못합니다. 따지고 보면 터무니없는 완벽주의 또는 아상(我相) 때문에 그렇게 할 수 없는 것이 현실입니다.

결혼한 부부가 채 1년도 살지 못하고 이혼을 하게 된다면 그 심적 물적 피해와 타격은 이루 말할 수 없습니다. 그래서 서구에서는 이미 2, 3십 년 전부터 계약결혼이라는 신종 실험 결혼이 유행하고 있습니다. 두 남녀가 눈이 맞으면 일단 방이라도 하나 얻어서 간단하게 동거생활부터 해 보는 겁니다. 한 1년쯤 같이 살아보면 상대의 웬만한 장단점은 모조리 다 드러나게 되어 있습니다. 두 사람은 그래도 같이 사는 것이 행복하다고 생각된다면 결혼을 하고 그렇지 않다고 생각된다면 그대로 헤어져버리고 만다고 합니다."

"아니 그렇게 되면 아이가 생기게 되면 어떻게 합니까?"

"요즘은 피임술이 발달해 있으므로 맘만 먹는다면 피임은 얼마든지 할 수 있습니다. 그러나 그렇게 계약결혼을 한다고 해서 남녀간의 결혼 문제가 완전히 해결될 수 있을까요?"

"글쎄요. 그게 좀 알쏭달쏭한데요."

"계약결혼 역시 사물을 있는 그대로 볼 수 있는 눈이 떠지지 않는 이상 완전한 해결책은 될 수 없습니다. 비록 계약결혼으로 한두 해 또는 길게 잡아 서너 해 살아보고 나서 정식으로 결혼을 한다고 해도 상대의 점수가 70점이면 70점 그대로를 수용하는 데 아무런 갈등도 느끼지 않을 정도로 사물을 보는 눈이 떠지지 않는 한 결코 행복한 결혼이란 있을 수 없습니다. 한마디로 상대의 모든 것을 있는 그대로 가감 없이 전부 다 수용할 수 있는 마음의 변화가 일어나지 않는 한 완벽한 결혼이란 있을 수 없게 될 것입니다. 결혼 문제에만 이런 일이 벌어지는 것은 결코 아닙니다. 부모와 자식 간에도 똑같은 일이 벌어집니다.

나는 좀 부끄러운 얘기지만 내 아들딸의 모습을 있는 그대로 받아들이는 데 무려 10년이라는 세월이 걸렸습니다. 나는 비록 유복한 가정에서 태어나지는 못했지만 누구한테서 공부를 못한다는 소리는 들어보지 못하고 자랐습니다. 학교에서는 언제나 일이 등을 다투었습니다. 책 읽기에 늘 열중했으므로 어머니로부터는 항상 입버릇처럼 공부 그만하고 밖에 나가 뛰어놀라는 소리를 귀에 못이 박히게 들으면서 자랐습니다. 내 사전에는 공부 못한다는 말은 끼어들 여지가 없었습니다.

결혼을 해서 딸아들 남매를 두었는데, 학교 성적이 좋지 않다는 말을 아내로부터 들은 것은 아이들이 열 살 때부터였습니다. 처음에 이 말을 들었을 때 나는 솔직히 말해서 내 귀를 의심했습니다. 내가 공부를 잘했으니까 내 아이들도 마땅히 공부를 잘해야 한다는 것이 나에게는 하나의 상식으로 굳어져 있었던 것입니다.

그러나 현실은 그렇지 않았던 것입니다. 나는 이것이 도저히 납득이 가지 않았습니다. 부전자전(父傳子傳)이어야 했는데 사실은 그렇지 않았습니다. 그때부터 나는 아이에게 공부하라고 잔소리를 하기 시작했습니다. 그러나 아무리 잔소리를 해도 안 되니까 야단도 쳐보고 타일러도 보고 갖은 수를 다 써 보았지만 역시 뜻대로 되지 않았습니다. 자연 속이 상할 수밖에 더 있겠습니까. 아비는 아이들 때문에 늘 속상해하고 아이들은 맘대로 공부가 안 되니 항상 아버지를 피하려고만 하니 부모자식 사이가 원만해질 수가 없었습니다. 아이들 공부 때문에 집안은 언제나 평화롭지 못했고 풀어지지 않는 응어리를 안은 채 세월은 흘러갔습니다.

나뿐만이 아니고 대부분의 한국 가정들이 지금도 이러한 분위기 속에서 지내고 있다고 봅니다. 공부를 마음껏 못 한 부모는 자식에게만은 어떻게든지 공부를 많이 시켜 자기가 못 다한 공부의 한을 풀어보려고 합니다. 자녀에 대한 부모의 갖가지 과잉 기대 때문에 엄청난 과외비가 낭비되고 있습니다. 과외 열풍과 입시지옥은 여기에 그 원인이 있습니다. 따지고 보면 그 모두가 현실을 있는 그대로 인정하려 하지 않는 데서 파생된 난제들입니다.

그러나 불혹(不惑)의 나이가 되면서부터 나는 서서히 현실을 있는 그대로 수용하기 시작했습니다. 또한 내 인생과 내 아이들의 인생은 반드시 같을 수 없다는 것을 깨닫기 시작한 것입니다. 나와 내 아이들을 동일시하거나 더 고귀하게 만들려고 억지를 쓰는 것이 다 부질없는 짓이라는 것도 알게 되었습니다.

60점짜리는 60점짜리 그대로 인정하고 흔쾌히 받아들이면 아무 문제도 있을 수 없다는 진실도 터득하기 시작한 것입니다. 진리의 세계에서는 60점짜리든 100점짜리든 차별이 있을 수 없다는 것도 알게 되었습니다. 60점짜리는 60점짜리대로 다 그럴 만한 존재 이유가 있는 것입니다. 100점짜리 성적을 가진 학생이라야 반드시 훌륭한 것이 아니라는 것도 알게 되었습니다. 아무리 공부를 잘하고 머리가 좋아도 마음이 바르고 착하지 못하면 개 발에 편자에 지나지 않는다는 것을 알게 되었습니다. 사람의 존재 이유는 성적순에 따라 결정되는 것이 아니라는 것도 알게 되었습니다."

"그럼 사람의 존재 이유는 무엇입니까?"

"사물을 있는 그대로 보는 마음을 터득하는 겁니다."

"사물을 있는 그대로 보는 마음을 터득하면 어떻게 됩니까?"

"모든 존재의 이유를 깨닫게 됩니다."

"모든 존재의 이유를 깨닫게 되면 또 어떻게 됩니까?"

"바르고 착한 사람이 됩니다. 그렇습니다. 성적이 좋은 것보다는 바르고 착한 것이 훨씬 더 낫다는 것을 알게 됩니다. 대통령이 되어 부정축재를 하다가 쇠고랑을 차는 것보다는 환경미화원이 되어서라도 열심히 땀흘려 일하고 바르고 착하게 사는 것이 훨씬 더 보람 있는 인생이라는 것을 깨닫게 됩니다. 반드시 높은 지위를 얻기 위해서 대가리

싸움을 하기보다는 공장의 말단 기능공이 되어서라도 바르고 착하고 마음 편하게 사는 것이 더 값진 인생이라는 것도 알게 되었습니다. 따라서 직업의 귀천은 없는 것입니다."

"그런데 불교에서는 니르바나의 세계, 피안의 세계에 도달하는 것을 최고의 이상이라고 말하고, 기독교에서는 하늘나라에 들어가는 것을 최고의 목표로 삼고 있지 않습니까?"

"니르바나에 도달하거나 하늘나라에 들어가는 것이 다른 것이 아니고 바로 사물을 있는 그대로 수용하는 마음을 가지고 살아가는 것을 말합니다."

"사물을 있는 그대로 받아들이는 마음이 어떻게 니르바나와 하늘나라가 될 수 있겠습니까?"

"사물을 있는 그대로 본다는 것은 진리를 보는 것을 말합니다. 사물을 있는 그대로 보려면 우선 보는 사람의 주관이 없어져야 합니다. 보는 사람의 주관이 배제된 마음이 바로 참마음입니다. 참마음이 바로 진리인 것입니다. 마치 빈 거울처럼 모든 사물을 거부하는 일 없이 있는 그대로 비추어 주는 것이 바로 진리입니다. 사물을 있는 그대로 보려면 우선 마음에 한 점의 티끌도 있어서는 안 됩니다. 그렇게 되려면 '나'라고 하는 욕심의 덩어리를 없애버려야 합니다. 욕심 덩어리를 없애는 지름길이 바르고 착하게 사는 길입니다."

"그럼 바르고 착하게 사는 것이 진리 그 자체라고 할 수 있습니까?"

"바르고 착하게 사는 것은 어디까지나 진리에 도달하기 위한 방편이지 진리 그 자체는 아닙니다."

"그럼 진리는 무엇입니까?"

"진리는 아무것도 아닙니다."

"아니 그럼 아무것도 아닌 것이 진리라는 말씀입니까?"

"그렇습니다. 그러나 그 아무것도 아닌 것이야말로 바른 것도 착한 것도 다 함께 들어 있으면서도 그것을 초월한 것입니다."

"그럼 진리 속에는 무엇이 있습니까?"

"진리 속에는 바른 것도 삐뚤어진 것도 착한 것도 모진 것도 없이 텅 비어 있어서 색깔도 상하사방도 시작도 끝도 없습니다. 그런가 하면 텅 비어 있으면서도 그 안에는 없는 것이 없고, 모든 것을 다 포용하고 있습니다."

"텅 비어 있으면서도 모든 것이 다 들어 있다는 것은 앞뒤가 맞지 않아 모순되는 것이 아닙니까?"

"그렇지 않습니다. 사물을 있는 그대로 볼 줄 아는 눈을 가진 사람에게는 하등 모순될 것이 없습니다. 우주의 허공은 텅 비어 있는 것 같으면서도 그 안에는 수없이 많은 천체들과 삼라만상이 다 들어 있지 않습니까? 진리는 서구의 이분법적 흑백논리(二分法的黑白論理)의 잣대로는 도저히 헤아릴 수 없습니다. 이분법적 흑백논리 자체가 인간의 욕심의 하나인 편의주의가 만들어낸 관념의 산물입니다. 사물을 있는 그대로 보려면 이러한 관념의 잣대도 버려야 합니다."

〈37권〉

우울증에서 벗어나는 길

단기 4330(1997)년 8월 6일 수요일 23~32℃ 구름

오후 3시. 박우상이라는 중년 남자 수련생이 말했다.

"선생님, 저는 우울증 때문에 고생하고 있습니다. 고칠 수 있는 방법이 없을까요?"

"그래요. 그럼 박우상 씨는 왜 자기가 우울증에 걸렸다고 생각합니까?"

"제가 원래 부족한 점이 많아서 그런 것 같습니다."

"부족한 점이 많다뇨? 예를 들면 어떠한 점이 부족하다고 보십니까?"

"제가 원래 남보다 소극적이고 내성적입니다."

"그 정도로 자기성찰(自己省察)을 할 수 있다면 대단히 희망적인데요."

"무슨 뜻입니까?"

"그만큼 자기 자신을 객관적으로 관찰할 수 있다면 우울증에서 벗어날 날도 멀지 않았다는 말입니다. 남보다 소극적이고 내성적이라는 것 이외에 우울증의 다른 원인은 없다고 보십니까?"

"아뇨. 또 있습니다."

"그것도 말해 보세요."

"소극적이고 내성적인 것 이외에 저는 아무래도 남보다 우유부단합니다. 그래서 결정적인 기회를 놓치고 심하게 후회를 하곤 합니다. 이 때문에 우울증이 자꾸만 깊어져 가는 것 같습니다."

"그것뿐입니까?"

"또 있습니다."

"뭔데요?"

"저는 남보다 더 이기적인 것 같습니다. 지나치게 이기적이기 때문에 대인관계(對人關係)가 매끄럽지를 못합니다. 그래서 직장에서도 동료나 상사나 부하 직원들과도 잘 어울리지를 못합니다."

"그 외에 또 없습니까?"

"제 우울증의 원인은 대체로 이제 말씀드린 것들입니다."

"그렇다면 이제 원인은 밝혀졌군요. 박우상 씨의 우울증의 원인은 박우상 씨 자신이 말한 대로 소극적이고 내성적이고, 우유부단하고 이기적이어서 대인관계(對人關係)가 원만하지 못한 것입니다. 소극적인 것은 적극적인 것으로, 내성적인 것은 외향적인 것으로, 우유부단한 것은 과감한 성격으로, 이기적인 것은 이타적(利他的) 성격으로 바꾸면 대인관계는 서서히 원만해지지 않을 수 없게 되어 있습니다."

"저도 그렇게 하려고 애를 써 보았는데도 그게 그렇게 마음먹은 대로 되지를 않습니다."

"마음먹은 대로 되지 않는 것은 결의와 의지력이 약하기 때문입니다. 다시 말해서 무슨 일이든지 마음먹은 대로 안 된다고 생각하면 안 되게 되어 있는 것이 마음의 법칙입니다. 그러나 마음먹은 대로 꼭 된다고 생각하고 과감하게 밀고 나가면 반드시 성공하게 되어 있습니다.

무엇이든지 하면 된다는 생각으로 해 보십시오. 그렇게 하여 우선 조그마한 일이라도 한 번 이룩해 보세요. 그렇게 하면 그것이 바탕이 되어 점점 더 크고 어려운 일도 성취할 수 있는 자신감을 갖게 되어 있습니다. 박우상 씨는 『선도체험기』를 몇 권이나 읽었습니까?"

"26권까지 읽었습니다."

"그 나머지 열 권은 왜 안 읽었습니까?"

"제가 원래 좀 게으르거든요."

"게으른 것을 알았으면 됐습니다."

"그게 무슨 말씀이십니까?"

"게으른 것은 좋은 일입니까? 나쁜 일입니까?"

"물론 나쁜 일이죠."

"그럼 어떻게 하면 게으름에서 벗어날 수 있을까 생각해 본 일이 있습니까?"

"아뇨."

"그러니까 우울증에 걸릴 수밖에 없죠."

"그런가요?"

"그렇구말구요. 그럼 이제부터라도 늦지 않으니까 어떻게 하면 게으름에서 벗어날 수 있을까 한번 진지하게 생각해 보십시오."

"그는 잠시 두 눈을 감고 생각에 잠겨 있다가 입을 열었다.

"부지런하면 되지 않겠습니까?"

"맞습니다. 부지런한 사람에겐 게으름은 발붙일 곳을 찾지 못합니다. 그것은 마치 바른 마음을 가진 사람에겐 삐뚤어진 마음이 깃들지 못하게 되어 있는 것과 같습니다. 또 황새 둥지에 뱁새 따위가 언감생심 기웃거리기나 할 수 있겠습니까? 어떻습니까? 이제부터 부지런할 수 있겠습니까?"

"그렇게 하도록 노력해야죠."

"그렇습니다. 노력이 제일입니다. 무슨 일이든지 시종일관 꾸준히 노력해서 되지 않는 일이 없습니다. 그럼 오늘 내가 박우상 씨에게 과제를 하나 부과하겠습니다."

"뭔데요?"

"『선도체험기』를 26권까지 읽었다니까 다음에 우리집에 올 때에는 그 나머지 36권까지를 다 읽고 올 수 있겠습니까?"

"선생님께서 그렇게 하라면 하겠습니다."

"생각 잘했습니다. 우리집에 수련하려 오는 사람들은 거의가 다 『선도체험기』를 최근에 나온 것까지 다 읽습니다. 그렇게 하고 내 앞에 와야 나와의 의사소통이 원만해지고 기운의 유통(流通)도 훨씬 더 활발해지게 되어 있습니다. 그래야만이 나한테서 조금이라도 더 많은 도움을 받을 수 있습니다.

다른 오행생식 대리점에서 오행생식만으로는 도저히 고칠 수 없는 병을 앓고 있는 사람이 가끔 소개를 받아 우리집에 찾아오는 수가 있습니다. 대체로 영병(靈病)에 걸린 사람들입니다. 명치에 주먹 같은 것이 꽉 막고 있어서 숨을 제대로 쉴 수 없다고 호소합니다.

물론 한방(韓方), 양방(洋方) 병원에도 다 가 보았지만 별무효과였습니다. 한방에서는 기(氣)가 허(虛)해서 그렇다고 보약을 권했고, 양방에서는 최첨단 의학 장비로도 도저히 그 원인을 알 수 없는 심인성(心因性) 또는 신경성(神經性) 질병이라고 했습니다. 무당한테 찾아가 굿도 해 보았고, 용하다는 스님한테 찾아가서 빙의령(憑依靈) 천도(薦度)도 해 보았고 이름난 목사에게 찾아가 안수 기도도 받아보았지만, 몽땅 다 헛일이었습니다.

왜 그런지 아십니까? 의술만 가지고는 영적(靈的)인 질병을 다룰 수 없고, 그 사람이 찾아간 무당, 스님, 목사는 그에게 들어와 둥지를 틀고 있는 신령(神靈)을 천도하기에는 영력(靈力)이 모자랐기 때문입니다. 아까운 돈만 적어도 몇백만 원 깨졌을 뿐입니다. 집단빙의(集團憑依)가 되었거나 아주 영력(靈力)이 강한 신령(神靈)에게 빙의(憑依) 또는 접신(接神)된 경우인데, 그 정도의 신령(神靈)을 좌지우지할 수 있을 만한 큰 영력(靈力)을 가진 사람과 빙의된 사람이 힘을 합치지 않으면 퇴치하기 어려운 질병입니다.

그런데 이분들은 『선도체험기』를 읽어보지 않았기 때문에 자기가 지금 어떤 상태에 처해 있는지 전연 모르고 있습니다. 빙의(憑依)가 뭔지 접신(接神)이 뭔지 아무 것도 모릅니다. 단지 나한테 가면 그 정체 모를 기이한 고질병에서 벗어날 수 있을 것이라는 요행수를 바라고 오게 됩니다. 이런 사람에겐 나도 어떻게 손을 쓸 수 없습니다."

"왜요?"

"자기 병에서 벗어나기 위해서 스스로 노력하겠다는 의지가 전연 없기 때문입니다."

"그럼 어떻게 해야 선생님의 도움을 받을 수 있습니까?"

"나에게서 도움을 받고 싶으면 우선 『선도체험기』를 읽고 구도자가 되기 위해서 스스로 노력하겠다는 결심을 하고 와야 합니다. 그렇지 않고 무슨 영문인지도 모르고 빙의령 때문에 가슴만 꽉 막혀가지고, 될 수 있는 대로 노력 안 들이고 요행이나 기적, 횡재나 공짜를 바라고 와 봤자 나에게서는 아무 도움도 기대할 수 없습니다.

그래서 그런 사람들을 보고 우선 『선도체험기』를 다 읽고 오라고 하면 그렇게 많은 책을 어떻게 다 읽느냐면서 나는 집중력이 없어서 책만 펼쳐 들면 졸음부터 온다고 하면서 다른 손쉬운 방법이 없겠느냐고 묻습니다. 어떻게 하든지 책을 읽어서 자기가 지금 무슨 병에 걸렸는지 알고 그것을 퇴치하려고 노력하겠다는 결의가 없는 한 고칠 수 없는 병입니다."

"참으로 묘한 병이네요. 세상에 그런 병도 있습니까?"

"있구 말구요. 영병(靈病)이야말로 바로 그러한 병입니다. 영병은 그 이환자(罹患者)의 영적(靈的) 진화를 위해서 생겨난 병이니까요."

"영적(靈的) 진화(進化)라니 무슨 뜻입니까?"

"쉽게 말해서 공부하라는 뜻입니다."

"공부라뇨? 무슨 공부 말입니까?"

"공부라고 해서 부귀공명(富貴功名)을 위한 세속적인 공부가 아니라 사람이 가지고 있는 신성(神性) 또는 불성(佛性)을 개발하여 영능력(靈能力)을 향상시키는 공부를 말하는 겁니다."

"그럼 도인이나 신선(神仙)이나 도승(道僧)들처럼 도(道)를 닦으라는 말입니까?"

"바로 그 얘기입니다. 박우상 씨가 지금 걸려 있는 우울증도 일종의 영병(靈病)입니다."

"아니 그럼, 저에게도 신령(神靈)이 빙의가 되어 있다는 말씀입니까?"

"그렇습니다."

"그럼 선생님의 영안(靈眼)에는 저에게 빙의되어 있는 신령(神靈)들이 보인다는 말씀입니까?"

"그렇습니다."

사실 그에게는 삼국 시대의 장수 복장을 한 검객과 그의 수하 장병들이 일개 소대 이상이나 집단빙의 되어 있었다. 검객은 지금도 검을 빼어 들고 부하들에게 칼 쓰기 시범을 보여주고 있었다.

"도대체 어떠한 신령(神靈)들입니까?"

"백문이불여일견(百聞而不如一見)입니다. 내 말을 들으려고 하지 말고 스스로 보도록 하십시오."

"어떻게 하면 볼 수 있습니까?"

"조금 전에도 말했지만 『선도체험기』를 다 읽고 마음을 깨끗이 비운 후에 자신의 빙의령에게 의식을 계속 집중하고 있으면 그 영력(靈力)의 정도에 따라 때가 되면 보이게 되어 있습니다. 그렇다고 해서 지금 당장 빙의령을 보려고 성급하게 서두르지는 마십시오."

"그건 왜 그렇습니까?"

"아직은 때가 아니기 때문입니다. 박우상 씨에게 지금 중요한 것은 그것보다는 우선 이제부터 본격적으로 수련에 매진하겠다는 결의를 세우고 그것을 실천하는 것이 더 중요하기 때문입니다. 그건 그렇고 박우상 씨는 지금까지 우울증을 퇴치하기 위해서 스스로 노력을 해본 일이 있습니까?"

검객령에게 빙의된 사람

"산에 들어가 산신령에게 우울증을 물러가게 해달라고 기도를 하다가 자칭 신라 최고수 검객(劍客)이라는 한 신령(神靈)이 들어와 저 자신이 그 검객 행세를 한 일이 있습니다. 저 혼자만 검객 행세를 한 것이 아니고 검도(劍道)를 후배에게 전수한다고 하여 제자들에게 검도를 가르치기도 했습니다. 그때는 시간만 나면 목검을 차고 산에 올라 검도 연습하는 것이 일과였습니다. 이 때문에 가족 친지들이 저를 강제로 정신병원에 입원까지 시킨 일이 있었습니다."

"혹시 박우상 씨는 검도를 배운 일 없습니까?"

"있습니다. 중고등학교 때부터 검도부에 들어 있었습니다. 물론 사회에 나와서도 검도 도장에 계속 나가곤 했습니다."

"그럼 검도에는 상당한 조예가 있겠네요?"

"네, 대한검도협회 공인 5단입니다."

"박우상 씨는 여러 전생에 걸쳐서 검객으로 수많은 전쟁터에서 많은 적들을 쓰러뜨렸습니다. 살생을 많이 했다는 말입니다. 그때 희생된 원령들이 그때의 빚을 받으려고 집단으로 들어와 있습니다. 이들을 하나씩 천도(薦度)시키려면 박우상 씨는 열심히 수련을 해야 합니다. 마음도 기도 몸도 건강해야 이들을 쉽게 천도시킬 수 있었을 텐데 지금은 그렇게 하기에는 역부족(力不足)입니다. 힘이 모자란다는 말입니다.

이것이 박우상 씨의 우울증의 근본 원인입니다. 그런데 어떻게 해서 『선도체험기』를 접하게 되어 26권까지 읽고 나한테 찾아와 오행생식도 하게 되었지만 아직은 수련에 별로 열의를 보이지 않고 있습니다. 일반적으로 우울증은 왜 오는지 아십니까?"

"이기심이 근본 원인이라고 봅니다."

"그 말은 맞습니다. 이기심이 강한 사람은 자존심도 자의식(自意識)도 유달리 강합니다. 소외감을 잘 느낍니다. 그래서 남들과 높은 장벽을 쌓고 살려고 합니다. 이때가 그에게는 위기입니다. 인생의 중대한 고비라는 말입니다. 훌륭한 인생의 스승을 만나면 우울증을 극복하는 데 큰 도움을 받을 수도 있습니다. 인생의 스승이라고 해서 반드시 사람이라야 하는 것은 아닙니다."

"사람이 아닌 스승도 있습니까?"

"뼈저린 인생 교훈이 담겨 있어서 마음에 와닿는 책도, 좋은 한편의 영화나 비디오도 모두 다 그에게는 스승이 될 수 있습니다. 박우상 씨처럼 자기가 남보다 강한 이기심 때문에 우울증에 걸렸다는 것을 스스로 깨닫고 거기에서 탈출하려고 하는 사람에게는 반드시 길이 열리게 되어 있습니다.

그러나 처음부터 그럴 생각은 아예 하지도 않고 소외감에서 벗어나려고 술이나 마약이나 엽색(獵色)이나 도박이나 오락과 같은 주색잡기(酒色雜技) 따위로 일시적으로 고통을 마비시키려고 하면 그의 인생은 점점 더 비참한 나락으로 빠져들게 됩니다. 혹 박우상 씨는 주색잡기에 빠져본 일은 없었습니까?"

"술에 곯아본 일은 있었습니다."

"술에는 왜 곯게 되었습니까?"

"자빠져도 코가 깨어진다는 말마따나 실패만 거듭하니까 하도 고통스러워서 당장에 고통을 마비시킬 수 있는 술만 자꾸 찾게 되었습니다."

"그런데 어떻게 술에서 빠져나왔습니까?"

"술이란 일시적 위안은 될 수 있지만 결국은 몸까지 상한다는 것을 알게 되고부터는 자연히 멀리하게 되었습니다."

"술 끊던 이야기를 좀 해 보세요."

"술을 마시면서도 술에 대해서 계속 관찰을 해 보니까 알코올 중독이 되면 폐가망신(廢家亡身)을 자초한다는 것을 깨닫게 되었습니다."

"지금 담배는 안 피우십니까?"

"담배 끊은 지는 만 5개월 되었습니다. 제가 담배를 끊게 된 것은 순전히 『선도체험기』를 읽고 나서부터였습니다."

"담배를 끊게 된 경위도 좀 말씀해 보세요."

"『선도체험기』에서 가르치신 대로 사람에게 백해무익(百害無益)한 담배를 끊어야겠다는 마음을 품고 저 자신이 흡연하는 모습을 계속 관찰했습니다. 마치 사수(射手)가 적군이 접근해 오는 것을 노려보듯이 저는 저 자신의 흡연하는 모습을 지켜보았습니다.

고교 때부터 인이 배겨버린 흡연을 끊는다는 것이 처음에는 엄두가 나지 않았습니다. 그러나 사수가 적군이 접근하여 확실한 유효사거리 안에까지 들어와 단 한 발이면 쓰러뜨릴 수 있다는 확신이 들 때까지 때를 기다리는 심정으로 저는 저 자신이 흡연하는 모습을 노려보았습니다.

고양이가 쥐구멍에서 들락거리는 쥐를 노려보다가 결정적인 순간에 온몸의 힘이 실린 앞발로 치명타를 가하듯 저는 저 자신의 흡연하는 모습을 노려보았습니다. 그렇게 몇 달을 노려보다가 어느 날 저는 이제는 잡을 수 있다고 느껴지는 순간 제 주머니에서 담뱃갑과 라이터를 꺼내어 쓰레기통에 던져 버렸습니다."

"그 후엔 다시 담배를 피우지 않았습니까?"

"네."

"술과 담배를 끊을 수 있었던 수법을 잘 이용하면 우울증에서도 빠져나올 수 있겠는데요."

"과연 그럴 수 있을까요? 우울증은 술과 담배를 끊을 때와는 전연 차원이 다른 문제인 것 같은데요."

"술과 담배는 몸에 깃들인 습관을 벗어 던지는 것이지만 우울증은 영혼 깊숙한 곳까지 심한 상처를 입은 영병(靈病)이어서 술이나 담배처럼 그렇게 호락호락 물러가지는 않을 것입니다. 그러나 마음을 바르게 하고 끈질기게 우울증을 감시하다가 보면 어느 땐가는 허점이 보일 때가 반드시 올 것입니다.

마음을 바르게 하고 감시를 한다는 것은 정신 똑바로 차리고 사물을 지켜보는 것을 말합니다. 이때 바르게 관찰하는 능력을 유지할 수 있다는 것이 성패(成敗)의 관건(關鍵) 즉 열쇠입니다. 호랑이한테 물려가도 정신만 잃지 않으면 반드시 살길이 열리기 마련입니다. 그런데, 그렇게 하지 않고 제정신을 잃어버리면 요즘 유행하는 주부우울증 환자들처럼 알코올 중독자, 마약 중독자, 도박꾼이 되어 망신을 거듭하다가 끝내 자살에 이르는 일이 비일비재합니다."

"우울증에서 벗어나기 위하여 마음을 비우고 우울증을 관찰하는 것 이외에 또 다른 방법은 없겠습니까?"

"왜 없겠습니까? 또 있습니다."

"그것도 좀 말씀해 주셨으면 좋겠습니다."

"우울증의 근본 원인이 이기심입니다. 그런데 이 이기심이란 마치 대양 위에 떠다니는 플라스틱 물통과 같다고 보면 됩니다. 바닷물이나 플라스틱 물통 속의 물이나 물의 성질은 똑같습니다. 그러나 크게 다른 것이 있습니다. 그게 무엇인지 아시겠습니까?"

"그것은 플라스틱 물통 속에 들어 있다는 것과 통 속에 들어있지 않다는 것의 차이입니다."

"그렇습니다. 같은 물이면서도 통 속에 갇혀있는 물은 외부와의 교통이 막혀 있으므로 시간이 흐를수록 썩을 우려가 있습니다. 고여있는 물은 썩는다는 이치가 여기에도 차별 없이 적용됩니다. 이기심이 강하고 자의식(自意識)과 자존심(自尊心)이 강한 사람일수록 두꺼운 플라스틱 통 속에 갇혀있는 물처럼 썩기 쉽습니다. 이때 통 속의 물이 썩는 것을 방지하려면 어떻게 하면 되겠습니까?"

"통 밖의 물과 교류를 트는 겁니다."

"그렇습니다. 그렇게 하기 위해서는 물통에 바늘 구멍만한 구멍이라도 뚫어서 바깥의 대양의 물과 교류가 이루어지도록 하면 통 안의 물은 썩는 것이 조금씩이라도 중지될 뿐만 아니라 바깥의 신선한 바닷물의 유입으로 통 안의 물은 조금씩 생기를 얻게 될 것입니다. 우울증 환자를 보고 우리는 흔히 자폐증(自閉症) 환자라고도 부르는 이유가 바로 여기에 있습니다. 그러나 스스로 닫아걸었던 문을 조금씩 열면 자폐증은 조금씩 조금씩 해소될 것입니다.

따라서 우울증이라고 하는 자폐증에서 벗어나는 길은 안으로만 향했던 내향적(內向的)인 사람이 차츰차츰 외향적(外向的)으로 바뀌어 가는 것을 말합니다. 내향적인 사람이 외향적인 사람으로 바뀌려면 우선 마음이 밖으로 열려야 합니다. 마음이 밖으로 열린다는 말은 이기적(利己的)인 사람이 이타적(利他的)인 사람으로 바뀌는 것을 말합니다.

마음에 욕심만 가득찬 사람이 밖으로 눈만 돌리는 것을 말하는 것이 결코 아닙니다. 이기심을 그대로 감춘 채 남에게로 눈만 돌린다면 불행한 일만 연속 터지게 될 것입니다. 왜냐하면 그 이기심 때문에 매사에 남들과 충돌과 분쟁만 일으키게 될 것이기 때문입니다. 결국은 자기도 남도 다 같이 망하는 일밖에는 일어나지 않게 될 것입니다.

그러나 이기심을 버리고 남들과 상부상조(相扶相助)하겠다는 열린 마음으로 남을 대할 수 있다면 조화(調和)와 평화와 번영의 공생공영(共生共榮)이 계속될 것입니다. 물통 속의 물이 구멍을 넓혀 대양의 물과의 교류를 증진시킴으로써 대양의 물은 오염된 물을 정화시키고 통 속의 물은 신선한 물을 공급받아 생명력을 회복할 것입니다.

사람도 마음을 열고 남들과 협력해 나가면 그만큼 자기 자신을 강력하게 하고 풍요하게 만들 수 있습니다. 남에게 마음을 연다는 것은 남을 돕는 것이 나를 돕는 것이라는 이치를 깨닫고 실천하는 것을 말합니다. 이처럼 남들과의 상호교류가 점점 더 활발해지다가 보면 남과 내가 결국은 따로 있는 것이 아니라는 결론에 스스로 도달할 때가 반드시 찾아오게 되어 있습니다. 어느 날 깨닫고 보니 나와 남은 거대한 하나라는 것을 알게 됩니다.

우울증에서 벗어나려면 마음을 열어라

이때가 플라스틱 물통이라는 자아가 사라지고 통 속의 물과 통 밖의 대양의 물이 하나로 합쳐지는 순간입니다. 이것을 깨달음이라고 합니다. 대아(大我)와 소아(小我)가 하나가 되는 순간입니다. 진아(眞我)와 가아(假我)가 하나로 합쳐지는 순간이기도 합니다. 구도(求道)라는 것은 알고 보면 소아가 대아가 되는 것이고 가아가 진아로 바뀌는 것을 말합니다. 우울증과 자폐증에서 완전히 벗어나는 길은 소아가 대아가 되고 가아가 진아로 변하는 것입니다.

이것만이 근본적인 치유책입니다. 개인이고 국가고 간에 자폐증에 걸리면 마음을 밖으로 여는 것 이외에는 살 길이 없습니다. 개인의 자폐증이 심해지면 자살을 초래하고 나라가 자폐증이 심해지면 북한의 수령 공산 독재처럼 자폭(自爆)을 향해 줄달음질치게 됩니다."

"우울증 환자가 스스로 살아남으려면 실제로 어떻게 하루하루를 살아나가야 할까요?"

"우울증과 자폐증이 심해지는 원인은 이기심 때문에 조금만 마음에 상처를 입어도 남에게 큰 원한을 품는 데 있습니다. 그래서 자의식(自意識)과 자존심이 유달리 강합니다. 가장 중요한 것은 자기가 지금 무엇 때문에 우울증과 자폐증에 걸렸는가를 깨닫고 어떻게 하든지 스스로 그 구렁텅이 속에서 빠져나오겠다는 결심을 해야 합니다. 자발적으로 결심을 하기 전에는 외부에서 제아무리 강제력을 동원해 보았자 전부 다 헛일입니다. 그러니까 스스로 마음을 여는 길밖에 없습니다. 모든 것은 다 마음을 어떻게 먹느냐에 달려 있다는 말입니다."

"일체유심소조(一切唯心所造)라는 말씀이군요."

"바로 그겁니다."

"그다음 단계는 뭡니까?"

"지금까지 무관심으로만 일관했던 주위 사람들에게 관심을 기울이는 겁니다. 우울증과 자폐증에 걸린 사람은 한결같이 자기 주위 사람들이 자기에게는 하나도 도움이 되지 않을 뿐만 아니라 심지어 철석같이 믿었던 남편에게 배신을 당한 여자의 경우 남편도 자식도 모두가 자기를 해치는 괴물이라고 과대망상(誇大妄想)하는 경향이 있습니다.

그래서 주위 사람들과의 일체의 교류를 끊고 자기만의 두꺼운 성을 쌓고 그 안에 스스로 갇혀버리는 겁니다. 울타리 밖의 모든 사람이 자기에게는 적이요 원수로만 보이는 것입니다. 이러한 울타리를 스스로 헐고 나와 가장 가까운 이웃부터 우선 사귀어 보는 겁니다.

이웃에게 지금 필요한 것이 무엇이고 그가 원하는 것이 무엇인가를 알아내어 자기 능력이 허용하는 한 도와주려고 애쓰는 겁니다. 생전 인사도 하지 않고 지내던 이웃에게 먼저 친절하게 인사부터 시작해 봅니다. 언제나 무뚝뚝하기만 하고 인사란 해 본 일이 없는 사람이 갑자기 인사를 자청하면 누구나 속으로 당황할 것입니다. 혹시 속으로 저 사람이 머리가 갑자기 돌지 않았나 하고 의심을 할지도 모릅니다. 그래서 인사를 해도 어리둥절할 것입니다. 그렇다고 해서 실망하지 말고 다음에 만나면 계속 인사를 하면 나중에는 그 사람도 상대의 진의를 알고 인사를 받게 될 것입니다.

여러 가지 시행착오를 거듭하면서도 단념하지 말고 계속 남에게 관심을 두고 그들에게 유익한 일을 해 주면 결국은 그것이 자기에게도 유익한 것이 되어 되돌아온다는 이치를 스스로 깨닫는 단계까지만 이르게 되면 이타행(利他行)에도 가속(加速)이 붙게 될 것입니다. 남을 유익하게 해 주는 것이 나를 유익하게 해 주는 것임을 말하는 여인방편자기방편(與人方便自己方便)의 이치를 실생활을 통하여 터득하는 것이 수천 권의 경전을 읽고 산속의 토굴 속에서 10년 적공을 쌓는 것보다 훨씬 더 구도(求道)에 큰 도움이 됩니다.

남을 나 자신처럼 사랑하는 애인여기(愛人如己)하는 생활이야말로 나를 영적(靈的)으로 진화시켜 주는 지름길이라는 것을 깨닫고 실천할 때 우울증이고 자폐증이고 간에 그에게서는 발붙일 곳을 찾지 못하게 될 것입니다. 우울증이나 자폐증을 치료하는 데 어떤 요행수나 기적이나, 횡재나 공짜를 바라지 말아야 합니다. 요행, 기적, 횡재, 공짜야말로 이기심의 산물입니다. 무당과 사이비 종교와 사기협잡꾼들이 날뛰는 것은 바로 이러한 요행수를 바라는 사람들이 있기 때문입니다. 요행을 바라다간 또 다시 큰 피해를 당하고 또 다른 우울증과 자폐증에 빠지게 될 것입니다. 오직 마음을 바르고 착하게 먹고 양심에 따라 행동하는 사람은 우울증에 걸리고 싶어도 걸릴 수가 없게 됩니다.”

관(觀)이란 무엇인가?

1997년 8월 14일 목요일 22~33℃ 해 구름

오후 3시. 8명의 수련생들이 내 서재에 앉아서 수행을 하고 있었는데 그중에서 한 젊은이가 말했다.

"선생님, 관(觀)이란 무엇입니까?"

"어렵게 생각할 것 하나도 없습니다."

"어떤 건데요?"

"수련자가 자기 자신 속에 있는 본래면목을 시각, 청각, 후각, 미각, 촉각의 오감뿐만 아니고 직감과 육감까지 동원하여 총체적으로 살펴보는 것을 말합니다."

"그럼 관음(觀音)이란 무엇입니까?"

"그것도 어렵게 생각할 필요 조금도 없습니다. 소리를 관하는 겁니다."

"소리라니 무슨 소리 말입니까?"

"사람이면 누구나 다 가지고 있는 참나(眞我)의 소리입니다. 따라서 관음이란 글자 그대로 수련자가 자신의 참나의 소리를 듣고 그에 합당한 생활을 해 나감으로써 자기 안에 있는 진리에 차츰차츰 가까워짐으로써 깨달음을 얻는 수행법을 말합니다."

"좀더 구체적으로 말씀해 주십시오."

"관음(觀音)의 관(觀)이란 마음으로 살펴보는 것이고, 여기서 말하는

음(音)이란 단순한 이 세상의 소리가 아니고 진리의 소리, 진리의 빛, 진리의 진동을 말합니다. 따라서 관음(觀音)이란 진리를 관(觀)하는 것을 말합니다. 참선(參禪), 명상(瞑想), 관찰(觀察), 관(觀)이 전부 다 관음이라고 할 수 있습니다. 따라서 관음은 관을 통하여 구도자가 각자의 내부에 있는 자성(自性)인 진아(眞我)를 만나는 수행법을 말합니다. 진아를 만나는 것을 우리는 흔히 견성(見性)이라고 합니다."

"그럼 관음(觀音)과 관(觀), 명상(瞑想), 참선(參禪)의 차이점은 무엇입니까?"

"관음, 관, 명상, 참선 사이에는 근본적으로 차이점이 없습니다."

"염불(念佛), 주문(呪文), 배례(拜禮), 기도(祈禱)와 관(觀)하고는 어떤 차이가 있습니까?"

"염불이란 유치원이나 초등학교 학생들이 선생님이 교과서를 먼저 읽으면 소리 내어 따라 읽는 것과 같다고 보면 틀림없습니다. 가장 초보적인 수행 방식입니다. 요즘 주말 방송극에 보니까 어떤 아버지가 외동딸을 혼자 키우면서 어떻게 하든지 세계적인 피아니스트로 만들려고 결심을 했습니다. 그러나 딸은 피아노에 생래(生來)의 소질이 있는 것도 아니었습니다.

딸이 피아노 치기를 싫어하고 게으름을 피우면 아버지는 딸을 보고 '나는 세계적인 피아니스트다!' 하고 하루에 백 번씩 외우라고 강요했습니다. 이렇게 '나는 세계적인 피아니스트'라고 계속해서 끊임없이 자신의 의식에 주입시킴으로써 일종의 자기최면을 걸어 피아노 연습효과를 향상시키려는 학습법이 있습니다. 종교인이나 구도자가 수행을 하는 데도 이러한 방법을 이용할 수 있는데, 이것이 바로 염불입니다."

"그럼 주문(呪文)은 무엇입니까?"

"주문 역시 염불과 거의 같은 수행법입니다. 염불은 수행시 부처님의 명호(名號)를 외우는 것이고, 주문은 불교 이외의 종교에서 소원하는 것을 문장으로 만들어 끊임없이 염송하는 것을 말합니다. 무속(巫俗)이나 사이비 종교에서의 강신술은 대체로 주문에 의해 이루어지는 일이 많습니다."

"그럼 배례(拜禮)는 무엇입니까?"

"배례는 글자 그대로 자기가 받드는 종교적인 대상에게 소원성취를 빌면서 절하는 것을 말합니다. 불상(佛像)에게 절하는 것을 예불(禮佛)이라고 합니다."

"그럼 기도(祈禱)는 무엇입니까?"

"기도는 숭배하는 종교적 대상에게 소원(所願)을 이루게 해 달라고 빌거나 대화를 나누는 것을 말합니다. 염불, 주문, 배례, 기도 이 네 가지의 수행법의 특징은 한결같이 자기 이외의 숭배하는 종교적인 대상에게 무엇을 이루게 해달라고 비는 것이라는 데 공통점이 있습니다. 이때 숭배의 대상과 기도자 사이에는 창조자와 피조물, 주님과 종과 같은 주종(主從) 관계가 형성됩니다. 일종의 타력(他力)종교 수행 방식입니다. 우리나라의 교육체계에 비유해서 말하면 유치원, 초중등 과정과 비슷한 데가 있습니다. 따라서 종교인이나 구도자에게는 초보적인 수행 방식입니다."

"그렇다면 수행의 고급 형태에는 어떤 것이 있습니까?"

"조금 전에 나온 관(觀), 관음(觀音), 관찰(觀察), 명상(瞑想), 참선(參禪)은 염불, 주문, 배례, 기도보다는 훨씬 발전된 고급의 수련 방식입니다. 이들 수련법의 공통점은 전자와는 확연히 다릅니다."

"어떤 점에서 그렇게 확연히 구분됩니까?"

"관, 명상, 참선은 자기 이외의 숭배하는 대상이나 어떤 초자연적인 존재에게 의존하는 것이 아니라, 자기 내부에 있는 진리를 탐구해 나가는 방법을 말합니다. 초중등학교 학생들이 전적으로 교사에 의존하여 공부하는 초보적인 방법에서 벗어나 스스로 자기 취향과 능력에 따라 공부할 분야를 자기가 찾아서 하는 것과 같은 훨씬 진화된 고급의 수행 방식이라는 점에서 전자와는 확연히 구분이 됩니다."

"염불이나 독경이나 배례나 기도만으로도 견성에 도달할 수도 있습니까?"

"그것은 마치 초중등 교육만 받은 사람이 박사 학위를 딸 수 있느냐고 묻는 것과 같습니다. 또 지금까지 지구를 다녀간 세계적으로 이름난 성현들의 수행 과정을 보아도 알 수 있습니다. 예컨대 석가는 설산(雪山)에서 6년, 보리 달마는 9년 면벽, 육조 혜능은 16년, 예수는 히말라야에서 19년 동안 명상 수행을 했고, 수많은 조사(祖師)들 역시 거의 다 관법(觀法)을 통해서 진리를 깨달은 것만 보아도 알 수 있는 일입니다. 그러나 관법이 아니면 깨달음을 얻을 수 없다고 단언할 수는 없습니다."

"왜요?"

"초등학교만 졸업한 사람이 훌륭한 작가도 위대한 정치가나 사업가도 될 수 있는 것처럼 염불, 독경, 기도만으로 견성한 성현들도 간혹 있기 때문입니다."

"그건 어떻게 된 것일까요?"

"염불, 독경, 배례, 기도에 성심(誠心)이 실려 있으면 그렇게 될 수도 있습니다. 목표 지점만 확실히 정해지면 고집스럽게 걸어서만 가든 자전거를 타고 가든, 말을 타고 가든 자동차를 타고 가든, 비행기로 가든지 간에 중간에 빗나가지만 않는 이상 어느 땐가는 그곳에 도달할 수 있습니다. 그러나 여기서 확언할 수 있는 것은 보행, 자전거, 말 타기, 자동차보다는 비행기가 가장 탁월한 운송수단인 것만은 틀림이 없다는 겁니다. 비행기야말로 관법 수행에 해당한다고 할 수 있습니다."

"단군을 위시한 선도의 철인들도 관법으로 수행을 했습니까?"

"물론입니다. 지감(止感), 조식(調息), 금촉(禁觸) 수행법이 전부 다 관법 수련의 산물입니다."

"그러나 삼대경전에는 관(觀)에 대한 얘기는 없지 않습니까?"

"일의화행(一意化行), 반망즉진(返妄卽眞)이 바로 관법 수행을 우리식으로 표현한 것입니다. 관(觀)이란 각자의 내부와 주변의 변화하는 상황을 빠짐없이 살펴봄으로써 진실을 알아내는 과정을 말합니다. 다시 말해서 정신 똑바로 차리고 자신과 주변을 살펴보아 옳은 길을 선택하여 나아가는 것입니다.

이러한 살펴봄이 끊임없이 축적되는 사이에 수행자는 자기도 모르게 자기 자신의 중심에 있는 진아(眞我)에 다가가, 그에 감화되면서 우리 자신도 점점 밝아져서 주위의 어둠을 물리치게 됩니다. 이것이 바로 견성의 과정입니다. 반망즉진(返妄卽眞)은 바로 이것을 말합니다."

"그렇다면 이러한 관법 수행과 각종 종교적 신앙과는 서로 충돌하는 일은 없을까요?"

"그런 일은 있을 수 없습니다. 예수를 진정으로 믿는 사람이 관법 수행을 일상생활화 하면 그는 진정으로 예수 그리스도의 진의(眞意)를 파악할 수 있게 될 것입니다. 또 불교도가 참선 수행을 착실히 쌓아나가면 석가모니가 꽃을 꺾어 들고 미소를 보낸 염화미소(拈花微笑)의 뜻을 이심전심(以心傳心)으로 알게 될 것입니다. 관법 수행이야 말로 모든 종교의 핵심에 도달할 수 있는 지름길입니다."

"관법 수행이 염불, 송경(誦經), 배례, 주문, 기도 수행보다 그렇게 탁월한 효과를 거둘 수 있는 이유는 어디에 있다고 보십니까?"

관법 수행은 진리에의 첩경

"관(觀)이야 말로 우리들 각자의 내부에 있는 진리를 알아내는 첩경이기 때문입니다. 만약에 우리 내부에 진리가 없다면 아무리 관을 해도 아무 소용이 없을 것입니다. 그러나 우리 내부에 진리가 도사리고 있기 때문에 지속적으로 살펴보는 사람에게는 눈에 뜨이게 되어 있는 것입니다.

그러나 아무리 우리 내부에 진리가 들어앉아 있어도 보려고 하지 않는 사람에게는 눈에 뜨일 리가 없습니다. 두드리는 자에게는 문이 열리고 보려는 자에게는 그 정체를 드러내는 것이 하늘의 이치입니다. 주머니 속에 황금이 들어 있어도 모르는 사람에게는 아무 쓸모가 없지만 그것을 알고 이용하려는 사람에게는 크나큰 효용가치가 있는 것입니다. 이처럼 자기 안에 진리의 여의주가 들어 있는 줄도 모르고 주문을 외우고 독경(讀經)을 하고, 기도만하여 보았자 변죽만 울리는 것밖에는 되지 않습니다."

"그럼 어떻게 해야 합니까?"

"직접 파고들어가야죠. 관법이란 진리가 있는 곳으로 맞바로 뚫고 들어가는 정공법적(正攻法的) 수행 방법입니다."

"그렇다면 염불, 독경, 배례, 주문, 기도 수행은 관법과는 어떤 관계에 있습니까?"

"아직 관법 수행을 할만한 지능이나 의식이 갖추어지지 않은 미성년자나 수행 수준이 낮은 중생들을 위한 보조 수행 방법이라고 보면 됩니다. 그래서 인지(人智)가 덜 발달되었던 시대에 발생한 종교일수록 염불, 독경, 주문, 절, 기도 수행법을 지금까지도 고수하고 있는 경향이 있습니다. 그렇다고 해서 관법 수련을 하는 사람들은 이들 수행 방법들을 덮어놓고 무시해도 좋다는 말은 아닙니다. 유치원생, 초중등학생에게는 교과서를 소리 높이 읽는 방법이 유효한 것처럼 염불, 독경, 송경, 주문, 절, 기도는 사람에 따라 유효적절하게 이용될 수 있습니다.

그뿐이 아닙니다. 진리의 실상을 이해하지 못하는 어린이들에게는 어쩔 수 없이 동화적인 방편이 필요한 때도 있습니다. 때로는 창조주와 피조물, 주인과 노예를 등장시켜 전지전능한 창조주나 주인에게 소원성취를 이루게 해달라고 기도하는 수행 방편을 이용할 수도 있습니다. 요컨대 지금까지 인류가 발명한 온갖 수행 방편들은 전부 다 그 나름대로 존재 이유가 있는 것입니다. 우리는 이것을 무시해서는 안 됩니다. 박사가 되었다고 해서 유치원생이나 초중등학생의 학습 방법이 성에 차지 않으니 무시해도 된다고 말할 수 없는 것과 같습니다."

"종교와 정치와의 관계는 어떻습니까?"

"정치에 이용되었던 역사를 가진 종교일수록 전통적으로 독경, 송경, 염불, 주문, 배례, 기도를 지금도 고수하는 경향이 있습니다. 역대 어느 권력자든지 관법을 통하여 깨달음을 얻은 성현(聖賢)이나 선사(禪師)들을 환영한 일은 별로 없었습니다. 왜냐하면 그들은 항상 힘없고 불쌍한 사람들의 편이었기 때문입니다.

권력자가 정의의 편에 섰을 때와 같이 특이한 경우를 빼어놓고는 성현이 그들의 편을 드는 일은 없습니다. 관법 수행자들은 권력자에게 무조건 복종하는 일이 없을 뿐만 아니라 그들의 비리를 너무나도 잘 파악하고 있었기 때문입니다. 환영은커녕 정치적인 기피인물이 아니면 핍박과 희생양이 된 예가 더 많았습니다. 공자, 노자, 장자, 소크라테스, 예수의 생애가 이것을 잘 증명해 주고 있습니다."

1997년 8월 18일 월요일 22~30℃ 해 구름

오후 3시. 7명의 수련생들이 모여서 묵상을 하다가 이종구라는 중년 사나이가 불쑥 물었다.

"선생님, 업장에서 벗어나는 가장 확실한 길은 무엇입니까?"

"자기 내부에 있는 참나에 한 치라도 더 접근하는 겁니다."

"그럼, 누구에게나 자기 내부에 참나가 있기는 있습니까?"

"있구말구요."

"그걸 어떻게 알 수 있습니까?"

"알 수 있는 방법이 있습니다."

"어떻게요?"

"내가 한 가지 묻겠습니다. 이종구 씨에게는 양심이 있습니까?"

"양심요?"

"네."

"양심 없는 사람이 어디 있습니까?"

"그 양심이 바로 참나입니다. 한자어로는 진아(眞我)라고 하죠. 사람에게 양심이 있는 것이 확실한 것처럼 참나가 있는 것도 확실합니다."

"참나란 무엇입니까?"

"각자에게 할당되어 있는 진리입니다."

"진리는 업장과는 어떠한 관계에 있습니까?"

"우리가 그 진리와 떨어지면 떨어질수록 업장이 많이 쌓이고 가까이 하면 할수록 업장은 엷어지게 마련입니다."

"그럼 어떻게 해야 그 참나에게 더 가까이할 수 있을까요?"

"그건 아주 간단하고도 쉽습니다."

"그게 뭔데요?"

"양심이 시키는 대로 살기만 하면 됩니다."

"그건 너무 쉬운데요."

"허지만 실천하기는 이 세상에서 이것처럼 어려운 것이 없습니다."

"그러나 그 양심이라는 것이 코에 걸면 코걸이요 귀에 걸면 귀걸이가 아닐까요?"

"왜 그렇게 생각하십니까?"

"가령 조직 폭력배가 두목과의 약속을 지키는 것을 양심이라고 해석하면 어떻게 되겠습니까? 그것도 양심이라고 할 수 있는 거 아닙니까?"

"그건 폭력배의 두목과 부하 사이에 맺어진 약속을 지키는 것이지 양심을 지키는 것은 아닙니다. 양심이야말로 하늘의 소리요 진리의 가르침입니다. 그래서 양심을 가진 사람 쳐놓고 함부로 살생하고 도둑질하고 거짓말하고 간음하고 주색잡기에 손대지 않습니다. 폭력배들 사이의 약속과 양심을 동일선상에 올려놓아서는 안 됩니다."

"그럼 양심과 구도(求道)는 어떤 관계가 있습니까?"

"양심 추구를 수련 차원으로 조직화하고 승화시켜서 진리에 도달하자는 것이 구도입니다. 양(良)자를 옥편에서 찾아보면 착할 양, 어질 양, 바를 양, 훌륭할 양으로 되어 있습니다. 착하고 어질고 바르고 훌륭한 마음이야말로 진리에 도달하기 위한 마음 자세가 아닐 수 없습니다. 따라서 양심을 관(觀)하는 것이야 말로 무수억겁 년을 두고 쌓이고 쌓여온 업장을 해소하는 지름길이 아닐 수 없습니다. 이러한 관양심(觀良心) 수행법은 어디까지나 일종의 관법(觀法) 수행으로서 마음공부의 한 방법입니다."

"관법(觀法) 수행에는 어떠한 종류들이 있습니까?"

"양심을 관하는 관양심(觀良心) 즉 관심(觀心) 이외에도 진리의 소리를 관하는 관음(觀音), 진리의 빛을 관하는 관광(觀光)이 있습니다. 물론 명승지를 구경하는 것과는 다른 겁니다. 또 진리를 관하는 관성(觀

性), 도(道)를 관하는 관도(觀道), 기운을 관하는 관기(觀氣), 하늘을 관하는 관천(觀天) 그리고 신령(神靈)을 관하는 관신(觀神)도 있습니다.

이 모두가 관법을 통하여 진리를 추구하는 방법입니다. 이 모든 것을 하나로 합쳐서 단지 관법(觀法)이라고 합니다. 따라서 관법은 모든 수행 방편의 원조(元祖)입니다. 수행 방편의 원조일 뿐만 아니라 모든 세속적인 학문과 인생살이를 터득하는 온갖 비법의 원조이기도 합니다. 관법으로 정(定)을 얻어 마음의 평화를 확보하고 그다음 단계로 지혜를 터득하면 모든 수행은 완성 단계에 들어가게 되는 겁니다."

"정(定)이란 무엇입니까?"

"마음의 안정을 얻는 것을 말합니다. 다시 말해서 자기 마음을 자기 힘으로 다스릴 수 있는 능력을 갖게 되는 것을 말합니다. 정(定)을 얻게 되면 어떤 역경(逆境)이나 난관(難關)에 봉착하더라도 마음이 흔들리지 않습니다. 설사 죽음이 닥쳐와도 명경지수(明鏡止水)와 같은 마음의 안정을 유지할 수 있는 것을 말합니다."

"그거야말로 생사를 초월한 도인의 심정이 아닙니까?"

"그렇습니다. 우리가 수련을 하는 목적은 어차피 누구나 이 경지에 도달하자는 것입니다. 그렇습니다. 수련의 성패는 바로 이 정(定)을 얻었느냐 못 얻었느냐에 달려 있습니다. 아무리 계율(戒律)을 잘 지키고 참선에 몰입한다고 해도 정(定)을 얻지 못하면 말짱 다 허사입니다."

"어떻게 해야 정(定)에 도달할 수 있습니까?"

"우선 계율을 지켜야 합니다."

"계율이라면 어떤 것을 말합니까?"

"지구상의 모든 종교들에서 채택하고 있는 공동의 규율 같은 거 말입니다. 예를 들면 살생하지 말라, 간음하지 말라, 도둑질하지 말라, 거짓말하지 말라, 술, 담배, 마약, 도박에 빠지지 말라와 같은 겁니다. 이 다섯 가지 계율(戒律)만 엄격히 지켜도 누구나 예외 없이 정(定)에 도달할 수 있습니다."

"그런데 이 세상에는 평생을 종교에 몸을 바친 고위 성직자들 중에도 진정한 의미의 정(定)에 들지 못한 사람이 수두룩한 것은 무엇 때문입니까?"

"위에 말한 다섯 가지 계율을 제대로 지키지 않았기 때문입니다. 그중에서도 살생(殺生)하지 말라를 살인하지 말라로 잘못 해석한 사람들 중에 그런 경우가 많습니다. 제아무리 높은 성직자의 자리에 올라 있더라도 육식을 즐기는 한 그 사람은 오계(五戒)의 첫 번째 계율인 불살생(不殺生)을 어긴 것입니다. 정(定)으로 가는 데 있어서 가장 기초적인 계율을 어기고 어떻게 소기의 성과를 거둘 수 있겠습니까? 하느님(진리)의 첫 번째 계율을 어기고도 어떻게 하느님과 한몸이 될 수 있겠습니까? 정을 얻는다는 것은 하느님과 하나가 될 수 있는 기초 조건입니다."

"정을 얻은 뒤에는 어떻게 됩니까?"

"그다음에는 자연스럽게 지혜를 얻게 됩니다. 지혜는 계정혜(戒定慧)의 마지막 단계입니다. 지혜는 기독교에서 말하는 성령(聖靈)입니다. 성인(聖人)이 되는 마지막 단계입니다."

주사(酒邪) 부리는 아버지

1997년 8월 30일 토요일 22~30℃ 해 구름

오후 3시. 나를 찾은 8명의 수련생 중에는 이제 대학을 갓 졸업하고 아직 취직시험을 준비하고 있다는 이도진이라는 수련생도 끼어 있었다. 그가 말했다.

"선생님 저는 색다른 고민이 하나 있습니다."

"색다른 고민이요?"

"네."

"무슨 고민인데요?"

"수련과 직접 관련은 없습니다만 말씀드려도 괜찮겠는지 모르겠습니다."

"직접적인 관련이 없다면 간접적인 관련은 있을 것 아닙니까?"

"맞습니다, 선생님."

"말씀해 보세요."

"염치 불고하고 그럼 말씀드리겠습니다."

"어서 말씀하세요."

"제 아버님이 술주정이 심하셔서 하루도 집안이 편안한 날이 없습니다. 좋은 대책이 없을까 해서 여쭈어보는 겁니다."

"아버님이 술이 과하십니까?"

"그렇습니다. 과음만 하시면 좋겠는데 그렇지 않습니다. 술 취하시지 않을 때는 그렇게도 점잖으신 분이 일단 술만 들어가 발동만 걸렸다 하면 완전히 두 얼굴의 사나이로 변하셔서 어머니를 개 패듯 하시고 집안을 쑥밭으로 만들어 놓으십니다. 일전에 신문을 보니까 주사(酒邪)를 심하게 부리는 아버지를 모자(母子)가 힘을 합쳐 때려죽였다는 기사를 읽은 일이 있는데, 그 모자의 심정은 정말 겪어 본 사람이 아니면 이해할 수 없을 것입니다.

우리 삼 남매는 철들기 전부터 아버지의 주사를 일상사(日常事)처럼 늘 겪으면서 자라났습니다. 처음에 우리는 세상의 아버지들은 으레 누구나 다 그런가 보다 하고 여겼었는데, 학교에 다니면서 친구의 집에도 가보고 세상에 대한 견문이 넓어진 뒤에야 우리 아버지만 유독 주사(酒邪)를 아주 심하게 부리시는 분이라는 것을 알게 되었습니다. 허구한 날 어머니께서는 아버지의 그 주사를 다 감당하시면서 우리 삼 남매를 키우신 것을 알고는 어머니가 실로 대단한 분이라는 것을 알게 되었습니다.

이제 제 앞가림은 할 수 있게 된 우리 삼 남매는 어떻게 해서든지 어머님의 짐을 덜어드리려고 가까운 친척들과 상의하여 신경정신과 병원에 아버님을 입원도 시켜보았습니다만 병원에서도 끝내 손을 들고 말았습니다. 아버님께서는 술이 깨셨을 때는 앞으로 절대로 술을 들지 않겠다고 맹서를 하십니다만 불과 몇 시간 못 가서 술을 또 드시곤 합니다. 하루도 술 없이는 못 사십니다.

우리는 별별 비방을 다 써 보았지만 별 뾰족한 수가 없다는 것을 알았습니다. 그러다가 저는 『선도체험기』를 알게 되었고 25권까지 읽어오는 동안 선생님이시라면 무슨 근본적인 해결책을 제시하실 수 있을 것이라는 기대를 가지고 망설이고 망설이던 끝에 이렇게 찾아왔습니다."

"그럼 내가 어떻게 해 주기를 바라십니까?"

"제가 보기에는 아무래도 우리 아버지가 지독한 술꾼 신령(神靈)에게 단단히 접신(接神)이 된 것이 아닌가 생각됩니다."

"그래서요."

"선생님 정도시라면 우리 아버님을 어떻게 좀 해 보실 수 있지 않을까 합니다만."

"『선도체험기』를 35권까지 다 읽었더라면 구태여 나를 찾아오지 않아도 그 안에 다 해결책이 기술되어 있는 것을 읽었을 텐데 그랬습니다."

"그렇지 않아도 다 읽고 오려고 했는데 서울에서 자취를 하는 제가 식생활을 생식으로 빨리 바꾸어 보려고 책을 다 읽기도 전에 이렇게 먼저 찾아왔습니다. 어떻게 우리 아버님에게 접신된 신령을 선생님께서 천도(薦度)시킬 수 없겠습니까?"

"아버님께서는 구도(求道)에 관심을 갖고 계십니까?"

"아뇨. 구도에는 전연 관심이 없는 분입니다."

"책을 읽을 수 있습니까?"

"책하고는 담쌓고 사시는 분입니다."

"이도진 씨가 『선도체험기』를 25권까지 읽고 나를 찾아왔듯이 아버님도 『선도체험기』를 읽고 도심(道心)이 싹터서 오행생식을 하기로 결심을 하고 찾아오신다면 나도 손을 쓸 수 있을 것입니다. 그러나 그렇지 않은 사람에겐 나도 별 도움을 줄 수 없습니다."

"어떻게 좀 특별히 배려를 해 주실 수 없을까요?"

"나는 정신질환자를 치료해 주는 정신과 의사가 아닙니다. 국가에서 허가도 받지 않고 그런 짓을 하면 나는 갈데없는 돌팔이로 몰려 잡혀 들어가게 되어 있습니다. 내가 그렇게 되기를 바라십니까?"

"아뇨. 아닙니다."

"그럼 왜 그런 어려운 청을 하십니까?"

"그냥 특별히 좀 보아주실 수 없을까 하고 여쭈어본 겁니다."

"나는 단지 이도진 씨와 같은 도심(道心)을 가진 내 독자를 도와줄 수 있을 뿐입니다."

"그럼 우리 아버지는 어떻게 되고 우리 불쌍한 어머니는 어떻게 해야 합니까?"

"이도진 씨는 그런 일로 지금도 마음이 괴롭습니까?"

"전에는 무척 괴로웠었는데 지금은 마음이 많이 편안해졌습니다."

"왜 그렇게 되었습니까?"

"『선도체험기』를 25권까지 읽으니까 자연히 그전보다는 마음이 편안해졌습니다."

"왜 그렇게 되었다고 보십니까?"

"아버님이 주사를 부린다고 애를 끓이거나 속을 태운다고 해도 당장 무슨 해결책이 나오는 것도 아니라는 것을 알게 되었기 때문입니다. 저에게 주어진 상황을 거부한다고 해서 거부되는 것도 아니라는 것을 알게 되니 도리어 마음이 차분히 가라앉는 것 같습니다.

아버님을 미워하고 원망만 한다고 하면 저도 신문에 난 그 모자(母子)처럼 무슨 끔찍한 짓을 저지를지 모른다는 생각이 들었습니다. 그러자 아버님에 대한 미움도 원망도 사라졌습니다. 그러나 그렇다고 해서 이 일을 언제까지나 내버려둘 수는 없습니다. 허지만 저 혼자서 이 엄청난 문제를 해결하기에는 역부족입니다. 그래서 신생님을 찾아뵙게 되었습니다."

"아까도 말했지만, 부친이 구도자가 되기 전에는 나는 전혀 손을 쓸 수 없습니다."

"그럼 우리 가족은 아버님의 주사 때문에 언제까지나 지금과 같은 황폐화(荒廢化)된 지옥과 같은 가정생활을 계속해야 합니까?"

"언제까지 그런 황폐화된 지옥과 같은 가정생활을 계속하게 될지는 아무도 알 수 없는 일입니다."

"그게 무슨 뜻입니까?"

"아버님께서 지금이라도 어떤 계기로 주사(酒邪)에서 깨어나실지 누가 압니까?"

"그런 일은 해가 서쪽에서 떠오른다 해도 일어나지 않을 것입니다."

"아버님이 변하지 않으면 어떻게 해야 할지 생각해 보았습니까?"

"아뇨."

"그럼 지금부터라도 늦지 않으니 심사숙고해 보세요. 온 가족의 문제니까 혼자서만 생각지 말고 아버님을 뺀 온 가족이 모여 의논을 해 보세요."

"그건 아버님이 주사를 부리실 때마다 가족들이 하도 많이 한탄도

하고 의논도 넋두리도 해온 일이라 새삼스레 이제 와서 따로 생각해 보고 말고 할 것도 없습니다."

"그럼 이도진 씨 혼자서만이라도 이 문제를 좀더 깊이 있게 생각해 본 일이 있습니까?"

"저는 하도 많이 생각해 온 일이라 이제 다시 생각해 보고 말 것도 없습니다. 제 머리만 가지고는 도저히 해결이 되지 않으니까 선생님을 찾아 온 겁니다."

"내가 보기에는 아버님의 주사가 하루아침에 없어질 것 같지는 않은데 어떻게 생각하십니까?"

"저도 선생님 의견에 동감입니다."

"아버님이 변하지 않으면 누가 변해야 하겠습니까?"

"아니 그럼 지금까지 그렇게도 아버님 때문에 무수한 희생을 치루어 온 우리가 변해야 한다는 말씀이십니까?"

증오의 독을 품은 사람의 장래

"그럼 지금처럼 계속 갈등을 빚으면서 살겠다는 겁니까? 아버님을 원망하고 미워하면서 살아보았자 상처를 입는 것은 어느 쪽이겠습니까? 속에 원망과 미움을 품고 산다는 것은 마음속에 독약이나 시한폭탄을 품고 사는 것과 똑같습니다. 마음속에 품고 있는 독약은 그것을 버리거나 도심(道心)으로 승화시키지 않는 한 서서히 그 사람을 중독시키게 되어 있습니다. 또 시한폭탄을 품고 있는 사람 역시 마찬가지입니다. 그것을 제거해 버리지 않는 한 언젠가는 터지게 되어 있습니다. 남을 죽이려고 마음속에 독을 품은 사람은 그 독이 상대를 죽이기 전에 자기 자신이 먼저 중독되어 죽어가게 되어 있다는 것은 인류 역사가 증명하고 있습니다."

"실제로 그런 일이 있었습니까?"

"있었구말구요."

"언제 어디서 그런 일이 있었습니까?"

"유산계급을 말살하고 무산계급의 독재를 세우겠다던 공산주의들은 바로 자기네 이익을 위해서 남을 죽이겠다는 독을 마음속에 품은 것과 같습니다. 이들의 공산체제는 불과 백 년을 버티지 못하고 서구에서는 자취를 감추어버렸습니다.

북한의 공산체제가 아직은 힘겹게 버티고 있지만 남한을 적화 통일하겠다는 독심(毒心)을 품고 휴전선에 땅굴을 파고 군수산업을 발전시켜 군비 확장만 꾀한 결과 결국 오늘날과 같은 거지 국가로 전락되었습니다. 그 때문에 힘없고 불쌍한 인민들만 굶어 죽어가고 있지 않습니까? 독심을 품은 자들은 현실을 있는 그대로 객관적으로 보지 못하므로 그런 잘못을 저지르고 있는 것입니다.

어디 국가만 그렇겠습니까? 개인도 마찬가지입니다. 남편과 아버지의 주사(酒邪)를 원망하고 미워만 해온 모자는 결국은 남편과 아버지를 때려죽이고 자기네 자신들도 살인죄로 잡혀 들어가지 않았습니까?"

"그럼 결국 우리 가족이 다 같이 살길은 무엇입니까?"

"이쯤 말해 주었으니 석두(石頭)가 아닌 이상 스스로 답을 만들어 보세요."

"결국 주사 부리는 아버지를 원망하고 미워하는 대신에 용서하고 사랑하라는 말씀인가요?"

"정답입니다."

"그렇게 하려고 생각해 보지 않은 것도 아닌데 막상 그렇게 되지 않습니다."

"왜요?"

"우리에게 필설로 말할 수 없는 고통과 피해를 안겨준 원인 제공자는 어디까지나 아버님이니까 용서를 구할 분은 아버님이지 어떻게 우리가 될 수 있다는 말씀입니까?"

"아버님이 가족들에게 자기 잘못을 진정으로 회개하고 용서를 구할 정도라면 이 문제는 벌써 해결되었을 것입니다. 이도진 씨 삼 남매도 어머니의 말없는 희생정신을 본받아야 합니다. 만약에 어머니의 희생정신이 없었더라면 이도진 씨네 가족은 오늘날 존재하지도 않았을 것입니다."

"저희들은 몇 번 죽었다가 깨어나도 어머니의 한정 없는 희생정신을 본받을 수 없을 것 같습니다."

"그래도 어머니를 본받아야 합니다."

"왜 그래야만 합니까?"

"그렇게 하는 것이 바르고 지혜로운 일이기 때문입니다. 어머니라고 해서 남편이 그렇게 허구한 날 술 마시고 주사 부리는 것이 좋아서 지금까지 매맞아가면서 그 모진 삶을 이어 왔겠습니까. 만약에 어머니가 남편의 주사를 감당 못 하고 팔자를 고쳤다면 이도진 가족은 벌써 이

산가족이 되었을 것입니다.

한국의 아내들은 남편이 비록 바람을 피운다고 해도 영국의 다이애너 비처럼 맞바람을 피우지 않고 인욕(忍辱)하면서 꿋꿋하게 가정과 자녀를 지킵니다. 만약에 맞바람을 피운다면 남편보다 나을 것이 하나도 없는 별 볼일 없는 속물이 되어버립니다.

남녀가 결혼을 하여 한 가정을 이루게 되면 그날부터 그들 내외는 그 가정을 버티는 두 개의 기둥이 됩니다. 하나의 기둥이 마음에 병이 들어 쓰러지면 다른 기둥이 끝까지 두 개의 기둥이 되어 그 가정을 떠받혀 나갑니다. 남편이 바람을 피우니 나도 바람을 피운다는 것은 상고 시대에 도인사회를 구현해 온 우리 민족 정서에는 맞지 않습니다. 혼자서 가정을 지키다가 바람을 피우든지 출가했던 남편이 병든 알거지가 되어 옛집을 찾아 기어들어오든 묵묵히 맞아들입니다. 왜 그렇게 하는지 아십니까?"

"모르겠는데요."

"그렇게 하는 것이 맞바람을 피워 가정을 풍비박산시키는 것보다 낫다는 것을 알고 있기 때문입니다. 또 팔자를 고쳐 새로 시집을 가 보았자, 잭크린 케네디나 다이애나 비처럼 별로 좋은 끝은 보지 못한다는 것을 잘 알고 있기 때문입니다. 가정도 살리고 아이들도 살리고 자신도 살리고 남편도 살리는 길은 바로 자신을 희생시키는 것이라는 것을 오랜 경험을 통해서 터득하고 있었기 때문입니다.

자기 앞에 닥친 온갖 역경들을 거부하고 회피하는 대신에 정면으로 수용하고 하나하나 극복해 나가는 것이 훨씬 마음 편하고 유익하다는 것을 알고 있었기 때문입니다. 한마디로 한국의 아내들은 마음들이 열리고 지혜롭다는 것을 알 수 있습니다. 따라서 서양 여인들보다 도덕적으로도 몇 수 위에 서 있습니다. 한국의 전통적인 여인들은 어떠한 비극이나 역경이든지 마음먹기에 따라 지옥도 되고 천국도 된다는 것을 거의 본능적으로 알고 있습니다. 또 여자는 반드시 남자와 사랑을 하고 결혼생활을 해야만 행복하다는 지극히 세속적인 고정관념에서도 벗어나 있습니다.

원래 진리의 세계, 불성(佛性)의 세계에는 남녀가 없습니다. 현상계에 남녀가 있는 것은 그 한계에서 벗어나라는 숙제이지 그 안에 깊숙이 빠져 있으라는 것은 아닙니다. 라즈니시처럼 남녀의 성관계에 아무리 깊숙이 빠져 있어 보았자 쌓이는 것은 업장밖에는 없습니다. 이것이 전통적인 한국의 아내들이 오랜 세월에 걸쳐 터득해 낸 소중한 생활의 지혜입니다.

최악의 경우 남편이 주사에서 벗어나지 못하고 일찍 숨을 거둔다고 해도 남은 자녀들을 끝까지 키워서 공부시켜 시집 장가보내고 사내는 대를 잇게 해야 한다는 사명감을 그녀들은 갖고 있는 것입니다. 이것은 잭크린 케네디나 다이애나가 본받기 어려운 미덕이 아닐 수 없습니다."

"그러나 그것은 어디까지나 구세대 어머니들이나 그렇지 요즘 신세대들은 그렇지 않습니다."

"두고 보십시오. 한때 외풍(外風)은 받겠지만 오랜 풍상을 겪으면서 깊숙이 뿌리내리고 성장해 온 민족의 끈질긴 유전질(遺傳質)이 그렇게 쉽게 하루아침에 변할 수는 없을 것입니다."

"그럼 요즘 신세대들이 김치나 밥 대신에 샌드위치나 피자만 좋아하는 것도 일시적인 현상일까요?"

"물론입니다. 두고 보십시오. 그렇게 오래 가지 못할 것입니다. 임진왜란 때 왜군에게 잡혀 이탈리아 상인에게 노예로 팔려나간 꼬레아라는 성씨를 가진 이탈리아의 한국인 후손들은 지금도 맵고 짠 김치를 만들어 먹는다고 합니다."

"선생님 저의 어머니나 우리 삼 남매들은 왜 남들처럼 오순도순 행복한 가정을 꾸미고 살 수 없을까요? 저는 주사부리지 않는 아버지를 가진 친구들이 정말 부럽기 짝이 없습니다."

"세상을 그렇게 피상적으로만 볼 것이 아닙니다."

"무슨 뜻입니까?"

"아무리 이도진 씨가 보기에는 행복한 것 같은 가정도 다 그 나름의 문제들을 안고 살아간다는 것을 알아야 합니다. 비록 부귀영화의 극을 달리는 대부호나 대스타의 가정에도 남모르는 고민과 풀리지 않는 숙제들이 한둘씩 다 있다는 것을 알아야 합니다. 1997년도 15대 대통령 후보들을 보십시오. 검증 과정에서 그들이 만약에 대선 후보가 아니었더라면 드러나지 않았을 뼈아픈 사연들이 속속 햇볕을 보고 있지 않습니까."

"아무리 그렇다고 해도 저희 집 사정은 너무 심한 것 같습니다."

"언제나 남의 밥그릇의 콩이 커 보이게 마련입니다."

"그렇다면 사람은 정도의 차이는 있을망정 누구나 다 제 나름의 문제들을 안고 있다는 말씀이십니까?"

"그렇구말구요."

"도대체 왜 그래야만 합니까?"

"인간 세상이라는 데가 원래 그렇게 업장이 있는 사람들이 모여드는 수련장이니까요."

"그럼 인간은 그 업 때문에 이 세상에 태어났다는 말씀입니까?"

"그렇구말구요."

"그럼 그 업은 왜 사람에 따라 차이가 있습니까?"

"그거야 각자가 심은 만큼 거두기 때문입니다."

"전생(前生)의 업보(業報)요 인과응보(因果應報) 때문이라는 말씀이군요."

"그렇습니다."

"그럼 우리 어머니가 주사 부리는 아버지를 만난 것도 다 그만한 까닭이 있었다는 얘기입니까?"

"그렇구말구요."

"그렇다면 우리 삼 남매가 하필이면 그러한 부모를 택하여 이 세상에 태어난 것도 그래야만 할 피치 못할 인연이 있었다는 말씀인가요?"

"정확합니다."

"그럼 우리 아버님이 그렇게 주사를 부리게 된 것도 그럴 수밖에 없는 인과가 있었다는 말씀인가요?"

"옳은 말씀입니다. 이 우주의 현상계를 지배하는 변하지 않는 법칙으로는 오직 인과응보가 있을 뿐입니다."

“그럼 제가 전생에 무슨 잘못을 저질렀기에 그런 아버지를 택하여 태어나게 되었을까요?”

“그건 이제부터 이도진 씨가 수행을 통하여 알아내야 할 숙제입니다.”

“저의 지금의 처지를 보면 제가 전생에 복을 쌓지 않았다는 것을 알 수 있는데, 그렇다면 그것을 과학적으로 입증할 수 있는 무슨 증거라도 있습니까?”

“있구말구요.”

“네엣! 있다구요!!”

“있구말구요.”

“그게 뭡니까?”

“움직일 수 없는 확고한 증거가 있습니다.”

“그게 무엇인지 어서 말씀해 주십시오.”

“그건 바로 이도진 씨 자신입니다. 이도진 씨는 분명 영체(靈體)와 신체(身體)로 이루어진 현상계의 움직일 수 없는 하나의 실체입니다. 이것 이상 더 확실한 과학적 증거가 어디에 있겠습니까. 이도진 씨의 신체는 분명 과학적으로 실측할 수 있는 자료가 될 수 있습니다. 결과를 보면 그 원인을 추리해 볼 수 있는 것과 마찬가지로 이도진 씨를 면밀히 관찰해 보면 능히 전생의 생활을 유추해 볼 수 있습니다. 지금의 이도진 씨는 과거의 이도진 씨의 생활의 산물이며 총결산입니다.”

“그럼 저를 이 세상에 있게 한 부모님은 저를 위해 무슨 일을 하신 겁니까?”

“그거야 인연 따라 이도진 씨가 이 세상에 태어나 한 사람의 독립된 인간으로 살아가게 하는 중간 매체의 역할을 한 것이죠. 말하자면 저 세상에서 이 세상으로 건너오는 강을 건너게 한 뱃사공과 같은 역할이라고나 할까요."

"저는 여지까지 제가 원하지도 않았는데 부모님 때문에 어쩔 수 없이 이 세상에 순전히 타의에 의해 태어난 것으로 생각했었는데, 그게 잘못된 것인가요?"

내가 태어난 것은 부모 책임이 아니다

"그렇고말고요. 잘못되어도 한참 잘못된 생각입니다. 이도진 씨가 이 세상에 태어난 것은 자업자득이지 부모님의 책임은 절대로 아닙니다. 이도진 씨가 이 세상에 태어나야만 했던 원인은 이도진 씨 스스로 만든 것이지 다른 누가 만든 것이 아닙니다. 생각이 짧고 성급한 사람들은 자기는 절대로 이 세상에 태어나고 싶지 않았는데, 부모가 자기를 만들었으므로 어쩔 수 없이 울며 겨자 먹기로 이 세상에 나올 수밖에 없었다고 말하곤 합니다.

미안하지만 그거야말로 진실을 모르는 망상(妄想)입니다. 이도진 씨가 이 세상에 태어난 원인은 어디까지나 이도진 씨 자신이 스스로 만든 것이지 절대로 부모님 탓이 아닙니다. 내가 지금 여기 존재하고 있는 것은 어디까지나 내 탓이지 절대로 남의 탓이 아닙니다. 도(道)의 출발점은 바로 여기서부터 시작되는 겁니다. 모든 것은 남의 탓이 아니고 내 탓이라는 전제가 확실히 확립되지 않으면 아무리 도를 많이 닦아도 몽땅 다 헛수고로 그치고 말 것입니다. 처음 단추를 제대로 끼워야지 그것을 잘못 끼우면 전부 다 빗나가게 됩니다.

이 원리에다가 이도진 씨를 대입해 보면 모든 진상이 환히 드러나게 됩니다. 이도진 씨가 주사 부리는 아버지를 갖게 된 것도 알고 보면 이도진 씨 자신에게 근본 원인이 있었습니다. 따라서 주사 부리는 아버님을 원망하거나 미워해 보았자 전부 다 헛다리를 짚은 것에 지나지 않습니다."

"저의 과거생의 행적(行蹟)의 총집합체가 지금의 저 자신이라면 제 앞길은 이미 정해져 있는 것이 아니겠습니까? 그렇다면 구태여 미래를 위하여 애쓸 필요도 없는 거 아니겠습니까?"

"그건 전연 그렇지 않습니다."

"왜요?"

"이도진 씨의 현재는 이도진 씨의 과거 행적의 총화라고는 할 수 있을지언정 이도진 씨의 과거가 이도진 씨의 미래까지도 좌우하는 것은 절대로 아닙니다."

"그럼 저의 미래를 결정하는 것은 무엇입니까?"

"그건 어디까지나 이도진 씨의 현재의 언행에 달려 있는 것이지 절대로 이도진 씨의 과거에 달려 있는 것은 아닙니다. 지금 이도진 씨가 어떻게 마음먹고 행동하느냐 하는 것이 이도진 씨의 미래를 결정하는 요인이요 설계도가 되는 겁니다. 그래서 지혜로운 사람은 어떤 이의 현재를 보고 그의 미래를 정확히 짚어볼 수 있습니다."

"그럼 구체적으로 제가 어떻게 행동하는 것이 지금과 같은 곤경에서 벗어나는 지름길이 될 수 있겠습니까?"

"바르고 슬기롭게 살면 반드시 그 대가는 내생에 복이 되어 돌아오게 되어 있습니다."

"그렇다면 선생님 제가 전생에는 바르고 착하게 살지 못했다는 말씀입니까?"

"그것은 현재의 이도진 씨가 무엇보다도 잘 말해 주고 있다고 조금 전에도 말하지 않았습니까?"

"무슨 뜻인지 잘 이해가 가지 않는데요."

"지금 이도진 씨가 처해 있는 상황이 바로 이도진 씨의 전생의 결과라는 말입니다. 다시 말해서 과거생의 이도진 씨가 지금의 이도진 씨를 있게 만든 요인이었다는 말입니다. 씨는 뿌린 대로 거둔다든가, 자작자수(自作自受)라든가, 자업자득(自業自得)이라든가, 콩 심은 데 콩 나고 팥 심은 데 팥 난다는 격언들은 바로 이것을 두고 하는 말입니다.

또 『삼일신고』에 나오는 선복악화(善福惡禍)요 청수탁요(淸壽濁夭)요 후귀박천(厚貴薄賤) 즉 착한 사람에게는 복이 오고 악한 사람에게는 화(禍)가 오고, 기운이 맑은 사람은 오래 살고 기운이 흐린 사람은 요절하며, 후덕한 사람은 존귀해지고 박덕한 사람은 천박해진다는 말도 모두 다 인과응보의 이치를 설명하는 말입니다.

그러니까 이도진 씨가 지금과 같은 상황에서 벗어나고 싶으면 지금부터라도 부지런히 바르고 착한 생활을 하여 남들을 유익하게 해 주는 이타행(利他行)을 하면 다시는 지금과 같은 어려움은 겪지 않게 됩니다. 이것이 변함없는 인과응보의 이치입니다.

이 이치만 완전히 터득하게 되면 어떠한 사람이든지 자기가 지금 처한 역경을 원망하거나 거부하려 하지 않고 묵묵히 있는 그대로를 받아들여 하나하나 착실히 극복해 나갈 수 있을 것입니다. 어려움을 싫어하는 대신에 그것을 무명(無明) 속에 헤매는 자기 자신을 일깨워 주기 위한 섭리의 배려로 알고 은인자중하면서 꾸준히 난관들을 헤쳐나갈 것입니다."

"그렇다면 인과응보의 이치가 완전히 일상생활 속에 녹아있는 사람은 도인이라고 할 수 있겠네요."

"옳은 말씀입니다. 왜 그런지 아십니까?"

"모르겠는데요."

"인과응보의 이치를 깨달은 사람은 첫째로 참다운 지혜가 열리게 되어 있기 때문입니다. 그가 모르는 전문 분야가 아닌 이상 모든 인생 문제에 있어서 막히는 데가 없습니다. 어떠한 인생 문제 쳐놓고 인과응보의 원리로 설명되지 않는 것이 없기 때문입니다.

두 번째로 인과응보의 이치를 생활화하고 있는 사람은 항상 마음이 편안하고 즐겁습니다. 상하사방 어디를 둘러보아도 막히는 데가 없기 때문입니다.

세 번째로 무슨 일에든지 집착하는 일이 없습니다. 막히는 데가 없는데 집착할 일이 새삼스레 어디에 있겠습니까? 탐진치(貪瞋癡), 희구애노탐염(喜懼哀怒貪厭)에서 이미 벗어나 있으니 어디에도 걸리는 것이 없습니다. 집착이 없는 사람이야말로 생로병사(生老病死)의 고리에서 벌써부터 멀찌감치 벗어난 곳에서 유유자적할 수 있게 됩니다."

"지혜가 열리고, 마음이 늘 편안하고 즐겁고, 무슨 일에도 집착하지 않는다면 진리를 깨달은 사람이겠네요."

"그렇다고 보아야 합니다. 그래서 수행자는 늘 이 세 가지 잣대로 자기 자신을 측정해 보면 자신의 수련 정도를 언제든지 알아 볼 수 있습니다."

"선생님 저 같은 인간도 그런 경지에 오를 수 있을까요?"

"그렇고말고요."

"어떻게 하면 그렇게 될 수 있겠습니까?"

"그렇게 되기로 마음을 먹고 행동하고 노력하면 조만간 그렇게 될 수밖에 없게 되어 있습니다."

"제가 넘어야 할 가장 어려운 수련의 고비는 무엇인지 좀 말씀해 주십시오."

"이도진 씨가 주사 부리시는 아버님을 갖게 된 것을 고통이 아니라 고마움으로 받아들일 때가 되면 어려운 수련의 고비는 이미 넘었다고 보아도 됩니다."

외도(外道)란 무엇인가

1997년 10월 8일 수요일 8~19℃ 해

오후 3시 11명의 수련생들이 모여 앉아 여러 가지 얘기들이 오가던 중에 우창석이라는 중년이 말했다.

"불교에서는 자기네들의 전통적인 법문(法門)대로 수행을 하지 않는 선도(仙道), 기공부, 단전호흡, 단학(丹學), 기공(氣功), 관음법문(觀音法門) 같은 것은 무조건 외도(外道)라고 배격하는 경향이 있는데, 이 점을 선생님께서는 어떻게 생각하십니까?"

"그럼 전통 불교에서 지금 시행되고 있는 수행법에는 어떤 것이 있습니까?"

"배불(拜佛), 송경(誦經), 기도(祈禱), 찬불가(讚佛歌) 합창, 스님의 설법(說法)이 보편적인 경우이고, 수도승(修道僧)들을 위한 화두선(話頭禪) 또는 공안참구(公案參究)가 주류를 이루고 있습니다."

"그럼 배불(拜佛), 송경, 기도(祈禱), 찬불, 법문(法問), 참선만이 내도(內道)이며 정도(正道)고 그 이외의 어떠한 수련 방법도 전부 다 외도요 사도(邪道)라는 말인가요?"

"그렇습니다."

"내가 보기에는 그렇지 않다고 봅니다. 수련하는 사람의 내부에서 진리를 찾는 것은 전부 다 내도(內道)이고, 자기 자신의 내부가 아닌 외부에서 진리를 구하는 것은 전부 다 외도(外道)라고 생각합니다. 왜냐하면 진리는 우리들 각자의 내부에 있지 외부에 있는 것이 아니기 때문입니다. 다시 말해서 자기 자신의 내부에서 진리, 하느님, 부처님을 찾는 것은 내도(內道)요 정도(正道)이고, 이것을 밖에서 구하는 것은 모조리 외도(外道)요 사도(邪道)입니다.

아무리 전통적인 도법이라고 해도 밖에는 진리도 하느님도 부처님도 없기 때문입니다. 이것은 진지하게 구도(求道)를 해 본 사람은 누구나 다 체험으로 아는 사실입니다. 그렇습니다. 각자의 내부에는 진리도 하느님도 부처님도 우주도 일체가 다 들어 있어서, 수련 정도 여하에 따라 우리는 그 진리를 이용도 할 수 있고 밖으로 발현시킬 수도 있음을 알고 있습니다.

이러한 사실들은 구도자의 실체험을 통해서도 입증이 되고 있지만 동서고금의 모든 경전들 역시 한결같이 증언해 주고 있습니다. 『천부경』에 보면 인중천지일(人中天地一)이라는 구절이 나옵니다. 이것은 사람 속에 천지 즉 우주가 하나가 되어 들어 있다는 뜻입니다. 따라서 이 말은 『천부경』, 『삼일신고』, 『참전계경』을 평생 뭇사람들에게 가르친 우리의 시조 단군의 말씀이기도 합니다.

석가모니도 일체중생실유불성(一切衆生悉有佛性) 즉 '모든 중생에게는 불성(佛性)이 있다'고 했고, 예수 그리스도 역시 '하느님 나라는 너희 안에 있느니라'(누가 17:21)고 했습니다. 소크라테스도 '너 자신을 알라'고 제자들에게 말했습니다. 이것은 너 자신 속에 모든 진리가 다 들어 있다는 뜻입니다. 따라서 구도자가 자기 안에서 진리를 구하는 것은 무조건 내도(內道)요 정도(正道)입니다.

그러나 제아무리 전통적(傳統的)이요 정통적(正統的)이라고 권위를 내세워도 밖에서 진리를 찾고 복(福)을 구하는 일체의 기복(祈福) 행위는 글자 그대로 외도(外道)요 사도(邪道)일 수밖에 없습니다. 만약에 외부에 진리가 있다면 과거 지구를 다녀간 그 수많은 성현(聖賢)들이 한결같이 명상 수련을 할 필요 없이 탐험가처럼 밖으로만 쏘다녔을 텐데 그렇게 하지 않은 이유를 설명할 길이 없습니다."

"이젠 무엇이 정도(正道)이며 내도(內道)이고, 무엇이 외도(外道)이며 사도(邪道)인지를 명확하게 알 것 같습니다. 그런데, 선생님 법문(法問)과 법문(法門)은 어떤 차이가 있습니까?"

"법문(法問)은 강연, 설교를 말하고 불교의 전용어이고, 법문(法門)은 수련 방법 또는 수련법, 수행 비법 등을 말하는 불교 용어입니다."

"그럼 지금까지 인류가 발견한 법문(法門) 즉 수련법에는 어떤 것이 있습니까?"

"예배(禮拜), 기도, 주문(呪文), 강신술(降神術), 송경(誦經), 독경(讀經), 찬송(讚頌), 금식(禁食), 단식(斷食) 그리고 이름난 고승이나 영적(靈的) 스승의 법문(法問), 강연, 설교 듣기 같은 것이 있습니다. 그 밖에도 기공부, 기공, 참선(參禪), 명상, 관(觀), 관법(觀法) 수련, 위빠사나, 관기(觀氣), 관심(觀心), 관광(觀光), 관념(觀念), 관음(觀音)과 같은 수없이 많은 수련법이 있습니다."

"위빠사나는 어떤 겁니까?"

"그것도 일종의 관법 수련입니다. 지혜해탈법(智彗解脫法)을 말하는 원어입니다. 참선(參禪), 선(禪), 명상(瞑想), 관(觀), 관법, 위빠사나는 그 뜻이 대동소이합니다."

"관기(觀氣)는 무엇입니까?"

"기(氣)를 관찰하는 수련입니다. 외부의 기류(氣流)가 아니고 자기 내부의 기의 흐름을 관찰하는 기공부를 말합니다. 기류를 꾸준히 관찰함으로써 우리는 진리를 깨닫게 됩니다."

"관심(觀心)은 무엇입니까?"

"자기 자신의 마음의 움직임을 면밀히 관찰함으로써 역시 진리에 도달하는 수련법을 말합니다. 자기 자신의 마음의 흐름을 관찰함으로써 우리는 자기 마음을 통제할 수 있는 극기심을 키울 수 있습니다."

"관광(觀光)도 좀 설명해 주십시오."

"그러죠. 물론 여기서 말하는 관광은 경치나 명승고적을 구경하는 것을 말하는 것이 아니고 명상 중에 나타나는 빛을 관찰하는 것을 말합니다. 물론 물질에서 나오는 빛이 아니고 근원적인 힘, 즉 진리에서 나오는 빛을 말합니다. 이 빛을 꾸준히 관찰함으로써 우리는 진리 추구에 도움을 받을 수 있습니다. 단지 어떠한 빛에든지 현혹되지 말아야 합니다. 어떠한 경우에도 냉정하고 객관적으로 명상 중에 나타나는 빛을 관찰함으로써 구도(求道)에 도움을 받을 수 있습니다."

"그럼 관념(觀念)은 무엇입니까?"

"관념은 보통 생각, 견해를 말하는데, 여기서 말하는 관념은 그런 것이 아니고 마음을 조용히 가라앉히고 마음속에 일어나는 여러 가지 현상에 대한 실상을 탐구하고 정리하는 것을 말합니다."

"그렇다면 여러 가지 상념(想念)을 관하는 것을 말하는가요?"

"그렇습니다. 무시로 일어나는 상념을 꾸준히 관찰함으로써 우리는 거기에서 일정한 법칙을 발견할 수도 있을 것이며, 그것에 익숙해지면 그렇게 하지 않는 사람들이 흔히 상념에 시달리는 어리석음을 범하지 않게 될 것입니다."

"말하자면 상념을 관함으로써 우리는 그 상념까지 뛰어넘을 수 있다는 얘기겠군요."

"바로 그겁니다."

"관기(觀氣)에서 관념(觀念)까지는 대강 무슨 뜻인지 알 것 같은데 관음(觀音) 수련법만은 좀 생소한 것 같습니다. 관음 수련법에 대하여 좀 말씀해 주시겠습니까?"

우창석 씨가 말했다.

"관음(觀音)은 글자 그대로 소리를 관하는 수련을 말합니다. 소리라고 해서 우리가 귀로만 들을 수 있는 외부에서 들려오는 물질의 마찰음이 아니고 우리의 내부 깊숙한 곳에서 들려오는 자성(自性)의 소리, 진리의 소리를 관하는 수련을 말합니다."

"그 소리를 관하면 어떤 현상이 일어납니까?"

"석가모니는 『능엄경』에서 관음법문은 최고의 수련법으로서 이를 통하여 깨달음을 얻으면 생사해탈을 할 수 있다고 말했습니다. 이처럼 우리는 내면에서 들려오는 소리를 관함으로써 깊은 수련의 경지에 들 수 있고 마침내 깨달음을 얻을 수 있다고 합니다."

"선생님께서는 내면의 소리를 직접 들어보신 일이 있습니까?"

"있습니다."

"그럼 지금도 그 소리를 듣고 계십니까?"

"물론입니다."

"그럼 그 소리는 누구에게나 다 있습니까?"

"그럼요. 그 소리는 누구에게나 다 있습니다. 우리에게는 자성(自性)이 있는 것과 같이 그 자성의 소리는 누구에게나 다 있습니다."

"그렇다면 누구나 다 그 소리를 들을 수 있습니까?"

"누구든지 들으려고 하면 들을 수 있습니다."

"그럼 저도 들을 수 있다는 말씀입니까?"

"그렇구말구요."

"그런데 저는 그런 내면의 소리를 특별히 들을 수 없는데 그건 왜 그렇습니까?"

"그렇다면 그것은 그 소리가 없어서 못 듣는 것이 아니고 아직은 들을 만한 때가 아니어서 못 듣는 것이 틀림없습니다."

"들을 만한 때가 아니라는 것은 무슨 뜻입니까?"

"기 수련을 처음 시작할 때 기를 느끼는 정도가 사람에 따라 백인백색이요 천차만별인 것과 같이 이 내면의 소리를 들을 수 있는 것도 사람에 따라 다릅니다."

"기를 느낀다든가 내면의 소리를 듣는 것이 사람에 따라 다른 근본적인 이유는 어디에 있다고 보십니까?"

"그것은 그 사람의 근기와 업장과 수련 정도에 달려 있다고 봅니다. 수련이 깊어져서 업장이 가벼운 사람은 누구나 다 그 내면의 소리를

들을 수 있습니다."

"그런데 단전호흡을 하는 사람은 관음 수련에 방해가 된다는 견해도 있는 것 같은데 그 점은 어떻게 생각하십니까?"

"오히려 그 반대입니다. 기공 수련에서 효험을 보지 못한 사람이 그런 막연한 추측을 할 겁니다. 기공과 음공은 서로 장애가 되는 것이 아니라 상부상조(相扶相助)의 관계에 있다는 것이 내 경험에 의하면 확실합니다. 바로 이 때문에 『삼일신고』에서는 '성기원도(聲氣願禱)면 절친현(切親見, 見은 '볼견'으로도 쓰이고 '나타날 현'으로도 쓰인다)이나…' 하고 성(聲)만이 아니고 소리 기운 즉 성기(聲氣)라고 했던 것입니다. 그렇게 함으로써 단순한 소리가 아니고 기운이 뒷받침된 소리임을 밝혔던 것입니다."

〈38권〉

스승이 깨달음을 선물할 수 있는가

단기 4330(1997)년 10월 10일 금요일 11~18℃ 구름 해

오후 3시. 10명의 수련생이 모였다.

"선생님 저는 좀 다른 질문을 하나 드리겠습니다."

우창석 씨가 말했다.

"좋습니다. 어서 말씀하세요."

"어떤 책을 읽어보았더니 스승이 제자에게 깨달음을 선물한다는 말이 자주 나오는데 그런 일이 실제로 있을 수 있습니까?"

"그 말은 옳을 수도 있고 틀릴 수도 있습니다."

"어떤 경우에 옳을 수 있을까요?"

"만약에 스승과 제자 사이에 줄탁지기(啐啄之機)가 맞아떨어져 스승의 도움으로 제자가 한소식하게 되었다면 그렇게 표현할 수도 있을 것입니다. 그러나 스승이 아무리 가피력과 천백억화신이 수승(殊勝)하다고 해도 제자들이 깨달음에 이르도록 이끌어줄 수는 있을지언정 깨달음을 선물한다는 것은 좀 이상합니다.

깨달음은 물건이 아니고 탄생이나 죽음과 같은 생명의 내재적이고 자율적인 변화 현상인데 그것을 어떻게 선물할 수 있다는 말입니까? 나를 이 세상에 태어나게 해준 내 부모도 나의 생로병사는 대신해 줄 수 없는 법입니다. 깨달음이란 병아리가 알 속에서 어미닭이 품어주는 체온으로 자라나 줄탁지기를 맞아 어미 닭이 쪼아주면 알 껍질을 깨고 이 세상에 나오는 것과 같습니다. 어미 닭의 도움으로 병아리가 스스로 알을 깨고 나오는 것이지 그 탄생의 전 과정을 어미 닭이 선물하는 것은 아닙니다.

스승이 산모의 역할은 할 수 있어도 탄생 그 자체를 누구에게 선물한다는 것은 말이 안 됩니다. 왜냐하면 깨달음 역시 새로운 탄생이기 때문입니다. 깨달음이란 가아(假我)에서 진아(眞我)가 탄생하는 중요한 사건입니다. 탄생은 각 생명체의 인과에 그 원인이 있는 것이지 누가 외부에서 선물하는 것은 아닙니다."

"무슨 말씀인지 잘 알겠습니다. 그런데 그 책에서 말하는 것은 스승이 제자에게 가피력으로 생명의 소리와 빛을 체험하게 해주는 것을 그렇게 표현하는 것 같습니다."

"소리와 빛을 체험하게 해 주는 것은 어디까지나 수행자 자신에게 수련의 성과를 알게 해 주는 것이지 그것 자체가 깨달음일 수는 없습니다. 도계(道界)에서 말하는 깨달음이란 선정(禪定)을 통하여 지혜가 깨어나 생사에서 해탈하여 스스로 성불하는 것을 말합니다. 다시 말해서 아상(我相) 즉 에고를 타파하고 온갖 인간적인 집착에서 벗어나는 것을 말합니다.

이것을 보고 도(道)를 얻었다고 말합니다. 아침에 도를 얻으면 저녁에 죽어도 여한이 없겠다는 뜻의 조문도석사가의(朝聞道夕死可矣)할 때의 도(道) 말입니다. 소리와 빛을 보는 것은 기공 수련자가 기(氣)를 처음으로 느끼는 것과 같습니다. 소리, 빛, 기는 구도자가 진리를 추구하는 보조 수단이나 방편은 될 수 있을지언정 절대로 깨달음 그 자체는 아닙니다."

"그러면 깨달음은 무엇입니까?"

"깨달음은 진리와 하나가 되는 것입니다. 자기중심에 진리가 들어와 좌정한 상태를 말합니다. 그러나 소리, 빛, 기(氣)는 어디까지나 구도자를 그 진리라는 목적지까지 실어다 주는 매개체(媒介體)이지 진리 그 자체는 아닙니다. 진리가 달이라면 스승, 소리, 빛, 기 같은 것은 어디까지나 달을 가리키는 손가락에 지나지 않습니다.

그런데 마음에 중심을 잡지 못한 수행자들 중에는 손가락에 가려서 막상 달을 보지 못하는 사람들이 많습니다. 손가락을 달로 착각을 하는 것입니다. 다시 말해서 진리를 가리키는 방편을 진리로 착각을 하는 것입니다. 그래서 소리, 빛, 기 따위를 체험하는 것을 보고 깨달음을 얻었다고 오해를 하는 것입니다. 이러한 오해와 착각이 맹신(盲信), 맹종(盲從) 그리고 광신(狂信)을 부르게 됩니다. 구도자가 경계해야 할 무서운 함정입니다.

깨달음이란 죽음을 새로운 탄생으로 보고 태연하게 받아들일 수 있는 마음가짐이 잠시도 흔들리지 않는 것을 말합니다. 우리 수행자들은 항상 자기가 그 정도의 경지에 이르렀는가를 늘 점검해 보아야 합니다. 점검해 본 결과 아직 그러한 경지에 도달하지 못했다면 수행에 더욱더 박차를 가해야 합니다."

"그러니까 소리와 빛을 체험한다는 것은 깨달음에 이르는 수행의 최초의 방편 또는 첫걸음이라고 할 수 있겠군요."

"맞습니다. 그것이 정확한 표현입니다. 겨우 소리와 빛을 체험하고 깨달음을 얻었다고 흥분한다면 큰 잘못입니다. 그것은 이제 고작 깨달음에 이르는 기나긴 여정의 출발선을 겨우 넘어선 것에 지나지 않는다는 것을 알아야 합니다. 겨우 소리와 빛을 체험하고 깨달음을 얻었다고 좋아하는 것은 이제 유치원에 첫발을 들여놓은 아이가 박사 학위를 땄다고 좋아하는 것과 같이 어리석은 착각이 될 것입니다."

"결론적으로 말해서 스승은 제자를 깨달음으로 이끌어줄 수는 있어도 깨달음을 선물할 수는 없다는 말씀이군요."

"정답입니다. 마부가 말을 물가로 끌고 갈 수는 있어도 말이 물을 먹고 안 먹는 것은 전적으로 말의 자유의사에 달려 있는 것입니다. 진리를 깨닫고 못 깨닫는 것도 구도자 자신의 의사와 수행에 달려 있는 것이지 스승이 맘대로 선물하고 안 하고 하는 것은 결코 아닙니다."

이명(耳鳴)과 관음 수행

"이명(耳鳴)과 관음 수행과는 혹 어떤 상관관계가 있는 것이 아닙니까?"

"우리집에 찾아오는 수련자들을 관찰해 본 바에 의하면 대부분의 경우 이명(耳鳴)은 기 수련과 관계가 있다는 것을 알 수 있습니다."

"어떻게 말입니까?"

"기류(氣流)가 활발한 사람일수록 음류(音流)도 활발합니다. 그런데 가끔 가다가 기공부를 시작하기도 전부터 음류를 느끼는 사람이 있습니다. 본인은 이것을 단순히 이명(耳鳴)이라고 생각하여 왔는데 알고 보니 그게 바로 음류(音流)입니다."

"그걸 어떻게 알 수 있습니까?"

"촌구(寸口)와 인영(人迎) 맥을 짚어보아도 신방광경(腎膀胱經)에 이상이 있을 때 나타나는 석맥(石脈)을 전연 감지할 수 없습니다. 이것은 귀의 질병이 아니고 음류임에 틀림없습니다."

"그것을 어떻게 알 수 있습니까?"

"이명(耳鳴)을 귓병으로 잘못 알고 이비인후과에 가서 아무리 진찰을 해 보고 귀를 쑤셔보아도 의사는 이명의 원인을 알아내지 못합니다. 이때의 이명은 병이 아니고 관음 수련을 하라는 신호로 받아들이면 됩니다. 그런데 과거에는 관음이나 그 수련법에 대해서 아는 사람이 없었으므로 누구나 관음 수련을 할 기회가 없었습니다. 그러나 지금은 사정이 달라졌습니다."

"어떻게 달라졌습니까?"

"지금은 기공부를 하여 수승화강이 정착된 사람이라면 귀에서 나는 소리를 관(觀)하기만 해도 금방 반응이 오게 되어 있습니다."

"어떤 반응이 오는데요?"

"그 이명(耳鳴)을 관(觀)하자마자 금방 인당이 욱신욱신하고 머리가 시원해집니다. 특히 수승화강(水昇火降)이 정착된 기 수련자들은 음류를 관하면 단전이 동시에 달아오릅니다. 또 마음이 차분하게 안정이 되고 잡념이 사라집니다. 이것은 관음 수행이 이미 시작되었다는 증거입니다.

“만약에 이명(耳鳴)으로 고생하는 사람이 있을 경우 어떻게 하면 좋겠습니까?”

“우선은 그것이 질병인지 아니면 음류(音流)인지를 분별할 수 있는 사람을 찾아가서 판정을 받은 후에 질병이 아닐 경우에는 관음 수련을 하게 하는 것이 좋습니다.”

“그렇다면 관음 수련은 세 가지 공부 중에서 어디에 속합니까?”

“그거야 물론 기공부에 속합니다.”

“무엇 때문이죠?”

“음(音)은 기(氣)가 형태를 바꾼 것이기 때문입니다. 음뿐만 아니라 빛, 열(熱), 바람 할 것 없이 모두가 에너지의 기본 형태인 기 에너지에서 변화한 것이기 때문입니다. 바로 이 때문에 기공으로 수승화강이 정착된 사람이 관음 수련을 시작하면 관음 수련의 중심 경혈(經穴)인 인당과 기 수련의 중심 경혈인 하단전이 동시에 달아오르는 것입니다.”

“그럼 기공부를 전연 해보지 않은 사람이 관음 수련을 하면 어떻게 될까요?”

“기 수련을 전연 하지 않아서 하단전이 허(虛)한 사람이 관음 수련을 한다고 인당혈부터 관하게 되면 하체가 약해서 수승화강(水昇火降)이 제대로 이루어지지 않으므로 기혈이 머리로만 몰리게 되어 상기(上氣)가 될 가능성이 있습니다.”

“상기가 되면 어떻게 됩니까?”

“온몸의 기혈(氣血)이 머리에 몰려 두통이 나고 현기증이 일어나게 됩니다."

"그런 때는 어떻게 하는 것이 좋겠습니까?"

"관음 공부를 하기 전에 마음공부, 몸공부와 함께 기공부를 충분히 하여 반드시 수승화강이 이루어진 뒤에 해야 합니다."

관음 수련의 목적

1997년 11월 2일 일요일 4~14℃ 해 구름

오후 세시 11명의 수련생들이 모여서 명상을 하다가 기탄없는 얘기들을 주고받았다.

"선생님 관음 수행을 하다가 단전이 식어 올 때는 어떻게 해야 합니까?"

"그럴 때는 관음을 잠시 중단하고 단전을 관(觀)해야 합니다."

"왜 단전이 식는 현상이 일어납니까?"

"수승화강(水昇火降)이 정착되지 않은 상태에서 관음 수련을 하면 그런 수가 있습니다. 이런 때에 관음 수련을 하게 되면 필연적으로 상단전에 기혈이 모여들게 되어 있습니다. 이것을 상기(上氣)라고 합니다. 몸 전체의 기혈 운행의 균형이 깨어졌기 때문입니다."

"수승화강이란 무엇을 말합니까?"

"머리의 화기(火氣)는 하체로 내려오고 신방광경의 수기(水氣)는 위로 올라가는 기혈의 순환 작용을 말합니다."

"수승화강이 정착되면 어떤 현상이 일어납니까?"

"몸이 최상의 컨디션을 유지하게 되어 입에는 항상 단침이 고이게 되어 있습니다."

"마음이 초조해져도 그렇습니까?"

"수승화강이 제대로 이루어지는 사람은 마음이 초조해지지 않습니다."

"그건 왜 그렇습니까?"

"항상 마음에 여유가 있으니까 초조하고 싶어도 초조해지지 않습니다."

"수련이 어느 단계에 이르면 그렇게 될 수 있습니까?"

"대주천을 지나 피부호흡이 되면 수승화강이 저절로 이루어집니다. 이 단계에 들어선 수련자는 아무리 관음 수련을 열심히 해도 단전이 식어지기는커녕 도리어 더 달아오릅니다. 이 단계에 도달한 사람은 초조 같은 거 모릅니다. 비록 초조한 일이 있어도 일시적입니다. 곧 극복하게 된다는 말입니다."

"어째서 그렇게 됩니까?"

"상, 중, 하단전이 한통으로 통해 있어서 온몸의 기혈 운행이 균형을 이루고 있기 때문입니다. 이때는 세 개의 단전 중 어느 하나가 달아올라도 그 나머지 두 개의 단전이 동시에 달아오르게 됩니다. 삼합진공(三合眞空) 상태에 들어간 것을 말합니다."

"그렇다면 수승화강이 되지 않는 사람은 관음 수련을 하지 않는 것이 좋겠습니까?"

"반드시 그렇지는 않습니다. 내가 좀 전에 말한 대로 관음 수련 도중에 하단전이 식어오면 곧 관음을 중단하고 하단전을 관하면 됩니다. 하단전이 충분히 달아올랐다고 생각될 때 다시 관음 수련을 합니다. 이처럼 수행자 스스로 상하 단전의 균형을 잡아가다가 보면 어느 때 가서는 수승화강이 정착하게 됩니다.

그때가 되면 관음 수련을 해도 하단전 중단전이 동시에 달아오릅니다. 그렇게 되면 하단전만을 관할 필요는 없어지게 됩니다. 상단전(인당), 중단전(전중), 하단전(기해) 중 어느 하나의 단전만을 관해도 세 개의 단전이 동시에 달아오르면 대주천, 피부호흡, 수승화강, 삼합진공이 완전히 정착되었다고 말할 수 있습니다."

"피부호흡이 되고 있는지 안 되고 있는지는 무엇으로 알 수 있습니까?"

"피부호흡이 되는 사람은 내복을 입을 수 없습니다."

"내복이라면 어떤 것을 말합니까?"

"메리야스로 된 몸에 착 달라붙는 내복류를 말합니다."

"내복을 못 입는 이유라도 있습니까?"

"피부호흡이 되는 사람이 몸에 착 달라붙는 내복을 입으면 갑갑해서 견디지를 못합니다. 착 달라붙는 내복이 피부의 기공(氣孔)을 막아버리기 때문입니다. 물론 보통 사람들도 기공으로 피부호흡을 하기는 하지만 내복을 입으면 갑갑해서 못 견딜 정도로 활발하게 하지는 않습니다. 그래서 보통 사람들은 내복을 입어도 아무 일 없습니다. 그러나 기공부를 착실히 하여 피부호흡이 되는 사람은 아무리 기온이 내려가 영하 10도 이하의 혹한이 닥쳐와도 내복을 입으면 마치 한증탕에라도 들어갔을 때처럼 숨이 막혀서 못 견디게 됩니다."

"선생님 관음 수련을 하는 목적은 어디에 있습니까?"

"기공(氣功)이든 음공(音功)이든 모든 수련의 목적은 마찬가지입니다."

"그 목적이 무엇인데요?"

"정(定)을 얻자는 데 있습니다."

"정(定)이란 무엇입니까?"

"선정(禪定)을 말합니다."

"선정(禪定)은 또 뭡니까?"

"현상계(現象界)에서 절대계(絕對界)로 들어가는 의식의 초월 현상을 말합니다."

"절대계란 어떤 곳입니까?"

"시간이 흐름을 멈춘 곳입니다. 공간(空間)도 유무(有無)도 사라진 세계입니다. 불경에서 말하는 불생불멸(不生不滅), 부증불감(不增不減), 불구부정(不垢不淨)의 세계요 용화세계, 니르바나, 서방정토(西方淨土)를 말합니다. 붓다가 말한 공(空)의 경지이구요."

"그 절대계에 들어가면 어떻게 됩니까?"

"의식에 근본적인 변화가 일어납니다. 이른바 깨달음이라고 하는 현상입니다. 이것을 또 생사해탈(生死解脫)이라고도 합니다."

"생사해탈을 한 사람은 보통 사람과 비교해서 어떤 점이 크게 다릅니까?"

"생사해탈자는 사물을 부정적으로 보는 일이 없습니다. 어떤 일이든지 긍정적으로 본다는 말입니다."

"실례를 하나 들어서 말씀해 주시겠습니까?"

"지금 당장 지구의 파멸이 닥쳐온다고 해도 당황하거나 두려워하지 않습니다."

"그렇다면 지구가 곧 파멸한다는데도 괜찮다는 말인가요?"

"그렇습니다."

"왜요?"

"보통 사람들은 지구가 곧 파멸한다면 당황하거나 겁을 먹게 되는

것이 인지상정(人之常情)입니다. 왜 그렇다고 보십니까?"

"죽음 때문이 아니겠습니까?"

"그렇습니다. 그러나 생사해탈한 사람이 당황하거나 겁내지 않는 것은 말 그대로 생사해탈(生死解脫)을 했기 때문입니다."

"생사해탈이란 구체적으로 무엇을 말합니까?"

"말 그대로 생사에서 벗어나 있다는 말입니다."

"무슨 뜻인지 상식적으로는 감이 잡히지 않는데요."

"깨달은 사람은 자기의 본래 소속이 생사 유무가 없는 절대계라는 것을 알고 있습니다. 아니 자기 자신이 바로 영생이고 진리 그 자체라는 것을 알고 있고 지구상에 있는 자기는 인과에 의해 잠시 사람이라는 껍질을 쓰고 머물고 있었을 뿐이라는 것을 잘 알기 때문입니다.

다시 말해서 지구상에 존재하는 자기는 복사판(複寫版)에 지나지 않고 절대계에 있는 원판(原版)은 영원히 변함이 없이 여여(如如)하다는 것을 알고 있으니, 언젠가는 사라지게 되어 있는 지구며 그 위에 있는 인간이 없어진다고 해서 새삼스레 당황하거나 겁낼 이유가 조금도 없는 겁니다. 영원히 변하지 않는 원판은 그대로 있는데 복사판쯤 없어져 보았자 겁낼 일은 조금도 없는 일입니다. 원판이 있는 이상 복사판은 필요에 따라 얼마든지 찍어낼 수 있습니다. 『천부경』에 보면 용변부동본(用變不動本)이라는 구절이 있는데 이것을 말한 것입니다. 본체는 늘 그대로 있지만 쓰임은 수시로 바뀐다는 말입니다."

원판(原版)과 복사판(複寫版)

"그렇다면 지구상의 모든 것은 용(用) 즉 쓰임에 지나지 않는다는 말씀입니까?"

"그렇습니다. 본(本) 즉 원판은 언제나 까딱없는데 쓰임인 복사판이야 아무리 망가져 보았자입니다."

"그럼 그 본(本)이니 원판(原版)이니 하는 것은 도대체 무엇입니까?"

"그것이 바로 삼라만상의 본래 모습으로서 진리(眞理)라고도 하고, 본래면목(本來面目)이라고도 하고, 하늘이니 하느님이니 하는 것입니다. 이것을 우주의 주인이라고도 말합니다."

"아니 그렇다면 우리 인간의 본래 모습이 바로 우주의 주인이라는 말씀인가요?"

"바로 맞혔습니다."

"그렇다면 저도 깨달았다고 할 수 있다는 말씀입니까?"

"그렇구말구요. 그러나 오직 지식과 정보로 알았다는 것뿐입니다."

"그럼 그 이상의 무엇이 더 필요합니까?"

"필요하구말구요. 그렇게 머리와 지식으로만 알아버리는 것이 깨달음이라면 이 세상에 도인(道人) 아닌 사람이 없을 것입니다. 그렇게 지식으로만 알아버린 사람은 지금 당장 지구가 폭발한다고 하면 틀림없이 당황하고 공포심에 사로잡히게 될 것입니다. 그렇지 않습니까?"

"그렇습니다. 지구가 지금 당장 폭발해도 겁나지 않는다면 거짓말입니다."

"왜 그렇겠습니까? 그게 바로 깨달음은 지식이나 정보를 접하는 것만으로는 안 된다는 것을 말해 줍니다."

"그럼 어떻게 해야 합니까?"

"의식이 총체적으로 변하여 우주의 주인이 되어야 합니다. 용(用)에서 본(本)으로, 복사판에서 원판으로 바뀌어야 합니다. 그렇게 되면 지구 하나쯤 파괴되어도 눈 하나 깜짝 안 할 것입니다. 왜냐하면 이 은하계에만 해도 지구와 같은 조건과 환경을 갖춘 천체가 무려 3백억 개나 된다니까요. 그렇지 않겠습니까?"

"과연 우주의 주인쯤 되면 그렇겠는데요."

"우리가 수련을 하는 목적은 누구나 그만한 우주의 주인이 되기 위해서입니다."

"어떻게 하면 그렇게 될 수 있겠습니까?"

"우리 각자가 우리 자신의 내부에 있는 우주의 주인을 끌어내기 위해서 전력투구하면 누구나 그렇게 될 수 있습니다."

"그러기 위해서는 어떻게 해야 합니까?"

"어떤 수련 방편을 이용하든지 간에 정(定)에 들어야 합니다."

"정(定)이 무엇인데요?"

"아까 말했는데 또 묻습니까?"

"사항이 워낙 중요해서요."

"정(定)이란 마음이 평화롭고 고요한 상태입니다. 명경지수(明鏡止水)가 되어야 호수 속을 환히 들여다 볼 수 있듯이 우리는 정(定)에 들어야 실상(實相)을 볼 수 있습니다. 심약정현정토(心若定見淨土)입니다. 즉 마음이 안정되면 정토가 나타난다고 했습니다. 정토(淨土)야말로 절대계이며 극락이고 용화세계이고 미륵세계이고 하늘나라입니다.

삼대경전도 백열두 가지 탄트라 수행법도, 불경도 사서삼경도 성경도, 우파니샤드도 요가도 코란도, 삼공선도도 관음법문도 그 밖의 온갖 방편들이 전부 다 이 정(定)을 얻기 위해서 고안된 것들입니다. 정(定) 속에 진리가 있기 때문입니다. 우리가 기류(氣流)와 음류(音流)를 관하는 것도 바로 이 정을 얻기 위해서입니다."

"왜 꼭 진리를 깨닫기 위해서는 정(定)을 얻어야 하는지 모르겠습니다."

"정(定)이야말로 진리에 이르는 피할 수 없는 관문이니까요. 부모님의 힘을 빌리지 않고는 우리가 이 세상에 태어날 수 없는 것과 같이, 정(定)을 통하지 않고는 아무도 진리를 보는 지혜의 눈을 뜰 수 없습니다."

"기류와 음류는 진리와 무슨 관계가 있습니까?"

"있구말구요. 기류와 음류야말로 진리의 파장입니다. 따라서 진리와 하나가 되려면 진리의 파장과 우리들 자신의 파장을 일치시켜야 합니다."

하나면서 둘

"선생님 저는 다른 질문을 하나 하겠습니다."

"무엇인지 말씀해 보세요."

"『선도체험기』를 죽 읽어보면 참나와 거짓 나, 진아(眞我)와 가아(假我)가 자주 나옵니다. 그렇다면 사람에게는 누구나 한 몸에 두 개의 영혼이 있다는 애기인지, 아니면 진아가 들어올 때는 가아는 나가고 가아가 들어올 때는 진아가 나가는 것인지 알고 싶습니다."

"참나와 거짓 나가 따로 떨어져 있는 것이 아닙니다."

“그럼 어떻게 되는 겁니까?”

“참나와 거짓 나는 따로 따로 떨어져 있는 것이 아니고 동전의 앞뒷면처럼 하나이면서 둘입니다.”

“그럼 어떤 때 참나가 나타나고 어떤 때에 거짓 나가 나타납니까?”

“그건 우리의 마음에 달려 있습니다. 우리 마음이 이기심에서 벗어나 이웃을 생각할 때나 진리를 깨달으면 참나가 나타나고 내 이익만을 챙기려고 할 때는 거짓 나가 등장하는 겁니다. 본래면목인 중심축은 원래 이기심도 이타심도 초월해 있습니다. 자동차의 기어 변속기의 중립과도 같은 위치에 있습니다.

우리의 마음먹기에 따라 변속기는 1단도 되고 2단, 3단, 4단, 5단도 되고 후진도 될 수 있습니다. 그와 마찬가지로 우리 자성(自性)인 본래면목도 언제나 중립의 위치에 있다가 우리가 어떻게 마음을 먹느냐에 따라 참나도 될 수 있고 거짓 나도 될 수 있습니다.”

“그러니까 하나이면서도 둘이라는 뜻입니까?”

“그렇습니다. 우리의 마음먹기에 따라 참나도 거짓 나도 될 수 있으니까 그렇게 말할 수 있습니다. 그러나 중심축은 이 둘을 초월해 있습니다. 그러니까 굳이 정의해 말한다면 참나는 거짓 나이고 거짓 나는 참나입니다. 만법귀일(萬法歸一), 일귀만법(一歸萬法), 색즉시공(色卽是空)이요 공즉시색(空卽是色)이라 그겁니다. 불교에서는 그 중심을 니르바나, 정토(淨土), 피안(彼岸), 서방세계(西方世界)라고 말하고 한국에서는 그 중심을 한, 하나님, 하늘, 하늘나라, 진리, 도(道)라고 말합니다.”

"그렇다면 진리는 선(善)도 악(惡)도 아니라는 말씀입니까?"

"그렇습니다. 선이 있으면 반드시 악이 있게 마련입니다. 이것이 상대세계(相對世界)의 속성입니다. 선악이 있으면 반드시 생사(生死)도 흥망성쇠(興亡盛衰)도 있게 되어 있습니다. 우리가 수련을 하는 목적은 이 생사의 상대세계에서 벗어나 생사도 선악도 흥망성쇠도 없는 영원한 생명이 지배하는 진리의 세계에 들어가자는 것입니다."

"그 영생의 세계는 어디에 있습니까?"

"어디에 있다고 보십니까?"

"그걸 저도 잘 모르겠습니다."

"어디에 있는지 찾아보도록 하세요."

"어떻게 해야 그것을 찾아낼 수 있습니까?"

"우리가 귀중품을 잃어버렸을 때 어떻게 합니까?"

"잃어버린 주변을 샅샅이 뒤져야죠."

"그렇습니다. 뒤져야죠. 그러나 귀중품이니까 정신 바짝 차리고 두 눈에 온 신경을 모으고 찾아 헤맬 것입니다. 영생의 세계는 다른 것이 아니고 바로 참나입니다. 거짓 나가 아니고 내 본래의 참나입니다. 귀중품 같은 것은 있다가도 없고 없다가도 있을 수 있지만, 진아(眞我)는 한번 잃어버리면 세세생생(世世生生) 찾아 헤매어도 못 찾는 수가 왕왕 있습니다. 한번 숨어버리면 그렇게 찾아내기가 어렵습니다.

성현들이 이구동성으로 한 말에 따르면 그 참나는 각자의 내부에 있다고 합니다. 그렇게 많은 성현들이 똑같은 말을 하는 것을 보면 그 말이 맞는 것 같습니다. 그리하여 우리는 구도자가 되어 우리의 내부에 있다는 참나를 찾는 데 전 생애를 걸기도 합니다. 구도에 있어서 가장 중요한 것이 무엇인지 아십니까?"

"모르겠는데요."

"그것은 남들이 쓴 책이나 성현들이나 교주들의 어록(語錄)인 경전(經典)을 통해서가 아니라 구도자 자신의 직접적인 자기 체험을 통해서만이 진리에 도달할 수 있다는 것입니다. 남의 책이나 경전만으로 공부하는 것은 남의 나무에 접붙인 기생목(寄生木)과 같아서 자기 색깔도 낼 수 없고 자생력도 없습니다.

그것은 남의 체험을 자기 체험인 양 도용(盜用)한 것밖에는 되지 않습니다. 남의 목소리를 자기 목소리인 양 흉내내는 것밖에는 되지 않습니다. 이런 사람은 기껏해야 아류(亞流)밖에는 되지 못합니다. 아류도 못 되면 맹종자, 맹신자, 광신자가 되어 사이비 교주가 되는 것이 고작입니다."

"그렇게 되지 않으려면 어떻게 해야 합니까?"

"남들이 쓴 책들은 그냥 참고서로 훑어보아야 하고, 처음부터 끝까지 성현들이 가르친 방편들이나 자기 자신이 개발한 수련법을 실천해 보고 느낀 자기 체험을 바탕으로 하여 파고들어야 합니다. 구도는 체험으로 시작하여 체험으로 끝을 맺는다는 것을 알아야 합니다. 자기 체험이 아닌 것은 모조리 다 가짜입니다."

"그렇다면 불자(佛子)에게 불경이나, 기독교인에게 성경도 그렇다는 말씀입니까?"

"불경이나 성경 속에 아무리 진리가 기술되어 있다고 해도 그것은 어디까지나 남이 경험한 것이지 자기가 직접 체험한 것은 아닙니다. 따라서 불경이나 성경의 내용도 자기 체험으로 소화되어 일단 검증을 해 보아 그 진실성을 확인해야 합니다. 이러한 검증 과정이 없는 진리는 참된 자기 것이라고 할 수 없습니다.

불경이나 성경의 내용을 덮어놓고 그냥 믿어버리는 것은 남이 가르쳐 준 약도대로 목적지에 찾아가 확인도 해 보지 않고 무작정 믿어버리는 것과 같이 불성실한 짓이 아닐 수 없습니다. 아무리 그 약도가 신빙성이 있는 것이라고 해도 자기가 직접 가서 제 눈으로 확인해 보지 않는 한 자기 눈으로 본 것처럼 남에게 확신을 가지고 말할 수 없습니다.

만약에 자기 눈으로 직접 확인해 보지도 않고 자기 눈으로 본 것인 양 남에게 말한다면 그것은 엄격히 말해서 거짓말이 되는 것입니다. 성경 말을 앵무새 모양 되뇌는 목사는 목회를 10년을 해도 20년을 해도 남의 말을 흉내를 낸 것이지 자기 목소리로 말한 것은 아닙니다. 실제로 나는 군대에서 이런 목사(군목)를 만나 본 일이 있었습니다. 웬만큼 친해진 다음에 나는 그에게 물었습니다.

'목사님은 실제로 하나님을 만나 본 일이 있습니까?'

'하나님이 있기는 어디에 있어요. 그거 다 뻥입니다.'

'그런데 어떻게 교인들에게는 말끝마다 하나님을 입에 올릴 수 있습니까?'

'신학교에서 배운 게 그것밖에 없으니까, 배운 도둑질이라고 그것으로 이럭저럭 처자식 먹여 살리는 거죠 뭐.'

'아니 그럼 하나님을 찾아 본 일이 있기는 있습니까?'

'참! 김 중위(군대에 있을 때의 나)는 딱하기도 하오. 하나님이 있기는 어디에 있다고 그러는 거요? 목회생활을 한 지 10년이 되었지만 하나님 같은 것은 어디에도 없습디다. 김 중위도 일찌가니 꿈 좀 깨시오.'

이렇게 핀잔 비슷하게 말하는 것이었습니다. 그 후 나는 그 목사의 말이 뇌리에서 지워지지 않았습니다. 과연 그 목사의 말대로 하나님은 없다는 말인가? 그렇다면 성경의 말씀들은 다 새빨간 거짓말이란 말인가? 이 의문은 늘 내 뇌리에서 지워지지 않다가 지금부터 11년 전 내가 직접 수련에 뛰어들고 나서 얼마 안 되어 곧 판명이 났습니다."

"어떻게요?"

"하나님은 엄연히 존재한다는 것을 체험을 통해서 깨닫게 되었습니다. 그로부터 나는 그 목사의 말이야말로 새빨간 뻥이라는 것을 알았습니다."

"어떻게 하면 하나님의 존재를 확인할 수 있습니까?"

"관(觀)을 통해서 그리고 그 밖의 수많은 방편들을 이용하여 무사무념무심(無思無念無心)의 경지에 이른 사람은 정(定)에 도달하여 마침내 지혜가 피어나 본래면목을 대하게 됩니다."

"정(定)이란 무엇입니까?"

"부동심(不動心) 즉 아상(我相)이 사라진 경지입니다."

"아상은 무엇입니까?"

"본래면목을 가리고 있는 안개나 구름과 같은 것입니다. 희구애노탐염(喜懼哀怒貪厭)에 휘둘리고 생로병사(生老病死)의 윤회를 거듭하는 동안 억겁을 두고 쌓이고 쌓여 온 업장들이 전부 다 구름입니다. 첩첩

이 쌓인 구름이 걷히면 눈부신 태양이 드러나듯 그렇게 우리의 진면목은 우리 눈앞에 나타나게 되어 있습니다.

그때 우리는 그 진리의 태양으로부터 직접 무한한 에너지를 공급받게 됩니다. 예수가 말한 마르지 않는 샘물이 솟아오르는 생명수처럼 우리는 그 진리의 태양으로부터 무한한 생명의 에너지를 공급받게 되는 것입니다. 이처럼 영원한 생명수와 통수(通水)된 사람을 우리는 성통(性通)했다고 합니다. 더이상 생로병사의 굴레를 뒤집어쓰지 않는다고 해서 생사해탈(生死解脫)했다고도 말합니다."

"본래면목이란 무엇입니까?"

"진리입니다."

"그럼 하나님은 무엇입니까?"

"진리의 구현체(具顯體)가 바로 하나님입니다."

하나님은 어디에 있는가

"그럼 그 하나님은 어디에 있습니까?"

"우리의 눈에 보이는 삼라만상이 전부 다 하나님입니다."

"그럼 보이지 않는 하나님도 있습니까?"

"있구말구요."

"그건 어디에 있습니까?"

"그것이야말로 눈에 보이지는 않지만 보이는 삼라만상 뒤에 엄연히 존재하는 실체입니다."

"그것을 어떻게 알 수 있습니까?"

"눈에 보이는 삼라만상이 눈에 보이지 않는 하나님의 구현체입니다. 다시 말해서 우리 눈에 보이는 삼라만상은 그 보이지 않는 실체의 그림자에 지나지 않습니다."

"그것을 입증할 수 있습니까?"

"있구말구요. 얼마든지 입증할 수 있습니다."

"우리들이 알 수 있게 입증해 주시기 바랍니다."

"그것을 입증하기 전에 우창석 씨에게 한 가지 묻고 싶은 것이 있습니다."

"어서 말씀해 보십시오."

"우창석 씨는 마음이 있다고 생각하십니까, 없다고 생각하십니까?"

"아니 마음이 없는 사람이 어디에 있겠습니까?"

"그럼 일체유심조(一切唯心造)라는 말은 믿습니까?"

"물론 그 말은 믿습니다."

"그럼 우창석 씨의 몸은 우창석 씨의 마음의 구현체(具顯體)라는 것은 믿습니까?"

"과연 그럴 것 같은데요."

"왜 그럴 것 같다고 보십니까?"

"몸에서 마음이 떠나면 그 사람의 몸은 생명활동을 중단하니까 그럴 것 같습니다."

"그처럼 사람의 눈에 보이지 않는 마음이 있다는 것을 확실히 알게 되면 우주에는 보이지 않는 우주의 마음인 하나님도 엄연히 존재한다는 것을 알 수 있지 않을까요? 왜냐하면 사람은 우주의 축소판인 소우주니까요. 우리 자신을 잘 알고 나면 우주 전체를 잘 알 수 있기 때문입니다."

"과연 그렇겠는데요."

"과연 그렇다는 것이 느낌으로 사무쳐 옵니까?"

"느낌으로 사무쳐 오는 정도는 아닙니다. 그저 이치로 따져서 그렇다는 것을 알 수 있을 것 같습니다."

"그렇게 어설프게 논리적으로 머리로만 알아 가지고는 어디 가서든지 남에게 확신을 가지고 말할 수 없습니다."

"그럼 어떻게 알아야 합니까?"

"마음과 몸과 기운 전체의 느낌으로 보이는 하나님과 보이지 않는 하나님이 육친의 정 이상으로 확 사무쳐 들어와야 합니다. 그래야만이 그 사람의 인생관이 통째로 변하여 새로운 눈을 뜨게 됩니다. 그 때에 범인이 성인이 되고 도둑이 구도자가 됩니다. 그렇게 된 후에라야 남에게 그 얘기를 해도 듣는 사람의 심신을 통째로 바꾸어 놓을 수 있는 능력을 구사하게 됩니다."

"그건 왜 그렇습니까?"

"하나님의 능력이 가피력(加被力)이 되어 말하는 사람의 입을 통해서 듣는 사람에게 직접 전달되기 때문입니다."

"그런데 왜 아까 말씀하신 그 목사는 목사생활을 10년이나 했으면서도 하나님을 느끼지 못했을까요?"

"그 목사는 목사라는 것을 하나의 직업이요 생계수단으로 알았을 뿐이지 구도의 방편으로는 보지 않았기 때문입니다. 그래서 하나님을 철저히 알아보아야겠다는 구도심 같은 것은 애당초 있지도 않았습니다. 문은 두드리는 자에게 열리게 되어 있지 두드리지도 않는 속물(俗物)에게 열릴 리가 없습니다.

만약에 그 목사에게 구도심이 있었다면 '하나님은 없다'는 확정적인 대답이 그렇게 수월하게 나올 수 없었을 것입니다. 그러나 그 목사는 그래도 솔직한 데라도 있습니다. 자기가 보기에 하나님이 없으니까 없다고 솔직하게 말했으니 얼마나 순진합니까?"

"다른 목사들은 그렇지 않다는 말씀입니까?"

"그렇고말고요. 그들은 성경을 앵무새처럼 되뇌면서도 누가 하나님을 보았느냐고 질문을 하면 보지도 느끼지도 못했으면서도 보았다고 뻔뻔스럽게 거짓말을 합니다."

"거짓말을 했는지 어떻게 알 수 있습니까?"

"어리숙하고 천진난만한 사람들은 거짓말에 잘도 속지만 수련이 조금이라도 깊어진 사람은 도저히 속일 수 없습니다. 돌팔이가 진짜 의사를 속일 수 없듯이 말입니다. 약도를 들고 직접 찾아가서 목적물을 자기 눈으로 확인한 사람과 가 보지도 않고 남의 말만 듣고 가 보았다고 거짓말한 사람은 어디가 달라도 다르게 되어 있습니다.

거짓말은 언제 어느 때라도 들통이 나게 되어 있다는 것은 일상생활의 진리입니다. 거짓말하는 사람의 눈은 흐리멍덩하고 목소리에는 힘도 확신도 실려 있지 않습니다. 따라서 설득력도 없습니다. 거짓말하지 말라는 십계명을 어기느라고 양심의 가책을 받지 않을 수 없으니 목소리에 힘이 실릴 리가 없습니다. 그러나 아까 말한 목사는 자기가 느낀 것을 솔직히 그대로 말했으므로 그 나름대로는 거짓말은 하지 않았습니다. 적어도 하나님의 존재를 나중에라도 체험하고 깨닫기까지는 말입니다.”

“정말 하나님은 있습니까?”

“하나님은 우창석 씨가 지금 여기에 존재하는 것처럼 우창석 씨 속에 좌정하고 있습니다.”

“그게 정말이십니까?”

“정말이고말고요. 우창석 씨뿐만이 아니라 여기 있는 사람은 누구나 다 하나님 자신입니다. 어찌 우리 자신들뿐이겠습니까? 온 인류가 다 하나님 그 자체입니다. 또 어찌 인류뿐이겠습니까? 온갖 동식물과 광물을 포함한 만물만생이 다 하나님 아닌 것이 없습니다.”

“만물은 고사하고 우선 사람만을 생각해 봅시다. 모든 사람이 다 하나님이라는 말을 어떻게 입증할 수 있습니까?”

“그것을 입증하는 것은 아주 간단합니다.”

“어떻게 그렇게 간단하게 입증할 수 있습니까?”

“예수는 하나님을 사랑이라고 말했습니다. 이것이야말로 참으로 명언입니다. 예수가 말한 사랑은 물론 남녀의 애욕을 말한 것은 결코 아니고 보편타당한 인류애, 즉 이타심을 말한 것입니다. 제아무리 흉악무도한 살인강도도 일백 프로 완벽한 이기주의자로서는 이 사회에서 생존할 수 없습니다. 우리가 생존한다는 것 자체가 남들과의 상부상조의 결과이니까요.

따라서 제아무리 이기적인 인간이라고 해도 일백 프로 완벽한 이기주의자로는 생존할 수 없는 것이 인간사회의 속성입니다. 다만 1프로의 이타심도 없는 사람은 살아갈 수 없다는 얘기입니다. 바로 이 1프로의 이타심이 바로 하나님입니다. 이 1프로의 이타심은 어느 때 어디서 99프로의 이타심으로 변할지 모릅니다. 1프로의 이타심이나 99프로의 이타심이나 하나님인 것은 마찬가지입니다. 이 이타심이 바로 사랑, 자비, 용서, 관용, 양보, 겸손, 희생, 의리, 신의입니다."

사람에게 차이가 있는 이유

"만물만생이 다 하나님의 구현체라면 그들 사이에 여러 가지 우열의 차이가 있는 것은 무엇 때문입니까? 실례로 사람들 사이에도 범부가 있는가 하면 성인이 있습니다. 백인백색, 천태만상의 차이가 있습니다. 그 원인은 어디에 있다고 보십니까?"

"다 같은 사람이면서도 그러한 차이가 나는 것은 전적으로 각자가 얼마나 진리를 깨닫고 있느냐 없느냐의 정도의 차이입니다. 각자가 자기 향상을 위해서 어느 정도 노력하느냐에 따라 등급이 결정됩니다. 자업자득, 인과응보의 원칙대로입니다. 선복악화(善福惡禍)요 청수탁요(淸壽濁夭)요 후귀박천(厚貴薄賤)의 원리 그대로 한 치의 오차도 있을 수 없습니다. 진리에 순응하면 진리와 가까워지고 진리에 역행하면 그만큼 진리와는 멀어지게 됩니다."

"구도자에게 가장 중요한 것은 무엇입니까?"

"구도자에게 무엇보다도 중요한 것은 자기에게 알맞은 수도의 방편을 선택하여 그것을 길잡이로 하여 하나하나 체험을 쌓아나가는 겁니다. 구도자에게는 바로 이 체험이 가장 소중한 자산이 되기 때문입니다. 체험이야말로 구도자에게는 디딤돌이요 도약대입니다.

덮어놓고 믿음만을 강조하는 종교도 있는데, 체험을 밑바탕에 깔지 않은 믿음은 사상누각(沙上樓閣)과도 같이 위태롭기 짝이 없습니다. 그러므로 체험 없는 믿음은 흔히 맹신(盲信)과 맹종(盲從) 그리고 광신(狂信)을 가져옵니다. 아무리 훌륭한 진리가 씌어져 있는 경전이라고 해도 읽는 사람이 그 내용대로 체험을 해 보고 그 진실성이 확인되지 않는 한 한갓 휴지조각에 지나지 않는다는 것을 알아야 합니다."

"그건 왜 그렇습니까?"

"체험만이 진리의 문을 열어주는 '열려라 참깨!'의 주문을 대신해 주기 때문입니다. 체험이야말로 진리라고 하는 비밀의 문을 열어주는 암호와도 같다는 뜻입니다. 따라서 진리를 깨닫는 일은 체험에서 시작하여 체험으로 끝나게 되어 있습니다. 이 세상에서 가장 어리석은 짓은 그것이 비록 경전이라고 해도 남들이 쓴 책 내용을 체험도 해 보지 않고 곧이 곧 대로 믿어 버리는 것입니다. 그리고 그 어설픈 믿음을 바탕으로 남에게 이러니저러니 설교하는 것입니다."

"그렇다면 아무리 세상이 공인하는 진리도 자기 체험으로 소화, 확인하지 않고는 믿지 말라는 얘기입니까?"

"그렇고말고요. 그래서 임제 선사는 스승이 나오면 스승을, 부처가 나오면 부처를 죽이라고 한 것입니다. 그렇기 때문에 자기 체험을 바탕에 깔지 않는 구도는 백발백중 실패하게 되어 있습니다. 내가 『선도체험기』를 쓴 이유도 여기에 근거한 것입니다."

환경에 빨리 적응하는 요령

1997년 11월 18일 화요일 -3~8℃ 해

오후 3시. 9명의 수련생이 모여서 명상을 하다가 그중에서 두 사람이 주로 많은 질문을 했다.

"선생님 어떤 사람은 시끄러운 시장 바닥에서도 아무데나 드러눕기만 하면 코를 드르렁드르렁 골면서 깊은 잠에 떨어지곤 하는 데도 어떤 사람은 한밤중에 조용한 침실에서 모깃소리에도 잠을 못 이루고 이리 뒤척 저리 뒤척 하는 것은 무엇 때문입니까?"

"나한테 묻기 전에 왜 그런지 알아보았습니까?"

"네, 저 나름대로 연구를 좀 해 보았지만 이렇다 하고 손에 잡혀오는 것이 없었습니다. 처음에는 성격 탓이 아닌가 하고 살펴보았지만 반드시 그런 것 같지도 않았습니다. 대체로 성격이 무사태평하고 낙천적인 사람은 아무리 소란한 곳에서라도 쿨쿨 잠을 잘 잘 줄 알았는데, 반드시 그렇지도 않았습니다.

제 친구 중에 아주 낙천적인 동창생이 하나 있었는데, 지난여름에 시골에 있는 우리 고향집에 데리고 가서 며칠 묵은 일이 있었습니다. 그런데 그 친구는 새벽닭 울음소리에 깨어나서는 다시는 잠을 이루지 못 하더라고요. 이것만 보아도 성격 탓이 아니고 다른 곳에 원인이 있는 것 같아서 선생님께 여쭈어본 겁니다."

"새벽닭 울음소리에 잠 못 이루는 것은 성격 탓이라기보다는 새로운 환경에 적응하는 친화력을 체득하지 못했기 때문입니다. 누구한테서 들은 얘기를 하나 하겠습니다. 똑같이 신경이 예민한 두 도시 청년이 동해안을 여행하고 있었습니다. 둘은 해변에 있는 여관에서 하룻밤을 쉬게 되었습니다. 한 사람은 밤이 되자 곧 깊은 잠에 곯아 떨어졌는데 다른 한 사람은 파도 소리에 신경이 쓰여 한숨도 제대로 잠을 이루지 못했습니다. 어디에 원인이 있다고 보십니까?"

"글쎄요. 잘 모르겠습니다. 혹시 잠 잘 자는 사람은 무슨 특이한 비결이라도 있는 것이 아닐까요?"

"네. 비결이 있습니다."

"그게 뭡니까?"

"파도 소리 때문에 잠이 오지 않는 것은 무슨 이유인지 아십니까?"

"글쎄요."

"도시생활만 해 오던 사람이 파도 소리에 잠을 못 이루는 것은 그 소리에 청각이 순응하지 않았기 때문에 수면을 방해당한 것입니다. 그의 신경이 파도 소리에 거부반응을 일으켰기 때문입니다. 그런데 여기서 주목을 끄는 것은 둘 다 똑같은 도시 청년인데도 한 사람은 아무렇지도 않게 숙면을 취했다는 겁니다."

"왜 그런 차이가 났을까요?"

"한 사람은 파도 소리에 금방 익숙해지는 친화력을 발휘할 수 있었지만 다른 사람은 그렇지 못하고 도리어 파도 소리에 거역을 했기 때문입니다."

"그렇다면 비결은 친화력 발휘에 있군요."

"그렇습니다."

"어떻게 하면 그 친화력을 발휘할 수 있겠습니까?"

"관(觀)을 하면 됩니다."

"관이라니요?"

"관도 모르십니까?"

"알기는 아는데 그런 경우 어떻게 관을 이용하는지 모르겠습니다."

"그거 아주 간단합니다."

"간단하다고요?"

"그렇습니다."

"어떻게 하면 됩니까?"

"파도 소리 자체를 관하면 됩니다."

"파도 소리를 듣기만 해도 거부반응이 일어난다면 어떻게 그것을 관할 수 있겠습니까?"

"그것은 관하는 방법을 모르기 때문입니다."

"그럼 그 방법을 말씀해 주시기 바랍니다."

"어떤 대상을 관하는 요령을 말하겠습니다. 예를 들어 파도 소리를 관한다고 할 때 그것을 관하려면 그것에 대한 좋고 싫은 감정을 일체 개입시키지 말아야 합니다. 다시 말해서 대상에 대한 분별심(分別心)에서 완전히 떠나야 한다는 말입니다."

"말이 쉽지 귀에 스치기만 해도 거부반응이 자기도 모르게 일어나는데 어떻게 분별심을 떠날 수 있겠습니까?"

“그저 아무 생각 없이 파도 소리를 듣는 데만 집중하면 됩니다. 아무리 파도 소리에 잠 못 이루는 사람도 며칠 동안만 해변가에서 지내다 보면 자기도 모르게 그 소리에 적응이 될 것입니다. 그러나 첫날밤부터라도 잠 못 이루는 일 없는 숙면을 취하고 싶으면 이제 말한 대로 좋다든가 싫다든가 하는 생각 없이 그저 무심하게 그 들려오는 파도 소리에 마음을 집중하기만 하면 됩니다.”

“파도 소리에 마음을 집중하라는 것은 그저 아무 생각 없이 그 소리에 귀를 기울이라는 말입니까?”

“그렇습니다.”

“그렇게만 하면 됩니까?”

“그렇습니다. 내 말이 의심스러우면 지금이라도 좋으니 당장 실험해 보시면 됩니다.”

“그건 어떠한 원리에 근거한 것입니까?”

“우리 인간은 어떠한 악조건 하에서도 적응하여 생존할 수 있는 끈질긴 생명력을 가지고 있습니다. 영하 50도의 시베리아 혹한 속에서도 영상 60도의 열사(熱沙)의 땅 아랍에미리트의 건설 현장에서도 인간은 생존할 수 있게 되어 있습니다.

내 경험담을 하나 말씀드리겠습니다. 차도에서 멀리 떨어진 주택가에서 살던 우리는 지금부터 15년 전에 지금의 간선도로변의 상가(商街)겸 주택가로 이사를 왔습니다. 낮에는 그런 줄 몰랐는데 밤에 잠들려고 하니 자동차 소리에 도저히 잠을 이룰 수 없었습니다. 이것은 미처 생각지도 못했던 암초와도 같은 하자(瑕疵)가 아닐 수 없었습니다.

그러나 이제 와서 적지 않은 돈을 주고 사들인 그 집을 당장 물을 수도 없는 일이고 난감한 일이었습니다. 사나흘 동안 불면증에 시달리면서 궁리 끝에 나는 어느 책에서 읽은 대목이 기억에 떠올랐습니다. '선택의 여지가 없을 때는 그 어떠한 혐오스러운 환경 조건에든지 무조건 적응하라. 적응하는 방법은 그 혐오스러운 대상에 무심(無心)히 마음을 집중하라'는 구절이었습니다.

자동차 소음에 귀를 기울이자니 처음에는 청각상의 거부반응이 마치 벌레 씹는 기분이었습니다. 그러나 어쩔 수 없는 일이라고 생각하고 호오(好惡)의 감정을 떠나서 일부러 그 소음에 귀를 귀울였습니다. 그렇게 서너 시간이 지나면서 서서히 변화가 일기 시작했습니다."

"어떤 변화 말씀입니까?"

"사람은 어떤 악조건에도 적응할 수 있는 변화 말입니다. KBS TV의 '삶의 현장' 프로그램에서 황수관이라는 대학교수가 달동네의 재래식 변소 인분(人糞) 수거 작업에 참여했는데, 처음에는 그 고약한 똥 냄새로 정신이 아찔했지만 일이 끝날 저녁 무렵에는 어지간히 그 냄새에 적응하여 견딜 만하더라고 하는 말을 들은 일이 있습니다만, 어떻게 생각하면 자동차 소음은 인분 냄새보다는 훨씬 견디기 쉬울 것입니다.

그 책의 구절대로 처음에는 자동차 소음에 계속 귀를 기울였더니 일종의 마비현상이 일어났습니다. 그러자 그렇게 자극적인 거부반응이 무디어지기 시작했습니다. 감각이 무디어지면서 차츰 그 소리와 사귀기 시작했습니다. 물론 인공소음이므로 시냇물 소리나 파도 소리나 바람 소리처럼 금방 친해질 수는 없지만 그런대로 심상하게 들려오게 되었습니다.

나중에는 자동차 소음이 그저 웅 웅 웅 하고 멀리서 들려오는 해조음(海潮音) 비슷해졌습니다. 그러자 견딜 만하다는 느낌이 들었습니다. 결국 그 소리는 자장가가 되어 나는 어느 사이에 깊은 수면에 빠져 들었습니다. 그 이후로는 자동차 소음으로 잠을 못 이루는 일은 없어졌습니다."

"허지만 농촌의 닭 울음소리나 개 짖는 소리도 관을 할 수 있을까요?"

"할 수 있고말고요."

"그럼 어떤 듣기 싫은 소리에도 인간은 적응할 수 있다는 말씀입니까?"

"그렇고말고요. 듣기 싫은 소리는 말할 것도 없고 어떤 맡기 싫은 냄새도, 어떤 보기 싫은 광경도 관을 하면 극복 못 할 것이 없습니다."

"아까 선생님께서는 분별심을 갖지 말고 무심하게 대상을 관하라고 하셨는데 그게 범인들에게는 결코 쉬운 일이 아닌 것 같습니다."

"왜요?"

"분별심을 갖지 말고 무심하게 대상을 관할 수 있다면 도인이 다 된 것이나 마찬가지 아닙니까?"

"물론입니다. 도인이라고 해서 특별한 존재라고 생각하지 마시기 바랍니다."

"왜 그렇게 말씀하십니까?"

"이 세상 사람은 되려고만 하면 누구나 도인이 될 수 있기 때문입니다."

"어떻게 하면 분별심을 갖지 않고 무심하게 대상을 관할 수 있겠습니까?"

마음을 허공으로 만들라

"마음을 허공으로 만들면 누구나 그렇게 됩니다."

"허공이라뇨?"

"허공도 모르십니까?"

"아무 것도 없는 허공 말입니까?"

"그렇습니다. 허공은 원래 이러니저러니 하는 분별심이 없습니다. 좋으니 나쁘니, 예쁘니 미우니, 착하니 모지니 하는 분별심이 없다는 말입니다. 그러므로 허공은 이 우주 내의 모든 것을 용납합니다. 우리 마음도 허공이 되면 어떠한 소음도 악취도, 탁기도 독기도 목불견인(目不見忍) 즉 눈 뜨고 볼 수 없는 광경도 주저 없이 수용할 수 있습니다. 이것이야말로 에고에서 벗어날 수 있는 가장 탁월한 수행법이 될 수 있을 것입니다."

"선생님 말씀대로 우리 마음을 허공으로만 만들 수 있으면 가정 파탄 같은 것은 애당초 있을 수도 없겠군요."

"그렇고말고요."

"그럼 사랑하는 남녀가 헤어지는 일도 없겠군요."

"물론입니다."

"여성의 사회적 지위가 향상되면서 이혼율이 점점 더 상승하여 선진국 수준에 육박하고 있다고 하는데 그 원인은 어디에 있다고 보십니까?"

"에고 때문입니다."

"이기주의 말씀입니까?"

"그렇습니다. 아상(我相)이라고도 합니다."

"그렇다면 결혼한 남녀의 이혼을 방지할 수 있는 무슨 획기적인 방법이 있을 수 있을까요?"

"있습니다."

"그게 뭡니까?"

"조금 전에 말한 대로 상대를 분별없이 무심하게 관만 하면 됩니다."

"상대를 무심하게 관만 한다고 해서 이혼을 안 할 수 있을까요?"

"안 할 수 있고말고요."

"어떻게 돼서 그럴 수 있습니까?"

"상대에게 마음을 집중만 해도 심신에 서서히 변화가 일어나기 때문입니다."

"어떠한 변화가 일어날까요?"

"단지 상대를 무심히 관하기만 해도 상대에 대한 미움이 사라집니다."

"관만 하는데도 어떻게 돼서 미움이 사라질 수 있겠습니까?"

"관하는 마음은 허공으로 변하므로 무엇이든지 포용할 수 있는 능력을 갖게 되기 때문입니다. 또 미움이란 원래 실상이 없는 허상(虛像)이므로 진아(眞我)의 집중적인 조사(照射)를 받으면 빛을 만난 어둠처럼 금방 사라지게 되어 있습니다."

"진아는 무엇입니까?"

"허공으로 바뀐 마음입니다. 다시 말해서 아상이 사라진 우리의 본래면목(本來面目)입니다. 어찌 미움뿐이겠습니까? 진아의 집중 조사(照射)를 받기 시작하면 희구애노탐염(喜懼哀怒貪厭)이 전부 다 증발하게 되어 있습니다. 성격이 맞지 않느니 사사건건 의견 충돌이 일어나느니 하는 것도 모두 다 에고 때문인데, 이 에고가 사라진 이상 두 사람을 가로막는 장벽이 있을 리가 없지 않겠습니까?"

"그렇게 되는군요."

"물론입니다."

"정말 그럴까요?"

"내가 말한 모든 것은 여러분이 스스로 체험을 해 보고 검증을 하여 자기 것으로 소화해야만이 진정한 자기 것이 될 수 있습니다."

"저는 다른 질문을 하나 드리겠습니다."

"좋습니다."

"관(觀)과 빙의령(憑依靈) 천도(薦度)는 어떤 관계에 있습니까?"

"관을 함으로써 빙의령이 원래 있어야 할 제자리를 찾아가도록 도와주는 것이 빙의령 천도입니다."

"관만 하는데도 그렇습니까?"

"물론입니다. 관(觀)이란 어떤 대상에게 관심을 기울이는 것을 말합니다. 관심을 기울인다는 것은 에너지가 그 대상에게 흘러 들어가는 것을 의미합니다. 이것은 또한 전생에 지은 빚 즉 업장을 청산하는 과정이기도 합니다."

어제보다 나은 오늘

이 미 숙

1997년 10월 17일. 두 번째 방문이다.

일주일 동안 멀쩡하다 싶다가도 막상 선생님 댁을 찾아가는 날이 되면 날씨가 요사스레 짓궂었다. 첫 방문인 10일 금요일에도 앞뒤 멀쩡했던 날씨였건만 유독 그날만은 하늘이 비를 뿌렸다. 그것도 개었다 흐렸다를 반복했고 흡사 쾌청한 여름날 소나기가 지나듯 빗소리도 요란한 게 여우 시집간다는 날 같았다. 남편이 한마디 거들었다.

"성질 고약한 여자 시집가는 날이 그렇다는데..."

난 심드렁했으나 그런 날씨조차도 왠지 싫지 않았다. 이미 한 달 전부터 먼저 수련을 시작하고 선생님께 허락을 얻어 날 데리고 가겠다는 첫 주부터 그랬으니, 굳이 꼬집자면 무슨 조짐처럼 생각되기도 했다. 그러나 궂은 날씨에 비해 왠지 나쁜 쪽보다는 싫지 않은 쪽이었다.

그런데도 자리에 앉아 제대로 호흡이 되는 건지 모르나 암튼 흡사 잘 마른 장작을 지핀 아랫목에 앉아 있는 듯 허리 아랫부분으로 열감이 느껴지고 훈훈했다. 집에서는 감히 느낄 수조차 없었던 기분이고 그냥 편하다고밖에는 할 수 없으나, 잠시 한눈팔다 보면 아직도 낯선 분위기와 다른 수련자들에 대한 어려움으로 맘 한쪽이 좀처럼 진정되질 않는다. 그래 깊이가 예밖에는 되질 않는 게야. 그게 바로 나다.

대체 허리 아래로의 이 열감은 무엇이고, 혼자 하다 보면 꼬이던 호흡도 매끄럽고 표현이 부족하지만, 차츰 편안해지는 것은 무엇 때문일까? 어리둥절한 속에서도 나름대로 관찰하는 기분에 다음에 올 변화가 기대되기도 했다. 지나다 보면 지금 뭐가 뭔지 모르는 이 조그마한 변화들조차도, 그리고 지금은 알 수 없는 이 기분 또한 이해될 순간이 오리라. 그냥 소중하게 모아두고 보자.

1997년 10월 24일. 세 번째 방문이다.

이제 선생님 댁 방문하는 날이 기다려질 만큼 마음은 기대에 차 있으면서도 편안하다. 누가 뭐라지 않았건만 어색하고 두렵기도 했고 두근거렸던 것도 제자리를 잡아가는 듯 순조로웠다. 비로소 겨우 주변에 대한 의식에서 벗어나 나름대로 집중할 수 있었다. 역시 이 서재에 앉기만 하면 따사로운 열기가 온몸을 감싸고 도는 듯 훈훈하다.

마음은 차분히 가라앉고 호흡이 아주 순조롭게 잘되었다. 그렇게 평온한 호흡으로 관을 하고 있자니 순간 어지럼증처럼 휘청인다 싶더니 오른쪽 손이 저린 듯 미동하기 시작했다. 이건 또 뭔가 하는 순간 이내 점차 강한 그 무엇이 내 의지와는 상관없는 듯 손의 떨림을 주관했다. 이미 『선도체험기』에서 진동이라는 것을 읽기는 했지만 막상 내가 그러고 있으니 어리둥절했다.

어찌해야 하나? 하는 생각도 있었지만, 그냥 가만히 맡겨두고 지켜볼 도리밖에 없었다. 진동은 그 사이 더더욱 심해져서 옷깃 스치는 소리와 겹쳐 옆에서 수련하던 남편이 드디어 의식을 한 듯 선생님께 아뢰는 소리가 들린다. 선생님께서 뭐라고 하셨는지 모르지만 난 가능한 그대로 맡기면서 그저 단전에서 의식을 떼지 않으려고만 애를 썼다.

얼마나 시간이 흘렀을까? 아무리 흐름에 맡기고 침착하려 해도 나중에는 어찌해야 하는지를 몰라 하는데, 스르르 진동이 멎고 난 마치 어떤 화려한 환상이나 깨지 말았으면 좋았을 꿈속에서 마지못해 빠져나오는 양 눈을 떴다. 약간은 어리둥절한 눈으로 날 지켜보고 있던 남편이 "'괜찮아?" 하고 웃었다.

난 그냥 배시시 미소지었다. 만약 고의로 그렇게 몸을 떨어야 했다면 쥐가 나든가 몹시 힘이 들었으련만 난 그저 신비로운 기운에 의해 그냥 담담해지는 기분이었다. 그리고... 게다가 남편이 수련이 잘되고 있는 거라고 격려해 주는 듯한 눈으로 바라보며 조심스레 다독거려주니 비로소 이런 게 기운의 정체인가 하는 생각이 들었다. 그러면서 속으로 이제 정말 시작이구나 하는 생각도 들고, 더욱 겸손해지고 모든 걸 소중히 받아들이는 태도를 가져야겠다고 다짐했다.

집에 돌아와 낮에 선생님 댁에서 있었던 진동을 떠올리면서 늦은 시간에 수련을 시작했다. 진동이 일어나기 전과 다른 점은 단전호흡을 시작하자 10분 이내에 기운이 느껴지는 것이었다. 한마디로 몰입이 쉬워졌다는 것이었다.

다시 오른손에 진동이 일더니 곧 뒤이어 다리까지도 흔들리기 시작하는데 점차 닭의 날갯짓 같기도 했다. 이러다가 어디까지 갈 것인가 걱정이 되었다. 오른쪽에서 일기 시작한 진동이 왼쪽으로 그리고 아래에서 이젠 상체로까지 올라오면서 몸이 좌우 또는 전후로 흔들리다가 흡사 상모돌리기 하듯 머리까지 흔들거렸다. 그러더니 가부좌한 상태에서 앉은 자리에서 콩콩 뛰며 돌아가는 것이었다.

아차! 그래서 『선도체험기』에 주변 사람에게 알리고 위험한 건 치우라고 하신 것이 바로 이래서였구나. 생각이 이에 미치니 의식이 명료해지면서 눈을 떠 주변을 살피게 되었다. 아쉬웠지만 너무 빠져들지 말고 오늘은 그만 쉬기로 했다. 그저 혼자의 기분이지만 뿌듯한 희열로 잠자리에 들 수 있는 소중한 하루였다. 고맙습니다. 선생님!

1997년 11월 7일. 다섯 번째 방문이다.

굳이 횟수를 헤아리는 이유는 물론 만사 생각의 차이겠지만 이미 오래된 습관처럼 점점 익숙해져 가는 자신이 스스로 돌아보아도 묘했기 때문이었다. 여태까지는 개혁보다 보수 쪽이고 적응력도 상당히 떨어지는 편이라는 선입견에 젖어있었으니 예외란 또는 변수란 이래서 야기되는 것인가?

여느 때처럼 자리에 앉아 차분히 호흡을 시작했고 비로소 내 앉은 자리를 찾은 것마냥 애써 노력하지 않아도 심오한 세계로의 나들이(?)가 전개되었다. 단전호흡을 계속하는 동안 곧 머릿속이 온통 줄기찬 그러면서도 평온한 물줄기 소리로 가득차서 이내 귓속 달팽이관을 지나 흘러내리는 소리가 온누리를 적실 듯 가득차고 넘치는 것만 같았다.

의식이 인당으로 가는가 했더니 노을빛 부드러운 우주 공간으로 두

줄기 굽어진 녹색 선이 교차되어 이내 고리(링) 모양이 되었다가 그 안이 녹색으로 메워져 동전 크기만 했다가 사라지곤 한다. 그 순간 맘은 시릴 만큼 차분히 가라앉았고, 그러나 평화로운 기운으로 감싸지는데 왼쪽 서재 창문 밖으로 희미하게 지절거리는 소리가 들리는 게 아닌가. 머릿속이 아닌 밖에서 나는 소리가 분명했다.

그 소리는 점점 더 맑고 또랑또랑해지고 흡사 나뭇가지에 앉아 평화롭게 노니는 것 같다는 생각으로 새소리에 취하여 빠져드는데 왜 새가 운다 했을까? 그건 울음이 아닌 분명 웃음인데. 또한 그 소리는 매우 평화롭기 그지없는데... 허나 갈 길이 아직도 아득한 내겐 가부좌로 인한 다리 저림으로 매우 애를 먹는다. 물론 첫술에 배부를 수는 없는 거라지만 같이 수련하시는 분들께 고요를 깨는 미안함과 진득하지 못함에 면구스럽기도 하다. 허나 어쩌겠는가? 아 모두가 한 과정에 있으니.

또 하나는 무엇보다 자세를 고치다 보면 정적이 깨지면서 의식이 분산되고 집중력이 떨어지면 기다렸다는 듯이 비집고 꼬여드는 잡념이 흡사 길가의 잡초처럼 끈질기다. 아차 싶어 서둘러 그 잡념에서 빠져나오려 애를 쓰면 이건 늪의 수렁되어 질펀거린다. 아! 선생님께서 말씀하셨던가? 빠져나온다는 생각조차 버리라고. 허지만 끼어들 땐 찰라이나 다시 제자리를 잡기까지는 결코 쉽지가 않다.

성서에 보면 하나님께서는 사람에게 그것도 사랑하는 사람에게 시험을 주시는데 결코 감당치 못할 시련은 주시지 않는다는 구절을 읽은 적이 있다. 만약에 하늘 위에 따로 계시는 절대자인 하나님이시라면 때론 이 많은 이들이 모두 불러내고 저마다 구하는 걸 일일이 챙기시다 보면 헷갈리는 수도 있으리라.

주의 종인 목사님, 신부님들이 들으시면 하나님의 능력을 뭘로 보느냐고 야단맞을 소리겠지만. 하나님이란 내 안에 있는 것이 분명하다면 오죽이나 잘 아시겠는가? 허니 그 어떤 시련도 능력에 따른 시간문제일 뿐 두려움의 대상이 될 수 없으니 우선 편타.

그러므로 내 아무리 갈 길이 멀고 그 길이 결코 평탄치 않으리란 것을 알고 있으면서도 별다른 각오나 맹서 없이 이리 고요할 수 있음은 무엇에 연유한 것인가. 그건 분명 진리에 이르는 길이 보이고 게다가 무엇보다 그 길을 바르게 갈 수 있도록 지켜보아 주시는 스승님이 계시기 때문이리라.

이제 내 맘 하나 바로 챙겨 들고 미련스럽도록 정진하면 그뿐, 그냥 내 그릇에 맞는 길이 있으리란 다짐이 한결 여유 있는 삶으로 날 이끌어 주리라. 어제보다 나은 오늘을 살 수 있음에 감사하자. (체험기 끝)

1997년 11월 22일 수요일 10~14℃ 비

"위 수련기는 이미숙 씨가 본격적으로 수련을 시작하여 기운을 느끼고 진동을 거쳐 무사무념의 몰입의 경지를 거치면서 자기 내부의 진리를 어렴풋이 감지하여 가는 체험의 과정이 한 폭의 그림을 보듯 생생하게 펼쳐지고 있습니다."

"선생님 시작하자마자 그렇게 신속하게 수련이 진행되는 일이 과연 있을 수 있을까요?"

"방금 보시지 않았습니까?"

"너무 빨라서 눈이 부실 정도입니다."

"과거의 기준으로 보면 분명 그렇습니다. 그래서 과거를 자꾸만 떠올릴수록 우리는 시대에 뒤떨어지게 되어 있습니다. 그럴 때는 차라리 우리의 의식을 현재와 일치시켜야 합니다. 생각과 마음과 평가는 이미 우리 머릿속에 떠오르는 순간 이미 과거지사가 되어버립니다."

"그럴 때는 어떻게 해야 항상 현재와 우리 의식을 일치시킬 수 있습니까?"

"무사무념무심(無思無念無心)의 상태에서 우리의 의식을 영원한 현재와 일치시켜야 합니다."

"영원한 현재라고 하셨습니까?"

"그렇습니다."

"어떻게 영원한 현재가 지속될 수 있을까요? 현재는 순간순간 스쳐지나가는 것이 아닙니까?"

"스쳐 지나가는 것은 과거고 현재는 언제나 영원히 그대로 있습니다."

"그럴까요?"

시공을 초월한 현재

"물론입니다. 마음을 차분하게 가라앉히고 잘 생각해 보십시오. 현재는 언제까지나 현재이지 지나간 과거도 아직 오지 않은 미래도 아닙니다. 따라서 현재는 영원한 것이고 그 영원한 현재 속에는 시간과 공간이 비집고 들어올 빈틈이 없습니다.

따라서 이 영원한 시간 속에 설 수 있는 사람은 시공(時空)을 초월할 수 있습니다. 우리의 본래면목인 존재의 중심은 바로 이 영원한 현재 속에 자리잡고 있습니다. 이 시공을 초월한 현재 속에 몰입하는 것이 명상입니다. 이것을 또 선정(禪定)이라고 합니다. 아상(我相)의 온상(溫床)인 생각도 염원도 마음도 떠난 경지입니다. 성인(聖人)이란 바로 이 현재를 가장 충실하게 사는 사람을 가리킵니다. 지혜는 바로 이때에 피어납니다."

"허지만 수련 시작하자마자 그런 몰입의 경지에 들 수 있다는 것이 지나친 과속이 아닌지 모르겠습니다."

"전생에 이미 많은 수련을 쌓은 사람에게 일어나는 현상입니다. 그러나 이미숙 씨의 경우는 예행연습과도 같은 것으로서 아직 본격적인 선정에 든 것은 아닙니다. 그렇게 되려면 아직도 거쳐야 할 단계가 많습니다. 그러나 지금과 같은 결연한 의지로 끈질기게 밀고 나간다면 조만간 그런 경지가 다가올 것입니다."

"글에서 보면 귀에서 밖에서 들려오는 소리가 아닌 내부의 소리를 들었다고 했는데 그게 혹시 관음 현상이 아닙니까?"

"맞습니다. 그렇지 않아도 이미숙 씨는 그 뒤 관음 수련을 시작했습니다."

"그렇게 빨리 시작해도 괜찮습니까?"

"기공부와 균형을 잘 맞추어 가면서 하면 됩니다. 이 글에서 우리가 교훈을 얻어야 할 점은 수련을 해 나가면서 자기의 몸과 기와 마음에서 일어나는 변화를 이처럼 면밀하게 관찰하고 추적해 가면서 벽돌 한 장 한 장을 쌓아나가듯 하다가 보면 자기도 모르는 사이에 수행은 일

취월장하게 된다는 것입니다. 이처럼 자기 체험을 쌓아나가는 이상의 확실한 공부는 없습니다."

"그렇게 공부하는 동안 의문이 생기면 스승과 의논을 할 수 있다면 참으로 좋은데, 피치 못할 사정으로 그럴 수 없을 때는 어떻게 해야 합니까?"

"그럴 때는 자기 자신의 체험과 예지(叡智)가 스승이 되어야 합니다. 항상 의식이 깨어 있는 슬기로운 사람은 똑같은 실수를 결코 되풀이하지 않습니다. 같은 실수를 되풀이하지 않는 것이 바로 자기 자신을 스승으로 모시는 가장 현명한 방법입니다."

"관(觀)을 말씀하시는 겁니까?"

"그렇습니다. 관이야말로 구도자에게는 영원불멸의 스승입니다."

마음이 편안해진 바이올리니스트

1997년 12월 7일 일요일 2~7℃ 비

오후 세시. 날씨가 갑자기 추워져서인지 겨우 4명의 수련생이 모여들었다. 다음과 같은 얘기들이 오갔다.

"선생님께서는 왜 글을 쓰십니까?"

김재오라는 젊은 컴퓨터 강사가 불쑥 물었다.

"그 물음에 대답하기 전에 내가 먼저 하나 묻겠습니다. 김재오 씨는 왜 컴퓨터 강사 일을 하고 있죠?"

"그야 배우는 사람이 있기 때문입니다."

"나도 내 글을 읽는 사람이 있기 때문에 글을 씁니다. 수요가 있으니까 공급이 있게 마련이 아니겠습니까? 만약에 내 글을 읽어주는 사람이 없다면 나는 벌써 글 쓰는 일을 집어치웠을 것입니다. 이런 것을 생각하면 내가 쓰고 싶은 글을 쓸 수 있게 해주는 내 독자들이 고맙기 짝이 없습니다."

"진짜 고마워해야 할 사람은 선생님이 아니라 저희들 독자가 아닐까요?"

오수정이라는 30대 후반의 바이올린 학원 여선생이 말했다.

"그 말씀 들으니 기분이 나쁘지 않은데 왜 그렇게 생각하십니까?"

"저는 3년 전에 우연히 책방에서 선생님의 『선도체험기』가 눈에 띄어 읽기 시작한 뒤로 몸도 건강해지고 마음도 편안해져서 삶에 활기를 느끼게 되었기 때문입니다."

"『선도체험기』를 다 읽으셨습니까?"

"그럼요. 저는 『선도체험기』를 37권과 『소설 단군』 다섯 권까지도 다 읽고 벌써 세 번째나 다시 읽고 있습니다."

"『선도체험기』를 통독하시면서 제일 마음에 와닿는 것은 무엇이었습니까?"

"저는 제 사생활이 그래서 그런지 모르지만 도를 닦는다고 하여 괴나리봇짐 싸 짊어지고 산속으로 들어가지 않고도 마음만 있으면 얼마든지 처자를 거느리면서도 수행을 할 수 있고 또 몸소 그것을 실천하고 계시는 선생님의 태도에 제일 깊은 감명을 받았습니다.

결혼을 하지 않는 독신자라면야 출가(出家)를 하든 말든 무슨 상관이 있겠습니까만은 엄연히 처자를 거느린 주제에 도를 닦는다고 처자를 내팽개치고 무책임하게 집을 떠나는 행위야말로 정말 잘못되어도 한참 잘못되었다고 생각합니다. 허지만 선생님께서는 우리들에게 출가하지 않고도 얼마든지 수행을 할 수 있다는 좋은 모범을 보여 주신 것을 정말 저는 고맙게 생각합니다."

"출가하지 않고도 수행을 한 사람은 과거에도 얼마든지 있지 않습니까? 인도의 유마힐 거사가 그렇고 신라의 부설 거사 역시 그랬습니다. 단군, 소크라테스, 토인비, 톨스토이, 소태산, 다석 유영모 같은 구도자들도 출가를 단행하지 않고도 도를 이루지 않았습니까? 오수정 님께서는 혹시 그렇게 말씀하실 만한 사정이라도 있습니까?"

"역시 선생님께서는 제 속을 훤히 들여다보시는 것 같아서 아예 다

털어놓고 말씀드리겠습니다. 그래도 되겠습니까?"

"그렇고말고요. 많은 사람들에게도 좋은 참고가 될 것입니다."

"말씀드리기 좀 창피한 일이지만 제 남편은 결혼한 지 삼 년도 채 안 되어 도 닦는다고 처자를 버리고 집을 나가 전국을 유리방랑하고 있습니다."

"자녀는 몇이나 되는데요?"

"지금 일곱 살 난 초등하교 들어간 사내애가 하나 있습니다."

"그럼 주부 가장이 되셨겠네요."

"그럴 수밖에 더 있습니까. 신세 한탄도 많이 했고 남편을 숱하게 원망도 하고 노상 앙앙불락 불안한 생활을 어쩔 수 없이 해오다가 『선도체험기』를 읽고 나서는 이런 길도 있구나 하고 처음엔 저도 오기가 나서 집 떠난 남편의 수준을 능가하는 구도자로 성공해 보고 싶은 욕심이 생겼었습니다."

"그런데 지금은 그렇지 않다는 말씀입니까?"

"네."

"어떻게요?"

"그런 욕심조차 다 떨어져 나갔습니다. 도(道)라는 것은 욕심으로 되는 것이 아니라는 것을 알았습니다. 또 수도는 출가에 있는 것이 아니고 구도에 대한 항심(恒心) 여하에 달려 있다는 것도 알게 되었습니다."

"그리고 마음의 평안을 갖게 되었다고 하셨는데 어떻게 돼서 그렇게 되었습니까?"

나는 내가 제시한 여러 수행 방편들 중에서 어느 것이 그녀에게 맞아떨어졌는지 궁금해서 이렇게 물었다.

"저의 가정이 파탄을 가져온 것은 오직 남편의 구도 행각 때문이라고만 생각되어 남편에게 모든 잘못을 뒤집어씌우곤 하였었습니다. 그러자 남들처럼 단란한 결혼생활 한번 못 해본 것이 늘 포한(抱恨)이 되었었는데. 지금은 전연 그렇지 않습니다."

"왜요?"

"제가 그렇게 된 것은 순전히 남편 때문만이 아니라 그럴 수밖에 없는 인과가 쌓이고 쌓여서 그런 결과를 가져 왔다는 것을 알게 된 것입니다. 이렇게 생각을 하고 나니 제가 지금과 같은 처지가 된 것도 남편 탓만이 아니고 오히려 제 탓이라는 것을 알게 되었습니다."

"인과응보의 이치를 지식이 아니라 느낌과 체험으로 받아들였다는 말씀이군요."

인과응보의 이치

"바로 그겁니다. 인과응보의 이치를 깨닫고 보니 제 처지가 어떤 면에서는 정상적인 결혼생활을 하는 여자들보다 못하지 않다는 것을 알게 되었습니다."

"어째서요?"

"남편이 벌어오는 돈으로 생활을 꾸려나가는 주부들은 남편과 가정에 꼭 매여 살지만 저는 저 자신이 벌어서 생활 일체를 꾸려나가니, 누구의 간섭도 받지 않고 자유스럽게 여가를 이용할 수도 있고 가고 싶은 데가 있으면 누구의 눈치 볼 것 없이 제 맘대로 갈 수도 있고 하고 싶은 일 맘대로 할 수도 있으니까요. 그렇게 생각하니 저는 지금의 제 처지가 오히려 자유롭고 다행이라는 생각이 들었습니다. 짜증과 신경질로 하루하루를 마지못해 이어가던 제가 지금은 끊임없이 용솟음치는 활력을 느낍니다."

"참으로 다행입니다. 겉으로 보기에는 진과 다름없을 텐데도 마음이 바뀌니까 지옥이 천국으로 변화된 모양이군요."

"그 말씀은 그야말로 저를 두고 하신 겁니다."

"그럼 애기 아빠는 더러 집에 찾아는 옵니까?"

"어쩌다가 일 년에 한 번씩 아이 보려고 찾아올 뿐입니다. 그이는 그저 손님처럼 왔다가 하룻밤 자고 훌쩍 떠나버리곤 합니다. 실질적인 부부관계는 그이가 출가할 때 이미 끊어졌으므로 순전히 애기 아빠로서 아이 보러 왔을 뿐이니까 각방 쓰다가 떠나면 그만입니다."

"혹시 돈 같은 거 만들어 오라는 말은 안 합니까?"

"그런 일은 일체 없습니다. 족제비도 낯짝이 있다고 제가 감히 어디다 대고 그런 말을 할 수 있겠습니까?"

"그건 참으로 다행입니다. 우리집에 오는 어떤 여자 수련생 한 분은 남편이 사업하다가 부도를 내고 집을 나갔는데 잊을 만하면 찾아와서 돈을 만들어내라고 온갖 협박 공갈을 다 하고 뜻대로 안 되면 구타까지도 서슴지 않는 통에 살던 집까지 다 날리고 지금은 전셋집에서도 쫓겨나 삭월세 신세에 행상으로 간신히 세 아이를 키우고 있다고 합니다. 그런데도 어떻게 하다가 『선도체험기』를 읽고는 남편에 대한 증오심을 잠재우고 지금은 그런대로 마음의 평화를 얻었다고 합니다. 그분에다가 대면 오수정 님은 신선입니다."

"그렇긴 합니다만 제가 그분의 처지에 떨어진다고 해도 저는 조금도 놀라지 않을 것입니다."

"왜요?"

"그렇게 되는 것 역시 인과응보일 테니까요. 그렇게 되면 그때 가서 적절하게 대처하면 될 것입니다."

"참으로 훌륭하십니다. 항심(恒心)이 그러하시다면 오수정 님은 이제 사실상 도인이 다 되셨습니다."

"과찬이시겠죠. 아직도 저는 부족한 점이 많습니다. 그리고 참, 선생님께 또 한 가지 감사해야 할 일은 제가 마음의 평화를 얻었을 뿐만 아니고, 몸까지도 건강해졌다는 겁니다."

"그전에는 몸이 불편하셨습니까?"

"늘 바이올린을 켜니까 몸이 한쪽으로 이상하게 변형되어 신경통 같은 장애로 늘 고생을 했었는데 단전호흡, 등산, 달리기, 도인체조, 오행생식을 생활화하면서 제 몸 전체가 이제는 완전한 균형을 회복하게 되었습니다. 그 때문인지 저는 저의 동년배들보다 훨씬 더 젊고 생기발랄하고 건강하게 살고 있습니다.

그래서 저는 요즘 여자의 행복이란 반드시 단란한 결혼생활에만 있는 것이 아니고 몸 건강하고 마음 편안한 데 있다고 친구들 만나면 당당하게 말하곤 합니다. 제 태도를 보고 제 말을 들은 친구들은 제가 왜 저렇게 변했느냐고 저희들끼리 수군대곤 합니다. 혹시 연애라도 하는 거 아니냐고 말입니다. 그러나 한참 잘못짚은 거죠. 저는 그런 남녀관계는 졸업한 지 오래 되었거든요. 제 친구들은 지금도 여자의 행불행은 결혼의 성공 여부에 달려있는 것으로 알고 있지만 제가 보기엔 전연 그렇지 않습니다."

"그럼 어디에 행복이 있다고 보십니까?"

"선생님 말마따나 몸 건강하고 마음 편한 데 있다고 확신합니다."

"어떤 것이 마음 편한 것인데요?"

"스피노자의 말 그대로 내일 당장 지구가 멸망한다고 해도 오늘 한 그루의 사과나무를 심을 수 있는 여유가 바로 편안한 마음이라고 봅니다. 또 편안한 마음이란 과거를 그리워하거나 미래에 희망을 두거나 하지 않고 항상 현재의 생활에 만족하면서 그날그날을 충실하게 살아가는 것이라고 봅니다."

"그건 왜 그렇게 해야 한다고 보십니까?"

"과거에 집착을 하거나 미래에 너무 큰 희망을 걸면 현재를 소홀히 할 것이기 때문입니다. 행복의 열쇠는 항상 현재의 생활 속에 있으니까요. 그래서 저는 현재의 순간순간을 후회 없이 최선을 다해 충실하게 살려고 노력하고 있습니다."

"오수정 님이 그렇게 말씀하시니 나는 더이상 할 말이 없습니다."

"그것도 다 『선도체험기』에서 얻은 지혜입니다. 모두가 다 선생님 덕분입니다."

"지혜란 임자가 따로 있는 것이 아닙니다. 누구든지 먼저 자기 것으로 소화하여 흡수해버리면 그때부터 그 사람의 것이 되어 버리는 겁니다."

방황하는 여심

"선생님, 저는 지금 몹시 방황하고 있습니다. 어떻게 해야 할지 망설이고 망설이던 끝에 이렇게 찾아왔습니다. 선생님께서 저를 좀 도와주셔야겠습니다. 너무나 힘이 들어서 제 혼자 힘으로는 도저히 감당할 수 없습니다."

전라남도 순천에서 돌 지난 아이를 업고 올라 온 삼십 대 초반의 강용숙이라는 여성 수련생이 근심이 가득 서린 얼굴로 말했다.

"도대체 무슨 일인데 그러십니까?"

"흔들리는 제 마음을 저 자신도 어쩔 수 없습니다. 좋은 직장에 나가는 남편이 있고 아이를 셋이나 낳은 가정주부인 제가 도대체 어떻게 이럴 수 있는지 제가 저를 살펴보아도 도저히 상상도 할 수 없는 일이 벌어지고 있습니다. 『선도체험기』 37권과 『소설 단군』 다섯 권을 두 번씩이나 읽은 제가 어떻게 이렇게까지 추락할 수 있는지 제가 생각해도 정말 한심하기 짝이 없습니다."

이렇게 말하는 그녀의 얼굴은 감당하기 어려운 고뇌로 일그러져 있었다. 그러면서도 그녀는 옆에 앉아 있는 도우들의 얼굴을 흘끔흘끔 곁눈질했다. 자리를 좀 피해주었으면 하는 염원이 서린 눈빛이었다. 이것을 눈치 챈 다른 수련생들은 하나씩 하나씩 일어서 자리를 피해주었다. 그들이 전부 사라지자 내가 말했다.

"무슨 일인지 자초지종을 좀 차근차근 말씀해 주실 수 없겠습니까?"

주위에 나 이외는 아무도 없다는 것을 확인한 그녀는

"저 때문에 다른 도우들에게 지장을 주어서 미안해서 어떻게 하죠?"

"괜찮습니다. 전부 다 서울에 사시는 분들이라 언제든지 다시 올 수 있으니까요."

"선생님 저는 『선도체험기』와 『소설 단군』을 읽고 마음공부만은 할 수 있다고 언제나 자신합니다. 그리고 등산과 달리기와 오행생식으로 몸공부도 성의만 있으면 얼마든지 할 수 있다고 생각합니다. 그러나 기공부만은 제 마음대로 되지 않았습니다. 기공부를 제대로 하려면 아무래도 도인체조와 단전호흡의 기초는 있어야 하는데 이것은 저 혼자 힘으로는 도저히 해결이 되지 않았습니다.

그래서 생각 끝에 집 근처에 있는 도장을 찾게 되었습니다. 그곳에서 넉넉잡고 한 석 달만 수련하면 도인체조와 단전호흡의 기초는 능히 쌓을 수 있을 것이라고 생각했습니다. 그런데, 선생님 그곳에 나가게 되면서 저는 꿈에도 예상치 못했던 함정에 빠지게 되었습니다."

"함정이라뇨?"

"네. 분명 저에게는 정말이지 함정입니다. 그 때문에 저는 그야말로 심각한 고민에 빠져버리게 되었으니까요."

"그래요?"

"도장에 처음 나가던 날 저는 사범의 지도를 받으면서 1시간 동안의 도인체조와 단전호흡법을 지도받는 것이 말할 수 없이 행복했습니다. 이제 여기서 석 달만 지내면 저 혼자서라도 능히 기공부를 할 수 있겠지 하는 기대에 자못 부풀어 있었습니다. 그러나 그 다음날이었습니다. 이 도장의 원장이 나타났습니다. 키는 작달막하고 다부지게 생겼지만 전체적인 모습은 별로 볼품이 없어 보였습니다. 대한민국 어디에서나 눈에 띄는 흔하디흔한 그런 보통 남성이었습니다."

"나이는 얼마나 되어 보였습니까?"

"40대 초반쯤 되었을까 그랬습니다."

"그런데 뭐가 문제였습니까?"

"바로 그 볼품없는 사내가 제 고요한 마음의 호수에 돌을 던진 것입니다."

"아니 그렇다면 그 사람이 강용숙 씨에게 무슨 신호라도 보냈다는 말씀입니까?"

"아뇨. 그런 일은 전연 없었습니다. 원장님은 저에게 눈길 하나 보내지 않았는데 제가 보기에 그분이 예사롭게 보이지 않았다는 말씀입니다."

"어떻게요?"

"일주일에 서너 번밖에 도장에 나타나지 않는데도 그분을 만난 날은 집에 돌아와서도 내내 그분의 모습이 떠오르는 것이었습니다. 저는 아무리 생각해도 그런 저 자신을 이해할 수 없습니다. 왜냐하면요. 저는 일 년 전에 수련을 시작한 후로는 아무리 멋있는 남성을 보아도 소 닭 보듯 하게 되었기 때문입니다.

어떠한 남자도 저에게 이성(異性)으로서는 별 의미가 없습니다. 그리고 제 남편도 수련한 뒤로는 언제부터인지 모르지만 저에게 가까이 다가오는 것이 부담스러워졌습니다. 더구나 기를 조금씩 느끼고 오행생식을 한 뒤로는 남편이 가까이 오면 전에는 느끼지 못했던 악취가 나서 정말 괴롭기까지 할 때도 있습니다. 그러한 제가 이제 와서 왜 이렇게 되었는지 정말 이상하기 짝이 없습니다. 그분은 키도 저보다 오히려 작고 이렇다 할 남성적인 매력도 없어 보입니다. 그런데 왜 이렇게 흔들리고 방황해야만 하는지 모르겠습니다."

그녀는 한번 말문이 열리자 봇물이라도 터진 듯 거침없이 모든 것을 털어놓았다. 그동안의 경험으로 보아 이럴 때는 하고 싶은 얘기가 다 끝날 때까지 무조건 들어만 주는 것이 상책이라는 것을 나는 잘 알고 있었으므로 열심히 귀만 기울이고 있었다. 이렇게 하는 것이 말하는 사람이 남몰래 쌓여왔던 스트레스와 혼자만 알고 숨겨온 가슴의 응어리를 풀어주는 데 큰 치료 효과를 거둘 수 있는 것이다. 정신신경과 의사들이 흔히 사용하는 수법이기도 하다.

그러나 수행자의 입장에서 보면 이것을 말하는 사람이 스스로 자기 자신을 엄격히 객관적으로 관찰할 수 있는 다시없는 기회이기도 한 것이다. 자기를 이해해 주는 사람 앞에서 자신의 적나라한 모습을 있는 그대로 드러내 보인다는 것은 자기를 객관적으로 관찰할 수 있는 절호의 찬스이기도 하다.

관찰하는 주체는 누구이고 관찰당하는 자는 누구인가? 여기서 피관찰자(被觀察者)는 더 말할 것도 없이 거짓 나, 몸 나 즉 가아(假我)이고 관찰자는 참나 즉 진아(眞我)이다. 지금 강용숙 씨는 거짓 나와 참나가 용호상박(龍虎相搏)의 싸움을 벌이고 있는 것이다.

"『선도체험기』에 씌어있는 대로라면 그분은 혹시 저와 피치 못할 전생의 인연이 있는 게 아닌지 모르겠습니다. 선생님께서는 어떻게 보십니까?"

"그분은 강용숙 씨가 전생에 사모하던 사형이었습니다."

"네엣, 사형이라뇨? 사형이 뭡니까?"

"스승 사(師) 자, 맏 형(兄) 자, 사형(師兄) 말입니다."

"사형이 뭡니까?"

"스승 다음의 지위에 있으면서 후배를 가르치던 선배이기도 하고 스승이기도 한 사람입니다."

"그런데 어떻게 돼서 지금 와서 이런 일이 벌어질 수 있습니까?"

"인과응보에는 한 치의 오차도 있을 수 없습니다."

"거기에 왜 인과응보가 끼어듭니까?"

"상대세계(相對世界)에서 인과응보 없이 일어나는 일은 아무것도 없기 때문입니다."

"그럼 저와 그분 사이에 어떤 일이 있었을까요?"

"그건 강용숙 씨 자신이 스스로 관(觀)을 해 보면 알 수 있습니다."

"전 아직 『선도체험기』가 말한 대로 관이 잡혀있지 않거든요. 그래도 제 전생을 볼 수 있을까요?"

"만약에 그것이 강용숙 씨에게 생사가 걸린 절실한 문제라면 수련 수준에 관계없이 두 분의 전생의 관계를 화두로 삼아 마음을 온전히 집중한다면 능히 알아낼 수도 있습니다."

"허지만 선생님 저는 지금 왜 이렇게 되었는지 지금 당장 알고 싶거든요. 그 수수께끼만이라도 어떻게 좀 알려주실 수 없을까요?"

전생의 연인

"만약에 강용숙 씨가 전생에 그 사형에게 품었던 연정(戀情)을 그때 청산했었더라면 금생에 지금과 같은 불상사는 결코 일어나지 않았을 것입니다. 그러나 강용숙 씨는 전생에 그 사형에게 품었던 사모(思慕)의 정을 정리하지 못한 채 그 생을 마쳤기 때문에 지금과 같은 일이 발생한 것입니다. 다시 말해서 강용숙 씨는 전생에 벌써 해결했어야 할 숙제를 해결하지 못하고 금생에까지 끌고온 것입니다."

"그렇다면 저는 전생에도 그 사형과 맺어져서는 안 될 처지였었던 모양이죠?"

"그렇습니다. 전생에 그 사형은 처자를 거느린 분이었으므로 맺어질 수 없는 사이였습니다. 그런데도 그것을 단념하지 못하고 미련을 둔 채 그 생을 하직했던 것입니다. 말하자면 전생의 적자(赤字)가 금생으로 이월(移越)되어 이자까지도 가산되어 그때보다 더 혹심한 시련을 당하게 된 것입니다. 한생을 건너뛰는 바람에 이자가 붙은 것입니다. 다시 말해서 전생의 업이 금생에까지 연장된 것입니다."

"이자가 붙다니 그게 무슨 말씀입니까?"

"전생에는 처녀의 몸으로 처자 있는 사형을 사모했었는데, 그때 그 감정을 청산하지 못했으므로 금생에는 강용숙 씨가 남편과 자식을 셋이나 거느린 가정주부로서 전생의 사형을 만나게 된 것입니다. 말하자면 제때제때에 문제를 해결하지 못한 업장이 이중으로 쌓이게 되었다는 말씀입니다."

"올라가지 못할 나무는 애당초 쳐다보지도 말아야 하는데 자꾸만 쳐다본 죄업을 받게 되었다는 얘기군요."

"바로 그겁니다."

"그럼 지금 저는 어떻게 해야 합니까?"

"뒤늦게라도 잘못을 깨닫고 마음을 바꾸어야죠."

이 말을 듣고 잠시 무엇인가를 깊이 생각하던 강용숙 씨가 다시 입을 열었다.

"당연히 깨끗이 정리해야 할 일이라는 것은 잘 알면서도 뜻대로 안 될 때는 어떻게 하죠?"

"그게 바로 강용숙 씨 자신이 풀어야 할 숙제입니다."

"어떻게 풀어야 할지 지금으로는 가닥이 잡히지 않습니다."

"결자해지(結者解之)라는 말이 있지 않습니까? 강용숙 씨 자신이 맺은 일이니 강용숙 씨 자신이 당연히 풀어야 하는 거 아닙니까?"

"당연한 말씀입니다. 허지만 아직은 엄두가 나지 않습니다."

"제일 먼저 할 일은 강용숙 씨 자신을 사련(邪戀)에 빠진 주인공과 동일시(同一視)하지 말아야 하는 겁니다."

"그게 무슨 뜻입니까?"

"처음부터 끝까지 관찰자(觀察者)가 되라는 말입니다. 사련의 주인공은 절대로 강용숙 씨 자신이 아니라는 확신이 설 때 강용숙 씨는 확고부동한 자기중심을 세울 수 있습니다. 그때 비로소 강용숙 씨는 어떠한 폭풍이 닥쳐도 흔들리지 않고 의연히 버틸 수 있습니다. 그렇게만 될 수 있으면 야생마(野生馬)를 다루는 조련사(調練師)의 심정이 되어 빗나가려고만 하는 가아(假我)를 잘 단속할 수 있습니다. 여기서 무엇이 야생마이고 또 무엇이 조련사인지는 아시겠죠?"

"네."

“호랑이한테 물려가도 정신만 차리고 있으면 반드시 살길이 열리게 되어 있습니다. 강용숙 씨는 지금 자중지란(自中之亂)을 당하고 있습니다. 그러나 당황하지 말고 정신 똑바로 차리고 주변 상황을 잘 살피고 있으면 틀림없이 살 수 있는 기회를 잡을 수 있습니다. 야생마에게 휘둘리거나 끌려다녀도 안 되고 호랑이에게 잡아먹혀도 안 됩니다. 이럴 때일수록 있는 지혜와 능력을 다 발휘하여 살길을 모색해야 합니다. 한 걸음 더 나아가 강용숙 씨에게 몰아닥친 지금의 역경을 전화위복(轉禍爲福)의 계기로 삼아야 합니다.

개인이나 국가나 위기에 처했을 때의 대처방법은 근본적으로는 다를 수 없습니다. 오만방자한 독선과 밀실행정으로, 적시 적절한 때 밑에서 올라오는 건의들을 다 묵살해버리고 아무 대책도 없이 어물어물 거짓말로 그때그때의 난국을 호도하려다가 멍청하게 호기(好機)는 다 놓쳐버리고 결국은 ‘12 · 3 국치’를 초래한 김영삼 정부의 전철을 밟아서는 절대로 안 됩니다.

이러한 국가적 위기는 6 · 25 직전에도 있었습니다. 북한은 당시 소련과 중공의 적극적인 지원을 받아 막강한 전력으로 남침의 기회를 호시탐탐 노리고 있었습니다. 물론 이때도 각종 공식 비공식 정보 경로를 통해 북한의 남침 준비가 정부 당국에 보고되고 있었습니다. 그러나 이승만 정부는 적절한 대책을 세우지 못하고 6 · 25 전야에 장병들을 대량으로 휴가 보내고, 당시의 신성모 국방장관은 국군은 언제라도 북진을 단행하면 아침은 개성에서 점심을 평양에서 저녁은 신의주에서 먹을 자신이 있다고 허장성세(虛張聲勢)로 일관했습니다.

그러나 결과는 어떻게 되었습니까? 이승만 정부는 6·25 비극을, 그리고 김영삼 정부는 12·3 국치를 몰고 오지 않았습니까? 제때에 적절한 대비책을 세워 대처하지 않으면 이러한 돌이킬 수 없는 파국을 초래하게 된다는 것을 알아야 합니다. 강용숙 씨도 지금 당장 확실한 중심을 잡고 적절한 대책을 세워서 실행치 않으면 평화로운 가정에 때아닌 풍파를 몰고올 수도 있다는 것을 알아야 합니다."

"만약에 선생님 충고대로 했는데도 안 되면 어떻게 합니까?"

"그럴 때는 세상만사는 알고 보면 다 물거품이요 허공이라 생각하고 그것을 계속 관하도록 하세요. 나를 포함하여 형체 있는 모든 것과 형체 없는 마음과 감정과 염원이 모두 한낱 허상이요 환상이라고 관해야 합니다."

"그건 왜 그렇습니까?"

"그게 실상이니까요. 유위계(有爲界) 일체가 사실은 몽환포영로전(夢幻泡影露電)에 지나지 않거든요. 그리하여 정말 강용숙 씨 자신의 마음이 허공으로 변할 때까지 항심(恒心)을 가지고 관하는 데 성공하면 그때는 그 잘못된 짝사랑의 수렁에서 거뜬히 벗어날 수 있습니다."

"그래도 안 될 때는 어떻게 합니까?"

"그때는 기공부를 잠시 뒤로 미루고 우선은 현장에서 떠나도록 하세요."

"무슨 뜻입니까?"

"그 도장을 그만두라는 말입니다."

"그렇다고 문제가 완전히 해결되는 것은 아니지 않습니까?"

"그러나 견물생심(見物生心)은 우선 피해놓고 봐야 합니다. 눈에 뜨이지 않으면 마음에서도 자연 멀어지게 되어 있으니까요. 이것을 서양 사람들은 'Out of sight, out of mind'라고 했습니다. 그래 놓고 다시 공부에 주력하여 마음이 완전히 정리되고 중심이 확실히 잡힌 뒤에 다시 나가서 그를 당당하게 대해도 결코 늦지 않습니다."

"결국은 극기력(克己力)이 문제군요."

"그렇습니다. 자기 자신을 이길 수 있는 사람은 모든 것을 다 극복할 수 있습니다."

〈39권〉

아내의 신장을 장모에게 꼭 떼어주어야만 하나?

단기 4330(1997)년 12월 12일 금요일 맑음

오후 3시. 6명의 수련생들이 모여 수련을 하다가 그중에서 30대 초반의 회사원인 양석호 씨가 입을 열었다.

"선생님, 실은 오늘 선생님과 중대한 문제를 의논하려 왔습니다."

이렇게 말하는 그의 얼굴에는 심상찮은 먹구름이 잔뜩 끼어 있었다. 보통 심각한 일이 아니라는 것을 알아차릴 수 있었다.

"무슨 일인데 그러십니까? 어서 말씀해 보세요."

내가 이렇게 말하자 그는 옆에서 명상하는 도우들을 힐끗 곁눈질했다.

"신경쓸 것 없습니다. 양석호 씨의 개인적인 비밀을 공개할 사람은 이 자리에 아무도 없으니까요. 혹시 내가 대화 내용을 활자화한다고 해도 양석호 씨에게 피해가 가지 않도록 충분한 조치를 취할 테니까 조금도 염려할 것이 없습니다. 오히려 양석호 씨의 인생 문제가 많은 독자들에게 진리를 깨닫게 해 주는 실마리가 된다면 오히려 큰 공덕을 쌓는 것이 될 것입니다."

"그럼 안심하고 솔직히 말씀드리겠습니다."

"생각 잘하셨습니다. 어서 맘 푹 놓고 말씀해 보세요."

"실은 제 아내와 장모님에 관한 문제입니다. 아내와 결혼한 지는 아직 채 일 년도 안 되었습니다. 그런데 장모님이 만성 신부전증(慢性腎不全症)에 걸려서 입원하셨는데 병세가 위급하여 남의 신장을 이식하지 않으면 생명을 건질 가망이 없다고 합니다. 그런데 신장을 이식받아야 할 환자들은 줄을 서 있는데 신장을 떼어 줄 사람은 지극히 제한되어 있다고 합니다. 문제는 장모님이 신장을 떼어 줄 사람을 기다리다가 병이 악화되어 사망할지도 모른다는 겁니다. 설사 교통사고로 뇌사상태에 빠진 사람의 신장을 이식한다고 해도 공급이 수요에 훨씬 미치지 못하니까 언제 차례가 돌아올지 모른다는 겁니다.

장모님은 젊어서 남편이 월남전에서 전사하는 통에 홀몸이 되어 혼자 힘으로 외동딸인 제 아내를 키우는 것을 유일한 낙으로 삼고 살아왔습니다. 아내는 고민 끝에 자기의 신장을 이식시켜서라도 어머니를 살려야 한다고 합니다. 우리는 결혼하고 아직 아이도 낳지 않았습니다. 아내가 신장 하나를 떼어 주면 모전여전(母傳女傳)이라고 아내도 신장에 이상이 생기면 어떻게 하겠습니까? 그래서 저는 절대반대입니다. 하지만 아내는 어머니를 그대로 돌아가시게 하면 평생 그 죄책감으로 시달리느라고 오래 못 살 것 같다면서 한사코 자기 신장 하나를 어머니에게 떼어 주겠다는 겁니다.

이런 때는 어떻게 해야 할지 정말 난감하기 짝이 없습니다. 저는 아내를 보고 여자는 일단 결혼하면 출가외인이니까 그런 중대한 일은 남편의 의견을 따라야 한다고 하면서 나는 절대반대니까 그렇게 할 수 없다고 해도 제 말을 듣지 않습니다. 출가외인은 전통적인 농업사회에서나 있을 수 있는 일이고 지금은 딸도 아들과 같이 부모를 돌볼 의무가 있다는 겁니다. 더구나 어머니에게는 무남독녀인 자기는 그럴 수밖에 없다는 겁니다. 이럴 때 무슨 그럴 듯한 좋은 해결 방법이 없을까요?"

"얘기를 듣고 보니 요즘 KBS 1TV에서 방영되는 '정 때문에'라는 연속극 방송 내용과 흡사하군요. 장모님 연세는 지금 어떻게 됩니까?"

"예순다섯입니다."

"아직도 더 사셔야 할 나이이기는 하군요."

"그렇습니다. 저도 어떻게 하든지 살려드렸으면 좋겠는데 현대의학으로는 다른 선택의 여지가 없다고 합니다."

"그렇다면 발상의 전환을 해야 합니다."

"발상의 전환이라뇨? 어떻게 말씀입니까?"

"현대의학이 할 수 없는 일이라면 현대의학을 떠나서 다른 치료방법을 찾아야 합니다."

"다른 치료법이 있을까요?"

"있고말고요. 신부전증은 확실히 난치병이면서도 성인병입니다. 현대의학은 난치병의 겨우 30프로를 치료할 수 있을 뿐이라고 합니다. 그렇다면 우리는 현대의학에 난치병을 의존할 생각부터 버리는 것이 좋습니다. 이러한 실정이므로 요즘은 서구 선진국들에서도 현대의학을 불신하고 대체의학이 굉장히 발달되어 있습니다. 그 대체의학 중에는 동양의 한의학도 침구술도 들어 있습니다. 그리고 그 밖의 신종요법과 각종 민간요법들이 들어 있습니다.

사실 성인병에 관한 한 현대의학은 믿을 것이 못 됩니다. 우선 신부전증 하나만 놓고 보아도 그렇습니다. 병원에서는 신장이 제 기능을 다하지 못해서 오염된 피를 인공적으로 걸러주는 투석(透析) 아니면 신장이식 외에는 별다른 방법이 없습니다. 그러니까 신부전증으로 입원했다 하면 임시방편인 투석 과정을 누구나 거치게 되어 있습니다. 이것은 치료가 아니고 인공적으로 잠시 생명을 연장하는 것밖에는 되지 않습니다. 제구실을 못 하게 된 신장 기능을 되살리는 것이라야 의학인데 그 사명을 다할 생각은 하지 않고 엉뚱한 짓들만 하고 있으니까 현대의학은 신장병에 관한 한 문외한이라고밖에 말할 수 없습니다.

물론 투석을 하면 어느 한정된 기간 생명을 연장할 수 있긴 하지만 신장 기능은 투석이 대신해 주므로 놀고 있게 되니까 가뜩이나 나빠진 신장은 좋아지기는커녕 악화만 될 뿐입니다. 그렇게 악화되기만을 기다리다가 다행히 신장이식을 받을 수 있는 기회가 주어지면 살아나고 그렇지 못하면 죽을 뿐입니다. 도대체 이게 병든 사람 살리는 의학이라고 할 수 있습니까? 참으로 무책임한 일이 아닐 수 없습니다. 어디 신장병뿐입니까? 고혈압, 당뇨병, 중풍, 각종 암 따위 난치병이 다 이와 대동소이합니다."

"그렇다면 신장병을 낫게 할 수 있는 다른 방법이 있을까요?"

"있고말고요. 확실히 있습니다."

"신장병은 오행으로 보면 음식을 너무 싱겁게 먹어서 생기는 병입니다. 신장에 이상이 있는 사람은 촌구와 인영맥을 만져 보면 대체로 인영에서 미끄럽고 바둑알처럼 단단하고 걸쭉한 석맥(石脈)이 나옵니다.

이런 사람은 질병이 악화되기 전부터 소변이 자주 마렵고 눈이 빠질 것 같고, 현기증이 나고 뒷머리, 허리, 종아리가 아프거나 하품이 자주 나오고 귀에서 요란한 소리가 나기도 합니다. 이런 증상이 일어나면 우선은 음식을 짜게 먹어야 합니다. 그런데 무식하기 짝이 없는 서양 의사들은 신장이 약한 사람은 무조건 짠 음식을 못 먹게 합니다. 그런데 신장이 나빠진 사람은 백이면 백 짭짤한 음식을 먹고 싶어 합니다. 왜 그런지 아십니까?"

"왜 그렇죠?"

"아니 내가 물었는데 되물으면 어떻게 합니까?"

"마음이 성급해서 그랬습니다."

신방광이 나쁘면 짜게 먹어라

"자아 잘 들어보세요. 신방광(腎膀胱)은 오행상 수(水)에 속합니다. 맛으로 보면 수는 짠 것을 말합니다. 그래서 신장이 나쁜 사람은 짠 음식을 찾게 되어 있습니다. 신장병 환자가 짠 음식을 찾는 것은 인간이 가지고 있는 고유한 자연치유력이 가동되었기 때문입니다. 그런데 오행을 무시하는 현대 서양 의사들은 신장병에 걸린 사람은 무조건 짠 음식을 못 먹게 합니다. 이것은 자연치유력에 역행하는 무지몽매한 짓이 아닐 수 없습니다. 짠 음식은 심소장(心小腸)이 약한 사람이 먹지 말아야 할 음식이지 신방광이 나쁜 사람이 먹지 말아야 할 음식이 결코 아닙니다.

그런데 현대 서양 의사들은 덮어놓고 달고 맵고 짠 음식은 먹지 못하게 하여 충분히 살릴 수 있는 환자도 죽게 만듭니다. 그래서 신부전증에 걸린 환자는 아무런 의학 상식이 없는데도 병원에는 무조건 가지 않으려고 합니다. 병원에 가서 신장이식을 받지 못하면 죽을 수밖에 없다는 것을 본능적으로 알고 있기 때문입니다. 그래서 식구들에 의해 병원문 앞까지 끌려갔다가도 틈만 나면 필사적으로 도망을 치곤합니다.

연속방송극 '정 때문에'에 나오는 학봉이라는 신장병 환자도 그랬습니다. 그러나 현대의학만을 맹신(盲信)하는 식구들은 어떻게 해서든지 강제로 병원 진찰을 받게 하고 결국은 투석을 하게 합니다. 투석은 치료가 아니라 인공호흡기 같은 인공적인 생명 연장 수단에 지나지 않습니다. 병원에서 정기적으로 투석 시술을 받으면서도 학봉은 짭짤한 된장찌개나 짠 음식에 속하는 돼지고기에 새우젓과 김치포기를 싸서 먹고 싶어 환장을 하는데도 의사들의 말만 맹종(盲從)하는 식구들은 한사코 못 먹게 합니다. 그 대신 싱겁기 짝이 없는 음식만 억지로 먹게 합니다. 그렇게 하면서 정기적으로 병원에 가서 투석(透析)만 하게 하니까 신장 기능은 퇴화만 거듭할 뿐입니다.

그래서 신장병 환자가 병원에 가면 무조건 투석을 하고 끝내 신장이식을 받아야 살게 되어 있습니다. 그렇지 않으면 죽게 되어 있습니다. 그러나 자연은 신부전증 환자를 그렇게 속절없이 죽어가게 내버려 두지 않습니다. 병이 있으면 반드시 그것을 고치는 음식이 있게 되어 있습니다. 물론 이 음식 속에는 먹을 수 있는 한약제도 포함되어 있습니다. 그러나 한약제까지 가지 않더라도 우리는 우리의 주변에서 흔히 구할 수 있는 음식만 먹어도 살도록 되어 있습니다.

콩, 서목태(쥐눈이콩), 밤, 수박, 미역, 다시마, 콩떡잎, 김, 돼지고기, 해삼, 뼈곰국, 녹용, 콩팥, 멸치, 소금, 죽염, 젓갈, 간장, 치즈, 된장 같은 짠 음식들만 구미에 따라 집중적으로 먹어도 어지간한 신장병은 자연히 낫게 되어 있습니다. 신장이 약한 사람들은 백이면 백 틀림없이 이러한 짠 음식을 찾을 것입니다. 여기서 한걸음 더 나아가 체질 점검을 받고 오행생식을 처방받아 먹으면 기초 체력만 가지고 있는 한 신장 기능은 되살아나게 되어 있습니다.

서양 속담에 '병은 하나님이 고치고 돈은 의사가 받는다'는 말이 있습니다. 여기서 말하는 하나님이란 자연치유능력을 말합니다. 인간은 원래가 소우주입니다. 웬만한 병은 스스로 알아서 고치게 되어 있습니다. 만약에 현대의학이 주제넘게 간섭만 하지 않아도 신장이 나빠진 사람은 자기 자신도 모르게 자꾸만 짠 음식을 찾게 되고 그것을 먹으면 병은 자연히 낫게 되어 있습니다.

사람은 한평생을 살다가 보면 여러 가지 원인으로 오장육부(五臟六腑)에 병이 드는 수도 있고 죽을병이 아닌 이상 웬만한 병은 그때마다 적당히 구미에 당기는 음식만 찾아먹어도 저절로 낫게 되어 있습니다. 만성 신장병 환자도 그렇게 하여 자기도 모르게 병이 낫게 되어 있습니다. 야생 동물들을 보십시오. 그들은 의사나 약사도 없고 주사를 맞거나 수술을 받지 않아도 병에 걸리면 산속을 찾아 헤매면서 구미에 당기는 먹이나 약초를 본능적으로 찾아 먹고 스스로 병을 고칩니다. 우리 인간들도 농경 시대 이전까지만 해도 수십만 년의 세월을 그렇게 살아 왔습니다.

신장이 좀 나빠졌다고 해서 반드시 병원에 가서 일종의 수술에 해당되는 투석 시술(透析施術)을 받아야만 하고, 그렇게 하여 인공적으로 생명을 연장하다가 남의 신장을 이식받아야만 살아나게 되어 있지는 않다는 것을 알아야 합니다. 투석은 자생력을 말살시키는 행위입니다. 지구상에 인간이 생을 영위하기 시작한 이래 신장이 나빠진 사람은 반드시 투석을 하고 신장이식을 받아야만 살게 되어 있지는 않았습니다. 그런 엉터리 같은 현대의술이 시행된 것은 불과 백 년도 채 안됩니다. 죽은 사람의 장기라면 어차피 썩어 없어질 것이니까 그럴 수 있다고 해도, 산 사람끼리의 장기이식은 아무리 생각해도 생명을 모독하는 현대의학의 미신입니다. 이처럼 잘못된 서양 의료체계에 우리의 생명을 맡길 수는 없다는 각성이 있어야 하겠다는 것입니다.

사람에게 좌우 양쪽에 신장이 하나씩 달려 있는 것은 다 그럴 만한 이유가 있기 때문입니다. 그것은 인간에게 허파(폐)가 둘 있고 눈이 둘, 귀가 둘, 콧구멍이 둘 있는 것은 다 그럴 만한 확실한 이유가 있는 것입니다. 우리에게 신장이 둘씩 달려 있는 것은 남의 신장이 나빠지면 하나씩 떼어 주라고 해서 여분으로 있는 것은 결코 아닙니다. 우리에게 눈이 둘 있는 것은 시력을 상실한 남에게 하나를 빼어 주라고 해서 스페어타이어처럼 비상용으로 달고 다니는 것이 아니라는 말입니다.

그래서 우리 조상들은 신체발부(身體髮膚)는 부모에게서 받은 것이니 함부로 오손하지 않는 것을 효도의 근본으로 여겼습니다. 그렇다고 해서 남을 돕지 말라는 것은 아닙니다. 남을 돕되 자기의 신체와 장기(臟器)는 손상시키지 않는 범위 안에서 물질과 노력과 정성으로라도 얼마든지 봉사할 수 있습니다.

의사들은 흔히 신장 하나를 떼어 주어도 건강에는 아무 이상이 없다고 말합니다. 정말 그럴까요? 물론 겉으로야 멀쩡하겠죠. 그러나 막상 신장 하나를 남에게 떼어 준 사람은 사실은 남모르는 고통을 평생 안고 산다는 것을 알아야 합니다. 그 불편함은 눈 하나만으로, 귀 하나만으로, 콧구멍 하나만으로, 폐 하나만으로 살아가는 것처럼 불편하기도 하고 고통스럽기도 합니다.

내가 잘 아는 『선도체험기』 독자 한 사람은 자기의 친형이 신장이식을 해야만 살 수 있는 만성 신부전증에 걸렸다고 합니다. 의사는 형제의 것을 이식하는 것이 거부반응이 거의 없어서 가장 안전하다고 말하면서 신장 하나 떼어 주어도 건강에는 아무런 이상이 없다고 말하길래 그때는 의사의 말만 믿고 아무 생각 없이 선뜻 떼어 주었다고 합니다."

"그래 그 후 어떻게 되었습니까?"

"그런데 솔직히 말해서 그분은 신장이식 해 준 것을 두고두고 후회하고 있었습니다."

"아니 왜요?"

"신장을 떼어 줄 당시에는 형과 형수가 살이라도 베어 먹일 듯이 곰살맞고 싹싹하게 굴었었는데, 세월이 흐르면서 어느 사이엔가 서먹서먹해지더니 이제는 아예 노골적으로 냉대를 받게 되었다고 합니다."

"무엇 때문이죠?"

"자기는 아무렇지도 않게 생각하는데 저쪽에서 아무래도 자기를 부담스럽게 생각하는 눈치랍니다. 더구나 형님은 사업이 잘되어 돈을 벌어들이기 시작하면서 그런 경향이 더욱더 뚜렷해졌답니다. 이따금 만나는 일이 있어도 내가 뭐 돈이라도 달라고 할까 봐서 겁을 내는 것 같은 눈치였다는 겁니다.

사실 그는 그런 의도는 추호도 없는데도 저쪽에서는 자기를 그렇게 색안경을 끼고 보는 것 같았답니다. 지금은 형님 내외가 그분을 보기만 해도 송충이 대하듯 한답니다. 이건 순전히 뭣 주고 뺨 맞는 기분이라는 겁니다. 이것까지라면 또 모르겠는데, 신장을 하나 떼어 낸 이후로는 아무래도 그전과 같은 건강이 회복되지 않는다는 겁니다.

신장 떼어 낸 자리가 뜨끔뜨끔 아프기도 하고 특히 비나 눈이 오려고 날씨가 꾸물꾸물해도 유난히 그 통증이 심하다고 합니다. 그래서 맥을 짚어 보았더니 신장을 떼어 낸 쪽의 인영맥이 석맥(石脈) 4·5성(盛)이었습니다. 건강에 아무 이상이 없다는 것은 의사들의 말은 새빨간 거짓말입니다."

"그래도 우리 사회에는 더불어 살아가기 위한 사랑의 장기기증운동이 벌어지고 있고 그 덕분에 죽어가는 생명을 살릴 수 있는 것은 좋은 일이 아닙니까?"

"물론 좋은 일입니다. 그러나 죽은 뒤에 자기의 장기를 기증하겠다고 유서를 써 놓는다든가 하는 것이라면 몰라도 살아 있는 사람의 장기를 떼어 주는 일은 내가 보기에는 과학을 빙자한 현대 서양의학의 무지이며 폭거입니다."

"꼭 그렇다고 말할 수 있을까요?"

"물론입니다."

"그건 왜 그렇습니까?"

"무엇보다도 살아있는 사람의 장기를 구차하게 이식받아 자기 생명을 연장하겠다는 발상 자체가 크게 잘못되었기 때문입니다."

"그 이유를 알고 싶습니다."

"생자필멸(生者必滅)이라는 말 아십니까?"

"살아있는 사람은 누구나 다 죽게 되어 있다는 말 아닙니까?"

"그렇습니다. 사람은 누구나 다 죽을 때가 되면 죽게 되어 있습니다. 죽게 되면 깨끗이 죽는 것이 자연의 도리입니다. 죽을 때가 된 사람이 생명에 대한 애착 때문에 남의 장기를 이식받아 억지로 생명을 연장하겠다는 것이 다 부질없는 욕심이요 집착이라는 말입니다. 죽을 때는 깨끗이 죽을 일이지 구차하게 남의 발목 잡고 남의 생명력까지 손상시키면서 몇 해, 아니 기껏해야 십 년, 이십 년 더 살아 보았자 업장(業障)만 두꺼워졌지 다 부질없는 짓이라는 말입니다.

그렇게 남의 신세 지면서 억지로 생명을 연장하기보다는 차라리 한 번 더 윤회하여 새 생명을 받는 것이 그의 영적 진화에 훨씬 더 유리한 것입니다. 인명(人命)은 재천(在天)이라는 말이 있습니다. 사람이 죽고 사는 것은 다 하늘의 뜻이라는 말입니다. 여기서 하늘의 뜻이 무엇인지 아십니까?"

"모르겠는데요."

"여기서 말하는 하늘의 뜻은 인과응보(因果應報)입니다. 이것은 무슨 뜻인고 하니 어떤 사람이 죽고 사는 것은 그 사람 자신의 탓이지 남의 탓이 아니라는 말입니다. 다시 말해서 내가 죽고 사는 것은 순전히 내 탓이라는 말입니다. 자기가 뿌린 대로 거둔다는 뜻입니다. 만약에 어떤 사람이 만성 신부전증에 걸려서 죽게 되었다면 그것은 그 사람이 평소에 건강관리를 잘못해 왔기 때문입니다."

"건강관리를 어떻게 해야 됩니까?"

오미(五味)를 제때에 찾아먹어라

"만성병 치료에는 한계를 드러낸 서양의학만 무조건 맹신할 것이 아니라, 시고 쓰고 달고 맵고 짜고 떫은 음식을 오행육기에 알맞게 자연의 원리에 따라 골고루 찾아 먹기만 해도 그런 치명적인 신장병을 위시한 모든 병은 능히 피할 수 있었을 것입니다."

"그렇게 음식만 골고루 찾아 먹으면 됩니까?"

"그것만 가지고는 부족합니다."

"그럼 어떻게 해야 합니까?"

"적당한 운동을 해야 합니다."

"어떤 운동을 해야 합니까?"

"신장이 위치한 허리를 비롯하여 정강이, 발목 운동을 많이 해야 합니다. 그렇다고 해서 꼭 허리, 정강이, 발목 운동만 하라는 것은 아닙니다."

"그럼 어떻게 해야 합니까?"

"단전호흡, 등산, 달리기, 도인체조, 오행생식을 일상생활화 하여 항상 기혈(氣血)이 온몸에 골고루 순환하도록 해야 합니다. 이렇게만 해도 웬만한 병은 몸에 붙어 있을 수 없게 될 것입니다. 어떤 이는 사람은 누구나 이 세상을 살아가노라면 질병은 피할 수 없다고 질병 불가피론을 펴고 있습니다. 그렇지만 그것은 선도에서 말하는 몸공부와 기공부를 모르고 하는 헛소리에 지나지 않습니다. 다시 말해서 질병은 우리의 노력 여하에 따라 능히 퇴치할 수 있다는 얘기입니다."

"그렇다면 몸공부와 기공부만으로 사람은 모든 질병에서 벗어날 수 있을까요?"

"반드시 그렇지는 않습니다. 우리의 몸이란 우리의 마음의 구현체라는 것을 알아야 합니다. 따라서 일체유심조(一切唯心造)라는 말이 있듯이 우리의 맘먹기에 따라서 질병은 생겨나기도 하고 사라지기도 한다는 말입니다. 이 말은 무슨 뜻인가 하면 우리가 제아무리 몸공부와 기공부를 열심히 해도 마음이 바르고 착하고 성실하지 못하면 몸공부와 기공부에도 한계가 있다는 얘기입니다."

"그럼 도대체 마음을 어떻게 먹어야 궁극적으로 모든 질병에서 해방될 수 있다는 말씀입니까?"

"한마디로 말해서 마음이 바르고 착하고 성실하면서도 몸공부와 기공부를 열심히 하여 진정 마음의 평화를 얻을 수 있으면 만병을 퇴치할 수 있다는 얘기입니다. 그런데 신장병 환자들을 실례로 들어 보면 백이면 백 그 마음이 바르지 못하고 항상 삐딱합니다. 마음이 삐딱하기 때문에 몸도 따라서 삐딱할 수밖에 없습니다. 몸이 삐딱하니까 세상을 보는 눈도 삐딱할 수밖에 없습니다. 몸도 마음도 삐딱하기 때문에 몸 전체의 중심도 바로잡을 수 없게 됩니다. 그래서 넘어지기를 잘합니다. 실수를 잘 저지른다는 뜻입니다.

이렇게 넘어지기를 잘하면서도 자신의 잘못은 인정하기는커녕 모든 것을 세상 탓으로 돌리고 불평하는 데만 열을 올립니다. 불평이 많으니까 늘 세상을 부정(否定)만 합니다. 그렇게 되면 심정이 비비꼬여서 반대를 위한 반대를 일삼게 됩니다. 부정과 반대만을 일삼다가 보니 어느덧 모든 일에 저항하고 반항하고 궁상을 잘 떨고 엄살을 잘 부립니다. 자기가 잘못을 저지르고도 그것을 인정하려고 하지 않고 언제나 되지도 않는 핑계를 만들어 남에게 교묘하게 뒤집어씌우는 데는 아예 이골이 나 있습니다.

그리고 뻔히 잘될 것도 안 된다고 어깃장 놓기 일쑤이고 그런가 하면 잘될 것도 안 된다고 심술부터 부리기 일쑤입니다. 이렇게 항상 억지부리는 인생살이를 하다가 보니까 항상 마음은 불안 초조에 시달리게 되어 무슨 일이 조금만 어긋나도 가슴이 덜렁덜렁하고 겁부터 냅니다. 이처럼 맘보가 뒤틀어져 있으니 몸이 온전할 리가 없는데 흔히 신장이 약해집니다. 그래서 신장이 나쁜 사람은 우선 자기의 마음보부터 고쳐야 합니다. 이렇게 삐뚤어진 마음을 바로잡는 것을 마음공부라고 합니다.”

“그러니까 결론적으로 말해서 마음공부, 기공부, 몸공부 세 가지가 한꺼번에 조화가 이루어져야 비로소 완벽한 건강을 확보할 수 있다는 말씀이군요.”

“내가 하고 싶은 말을 바로 양석호 씨가 대신했군요.”

“선생님 말씀은 백번 옳은데요. 제 아내와 장모님의 문제는 이미 그러한 세 가지 공부를 할 수 있는 한계를 넘어선 것 같습니다. 장모님은 병원에서 의사의 말만 곧이곧대로 믿고 누가 콩팥이나 하나 기증해 주지 않나 하고 막연히 기다리고 있는 중입니다. 신장 기증을 받지 못하면 죽을 것으로 알고 계십니다. 아내 역시 그것을 철석같이 믿고 자기의 신장을 떼어 주어야만 어머니가 살아날 것이라고 굳게 믿고 있으니 저는 어떻게 해야 합니까?

저 역시도 신장병에 관한 한 현대 서양의학은 믿지 않습니다. 오행생식과 같은 대체의학이 훨씬 합리적이라고 봅니다. 그러나 아내가 저렇게 한사코 신장 하나를 떼어 주지 않으면 자기도 죄책감 때문에 살아갈 것 같지 않다고 합니다. 자기가 어머니에게 신장 하나를 떼어 주려고 하는 것은 어머니를 위해서라기보다 자기 자신을 위해서라고 말하고 있습니다. 이럴 때 저는 어떻게 처신을 해야 옳을지 선생님께서 한 말씀해 주셨으면 고맙겠습니다."

"허허허 양석호 씨가 지고 갈 짐을 억지로 나한테 떠넘기려는 거 아니오?"

"죄송합니다. 선생님, 저도 오랫동안 밤잠을 안 자고 심사숙고를 해왔지만 이렇다 할 결론이 나오지 않아서 그렇습니다. 선생님께서는 아무래도 객관적인 입장에 냉정하게 제 처지를 관조하실 수 있을 것 같아서 드리는 말씀입니다."

"아무래도 부인이 온전한 몸이 되기를 원하시겠죠?"

"그야 더 말해 무엇 하겠습니까? 바로 그 때문에 고민하는 거 아닙니까?"

"그렇다면 그 고민을 놓아버리십시오."

"그럼 역지사지방하착(易地思之放下着)하라는 말씀이십니까?"

“바로 그겁니다.”

“그렇다면 신장이 하나밖에 없는 제 아내는 어떻게 합니까?”

“어떻게 하다뇨. 무얼 어떻게 한다는 말입니까?”

“신장이 하나밖에 없는 제 아내는 앞으로 어떻게 건강한 아이를 낳을 수 있을 것이며 또 아내 자신의 건강은 누가 어떻게 보장한다는 말씀입니까?”

“사람은 기초 생명력이 있는 한 어떻게 하든지 살아남게 되어 있습니다. 이가 빠지면 잇몸으로도 살 수 있고 오른쪽 눈을 잃으면 왼쪽 눈만으로도 살아갈 수 있습니다. 양쪽으로 분산되던 에너지가 한쪽으로 모이게 되니까 두 눈이 해야 할 일을 한 눈이 도맡아 할 수 있습니다. 시력 장애자는 청각(聽覺)과 후각(嗅覺)이 보통 사람들보다 더 예민한 것은 눈으로 가야 할 에너지가 청각과 후각으로 분산되기 때문입니다. 이처럼 자연은 없으면 없는 대로 살아갈 수 있도록 충분한 보상작용을 해 주게 되어 있습니다.”

“허지만 남모르는 고통을 당해야 하지 않습니까?”

“양석호 씨가 우려하는 것은 앞으로 일어날 수도 있는 가상의 미래사입니다. 그것도 놓아버리십시오. 내일 일은 내일 걱정해도 늦지 않습니다. 오늘 일은 오늘 해결하는 것으로 충분합니다.”

“그럼 저만 손해를 보라는 말씀입니까?”

“알고 보면 손해 볼 것도 이익 볼 것도 없습니다. 손해는 이익이고 이익은 결국 손해라는 것을 알아야 합니다. 진리의 세계에서 바라보면 원래 죽음도 삶도 따로 있는 것이 아닙니다. 그래서 불생불멸(不生不

滅)이라고 했습니다. 그런가 하면 또 늘어나는 것도 줄어드는 것도 없습니다. 그래서 부증불감(不增不減)이라고 했습니다. 더러운 것도 깨끗한 것도 없습니다. 그래서 불구부정(不垢不淨)이라고 했습니다."

"그러나 현상계에서 보면 확실히 삶도 있고 죽음도 있으며, 늘어나는 것도 있는가 하면 줄어드는 것도 있고, 착한 사람이 있는가 하면 악한 사람도 있는 것은 사실이 아닙니까?"

"양석호 씨에게는 확실히 그렇게 보일 것입니다. 왜 그렇다고 생각하십니까?"

"글쎄요. 그건 잘 모르겠는데요."

"그것은 다겁생래(多劫生來)의 업(業)에서 벗어나지 못했기 때문입니다. 그 업장에 가려서 진실이 드러나 보이지 않기 때문입니다. 바로 그 업장에 가려서 진리가 제대로 보이지 않는 세계가 인과응보가 지배하는 현상계입니다. 그 업장의 구름이 걷히면 진리가 보입니다. 그때 진리가 바닷물이라면 상대세계의 인과응보는 물거품에 지나지 않는다는 것을 알게 될 것입니다."

"그럼 그 진리를 볼 수 있는 지름길을 가르쳐 주십시오."

"양석호 씨 자신도 그 인과응보의 업장 속에 휘말려 있다는 것을 확실히 알기만 하면 됩니다."

"그럼 제가 지금 이러한 처지에 서게 된 것도 인과응보 때문이라는 말씀입니까?"

"그렇습니다. 바로 인과응보입니다. 그렇지 않다면 그렇다고 말해 보세요. 그럴 수 있습니까?"

“그럴 자신은 없는데요. 그럼 제가 지금의 아내를 맞게 된 것도 다 인과응보라는 말씀인가요?”

“그렇습니다. 모든 것이 자업자득입니다. 남의 탓으로 돌리지 마십시오. 모든 것을 자기 탓으로 돌릴 때 진리의 실상이 보일 것입니다.”

효도할 기회를 빼앗지 말라

“그렇다면 제 아내가 장모에게 신장을 떼어 주어도 모른 척하라는 말씀인가요?”

“부인이 친정어머니에게 효도할 수 있는 기회를 빼앗을 권리는 비록 남편인 양석호 씨에게도 없다는 것을 알아야 합니다. 모녀간에 맺어진 얽히고설킨 인연의 줄은 그들 사이에서 풀도록 내버려 두어야 합니다. 왜냐하면 양석호 씨 역시 그러한 아내를 맞이해야만 할 인연을 타고 났기 때문입니다.”

“그러나 건강한 아내를 갖고 싶은 것은 남편 된 자의 정당한 권리가 아닙니까?”

“그러한 욕구도 놓아버려야 합니다. 붓다는 이러한 욕구를 갈애(渴愛)라고 했습니다. 갈애는 갈애를 낳고 또 다른 업을 쌓게 할 뿐입니다. 일체의 욕구와 갈애와 욕망은 다 털어버리고 났을 때 비로소 무명(無明)이 사라지고 진정한 마음의 평화를 얻을 수 있게 될 것입니다.”

공포심을 어떻게 극복할 것인가?

“선생님 저는 공포심 때문에 늘 고전하고 있습니다. 공포심을 극복할 수 있는 무슨 방법이 없을까요?"

30대 중반의 회사원인 오형석 씨가 말했다.

"공포심이라니, 주로 어떤 때 공포심이 일어납니까?"

"중역회의에서 연사로 등단해야 할 때는 언제나 다리가 부들부들 떨릴 정도로 겁이 납니다. 그래서 하려고 마음먹었던 말을 반도 못하고 연단을 내려오기 일쑤입니다."

"왜 그렇게 된다고 생각하십니까?"

"제가 마음이 덜 수양이 돼서 그렇지 않나 생각됩니다."

"마음공부가 덜 되었다고 생각한다 그 말입니까?"

"네."

"그렇다면 이제부터라도 마음공부를 하면 될 거 아닙니까? 원인을 모른다면 몰라도 그것을 알고 있으면서도 고치려고 하지 않는 것은 게으름의 소치라고밖에 말할 수 없을 것입니다."

"어떻게 하면 공포심을 극복하는 마음공부를 할 수 있겠습니까?"

"그건 아주 간단합니다. 그러나 실천하기는 그렇게 간단하지 않습니다."

"그게 뭔데요?"

"공포심이라는 것은 실재(實在)하는 것이 아니고 마음의 장난으로 일어났다가 사라지는 그림자와 같은, 실체가 없는 일시적인 현상이라고 보면 됩니다. 알고 보면 오형석 씨는 실재하지도 않는 공포심이라는 허깨비에 홀려 있다는 것을 알게 되면 금방 극복할 수 있습니다."

"어떻게 하면 그렇게 될 수 있습니까?"

"강연을 앞두고 공포심이 일어날 때마다 그 공포심을 관(觀)하면 됩니다."

"관만 해도 공포심이 사라집니까?"

"그렇습니다."

"관만 하는데도 공포심이 사라진다는 것이 잘 납득이 가지 않는데요."

"공포심이 일어날 때 그것을 관해 본 일이 있습니까?"

"네, 있습니다."

"공포심을 관했는데도 사라지지 않았다는 말씀이죠?"

"네."

"왜 그런지 생각해 보았습니까?"

"네, 제 나름대로 생각을 해 보았지만 알아내지 못했습니다. 왜 그렇죠?"

"그건 관찰자(觀察者)에 대한 믿음이 약하기 때문입니다."

"관찰자가 누굽니까?"

"오형석 씨에게 공포심이 일어날 때 그것을 살펴보는 주체를 관찰자라고 합니다. 관찰자가 빛이라면 공포심은 어둠입니다. 약한 빛은 어둠에 압도되어 제 구실을 못합니다. 변변치 못한 고양이는 쥐한테 쫓기게 됩니다. 왜 그런 현상이 일어나는지 아십니까?"

"모르겠는데요."

"공포심이 일어날 때 오형석 씨는 자신을 그 공포심과 동일시(同一視)하므로 관찰자는 설 자리를 잃기 때문입니다."

"그럴 때는 어떻게 해야 합니까?"

"오형석 씨 자신은 절대로 공포심과 동일하지 않다는 것을 깨닫는 길밖에는 없습니다."

"어떻게 하면 그것을 깨달을 수 있겠습니까?"

"그건 아주 간단합니다. 공포심의 정체를 빨리 깨닫는 겁니다. 공포심이란 마음의 일시적인 장난에 지나지 않으며 파도나 물거품처럼 일었다가 금방 사라지는 실체 없는 일시적 현상이라는 것을 깨닫는 겁니다. 그러기 위해서는 관찰자에 대한 믿음이 확고해야 합니다."

"그 관찰자의 정체를 알고 싶습니다."

"오형석 씨를 이 세상에 있게 한 주인이라고 보면 됩니다. 이 관찰자를 보고 도계에서는 흔히들 부모미생전본래면목(父母未生前本來面目)이라고 합니다. 여기서 부모는 천지(天地)를 뜻하니까 우주가 생겨나기 이전부터 영속적으로 존재하는 오형석 씨의 본래 모습을 말합니다. 이것은 생멸(生滅)을 초월한 존재입니다.

공포심에 시달리는 존재를 거짓 나 즉 가아(假我)라고 한다면 이 본래면목은 참나 즉 진아(眞我)입니다. 진아는 생멸을 초월한다고 했으니까 시작도 끝도 없이 영원부터 영원까지 유아독존(唯我獨尊)하는 존재입니다. 이 참나가 오형석 씨의 중심에 확고히 자리잡고 있으면 공포심 따위에 휘둘릴 리가 없습니다. 그러나 지금 오형석 씨가 휘둘리는 것은 관찰자 즉 참나에 대한 믿음이 약해서 거짓 나가 제멋대로 날뛰게 만들었기 때문입니다."

"선생님, 그럼 어떻게 해야 그 관찰자를 제 중심에 확고하게 자리잡게 할 수 있겠습니까?"

"오형석 씨 자신을 거짓 나가 아니라 참나인 관찰자와 친밀하게 지내도록 하여 양자 사이에 전연 간격이 없도록 하여야 합니다."

"어떻게 하면 그렇게 될 수 있을까요?"

"친구와는 될 수 있는 대로 자주 만나야 우정이 두터워지고 연인 사이에도 역시 끊임없이 접촉을 해야 애정이 돈독해집니다. 그와 마찬가지로 오형석 씨도 그 관찰자와 될 수 있는 대로 자주 접촉해야 합니다. 판단하기 어려운 일이 있을 때마다 기짓 나가 아니라 참나인 관찰자와 밀접하게 의논함으로써 둘 사이가 물샐 틈 없이 긴밀해지도록 하면 됩니다."

"결국은 그 관찰자와 한몸이 되라는 말씀인가요?"

"그렇습니다. 일상생활을 이처럼 관찰자와 함께하다가 보면 오형석 씨 자신이 관찰자가 되어 버리고 둘 사이의 간격이 완전히 없어져 버릴 때가 올 것입니다. 그때가 되면 오형석 씨는 더이상 나한테 와서 지금 나에게 한 것과 같은 질문은 하지 않게 될 것입니다."

"그때는 어떻게 될까요?"

"천상천하유아독존(天上天下唯我獨尊), 삼세개고오당안지(三世皆苦吾當安之)하게 될 것입니다. 그때는 공포심이라는 일종의 번뇌는 곧 지혜로 탈바꿈하게 될 것이므로 더이상 스승을 필요로 하지 않게 될 것입니다."

신앙이 흔들린다

1997년 12월 21일 일요일 1~7℃ 해 구름

오후 3시. 7명의 수련생이 모였다. 그 중에는 정윤식이라는 40대 중반의 가톨릭 신자도 한 사람이 끼어 있었는데 그가 말했다.

"선생님 저는 가톨릭에 입문한 지 20년이 넘은 고참 신자인데요. 요즘은 우연한 기회에 『선도체험기』 시리즈를 읽고는 제 신앙이 송두리째 흔들리고 있습니다."

"왜요?"

"『선도체험기』 안에는 제 신앙이 흔들릴 만한 충격적인 내용들이 너무나 많기 때문입니다."

"『선도체험기』는 어떠한 종교도 거부하거나 배타적으로 대하는 일이 일체 없을 뿐만 아니라 오히려 모든 종교를 포용하고 있습니다. 선도수련이 깊어질수록 자신의 신앙도 더욱더 충실해지게 되어 있는데 그게 웬 말씀이십니까?"

"우리 천주교에서는 창조주이신 천주님을 절대시하는데 선도에서는 창조주 천주님 대신에 참나를 내세우고 있습니다. 어느 쪽 말이 옳은지 혼란이 옵니다."

"창조주 천주님을 만나보셨습니까?"

"아뇨. 아직은 못 만나 보았습니다."

“아니 20년이나 천주님을 믿고도 천주님을 못 만나 보셨다는 말씀입니까? 그러니까 그런 혼란이 오죠.”

“부끄럽습니다.”

“그렇다면 무엇인가 잘못되었군요.”

“할말이 없습니다.”

“참나가 바로 창조주지, 창조주가 따로 있는 것이 아닙니다.”

“참나가 어떻게 창조주가 될 수 있습니까?”

“왜 없습니까? 성경에도 사람은 하나님의 형상을 본받아 만들어졌다고 나오지 않습니까? 이것은 하나님과 사람은 근본적으로 다르지 않다는 것을 말합니다. 그러니까 창조주나 참나나 결국은 하나라는 것을 말해 주고 있습니다. 가리키는 대상은 같은데 오직 표현이 다를 뿐입니다.”

“그래도 어쩐지 선뜻 이해가 되지 않는데요.”

“그럴 것입니다. 정윤식 씨는 오직 천주교의 틀 안에서만 신앙생활을 해 오셨기 때문에 모든 표현을 천주교 식으로만 해 와서 그렇습니다. 그래서 같은 내용인데도 명칭이 다르니까 내용도 다른 것으로 착각을 일으키고 있을 뿐입니다. 그 때문에 모든 종교가 지향하는 바는 결국 같은 것인데도 단지 이 명칭 때문에 쓸데없는 오해와 불신과 갈등을 빚게 됩니다.”

“그럴까요?”

“그럼요. 왜 천주교에서는 ‘내탓이요 내탓이요 내탓이로소이다’ 하는 기도 문구가 있지 않습니까?”

"네 있습니다."

"그것 보세요. 이것은 뿌린 대로 거둔다는 예수의 말을 바꾸어 말한 것에 지나지 않습니다. 그렇습니다. 모든 것을 남의 탓으로 돌리지 않고 내 탓으로 돌릴 때 나는 나 자신의 창조주가 될 수 있는 것입니다. 내가 나 자신의 창조주가 될 때 우리는 만물의 창조주가 될 수도 있는 것입니다."

"어떻게 돼서 그렇게 되죠?"

"알고 보면 나와 하나님은 하나로 연결되어 있기 때문입니다."

"어쩐지 그 말씀은 이해가 되지 않는데요."

"그럴 것입니다."

"무슨 뜻입니까?"

"우리가 지구의 참모습을 보려고 하면 지구의 틀 속에서 벗어나야 합니다. 인공위성을 타고 지구의 인력권을 벗어난 공간에서 지구를 내려다보아야 지구의 참모습을 샅샅이 훑어볼 수 있습니다. 우리가 살고 있는 나라의 참모습을 알고 싶으면 외국에 나가 보아야 합니다. 또 내가 살고 있는 집의 참모습을 보고 싶으면 집에서 나와 내 집 전체를 조망할 수 있는 위치에서 살펴보아야 합니다. 나의 참모습을 보고 싶으면 나 자신에게서 빠져나와 남의 입장이 되어 나를 바라보아야 비로소 나 자신의 참모습을 객관적으로 알 수 있습니다.

종교도 마찬가지입니다. 내가 믿고 있는 종교의 참모습을 볼 수 있는 지름길은 자신의 종교의 틀 안에서 벗어나와 다른 종교의 입장에서서 보아야 합니다. 그런 의미에서 일전에 김수환 추기경이 길상사

(吉祥寺) 개원 법회에 참가하여 '맑음과 평안의 향기가 솟아나는 샘터로서 모든 이에게 영원의 쉼터와 같은 도량이 되기를 기원합니다'하는 축사를 했고 이에 화답하여 법정 스님은 '성탄절 축하 메시지를 평화신문에 기고하겠다'고 약속한 일은 타 종교 사이의 이해와 화해를 위해 실로 다행한 일이 아닐 수 없습니다.

이제 정윤식 씨는 20년 간 천주교회 안의 테두리 속에서만 살아오다가 『선도체험기』라고 하는 다소 생소한 창문을 통하여 처음으로 밖을 내다보게 된 것입니다. 마치 우물 안 개구리가 어쩌다가 우물 밖에 튀어나와서 보니 모든 것이 서먹서먹하여 도대체 무엇이 무엇인지 구분이 가지 않아서 어리둥절해하는 것과 같습니다.

기독교 안에서도 구교에서는 하나님을 천주님이라고 하지만 개신교에서는 천주님이라는 말을 전연 쓰지 않습니다. 그러나 사실 알고 보면 천주님은 하나님이고 창조주입니다. 그래서 개신교도가 천주교회 안에 들어가면 같은 기독교이면서도 모든 것이 어리둥절합니다. 기독교라는 같은 뿌리에서 나온 종교 안에서도 그러할진대 수천 년 동안 이질적인 환경 속에서 독자적으로 성장하여 온 천주교, 불교, 도교, 유교, 선교가 낯설게 느껴지는 것은 지극히 당연한 일입니다. 그러나 이것 하나만은 똑바로 알아 둘 필요가 있습니다.

우리 인류에게 빛과 열을 주는 해를 보고 일본인은 히, 영미인은 선, 스페인인은 소랄이라고 각기 자기네 나라말로 일컫지만 대상은 오직 하나인 것과 같이 우리 생명의 근원인 하나님을 보고도 각 종교와 나라에서는 각기 자기네 고유 언어로 부릅니다. 하나님, 창조주, 하느님,

니르바나, 상제님, 알라, 하늘, 천주, 천주님, 하나, 무(無), 허공, 공(空), 진공묘유(眞空妙有), 참나, 진아(眞我), 부모미생전본래면목(父母未生前本來面目), 자성(自性)은 각기 그 명칭은 다르지만 대상은 같습니다. 단지 고등 종교에서는 하나님이 각자의 내부에 있다고 보는데 반하여 원시 종교나 미개한 종교에서는 하나님이 저 높은 하늘 위의 보좌에 앉아 있으면서 인간의 생사길흉화복(生死吉凶禍福)을 모조리 관장하고 있다고 생각합니다."

"그러면 인간을 창조하신 천주님께서 인간의 생사길흉화복을 모조리 관장하고 계시지 않다는 말씀입니까?"

"그렇고말고요. 인간의 생사길흉화복은 천주님이 일일히 관장하시는 것이 아니고 우리들 자신이 스스로 만들어내고 있습니다. 그래서 천주교회에서도 '내 탓이요 내 탓이요 내 탓이로소이다' 하면서 자기 가슴을 치면서 참회를 하지 않습니까? 이것은 무엇을 말하는고 하니 내가 저지르는 모든 일은 남의 탓이 아니고 바로 내 탓이라는 것을 인정했기 때문이 아니겠습니까?"

"그 말씀은 맞는 것 같습니다."

"그렇다면 내가 지금 이 자리에 있게 된 것은 어디까지나 내 탓이지 남의 탓은 전연 아니지 않습니까?"

"그야 그렇죠. 자업자득이고 인과응보니까요."

"그렇습니다. 바로 그겁니다."

"천주교에서는 우리 인간과 만유를 창조하고 주관하시는 천주님에게 매일같이 기도하는 것을 필수적인 신앙생활로 알고 실천하고 있는

데 그것은 어떻게 생각하십니까?"

"기도에도 크게 두 가지가 있습니다. 자기 자신과 자기 가족의 안위를 위해 천주님에게 소원성취를 기구하는 것이 있습니다. 이것을 우리는 기복신앙(祈福信仰)이라고 합니다. 이러한 이기적인 기도는 백날 해봤자 아무 효험이 없습니다. 그러나 세속적인 교회들에서는 교회의 수입을 올리기 위해서 이러한 기복신앙을 앞세워 신도들을 끌어들이려고 애를 씁니다.

그전에 우리집 이웃에 목사가 이사와서 산 일이 있었는데, 그는 나만 보면 자기네 교회에 나오라고 했습니다. 자기네 교회에만 나오면 반드시 하나님의 큰 복을 받아 물질적으로 지금보다 풍요하게 살 수 있게 할 자신이 있다고 장담을 했습니다. 그러면서 이름만 들으면 누구나 금방 알 수 있는 재계의 유명 인사들을 거명하면서 그들도 교회에 나오면서 사업이 잘되어 그렇게 거부가 되었다고 말했습니다. 이런 일은 비단 기독교뿐만이 아니고 불교에서도 마찬가지입니다."

"그렇다면 선생님, 천주님에게 자기 자신과 가족들을 위해 기도하지 않고 누구를 위해 기도해야 합니까?"

"그러고 보니 정윤식 씨는 지금까지 자기 자신과 가족들을 위한 이기적인 기도만을 해 왔다는 말씀입니까?"

"반드시 그렇지만은 않지만 솔직히 말해서 저 자신과 제 가족을 위한 기도가 주가 되고 불우이웃과 나라와 동포와 세계 인류를 위해서도 기도를 했습니다."

"그런 식으로 기도를 할 때는 이기적인 소망에 정성이 쏠리게 되고 남을 위한 기도는 처삼촌 묘 벌초하듯 대강대강 하게 됩니다. 그렇게 해 가지고는 이십 년 아니라 백 년을 기도해도 기도발이 하나도 받지 않습니다."

"그건 왜 그렇죠?"

이타행이 천국을 만든다

"그런 식의 기도는 어디까지나 자기 자신이 주가 되고 남은 부차적입니다. 이것을 일컬어 기복신앙이라고 합니다. 기복신앙은 나와 내 가족에게 복을 달라고 하나님에게 기도하는 것을 말합니다. 나만을 위해서 사는 사람은 나도 남도 다 같이 못살게 합니다. 그러나 나보다도 남을 위해 사는 사람은 나도 살고 남도 살게 됩니다. 다시 말해서 남을 위하는 것이 결국은 나 자신을 위하는 것이 된다는 말씀입니다.

종교라고 하는 것은 이웃을 자기 자신처럼 생각하는 생활을 하자는 데 그 목적이 있습니다. 예수도 '이웃을 네 몸처럼 사랑하라'고 가르치지 않았습니까? 제 욕심만 채우는 데 무슨 종교 같은 것이 필요하겠습니까? 욕심 채우는 일이야 말로 약육강식(弱肉强食) 바로 그것이 아니겠습니까? 약한 자는 강한 자에게 잡아먹히는 짐승의 세계인 축생계나 지옥과 다른 점이 무엇이겠습니까?

종교는 지옥을 천국으로 바꾸기 위한 것입니다. 그러기 위해서는 이기행(利己行)보다는 이타행(利他行)을 해야 합니다. 이타행으로 일상생활을 하는 사람은 약육강식의 살벌한 생존경쟁의 현장에 처해 있어도 그의 마음은 천국에 가 있게 될 것입니다."

"천국에 가 있다는 말은 무슨 뜻입니까?"

"어떠한 난관과 맞닥뜨려도 그의 마음만은 조금도 흔들림 없이 평온을 유지할 수 있다는 뜻입니다."

"무슨 뜻인지 얼른 이해를 할 수 없는데요."

"천국은 마음이 늘 평온한 상태입니다. 지금 당장 지구가 폭발한다고 해도 조금도 흔들림 없는 마음의 평온을 유지할 수 있는 사람이야말로 마음이 천국에 가 있는 사람입니다. 기도는 바로 이러한 마음을 갖기 위한 방편이 되어야지 부귀영화나 기복신앙의 수단이 될 수는 없다는 말입니다. 따라서 기도는 참나가 우리의 중심에 확고히 자리잡게 하는 데 필요한 수단에 지나지 않는다는 말입니다. 기도는 그 이상도 이하도 될 수 없습니다. 다시 말해서 기도는 우리들 각자가 창조주 즉 진아 자체가 되기 위한 수행 과정이 되어야 한다는 말입니다.

기독교식으로 말하자면 종교는 보통 사람이 예수와 같은 성인(聖人)의 품격을 갖추기 위한 방편이 되어야 한다는 말입니다. 선도나 선종(禪宗)에서는 기도 대신에 관(觀) 또는 참선(參禪)이라는 말을 씁니다. 천주교에서는 천주님을 일반 신자들이 도저히 미칠 수 없는 높은 자리에 계시는 것으로 알고 있으므로 오직 숭배의 대상이 될 뿐이지만, 선도에서는 구도자 자신이 수행 끝에 천주님 자신이 되는 겁니다. 관과 참선은 바로 그렇게 변형되기 위한 수련 과정입니다."

"피조물인 인간이 창조주가 된다는 말이 수긍이 되지 않습니다."

"종교와 수행(修行)의 목적은 피조물이 창조주로 탈바꿈하기 위한 방편입니다. 피조물이 언제까지나 피조물로만 머물러 있으려면 종교는 믿어서 무엇하고 수행은 해서 무엇 하겠습니까?"

"선생님은 창조주 천주님을 만나 보신 일이 있습니까?"

"있고말고요. 지금도 나는 천주님과 함께 하고 있습니다. 나 자신이 창조주이자 피조물이기도 하니까요. 나 자신만 그런 게 아니고, 정윤식 씨도 그렇고 그 밖의 어떠한 사람도 다 그렇습니다. 단지 차이가 있다면 이 사실을 알고 있느냐 모르고 있느냐 입니다. 종교는 이 사실을 신도들에게 알게 할 뿐만 아니라 느끼고 깨닫게 하는 데 그 목적이 있습니다."

"그렇다면 창조주와 피조물이 하나라는 말씀인가요?"

"그렇습니다. 그 하나 속에 창조주도 피조물도 다 함께 들어 있습니다. 그러니까 피조물이 창조주이고 창조주가 피조물입니다. 다시 말해서 내 몸은 내 창조주의 작품입니다."

"창조주는 그럼 무엇입니까?"

"내 참마음이 바로 창조주이고 내 몸은 내 참마음의 구현체입니다. 참마음이 바로 참나입니다. 삼라만상이 창조주 하나님의 구현체인 것과 같습니다. 그런데 여기서 절대로 간과할 수 없는 것은 그 내 마음의 중심에 반드시 참나가 자리잡고 있어야 한다는 것입니다."

"아무래도 뭐가 뭔지 잘 모르겠는데요."

"『선도체험기』를 몇 권까지 읽었습니까?"

"20권까지 읽었습니다."

"그것 가지고는 대화가 안 됩니다. 지금까지 나온 38권까지 다 읽고 나서 다시 얘기를 나누도록 합시다."

영혼(靈魂)과 진아(眞我)는 어떻게 다른가

"선생님 영혼과 진아는 어떻게 다릅니까?"

대학을 졸업하고도 아직 취직을 못 하고 있는 최진국 씨가 말했다.

"영혼은 업식(業識)이라고도 하여 업장을 털어버리지 못하여 생사윤회에서 아직도 벗어나지 못한 생명체를 말합니다. 그러나 진아는 업장에서 벗어나 생사윤회에서 떠나 영생하는 진리의 구현체(具顯體)입니다."

"그럼 영혼이 진아로 바뀔 수도 있습니까?"

"그럼요."

"어떻게 하면 그렇게 될 수 있습니까?"

"업장을 다 털어버리면 자동적으로 영혼은 진아로 바뀔 수 있습니다."

"그 업장에서 벗어날 수 있는 비결이 있습니까?"

"있고말고요."

"그게 뭡니까?"

"현재를 바르고 착하고 충실하고 지혜롭게 살면 됩니다."

"어떻게 하는 것이 현재를 바르고 착하고 충실하고 지혜롭게 사는 길입니까?"

"그것은 지금 최진국 씨가 하고 있는 일을 바르고 착하고 충실하고 지혜롭게 하는 것을 말합니다."

"무슨 말씀인지 의미 파악이 제대로 되지 않는데요."

"어렵게 생각할 것 조금도 없습니다. 최진국 씨가 지금 공부를 하고 있다면 공부에만 온 정성을 쏟으면 되는 것이고, 등산을 하고 있다면 등산에만 주의를 기울이고, 잠잘 때는 열심히 잠만 자도록 하여 숙면을 취하고, 사람을 사귈 때는 누구에게나 공손하고 진지하게 대하는 것을 말합니다. 무슨 일이든지 적당히 얼렁뚱땅, 되는 대로, 흥청망청, 임시방편, 땜질 식으로 대충대충 해버리지 말라는 말입니다.

하루하루를 그리고 바로 지금을 누구보다도 바르고 착하고 성실하게 살아나가는 사람들은 절대로 새로운 업을 쌓지 않습니다. 상인이 장사를 잘해서 하루하루 돈을 많이 벌게 되면 과거의 빚을 꺼나가면서도 자본을 축적할 수 있는 것과 같이, 언제나 현재를 충실하게 최선을 다해서 살아나가는 사람들은 과거의 업장을 하나하나 갚아나가면서도 희망찬 미래를 엮어나갈 수 있을 것입니다."

실족(失足) 추락(墜落)

단기 4331(1998)년 1월 11일 일요일 0~5℃ 구름

여느 때와 같이 새벽 등산을 시작했다. 다섯 시 정각에 산을 타기 시작했으니 아직은 주위가 어두웠다. 숲속을 지날 때는 달빛도 도시의 후광(後光)에 가려져서 지척을 분간할 수 없었으므로 플래시를 비추어야 했다. 지난 몇 해 동안 내내 적어도 일 개 분대 정도의 수련생들이 내 뒤를 따라왔었건만 지난번과 이번에는 아내와 나 단 둘이었다.

상주에서 일요일이면 어김없이 따라오던 젊은 수련생 한 사람은 회사가 부도가 나는 바람에 오지 못한다고 아쉬워하는 전화를 걸어 왔다. 나와 함께 새벽 등산을 하려면 적어도 그 전날 상경하여 우리집 근처 여관에서 하룻밤을 보내야 한다. 왕복 여비에 여관비, 오행생식을 하니까 식비는 따로 들지 않는다고 해도 매번 등산 때마다 푸짐하게 준비해 오는 과일 값 등을 감안하면 한 번 등산 때마다 적지 않은 비용을 들여야 한다.

그가 중장비 운전기사로 일하는 건설회사가 부도가 나는 바람에 벌써 몇 달째 봉급을 못 받아 왔다니 그는 따라 오고 싶어도 못 오게 되었다. 외환 위기가 피부로 느껴진다. 그뿐만이 아니다. 그 이외에도 대체로 이와 비슷한 사정으로 대부분이 직장을 가진 수련생들은 등산을 할 마음의 여유들이 생기지 않는 모양이었다. 언제 어떻게 정리해고가 될지 몰라 전전긍긍하는 판이니 등산을 할 엄두가 나지 않았던 것이다. 어쨌든 아내와 나는 실로 몇 해 만에 호젓하게 어두운 산길을 오르게 되었다.

실로 오래간만에 내가 선도수련을 하여 문하생들이 나를 따르기 이전의 시기로 되돌아간 듯한 느낌이 들었다. 갑자기 숱한 부하를 잃어버린 채 외로운 떠돌이 신세가 된 것 같다. 허지만 내내 떠오르는 상념이 줄을 이었다. 나는 산길을 오르면서 내내 이러한 상념에만 사로잡혀 있었다.

해발 4백 선을 넘으면서부터는 제법 기온이 영하 5도로 싸늘해지면서 강한 동북풍이 불어오고 있었으므로 체감 온도는 영하 10도는 될 것 같았다. 눈 온 지가 며칠 되었으므로 바위에서 수분이 증발되어 미끄럽지는 않은 것이 그나마 다행이었다.

늘 타던 암벽 난코스는 빼놓지 않고 다 타면서 우리는 전 행정(行程)의 중간쯤에 도달했다. 가장 어려운 코스를 이미 통과했으므로 다소 안심이 되었다. 그러나 산악 사고는 언제나 긴장할 대로 긴장하는 난코스에서보다는 오히려 신경이 덜 쓰이는 쉬운 데서 일어나기 마련이다.

1979년 10·26 사건 직전부터 본격적인 등산을 시작했으니 올해로 우리는 햇수로 20년을 일요일이면 빼놓지 않고 등산을 해오고 있다. 손으로 암벽을 타는 볼더링에 대해서는 어느 정도 도가 터있다고 자부하는 바이다. 그러나 언제나 자만은 금물이다. 특히 미명의 겨울 암벽 등반에서는 그렇다. 전연 뜻하지 않는 곳에 언제나 복병은 숨어 있기 때문이다.

마침내 우리는 어떤 초자연적인 힘에 의해 칼로 뭉텅 잘려진 것 같은 절개된 암벽지대 상층부에 도착했다. 눈이 조금만 와도 미끄러워서 꼼짝을 할 수 없는 가파른 암반지대다. 아내는 양지쪽을 택하여 오른쪽으로 조심조심 내려가고 있었다. 돌다리도 두드리는 극도로 신중한 보행이었다. 그러나 나는 왼쪽 둔덕 옆 암반을 택했다. 울툭불툭 튀어나온 바위들을 홀드(붙잡을 수 있는 것)로 하여 내려갈 심산이었다. 그러나 남쪽으로 나 있는 둔덕이 햇볕을 가려서 며칠 전에 내린 눈의 일부가 녹아내려 바위 표면에 얼음이 살짝 씌워져 있다는 것을 미처 생각지 못한 것이 탈이었다.

아내는 그걸 미리 알고 남쪽 양지 바른 쪽 암벽 코스를 택했건만 나는 그걸 미처 생각 못했던 것이다. 어슴푸레한 미명이어서 바위들의 윤곽은 확실히 눈에 들어왔지만 그 이상 상세한 바위의 상태는 알 수 없었다. 나는 늘 다니던 코스이므로 안심하고 두부모처럼 생긴 바위를 오른발로 딛고 왼발로 다음 바위로 건너뛰려는 순간이었다. 오른발이 미끄러지면서 내 몸은 허공에 붕 뜨고 말았다. 그 아래는 30미터가 넘는 경사각도 70이 넘는 암반이었다. 내 몸이 바위에 미끄러져 굴러떨어지는 순간 나는 나도 모르게 압! 하고 기합 소리를 질렀다.

그 가파른 슬라브(암반) 위를 정신없이 튕겨 오르면서 굴렀다. 통제력을 송두리째 잃어버리고, 미처 어떻게 해 볼 틈도 없이 나는 순전히 만유인력에 내 몸을 맡기는 도리밖에 없었다. 그런데 이상한 일이 일어났다. 이상한 일이라는 것은 내 상식을 뛰어넘는 일이 벌어졌다는 뜻이다. 어찌된 셈판인지 조금도 공포심이 일지 않았다. 나는 알 수 없는 어떤 힘에 의해 보호를 받고 있다는 확신이 들었던 것이다.

아닌 게 아니라, 기합 소리를 지른 다음 순간부터 내 몸은 나의 현재의식(顯在意識)의 통제력을 떠나 나 이외의 어떤 다른 힘에 인계된 것 같은 느낌이 든 것이다. 갑자기 내 몸이 푹신하고 두꺼운 여러 겹의 솜이불에 감싸인 채 딩굴어 내리는 것 같았다. 그 솜이불이 내 몸에 가해지는 바위의 충격을 흡수한다는 느낌이 들었다.

이 때문에 내 몸은 거대한 축구공처럼 그 가파른 바위 위를 툭툭 튀어 오르면서 굴러 내리고 있었던 것이다. 이렇게 슬라브 위를 한참이나 지루할 정도로 굴러 내리던 내 몸은 50년생쯤 되는 참나무 밑둥에 턱 하니 걸려버렸다. 일단 나무에 걸리면서 나는 잃었던 내 몸에 대한 통제력을 다시 회수했다. 제일 먼저 떠오르는 생각은 심하게 다친 데는 없는가 하는 것이었다.

다행히도 아픈 데는 없었다. 우선 팔다리와 머리를 만져보았지만 아무 이상이 없었다. 단지 왼쪽 눈썹 위쪽 이마에 약간의 통증이 있어서 손바닥으로 쓸어보았지만 피는 묻어나지 않았다. 나는 몸을 일으켰다. 일어서서 발을 굴러 보았지만 아무 이상도 없었다. 이때 나보다 먼저 내려가서 난데없는 기합 소리에 놀라 뒤돌아보다가 내가 바위에서 굴러 떨어지는 것을 처음부터 소상히 지켜본 아내가 달려 왔다.

"아니, 어떻게 된 거예요. 괜찮아요?"

"보다시피 아무 일 없구만."

"아니 어떻게 그 높은 데서 굴러 떨어졌는데 아무렇지도 않을 수 있어요?"

"그렇다니까. 보다시피"

"그런데 어떻거다가 그랬어요?"

"바위에 살짝 살얼음이 덮여있었던 것을 모르고 딛는 바람에 미끄러졌어요."

"정말 천만다행이네요. 갑자기 이상한 소리가 들려 뒤돌아 쳐다보니까 당신이 마치 큰 공처럼 툭툭 튀어 오르면서 굴러 내려오더라고요. 정상적인 경우라면 목이나 팔다리가 부러지든가 머리가 깨어진다든가 했어야 하는데 아무 일 없는 것이 정말 기적 같네요. 하느님이 돌보신 거라고요."

"아직은 죽을 때가 아닌 것 같소."

"난 정말 일 났다고 생각하고 지금도 가슴이 이렇게 벌렁벌렁 뛰고 몸이 부들부들 떨리는데 당신은 아무렇지도 않아요?"

"그렇다니까."

나는 몸에 묻은 검불과 눈을 툭툭 털고는 갑작스런 사태에서 오는 심리적 충격을 감추려고 아무렇지도 않은 듯 가던 길을 재촉했다.

"아니 그런 일을 당하고도 계속 갈 작정이세요?"

"조금 더 갑시다."

"오늘은 펜클럽 회장 선거가 있는 날이라면서 투표하러 간다고 하시지 않았어요?"

"오후 다섯 시까지 하니까 괜찮아요."

"그래도 세 시에는 방문객들이 오는데 그 안에 다녀와야 하지 않아요?"

"좀더 갑시다. 여덟 시까지만 갔다가 되돌아서도 세 시 안에 충분히 다녀 올 수 있어요."

"그래도 오늘은 이런 불상사도 있었는데 후퇴하실 줄도 아셔야죠. 이제 오늘은 이만하면 됐으니까 그만 돌아갑시다."

"알았어요. 그럼 요 아래 직벽까지만 갑시다."

우리는 계속 밑바닥의 직벽 앞까지 내려갔다가 아내의 간청대로 되돌아섰다. 되돌아서면서 아내가 말했다.

"거 참 아무래도 이상하네요."

"뭐가 말이오?"

"아니 생각해 보세요. 30미터가 넘는 거의 직벽이나 다름없는 암벽에서 굴러 떨어졌는데도 아무 일 없었다는 것이 도저히 믿어지지가 않는단 말예요. 난 정말 아찔했었다고요. 8년 전에 도봉산 끝 바위에서 떨어져 발뒤꿈치가 으스러졌을 때보다 훨씬 더 큰 부상을 당하는 줄 알았다고요. 그런데도 말짱하니 아무래도 이상하지 않은가 그 말예요?"

"다 그럴 만한 이유가 있어서 그런 거라우."

"그럴 만한 이유라뇨?"

"바위에서 미끄러지면서 '압' 하고 기합 소리를 나도 모르게 지른 순간부터 나는 보호령의 보호를 받은 거라오."

"보호령이 뭔데요?"

"사람에게는 각자 그 사람이 맡은 사명에 따라 그에게 어울리는 보호령이 따라붙게 되어 있어요. 대통령에게 경호원들이 따라붙듯이 말이오."

"정말 그런 일이 있을 수 있을까요?"

"그럼요."

"그럼 그 보호령은 어떻게 생겼는데요?"

"일종의 에너지 즉 기운이라고 보면 틀림없어요."

"기운이라뇨?"

"그래요. 기운이 틀림없어요. 피보호인이 위기에 처했을 때 구해주는 임무를 띤 일종의 에너지로서 기의 보호막을 형성하여 감싸주기 때문에 그 기운의 층이 완충작용을 해 준다오."

"그래서 당신이 아까 굴러 떨어질 때 그렇게 공처럼 유연하게 톡톡 튀어 올랐나요?"

"아마 그래서 그랬을 꺼요."

"그럼 당신은 앞으로 적어도 위험한 일은 없겠군요."

"그건 장담할 수 없는 일이라오."

"아니 왜요?"

"나도 갈 때가 되면 가게 되어 있으니까 그렇죠. 내가 만약 죽을 때가 되었다면 이렇게 말짱할 수가 있겠소. 평생 동안 사이비 종교의 비리를 폭로하고 그 폐해를 경계하여 온 탁명환 교수는 55번이나 테러를 맞아 죽을 고비를 넘겼다고 합니다. 어떤 기자가 어떻게 그때마다 무사할 수 있었느냐고 묻자 '나에겐 수호천사(守護天使)가 딸려 있어서 위기 때마다 구해 준다'고 말했어요."

"그런데 어떻게 돼서 결국은 테러로 유명을 달리했죠?"

"결국은 갈 때가 돼서 간 거라오."

"하긴 도둑을 맞으려면 개도 안 짖는다는 말이 있긴 있죠."

"그렇다니까 그러네."

"그런데 공처럼 톡톡 튀어 오르면서 굴러 떨어진 것은 무엇 때문이죠?"

"기공부를 일상생활화 하여 항상 운기(運氣)가 활발한 사람에게 흔히 일어나는 현상이라오. 그러니까 당신도 단전호흡을 하라고 내가 늘 말하지 않았소?"

"맘대로 안 되는 걸 어떻게 해요?"

"하긴 인연 없는 중생은 부처님도 별 수 없다고 합디다. 허지만 맘대로 안 된다고 단념만 할 게 아니라 어떻게 하든지 꼭 해 보아야겠다고 독한 마음을 먹으면 안 될 것도 없어요. 모든 일은 마음먹은 대로 되게끔 되어 있으니까. 그래서 일체유심조(一切唯心造)라는 말도 있지 않소."

"그렇게 단전호흡해서 뭣 하게요?"

"아 방금 전에 보지 않았소. 나처럼 얼음에 미끄러져 바위에서 굴러 떨어질 때도 톡톡 튀어 오르니까 부상도 안 당하고 말짱하지 않소?"

"단전호흡만 하면 그렇게 된단 말예요?"

"물론이요. 그러나 기공부보다 더 중요한 것이 있어요."

"그게 뭔데요?"

"마음을 어떻게 먹느냐 하는 것이오."

"마음을 어떻게 먹어야 하는데요?"

"비록 암벽에서 떨어지는 사고를 당해도 절대로 공포심을 갖지 않는 거요. 높은 바위나 고층 건물에서 떨어지면 죽거나 치명상을 입는다는 공포심이 사람을 죽게도 하고 크게 다치게도 하는 거라오."

“높은 데서 떨어지면 죽거나 크게 다치는 것은 사실이 아니예요?”

“마음먹기에 따라 그게 사실일 수도 있고 사실이 아닐 수도 있어요?”

“그런 게 어디 있어요. 기면 기다 아니면 아니지, 그럴 수도 있고 아닐 수도 있다는 말이 어떻게 성립될 수 있어요?”

“모든 것은 마음먹기에 달려 있다고 하지 않았소?”

“그게 무슨 뜻이 예요?”

“흉년 때 사람들이 대량으로 굶어 죽는 것이 그 좋은 실례요. 영양실조로 죽는 사람보다는 굶으면 죽는다는 공포심 때문에 죽는 사람이 훨씬 더 많다는 것을 알아야 해요.

착각이 사람을 죽인다

몇 해 전에 미국의 한 지방 신문에 닉 시즈맨이라는 철도역무원의 죽음을 보도한 기사가 난 일이 있어요. 그 사람은 매우 건강하여 별다른 걱정거리 없이 원만한 인생을 살고 있었대요. 어느 여름날 그가 일하는 역 조역(助役)의 생일이라고 해서 모두가 한 시간 일찍 퇴근을 하게 되었어요. 그런데 직원들은 닉이 냉장 차량 안에서 작업을 하고 있는 것을 깜빡 잊고 냉장차를 밖에서 잠근 채 그냥 퇴근을 해 버렸어요. 닉은 자기가 갇힌 것을 뒤늦게야 깨닫고 아무리 안에서 문을 두드리고 소리를 지르고 했지만 주위에서 그를 도와줄 사람은 아무도 없었어요. 닉은 혼자서 생각했어요.

‘여기서 밖으로 나가지 못한다면 나는 틀림없이 몇 시간 안에 얼어 죽을 것이다.’

절망에 빠진 그는 칼끝으로 나무바닥에 다음과 같은 글을 새겨 나갔어요.

'너무나도 추워서 온몸이 마비되는 것 같다. 차라리 그냥 잠들어 버렸으면 좋겠다. 아마도 이것이 금생의 나의 마지막 말이 될 것이다.'

다음날 아침 역무원들이 출근하여 냉장차의 문을 열어보니 그 안에 닉이 숨져 있었어요. 시체를 부검해 봤더니 얼어 죽은 것이었어요. 그러나 이상한 것은 그가 냉장차에 갇혀 있던 날 밤에 차의 냉장장치는 작동을 하지 않고 있었으며 차량 안의 온도계는 화씨 55도를 가리키고 있었답니다. 닉은 추워서 얼어 죽은 것이 아니라 단지 추위에 대한 공포심이 그를 얼어 죽게 만들었단 말이오."

"가동되지도 않는 냉장장치가 가동되고 있다고 착각한 것이 죽음을 불렀단 말이예요?"

"말하자면 그렇게 된 것이죠."

"화씨 55도면 섭씨 몇 도죠?"

"섭씨 55 빼기 32 곱하기 5 나누기 12하면 되니까 12.8도죠. 영상 12.8도라면 얼마든지 살아남을 수 있는데 다만 착각이 빚은 공포심 때문에 얼어 죽은 것이라오."

"그것이 높은 데서 떨어지는 것하고 무슨 상관이 있죠?"

"있고말고요. 왜 가끔 가다가 신문 보도를 보면 고층 아파트에서 떨어져서 다른 사람들은 다 죽었는데도 천진난만한 어린아이나 술 취한 사람들 중에 말짱하게 살아남은 사람들도 간혹 있지 않소. 왜 그런지 알아요?"

"왜 그렇죠?"

"떨어지면 죽는다는 공포심이 전연 없었기 때문에 살아남은 거예요. 그러나 자살하려고 고층 아파트에서 떨어진 사람은 거의 다 죽었어요. 자살자는 이미 떨어지기 전에 마음이 죽어 있었기 때문이예요. 사람의 몸이라는 것은 마음의 외형적 표현이예요. 따라서 삶도 죽음도 없다는 것을 확신하는 사람은 위기 속에서도 죽음에 대한 공포심이 없으니까 살아남을 수 있다는 말입니다. 마음을 임의로 조절할 수 있는 사람은 능히 생로병사에서도 벗어날 수 있어요. 이런 사람이 기공부를 생활화하여 운기가 활발해지면 일단 유사시에 초능력이 발휘될 수도 있다는 얘기입니다."

"어떻게 하면 생사에서 벗어날 수 있죠?"

"욕심 즉 아상(我相)을 깨어버리고 마음을 비우면 누구나 생사를 초월할 수 있어요. 깨닫고 보면 생사라는 것은 애초부터 없으니까요."

"그럼 우리 눈앞에서 사람이 태어나고 죽어나가는 것은 무엇이죠?"

"그건 우리 인간이 태어남과 죽음이라고 명명한 하나의 자연현상일 뿐이지 실제로 생사가 있는 것은 아니기 때문이라오. 아침에 해가 떴다가 저녁에 해가 지는 자연현상을 보고 우리는 아침에 해가 태어났다가 저녁에 해가 죽었다고는 말하지 않습니다.

생사도 그와 마찬가지예요. 사람의 육체는 태어나고 죽어도 그 몸을 있게 만든 마음은 태어나거나 죽거나 하지 않습니다. 마음은 시작도 끝도 없이 영원히 그대로 여여하게 존재하는 겁니다. 이처럼 영생하는 마음이 바로 참나 즉 진아(眞我)입니다. 이 진아가 바로 우주심(宇宙

心)인데 이것을 우리 조상들은 아득한 옛날부터 하늘, 하나, 한, 하나님, 하느님이라고 불러 온 겁니다."

"역시 나한테는 뜬구름 잡기 같은 얘기네요."

"그래도 서당 개 삼 년에 풍월 읊는다고 자꾸만 들어 두면 어느 땐가는 쓸모가 있을 꺼요."

"그렇기는 하지만 앞으로 당신은 바위는 조심해야 해요. 이런 겨울엔 아예 바위 탈 생각을 하지 마시라고요. 바위 자체가 얼어있으니까요. 암벽 잘 타는 우리 직장에 다니던 주 씨라고 당신도 도봉산에서 만나지 않았어요. 그 사람 보세요. 그 사람은 30년이나 바위를 탄 베테랑이지만 겨울에는 절대로 바위를 타지 않는다고요. 그 사람이 몰라서 그러겠어요. 바위를 너무나 잘 알기 때문이라고요."

"물론 조심은 해야 하지만 위험하다고 해서 아무 일도 아니할 수는 없는 일이죠. 그때그때의 상황 판단에 따라 임기응변으로 잘 대처하면 되는 거예요. 인생이란 원래가 위험 속에서 단련되고 지혜를 터득해 나가게 되어 있다오.

개인으로 말하면 각종 사고나 질병으로 인한 사망 위험이 있고 국가로 말하면 외침(外侵), 내전(內戰), 반란(反亂), 민중봉기, 혁명, IMF 한파 따위가 우리가 극복해야 할 위기라고 보면 무서울 것도 없어요. 암초가 무섭다고 항해사가 항해를 안 할 수 없듯이 위험하다고 해서 바위꾼이 바위를 피할 수는 없는 일 아니오. 위험을 극복해 나가는 과정에 우리의 정신력과 지혜는 향상하게 되어 있는 거라오."

"그런 소리 하지 말아요. 도봉산에서 부상당하고 대한병원에서 고생

한 생각 안 나요? 그때처럼 생사람 잡을 일 있어요? 당신이 그때처럼 또 입원하면 이제는 들여다보지도 않을 꺼예요."

"그런 일은 다시 없을 테니 걱정 말아요."

"사람의 일을 누가 알아요?"

"두고 보면 알 꺼 아뇨."

바보가 되지 않으려면

단기 4331(1998)년 1월 15일 목요일 0~3℃ 바람, 구름

오후 3시. 10명의 수련생들이 모였다. 차 마시는 시간이 되자 가부좌를 풀고 편히 앉은 그들 사이에 여러 가지 얘기들이 오갔다. 먼저 우창석 씨가 입을 열었다.

"어리석은 사람이 되지 않으려면 어떻게 해야 합니까?"

"슬기로워지면 됩니다."

"어떻게 하면 슬기로워질 수 있을까요?"

"마음을 고요하게 가라앉히고 자기 자신과 주변을 객관적으로 냉정하게 관찰하는 습관을 늘 몸에 붙이고 살면 됩니다."

"마음만 고요히 가라앉히면 관(觀)이 저절로 됩니까?"

"그렇지는 않습니다."

"그럼 어떻게 해야 합니까?"

"나보다 남을 먼저 생각하는 착하고 바른 행동을 하면서 마음을 고요히 가라앉혀야지, 남이야 어찌되든 자기 잇속만 차리는 이기적인 생각만 잔뜩찬 사람이 아무리 마음을 고요히 가라앉혀 보았자 남을 해칠 생각밖에는 떠오르지 않습니다.

결론적으로 말해서 착하고 바른 행동을 일상생활화 하는 사람이라야 마음을 고요히 가라앉힐 때 지혜가 떠오르게 되어 있습니다. 그렇

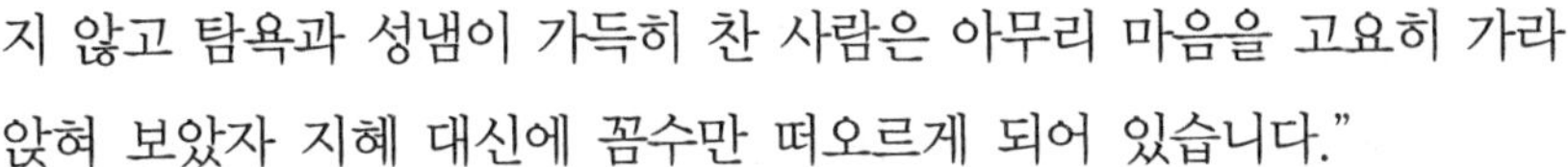

지 않고 탐욕과 성냄이 가득히 찬 사람은 아무리 마음을 고요히 가라앉혀 보았자 지혜 대신에 꼼수만 떠오르게 되어 있습니다."

지혜란 무엇입니까?

"지혜라는 것은 무엇입니까?"

"지혜야말로 진리를 깨닫게 해주는 마음의 작용입니다. 지혜 없이는 도통(道通)도 대각(大覺)도 정각(正覺)도, 견성(見性)도 해탈(解脫)도 성불(成佛)도, 성통공완(性通功完)도 구경각(究竟覺)도 반망즉진(返妄卽眞)도 있을 수 없습니다. 우리가 도를 닦고 수행을 하는 근본 목적도 바로 이 지혜를 터득하기 위해서입니다.

이 지혜를 불교에서는 보리(菩提) 또는 '아뇩다라삼먁삼보리'라고 합니다. 우리가 흔히 말하는 도인, 군자, 성인, 성현, 철인, 진인(眞人), 전인(全人), 신선(神仙), 부처, 하느님은 바로 궁극적인 지혜가 열려 생로병사의 윤회의 굴레에서 영원히 벗어난 존재들을 말합니다. 그리고 범부(凡夫)에게 지혜의 꽃이 피게 해주는 사람을 보고 우리는 구도의 스승이라고 말합니다."

"지혜가 계속 쌓여나가면 누구나 구경각에 도달할 수 있습니까?"

"그렇습니다."

"지혜와 복(福)은 어떤 관계에 있습니까?"

"지혜는 착하고 바른 생활을 하는 사람에게서 생겨나고, 복은 검소한 생활을 하는 사람에게 굳은 땅에 물이 고이듯이 모이게 되어 있습니다. 우리가 지금 IMF 한파를 겪게 된 것도 검소한 생활 대신에 대통령의 주도하에 1만 달러 이상씩 외화를 가지고 해외에 나가 관광을 즐기고 외국 빚을 얻어다가 최고급 양주, 최고급 골프채, 최고급 모피, 최고급 의류, 최고급 화장품, 최고급 향수, 최고급 가구들을 수입해다 일부 특수 계층에서 흥청망청 낭비했기 때문입니다.

우리보다 국민소득이 3배 4배되는 선진국 국민들 이상으로 우리는 해외와 국내에서 달러를 물쓰듯 했습니다. 검소는 복을 부르고 낭비는 화(禍)를 부릅니다. 국제금융(IMF) 한파는 우리들 자신이 불러들인 앙화(殃禍)입니다."

"덕(德)은 어디에서 옵니까?"

"덕은 겸양(謙讓)에서 옵니다. 그래서 겸양지덕(謙讓之德)이라는 말이 생겼습니다. 겸손할 줄 알고 양보할 줄 아는 사람에게는 덕기(德氣)가 구름처럼 모여들게 되어 있습니다."

"겸양지덕은 어디에서 온다고 보십니까?"

"항상 남을 자기 자신처럼 생각하는 애인여기(愛人如己) 정신에서 옵니다. 예수가 말한 이웃을 사랑하는 마음이 그것입니다."

재앙은 어디서 옵니까?

"재앙(災殃)은 어디에서 옵니까?"

"탐욕에서 옵니다. 우리가 진정으로 우리 마음속에서 사욕(私慾)만 제거할 수 있다면 우리는 평생 재앙에서 벗어날 수 있습니다. 공무원들을 보십시오. 공무원 비리는 백발백중(百發百中) 사리사욕에서 나온다고 해도 과언이 아닙니다. 도둑질을 하고 사기협잡질을 하는 사람

역시 사리사욕이 근본 원인입니다. 따라서 모든 재앙의 근본 원인은 탐욕입니다."

"허지만 법 없이도 살 수 있는 착한 사람이 잇달아 재앙을 당하는 원인은 어디에 있을까요?"

"전생의 업에 그 원인이 있습니다."

"그걸 어떻게 입증할 수 있습니까?"

"인과응보를 어떻게 생각하십니까?"

"어떻게 생각하다뇨?"

"인과응보를 믿느냐 그겁니다."

"저는 인과응보는 믿습니다."

"인과응보만 확신한다면 구태여 다른 방법으로 그것을 입증할 필요가 있겠습니까?"

"그렇군요. 그럼 죄는 어디에서 옵니까?"

"죄는 참지 못하는 데서 옵니다. 그래서 참을 인(忍) 자 셋이면 살인도 면한다는 속담이 있습니다."

"참지 못하는 원인은 어디에 있습니까?"

"자기 마음을 스스로 다스릴 줄 모르는 데 그 원인이 있습니다."

"어떻게 하면 효과적으로 자기 마음을 다스릴 수 있겠습니까?"

"착하고 바르게 살면서 생각을 고요히 가라앉혀 지혜가 떠오르게 할 수 있으면 누구나 마음을 다스릴 수 있습니다."

구경각에 이르는 지름길

"구경각에 이를 수 있는 지름길은 무엇이라고 보십니까?"

"누구나 끊임없이 착하고 바르고 슬기롭게 살면 구경각에 도달할 수 있습니다. 그것이 구경각에 이르는 지름길입니다."

"그건 삼척동자도 알고 있는 너무나 쉬운 말이 아닙니까?"

"그렇습니다. 그러나 그렇게 쉽지만 구십 노인도 실천하기 어려운 것입니다. 그렇기 때문에 이 세 가지 덕목은 지상의 모든 종교와 심신 수련 체계의 최종 목표이기도 합니다. 따라서 이 세 가지를 평생 실천하고도 신불(神佛)과 성인(聖人)의 반열에 오르지 못하는 사람은 있을 수 없습니다."

"착하다는 것은 무슨 뜻입니까?"

"탐욕을 부리지 않고 이타행(利他行)을 하는 것을 말합니다. 만사를 처리하는 데 있어서 자기보다 남을 먼저 생각하는 것을 착하다고 합니다. 다시 말해서 진정으로 겸양할 줄 아는 사람을 말합니다. 그래서 예부터 적선지가(積善之家)에 필유여경(必有餘慶)이요 선복악화(善福惡禍)라고 했습니다. 무슨 말인고 하니 착한 일을 많이 하는 집안에는 반드시 경사가 있게 마련이고 착한 사람에게는 복이 오고 악한 사람에게는 화가 온다는 말입니다."

"그런데 어쩐지 그 말씀을 들으니까 고리타분한 공자 말씀 같습니다."

"아무리 고리타분한 공자 말씀이라고 해도 그 말씀이 진리임은 만고불변(萬古不變)입니다. 착한 일, 이타행이 케케묵은 소리라고 하여 접어둘 것이 아니라 그 말의 진의를 확인해 보기 위해서 체험을 해 보는 것이 첩경입니다. 체험을 해보면 그 말이 진리인지 아닌지 금방 판명이 날 것입니다. 만약에 그것이 체험을 통해서 진리임이 드러난다면 언제 어디서든지 실천해 볼만한 가치는 있습니다."

"왜 그렇죠?"

"진리는 낡고 새롭고가 따로 없으니까요. 날로 새로워지는 것이 진리의 정체입니다. 온고이지신(溫故而知新)이니 일일우신(日日又新)이란 이래서 생겨난 말입니다. 옛일을 생각하여 새로움을 알고, 하루하루가 새로움입니다. 진리에는 낡고 새로움이 있는 것이 아니고 영원한 새로움만이 있기 때문입니다."

"착한 일은 구체적으로 어떻게 실천하는 것인지 말씀해 주시겠습니까?"

"남에게 착한 일을 한다고 해서 너무 딱딱하고 거창하게 생각하거나 무슨 대단한 자선사업만을 연상할 필요는 없습니다."

"그럼 어떤 것을 말씀하시는 겁니까?"

"우선 자기와 늘 함께 생활하고 같은 공기를 숨쉬는 가족이나 직장 동료나 이웃에게 그전보다 더 친절히 하고, 될 수 있는 대로 먼저 인사부터 하는 습관을 들이도록 하는 겁니다. 너무나도 쉬워서 웃음부터 나올지 모르지만 눈 딱 감고 오늘부터라도 먼저 한번 실천해 보십시오."

"그런데 선생님 요즘은 그전과는 달리 인정들이 메말라 놔서, 그렇게 갑자기 종전의 태도를 바꾸어 아무 이유도 없이 친절하게 굴면 반드시 의심을 사게 됩니다. 혹시 저 사람이 나한테 접근하여 돈이나 꾸어달라고 하려는 것이 아닌가, 아니면 무슨 어려운 청탁이 있어서 그러는 것이 아닌가 하고 의혹의 눈초리를 보내기 일쑤입니다. 아니면 죽을 날이 가까워 와서 그러는 것이 아닌가 생각할 수도 있습니다. 그런 의심을 받으면서까지 남에게 필요 없이 친절하게 굴 필요가 있겠습니까?"

"물론 그런 의혹을 살 수도 있습니다. 자기 잇속을 노리고 의도적으로 접근하려는 사람들이 없는 것이 아니니까요. 그러나 상대에게 그런 의혹을 사게 했다면 이쪽에도 문제가 있습니다."

"문제가 있다니요?"

"그런 의혹을 사게 했다는 것은 이쪽의 친절 표시에 정성보다는 순전히 의무적인 가식이 들어 있었기 때문입니다. 이왕에 이웃에게 친절하기로 작정을 한 이상 자기의 진의가 저쪽에 그대로 전달이 되도록 시종일관 정성이 깃들어 있어야 합니다. 아무런 대가도 바라지 않는, 친절 그 자체가 되어 상대와 만날 때마다 인사를 깍듯이 한다면 그 정성은 어느 때인가는 틀림없이 전달이 되게 되어 있습니다. 지성(至誠)이면 감천(感天)이라고 『참전계경(參佺戒經)』에도 나와 있습니다. 지극정성을 다하면 하늘도 감동시킨다는 말입니다. 하물며 이웃 사람이겠습니까?"

"그렇게까지 이웃에게 친절해서 무슨 이익이 있겠습니까?"

"무슨 이익이 있겠느냐고 묻는 것 자체는 그 친절 속에 사(私)가 들어 있다는 뜻입니다."

"사가 무엇입니까?"

"사(私)란 아상(我相)을 말합니다. 아상이 있는 친절, 사(私)가 들어 있는 친절, 속에 딴 마음이 들어 있는 친절은 상대에게 무의식적으로 경계심을 유발하게 되어 있습니다. 속 다르고 겉 다른 사람의 친절은 첫인상에 직감으로 와닿게 되어 있기 때문입니다. 따라서 이쪽에서 먼저 인사를 했는데도 상대가 진지하게 받아들이지 않는다면 그것은 순전히 이쪽에 책임이 있습니다."

"그럴 때는 어떻게 해야 합니까?"

"어떻게 해야 할 것 같습니까?"

"저도 잘 모르겠으니까 여쭈어 본겁니다."

"그럴 때는 마음을 고요히 가라앉히고 자기 자신에게 진지하게 물어봅니다. 마음에 사(私)가 들어 있지 않다면 이때 반드시 좋은 지혜가 떠오르게 되어 있습니다. 그때 떠오르는 지혜는 상대에게 이쪽의 진의가 전달될 때까지 인내력을 가지고 지극정성을 다하라고 가르칠 것이 틀림없을 것입니다."

"남의 의심이나 오해를 사면서까지 그래야 한다는 것은 자존심이 심히 상하는 일일 텐데도 그래야 한다는 말씀입니까?"

사심이 없으면 의심을 사지 않는다

"물론입니다. 사(私)가 없으면 오해나 의심이나 자존심이 있을 수 없습니다. 나라고 하는 아상(我相)이 있기 때문에 남이 나를 의심하고 오해할 때 자존심이 상하는 겁니다. 나 없이 하는 이타행(利他行)이야말로 진정한 의미의 친절이 될 수 있습니다. 이렇게 무사무념 상태의 무조건적인 친절이야말로 상대를 감동시킬 수 있을 것입니다."

"선생님 도대체 무엇 때문에 남에게 그렇게까지 무사무념의 무조건적인 친절을 베풀어야 합니까?"

"그렇게 하는 것이 마음이 편하고 진리와 부합하기 때문입니다."

"그것이 어떻게 돼서 진리와 부합한다고 할 수 있겠습니까?"

"무사무념(無思無念)의 무아(無我)의 경지야말로 우리 구도자가 진입하려고 일구월심 소원하는 구경각의 경내이기 때문입니다."

"구경각의 경내란 어떤 것인데요?"

"너와 내가 따로 없는, 모든 것이 하나가 되는 경지를 말합니다. 여기에서는 남을 위하는 것이 곧 나 자신을 위하는 것이 됩니다. 내가 남에게 봉사하는 것은 내가 그야말로 남을 위해 희생당하는 것이 아니고 그것이 바로 나를 위하는 길입니다. 이것이 진정한 의미의 이타행이요 친절입니다. 이러한 사람에게는 적이 있을 수 없습니다. 사랑 앞에는 너도 나도 있을 수 없고 적도 원수도 있을 수 없습니다. 인자무적(仁者無敵)입니다. 이왕에 남에게 친절을 베풀고 싶으면 적어도 이 정도의 수준은 되어야 어디에 내놓아도 흠 잡을 데가 없을 것입니다."

바르게 사는 길

"그 말씀을 들으니 더 할 말이 없습니다. 그럼 바르게 산다는 것은 구체적으로 어떤 것을 말합니까?"

"비뚤어진 행동을 하지 않으면 됩니다."

"착하게 살려면 탐욕을 부리지 말아야 한다고 하셨는데 바르게 살려면 어떻게 해야 합니까?"

"성을 내지 말아야 합니다."

"화를 내지 않는 것 말씀입니까?"

"그렇습니다."

"그건 무엇 때문입니까?"

"성을 낸다는 것은 편안했던 마음이 균형을 잃고 흔들리는 것을 말합니다. 균형을 잃으면 누구나 중심에서 벗어납니다. 평상심(平常心)을 가진 사람은 절대로 죄를 짓지 않습니다. 분노는 마음의 중심이 흔들리고 균형이 깨어질 때 일어나는 현상입니다. 그래서 정직한 사람은 성을 잘 내지 않습니다.

상대와의 일대일의 대결에서는 언제나 먼저 성을 내는 사람이 지게 되어 있습니다. 남과의 지루한 협상에서도 먼저 화를 내는 사람이야말로 인내력 싸움에서 진 겁니다. 당장에는 상대에게서 온갖 모욕을 당하더라도 끝까지 참고 견디어내는 사람이야말로 최후의 승리자가 될 수 있습니다. 그래서 최후에 웃는 자가 가장 잘 웃는 자입니다.

그러므로 바르게 중심을 잡고 서 있는 사람은 아무리 심한 폭풍우가 불어와도 뿌리 깊은 나무처럼 흔들리지 않습니다. 그러나 비딱하게 서 있는 나무는 조금만 바람이 불어도 금방 쓰러지기 쉽습니다. 어디 나무뿐이겠습니까? 사람도 물건도 건물도 비딱하게 서 있는 것은 누가 살짝 건드리기만 해도 맥없이 쓰러지게 되어 있습니다."

"어떻게 해야 우리는 항상 바르게 설 수 있겠습니까?"

"그거야 마음이 바르고 정직하면 몸도 품행도 수련도 바르게 될 수 있습니다."

"그 정도는 저도 잘 알겠는데요. 우리가 일상생활에서 바르게 살기를 실천하는 요령을 좀 말씀해 주셨으면 합니다."

"가정에서 부모 형제자매, 처자, 직장 동료와 상사 그리고 이웃과의 대화에서 무슨 일이 있어도 먼저 화를 내는 어리석음을 범하지 않는 겁니다."

"사회생활에서 억울한 일을 당하고도 화를 내지 않을 수만 있다면 그야말로 도덕군자(道德君子)일 수밖에 없겠는데 그게 어디 그렇게 마음대로 되는 일인가요. 남에게 절대로 먼저 화를 내지 않는 방편이라도 있으면 좀 알려 주실 수 있겠습니까?"

"왜 없겠습니까? 있습니다."

"그게 뭔데요?"

"방편을 알려면 그 원인부터 먼저 알아야 합니다. 원인만 정확히 알면 방편은 저절로 알게 되어 있으니까요."

"그럼 사람들이 화를 내는 원인은 도대체 무엇입니까?"

"사람들이 화를 내는 원인은 아상(我相) 때문입니다."

"아상이라고요?"

"그렇습니다."

"아상이 뭡니까?"

"자존심입니다."

"자존심은 또 어디에서 생겨납니까?"

"자기애(自己愛)에서 옵니다."

"자기애는 어디서 옵니까?"

"이기심에서 옵니다."

"이기심은 어디에서 옵니까?"

"이기심은 탐욕에서 옵니다."

"그럼 그 탐욕을 없애면 모든 것이 해결되겠군요."

"물론입니다."

"어떻게 하면 탐욕을 없앨 수 있습니까?"

"나를 없애버리면 됩니다."

"나를 없애면 어떻게 내가 살 수 있겠습니까?"

"지금 말한 나는 성 잘 내는 거짓 나입니다. 우리가 생애를 걸고 수련에 매진하는 이유는 바로 이 거짓 나를 없애기 위해서입니다. 이 거짓 나는 아무리 없애버려도 우리가 생존하는 데는 전연 지장이 없습니다. 아무 지장이 없을 뿐만 아니라 오히려 한층 더 진리와 가까워진 보람 있는 삶을 살 수 있게 해줍니다. 이 거짓 나를 없앤 어진 사람은 누구도 쓰러뜨릴 수 없습니다."

인자무적(仁者無敵)

"어진 사람이란 인자무적(仁者無敵)이라고 한 그 인자(仁者) 말씀입니까?"

"그렇습니다."

"성을 내지 않는 사람이 되려면 결국 나를 없앤 인자(仁者)가 되어야 하겠군요."

"옳은 말씀입니다."

"아무리 거짓 나를 없앴다고 해도 성을 내지 않는다는 것은 아직 이해할 수 없습니다."

"거짓 나를 없애고 나면 사람은 말할 것도 없고 우주 내의 삼라만상이 전부 다 내 것이고 하나가 됩니다. 다시 말해서 우주가 바로 나 자신이 되어 버립니다. 도대체 자기 자신에게 화를 내는 어리석은 사람이 어디 있겠습니까?"

"하긴 누구나 그 경지가 되면 화를 내고 싶어도 낼만한 대상이 없어지겠는데요."

"바로 그겁니다."

"그럼 그 거짓 나를 없애는 가장 실질적인 방편은 무엇입니까?"

"욕심과 성냄에서 벗어나는 겁니다."

"어떻게 하면 욕심과 성냄에서 벗어날 수 있겠습니까?"

"그것 역시 거짓 나를 비워버리면 간단히 해결됩니다."

"그 방편은 무엇입니까?"

"남을 내 몸처럼 사랑하는 애인여기(愛人如己) 정신을 끊임없이 실천하여 나가면 됩니다. 처음에는 누구나 힘들고 어렵겠지만 일단 습관화되고 체질화되어 가속(加速)이 붙어버리면 인신(人神)의 도움까지도 받게 되어 있습니다."

슬기롭게 사는 길

"착하게 살고 바르게 사는 길을 지금까지 말씀해 주셨습니다. 그렇다면 마지막으로 슬기롭게 사는 길은 무엇을 말합니까?"

"어리석지 않게 사는 것을 말합니다."

"어떻게 사는 것이 어리석지 않게 사는 겁니까?"

"남과 자기 자신에게 속지 않는 것을 말합니다."

"어떻게 해야 남에게 속지 않을 수 있을까요?"

"정신만 똑바로 차려도 남에게 속지는 않습니다."

"정신 똑바로 차린다는 것은 무엇을 말하는지요?"

"호랑이한테 물려가도 정신만 똑바로 차리고 있으면 살길이 열리게 되어 있습니다. 착하고 바르게 사는 사람이 마음을 차분하게 가라앉힐 수만 있다면 반드시 자기가 원하는 지혜가 떠오르게 되어 있습니다. 아무리 착하고 바르게 사는 사람이라고 해도 지혜롭지 못하면 진리를 깨닫기 어렵습니다.

선정혜(善正慧)

불교에서는 탐(貪), 진(瞋), 치(癡) 삼독(三毒) 즉 탐욕, 성냄, 어리석음을 극복하는 방편으로 계(戒), 정(定), 혜(慧)를 제시하고 있습니다. 계율(戒律)을 지키고 선정(禪定)에 들고 지혜(知慧)를 닦음으로써 탐진치를 극복할 수 있게 했습니다. 착하고 바르고 슬기롭게 살기 즉 선정혜(善正慧)는 바로 이 계정혜(戒定慧)보다 한층 더 적극적인 수행법이라고 할 수 있습니다."

"왜 그럴까요?"

"계정혜가 다소 소극적이고 방어적인 성격을 띠었다면, 착하고 바르고 슬기롭게 살려는 선정혜(善正慧)는 그것을 한 단계 뛰어넘은 적극성을 띄고 있기 때문입니다. 착하고 바르고 슬기로움을 일상생활화 하는 사람은 자기도 모르게 자연히 지혜의 꽃을 피우게 되어 있습니다."

"자기 자신에게 속지 않으려면 어떻게 해야 할까요?"

"자만(自慢)하거나 지나치게 자기비하(自己卑下)만 하지 않으면 됩니다. 과유불급(過猶不及)이라는 말이 있지 않습니까?"

"과유불급이 무슨 뜻입니까?"

"지나친 것과 모자라는 것은 같다는 뜻입니다."

"중도(中道)나 중용(中庸)을 택하라는 말씀입니까?"

"그렇습니다. 어느 쪽에든지 지나치면 중심에서 벗어나게 되어 있으니까요."

"이것도 저것도 아닌 기회주의하고는 어떻게 다릅니까?"

"중도를 택하는 것은 같지만 그렇게 하는 것이 이기적이냐 이타적이냐에 따라 기회주의도 될 수 있고 중용도 될 수 있습니다. 사(私)와 사(邪)를 떠나 공공의 이익을 위하여 중도를 택하는 것은 선악흑백좌우(善惡黑白左右)를 동시에 수용할 수 있습니다."

"그것 이외에 슬기롭게 살 수 있는 다른 구체적인 방편이 있으면 일러 주시겠습니까?"

"관(觀)이 항상 몸에 배인 생활을 해야 합니다."

"관이란 무엇인데요?"

"늘 정신을 똑바로 차리고 사는 것을 말합니다."

"어떻게 사는 것이 정신을 똑바로 차리고 사는 겁니까?"

"언제든지 지금 자기가 하고 있는 일에 최선을 다하는 것을 말합니다."

“저는 『선도체험기』를 38권까지 읽었기 때문에 지금 선생님께서 하시는 말씀을 충분히 이해할 수 있습니다. 다른 질문을 하겠습니다.”

“우창석 씨의 질문이라면 얼마든지 받아들일 용의가 있습니다.”

“지혜로운 사람과 지혜롭지 못한 사람은 어떻게 다릅니까?”

“예컨대 지혜로운 사람은 죽은 아들을 쉽게 잊어버리지만 지혜롭지 못한 사람은 죽은 아들을 못 잊어 하고 내내 슬퍼하고 아쉬워하고 안타까워합니다. 지혜로운 사람은 불타버린 재산을 금방 잊어버리고 새로운 출발을 다짐하지만 지혜롭지 못한 사람은 불타버린 재산 목록을 일일이 머릿속에 기록해 두고 가슴속에 묻어둔 채 그 재산이 아까워 언제까지나 꽁꽁 생병을 앓습니다.”

“착한 사람과 슬기로운 사람은 어떤 차이가 있습니까?”

“착하면 몸이 편하고, 슬기로우면 마음이 편합니다. 그러니까 착하고 미련하기만 한 일꾼은 몸은 비록 편안하지만 마음은 늘 편치 못합니다. 몸과 마음이 다 같이 편안하려면 착하고 슬기로워야 합니다.”

“몸과 마음이 다 같이 영원히 편안해질 수도 있을까요?”

“그렇게 되려면 생사를 뛰어넘어야 합니다. 왜냐하면 보통 사람은 한때는 착하고 슬기로울 수 있어도 언제 어느 곳에서 마음이 변하여 착하고 슬기롭다가도 모질고 미련해질 수 있기 때문입니다. 선악(善惡)과 혜우(慧愚)가 수시로 넘나들지 않기 위해서는 진리를 깨달아 생사를 뛰어넘어야 합니다.”

깨닫는다는 게 무엇인가

1998년 1월 25일 일요일 −11~1℃ 구름

오후 3시. 8명의 수련자들이 모였는데 대전에 사는 전문직 공무원인 유포석 씨가 물었다.

"선생님 깨달음이란 어떤 것을 말합니까?"

"지금 당장 숨이 넘어가게 되어 세상을 하직하는 일이 있더라도 털끝만한 유감이 없으면 그야말로 대각을 했다고 할 수 있습니다."

"털끝만한 유감이란 구체적으로 어떤 것을 말씀하시는지요?"

"한 점의 집착도 유한도 없다는 얘기입니다."

"그렇게 말씀하셔도 무슨 뜻인지 머리에 얼른 오지 않는데요."

"가령 지금 당장 생전 보지도 못했던 사람이 칼을 들고 달려들어 무조건 죽이겠다고 칼춤을 추어도 전연 억울하지도 않고 유한도 없다면 그 사람은 대각(大覺)을 이뤘다고 보아도 됩니다."

"저는 거기까지는 몰라도 3년 전에 비해서 지금은 많이 변했다는 것은 느낄 수 있습니다."

"어떤 변화인데요?"

"3전 년에는 직장에서 동기생들이 저만 쏙 빼놓고 몽땅 다 진급을 했다면 큰일 나는 줄 알고 어떻게 하든지 낙오자가 되지 않으려고 별별 수를 다 써서 기어코 진급을 하려고 했겠지만 지금은 전연 그렇지 않습니다. 실제로 동기생들이 다 진급을 하고 저만 혼자 빠졌는데도 그 전처럼 마음 흔들리지 않고 무사태평합니다. 저보다는 제 동료들이 오히려 저를 대신하여 근심걱정을 해주고 있습니다."

"IMF 시대에 진급을 하면 오히려 감원될 우려가 있어서 느긋해지는 것이 아닙니까?"

수련생 중의 한 사람이 말했다.

"아뇨. 전연 그렇지 않습니다. 비록 정리해고를 당하는 일이 있더라도 조금도 실의에 빠지는 일은 없었을 것입니다. 정리해고당하면 그때 가서 앞일을 생각해 보아도 늦지 않다는 느긋한 생각이 들 뿐입니다. 저의 집사람이 저 몰래 제 봉급에서 조금씩 저축을 하여 약간의 여유자금을 만들어 가지고 있었는데, 동기생 계원(契員)에게 사채를 주었다가 몽땅 날려버린 일이 있었습니다."

"얼마나 떼었는데요?"

"한 3천만 원 되는가 봅니다."

"월급쟁이에게는 적지 않은 돈인데요."

"물론 그렇게도 생각할 수 있겠죠. 저 역시도 3년 전에만 그런 일이 일어났어도 아마 콩튀듯 팥튀듯 했을 겁니다. 그런데 지금은 아무렇지도 않습니다. 그전 같으면 집안이 발칵 뒤집히고 야단이 났을 텐데 지금은 그 얘기를 듣고도 덤덤해 하는 저를 보고 이제는 아내가 오히려 불안해 할 정도입니다. 혹시 제 정신에 이상이 온 것이 아닌가 하고 말입니다."

"어떻게 그렇게 덤덤할 수 있습니까?"

“떼어 먹힌 돈은 어느 땐가는 돌아오게 되어 있다는 것을 알고 있기 때문입니다.”

“한 번 떼어 먹히면 그만이지 그 돈이 어떻게 다시 돌아온다는 말입니까?”

“금생이 아니라면 내생에라도 반드시 되갚지 않을 수 없을 것입니다. 내 돈을 떼어먹은 사람은 빚이라는 씨를 심었으니까 그것이 자라서 언젠가는 자기 손으로 거두어들이지 않을 수 없을 테니까요. 서두를 것은 조금도 없습니다. 설사 되갚지 않는다고 해도 조금도 유감은 없습니다.”

“왜요?”

“되갚지 않는다면 전생에 내가 그녀에게 진 빚을 그녀가 되찾아간 것으로 보면 됩니다. 어떻게 생각하든지 조금도 흔들릴 이유는 없습니다.”

“아니 그렇다면 지금 당장 직장에서 황태(명예퇴직) 신세가 되어도 아무렇지도 않겠다는 얘기입니까?”

다른 수련생이 물었다.

“그래도 마음이 흔들릴 것 같지 않습니다.”

“선생님, 이 정도면 깨달음의 경지에 들어간 거 아닙니까?”

또 다른 수련생이 말했다.

“확실히 소각(小覺)의 경지는 넘은 것 같습니다.”

“소각이 뭡니까?”

“소(小) 중(中) 대(大)하는 소 말입니다. 이른바 견성(見性), 성통(性通), 신통(神通), 혜해탈(慧解脫)의 경지를 말합니다. 깨달음을 소중대

3단계로 나눌 때의 첫 번째 단계를 말합니다."

"첫 번째 단계가 소각(小覺)이라면 두 번째 단계는 중각(中覺)입니까?"

"그렇습니까?"

"그럼 유포석 씨는 중각의 단계에 도달했다는 말씀입니까?"

"그렇다고 보아야 합니다."

"중각은 무엇입니까?"

"소각과 대각의 중간 단계입니다."

"그럼 대각(大覺)은 무엇입니까?"

"구해탈(俱解脫), 정해탈(定解脫), 공완(功完), 성불(成佛)의 단계로서 구경각(究竟覺)을 말합니다."

"만약에 유포석 씨가 구경각에 도달했다면 어떻게 되겠습니까?"

"이런 자리에 나타나지도 않았을 겁니다."

"왜요?"

"이런 자리에 나온다는 것 자체가 무엇인가 부족한 것이 있으니까 그것을 보충하기 위해서 입니다. 그러나 구경각에 도달한 사람은 그때 그때 야기되는 모든 문제들을 스스로 해결할 수 있을 텐데 무엇 때문에 이런 자리에 나올 필요가 있겠습니까?"

"선생님의 문하생들 중에서 구경각을 이룬 사람이 있습니까?"

"소각에 이른 사람들은 여럿 있지만 대각에 도달한 사람은 아직 확인해 본 일이 없습니다."

"그래도 선생님한테서 여러 해 동안 수련을 받는 중에 있거나 받다가 떠난 분들은 많지 않습니까?"

"많죠."

"그분들 중에 혹시 구경각에 도달한 사람 없었습니까?"

"유포석 씨처럼 저렇게 자신의 수련의 경지를 솔직히 털어놓은 사람은 아직 없습니다. 그냥 문지방이 닳도록 몇 해 동안이나 열심히 다니다가 어느 날 말 한마디 없이 표연(飄然)히 사라져버린 사람들은 부지기수입니다."

대각(大覺)의 기준들

"어떤 사람이 다년간 수행을 쌓은 끝에 자기 자신이 대각을 이루었다고 판단이 섰을 경우 스스로 그 진부를 확인해 볼 수 있는 기준 같은 것은 없을까요?"

"왜 없겠습니까? 있습니다."

"어떤 것이 있습니까?"

"우선 감정이 안정되어야 합니다."

"감정이 안정된다는 것은 무슨 뜻입니까?"

"보통 사람들은 사회적인 지위 고하를 막론하고 희로애락과 같은 감정에서 완전히 자유로울 수 없습니다. 그러나 대각을 이룬 사람은 어떤 일이 있어도 기쁘고 두렵고 슬프고 노엽고 탐욕스럽고 미워하고 어리석은 감정에서 벗어날 수 있으므로 언제나 마음의 평온을 유지할 수 있습니다. 공포심이 없으므로 죽음의 위기에서도 두려움을 느끼지 않습니다. 또 마음속에 완전한 중심이 서 있으므로 어떤 외부 자극이나 충격에도 흔들리지 않습니다. 아무리 허름한 차림으로 밖에 나가도 사람들이 함부로 대하지 않습니다."

"그건 왜 그럴까요?"

"대각을 이룬 사람이라면 아무래도 그에 어울리는 기품(氣稟)을 풍기게 되어 있습니다. 비록 그가 아무 말 하지 않더라도 주위를 압도하는 분위기가 있게 마련입니다. 바로 이 기품과 분위기가 마치 거대한 자석처럼 뜻 있는 구도자들을 끌어당깁니다."

"그런 기품과 분위기가 뜻있는 사람들을 끌어당기는 힘은 어디에서 올까요?"

"대각을 이루는 순간 우주의 근원적인 힘이라고 할까 그러한 에너지의 발전소와 전선(電線)이 연결되어 통전(通電)이 되므로 그 전기의 에너지가 은연중에 발산됩니다. 기문(氣門)이 열린 사람은 그의 주변에만 다가가도 금방 이것을 감지할 수 있습니다. 이 때문에 그에게는 항상 수행자들이 모여듭니다. 그와 한 자리에 한 시간만 앉아 있어도 일반 도장에 몇 달 동안 나가는 것보다 더 많은 기운을 받는 수가 있습니다. 기문이 열려 있는 민감한 사람은 그러한 사람과 한 시간만 마주 앉아 있어도 일주일씩 심한 기몸살을 앓는 수가 있습니다."

"왜 그런 일이 일어나죠?"

"한꺼번에 너무 많은 기운을 받아들이니까 미처 소화를 시키지 못해서 그런 현상이 일어납니다. 그것을 명현반응(瞑眩反應)이라고도 합니다."

"그것뿐입니까?"

"아닙니다. 또 있습니다. 대각을 이룬 사람은 한시도 가만히 앉아서 허송세월을 할 수 없습니다."

"무엇 때문이죠?"

"세상 사람들의 진리에 대한 무지와 몽매로 인하여 생기는 갖가지 부조리와 비극을 못 본 척할 수 없기 때문입니다. 진리에 대한 최소한의 각성만 있어도 야기될 수 없는 일들이 이 세상에는 너무나도 많이 발생하므로 어떻게 하든지 인연만 닿으면 그것을 일깨워주기 위해서입니다."

"그건 성불제중(成佛濟衆)이니 상구보리 하화중생(上求普提下化衆生)이니 재세이화 홍익인간(在世理化弘益人間)이니 하는 것을 말하는 거 아닙니까?"

"맞습니다. 대각을 했다는 사람이 아무 일도 안 하고 가만히 앉아 있다면 그것은 틀림없는 가짜입니다."

"대각을 했으면 했지 무엇 때문에 구태여 남에게까지 관심을 기울이려고 하는지 그 이유를 모르겠습니다."

"대각을 이룬 사람에게는 남이 남이 아니고 바로 자기 자신이기 때문입니다. 삼라만상은 둘이 아니고 하나입니다. 그의 몸은 비록 유위계(有爲界)에 있지만 그의 마음은 이미 무위계(無爲界)에 속해 있기 때문입니다. 만약에 내 머리의 반쪽은 광명을 찾았는데 다른 반쪽은 여전히 암흑 속을 헤매고 있다면 모른 척하고 가만히 있을 수 없을 것입니다. 왜 그런지 아십니까?"

"……?"

"빛은 어둠을 밝히려는 속성이 있기 때문입니다."

"하긴 그렇군요."

무지몽매의 구렁텅이에서 벗어났습니다

"선생님 저는 다른 질문을 하나 하겠습니다."

처음 입문한 50대 초반의 유복순 부인이 말했다.

"어서 말씀하십시오."

"저는 ○○○라는 종교단체에서 주문을 늘 외우는 주문 수련을 해 오다가 이번에 우연한 기회에 『선도체험기』를 38권까지 읽어보고는 뜻한 바 있어서 선생님을 찾아뵙게 되었습니다."

"그 뜻한 바 내용이 무엇입니까?"

"『선도체험기』를 읽다가 보니 지금까지 제가 믿어온 것이 우물 안 개구리의 세계로밖에는 생각되지 않았습니다. 선생님께서는 우리나라 민족종교는 말할 것도 없고 온 세계의 모든 종교와 구도 방편 중에서 좋은 점은 국적이나 문화적 배경과는 상관없이 전부 다 수용하고 계시는데, 제가 믿던 종교는 거기에 대면 어린애 소꿉장난 같은 느낌이 들었습니다.

그리고 ○○○에서 주장하는 말세니 천지개벽이니, 구세주니 구세도인이니 하는 말들이 말짱 다 선량한 국민들을 감언이설로 유혹하기 위한 수단이었다는 것을 깨닫게 되었습니다. 저는 솔직히 말해서 제 속에 하느님인 '참나'가 있다는 것을 『선도체험기』를 읽기 전에는 미처 몰랐습니다.

그것뿐이 아닙니다. 말세니 천지개벽이니 구세주니 하는 것도 사실은 전부 다 저 자신 속에 들어 있다는 것을 알게 되었습니다. 바깥 세계나 하늘에서 구세주가 내려와서 우리를 구원해 주는 것이 아니라 우리들 자신의 마음을 어떻게 먹느냐에 따라 구원도 되고 타락도 된다는 것을 알게 되었습니다.

일체유심조(一切唯心造) 즉 모든 것은 마음먹기에 달려 있다는 명언을 뼈저리게 깨달은 것도 『선도체험기』를 통해서였습니다. 영원한 생명을 얻고 못 얻는 것은 하늘에 있는 절대자의 뜻에 따라서가 아니라 바로 우리들 각 개인의 뜻에 따라 결정된다는 것을 확실히 알게 되었습니다.

우리가 지옥에 가거나 천당에 가는 것도 하늘에 계시는 옥황상제나 하나님의 뜻이 아니라 바로 우리들 각 개인이 어떻게 마음을 먹고 행동하느냐에 달려 있다는 것을 알게 되었다는 말씀입니다. 다시 말해서 제 운명의 열쇠는 남의 손에 쥐어져 있는 것이 아니라 바로 제 손아귀에 쥐어져 있다는 것을 확신하게 되었습니다."

이렇게 열변을 토하듯 하는 그녀의 얼굴은 그녀 스스로도 주체할 수 없는 희열(喜悅)로 벌겋게 상기되어 있었다.

"인생을 바르게 살아가는 데 가장 핵심적인 요소들을 터득하셨군요. 대단히 축하할 일입니다."

"선생님께서 그렇게 알아주시니 너무나 감사합니다. 『선도체험기』가 아니었더라면 제가 어떻게 그 무지몽매의 구렁텅이 속에서 벗어날 수 있었겠습니까?"

"그거야 반드시 『선도체험기』가 아니라고 해도 그만한 진리를 일깨워 주는 좋은 책들은 얼마든지 있습니다."

"물론 불경, 성경, 사서삼경, 노장(老莊)을 비롯한 여러 성현들의 글들이 진리를 나름대로 설파하지 않는 것은 아니지만 너무나 오래전에 나온 책들이므로 그 표현 방법에 시간과 공간의 제약을 아니 받을 수 없어서 그렇겠지만 난해한 데가 많고 과장과 지루한 장광설이 많아서 읽기에도 어려운 점이 많습니다. 그러나 『선도체험기』는 이 모든 경전들이나 전적(典籍)들을 현대 한국인의 의식 수준에 알맞게 소설처럼 알기 쉽게 써 주셨다는데 강점이 있습니다. 그런데 선생님 한 가지 문제가 있습니다."

"문제라뇨. 그게 뭡니까?"

"다른 게 아니고 ○○○에서는 주문 수련을 했거든요. 좋으나 궂으나 3년 동안이나 그런 수련을 받아온 버릇이 있어서 그것을 일시에 고치기가 어렵습니다. 명상을 하다가도 저도 모르게 그 주문이 불쑥불쑥 튀어나옵니다. 이 주문 대신에 늘 외울 수 있는 좋은 좌우명 같은 것이라도 있으면 가르쳐 주셨으면 합니다. 혹시 주문 대신에 『천부경』이나 『삼일신고』를 외우면 어떻겠습니까?"

"물론 『천부경』과 『삼일신고』를 암송하는 것도 좋습니다. 그러나 이제 선도에 갓 입문하신 분에게는 좀 난해한 데가 있습니다. 뜻도 제대로 모르고 어려운 한문 문장을 자꾸만 외우기만 한다면 그전에 주문을 외우던 것하고 별로 다를 것이 없을 것입니다. 『천부경』과 『삼일신고』는 좀더 공부가 깊어진 다음에 암송하셔도 늦지 않습니다. 그 대신에 일상적인 수행에 직접 도움이 되는 짤막한 좌우명을 몇 가지 가르쳐 드리겠습니다."

"아이구 그렇게 해 주시면 정말 고맙겠습니다."

"유복순 씨는 기운을 느낍니까?"

겨자씨만한 불꽃

"네 단전에 계자씨만한 불꽃이 피어나는 느낌이 있습니다."

"느끼기만 하십니까?"

"아뇨. 정좌하고 눈감고 단전호흡을 하고 있노라면 그 겨자씨만한 불꽃이 점점 더 피어납니다. 그런데, 그 불꽃이 피어나려고 하면 그전에 ○○○에 나갈 때 외우던 주문이 저도 모르게 튀어나옵니다. 그렇게 되면 그 피어나던 불꽃이 흐려지곤 합니다. 이런 때 주문 대신에 외울 수 있는 좌우명을 가르쳐 주셨으면 합니다."

"그런 때 외울 수 있는 것이 있습니다."

"그걸 좀 가르쳐 주십시오."

"그럴 때 〈한기운, 한기운, 한기운……〉 하고 불러주세요. 그렇게 외우고 있으면 꺼져가던 단전의 불꽃이 다시금 활활 타오르게 될 것입니다."

"아무나 〈한기운〉만 외우면 그렇게 됩니까?"

"우선 기문(氣門)이 열려야 합니다. 그러나 이것보다 더 중요한 것은 마음이 착하고 바르고 지혜로워야 합니다. 기문이 열린다는 것은 불씨에서 불이 댕겨진 화로에 공기가 아래위로 상통하는 것을 말합니다. 단전호흡을 하면 기문이 열린 사람은 반드시 단전이 따뜻하게 달아오르게 되어 있습니다. 그런데 단전호흡으로 한창 달아오르던 단전의 불꽃이 시원치 않을 때가 있습니다. 바로 이때 〈한기운〉을 잇달아 불러주세요. 화로에 부채질하는 효과를 낼 것입니다. 만약에 단전이 활활

달아오르면 더이상 부르지 말아주세요."

"왜요?"

"과유불급(過猶不及)이라는 말이 있습니다. 지나친 것은 모자란 것과 같다는 뜻입니다. 무슨 일이든지 지나치면 반드시 부작용이 따르게 되어 있습니다. 그렇게 되기 전에 적당한 수준에서 조절을 해야 합니다. 그런데 〈한기운〉을 외웠는데도 이렇다 할 효과가 없으면 〈한기운〉 다음에 〈한마음〉을 부르세요. 잘되면 좋고 그래도 잘 안되면 〈한누리〉를 추가하세요.

〈한기운, 한마음, 한누리〉를 연호해 보세요. 반드시 단전이 신속하게 달아오를 것입니다. 이것은 기공부할 때의 좌우명입니다. 이것을 그때그때 형편에 따라 적절히 이용하면 기공부에 좋은 효과를 거두게 될 것입니다."

"〈한기운〉이란 무슨 뜻입니까?"

"한기운이란 크고 위대한 하늘의 기운이라는 뜻입니다. 순수한 우리말입니다. 뜻 모를 주문을 무조건 외우는 것과는 질적으로 다릅니다."

"한마음은 무슨 뜻입니까?"

"크고 위대한 하늘의 마음입니다."

"한누리는요?"

"크고 위대한 하늘의 세계 즉 생사유무시공(生死有無時空)을 초월한 무위계(無爲界)입니다."

"〈한기운, 한마음, 한누리〉 외에 다른 것은 없습니까?"

"마음공부할 때 필요한 좌우명이 있습니다."

"그것도 좀 가르쳐 주십시오."

"〈처지를 서로 바꿔놓고 생각하고 모든 잘못을 내 탓으로 돌린다〉 또는 〈역지사지방하착(易地思之放下着)〉을 외우세요. 어차피 인간은 사회적 동물입니다. 혼자서는 이 세상을 살아갈 수 없는 것이 인간이 처한 숙명입니다. 따라서 이웃과의 관계를 올바르게 정립하는 것이야말로 수행의 성패를 좌우합니다.

이웃과의 관계에서 자기 잇속만 차리는 사람은 수행자가 될 수 없습니다. 자기 잇속밖에 차릴 줄 모르는 사람은 외부와의 원만한 교류가 단절되므로 흐르지 않는 웅덩이 속의 썩은 물과 같이 되어 버립니다. 그런 사람은 아무리 경전을 외우고 염불을 많이 하고 십 년 이십 년 장좌불와(長坐不臥)를 해도 견성은 할 수 없습니다.

그러나 외부를 향한 마음문을 활짝 열고 지내는 사람은 그와는 정반대입니다. 그런 사람은 매사에 남의 처지를 먼저 생각하는 습관이 몸에 배어 있으므로 어디에 가든지 남의 호감을 삽니다. 어떠한 사람과 사귀더라도 언제나 환영을 받습니다. 이웃과의 화기애애(和氣靄靄)한 분위기가 수행의 전제 조건이라는 것을 잊어서는 안 됩니다. 이처럼 마음이 외부를 향해 활짝 열린 사람 옆에 가면 누구나 아무 이유도 없이 마음이 편안해지고 언제까지나 그 옆을 떠나고 싶지 않게 됩니다."

"그런데 선생님, 어떻게 하면 늘 그러한 마음을 유지할 수 있겠습니까?"

"이웃과 분쟁이 생겼을 때 언제나 처지를 바꿔놓고 생각하고 모든 잘못을 내 탓으로 돌리면 됩니다. 처음에는 누구나 이 말을 들으면 굉장히 손해를 볼 것 같이 생각하기 쉽지만 장기적인 안목으로 바라볼 때는 그것이 현명한 판단이라는 것을 알게 될 것입니다.

그래서 나는 그 다음 좌우명을 〈이웃을 돕는 것이 나를 돕는 것이다〉 또는 〈남을 위하는 것이 나를 위하는 것이다〉로 했습니다. 이것을 한문으로 표현하면 〈여인방편자기방편(與人方便自己方便)〉이 됩니다. 『참전계경』에도 이와 비슷한 표현이 있습니다."

"그게 뭐죠?"

"〈애인여기(愛人如己)〉입니다. 남을 나처럼 사랑한다는 뜻입니다. 신약성경에서 예수도 '이웃을 네 몸처럼 사랑하라'고 가르치고 있습니다. 모두가 같은 뜻입니다. 동서고금(東西古今)을 통하여 진리는 하나로 통하고 있음을 말해 주고 있습니다. 하나님은 사랑입니다. 사랑은 남을 생각하고 아껴주는 마음입니다. 그러므로 남을 생각하는 마음이 하나님이고, 자기 잇속만 챙기려는 이기심이 마귀요 악마입니다."

"입장을 바꿔놓고 생각하라든가, 남을 위하는 것이 결국은 나를 위하는 것이라든가, 이웃을 내 몸처럼 사랑하라든가 하는 말은 백번 옳다고 생각합니다. 그러나 모든 것을 내 탓으로 돌리라는 말은 아무래도 일방적인 자기희생만 강요하는 것 같아서 선뜻 이해를 할 수 없습니다."

"얼핏 생각하면 그럴 것입니다. 그러나 조금만 더 깊이 생각해 보십시오. 실례를 들어 말씀드리겠습니다. 김영삼 정부가 5년 동안에 나라를 빚더미 위에 올려놓고 국가 부도사태로 몰아넣는 바람에 외환위기가 닥쳐왔고 무수한 기업들이 쓰러지고 원화가치 하락으로 물가는 천정부지로 치솟아 오르고 정리해고 당한 실업자들이 거리와 공원과 산속을 헤매고 있습니다.

외환 위기로 고통을 당하지 않는 사람은 거의 없을 지경입니다. 그렇다고 해서 외환 위기를 불러들인 김영삼 대통령에게만 모든 잘못을 돌리고 그를 원망만 하고 있으면 어떻게 되겠습니까. 그렇게 되면 우리는 영영 삼등 국가로 주저앉고 말 것입니다. 그러나 국민 각자가 이러한 난국을 가져온 것은 대통령을 잘못 뽑은 인과응보요 우리 자신들 탓이라고 생각하면 분명 새로운 활로가 열리게 되어 있습니다. 모든 것을 남의 탓으로만 돌릴 때는 분노로 치가 떨려 눈앞이 캄캄하지만, 내 탓으로 돌릴 때는 제아무리 절망적인 상황 속에서도 희망의 빛을 볼 수 있게 되어 있습니다.

다행히도 우리 국민들은 현명하게도 이것을 잘 알고 있었으므로 이번 위기를 남의 탓으로 돌리고 원망만 하지 않고 금 모아 수출하기 운동을 벌여 스스로 국가적 난국을 타개해 나가겠다는 결의를 보여 주었습니다. 이것은 전 세계의 채권자들에게 감명을 주어 우리에게 유리한 국면을 타개하게 해 주었습니다.

하늘은 스스로 돕는 자를 돕게 되어 있습니다. 모든 잘못을 남의 탓으로 돌릴 때는 분쟁과 불화가 끊일 날이 없지만, 모든 것을 내 탓으로 돌릴 때는 화합과 단결과 희망과 발전이 있습니다. 남의 탓으로 돌리는 것은 이기주의적 소행이고, 내 탓으로 돌리는 것은 이타주의적 선행입니다. 어느 쪽이 우리가 취할 길인지를 진지하게 모색해야 할 때입니다. 우리는 도태가 아니라 생존과 번영의 길을 찾아내야 합니다."

"생존과 도태는 진리와는 어떤 관계에 있습니까?"

"진리와 부합되는 것은 생존하고 진리에 배치되는 것은 도태되는 것이 자연의 원리입니다."

무엇이 진리입니까?

"무엇이 진리이고 무엇이 비진리인데요?"

"남의 탓으로 돌리는 것은 비진리이고 내 탓으로 돌리는 것은 진리입니다. 다시 말해서 너와 나를 둘로 보는 것은 비진리이고 너와 나를 하나로 보는 것은 진리입니다."

"그렇다고 해서 우리집에 침입하여 금품을 강탈해 간 강도가 잡혀 왔다 해도 그 집주인은 모든 것을 내 탓으로 돌리고 그 강도의 죄를 불문에 부쳐야 한다는 말씀입니까?"

"실정법을 위반한 엄연한 범법자는 사법당국의 판단에 맡길 일이지만, 그 집주인이 진정한 구도자라면 모든 것을 내 탓으로 돌리고 그 강도를 마음으로 용서해 주었을 것입니다. 그렇지 않고 그를 미워하고 원망만 한다면 그것이 수행의 걸림돌이 되어 한 발짝도 더 전진을 하지 못할 것입니다."

"과연 그럴까요?"

"강도범에 대한 증오와 원망이 마음속에 도사리고 있는 한 그것이 장애가 되어 눈앞을 가리는데 무슨 진전이 있겠습니까?"

"지금까지 좌우명으로 말씀해 주신 것이 '한기운, 한마음, 한누리', '처지를 바꿔놓고 생각하고 모든 것을 내 탓으로 돌린다' 또는 '역지사지방하착(易地思之放下着)', '이웃을 돕는 것이 나를 돕는 것이다' 또는

'여인방편자기방편(與人方便自己方便)', '남을 나 자신처럼 사랑한다' 또는 '애인여기(愛人如己)'였는데 이것들 외에도 또 있습니까?"

"있습니다."

"그게 뭡니까?"

"뿌린 대로 거둔다. '자업자득(自業自得), 자작자수(自作自受), 인과응보(因果應報)'입니다. 나에게 몰아닥친 온갖 역경들은 인과응보 아닌 것이 없다는 확신을 갖는 것이야 말로 진리에 육박해 들어갈 수 있는 가장 확실한 수행의 방편입니다. 그리고 나에게 닥쳐온 일은 좋은 일이든 궂은일이든 어느 것 하나 내가 뿌린 씨를 거두는 것이라고 생각하는 한 누구의 탓으로 돌리거나 누구를 원망하는 일은 결코 일어나지 않을 것입니다. 지금까지 말해 온 좌우명들을 정리하면 다음과 같습니다.

* 한기운, 한마음, 한누리
* 처지를 바꿔놓고 생각하고 모든 것을 내 탓으로 돌린다. (역지사지방하착(易地思之放下着))
* 이웃을 돕는 것이 나를 돕는 것이다.
* 남을 위하는 것이 나를 위하는 것이다. (여인방편자기방편(與人方便自己方便))
* 남을 나 자신처럼 사랑한다. (애인여기(愛人如己))
* 뿌린 대로 거둔다. (자업자득(自業自得), 자작자수(自作自受), 인과응보(因果應報))

* 진리도 영생도 구원도 하나님도 우주도 내 마음속에 들어 있고, 모든 것은 내 마음먹기에 달려 있다.

* 모든 것을 바깥에서 구하지 말고 내 안에서 구한다.

이상 여덟 가지 좌우명만 늘 간직하고 일상생활에서 실천하면 누구나 조만간 구경각의 경지에 도달하게 될 것입니다. 여기서 재삼 강조하고 싶은 것이 있습니다. 그것은 실천이 따르지 않는 구호는 아무리 입으로 외워봤자 한낱 쓸모없는 공염불에 지나지 않는다는 것입니다."

"입으로만 외우지 말고 실천을 하려면 어떻게 해야 할까요?"

"좌우명 하나하나를 외울 때마다 정성이 깃들어 있어야 합니다. 정성이 빠져나갈 때 구두선(口頭禪)이 되어 버립니다. 정성만이 사람도 하늘도 움직일 수 있습니다. 또 정성만이 우주의 근원적인 사랑과 능력과 지혜의 저수지(貯水池)를 뚫고 들어가 통수(通水) 작용을 일으킬 수 있습니다."

저자 약력

경기도 개풍 출생
1963년 포병 중위로 예편
1966년 경희대학교 영어영문학과 졸업
코리아 헤럴드 및 코리아 타임즈 기자생활 23년
1974년 단편 『산놀이』로 《한국문학》 제1회 신인상 당선
1982년 장편 『훈풍』으로 삼성문예상 당선
1985년 장편 『중립지대』로 MBC 6.25문학상 수상

저서로는 단편집 『살려놓고 봐야죠』(1978년), 대일출판사, 민족미래소설 『다물』(1985년), 정신세계사, 장편 『소설 한단고기』(1987년), 도서출판 유림, 『인민군』 3부작(1989년), 도서출판 유림, 『소설 단군』 5권(1996년), 도서출판 유림, 소설선집 『산놀이』 ①(2004년), 『가면 벗기기』 ②(2006년), 『하계수련』 ③(2006년), 지상사, 『선도체험기』 시리즈 등이 있다.

약편 선도체험기 9권

2021년 6월 5일 초판 인쇄
2021년 6월 10일 초판 발행

지 은 이 김 태 영
펴 낸 이 한 신 규
본문디자인 안 혜 숙
표지디자인 이 은 영
펴 낸 곳 글터
주소 05827 서울특별시 송파구 동남로 11길 19(가락동)
전화 070 - 7613 - 9110 Fax 02 - 443 - 0212
등록 2013년 4월 12일(제25100 - 2013 - 000041호)
E-mail geul2013@naver.com

ISBN 979 - 11 - 88353 - 32 - 3 04810 정가 20,000원
ISBN 979 - 11 - 88353 - 23 - 1(세트)